Rainer Maras / Josef Ametsbichler / Beate Eckert-Kalthoff

Handbuch für die Unterrichtsgestaltung in der Grundschule

Planungshilfen

Strukturmodelle

didaktische und methodische Grundlagen

Auer Verlag GmbH

Gedruckt auf umweltbewusst gefertigtem, chlorfrei gebleichtem
und alterungsbeständigem Papier.

4. Auflage 2008
Nach den seit 2006 amtlich gültigen Regelungen der Rechtschreibung
© by Auer Verlag GmbH, Donauwörth
Zeichnungen: Josef Ametsbichler, Rainer Maras, Gitta Langenmayr
Gesamtherstellung: Ludwig Auer GmbH, Donauwörth
ISBN 978-3-403-03995-2

www.auer-verlag.de

Rainer Maras · Jahrgang 1943;
1968–1977 Lehrer an Haupt- und Grundschulen in München;
1977–1988 Leiter von Seminaren zur Ausbildung von Lehrkräften für das Lehramt an Volks- bzw. Grundschulen;
1988–1994 Tätigkeit an der Regierung von Oberbayern;
seit 1994 Schulrat im Landkreis Miesbach;
seit 1990 Schriftleiter und seit 2001 Herausgeber einer pädagogischen Fachzeitschrift; Schulbuchautor.
Arbeitsschwerpunkte: Grundlagen des Lernens; Didaktik des Sachunterrichts und der Fächer Deutsch und Kunsterziehung; Unterrichtsgestaltung

Josef Ametsbichler · Jahrgang 1953;
1980–1987 Volksschullehrer, Tätigkeit als Betreuungslehrer von Lehramtsanwärtern;
1988–1994 Rektor einer Grundschule;
seit 1995 Seminarrektor als Leiter eines Seminars zur Ausbildung von Lehrkräften für das Lehramt an Grundschulen im Seminarbezirk Berchtesgadener Land.
Arbeitsschwerpunkte: Unterrichtsplanung, -gestaltung, -reflexion;
Didaktik der Mathematik und der Fächer Deutsch und Sport

Beate Eckert-Kalthoff · Jahrgang 1958;
1980–1990 Lehrerin an Grund- und Hauptschulen im Landkreis München;
1990–2000 Leiterin eines Seminars zur Ausbildung von Lehrkräften für das Lehramt an Grundschulen in Dachau;
seit 2000 Schulrätin in der Landeshauptstadt München;
seit 1990 Schulbuchautorin von Lehrwerken für das Fach Deutsch in der Grundschule in mehreren Bundesländern;
seit 2001 Schriftleiterin einer pädagogischen Fachzeitschrift.
Arbeitsschwerpunkte: Fortbildung von Grundschullehrkräften;
Didaktik des Deutschen in der Grundschule; Medienpädagogik

Inhalt

Vorwort

Das im Auer Verlag erschienene Werk „Unterrichtsgestaltung in der Grundschule" war in den vergangenen zwanzig Jahren in vielen Seminaren ein Standardwerk für die Ausbildung der Lehrerinnen und Lehrer in der Grundschule. Es hatte sich als Handbuch etabliert, so dass es gerechtfertigt erscheint, dem Nachfolgewerk diesen Titel zuzuschreiben. Die Zielsetzung des Buches bleibt unverändert, so wie es schon einem Vorwort des vorausgehenden Werkes zu entnehmen war: „Leser und Leserinnen sollen Informationen erhalten, die sie in die Lage versetzen, selbstständig und situationsgemäß den eigenen Unterricht zu planen und danach zu gestalten." Die Intention des unterrichtlichen Tuns kann nicht der Nachvollzug eines formalen Strukturmodells sein, es ist vielmehr ein pädagogisches und didaktisches Anliegen, die Unterrichtsgestaltung der individuellen Situation anzupassen.

Diese Auffassung wird durch die aktuellen Entwicklungen auf den Gebieten der Schulpädagogik, Didaktik und Pädagogischen Psychologie und in der Lehrerausbildung noch verstärkt. Fundiert durch die Erkenntnisse konstruktivistischer Lerntheorien und durch die Einsichten über Veränderungen in Kindheit, in Gesellschaft und Arbeitswelt hat sich der Ansatz zur Gestaltung von Unterricht erkennbar herausgebildet, dass „Kinder Subjekte ihres eigenen Lernens" sind. Lernen ist ein Prozess, der vom (lernenden) Kind selbst vollzogen wird. Konsequenzen für die Arbeit der Lehrerinnen und Lehrer daraus sind zahlreich, nur einige sollen hier genannt sein: Beobachtung der individuellen Lernwege und -fortschritte, das Eingehen auf situativ auftretende Lern- oder Interaktionsprobleme, die Offenheit gegenüber dem Denken und den Lernwegen der Kinder und die Förderung der Bewusstheit der Kinder für das eigene Lernen.

Der Charakter eines Handbuches zu dem gestellten Thema bringt es mit sich, dass wir in vielen Fällen auf die Literatur zurückgegriffen haben, wie es sich dann beispielsweise an den Zitaten mit psychologischen oder schulpädagogischen Inhalten zeigt. In den unterrichtspraktischen Teilen haben wir auf unser Wissen vertrauen können. Für die Ausführungen im Fach Werken/Textiles Gestalten hat sich freundlicherweise Frau Helga Wöhl, Seminarleiterin, zur Verfügung gestellt. Sie hat fachliche Ausführungen, Strukturmodelle und das Unterrichtsbeispiel „Punzieren eines Kräuterschildes aus Kupferblech" beigetragen. Dafür danken wir ihr sehr. Ferner danken wir Frau Gudrun Klotzsche, Lehrerin an der Schule in Gmund a. Tegernsee, für ihre kreativen praktischen Hinweise zum Unterrichtsbeispiel „Freunde sind wichtig".

Wir hoffen, dass dieses fachlich und unterrichtspraktisch völlig neu konzipierte Handbuch die Arbeit bei der Ausbildung der Lehrerinnen und Lehrer unterstützt und den Kolleginnen und Kollegen, die schon länger in der Unterrichtspraxis stehen, mehrfache Anregungen gibt.

München, im April 2003

Rainer Maras   *Josef Ametsbichler*   *Beate Eckert-Kalthoff*

1. Unterrichtsgestaltung

Unterricht ist ein sehr komplexes Geschehen – eine triviale Aussage. Dennoch scheint es wichtig, diese Tatsache sich selbst und oft auch anderen bewusst zu machen. Als soziales Geschehen ist Unterricht von Beziehungen mit unterschiedlicher Gewichtung und Qualität gekennzeichnet. Tempo und Umfang der Kontaktaufnahme, Art und Dauer der Beziehung oder das Repertoire an Verhaltensweisen zur Aufrechterhaltung der Beziehung sind differenziert und individuell verschieden ausgeprägt. Hinzu kommt eine Erwachsene – sie unterrichtet; sie versucht ihre pädagogischen Ziele mit einer Reihe von Maßnahmen umzusetzen.

Im Unterricht ereignen sich Lernprozesse. Eine Lernsache begegnet dem Kind, es setzt sich damit auseinander; das Neue wird mit den vorhandenen Erfahrungen verknüpft, oder das Bekannte verstärkt vorhandenes Wissen und Können. Vor allem aber beeinflusst Unterricht die Bewusstseinsprozesse eines Kindes. Die Lehrerin muss an vielen Stellen des Unterrichts in kürzester Zeit Entscheidungen treffen. Es sind dies Entscheidungen insbesondere organisatorischer, didaktischer, inhaltlicher und pädagogischer Art. Die Lehrerin führt eine Großgruppe, die unterrichtlichen Bemühungen aber sollen jedes einzelne Kind erreichen. Mit Erfolg zu unterrichten ist also eine beachtliche Leistung.

So weit in aller Kürze eine Andeutung von „Komplexität des Unterrichts". Vor diesem Hintergrund erscheint es nun besonders schwierig, sich der Aufgabe zu stellen, Unterricht zu *gestalten*. Ein Buch kann demnach nur den Charakter haben, Anregungen zu geben und Hilfen anzubieten.

1.1 Unterricht wird geplant

Eine Vielzahl von Faktoren beeinflusst das jeweilige situative Unterrichtsgeschehen. Die Folge ist, dass die Planung umso mehr von dem unterrichtlichen Geschehen abweicht, je detaillierter sie vorgenommen wurde. Der tatsächlich sich ereignende Unterricht ist nicht planbar. Das Unvorhergesehene, das Überraschende, die Abweichung von der Planung, das Nicht-Planbare ist die Normalität von Unterricht. Unterricht ist chaotisch im Sinne der Chaos-Forschung.

Die Bewertung eines Unterrichts als chaotisch wird jedoch üblicherweise als eine negative Aussage angesehen. So etwas wie ein Schwerpunkt der Arbeit, eine Entsprechung von Maßnahme und Inhalt oder eine Zusammengehörigkeit einzelner Phasen sollte doch erkennbar sein.

Planung von Unterricht ist erforderlich

Allein aus der Sicht der unterrichtenden Lehrerin bedeutet es eine erhebliche psychische Entlastung, auf mögliche situative Probleme im Unterrichtsgeschehen vorbereitet zu sein. Sicherheit in Zielsetzungen, Organisation und in der Sache ist ein Beitrag zum Abbau oder zur Vermeidung von Stress. Insgesamt hat Unterrichtsplanung für folgende Bereiche eine wichtige Funktion:

- Information über Zielsetzungen
- Grundlage für die Verteilung und Gewichtung von Inhalten und Verfahren (Vorstellungen, Begriffen, Strukturen, Medien, Arbeitsweisen, Sozialformen)
- Hinweis auf vorzubereitende Arbeitsmaterialien

- Mittel zur Überprüfung der getroffenen Maßnahmen (Nachbereitung)
- Grundlage für systematische Anregungen für den individuellen Lernprozess
- Übersicht über wichtige verbale Äußerungen der Lehrerin: Formulierung von Impuls, Frage, Arbeitsauftrag, Arbeitsanweisung, Überleitung, Sachinformation, Lehrererzählung
- Entlastung der Lehrerin für situationsbedingte Reaktionen, z. B. Detailfragen von Schülern beantworten, auf Argumente eingehen, Vorstellungen und Gedankengänge der Kinder aufgreifen und ggf. klären, Würdigung von Beiträgen, Betreuung einzelner Kinder, spontane Äußerungen nützen.

Selbst im Vorfeld einer kritischen Auseinandersetzung mit „Planungsritualen im Unterricht" kennzeichnet R. Vierlinger Unterricht als Prototypen „eines Handlungsbereiches, der nach Planung verlangt" (Vierlinger 1990, S. 384).

Planung von Unterricht ist problematisch

Das Unterrichtsgeschehen kann gedanklich entworfen werden; insofern ist Unterricht als Vorstellung über den möglichen Verlauf planbar. Unterricht als tatsächliches Geschehen ist dagegen nicht planbar. Dies gilt sowohl für einzelne Situationen, z. B. für den Fall der Unverständlichkeit eines Arbeitsauftrags oder noch einfacher für den Fall der Funktionsstörung eines technischen Geräts, als auch für die Prozess-Gliederung (Artikulation) des Unterrichts, z. B. für den Fall einer nur verschwommenen Zielvorstellung (Zielangabe) des unterrichtlichen Tuns.

Die grundlegende Annahme für die Planung des Unterrichts besteht bereits darin, Lernprozesse in ihrer Grobstrukturierung prinzipiell als allgemein zutreffend anzusehen. Was Lernen ist und wie es vor sich geht, ist nur modellhaft oder skizzenhaft zu beschreiben. Das Problem liegt nun darin, dass dennoch „Ablaufformen" oder „Ablaufrichtungen" (H. Rumpf) des Lernens festgelegt werden. „Fast jede offizielle Stundenplanung, einerlei, ob sie sich auf lehrhandwerkliche Traditionen oder auf psychologisch-didaktische Theorien beruft, tendiert zu einer bestimmten Figur: Es geht vom Fragwürdigen, Problematischen, Erstaunlichen zum Klaren, Gewissen und Sicheren ... Das scheint so selbstverständlich und ist es doch nicht ... Der Hinweis mag gestattet sein, wie unziemlich es unseren Schulverstand anmutete, wenn man allen Ernstes die These verfechten würde, der Lehrgang dürfe auch vom Stabilen ins Erstaunliche, ... vom Besitz in die Schwebe gehen, vom souveränen Drüberstehen ins Verwickeltsein" (Rumpf 1986, S. 53). Allerdings kann dieser Auffassung entgegengehalten werden, dass z. B. Klarheit dadurch entsteht, wenn deutlich wird, dass etwas verwickelt ist. („Und ich dachte immer, das wäre so einfach!") Als Problem für die Planung bleibt: Erkennen, Denken, Lernen verläuft auch in Sprüngen, also vielfach nicht in Stufen, Phasen oder stets gleichen Abfolgen von Schritten.

Die Planung ist abzustimmen

Artikulationsschemata – wie sie in diesem Buch angeboten werden – können nur allgemein beschreiben. Sie müssen auf die jeweilige *Situation* und auf die gegebene Lern-*Sache* abgestimmt werden. Die schablonenhafte Übernahme von Artikulationsschemata führt zu methodischer Starrheit und zur Verformung der Sache, wie es Entwicklung und Gebrauch der Herbartschen Formalstufen zeigen. Die Einengung des Unterrichts in die Zwänge eines Schemas geschah nicht nur in der Nachfolge Herbarts, etwa durch Ziller und Rein, sondern beeinträchtigt auch heute die unterrichtliche Praxis.

Unterrichtsplanung ist abhängig von der komplexen Gesamtsituation, in der Unterricht geschieht. Diese Gesamtsituation ergibt sich aus einem Geflecht von Einzelbedingungen, wie etwa räumliche Verhältnisse, Vorhandensein von Lehr- und Arbeitsmitteln, Schülerinteressen, Arbeitsgewohnheiten von Schülern, Vorwissen und Einstellungen der Schüler und Schülerinnen, emotionale Voraussetzungen, Lehrerpersönlichkeit, Struktur des Lerngegenstandes, Aktualität oder örtliche Gegebenheiten, die in Bezug zum Lerngegenstand stehen. „Ein allgemein gültiges Schema der Artikulation kann es aber nicht geben, weil es verschiedene Lernwege gibt, abhängig vom zu lernenden Sachverhalt, den Voraussetzungen im Schüler, dem angestrebten Ziel, modifiziert durch die situativen Voraussetzungen und die Persönlichkeit des Lehrers" (Glöckel 1990, S. 172).

Zu einem Unterrichtsziel führen in der Regel verschiedene methodische Wege. Die Forderung nach einem abwechslungsreichen Unterrichtsangebot legt die Überlegung nahe, auch die methodische Gestaltung des Unterrichts möglichst vielfältig durchzuführen. Die Entscheidung für eine bestimmte methodische Struktur des Unterrichts hat sich jedoch stets an den genannten Faktoren zu orientieren. „Eine genauere Prüfung zeigt ..., dass zwar verschiedene methodische Wege möglich sind, aber häufig doch Unterschiedliches dabei erreicht wird. Die Aufforderung zu vielfältiger methodischer Gestaltung von Unterricht und zu Methodenwechsel darf demzufolge nicht mit Beliebigkeit verwechselt werden. Kompetente Entscheidungen zur Auswahl und Entfaltung der Unterrichts-

methoden sind erforderlich, die bewusst den Zusammenhang zwischen den einzelnen Dimensionen Rechnung tragen ..." (Vollstädt 2000, S. 9).

Erst eine genügende Unterrichtserfahrung führt zu einer effektiven Handhabung der Unterrichtsplanung. Dazu zählt auch die Entscheidung, in welchem Ausmaß der Konkretisierung die Unterrichtsplanung dargestellt wird. „Auch beim Planen stellt sich ... das Problem des Auflösungsgrades ... Man kann zu grob planen und zu fein; es kommt darauf an, mit dem *richtigen* (i. O. kursiv) Auflösungsgrad zu planen. (Und was, bitte, ist richtig?) ... Mit der Schwierigkeit der Wahl des richtigen Auflösungsgrades bei der Planung hängen manche ‚Entartungen' des Planungsprozesses zusammen. Gerade der Unsichere wird die Tendenz haben, zu genau zu planen" (Dörner 2000, S. 246 f.). Für die Anfängerin im Lehrberuf ist es deshalb erforderlich, auch in der Frage der Unterrichtsplanung den Rat der Personen zu suchen, die für die Ausbildung verantwortlich sind.

1.2 Unterricht wird gestaltet

Jeder Unterricht wird von einer Zielsetzung geleitet. Sofern eine Zielsetzung bewusst vorgenommen wird und deren Umsetzung nach zutreffenden Kriterien erfolgt, so erhält die Planung den Charakter einer Gestaltung.

Die Unterrichtseinheit erhält eine besondere „Form"

Planung und Gestaltung lassen sich als eigene Vorgänge in diesem Zusammenhang nicht klar unterscheiden. Die Gestaltung von Unterricht geschieht bereits im Planungsbereich; in einer Planungsphase fließen schon Gestaltungsaspekte ein. Die Planung wirkt gestaltend auf das tatsächliche Unterrichtsgeschehen (Abb. 1).

Mit dem Begriff „Gestaltung" kann auf den Vorgang, das Geschehen selbst, oder das Ziel der „Formung" eines Vorgangs Bezug genommen werden. Der Vorgang erfährt seine charakteristische Ausprägung, ein „Gestaltungsgedanke" führt zu einem „gestalteten Ganzen". Wird die Zeit als Dimension hinzugenommen, so kann der geplante oder tatsächliche Unterricht als abgeschlossene Einheit mit jeweils charakteristischer Erscheinungsform aufgefasst werden. Unterrichtsgestaltung meint demnach das im Detail geplante oder tatsächlich durchgeführte Unterrichtsgeschehen, das inhaltlich und methodisch unter Beachtung der pädagogischen Situation, von festgelegten Lehrintentionen und zutreffenden Unterrichtsprinzipien geformt wird.

Eine Unterrichtsgestaltung trifft in diesem Sinne auch auf offene Lernsituationen zu: Als Lehrintention wird beispielsweise das selbstständige Einüben des Zehnerübergangs im Zahlenraum bis Hundert oder das eigenständige Erarbeiten von Informationen zum Thema „Igel" festgelegt; als zutreffende Prinzipien gelten hier Selbsttätigkeit, Individualisierung, Handlungsorientierung, Schülerorientierung oder Motivation; das Geschehen ist inhaltlich und methodisch durch die angebotenen Arbeitsmaterialien bestimmt.

1. Wahrung von Schüler-, Sach- und Zielorientierung

Der Begriff der „Gestaltung" führt zwangsläufig zu einem Problem der Interpretation. Der Gedanke, dass damit eine *Konstruktion* im Vordergrund steht oder die *formale Abwicklung* dominierend ist, liegt nahe. In diesem Zusammenhang ist auf die entsprechende Kritik von H. Ch. Berg und Th. Schulze hinzuweisen. Sie erläutern eine „Didaktik der Lehrkunst", die vom Unterrichtsinhalt und nicht von formalen Strukturen bestimmt wird. „Lange Zeit haben wir in der Allgemeinen Didaktik Unterricht vorwiegend wie ein Schachspiel betrachtet ... Da geht es um die prinzipielle Bedeutung und Verwendbarkeit bestimmter Strukturmomente des Unterrichts, ... um Eröffnungsphasen und Stundenabschlüsse, um die richtige Abfolge der Schritte, um strategische Überlegungen und taktische Züge" (Berg/Schulze 1995, S. 11). Im Mittelpunkt der „Lehrkunst" steht dagegen „ein Lerninhalt und eine damit verbundene Lehraufgabe" (a. a. O., S. 60).

Diese kritischen Überlegungen bestätigen uns in den grundlegenden Auffas-

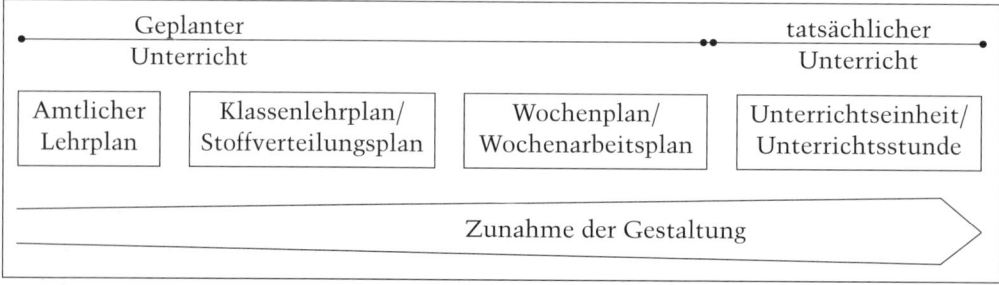

Abb. 1: Unterrichtsplanung hat das Ziel, dem Unterricht eine bestimmte Gestalt zu geben

sungen, dass die jeweilige pädagogische Situation nicht einer formalen Struktur untergeordnet werden kann, und dass der Stellenwert des Untcrrichtsinhalts mit Nachdruck zu betonen ist. Die von H. Ch. Berg und Th. Schulze vorgenommene Charakterisierung kann jedoch hinsichtlich des Ausmaßes der gekennzeichneten Fehlentwicklung nicht geteilt werden. Unterricht wird stets den Anspruch von Kindgemäßheit, Sach- und Zielorientierung und effektivem Lernen wahren müssen.

2. Rückwärts- und Vorwärtsplanung

Die zu beobachtende Praxis der konkreten Unterrichtsvorbereitung zeigt, dass der Planungsprozess nicht den Schritten allgemeiner Strukturmodelle folgt. Vielmehr wird häufig vorab ein Grobziel, in dem auch der Inhalt (!) in den Mittelpunkt gestellt werden kann, formuliert. Daran schließen sich Entscheidungen an, die aus Überlegungen von unterschiedlichen Blickrichtungen her resultieren.
Beispiel (Abb. 2): Ausgehend von einem Grobziel werden in einem ersten Entwurf Teilschritte des Unterrichtsverlaufs entwickelt (1). Zur Umsetzung der geplanten

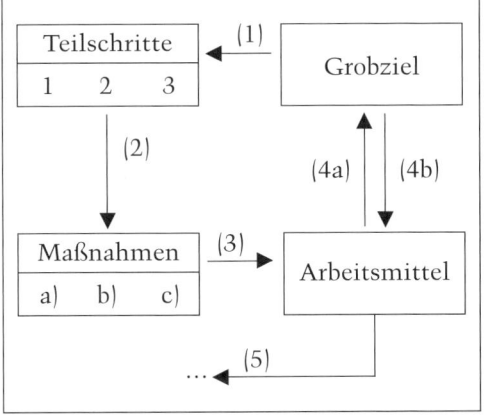

Abb. 2: Rückwärts- und Vorwärtsplanung

Teilinhalte werden methodische Maßnahmen vorgesehen (2), die wiederum die Bereitstellung bestimmter Arbeitsmittel zur Folge haben (3). An dieser Stelle kann es sich zeigen, dass es kein adäquates Medium gibt, um das anfangs vorgesehene Grobziel zu erreichen; so wird also in einer Rückkopplung (4a, 4b) das Grobziel verändert. Weitere Schritte einer Anpassung (5) können folgen.
Indem vom Grobziel ausgegangen wird, handelt es sich bei diesem Beispiel am Schluss um eine *Rückwärtsplanung*. Bei einer *Vorwärtsplanung* plant man so, „wie man auch tatsächlich handelt, und das geht nur vorwärts, weil man leider die Zeit nicht umkehren kann" (Dörner 2000, S. 237). Demnach ist die Planung von Unterricht ein typisches Beispiel für eine kombinierte Vorwärts- und Rückwärtsplanung. Ferner erfahren vorausgegangene Festlegungen eine Modifizierung, da die gedachten Einzelaktionen in ihrer Sinnhaftigkeit immer wieder an den Vorgaben der pädagogischen Situation oder der Sache überprüft werden.

Die Gestaltung in Abhängigkeit von „Konzepten"

Planen besteht also darin, „dass man einzelne Aktionen auf ihre Konsequenzen untersucht, Einzelaktionen probeweise zu Ketten zusammenfügt, um dann die Konsequenzen solcher Aktionsketten zu untersuchen" (Dörner 2000, S. 235). Das Untersuchen (oder Überprüfen) der unterrichtlichen Entscheidungen erfolgt an den vorhandenen Mustern didaktischer oder pädagogischer Konzepte; sie können bewusst in den Mittelpunkt gestellt werden; vielfach beeinflussen aber auch unbewusst vorhandene Konzepte die Überlegungen, z. B. die hohe Wertschätzung einer Erziehung zur Selbstständigkeit, die spezielle Einstellung zu „Fehlern" oder zu Begabung und Intelligenz.

1.3 Unterricht nach Grundsätzen gestalten?

Das Problem, Unterricht nach Konzepten, Regeln und Leitsätzen zu gestalten, soll nun etwas vertieft werden. In den bisherigen Ausführungen sind bereits eine Reihe solcher „Leitsätze" angesprochen worden. Als Unterrichtsgrundsätze oder -prinzipien gelten etwa Kindgemäßheit, Sinnorientierung, Handlungsorientierung, Sachorientierung, Zielorientierung, Leistungsorientierung, Passung, Individualisierung, Strukturierung, Lebensnähe, Erfahrungsorientierung, Wissenschaftsorientierung oder Selbsttätigkeit – um nur einige wenige zu nennen. Leitsätze für eine Unterrichtsgestaltung ergeben sich ferner aus Forderungen an den Unterricht wie z. B. Erziehung zur Toleranz, Förderung der Persönlichkeitsentwicklung, Lernen lernen, ganzheitliches Lernen, Förderung der Ich-, Sach- und Sozialkompetenz, Öffnung des Unterrichts, Lernen mit allen Sinnen, praktisches Lernen, Umwelterziehung, Denkschulung oder Förderung der Kreativität.

Alle diese Forderungen, zu denen im weiteren Sinne auch Unterrichtsgrundsätze gehören, zielen darauf ab, Unterricht eine Qualität bestimmter Art zu geben. Als Teilprobleme des Ansatzes, die Unterrichtsgestaltung durch Leitsätze zu steuern, sind zu nennen:

- Wie lässt sich der vorliegende Leitsatz oder die Forderung ableiten und begründen?
- Welchen Gültigkeitsbereich hat dieser Leitsatz?
- Wie ist seine Gewichtung vorzunehmen im Vergleich zu anderen Leitsätzen oder in Bezug auf die pädagogische Situation oder die Lernsache?
- Welche Teilaspekte sind für einen „Leitsatz" kennzeichnend?

Verschiedene Auffassungen über Leit-Vorstellungen

Das immer wiederkehrende Bemühen, Unterricht zu reformieren, zeigt sich in der Favorisierung einiger weniger Leitsätze. Das Gelingen einer Unterrichtsreform auf diesem Wege kann jedoch nur unter bestimmten Bedingungen erfolgen. Eine dieser Bedingungen besteht darin, dass über die verwendeten Begriffe ein einigermaßen brauchbarer Konsens existiert. Dies ist aber vielfach nicht der Fall. An den Grundsätzen „Kindorientierung", „Selbsttätigkeit" und „Erfahrungsorientierung" kann das Problem der divergierenden Begriffsvorstellungen kurz dargestellt werden.

1. Der Begriff des Kindes als Leerformel

Die zentrale Kategorie für pädagogische Konzepte ist das „Kind". Sie wurde im Jahre 1900 durch Ellen Key in ihrer Schrift „Das Jahrhundert des Kindes" initiiert. Da sich nun auch aktuell eine Reihe konkreter Handlungsanleitungen für das Unterrichtsgeschehen von der „Orientierung am Kind" ableiten, sollte zumindest in groben Umrissen geklärt sein, was darunter zu verstehen sei. Diese Verständigung geschieht aber nur unzureichend oder partiell. Die Unzulänglichkeit von Argumentationen mit ungeklärten Begriffen wird bereits in „Jahrhundert des Kindes" deutlich, wie dies E. Czucka nachweist: „Der Begriff des Kindes ist bei Key als eine Leerformel gesetzt, die sich im Verlauf der letzten Dekaden beliebig füllen ließ" (Czucka 1998, S. 268). Was sich an Problemen im Theoretischen zeigt, lässt sich ohne Schwierigkeit in der Praxis wiederfinden.

2. „Selbsttätigkeit"

Ein komplexes Phänomen wie Unterricht lässt sich nur bedingt auf wenige Leitvorstellungen reduzieren. Für diesen

Fall aber, dass damit Reformen in Gang gebracht werden sollen, müssen die verwendeten Begriffe zumindest einheitlich gebraucht werden und mit Substanz versehen sein. Dies dürfte aber für eine Reihe der aktuellen Leitvorstellungen kaum der Fall sein. Wir wollen dies hier nur am Begriff der Selbsttätigkeit kurz darstellen. J. Kühnel fordert in seinem vor neunzig Jahren erschienenen Buch „Moderner Anschauungsunterricht" eine „völlige Umwertung der Methodik" (Kühnel 1913, S. 8) und formuliert dazu den Grundsatz der Selbsttätigkeit: „Man biete dem Kinde nicht Stoffe, sondern 1. Gelegenheiten, sich des gesamten Erfahrungsstoffes zu bemächtigen, 2. Methoden, die Wissensstoffe sich selbstständig und selbsttätig zu erarbeiten" (a. a. O., S. 111). Die praktische Umsetzung gestaltet sich wie folgt (Ausschnitt): „Seht euch die feinen weißen Blättchen an! Zählt sie! ... Zählt noch andere Blüten! Bruno, hilf dem Max dabei! Wie viel sind es bei dieser? Bei wem ist es auch so? Nun wissen wir also, wie viel weiße Blättchen eigentlich zu jeder Blüte gehören. (Zu jeder Blüte gehören ...). Man kann auch sagen: Jede Blüte hat ..." (a. a. O., S. 136). Demnach haben wir heute „Selbsttätigkeit" im Sinne einer reformpädagogischen Schrift längst erreicht.

3. Erfahrungsorientierung ohne Perspektive?

Eine der Handlungsanleitungen lautet: „Wir orientieren uns an den Erfahrungen des Kindes." Wenn jedoch stets die *spontan* getroffenen Feststellungen und Formulierungen der Kinder bereits als das Ergebnis des Unterrichts angesehen werden, dann wird die „Orientierung am Kind" nur lückenhaft umgesetzt. Schüleräußerungen können vielfach nur *Ausgangspunkt* für weiterführende Überlegungen oder Maßnahmen sein. Die

Weiterführung zielt darauf ab, die Schülerpersönlichkeit in ihren verschiedenen Teilbereichen zu fördern. „Im Lernprozess folgt der Lehrer dem Schüler und unterstützt ihn bei der Freilegung und Strukturierung seiner Anlagen und Fähigkeiten" (Ladenthin/Dahlen 1996, S. 6). Die Kinder müssen sich darauf verlassen können, dass die im Unterricht bearbeitete Sache „stimmt", denn sie „haben im Lehrer einen Anwalt der Sache, damit diese Grundstein für ihre Personalität ist" (a. a. O., S. 8).

Unterricht sollte nicht im Alltäglichen, Belanglosen oder Vordergründigen stehen bleiben; Lehrer und Lehrerinnen haben die Aufgabe, Perspektiven in der Sache und für die Entwicklung der Persönlichkeit anzubieten und diese auch ggf. mit Überzeugung zu vertreten. Es ist wiederholt zu beobachten, dass gute Chancen für eine tief gehende Auseinandersetzung ungenutzt bleiben, weil bestimmte Schüleräußerungen nicht aufgegriffen werden.

Denkansätze zur Unterrichtsgestaltung

Die Verabsolutierung einzelner Aspekte macht Unterricht einseitig, auf die Dauer auch wirkungslos und läuft dem Erziehungsauftrag einer demokratisch ausgelegten Schule zuwider. Was aber hilft die Feststellung der Komplexität von Unterricht demjenigen, der jetzt mit der Gestaltung einer Unterrichtseinheit beginnen soll oder möchte? Der Kompromiss liegt wohl darin, einen Prozess von Lernen oder der Verarbeitung von Informationen anzunehmen, der in vielen Fällen strukturiert ist und auf viele Kinder zutrifft; dabei wird die Darstellung der Struktur so vorgenommen, dass eine mehr oder weniger starke Modifizierung ohne Schwierigkeiten erfolgen kann. Die Festlegung solcher Ablaufstrukturen wird sich auf wissenschaftliche Erkenntnisse und auf eigene Erfahrungen begründen.

Da jedoch dem Anfänger im Lehrberuf Erfahrungen über das Empfinden, Wahrnehmen, Denken oder Lernen der Kinder fehlen, muss er aus der Komplexität von Unterricht Elemente herauslösen, also eine Gesamtwirklichkeit in Einzelteile gliedern oder „den Prozess der Auseinandersetzung entmischen" (Rumpf 1986, S. 51), und nun der Reihe nach bearbeiten. Deshalb sollen hier so genannte „Strukturmodelle" vorgestellt werden. Gerade sie geben dem Anfänger im Lehrberuf die ersten Hinweise, welcher Unterrichtsprozess im jeweiligen Fach grundsätzlich ablaufen könnte. Ferner können Informationen über Unterrichtsgrundsätze und unterrichtliche Einzelmaßnahmen als Hilfe angesehen werden. Sie tragen dazu bei, die Entscheidung für die Methode zu finden, wie sie für die Lernsituation zutreffend erscheint. Das Ziel ist es also, die auf die jeweilige Lehrerpersönlichkeit bezogene individuelle Gestaltung von Unterricht zu ermöglichen.

Diese Eigenständigkeit der Gestaltung wird wesentlich davon beeinflusst, in welcher Weise es der Lehrerin gelingt, *dem Denken der Kinder auf die Spur* zu *kommen*. Einige Anregungen sind u. a. dazu auf der Seite 17 gegeben.

1.4 Hinweise zum Gebrauch des Buches

Inhaltliche Übersicht

Zur Unterstützung von Planung und Gestaltung des Unterrichts werden angeboten:

● Anregungen zur Gliederung des Unterrichtsprozesses, Erläuterung deren Funktion und exemplarische Diskussion;

● Überblick über die allgemeinen Grundlagen des Unterrichtens (z. B. „Anschauung");

● Strukturmodelle zu den einzelnen fachlichen Bereichen des Unterrichts;

● Einblick in die theoretischen Grundlagen der einzelnen fachlichen Bereiche;

● Konkretisierung durch Skizzierung von Unterrichtsbeispielen;

● Hinweise zu wichtigen Einzelmaßnahmen des Unterrichts (z. B. Verwendung des Arbeitsblatts).

Zielsetzungen

Durch diese Informationen sollen die Leserin und der Leser in die Lage versetzt werden, selbstständig und situationsgemäß den eigenen Unterricht von der Planung her zu gestalten. Das Buch beinhaltet also Segmente, die zur Bewältigung der Gestaltungsaufgabe entsprechend zusammengesetzt werden müssen; ein umfassendes *didaktisches Konzept wird nicht entwickelt*. Ebenso wird darauf verzichtet, die Planungsschritte (Lehrplan, Wochenplan, …) im Einzelnen zu erläutern und zu diskutieren; dies ist bereits so konkret geschehen (vgl. Glöckel 1990 oder Peterßen 1996), dass ein weiterer Beitrag nur eine Wiederholung bedeuten könnte.

Formale Hinweise

1. Abkürzungen

Jgst.	Jahrgangsstufe
L	Lehrer/Lehrerin
TA	Tafelanschrift
TB	Tafelbild
S	Schüler/Schülerin
UZE	Unterrichtszeiteinheit

2. Gebrauch femininer und maskuliner Bezeichnungen

Um das Lesetempo nicht zu beeinträchtigen, wird in der Regel nur von „Schülern" oder von „Schülerinnen" gesprochen; es ist damit aber jeweils keine geschlechtsspezifische Unterscheidung gemeint. Analog ist dies bitte auch so zu verstehen, wenn wir von den „Lehrerinnen" (usw.) sprechen. Die einzige Ausnahme bildet die nachfolgende Seite 17.

Dem Denken der Kinder auf die Spur kommen

Nachfolgend sind Beispiele von Äußerungen von Kindern über den Unterricht oder aus dem Unterricht aufgeführt. Sie zeigen die Vielfalt und Originalität der Gedankengänge von Kindern; damit können solche Beispiele Einblick in Vorerfahrungen wie auch in die Bewertung von Sachverhalten geben.

Aus der dritten Klasse:

Thema: „Wie entsteht das Grundwasser?"
Gruppenversuch: Blumentopf mit Sand;
Beobachtungsauftrag: Bei welcher Bodenart sickert das Wasser durch?
Ein Gruppenmitglied verwendet zu wenig Wasser, deshalb ist im Untersetzer kein Wasser zu sehen. Gruppe will ihre Beobachtung gleich aufschreiben: „Sand lässt Wasser nicht durch."
Gruppenmitglied Anna: „Wir müssen den Versuch wiederholen und mehr Wasser verwenden. Ich weiß doch aus dem Urlaub in Italien, dass Sand Wasser durchsickern lässt!"

Die beiden Ziegen

Lesestück: Es erzählt von zwei Ziegenböcken, die sich auf einem Steg treffen; keiner möchte weichen; beide stürzen in den Bach.
Es kommt schließlich die Moral von der Geschichte, und die Lehrerin präsentiert den schon vorbereiteten Satzstreifen mit der (allerdings unzutreffenden) Aufschrift „Der Klügere gibt nach".
Schüler: „Do werds koan Klüagan ned gebn, weil olle zwoa san gleich bläd."[1]

Nachdem die Kinder ein Gedicht im bayerischen Dialekt über die „Christbaamkugl" gehört haben, erfolgen dazu spontane Schüleräußerungen.
Maria: „Wenigstens in da Weihnachtszeit amoi was Bayrisches! Des war einfach schee[2]!"
Pascal: „Und ich habe gar nichts verstanden!"

Im „Dalli-Klick-Verfahren", bei dem die Segmente einer Abdeckung schrittweise entfernt werden, baut sich über den Tageslichtprojektor das ganze Bild auf.
„Senecio" von Paul Klee wird allmählich zur Betrachtung freigegeben.
Später erfolgt im Sitzkreis eine „Reflexion".
Schülerin: „Beim Aufdecken hat der ausgeschaut wie eine Pizza."
Schüler (zum Bild selbst): Siehe Seite 308!

Aus der ersten Klasse: Siehe S. 399!

---

[1] In diesem Fall gibt es keinen Klügeren; denn es sind alle beide gleich blöd.
[2] schön

2. Unterrichtsvorbereitung

Bei der planerischen Arbeit stehen verschiedene Bedingungs- und Entscheidungsfelder im Mittelpunkt. Da sich Unterricht als ein vielschichtiges Phänomen zeigt, ist es hilfreich, einige Elemente aus dem Gesamtgeschehen auszugliedern. In Anlehnung an das so genannte Hamburger Modell von W. Schulz versucht H.-J. Ipfling „die komplexen Zusammenhänge des Unterrichts zu strukturieren": Unterricht „steht in einem weltanschaulichen, gesellschaftlichen und politischen Bezugsrahmen ..., er hat institutionelle, organisatorische und materielle Rahmenbedingungen ...; er ist gekennzeichnet durch allgemein geltende Formen gesellschaftlicher Interaktion ... und schließlich hat er die jeweiligen soziokulturellen Hintergründe und psychischen Bedingungen ... von Schülern und Lehrern zu berücksichtigen" (Ipfling 1999, S. 523 f.). Auf der Ebene von Entscheidungen über die Aufgabe der Grundschule sind beispielsweise Voraussetzungen oder Problembereiche weltanschaulicher oder gesellschaftlicher Art mit einzubeziehen oder zu diskutieren; deren Ergebnisse finden ihren Niederschlag in Erziehungs- und Unterrichtsgesetzen.

Im Folgenden werden Elemente der Planung erläutert, die für die Unterrichtsvorbereitung von Bedeutung sind: Die Klärung von Bedingungs- und Entscheidungsfeldern, die Gliederung von Unterrichtsprozessen und die Darstellung geplanten Unterrichts in schriftlicher Form; schließlich wird zusammenfassend für dieses Kapitel eine Unterrichtsvorbereitung für ein Thema aus dem Fach Deutsch (Lesen, Lese-Erziehung) konkret vorgestellt.

2.1 Teilbereiche klären

Der Unterrichtsvorbereitung für die Praxis gehen Überlegungen zu vier wichtigen Bedingungs- und Entscheidungsfeldern voraus; es sind dies die Aspekte

- der pädagogischen Situation,
- der Sache,
- der Didaktik und
- der Methode.

Die Bearbeitung dieser Schwerpunkte bedarf differenzierter Überlegungen. Sie richten sich jeweils auf Details, die in einer Übersicht dargestellt werden (Abb. 3).
Sich am Anfang der Tätigkeit im Lehrberuf einer schematisierten Vorgehensweise der Planung zu unterziehen, wird vielfach als Entlastung für die Unterrichtsvorbereitung anzusehen sein.
Die Vorgehensweise bei der Planung einer bestimmten Unterrichtsstunde stellt sich jedoch selten linear dar. Selbst für den Fall, dass die „Klärung der Sache" am Anfang der Planung steht, steuern pädagogische oder didaktische Vorüberlegungen und Zielsetzungen schon im Vorfeld die „Sachanalyse" oder sie stehen dabei in einer Wechselbeziehung. Den konkreten Schritten voraus geht meistens eine allgemeine Vorstellung über die Voraussetzungen bei den Kindern, über die Sache oder über Unterrichtsziele. Bei der Sachanalyse werden oft Überlegungen bezüglich der vorzufindenden Medien, der vorhandenen Vorerfahrungen oder der zur Verfügung stehenden Zeit mit einfließen.
W. H. Peterßen weist auf die Wechselwirkung der „Planungsfelder" hin (Peterßen 1995, S. 248).

Bedingungs- und Entscheidungsfelder

Pädagogische Situation

Voraussetzungen im Wissen und Können
des Kindes;
Fähigkeiten und Einstellungen;
Leistungsfähigkeit;
Lernbereitschaft;
sachstruktureller Entwicklungsstand;
Interessen, Wünsche und Bedürfnisse;
Interaktionsverhalten;
Sozialverhalten;
Verhaltenskontrolle;
Beziehungen in der Gruppe der Gleich-
altrigen;
emotionale Reaktionen;
Bewertung einer Sache, eines Vorgangs;
religiöse Einstellungen;
Selbststeuerung, Selbstkonzept;
Zeitauffassung, Zahlauffassung, räum-
liche Orientierung;
Phantasie, Kreativität;
Lehrer-Schüler-Bezug;
Führungsmaßnahmen der Lehrerin;
schulische Arbeitsweisen;
die Klasse als soziales Gebilde;
Größe der Lerngruppe;
Sitzordnung;
Klassenraum;
Unterrichtsdauer und -zeitpunkt;
Arbeitsraum;
Arbeitsmaterialien;
Ausstattung mit technischen Medien.

Sache

Teilbereiche des Lerngegenstandes;
Zusammenhang der Teilbereiche;
Begriffe und Begriffsinhalte;
Wahrnehmungen an der Sache (!);
Aussagen zur Sache (Erfahrungen,
Einsichten, Erkenntnisse);
Aufgabencharakter;
Bildungsgehalt;
Schlussfolgerungen und Interpretationen;
Psyche und Lerngegenstand: kognitiv,
affektiv, instrumental;

Anmutungsqualitäten;
Fachbezug;
Zusammenhang mit anderen Lerngegen-
ständen bzw. Fächern;
Sache und Sprache;
Ergebnisse darstellen als Gesetz, Regel,
Merksatz, Handlungsablauf;
Wahrung der Sachgerechtigkeit.

Didaktische Aufbereitung

Zielsetzungen im Lernprozess;
überfachliche Lernziele;
Zusammenhang von Sache und Kind:
Lebensbedeutsamkeit, Sinnbezug,
Berücksichtigung der Alltagssituation,
Förderung der persönlichen Entwicklung;
Aufbau und Zusammenhänge des
Begriffs;
strukturelle Eigenheiten: exemplarischer
Stoff, örtlicher Bezug, Notwendigkeit der
Elementarisierung, Ergiebigkeit;
Entscheidung für ein Unterrichtskonzept;
Zusammenhänge der Lernsequenz;
Berücksichtigung fachlicher Kategorien;
Leistungsfähigkeit des Kindes in Bezug
auf Arbeitsweisen;
Festlegung von Lernzielen.

Methodische Aufbereitung

Lehr-Lern-Arrangement;
Auswahl von Lernmaterialien und
Medien;
Zuordnung von Tätigkeiten und Lehr-
intentionen;
Zuordnung von Sozial- und Arbeits-
formen zu den Lehrintentionen;
Festlegung von Formulierungen:
Frage, Impuls, Auftrag;
zeitlicher Rahmen für Unterrichtsphasen;
Darstellung von Ergebnissen: Tafelbild,
Folie, Arbeitsblatt, Schaubild, Vortrag;
visuell, verbal, grafisch;
Aktivitäten der Lehrerin.

Abb. 3: Schwerpunkte und Teilaspekte der Unterrichtsplanung

Exemplarische Beispiele:

1. Klärung der Sache – mit didaktischen Konsequenzen; Thema „Symmetrie"

Die Auseinandersetzung mit dem Thema Symmetrie bezieht sich in der Grundschule in der Regel auf die Achsensymmetrie. Die Achsenspiegelungen gehören neben den Punktspiegelungen, Drehungen und Parallelverschiebungen zu den Kongruenzabbildungen. Bei diesen Abbildungen bleiben die Größen aller Winkel und die Längen aller Strecken eines ebenen Gebildes erhalten. Im Falle der Achsenspiegelung ist die Lage der Punkte P zur Lage der Bildpunkte P' durch die Abbildungsvorschrift festgelegt: Ein Punkt P, der nicht auf der Geraden a (Spiegel- oder Symmetrieachse) liegt, wird so abgebildet, dass der Punkt P' auf der anderen Seite von a liegt und die Verbindungsstrecke von P und P' von a rechtwinklig geschnitten und halbiert wird. Die Ausgangsfigur und die Bildfigur kommen bei der Spiegelung an der Spiegelachse zur Deckung.

a) Die Teile sind deckungsgleich

Diese Aussage erscheint einfach. Das Thema Symmetrie wird im Mathematikunterricht auch gerne behandelt, denn u.a. ergeben sich hier mehrere Schüleraktivitäten und es sind einige Erkenntnisse zur Geometrie zu erwarten. An dieser Stelle nun ist ein didaktischer Exkurs angebracht. Er problematisiert kurz die Versprachlichung der hier möglichen Erkenntnisse und die Auswahl von Aktivitäten zur Begriffsbildung „Symmetrie".

Aufgrund der Anschauung ist folgende Formulierung vonseiten der Schüler nicht abwegig: „Die Gerade teilt die Figur in zwei gleiche Hälften." Schon an dieser Stelle entstehen Probleme, wobei die Frage, ob nicht „Hälften" ohnehin schon „gleich" sind, gar nicht diskutiert werden soll.

Kann man von *Hälften* sprechen, wenn es sich um zwei *Figuren* handelt, die *zueinander* symmetrisch sind? Oder: Weshalb sind die zwei Teile beim (großen) M gleich, wenn im linken Teil der schräge Strich von links oben nach rechts unten verläuft und im rechten Teil entgegengesetzt? Also: Ein ebenes Gebilde heißt (achsen-)symmetrisch, wenn es durch eine Gerade in der Weise in zwei Teile zerlegt wird, dass diese durch Umklappung um diese Gerade miteinander genau zur Deckung kommen. Die beiden Teile sind *deckungsgleich*. „Die beiden Teile decken sich genau, wenn ich das Blatt an der Gerade falte (und so die beiden Blatt-Teile aufeinander liegen)."

b) Problem: Von der physikalischen Spiegelung zur Achsensymmetrie

Der letzte Satz ist *methodisch* gesehen aufs Neue problematisch. Wie nämlich kann ich das jetzt behaupten, nachdem keine Figur mehr zu sehen ist? (Es sei denn, es würde ein Transparentpapier verwendet.) Es müsste sich also eine Tätigkeit (z. B. durchstechen) anschließen, dessen Ergebnis die Aussage über die Deckungsgleichheit beweist. Wenn also die Entscheidung getroffen wird, dass bei der Erkenntnisformulierung der Begriff der *Gleichheit* benötigt wird, dann muss er über die *Deckungs*gleichheit herbeigeführt werden; als Tätigkeiten werden dazu das Falten und das Umklappen vorausgehen. Eine Schlussfolgerung daraus zum Unterricht wäre die Festlegung des ersten Teilschritts mit der Überschrift „Wir schneiden Faltfiguren".

Vielfach zeigt es sich in der Praxis, dass es attraktiv und vermutlich für die

Schüler auch motivierend ist, für dieses Thema den Spiegel einzusetzen. Damit lässt sich „zaubern" und manch Erstaunliches hervorrufen. Die Initiierung des Lernprozesses zur Achsensymmetrie mithilfe der physikalischen Spiegelung hat aber seine Tücken.

Zunächst ist die Aussage, die beiden Teile seien gleich, nur eine Behauptung, denn wer wollte schon für sich in Anspruch nehmen, die Stellung des Spiegels und die Blickrichtung so auszuführen, dass tatsächlich Deckungsgleichheit entsteht. Nun kann man dieses Argument sogar für den Fortgang der Anschauung außer Acht lassen, denn offensichtlich verarbeitet unser Gehirn die Wahrnehmung so, dass eine „Gleichheit" zu Stande kommt. Die grundlegende Tücke im Lernprozess besteht darin, dass es gilt, den logischen Knopf zu lösen: Wie kann etwas gleich sein, wenn es außerdem verkehrt ist? Die Teile der (Gesamt-)Figur sind deckungsgleich, aber spiegelverkehrt. Wird also Achsensymmetrie über den Spiegel eingeführt, so muss didaktisch gesehen vor einer Erkenntnisformulierung eine Phase eingegliedert werden, in der aus dem Widerspruch ein erklärbarer Zusammenhang wird.

Dieses Beispiel führt zu einigen Einsichten über die Unterrichtsplanung: a) Die Klärung der Sache ist unerlässlich. b) Aus einer Sachklärung ergeben sich verschiedene Ansätze zur Festlegung der didaktischen Vorgehensweise und der methodischen Maßnahmen. c) Fachlich gesehen mag ein Sachverhalt kurz dargestellt werden können, die didaktische Aufbereitung für den Grundschulunterricht zeigt sich aber als eine sehr anspruchsvolle Aufgabenstellung. d) Mehrere Probleme in der Abschätzung des Lernprozesses zeigen sich erst, wenn sich die Schüler zu ihren Tätigkeiten im Unterricht äußern.

c) „Symmetrie" – ein vielschichtiger Begriff

Eine weiter gehende inhaltliche Verästelung – und damit möglicherweise Verkomplizierung – des Themas Symmetrie soll abschließend mit folgenden Hinweisen angedeutet sein: Der Begriff der Symmetrie ist einem historischen Wandel unterworfen. Im 15. Jahrhundert „bedeutet es noch die Vergleichbarkeit der Teile mit dem Ganzen, während man heute unter Symmetrie die Spiegelsymmetrie (oder Zentralsymmetrie) versteht" (Kaderàvek 1935, S. 43). Diesem früheren Verständnis von Symmetrie entspricht auch noch die heutige Verwendung dieses Begriffs etwa im Bereich der Biologie oder der Musik.

2. Klärung der pädagogischen Situation

Wissen und Erfahrungen der Kinder mit „Familie – Zusammenleben"

Folgendes Wissen könnten die Kinder über die eigene Familie besitzen:

- Anzahl der Familienmitglieder
- Vorname(n) von Vater, Mutter und ggf. Geschwistern
- Bezeichnung für die Mutter des Vaters usw. und deren Namen
- Geburtsdaten einiger Familienmitglieder
- einige besondere Vorkommnisse aus dem Leben der Eltern
- Beruf des Vaters und der Mutter
- Geburtsorte der einzelnen Familienmitglieder
- Ereignisse aus der gemeinsamen Familiengeschichte

Dies sind Situationen, in denen „Familie" (Mutter und/oder Vater) erfahren wird:

- Essen bereiten

- Helfen bei verschiedenen Verrichtungen (z. B. Gesundheitserziehung, Sauberkeit, sich anziehen, Erledigung der Hausaufgabe, Mülltrennung)
- Bereitstellen von notwendigen Einrichtungen und Gegenständen
- Korrigieren von Verhalten
- Festsetzen von Regeln
- Verhalten bei Nicht-Einhaltung von Normen
- Wahrnehmung von Konflikten und Art der Vorgehensweise zu deren Lösung
- Wahrnehmung innerer Vorgänge beim anderen
- Trösten bei Schmerz
- Erklären von Sachverhalten
- gemeinsames Spielen
- Sprechen über Schwierigkeiten
- Art der Zuwendung
- Loben und Bestätigen
- Planen und Durchführen von Unternehmungen
- Art der Kontaktaufnahme mit anderen Familienmitgliedern

Dies sind Aktivitäten des Kindes im Zusammenhang mit „Familie":

- Reagieren auf die Tätigkeiten von Mutter und/oder Vater
- In-Anspruch-Nehmen von Fürsorge- und Pflegeleistungen
- Gebrauchen von Einrichtungen, die den Daseinsfunktionen dienen
- Um Gegenstände oder Tätigkeiten bitten
- Für verschiedene Leistungen danken
- Nach Erklärungen fragen
- Nach Trost und Zuwendung suchen
- Wertungen, Normen und Haltungen aufnehmen
- Stimmungen wahrnehmen
- Geforderte Verhaltensweisen (sich im Haus bewegen, beim Essen, Spielen usw.) durchführen

3. Didaktische und methodische Überlegungen (Auswahl)

a) Problem: Das Arrangement verdeckt den Inhalt

Vor der Entscheidung für eine bestimmte Methode (ein Lernmaterial oder eine Aktivität) bedarf es der Überlegung, ob sie der Sache entspricht und beim Kind ein tatsächliches Lernen bewirken kann. Das Verhängnisvolle vieler Materialien oder Aktivitäten jedoch ist, dass sie als Motivierung zum Tun, als Anreiz zur lustbetonten Tätigkeit, als „schöne Methode" empfunden werden. Sie ereignen sich jedoch nur als Methode und scheinen vom Inhalt unabhängig zu sein.

Dazu aus der Religionslehre ein Beispiel: Tücher in verschiedenen Farben oder Naturdinge symbolisieren Angst, Not, Trauer, Hoffnung, Leben oder Freude. Diese Materialien laufen aber Gefahr, infolge ihres hohen Abstraktionsgrades der *jeweiligen* theologischen Aussage nur in Andeutung gerecht zu werden.

b) Problem: Die spezielle Maßnahme durch eine allgemeine didaktische Erkenntnis begründen?

In vielen Fällen werden einzelne unterrichtliche Maßnahmen dadurch begründet, dass auf eine allgemeine didaktische Erkenntnis Bezug genommen wird. Bei der Ableitung der Entscheidung für Einzelmaßnahmen von übergeordneten Zielsetzungen her ist jedoch zu beachten, dass die Sachgerechtigkeit gewahrt bleibt. Am Beispiel der Frage, ob etwa der Einsatz einer „Fühlbox" bei der Erschließung eines Bildgehalts didaktisch durch den Bezug auf „Lernen mit allen Sinnen" begründet werden kann, soll dieses grundsätzliche Problem aufgezeigt werden.

● *Wie soll die „Fühlbox" begründet werden?*

In Folge der Assoziationen *„mit allen Sinnen* bedeutet *allseitig"* und *„allseitig* wiederum bedeutet *der Gegenstand als Ganzes"* entsteht die Begriffsverwirrung „Lernen mit allen Sinnen" ist „ganzheitliches Lernen". Der Begriff des Ganzheitlichen aber ist auf erkenntnistheoretische Überlegungen oder auf eine psychologische Richtung zurückzuführen. Damit ist es aber noch nicht genug. Der unreflektierte Gebrauch der Begriffe bringt schließlich einen Rückschluss mit falscher Konsequenz hervor: „Der Schüler erfasst und erlebt die Welt ganzheitlich", er „geht das Gegenständliche von verschiedenen Seiten an" (Steurer 1998, S. 416). Dieser Zusammenhang ist jedoch falsch; eine Sachauseinandersetzung unter mehreren Aspekten erfolgt erst nach entsprechenden (schulischen) Lernprozessen.

● *In welchem Zusammenhang steht die Stimmung eines Bildes und die taktile Anmutungsqualität einer Oberfläche?*

Ein Beispiel veranschaulicht dieses Problem: Im Rahmen einer Bildbetrachtung im Kunsterziehungsunterricht sollen die Kinder Zugang zum ausgewählten Bild erhalten. Nachdem sie sich spontan zum Bild geäußert haben, wird u. a. folgender zweigeteilter Arbeitsauftrag gestellt: *1. Fühle die Kärtchen in der Box. Wenn du darüber streichst, spürst du, dass manche besonders gut zu der Stimmung des Bildes passen. 2. Welche Wörter kannst du zu der Stimmung im Bild finden?* Diese Aufgabenstellung hat erhebliche Tücken: a) Unsere Begriffe für die Stimmung eines Bildes und der Anmutungsqualität einer Oberfläche gehen in den meisten Fällen auseinander (z. B. lebhaft, dumpf, traurig, heiter, ernst, kalt,

freudig – rau, glatt, weich, eben, faltig, glitschig, samten, seidig, kantig, filzig); b) Möglicherweise bleibt nur die Unterscheidung *angenehm – nicht angenehm;* dies aber ist eine Aussage mit hoher Abstraktion und widerspricht z. B. einem bereits von J. Kühnel 1913 vorgebrachten Anliegen, dass „jede Erkenntnis zunächst durch Beobachtung zustande kommt und darnach erst … mit dem entsprechenden Namen belegt wird" (Kühnel 1913, S. 98).

4. Exemplarisches Beispiel für die Formulierung von Lernzielen;

Thema „Wörter mit der Vorsilbe zer"

Die Schüler sollen

● von Spielszenen (z. B. „zerschneiden", „zerreiben", …) auf Tätigkeiten schließen und diese nennen;

● Zeitwörter mit der Vorsilbe „zer" aus der Vorstellung und mit Hilfe von Impulsen aufschreiben;

● die gefundenen Wörter mit der Vorsilbe „zer" im Sinnzusammenhang verwenden, indem sie Sätze dazu formulieren;

● Vorgänge oder vorgespielte Tätigkeiten (ein Papier zerreißen, ein Papier zerknüllen, ein Luftballon zerplatzt, einen Holzstab zerbrechen) beobachten und das Ergebnis ohne Verwendung von Wörtern mit der Vorsilbe „zer" beschreiben;

● die Bedeutung der Vorsilbe „zer" beschreiben (auseinander, kleiner machen);

● Verben heraussuchen, die durch die Zusammensetzung mit „zer" in ihrer Bedeutung deutlich verändert werden;

● Verben mit der Vorsilbe „zer" bilden und sinngemäß vorbereiteten Sätzen zuordnen;

● die Bedeutung bisher nicht genannter Verben mit „zer" beschreiben.

2.2 Unterrichtsprozesse gliedern

Ein Teilproblem der didaktischen und methodischen Aufbereitung bildet die *Strukturierung* des zu gestaltenden Unterrichtsablaufs. Dafür werden Begriffe verwendet wie methodische Struktur, Lernorganisation, Lernstufen, Lernschritte, Strukturbild, Strukturierung, Lehrverfahren, Arbeitsstufen, Artikulation. Nachdem auf den Begriff Artikulation häufig zurückgegriffen wird, soll er auch hier im Sinne von Gliederung des Unterrichtsprozesses Verwendung finden.

Artikulation des Unterrichts

1. Reformpädagogische Ansätze

Die Starrheit der Formalstufen in der Nachfolge der Herbartschen Unterrichtslehre war Gegenstand der Kritik der Vertreter der Reformpädagogik. Ihre Hauptforderungen betrafen die Erhöhung der Selbsttätigkeit der Schüler und die Entfaltung der individuellen Persönlichkeit. Dies jedoch stand im Widerspruch zu einer starren Unterrichtsorganisation mit formalem Stufenaufbau. Den reformpädagogischen Ideen entsprachen vielmehr die spontane Schülerfrage und die „freie geistige Schularbeit" (H. Gaudig). Die Stufung zeigte sich nun in einer Gliederung des Arbeits*vorgangs*, z. B. Arbeitsmittel suchen, prüfen und ordnen – Arbeitsplan entwerfen – Arbeitsschritte ausführen – Arbeitsergebnis beurteilen und einordnen (O. Scheibner).

2. Lernpsychologisch begründete Strukturierung

Aus den empirischen Forschungsergebnissen der Lernpsychologie wurden Forderungen für den Aufbau des Unterrichts abgeleitet. Die Artikulation sollte den „Gesetzmäßigkeiten" des Lernens entsprechen. In der lernprozessorientierten Didaktik sind deshalb Begriffe wie Motivation, Spannungszustand, Erfolg, Bereitschaft, Erwartung, einsichtiges Verhalten, Generalisation oder Operation von Bedeutung. Als „Regeln des Unterrichtsverlaufs" nennt etwa W. Correll: Motivierung – Definierung – spontane Verarbeitung – logische Verarbeitung – Verifizierung (vgl. Correll 1976, S. 169–178).

3. Aktueller Diskussionsstand

Die Ausrichtung auf einen Aspekt des Unterrichts, etwa bildungs-, lern- oder handlungstheoretisch, stellt eine Einengung dar. Das immer wieder vorgetragene Anliegen, das Artikulationsschema als *Ausgangspunkt für Modifikationen* zu sehen, wird aktuell verstärkt durch die Forderung nach einer Öffnung des Unterrichts.

Die Verlaufsgliederung konkretisieren

Der Versuch, alle unterrichtlichen Beobachtungen und Erfahrungen auf *ein* Verlaufsschema zu reduzieren, mag zunächst verlockend sein und als Lösung des didaktischen Vermittlungsproblems erscheinen. Eine Auffassung von Lernen als schematischer oder linearer Prozess wird jedoch nirgends vertreten; dem widersprechen Erfahrungen mit dem eigenen Lernen und allgemein lernpsychologische Erkenntnisse (verschiedene Lerntheorien), die individuelle Entwicklung der Kinder und die spezifische Struktur einer Lernsache, die einen je eigenen Zugriff und psychischen Zugang erfordert.

1. Das Schema verändern

Eine ausschließliche oder auch nur vorwiegende Verwendung *eines* Gliederungsschemas führt zur Erstarrung des

Unterrichts. In diesem Fall geht er am Kind, an der Sache, am Lernprozess oder an Erziehungs- und Bildungsaufgaben vorbei. Auf die Gefahren der Verkürzung von Unterricht wurde dazu wiederholt und bereits zu Beginn der Verwendung von „Formalstufen" hingewiesen. „Gleichwohl ist ernstlich davor zu warnen, die ganze Stufenfolge zur unabänderlichen Regel zu machen und dadurch dem didaktischen Mechanismus zu verfallen ... Selbst die Verfasser der ‚acht Schuljahre' (Rein/Pickel/Scheller: Theorie und Praxis des Volksschulunterrichts, 1898; Anm. der Verfasser) bemerken in der ersten Auflage ihres Buches, dass die strenge Durchführung zur Künstelei führen müsse und fordern deshalb ‚Freiheit in der Anwendung'" (Böhm 1910, S. 73).

Unter Berücksichtigung verschiedener Aspekte des Unterrichts entwickelt sich aus dem abstrakten Strukturmodell (Schema) die konkrete Gliederung (s. Abb. 4). Grundlegend sind dabei sachliche pädagogische, didaktische und methodische Aspekte.

Es kann ein allgemeines Ablaufschema für ein Unterrichtsfach oder für einen Lernbereich (s. Abb. 5) erstellt werden. Aus der konkreten Gliederung kann vielfach die Schwerpunktsetzung entnommen werden (s. Abb. 5 unten; Variante links: Offensichtlich soll nach der Arbeit am Text das sprachgestaltende Vorlesen geübt werden; Variante rechts: Nachdem Inhalt und Gehalt geklärt sind, erhalten die Kinder Gelegenheit zu eigenen [kreativen] Sprachäußerungen). Ferner kann aus der Prozessstruktur entnommen werden, welcher Leistungs- und Funktionsbereich angesprochen werden soll (Abb. 5 unten rechts: vorwiegend Wissen; Abb. 6 und 7: vorwiegend Können).

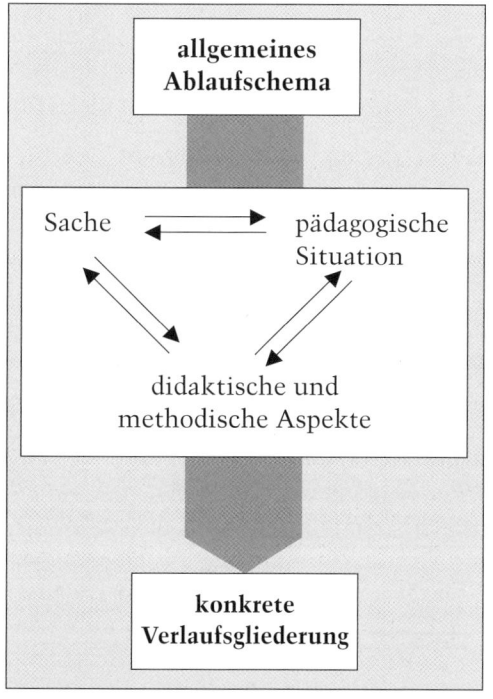

Abb. 4: Transformation durch verschiedene Aspekte des Unterrichts

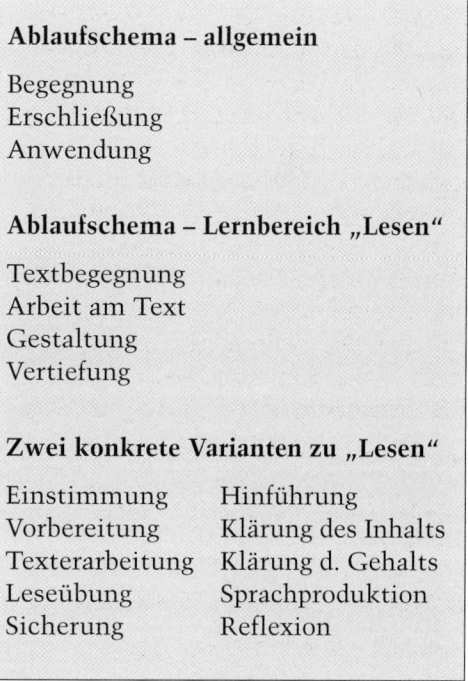

Abb. 5: Das Schema wird konkretisiert

Anknüpfung

Wiederholung und Zielangabe

Übungsphase

Mehrere Aufgabenstellungen mit weiterführendem, übendem Charakter (z. B. S. 233 f.)

Abschluss

Lernfortschritte feststellen; Vertiefung; Auseinandersetzung mit ausgewählten Beispielen individueller Fortschritte oder Schwierigkeiten

Abb. 6: Bekanntes üben

Vorbereitungsphase

- Fertigkeitsübung
- Aufgabenstellung
- Lösung (Vorschläge, Vormachen, Begründen, Erklären, Aufstellung von Kriterien)

Hauptphase

- Erster Durchgang:
  eigenständige Durchführung der neu zu erlernenden Fertigkeit, Besprechung, ggf. Korrektur und Hervorhebung bestimmter Kriterien der sachgerechten Ausführung
- Zweiter Durchgang:
  eigenständige Durchführung unter Beachtung der Sachgerechtigkeit

Arbeitsrückschau

- Bewusstmachen des neu Gelernten
- Klärung individueller Lernwege
- Die neu erlernte Fertigkeit im Gesamtzusammenhang

Abb. 7: Einen praktischen Ablauf lernen

2. Offene Unterrichtsplanung

Allgemeine Schemata werden also nach bestimmten Aspekten abgewandelt und erhalten schließlich ihre konkrete Gestalt. Dies aber ist nur ein erster Schritt, Starrheit und Formalismus zu vermeiden. Weitere Schritte sind dazu erforderlich.

Unterrichtsplanung ist der gedankliche Vor-Entwurf des möglichen Unterrichtsgeschehens. Sobald der Unterricht jedoch seinen Lauf nimmt, erhält das Spannungsfeld von Gedachtem und der Wirklichkeit seine eigene Dynamik. „Das dem realen Unterricht vorgängige Konstrukt hat nur so lange Gültigkeit, hat nur so lange Anspruch auf Verwirklichung, als sich die darin eingegangenen Voraussetzungen als unverändert erweisen. Sobald sich diese aber verändert zeigen, muss auch der Plan verändert werden, und zwar in einem zum Unterrichtsverlauf simultanen Vorgang" (Peterßen 1996, S. 267). Die Offenheit für die Unterrichts*situation* führt deshalb konzeptionell zu Abweichungen des Verlaufs vom konkreten Plan.

Die Ansätze zu einem offenen *Unterricht* jedoch nehmen konsequent die Eigenaktivität des Schülers in den Blick. Demzufolge bestimmen die Schüler etwa über die Inhalte und Art und Intensität der Auseinandersetzung.

Für den Fall der Entscheidung zur Durchführung eines offenen Unterrichts hat die Lehrerin veränderte Aufgaben zu erfüllen. Sie beziehen sich u. a. auf die Diagnostik des individuellen Leistungsstandes, auf Bereitstellung des Materials, auf Unterrichtsführung und -organisation. Nun wird zwar der Lernfortschritt der Kinder über größere Zeiträume hinweg beobachtet, damit entfällt jedoch nicht die Aufgabe, auch eine Unterrichtsstunde zu gestalten. Eine künftige positive Unterrichtsentwicklung wird wesentlich davon bestimmt sein, in welchem Maße es gelingt, Phasen des gebundenen oder offenen Unterrichtens im Lehrprozess zielgerichtet zu platzieren und voneinander klar abzugrenzen. Die Änderung der Unterrichtskonzeption zeigt sich auch in der Artikulation (s. Abb. 8).

Allein aus der Verlaufsgliederung können nicht zwangsläufig Rückschlüsse auf „geschlossenen" oder gar auf „schülerorientierten" Unterricht gezogen werden. Beispiel: Ein gedachter Unterrichtsablauf wird in drei Teilschritte untergliedert. Es erhalten also drei Phasen die Bezeichnung „Teilschritt". Es kann nun vielfach sinnvoll sein, in den „Teilschritten" 1 und 2 enger zu führen, um damit die Grundlage für eine Phase („Teilschritt" 3) zu schaffen, in der die Schüler ein sehr hohes Maß an selbstständiger Sachauseinandersetzung praktizieren können.

Ferner ist zu bedenken, dass eine Strukturierung der Lerninhalte sowohl bei gebundener wie auch bei offener Organisation durchzuführen ist. Die bloße Sammlung von Informationen trägt nur in Ansätzen zur Förderung von Lernprozessen bei. „Eine ungegliederte Anhäufung von Informationen über diese oder jene Merkmale der Situation vermehrt … noch die Unübersichtlichkeit und ist keine Entscheidungshilfe. Es muss alles irgendwie zusammenpassen; man braucht keinen Informationshaufen, … damit man Wichtiges von Unwichtigem trennen kann und weiß, was zusammengehört und was nicht. Man braucht ‚Strukturwissen' …" (Dörner 2000, S. 70). Im Falle einer gebundenen Organisation werden die Inhalte vorwiegend *vor* dem Unterrichtsgeschehen strukturiert, im Falle einer offenen Organisation werden die Inhalte vorwiegend *im* Unterrichtsgeschehen (z. B. in der Phase „Ergebnisse klären") strukturiert.

Hinführung

1. Darstellung der Ausgangssituation
2. Zielsetzung

Erarbeitung

1. Teilschritt
2. Teilschritt
3. Teilschritt

Weiterführung

1. Wertung
2. Vertiefung   *8a*

Vorbereitung

- Anknüpfung
- Fragestellung
- Vorstellung der Arbeitsaufgabe

Durchführung

- Informationsquellen aussuchen
- Informationen entnehmen und bearbeiten
- Ergebnisse vorstellen und ggf. klären
- Ergebnisse fixieren

Arbeitsrückschau   *8b*

Abb. 8: *Tendenz zu gebundener (8a) bzw. zu offener (8b) Organisation*

Unterrichtsphasen benennen

Die Unterteilung des Unterrichtsverlaufs in Schritte bedeutet für die Lehrerin eine große Hilfe sowohl bei der Planung wie auch bei der Durchführung, für die Setzung von Schwerpunkten und für die Organisation, für die Klärung von Zielen und für die Sicherheit in der Unterrichtsführung. Lernprozesse bei Kindern anzuregen und zu fördern ist dabei die übergreifende Zielsetzung.

Die Bezeichnungen für die einzelnen Unterrichtsschritte präzisieren die unterrichtlichen Intentionen. Da es für die Gliederung von Unterrichtsabläufen eine Fülle von Lösungen gibt, sollten auch die verwendeten Begriffe der Artikulation diese ganze Vielfalt der Möglichkeiten erfassen. In den nachfolgenden Übersichten (formal nach Anfangs-, Mittel- und Schlussphase unterteilt) sind Bezeichnungen der Unterrichtsphasen aufgeführt. Hierbei ergeben sich Überschneidungen, wie dies am Beispiel „Übung" ersichtlich wird.

Den einzelnen Übersichten ist jeweils eine Auflistung der möglichen didaktischen Funktionen vorangestellt, die den Unterrichtsschritten in diesen drei Hauptphasen zugeordnet werden können. Ein Vergleich zeigt, dass mehrere Bezeichnungen für die Unterrichtsphasen von den Funktionen abgeleitet sind.

---

1. Anfangsphase

a) Funktionen:

Bereitmachen zur Arbeit, Zugang zum Thema eröffnen, Einstimmung auf den Inhalt, Vorbereitung zur Auseinandersetzung mit dem Lerngegenstand, Zielfindung, Weckung der inneren Teilnahme, Herausforderung der Aktivität, Bereitstellung des Lern- oder Arbeitsmaterials, Isolation des Problems, Abgrenzung des Sachbereichs, Einführung in die Arbeit, Vermittlung eines Eindrucks, Initiierung der Arbeit, Schaffung eines gemeinsamen Informationsstandes bzw. annähernder Voraussetzungen, Rückgriff auf Erfahrungen aus der Lebenswelt der Kinder, Verknüpfung mit vorausgegangenen Unterrichtsinhalten, Erkennen des Vorhabens, Anstoß zum Denken, Mitteilung von Vermutungen, Zentrierung der Aufmerksamkeit, Aufbau einer Motivation, Weckung des Interesses, Erzeugen einer Erwartungshaltung, Konzentration auf die Lernsache, Aktivierung, Herbeiführung der Aufnahmebereitschaft, Anregen zum aktiven Lernen, Aktivierung des Vorwissens, Schaffung eines Problembewusstseins, Hervorhebung bestimmter Aspekte, Aufbau einer intentionalen Spannung, Umgehen mit der Lernsache (erstes Erkunden).

b) Bezeichnungen:

Hinführung, Anknüpfung, Einstieg, Einführung, Einleitung, Einstimmung, Eindruck, Anbahnung, Initiation, Problemsituation, Problemstufe, Problemstellung, Problemformulierung, Problembegegnung, Problementfaltung, Fragestellung, Vermutungsphase, Hypothesenbildung, Arbeitszielsetzung, Planung, Sachfall, Begegnung, Vorbereitung, Fertigkeitsübung, Ausgangssituation, Initialphase, Anwärmphase, Vorübung, Motivation, Eröffnungsphase, Klärung des Ziels

2. Mittelphase

a) Funktionen:

Erreichung einer Lernzielstufe (Einblick, Überblick, Kenntnis, Vertrautheit, Fähigkeit, Fertigkeit, Bewusstsein, Einsicht, Verständnis, Interesse, Bereitschaft), Vermittlung von Wissen, Überprüfung von Fertigkeiten, Generalisierung von Einzelbeobachtungen oder -fakten, Finden der Lösung, Möglichkeit zum Ausdruck, Durchdringung des Sachverhalts, Ausgestalten einer Situation, Umgehen mit Material, Integration in den Zusammenhang, Durchführung einer Operation, Bekanntmachen mit dem neuen Stoff, Sammeln von Gegenständen (Material, Informationen), Entnahme von Informationen, Gewinnung von Informationen, Sensibilisierung für … (z. B. Ausdrucksformen), Weckung der Phantasie, Aneignung von Leistungsformen, In-Beziehung-Setzen von Teilinformationen, Ausbildung des Könnens, Entwicklung einer Lösung, Klärung des neuen Stoffs, kreative Gestaltung, Aufbau von Begriffen, Sacherschließung, Auseinandersetzung mit der Lernsache, Bildung von Erkenntnissen, Prüfen von Beobachtungen (Aussagen), Lösung von Widersprüchen, Überprüfen von Vermutungen.

b) Bezeichnungen:

Erarbeitung, Erschließung, Darbietung, Begegnung, Darstellung, Informationsphase, Informationsgewinnung, Auseinandersetzung, ungelenkte Auseinandersetzung, Stellungnahme, Lösung, Verknüpfung, Aneignung, Problemlösung, Arbeit an der Sache, Durchdringung, Wertung, Integration, Begriffsbildung, Abstraktion, Erkenntnisbildung, Verarbeitung, Ausführung, Gestaltungsphase, Praxis, Informationsverarbeitung, Durchführung der Arbeitsschritte, Kernübung

3. Schlussphase

a) Funktionen:

Herstellung des Lebensbezugs, Verstehen von Einzelheiten im Zusammenhang, Sicherung eines Könnens, Überprüfen des Lernzuwachses, Üben der Leistungsform, Wiederholung des Bekannten, Verknüpfung mit Erfahrungen aus dem Alltag, Reproduktion der gewonnenen Informationen, Anregung zur Weiterarbeit, Integration erworbener Erkenntnisse, Stärkung von Haltungen und Bewertungen, Festigung des Gelernten, Bewusstmachen des Lernzuwachses, Stabilisierung, kritische und differenzierte Prüfung, Aufbau einer weiterführenden Erwartungshaltung.

b) Bezeichnungen:

Anwendung, Ausklang, Ausblick, Wertung, Beurteilung, Urteilsbildung, Sicherung, Ergebnissicherung, Gestaltung, Bewährung, Darstellung, Weiterführung, Verarbeitung, Ausweitung, Lernzielkontrolle, Festigung, Übung, Transfer, Vertiefung, Übertragung, Arbeitsrückschau, Integration, Prüfung der Ergebnisse

2.3 Ein Darstellungsschema wählen

Das gedankliche Bild des möglichen Unterrichtsverlaufs bedarf einer schriftlichen Fixierung. Ein Darstellungsschema bietet dazu eine Strukturierungshilfe an. Fast alle Vorschläge zur Strukturierung bevorzugen die spaltenweise Anordnung. Den Spalten sind didaktische oder methodische Kategorien zugeordnet wie Inhalt, Lehreraktivität, Medien, Sozialformen, Interaktion oder didaktischer Kommentar. Je mehr Aspekte berücksichtigt werden sollen, desto differenzierter aber auch umfangreicher wird die Darstellung.

Im Hinblick auf die praktische Verwendbarkeit im Unterricht muss aber die Form der Darstellung der Lehrerin eine rasche Orientierung ermöglichen: Die Spaltenzahl ist deshalb möglichst gering zu halten. Da Abläufe in der Regel von links nach rechts und von oben nach unten dargestellt werden, sollten auch in dieser Reihenfolge die Einzelmaßnahmen genannt werden; für die *Verwendung* im Unterricht ist es beispielsweise ungünstig, als erste Spalte das „Erwartete Schülerverhalten" zu nennen (siehe Heimann, P./Otto, G./Schulz, W.: Unterricht. Analyse und Planung. Schroedel, Hannover u. a. 1965, S. 47).

Ferner sollten voneinander abhängige Maßnahmen in räumlicher Nähe bzw. aufeinander bezogene Hinweise in derselben Höhe stehen. Eine Verwendung von Kategorien wie „Methode" oder „Unterrichtsverlauf" ist davon abhängig zu machen, inwieweit diese Begriffe geklärt und aufbereitet sind, denn sie benennen jeweils einen sehr umfassenden Sachverhalt.

| Methodischer Aufbau | Unterrichtsbeitrag des Lehrers | Unterrichtsbeitrag der Schüler | Beabsichtigte Wirkung |

(Rabenstein/Haas 1967, S. 51)

| Stufenplanung Verfahren | Ziele/Inhalte mit Verlaufssteuerung | Sozialformen/ Medien/Organisation |

(Einsiedler 1977, S. 521)

| Artikulation | Lerninhalt | Lehrer-Schüler-Interaktion | Medien | Sozialform |

| Artikulation | Unterrichtsverlauf/ Lerninhalte | Sozialform | Medien |

| Artikulation/Inhalt | Unterrichtsaktivitäten/ Sozialformen/Medien |

Auswahl eines Darstellungsschemas

Die auf S. 30 gezeigten Schemata sind praktikabel und wurden oder werden zur Darstellung der Unterrichtsverlaufsplanung verwendet.

Die Diskussion der formalen Seite der Verlaufsdarstellung hat ihre Berechtigung, denn die Auswahl eines bestimmten Schemas wirkt sich auf den Aufbau des Lehrprozesses aus. Der Inhalt ist in vielen Fällen auch von der Form abhängig. Das Schema zwingt zur Reflexion über die festgelegten Aspekte des Unterrichts, es kann aber auch einengen oder wesentliche Elemente vernachlässigen oder die nötige Klarheit verhindern.

In der Praxis finden Darstellungsschemata Verwendung, in denen auf den Unterrichtsinhalt nicht ausdrücklich verwiesen ist. Dies kann gerechtfertigt sein, wenn eine Übereinkunft dazu besteht, dass etwa in „Unterrichtsablauf", „Lehr- und Lernvollzug" oder „Bildungsabsicht" der Unterrichtsinhalt eingegliedert ist. Dies ließe sich wie folgt begründen: Im Unterricht geschehen Akte des Lehrens und Lernens; sie haben Bildung zum Ziel. Lehren regt zum Lernen an, begleitet und fördert es. In einem Vorgang des Lernens werden Inhalte angeeignet.

Es erweist sich als nicht sinnvoll, ein bestimmtes Darstellungsschema verbindlich festzulegen. Jede Lehrerin und jeder Lehrer verbindet mit den aufgeführten Begriffen eigene, individuelle Vorstellungen. Bereits in der Ausbildung zeigt es sich, dass die jungen Lehrerinnen und Lehrer eigene Muster zur Unterrichtsdarstellung entwerfen. Vor einer Entscheidung für das individuell passende Darstellungsschema sollten jedoch Richtigkeit, Logik und Brauchbarkeit geprüft werden. Ein ungünstiges Darstellungsschema wird an folgendem Beispiel aufgezeigt (Schrägstrich bedeutet „neue Spalte"):

Stufen/Lehrer-Tätigkeiten, Anmerkungen zum Unterricht/Schüler-Tätigkeiten/Materialien, Medien, Sozialformen.
Der Mangel besteht hier darin, dass eine konzeptionell nicht haltbare Auffassung über Unterricht transportiert wird: 1. *Anmerkungen zum Unterricht* stehen in Verbindung mit den *Lehrer-Tätigkeiten* und werden von den *Schüler-Tätigkeiten* getrennt. Demgegenüber wird hier die Auffassung vertreten, dass die Tätigkeiten der Lehrerin *dem Lernen der Kinder* dienen; damit kann von Unterricht erst gesprochen werden, wenn die Schüler mit einbezogen sind. 2. Es ist nicht ersichtlich, an welcher Stelle der Lerninhalt zum Tragen kommt. Der Inhalt aber gehört zu den „Kernfeldern für die Planung von Unterricht" (Peterßen 2003, S. 74 f.). Dieses Darstellungsschema ist im Blick auf eine Weiterentwicklung einer sinnvollen Unterrichtsgestaltung nicht zukunftsfähig.

Hinweise zu einem gewählten Darstellungsschema

Das auf S. 30 am Schluss gezeigte Darstellungsschema wird mehrfach in diesem Buch verwendet. Dabei bedeuten

- *Artikulation* die (vermutete) Gliederung des Unterrichtsprozesses;
- *Inhalt* die angestrebten Lerninhalte, umfassend verstanden als Kenntnisse, Fertigkeiten, Fähigkeiten, Werthaltungen, Einsichten, Problemlösungen.
- *Unterrichtsaktivitäten* die beabsichtigten Tätigkeiten von Lehrer und Lehrerin, Schüler und Schülerin. (Der Begriff Lehrer-Schüler-Interaktion wurde nicht gewählt, da Interaktion bereits eine qualitative Aussage ist und sich erst situativ bestätigen lässt.)
- *Sozialformen* und *Medien* siehe S. 84 bzw. S. 90.

2.4 Unterrichtsvorbereitung – dargestellt an einem Beispiel

Am Beispiel der Arbeit an einem lyrischen Text (vgl. Maras/Voggenreiter 1977) soll nun dargestellt werden, wie sich die grundsätzlichen Aussagen zur Planung im Zusammenhang eines konkreten Unterrichtsthemas zeigen. Als Text wurde „Winternacht" von Joseph von Eichendorff gewählt. Die Vorüberlegungen sind ausführlich gehalten. Dadurch kann der Weg der didaktischen Reduktion anschaulich herausgestellt werden; ferner wird dabei die besondere Leistung der Grundschullehrerin sehr deutlich, da es nämlich häufig gilt, komplexe Sachverhalte zu vereinfachen und damit auf die Leistungsfähigkeit der Kinder abzustimmen.

Winternacht
(Joseph von Eichendorff)

Verschneit liegt rings die ganze Welt,
ich hab nichts, was mich freuet,
verlassen steht der Baum im Feld,
hat längst sein Laub verstreuet.

Der Wind nur geht bei stiller Nacht
und rüttelt an dem Baume,
da rührt er seinen Wipfel sacht
und redet wie im Traume.

Er träumt von künftger Frühlingszeit,
von Grün und Quellenrauschen,
wo er im neuen Blütenkleid
zu Gottes Lob wird rauschen.

Klärung der Sache

1. Stoff

Ein Gedicht stützt sich inhaltlich auf ein Motiv, das nur ein situatives Schema darstellt. Die Situation wird im vorliegenden Gedicht in der Überschrift genannt: „Winternacht", die von Eichendorff gewählt wurde.

Indem ich nun den Inhalt des Gedichts in anderen Worten wiederzugeben versuche, kann ich nachprüfen, wie es mit der stofflichen Grundlage bestellt ist: Ein Baum steht im Winter verlassen da, er hat kein Laub, alles um ihn herum ist verschneit. Wenn aber des Nachts der Wind durch seinen Wipfel geht, spürt er die Bewegung und träumt davon, dass im Frühling Leben in ihn und in die umgebende Natur zurückkehren wird.

a) „Ich" und „Baum"

An dieser Inhaltswiedergabe wird deutlich, dass die stoffliche Komponente bereits literarisch vorgeformt ist. Es handelt sich dabei um eine Anthropomorphisierung, um ein Geschehen mit „märchenhaftem" Charakter; es erscheint real, wenn ein Baum träumt. Weiter fällt es schwer, das „ich", von dem das Gedicht spricht, in eine Inhaltsangabe einzuordnen. Nähme man das „ich" herein, müsste mehr über diese „Person" ausgesagt werden, müsste sie konkret umrissen, benannt, beschrieben werden. Das Gedicht kann darauf verzichten, den Bezug zwischen „ich" und „Baum" zu schildern. Es braucht beides nur unverbunden zu nennen, dann stellen Leser und Leserin, Hörer und Hörerin, den Bezug selbst her.

b) Winter und Frühling

Man könnte den Inhalt noch weiter von der Form abstrahieren, indem man die anthropomorphe Vorstellung „träumender" Baum weglässt, dann erhielte man als Aussage: Ein Baum hat im Winter kein Leben – im Frühling wird das Leben wiederkehren. Damit klingt das Thema „Wechsel der Jahreszeiten Winter – Frühling" an, oder auch als Frage gestellt: Wie kann es angesichts eines tristen Winters doch wieder heiterer Frühling werden?

c) „Nacht" als lyrische Situation

Die Komponente „Nacht" bleibt inhaltlich umso weniger von Belang, je stärker man von der anthropomorphen Bildhaftigkeit (träumender, fühlender Baum) absieht. Die Situation „Nacht" ist jedoch für das Gedicht bedeutungsvoll, weil in ihr ein Traum stattfinden kann. In der Nacht kann nach romantischer und vor allem Eichendorff'scher Auffassung (Weltsicht?) am ehesten ein Märchen (redender Baum) und ein Geheimnis der Natur (Wechsel von Winter zu Frühling, „Wunder" des Lebens) Ausdruck finden. Der helle Tag mit seiner Alltagsgeschäftigkeit ist ungeeignet als Rahmensituation für das, was uns Eichendorff mitteilen will.

Winternacht ist ein lyrisches Motiv mit zwei Komponenten: Winter und Nacht. Die eine schlägt das Thema an, die andere ist die lyrische Situation, in der Märchen und Geheimnis Platz haben.

2. Form

a) Metrik

Im Gedicht wechseln Senkung und Hebung ab. Es handelt sich um Jamben. Jeder Vers beginnt mit einer Senkung, einem „Auftakt". Jeweils die erste und dritte Zeile jeder Strophe hat vier Hebungen und schließt männlich, jeweils die zweite und vierte Zeile ist dreihebig und schließt weiblich.

Die Gleichförmigkeit, ja Eintönigkeit in der metrischen Akzentuierung ermöglicht es – so paradox es klingen mag –, dass der Leser große Freiheit gewinnt: Er kann seine Atempausen wählen, wie es ihm am günstigsten erscheint, also Sprechgruppen nach eigenem Ermessen teilen oder zusammennehmen; er kann sich von einer sicheren äußeren Basis aus dem innewohnenden Gehalt zuwenden.

b) Reim

Der Reim folgt dem Schema *ab ab, cd cd, ef ef* und ist ein Kreuzreim, der jeweils die erste und dritte, die zweite und vierte Zeile innerhalb einer Strophe miteinander verbindet. Er koppelt die Halbstrophen zusammen, überspringt aber nicht die Strophengrenzen.

c) Wort

Von der Ebene der Wortwahl erschließt sich dieses Eichendorff-Gedicht zusätzlich auf exemplarische Weise.

Erste Strophe

In der ersten Strophe wird die Situation mit Begriffen, die nur genannt werden, aufgebaut: *ich – Welt – (keine) Freude*
Baum – Feld – (kein) Laub.
Dieses Schema zeigt, wie die Sphäre des *ich* parallel zur Sphäre des *Baumes* erscheint, beide also in Vergleich gesetzt werden. So verlassen der Baum ohne Laub ist, so bin ich ohne Freude, wenn die Welt verschneit liegt. Durch die Parallelisierung der beiden Aussagen wird es möglich, beide ineinander zu sehen, sie wie zwei Seiten ein und derselben Sache zu betrachten.

Rings um Baum und „ich" ist alles konturenlos. Verben sind ohne Bewegung *(liegt, steht, hab).* Kein Klang, keine Farbe. Das Schöne *(Freude, Laub)* ist *ver*gangen. Nimmt man dies alles zusammen, so ist der Winter nicht nur eine Zeit des Schnees, sondern vor allem eine Zeit der Einsamkeit, der Vereinzelung, der Leblosigkeit, in der nichts mehr erfreut.

Zweite Strophe

Das ändert sich mit der zweiten Strophe. Verben der Bewegung *(geht, rüttelt, rührt, redet)* treten auf. Hier bestehen nicht zwei Zustände unverbunden nebeneinander, sondern eine Handlungsabfolge in kausalem Zusammenhang über alle vier Zeilen der zweiten Strophe. Die Steigerung in den Verben *(geht – rüttelt; rührt – redet)* verhilft dazu, den qualitativen Umschlag zur Eigenbewegung und dann zum Reden wie im Traum vorzubereiten.

Dritte Strophe

In der dritten Strophe finden wir Worte der Anschauung: Farbe *(Grün)* und Klang *(rauschen)* sprechen unmittelbar die Sinne an; die Frühlingspracht wird nicht durch Beschreibungen veranschaulicht, sondern durch Aufzählung von Nomina; diese werden gehäuft, zusammengesetzte Substantive (mehrsilbig) setzen neue Akzente; es ist wieder ein Zustand, aber kein lebloser, sondern ein belebter; Adjektive sind da *(künftig, neuen)* und weisen auf das Kommende hin.

3. Gehalt

Thematisch geht es Eichendorff um das „Wunder", wie aus Leblosigkeit des Winters wieder Lebendigkeit des Frühlings, oder, für den menschlichen Bereich, aus der Freudlosigkeit des Daseins wieder Freude am Leben werden kann.
Durch das Beispiel des Baumes gewinnt er für sein Problem den Hintergrund der Natur: Wie naturgesetzlich auf die Jahreszeit Winter der Frühling folgen wird, so kann sich der Mensch im Zustand der Verlassenheit aufrichten an der Zuversicht, dass neues Leben wiederkehren wird, hoffen darauf, dass eine Wiedererneuerung möglich wird. Dazu bedarf es einer, vielleicht auch nur geringfügigen Bewegung von außen – eines Anstoßes –, und die Seele gewinnt die Ahnung der künftigen Freude.

In diese Hoffnung auf eine neue, bessere Zeit gehört auch Gott, der seine Schöpfung so eingerichtet hat – in der Natur und (damit!) auch im Menschen –, dass Zeiten der Entbehrung und Leere, dass Einsamkeit und Freudlosigkeit, Zeiten der Enttäuschung und Verbitterung nicht fortwähren.

Bildungsgehalt

Literatur im Unterricht zu behandeln fand und findet verschiedene Begründungen: Sie sei Mittel zur sittlichen Erziehung, lasse uns der Kunst begegnen, fördere kommunikative Kompetenz, dialogische Fähigkeiten, aktives und produktives Verhalten oder Kritikfähigkeit und lasse uns Sprache als mediales Instrument bewusst werden.

1. Begegnung mit dem Ich

Lyrische Texte insbesondere bieten die Möglichkeit, seinem Inneren, sich selbst, zu begegnen; es entsteht eine Begegnung mit Ratio und Gefühl.
Welt (Gegenstände, Lebewesen und Vorgänge) hat nicht nur feste, klare, sachlich bestimmbare Konturen, sondern auch Phänomene der Unschärfe und Unklarheit – möglicherweise sind die festen Konturen von uns nur als „fest" interpretiert. Welt hat Gefühlswert für uns, Anmutungsqualitäten. Sie freut uns, flößt uns Furcht ein, erweckt Wünsche, Sehnsüchte, Ahnungen. Informationen dieser Art übermitteln uns Gedichte.
Eine Begegnung und Auseinandersetzung mit lyrischen Texten bietet die Möglichkeit zur Interpretation oder einer vertieften Schau der Welt um uns oder der Welt des eigenen Ichs. Gedichte machen bewusst, dass es vielfältige Zugänge zur äußeren und inneren Realität gibt. Sie öffnen den Sinn des Kindes dafür, dass es Mitteilungen gibt, die über

ihre buchstäbliche Aussage hinausweisen, deren Bedeutsamkeit nicht im augenscheinlichen Inhalt allein, sondern in den mitübertragenen Stimmungen, Befindlichkeiten, Erfahrungen und Erlebnissen liegt.

Die Auseinandersetzung mit dem vorliegenden Gedicht bietet eine außergewöhnliche Chance, diese o. g. Aspekte einer Persönlichkeitsbildung bereits in der Grundschule unterrichtlich umzusetzen. Es fällt leicht, die in der Textanalyse dargelegten Gesichtspunkte mit diesen Aspekten in Zusammenhang zu bringen.

2. Die Innen-Welt ins Bild setzen

Über die Erfüllung allgemeiner Zielsetzungen hinaus ist „Winternacht" ein Beispiel dafür, wie die Gegebenheiten der Natur Menschen in ihren Befindlichkeiten und Gedanken beeinflussen, und umgekehrt, wie man durch Naturdinge gleichnishaft den eigenen Seelenzustand ins Bild setzen kann. Damit wird bei Kindern die Erkenntnis vorbereitet, dass unsere eigene Innen-Welt Reichtum besitzt, der aber erst erahnt und entdeckt werden muss; äußere Anstöße – u. a. Gedichte – eröffnen den Weg zu dieser Innen-Welt.

„Winternacht" birgt eine weitere aktuelle Komponente: In ihm werden Natur und Mensch ineinander gesehen – eine Weltsicht, die für die Lösung des menschlichen Irrwegs im Umgang mit der Natur unerlässlich ist.

Schließlich besteht die Bildungsbedeutsamkeit einer Beschäftigung mit diesem Gedicht, neben den genannten Komponenten psychischer, ethischer und weltanschaulicher Art, darin, dass literarisch gesehen, die Übereinstimmung von Wort und Gehalt sehr deutlich („Durchschaubarkeit") aufgezeigt werden kann.

Didaktische und methodische Überlegungen

1. Zielsetzungen und Lernvoraussetzungen

Der vorliegende Text eröffnet die Möglichkeit, neun- oder zehnjährigen Kindern ein Beispiel für das „lyrische Ich" zu geben. Schüler in diesem Alter sind in der Lage, von äußeren Vorgängen auf innere zu schließen. Die unterrichtspraktischen Erfahrungen mit der Arbeit an Fabeln zeigen, dass die Schüler von einer Begebenheit bei Tieren auf Aussagen über den Menschen schließen können.

Im Falle der Fabeln wird diese Übertragung erleichtert, da hier die Tiere schon im Ansatz wie Menschen agieren, vor allem sprechen. Bei einer vorausgegangenen Arbeit an Fabeln wird den Kindern der Zugang zum Gehalt von „Winternacht" gelingen können.

Der Schwerpunkt der unterrichtlichen Arbeit an „Winternacht" soll hier auf die Herstellung des Bezugs zwischen „Baum" und „ich" gelegt werden.

Es ist zu vermuten, dass die Kinder mit der Situation „Winter und Nacht" eigene Erfahrungen verbinden, wie dies etwa folgende Schüleräußerungen zum Ausdruck bringen (Einstieg mit Bild eines kahlen Baumes; Nennung des Titels „Winternacht"):

- *In einer lauen Winternacht stand mitten in der Wiese ein kahler Baum. Der Wind verwehte die Äste des Baumes.*
- *Es könnte dunkel sein.*
  Es könnte kalt sein.
  Es könnte leblos sein.
  Es könnte still sein.
- *Es könnte sein, dass in einer eiskalten Winternacht ein furchtbarer Sturm aufgekommen ist und die kleinen Tiere sich in ihre Nester zurückziehen.*
- *Es könnte sein, dass es ein Wintertraum ist. Es könnte sein, dass der*

Baum alleine ist. Der Baum schwingt im Wind. (!)

- *Es könnte sein, dass es schneit und kalt ist, und dass die Straßenlaternen leuchten. Alles ist still und die Lichter gehen in den Häusern aus.*

2. Methodischer Ansatz

Die Arbeit an „Winternacht" in einer 4. Klasse ist eine anspruchsvolle Aufgabe. Um der oben genannten Schwerpunktsetzung gerecht zu werden, fällt die Entscheidung zunächst für einen gebundenen Aufbau (s. u. „Lernziele" und „Unterrichtsverlauf"). Unter folgenden *Voraussetzungen* kann jedoch ein Aufbau des Unterrichts gewählt werden, der sich situativ, gemäß der Schülerreaktionen entwickelt:

- Wissen, dass in manchen Texten Vorgänge in der Natur eine Aussage über Vorgänge bei(m) Menschen machen und dies selbstständig auf einen Text beziehen können;
- Fähigkeit, bei Nennung einer Überschrift, eigene Vorstellungen und Erfahrungen bildlich oder in Worten selbstständig darzustellen;
- Wissen, dass beim Lesen eines Gedichts eigene Erfahrungen und Erinnerungen aktiviert werden.

Damit ist der Weg für eine offene Unterrichtsgestaltung in Bezug auf den Zugang zum Inhalt und Gehalt möglich. Dies wird nachfolgend unter „Variante im Aufbau des Unterrichts" dargestellt. Im Vergleich zeigt sich Folgendes:

1. Die Sicherheit im Sachwissen (hier: Textanalyse) ist die Grundlage sowohl für den *gebundenen* wie auch für den *offenen* methodischen Ansatz.

2. Die Impulse zur Erschließung können in beiden Fällen angewandt werden.

3. Lernziele

Die Schüler sollen

- ihre eigenen Gedanken zum Begriff „Winternacht" niederschreiben;
- ihre Vorerfahrung und ihr Vorwissen nach dem Hören des Gedichts „Winternacht" (Joseph von Eichendorff) im Klassengespräch spontan äußern;
- zu einer selbst gewählten Stelle des Gedichts Gedanken oder Vorstellungen (z. B. zu Winter, Traum, Baum, Baum redet, Baum – ich) oder Fragen (z. B. zu Wipfel, künftger, Quellenrauschen, „ich") konkret darlegen oder nennen;
- aufgrund von Impulsen stoffliche Komponenten des Gedichts (Winter – Nacht – „Frühling" – Anthropomorphisierung bzw. „Märchenhaftes" – „ich" als weitere „Person") nennen;
- in Gruppenarbeit den wesentlichen Inhalt des Gedichts, als „Überschriften" zu den drei Strophen (*sinngemäß:* Baum ist verlassen – Wind rüttelt am Baum – Baum träumt), formulieren;
- den im Gedicht beschriebenen Vorgang (Baum verlassen – von außen angestoßen – träumt) auf den Menschen beziehen und mit Hilfe eines Klassengesprächs diesen analogen Vorgang durch korrespondierende Sätze (z. B. Ich bin einsam – es spricht jemand mit mir – ich beginne zu hoffen) wiedergeben;
- zu dieser Erkenntnis über den analogen Vorgang bei Menschen Beispiele von eigenen Erfahrungen nennen.

Unterrichtsverlauf

(mit Tafelbild und exemplarischem Arbeitsblatt s. S. 37–40)

Organisatorische Vorbereitung:

Wandbild, Zeilen an der Tafel (siehe TB), Wortkarte (Aufschrift „Ich"), Tafelkreide, Arbeitsblatt; Block, Bleistift.

Artikulation/ Inhalt	Unterrichtsaktivitäten/ Sozialformen/Medien

I. Vorbereitung

1. Hinführung zur Rahmensituation

„Baum im Winter"
Dieses Bild passt zu einem Gedicht, das ich ausgesucht habe.

Wandbild (s. TB)
L

2. Überlegungen zur Überschrift

Der Schriftsteller dieses Gedichts hat sich gerne in der Natur aufgehalten. Er hat seinem Gedicht folgende Überschrift gegeben: Winternacht.

L

Winternacht

TA

Vielleicht hast auch du einen Gedanken, was in dem Gedicht vorkommen könnte.

L

Beginne so: Es könnte sein, dass …

Folie; S notieren ihre Gedanken auf (Blockblatt); S äußern sich

II. Textbegegnung

„Winternacht" (von Joseph v. Eichendorff)

L trägt vor, S äußern sich; L trägt nochmals vor

III. Inhaltliche Klärung

1. Schritt: Eigenständiger Zugriff
Lies das Gedicht durch und suche dann eine Stelle aus, zu der du uns etwas sagen möchtest!

Auftrag; die S lesen den Text (Arbeitsblatt) – auch mit Mundbewegungen! kein Zeitdruck; S äußern sich

2. Schritt: Gelenkte Auseinandersetzung
Nun gebe ich dir ein paar Hinweise zum Nachdenken und Nachlesen:

L

a) Diese Geschichte passiert in einer bestimmten Jahreszeit!
b) Auch eine bestimmte Tageszeit ist hier wichtig!
c) Der Baum stellt sich mitten im Winter eine andere Jahreszeit vor!
d) Der Baum kann hier träumen!
e) Der Baum ist die Hauptperson. Du findest in diesem Gedicht noch eine andere „Person"!

Impulse;
jeweils mit Äußerungen der S

3. Schritt: Kurze inhaltliche Wiedergabe
Damit wir dieses Gedicht gut verstehen, müssen wir über den Inhalt Bescheid wissen.

Vortrag des Gedichts;
L

Versucht nun in der Gruppe, zu einer Strophe das Wichtigste in einem Satz auszudrücken.

Auftrag

Artikulation/ Inhalt	Unterrichtsaktivitäten/ Sozialformen/Medien
Drei verschiedene Aufgabenstellungen:	Gruppenarbeit

Drei verschiedene Aufgabenstellungen: Gruppenarbeit
- Aufgabe 1 – Gruppe 1: Siehe Arbeitsblatt, Abb. 11
- Aufgabe 1 – Gruppe 2; wie Arbeitsblatt für Gruppe 1;
abweichend dazu folgende Aufgabe:
In der dritten Strophe wird uns gesagt, dass der Baum träumt.
Versuche nun in der Gruppe folgende Frage zu beantworten:
Weshalb kommt es dazu, dass der Baum zu träumen beginnt?
Bei der Antwort auf diese Frage hilft es dir, wenn du in
der zweiten Strophe nachliest.
- Aufgabe 1 – Gruppe 3; wie Arbeitsblatt für Gruppe 1;
abweichend dazu folgende Aufgabe:
Arbeitet bitte in der Gruppe an der *dritten* Strophe ...

Auswertung   Klassenarbeit;
1. *Inhalt* (s. TB, Abb. 9)   dazu entsprechende TA

IV. Gehalt

Wir haben mit wenigen Worten notiert, was sich   L
in der „Winternacht" ereignet.
Nun werden wir noch einmal darüber nachdenken.
2. *Wir denken darüber nach*   TA durch L

In diesem Gedicht gibt es eine Stelle, an der die Person   Impuls,
wechselt.   S äußern sich;
                                                              L heftet Wortkarte (mit
                                                              Aufschrift „Ich") unter
                                                              Punkt 2 des TB

Könnte es uns ähnlich wie diesem Baum ergehen?   Frage
Versuche diese Frage in Partnerarbeit zu beantworten.   Auftrag
                                                              Partnerarbeit

Auswertung   Klassenarbeit;
(s. TB, Abb. 9: *Wir denken darüber nach*)   dazu entsprechende TA

V. Ausweitung

1. Hinweis auf den Schriftsteller

Dieses Gedicht hat ein Schriftsteller geschrieben,   L
der vor etwa zweihundert Jahren gelebt hat.
Joseph von Eichendorff (1788–1857)   TA

2. Lebensbezug

Ist es dir auch schon einmal so ergangen: Impuls,
Du warst traurig und auf einmal hast du bemerkt,   S äußern sich
dass es dir besser geht?

3. Ausblick

z. B. Ankündigung der Arbeit am Vortrag des Gedichts

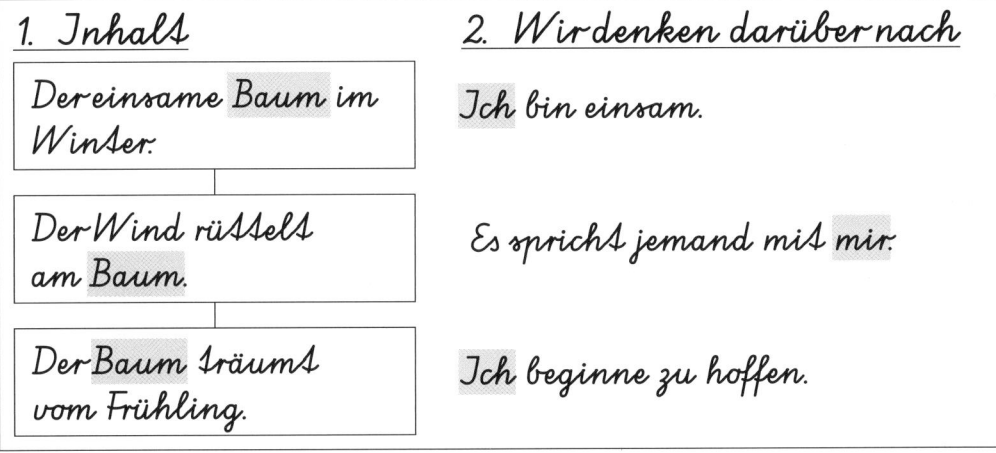

Abb. 9: Tafelbild zu „Winternacht"

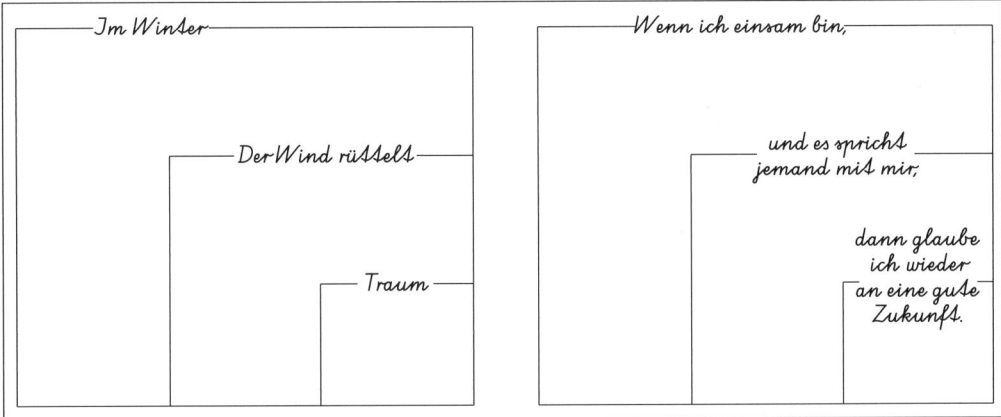

Abb. 10: Folien zur Darstellung des „Ineinander-Greifens" der Ebenen

Winternacht

1   Verschneit liegt rings die ganze Welt,
2   ich hab nichts, was mich freuet,
3   verlassen steht der Baum im Feld,
4   hat längst sein Laub verstreuet.

5   Der Wind nur geht bei stiller Nacht
6   und rüttelt an dem Baume,
7   da rührt er seinen Wipfel sacht
8   und redet wie im Traume.

9   Er träumt von künftger Frühlingszeit,
10 von Grün und Quellenrauschen,
11 wo er im neuen Blütenkleid
12 zu Gottes Lob wird rauschen.

Joseph von Eichendorff

Aufgabe 1	**Gruppe 1**

Arbeitet bitte in der Gruppe an der ersten Strophe.
Was ist nach eurer Meinung das Wichtigste in dieser Strophe?
Könnt ihr das in einem Satz ausdrücken?

a) Schreibt hier eure Ideen auf:

_____

_____

b) Entscheidet euch dann für einen Satz.

Aufgabe 2 – Alleinarbeit

Versuche den Anfang des Gedichts mit deinen eigenen Gedanken
fortzusetzen.
Verschneit liegt rings die ganze Welt,

_____

_____

Abb. 11: Arbeitsblatt zu „Winternacht" (Gruppe 1)

Weitere Anregungen

1. Schwerpunktsetzungen

Die Arbeit an lyrischen Texten wird stark geprägt vom persönlichen Zugang der Lehrerin zu den verschiedenen Textgattungen. So mag es bei der Erstbegegnung mit dem Gedicht subjektiv wichtig erscheinen, die Schwerpunkte etwa auf Inhalt und Vortrag oder auf Inhalt und Textproduktion zu legen. Nachfolgend werden nun einige Hinweise zur Vertiefung bereits genannter Aspekte oder zur Umsetzung weiterer Aspekte gegeben.

a) Inhalt

Die Schüler notieren wichtige Wörter *(und notieren Assoziationen dazu)*:

1. Strophe: verschneit; rings; nichts, was freut; verlassen; längst; Laub verstreut *(kalt, dunkel, Frost, leblos)*;

2. Strophe: still; Wind geht; Wind rüttelt; (Baum) rührt Wipfel; sacht; redet *(angestoßen, angerührt, bewegen, bewegt sich)*;

3. Strophe: künftig; Grün; Quellenrauschen; neu; Blütenkleid; Gottes Lob; rauschen *(Wärme; Leben; hell; Freude; Licht)*.

b) Textproduktion

Nach einer inhaltlichen und gehaltlichen Arbeit am Gedicht formulieren die Schüler eigene Texte. Siehe dazu Aufgabe 2, Arbeitsblatt, Abb. 11. *Beispiel: Verschneit liegt rings die ganze Welt, ich weiß nicht, was ich machen soll. Wir sitzen an dem Ofenloch und reden vor dem Feuer.*

c) Darstellung des „Ineinander-Greifens" der Ebenen

Zur Darstellung der gleichartigen Befindlichkeiten und Vorgängen bei „Baum" und „ich" sind Transparentfolien die adäquate mediale Form. Auf zwei Folien werden die jeweiligen Schemata aufgetragen (siehe Abb. 10; die Folien werden übereinandergelegt – das „Gemeinte" wird transparent).

2. Variante zur Gliederung des Unterrichtsablaufs – offene Organisation

a) Hinführung

Titel: „Winternacht"; Schüler schreiben eigene Vorstellungen auf.

b) Ungelenkte Auseinandersetzung

a) Erlesen des Gedichts/Arbeitsaufgaben: *Das will ich dazu sagen: …* und *Das will ich dazu fragen: …* (Alleinarbeit)

b) Darstellung eigener Gedanken und Fragen (Klassenarbeit)

c) Gemeinsame Erschließung

Einzelne Aussagen der Schüler werden aufgegriffen, weitergeführt und das Wesentliche fixiert (ggf. ähnlich Abb. 9).

In dieser Phase *können* folgende vorbereitete Impulse hilfreich sein:

1. Diese Geschichte passiert in einer bestimmten Jahreszeit!
2. Auch eine bestimmte Tageszeit ist hier wichtig!
3. Der Baum stellt sich mitten im Winter eine andere Jahreszeit vor!
4. Der Baum kann hier träumen!
5. Du findest in diesem Gedicht noch eine andere „Person"!
6. Damit wir dieses Gedicht gut verstehen, müssen wir über den Inhalt Bescheid wissen.
7. Jetzt haben wir eine Übersicht über den Inhalt. Nun sollten wir noch einmal das Gedicht lesen.
8. Suche dir zusammen mit deinem Partner eine Strophe aus, und lest euch diese Strophe dann abwechselnd vor!
9. Nach dem Lesen werden wir über das Gedicht noch nachdenken.
10. In diesem Gedicht gibt es eine Stelle, an der die „Person" wechselt.
11. Könnte es uns ähnlich wie diesem Baum ergehen?

d) Ausblick

3. Grundlagen des Unterrichtens

3.1 Unterricht

Begriffe

1. Unterricht

„Mit Unterricht sind im Allgemeinen solche Situationen gemeint, in denen mit pädagogischer Absicht und in organisierter Weise innerhalb eines bestimmten institutionellen Rahmens von professionell tätigen Lehrenden Lernprozesse initiiert, gefördert und erleichtert werden" (Reinmann-Rothmeier/Mandl 2001, S. 603).

H. J. Ipfling nennt Merkmale des Unterrichts; sie lauten u. a.: „a) Unterricht ist eine besondere Form des Lehrens und Lernens ... b) Es handelt sich um intentionale, planmäßige Kommunikation ... c) Es findet Interaktion zwischen Personen statt, auch wenn dabei Medien eine wichtige Funktion einnehmen ... d) Das Ziel des Prozesses ist die Steigerung der sachlichen und personalen/sozialen Kompetenz bzw. Urteilskraft bzw. Mündigkeit. e) Die Gegenstände/Inhalte/Probleme werden um einer sachlogischen Ordnung willen aus dem unmittelbaren, komplexen Lebenszusammenhang (wenigstens teilweise) herausgelöst und in Lehrgängen sachlich/fachlich und zeitlich geordnet ... g) Der Interaktionsprozess wird methodisch aufbereitet ..., um Interesse zu wecken, die Aufnahmewahrscheinlichkeit zu erhöhen, das Lernergebnis zu sichern und Transfer zu ermöglichen" (Ipfling 1999, S. 523).

„Unterricht ist ein Interaktionsgeschehen, bei dem Kinder und Jugendliche (Schülerinnen, Schüler) unter Anleitung professioneller Erwachsener (Lehrerinnen, Lehrer) in einem planmäßig initiierten und unterstützten Lernprozess in eigens dazu errichteten Institutionen (Schulen) zum Zwecke ihrer Sozialisation, Qualifikation und Personalisation ausgewählte Inhalte der Kultur aufnehmen und weiterentwickeln" (Wiater 1993, S. 86).

„Unterricht ist also die zielorientierte Vermittlung eines didaktisch reflektierten und präsentierten Gegenstands durch einen Lehrenden an einen Lernenden in einer konkreten Lehr-Lern-Umwelt" (Seitz 1992, S. 46).

2. Lernumgebung

„Der Begriff der *Lernumgebung* (i. O. kursiv, Anm. d. Verf.) bringt zum Ausdruck, dass das Lernen von ganz verschiedenen Kontextfaktoren abhängig ist, die in unterschiedlichem Ausmaß planvoll gestaltet werden können. Eine durch Unterricht hergestellte Lernumgebung besteht aus einem Arrangement von Unterrichtsmethoden, Unterrichtstechniken, Lernmaterialien, Medien. Dieses Arrangement ist durch die besondere Qualität der aktuellen Lernsituation in zeitlicher, räumlicher und sozialer Hinsicht charakterisiert und schließt letztlich auch den jeweiligen kulturellen Kontext ein" (Reinmann-Rothmeier/ Mandl 2001, S. 603 f.).

3. Bildung

„Der Ausdruck ‚Bildung' kann sowohl für den Prozess als auch für das Resultat gebraucht werden, dem der Prozess seine Bestimmtheit verdankt. Bildung als Resultat ist die durch Erfahrung und vielfältige Anstrengung erworbene individuelle Prägung im Denken, Fühlen und Handeln, die das Welt- und Selbstverhältnis des Menschen bestimmt. In dieser formalen Begriffsbestimmung ist der normative Gehalt des Begriffes, der sich erst in einer historischen Analyse herausstellt, noch ausgeblendet" (Koch, in Reinhold/Pollak/Heim [Hrsg.] 1999, S. 78).

Ausgewählte Aspekte

1. Komplexe Zusammenhänge

H. J. Ipfling versucht, in Anlehnung an das sog. Hamburger Modell von W. Schulz, die „komplexen Zusammenhänge des Unterrichts zu strukturieren: a) Unterricht ist … eingebettet in Rahmenbedingungen …: Unterricht steht in einem weltanschaulichen, gesellschaftlichen und politischen Bezugsrahmen …, er hat institutionelle, organisatorische und materielle Rahmenbedingungen …; er ist gekennzeichnet durch allgemein geltende Formen gesellschaftlicher Interaktion … und schließlich hat er die jeweiligen soziokulturellen Hintergründe und psychischen Bedingungen (Individuallagen) von Schülern und Lehrern zu berücksichtigen … b) Darüber hinaus wird Unterricht wesentlich konstituiert durch Entscheidungen, die der Lehrer (in Kooperation mit Kollegen und Schülern) trifft … c) Unterricht läuft nicht nur auf der … Sachebene ab: wie bei jeder Kommunikation kommt unausweichlich die Beziehungsebene dazu. Das Geschehen auf dieser Ebene ist wiederum höchst komplex … d) … Schule ist mehr als Unterricht, sie ist Lern- und Lebensraum. Das Schulleben ist jedoch kein Feld *neben* (i. O. kursiv, Anm. d. Verf.) dem Unterricht; vielmehr ist der Unterricht selbst umgeben und durchzogen von sozialem Leben, das nach pädagogisch verantworteter Gestaltung verlangt" (Ipfling 1999, S. 523 f.).

Den Zusammenhang „Lernende/r – Lernsache" soll ein Schema, unter Einbeziehung der wichtigsten Komponenten, darstellen (s. Abb. 12).

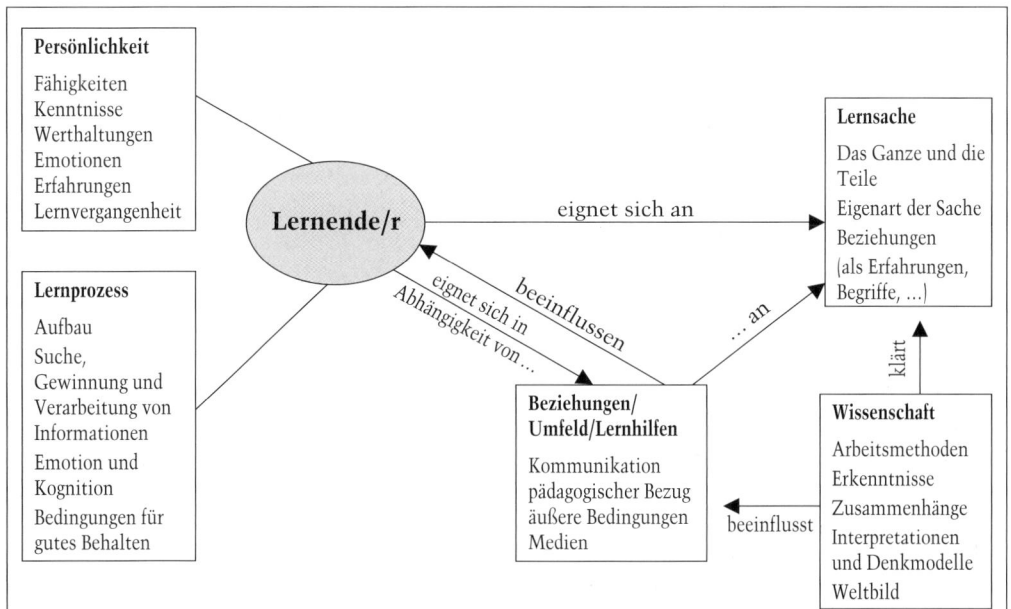

Abb. 12: Unterricht als komplexes Geschehen, hier der Zusammenhang Lernende/r – Lernsache

2. Bedeutung der Lehrerpersönlichkeit

Sowohl in einem im Ablauf gebundenen wie auch in einem im Ablauf offenen Unterricht besitzen Lehrer und Lehrerinnen eine zentrale Rolle. Ihre Bedeutung besteht darin, dass sie grundlegende und situative pädagogische, didaktische, fachliche und methodische Entscheidungen treffen und das Kommunikations-Geschehen wesentlich prägen:

- Auswahl und stoffliche Aufbereitung der Lehrinhalte und Lernziele;
- Gestaltung des Unterrichtsgeschehens: äußere Bedingungen, Berücksichtigung entsprechender Methoden, Arbeitsweisen und -techniken; Verwirklichung relevanter didaktischer Konzepte; Einflussnahme im pädagogischen Geschehen (Rituale, Ermutigung, Erfolgserlebnisse vermitteln, sich angstfrei Aufgaben zuwenden, nicht verletzt werden, Konflikte bewältigen, innere Vorgänge äußern und dabei erfahren, angenommen zu werden);
- Gestaltung des Schullebens;
- Förderung der Schülerpersönlichkeit.

Auf die Möglichkeiten einer lernförderlichen Unterrichtsführung weist H. J. Apel hin: Neben den „empirisch belegten Merkmalen Klarheit, Struktur, Schülerbezug, Variabilität, professionelle Klassenführung und Verzicht auf Zeitdruck" nennt er noch folgende organisatorische Varianten: „der interaktive Klassenunterricht, in dem Lehreraktivität mit selbstständiger Lösungssuche der Schülerinnen und Schüler wechselt; die zeitweise gezielte Differenzierung in Leistungsstärkere und -schwächere ...; zutreffende Lerndiagnose und Lernhilfe; problemorientierte Gesprächsführung mit entsprechender Zurückhaltung der Lehrkraft bei der Lösungsfindung; die kompetente Darstellung einer Sache ... der gekonnte

und geschickte Medieneinsatz" (Apel 2000, S. 54).
(Anm.: Weitere Informationen zum komplexen Sachverhalt „Unterricht" können hier nicht mehr gegeben werden. Es soll nur noch kurz auf den Aspekt der Unterrichtsentwicklung eingegangen werden.)

3. Unterrichtsentwicklung

a) Unterricht als Kern einer Schulentwicklung

Unterricht ist quantitativ wie qualitativ der Kern der schulischen Arbeit und Aktivitäten. Wenn aber Veränderungen im Rahmen der Schulentwicklung „den Unterricht nicht erreichen ... dann halten wir den Zweck noch so gut gemeinter Maßnahmen für verfehlt (i. O. kursiv, Anm. d. Verf.) ... denn der Unterricht, zweifellos das Herz der Schule, ist für uns auch das Herz der Schulentwicklung" (Schratz/Steiner-Löffler 1998, S. 4). Eine Neuorientierung der Schule hat das Hauptgewicht der Anstrengungen auf die Veränderung von Unterricht zu legen.

b) Ansätze zur Qualitätsverbesserung von Unterricht

Verständigung über Leitvorstellungen

Die Vielzahl von Forderungen an einen guten Unterricht sind zu reduzieren. In Ableitung von der veränderten Auffassung über das Lernen können folgende Schwerpunkte herausgestellt werden:

- handelnd lernen,
- forschend-entdeckend lernen,
- eigenständig lernen,
- Lernen in Zusammenhängen und
- Lernprozesse aufbauen (Praktische Umsetzung: Siehe S. 267–271).

Eine Reduzierung der handlungsleitenden Ideen für eine Reform des Unterrichts auf wenige Begriffe erfordert ferner eine Übereinkunft über deren konkrete Inhalte.

Balance von Schüler- und Sach-orientierung

Die unterschiedlichen Erfahrungen der Kinder, die jeweilige pädagogische Situation und der spezifische Anspruch der Sache erfordern eine Balance von Schüler- und Sachorientierung. In diesem Zusammenhang sind z. B. die führende und steuernde Rolle der Lehrkraft oder die Abhängigkeit einer methodischen Maßnahme vom Sachverhalt hervorzuheben. Bei der Durchführung offener Unterrichtsformen können vorrangig pädagogische Anliegen verwirklicht werden und gebundene Unterrichtsformen dienen eher dem Aufbau von Wissensbeständen.

Die Beachtung des Eigenwerts erzieherischer und unterrichtlicher Ziele

Unterricht und Erziehung sind nicht trennbar. Daraus kann aber nicht folgen, dass wichtige Elemente des einen oder des anderen vernachlässigt werden. So gilt es also das Kind allseitig zu fördern, Interesse zu wecken, die Wege der individuellen Informationsverarbeitung aufzuspüren, innere Vorgänge bewusst zu machen, die persönliche Anstrengung zu fordern und der Wahrung des Sachanspruchs, den Unterrichtsinhalten, der Entwicklung von Lernprozessen und den Leistungsanforderungen den angemessenen Rang zuzuordnen.

Die pädagogische Zielsetzung hat Vorrang

Viele Aktionen, die auf Verbesserung von Unterricht angelegt sind, sind dadurch gekennzeichnet, dass Organisation und Methoden verändert werden, also „herkömmliche" ersetzt werden (etwa durch Projektunterricht, Freie Arbeit). Das Ergebnis ist jedoch häufig nur Methodismus oder Aktionismus, da hier Lernen an der Oberfläche bleibt und das einzelne Kind kaum erreicht.
Der Erfolg versprechende Weg besteht darin, dass eine *pädagogische Zielsetzung* im Mittelpunkt steht. Die Verwirklichung dieser Zielsetzung hat als *Konsequenz* entsprechende organisatorische, didaktische und methodische Formen zur Folge (s. Abb. 13). Die Qualitätsverbesserung von Unterricht wird also nicht dadurch in die Wege geleitet, dass zuerst über die Art und Weise der Organisation nachgedacht wird, sondern dass detaillierte Überlegungen zu pädagogischen Aufgabenstellungen Ausgangspunkt für die praktische Verwirklichung sind.

Literatur:

1. Glöckel, Hans: Vom Unterricht. Lehrbuch der Allgemeinen Didaktik. Klinkhardt, Bad Heilbrunn/Obb. 1990
2. Reinmann-Rothmeier, Gabi / Mandl, Heinz: Unterrichten und Lernumgebungen gestalten. In: Krapp, A. / Weidenmann, B. (Hrsg.) 2001, S. 601–646

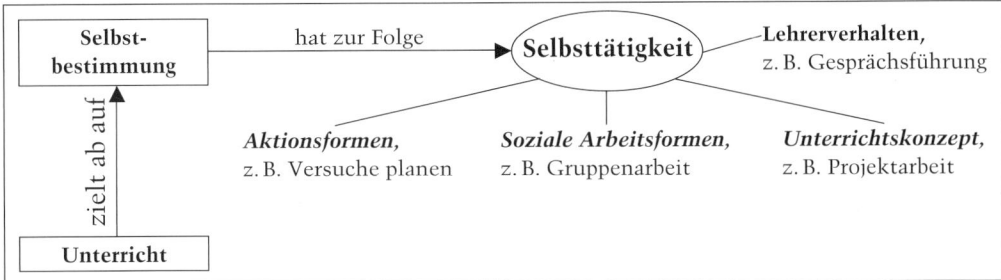

Abb. 13: Maßnahmen sind die Konsequenz, nicht das Ziel (Beispiel: Selbstbestimmung)

3.2 Erziehung

Begriff

Die Komplexität des Phänomens zeigt sich in unterschiedlichen Betrachtungsweisen, die W. Brezinka darstellt. „Erziehung" wird gebraucht für: einen Prozess; das Resultat dieses Prozesses; eine Tätigkeit des Erziehers; eine Tätigkeit des Educanden (Selbstveränderung im Prozess des eigenen Lebens); den Einfluss der Verhältnisse; das Zusammenwirken von Erziehern und Educanden, d. h. für ein System sozialer Interaktionen; das Ziel der Tätigkeit des Pädagogen (siehe Brezinka 1990, S. 40 f.).

„Wer von Erziehung spricht, meint nicht die Absicht der Vermittlung von Wissen oder Können, sondern er richtet sich auf das Ich in seinem Verhalten. Unterricht und Erziehung müssen unterschieden werden. Im Unterricht geht es um Wissen, um den Geltungsanspruch von Aussagen und Behauptungen. Geltungsansprüche sind durch Argumente zu sichern, sie sind mitteilbar und wollen Allgemeingültigkeit.
… der Erziehung geht es um Verhalten und Haltung des Menschen, um das Subjekt selbst; es geht nicht um den Geltungsanspruch eines Wissens, sondern um die Art, wie das Ich sein Wissen hat bzw. mit ihm umgeht, wie es sich zu seinem Wissen stellt. Für das Wissen gelten Attribute wie wahr und falsch, gesichert oder verworfen. Für Haltung und Verhalten gilt die Frage nach gut und schlecht, wahrhaftig und redlich; nicht nur das einzelne Verhalten ist gemeint, sondern deren Einheit, die Haltung, der Charakter, das Ich … Das Subjekt zeigt in all seinen Akten solche Werte einer Haltung; es kann sich nicht nicht verhalten" (Heitger, in Reinhold/Pollak/Heim [Hrsg.] 1999, S. 140).

„Zusammenfassend lässt sich Folgendes sagen:
Erziehung gehört zum pädagogischen Auftrag, wenn dieser sich an der Menschenbildung orientiert, die Unterricht und Erziehung, Wissen und Haltung umfasst.
Die Relation der beiden ist unaufhebbar, der Vollzug ihrer Zusammengehörigkeit muss vom Menschen selbst geleistet werden.
Unterricht bezieht sich auf Wissen, auf Sachverhalte, Erziehung bezieht sich auf die Art des Wissens, auf den Umgang mit ihm, auf Ich-Verhalte;
die Notwendigkeit und Möglichkeit von Erziehung findet ihre Begründung im Subjektsein des Menschen: als Zweck seiner selbst im Auftrag der Selbstbestimmung …
Der Dialog als personale Interaktion verweist auf den intrapersonalen Dialog, in dem sich Erziehung als Selbstbestimmung erst vollziehen kann" (Heitger, a. a. O., S. 144).
„Erziehung ist eine notwendige, absichtliche Lernhilfe für Kinder und Jugendliche zur selbstständigen Bewältigung ihrer kulturellen Lebensform und Lebensweise (Enkulturationshilfe), eine Hilfestellung, die insbesondere die Förderung von solchen Wertüberzeugungen und Verhaltensnormen einschließt, die widerspruchsfrei, verallgemeinerbar, kommunikabel und (im moralischen Sinne) wünschenswert sind (moralische Erziehung)" (Wiater 1993, S. 96).
Krapp, Prenzel und Weidenmann problematisieren die „wünschenswerte Veränderung" als Kriterium für Erziehung:
„Aus diesen Problemen kann man sich am einfachsten befreien, wenn man auf eine Bewertung der Veränderungsabsicht (‚Verbesserung', ‚wünschenswert') im Rahmen eines deskriptiven Erziehungsbegriffs verzichtet" (Krapp/Prenzel/Weidenmann 2001, S. 21).

Sie nehmen eine Begriffsbestimmung aus pädagogisch-psychologischer Sicht vor: „Ausgangspunkt ist ein Verständnis von Erziehung als Relation zwischen zwei Instanzen (A und B) in einer (pädagogisch bedeutsamen) Situation …
Ein wichtiger Gesichtspunkt ist die Tatsache, dass es im Rahmen von Erziehung stets um eine Art Einflussnahme geht. Diese Einflussnahmen können durch Aktivitäten erfolgen, die entweder direkt auf eine betroffene Person ‚B' gerichtet sind (z.B. jemandem etwas vorführen, erklären oder begründen). Die Einflussnahmen können aber auch indirekt erfolgen, indem Situationen bewusst ‚arrangiert' werden (z.B. durch die Gestaltung der räumlichen und sozialen Umfeldbedingungen oder die Bereitstellung von Lernmaterialien) …
Ein weiteres wichtiges Kriterium für den Erziehungsbegriff ist die Dauerhaftigkeit der Veränderung. Erziehung verlangt i.d.R. nicht nur kurzfristige, möglicherweise situationsbezogene Änderungen im Verhalten; vielmehr sollen die herbeigeführten Veränderungen dauerhaft und in gewisser Weise stabil sein" (Krapp/ Prenzel/Weidenmann 2001, S. 20 f.).

Zusammenhänge

1. Problemfeld

Der Begriff der Erziehung wird in der Pädagogik gegenwärtig kontrovers diskutiert. „Die einen sehen ihn als Prototyp von Herrschaft und Zwang, die anderen betonen seine besondere Notwendigkeit in einer pluralistischen Gesellschaft. Nach der Aufklärung und dem Programm der Emanzipation ist die Legitimation von Erziehung als ‚Führung' zu Haltung und Einstellung schwierig … Die Frage nach der Erziehung bedarf einer systematischen Besinnung, wenn sie nicht den zufälligen Wirkungen des Zeitgeistes aus-

geliefert sein soll. Die systematischen Fragen lassen sich wie folgt zusammenfassen: 1. die Frage nach der Notwendigkeit von Erziehung, 2. die Frage nach der Möglichkeit von Erziehung, 3. die Frage nach Absicht und Form der Erziehung" (Heitger 1999, S. 140).

2. Erziehungsauftrag

Die Erziehungsbedürftigkeit des Menschen und die Annahme, dass institutionell und organisiert Erziehung möglich ist, sind Voraussetzungen für den an die Schule gerichteten Erziehungsauftrag. Im Interesse des Fortbestandes einer Gesellschaft ist es nötig, erworbenes Wissen, Ordnungsvorstellungen, Wertüberzeugungen und Kulturgüter zu tradieren. Die demokratisch verfasste Gesellschaft verlangt zudem, dass die späteren Lebens- und Berufschancen auf alle ihre Mitglieder nur nach Fähigkeit und Ausbildung verteilt werden.

a) Aufgabenstellung für die Schule

Infolge dieses Grundverständnisses muss auch eine Chancengerechtigkeit in Ausbildung und Erziehung gefordert werden; diese Aufgabe soll die vonseiten des Staates organisierte, inhaltlich definierte und kontrollierte Schule übernehmen. Aufgabenstellungen für die Schulen werden etwa in Länderverfassungen und Schulgesetzen festgelegt.
In der Auseinandersetzung mit den ihn umgebenden Personen, Objekten und Vorgängen baut der Einzelne ein Verhältnis zur Welt auf; dadurch vollzieht sich ein Bildungsprozess. Schule leistet deshalb, wenn sie der Erfüllung des Erziehungsauftrags nachkommt, auch einen Beitrag zur Bildung des Einzelnen. Aus diesem Zusammenhang von Bildung und Erziehung lässt sich ein umfassender Begriff von Erziehungsauftrag definieren: Er ist zu verstehen als Auftrag (an die

Schule), dem Kind Hilfe zu geben, „zu persönlicher Entwicklung für eine noch unmündige Person durch eine erwachsene Person" (Apel 1990, S. 62).

b) „Zur Widerständigkeit verpflichtet" (Seisenberger)

Einer besonderen Beachtung bei der Erfüllung des Erziehungsauftrags bedarf die Interpretation der jeweiligen Erziehungsziele und der Erziehungskonzepte. Auf diese Problematik weist G. Seisenberger mit Nachdruck hin. Er betont, dass die Erfahrung von Widerstand Bestandteil einer jeden Erziehung ist und nennt den Sachanspruch einen Kern der „spezifischen Erziehungschance" (Seisenberger 1999, S. 189) der Schule. „Der pädagogische Zeitgeist verschafft den seinen Akzeptanz und stellt die anderen ins Abseits. Er bestimmt die veröffentlichte Meinung in einem Maße, dass sich viele des Verlustes der für die Persönlichkeitsentwicklung unersetzbaren Widerständigkeit und Sachlichkeit in der Erziehung nur mit Mühe noch bewusst werden können" (a. a. O., S. 190).

3. Verbindung von Erziehung und Unterricht

- „Unterricht ist als dialogische Interaktion aber immer erziehender Unterricht" (Glötzl 2000, S. 31).
- Durch Imitations- und Beobachtungslernen übertragen sich die Verhaltensmuster des erzieherisch wirkenden Lehrers auf die Schüler (Langzeitwirkung von Vorbildern).
- Durch die Schaffung einer positiven Klassenatmosphäre wird der (fachliche) Lernprozess unterstützt.
- Die verschiedenen Aktionsformen des Unterrichts geben Raum für erzieliche Prozesse; eine Vielzahl von Unterrichtsinhalten beeinflusst das Verhalten.

Erziehung in Unterricht und Schulleben

1. Umsetzung von Aufgabenstellungen der Unterrichtsfächer (Beispiele)

Texte kritisch lesen; Arbeiten selbstständig und ansprechend ausführen; beim Lösen von Sachaufgaben schlussfolgernd denken; folgerichtige und begrifflich klare Darstellung von Fakten, Vorgängen und Zusammenhängen. Verantwortungsvoller Umgang mit … (Nahrungsmitteln); einfache Spielregeln gemeinsam entwickeln und einhalten; einen sachgerechten Arbeitsplatz einrichten; Konflikte sprachlich austragen.

2. Gestaltung des Unterrichtsgeschehens

a) Unterrichtsformen

Auch bei der Durchführung sozialer Arbeitsformen und Gesprächsformen werden Verhaltensmuster vermittelt (im Klassengespräch, in Partner- und Gruppenarbeit). So entstehen etwa bei der Gruppenarbeit erzieliche Prozesse: Verteilen von Teilarbeiten, Lösungsvorschläge akzeptieren, Alternativen entwickeln, der Wissende informiert den Unwissenden.

b) Unterrichtsprinzipien

Schüler, die Gelegenheit zu tolerantem Verhalten im Unterricht haben und damit Erfolgserlebnisse verbinden, werden eine positive Einstellung zu „Toleranz" aufbauen. Ich schätze immer das, was ich selbst – ohne Zwang – durchgeführt habe. Ebenso können als „Wert" indirekt vermittelt werden: z. B. Selbsttätigkeit, Aktivierung, Heimatbezogenheit, Weltoffenheit, Innerlichkeit.

c) Unterrichtsphasen

Anfangsphase: Bereitlegen des Lernmaterials, Konzentration auf die Lernarbeit, Einhaltung von Gesprächsregeln;

Mittelphase: Sachgerechter Umgang mit dem Lernmaterial, Praktizieren von Hilfsbereitschaft und Rücksichtnahme, konsequente Arbeit bei der Entwicklung der Überlegungen;

Schlussphase: Sorgfalt bei der Fixierung von Unterrichtsergebnissen, sachbezogene Auseinandersetzung mit den Vorstellungen der anderen Kinder.

3. *Erziehliche Situationen im Unterricht*

a) *Situationen im Lerngeschehen*

Einhalten von Regeln bei einem Unterrichtsgespräch, bei einer Diskussion, einem Rollenspiel, einer Gruppenarbeit; konzentrierte Auseinandersetzung mit der Sache; Durchführung von Arbeitsaufträgen; Gestaltung von Hefteinträgen; Vorbereiten der Arbeitsmittel; Pflege der Arbeitsmittel; Veränderung der Sitzordnung.

b) *Situationen in der Klassengemeinschaft*

Die Zusammenarbeit mit dem Tischnachbarn; Klärung von Konflikten; Durchführung von Klassendiensten; der Wechsel des Klassenraums; das Einsammeln von Heften.

c) *Aufbau einer vertrauensvollen Lehrer-Schüler-Beziehung*

H. Glötzl nennt mehrere konkrete Möglichkeiten der Lehrerin, „vertrauensvolle Beziehungen" zu den Kindern aufzubauen und zu fördern: Aktiv zuhören und den Kindern ein positives Feedback geben; Ich-Botschaften formulieren; Kompetenzen erfahren lassen; die Kinder zur Stille, Sammlung und Konzentration führen; mit den Schülern Unterricht und Schulleben gemeinsam gestalten (vgl. Glötzl 2000, S. 34–40).

4. *Vorbild der Lehrerin*

Verhalten, Einstellungen, Interesse und Fähigkeiten der Kinder werden durch die Lehrerin beeinflusst: durch ihr Umgangsverhalten, durch ihre Grundstimmung (positive Einstimmung), durch ihre Reaktionen auf Schülerarbeiten und -verhalten (Lob, Ermutigung, Zurechtweisung, Strafe), durch ihre Arbeitsweise (z. B. Gestaltung von Medien, Zielklarheit), durch die spürbare Wertschätzung des einzelnen Kindes.

5. *Schulleben*

a) *Schulleben realisiert sich im Unterrichtsalltag*

Mitwirkung bei der Gestaltung von Wandflächen und Schaukästen; Verhalten im Schulhof; das Warten vor dem Klassenzimmer; das Grüßen im Schulhaus; die Besinnung am Morgen.

b) *Schulleben realisiert sich in besonderen Veranstaltungen*

Feste, Feiern, Schulspiel, Sing- und Tanzspiel, Anfertigen von Requisiten, Ausstellungen, Schulfahrten, Museumsbesuche, Arbeit im Schulgarten.

6. *Gestaltung des äußeren Rahmens*

Klassenzimmer: Wandschmuck, Werkarbeiten, Darstellung von Unterrichtsergebnissen; Schulhaus: Schaukästen, Stellflächen im Gang, Beseitigung des Mülls; der äußere Ablauf des Unterrichtstages: Abfolge der Fächer, Terminierung von Probearbeiten, Berücksichtigung der Leistungskurve.

Literatur:

1. Brezinka, Wolfgang: Grundbegriffe der Erziehungswissenschaft. Reinhardt, München 1990
2. Heitger, Marian: Erziehung. In: Reinhold, Gerd/Pollak, Guido/Heim, Helmut (Hrsg.): Pädagogik-Lexikon. R. Oldenbourg, München u. a. 1999, S. 139–144

3.3 Lernen

Begriff

„Lernen stellt den Grundvorgang der Persönlichkeitsentwicklung dar. Im weitesten Sinne ist es die Herausbildung bzw.
Veränderung aller psychischen Merkmale und Eigenschaften der menschlichen Persönlichkeit. Lernen ist ein
ganzheitlicher Prozess, der sowohl die
geistige, voluntative als auch die emotionale Seite des Individuums beinhaltet.
Lernen vollzieht sich in unterschiedlichen Niveaustufen, jeweils in der Wechselwirkung von inneren und äußeren Bedingungen" (Pfeiffer 1997, S. 123).

Lernen als Verhaltensänderung: „Lernen ist als derjenige Prozess zu verstehen, der ein Individuum aufgrund eigener, meist wiederholter Aktivität zu
relativ überdauernden Verhaltensände-
rungen führt" (Steiner 2001, S. 140).

Lernen als Wissenserwerb: „Lernen im
Sinne des Wissenserwerbs ist ein be-
reichsspezifischer, komplexer und mehr-
stufiger Prozess, der die Teilprozesse des
Verstehens, *Speicherns* und *Abrufens*
einschließt und der unter der Voraussetzung, dass diese drei genannten Prozesse
günstig verlaufen, auch zum Gebrauch
(dem sog. *Transfer*) des erworbenen Wissens führen kann (i. O. jeweils kursiv,
Anm. d. Verf.). Lernen im Sinne von Wissenserwerb kann als der Aufbau und die
fortlaufende Modifizierung von Wissensrepräsentationen definiert werden"
(a. a. O., S. 164).

Ausgewählte Aspekte

1. Soziales und kooperatives Lernen

„Der Begriff ‚Soziales Lernen' bezieht
sich methodisch auf den umfassenden
Vorgang menschlichen Lernens, inhaltlich auf das menschliche Zusammen-

leben … Soziales Lernen ist in seiner
Entstehung, seiner Aneignung und in
seinem Zielbereich eindeutig auf Interaktion bezogen. Es geht vornehmlich um
den Erwerb von Handlungskompetenzen
für soziale Situationen und um Fähigkeiten sozialer Resonanz, wie Verständnis
und Einfühlungsvermögen" (Czerwenka,
in Reinhold/Pollak/Heim [Hrsg.] 1999,
S. 361).

„Kooperatives Lernen überschneidet
sich mit dem historisch älteren Begriff
des sozialen Lernens, der sich methodisch auf menschliches Lernen im sozialen Kontext … und inhaltlich auf soziale
Ziele, wie Kommunikationsfähigkeit,
Identität, Konfliktfähigkeit, Toleranz
usw. bezieht … Kooperatives Lernen verknüpft die soziale Ebene mit kognitiven,
sachbezogenen Inhalten und Zielen: Mit
dem Erwerb fachspezifischer Kenntnisse
und Fähigkeiten in der Gruppe soll
gleichzeitig die persönliche Entwicklung
und die soziale Kompetenz der Lernenden gefördert werden" (Lankes, in Rein-
hold/Pollak/Heim [Hrsg.] 1999, S. 358).

2. Emotion und Kognition

„Lernen hat nicht nur eine kognitive
Komponente, sondern ebenso eine emotionale. Herrschte früher die Ansicht
vor, dass Lernen ausschließlich auf kognitive Prozesse angewiesen ist und das
Individuum lediglich zu diesen Prozessen motiviert werden muss, weiß man
heute, dass Lernen ein Individuum im
ganzheitlichen Sinne beansprucht …
Aus der Neurobiologie ist darüber hinaus
bekannt, dass die emotionale Bedeutsamkeit von Ereignissen oder Fakten
wiederum einen hohen Einfluss auf die
gedächtnismäßige Speicherung hat. Ein
für das Individuum wichtiges Ereignis
wird somit neuronal wesentlich stabiler
gegen den Zerfall abgespeichert als un-
bedeutsame Vorkommnisse" (Standop
2002, S. 11).

3. „Höheres" und „elementares" Lernen (H. Aebli)

H. Aebli unterscheidet „höheres" und „elementares" Lernen (s. Abb. 14). Unter dem Begriff des Lernens werden demnach „zwei ganz verschiedene Prozesse zusammengefasst: einenteils das Finden und Herstellen der Sachbeziehungen zwischen den bisher unverbundenen Elementen des Handelns und Denkens, anderenteils das ‚Verstärken' der hergestellten Verbindungen. Den ersten Prozess nennt man auch Problemlösen, Forschen, Entdecken…,den zweiten Einschleifen, Einprägen, Memorieren, Automatisieren, Konsolidieren" (Aebli 1991, S. 328).

4. Wissenstypen

Explizites und implizites Wissen: „Explizites Wissen (sei es prozedural oder deklarativ) kann willkürlich abgerufen werden, bei implizitem Wissen weiß die Person nichts von ihrem Wissen, mit geeigneten Aufgaben kann dieses Wissen aber dennoch nachgewiesen werden" (Bednorz, P./Schuster, M. 2002, S. 156 f.).

B. Weidenmann stellt drei Wissenstypen dar, die „beim Lernen besonders wichtig zu sein scheinen":

Schemata: „Das sind gespeicherte Vorstellungen über Objekte, die in unserem Erfahrungsbereich häufig auftreten. Wir verfügen z. B. über ein Schema von ‚Haus', von ‚Auto', von ‚Gesicht'".

Skripts: „Für Situationen, die wir in unserem Alltag immer wieder antreffen, haben wir drehbuchartige … Handlungspläne gespeichert."

Mentale Modelle: „… sind Vorstellungen, die wir zu komplexen Abläufen und Zusammenhängen entwickelt haben. Beispiele dafür sind die Vorstellungen, wie ein Videorecorder funktioniert, wie ein Schaltkreis aufgebaut ist" (Weidenmann 1994, S. 28 f.).

Lerntheorien

Auf das komplexe Phänomen Lernen kann im Folgenden nur mit wenigen Hinweisen eingegangen werden.

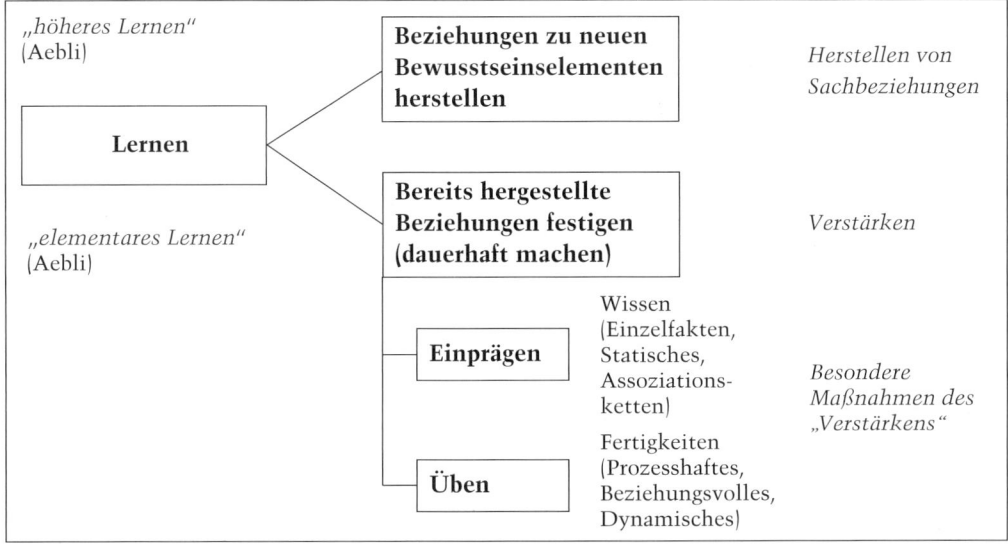

Abb. 14: Verschiedene Prozesse des Lernens

1. Lernen als Verhaltensänderung

a) Operantes Konditionieren

„Man spricht von *Kontingenz*, d. h. einer Verknüpfung von Reaktionen bzw. eines Verhaltens mit einer Reizsituation, die als Verstärkung wirkt. Verstärkungskontingenz ist eine wesentliche Voraussetzung für das *Operante Konditionieren* ... Diese von Skinner theoretisch und experimentell herausgearbeitete Form des Lernens geht von *spontan* gezeigten Verhaltensweisen (sog. *operantem* Verhalten) eines Menschen oder Tieres aus, deren Auftretenswahrscheinlichkeit durch kontingente positive Verstärkung erhöht wird (i. O. jew. kursiv, Anm. d. Verf.)" (Steiner 2001, S. 142 f.).

„Skinner hat die Bedeutung seiner Lerntheorie für den Schulunterricht selbst herausgestellt. Er empfiehlt eine sofortige Rückmeldung von Erfolg oder Misserfolg durch positive Verstärkung (Lob, Belohnung, Erfolgserlebnisse) sowie eine adressatenorientierte Aufgabenstellung mit angemessenem Schwierigkeitsgrad und Aussicht auf Erfolg" (Wiater 1993, S. 90 f.).

b) Lernen am Modell

„Kinder und Erwachsene lernen ... viele Verhaltensweisen durch *Beobachten* und *Nachahmen* anderer. Bandura ..., der Begründer der so genannten *sozialkognitiven Lerntheorie*, formuliert die Bedingungen und die Prozesse für ein Lernen am *Modell* (was gleichbedeutend ist mit Beobachtungslernen, Nachahmungslernen, Imitationslernen oder *Modellieren)* (i. O. jew. kursiv, Anm. d. Verf.)" (Steiner 2001, S. 158).

2. Kognitive Lerntheorien

„Kognitive Lerntheorien (vgl. J. S. Bruner, D. P. Ausubel, J. Piaget) finden ihre Legitimationsbasis in der Gestalttheorie (vgl. W. Köhler, K. Koffka, K. Lewin u. a.) und der Ganzheitspsychologie, die davon ausgehen, dass Wahrnehmen, Denken und Handeln nicht durch Aneinanderreihung und Verknüpfung von einzelnen Reizen und Reaktionen zustandekommen, sondern durch Einsicht in den Sinn und den Gesamtzusammenhang" (Wiater 1993, S. 91).

3. Lernen als Wissenserwerb

„Beim *Lernen als Wissenserwerb* geht es um den Aufbau, oft auch bloß um die Veränderung von vorhandenen *Wissensrepräsentationen*. Dieses Lernen lässt sich als das Konstruieren und Modifizieren von Wissensstrukturen definieren. Unter Verwendung der kognitionspsychologischen Terminologie kann man auch von bereits vorhandenen *Schemata*, semantischen *Netzwerken* oder *mentalen Modellen* sprechen" (Steiner 2001, S. 165).

Der wichtigste Teilprozess bei diesem Lernen ist der so genannte Chunking-Prozess. „Das Bilden von *chunks* ist nichts anderes als das *Zusammenfassen* (i. O. kursiv, Anm. d. Verf.) von einzelnen Informationen zu ‚Paketen' höherer Ordnung" (a. a. O., S. 167).

(Weitere Lerntheorien sind z. B. Assoziatives Lernen, Lernen durch Versuch und Irrtum oder das informationstheoretische Lernmodell.)

Neurobiologische Aspekte

Die gegenwärtige Auffassung von Lernen ist stark geprägt von den Denkansätzen und Ergebnissen der Kognitionspsychologie. Die Ursprünge dazu gehen bis in die 60er Jahre zurück. Das Bild, das heute über das Lernen entstanden ist, wird gegenwärtig von Wissenspsychologie und Neurobiologie bestimmt. (Siehe z. B. Ingendahl 1998, Scheunpflug 2000 und Spitzer 2002).

Aus der Sicht der Neurobiologie lässt sich Lernen wie folgt kennzeichnen:

1. Lernen ist ein aktiver Prozess

Lernen geschieht – wie Denken und Problemlösen auch – stets aktiv. Über die Sinne wird ein Reiz dem Zentralnervensystem übermittelt. Die ankommende Information wird mit dem vorhandenen Repertoire an Informationen verglichen. Dies ist bereits ein aktiver Vorgang im Gehirn. Verfügbares Wissen, wobei Wissen umfassend auch Erfahrungswissen oder Modellbildungen meint, wird aktiviert. Neue Informationen werden mit bekannten verknüpft oder als unbrauchbar eingeordnet oder führen zu einer Veränderung des bisherigen Wissenspotenzials.

2. Lernen ist ein ganzheitlicher Prozess

Der Begriff des Ganzheitlichen wird hier nur auf die menschliche Psyche bezogen. Denken und Lernen wird als bewusster oder unbewusster Frage-Antwort-Vorgang im Gehirn aufgefasst: Ist der Reiz bedeutsam oder nicht? Welchem Informationsnetz wird er zugeordnet? Beim Lernen erfolgen Bewertungen, Einstellungen werden abgerufen, und es entsteht ein emotionaler Bezug zur Lernsache. W. Ingendahl weist auf die maßgebliche Rolle des limbischen Systems beim Lernen hin. Die zu Netzen zusammengeschalteten Nerven und Nervenzellen sind „verschleift", und „einige ihrer Bahnen laufen immer durchs *limbische System* (zwischen Hirnstamm und Cortex), wo die Lerninhalte emotional verstärkt oder eingeschränkt werden" (Ingendahl 1998, S. 5; kursiv wie i. O.). Jede Sache verbindet sich mit Gefühlen und Bewertungen.

3. Lernen ist ein konstruktiver Prozess

Alle neuen Inhalte des Denkens oder Wissens gehen aus einer Konstruktion hervor. Aus einfacheren oder bekannten Elementen werden neue Vorstellungen oder wird neues Erfahrungswissen gebildet, geordnet, gruppiert, zusammengesetzt. Die Vorstellung über die Welt, über die Sachen, ist keine objektive Abbildung der Realität. Informationen werden nicht linear übertragen, sondern durch das jeweilige System und in Bezug auf das jeweils vorhandene Wissen zusammengesetzt, also konstruiert.

4. Lernen ist ein individueller Prozess

Nachdem nun das Gehirn sämtliche ankommenden Daten auf sein eigenes System und auf seinen jeweiligen Systemzustand bezieht, ist zwangsläufig das entstehende Bild von der Wirklichkeit ein individuelles Bild. Die wirkliche Welt ist unser Interpretationsprodukt.

5. Lernen ist ein struktureller Prozess

Trifft ein Reiz im Gehirn auf Strukturen, die ihn als bekannt einordnen können, so wird er entsprechend weiter geleitet, die bisherigen Verbindungen oder Verbundsysteme werden verstärkt. Neue Informationen müssen anschlussfähig sein. Lernen wird erst möglich, wenn das Gehirn verarbeitungsfähige Strukturen besitzt. Je mehr das Gehirn auf ankommende Reize antworten kann, also ansprechende Strukturen anbieten kann, desto größer sind die Möglichkeiten des Lernens oder des erfolgreichen Problemlösens.

(Praktische Umsetzung: s. S. 267–271)

Literatur:

1. Bednorz, Peter/Schuster, Martin: Einführung in die Lernpsychologie. Ernst Reinhardt, München 2002, 3. Aufl.
2. Spitzer, Manfred: Lernen. Gehirnforschung und die Schule des Lebens. Spektrum Akademischer Verlag, Heidelberg, Berlin 2002
3. Steiner, Gerhard: Lernen und Wissenserwerb. In: Krapp/Weidenmann 2001, S. 137–205

3.4 Schülerorientierung

Begriffe

1. Schülerorientierung

Unterrichtsgrundsatz, der die Forderung enthält, dass in Planung und Durchführung des Unterrichts die Situation des Kindes zum Ausgangspunkt der Überlegungen und des Tuns genommen wird. Das Kind steht im Mittelpunkt des unterrichtlichen Geschehens. Die Situation des Kindes wird durch individual- und entwicklungspsychologische Voraussetzungen (z. B. Interessen, Erfahrung, Sozialverhalten, Motivation, Denk-Schemata, Arbeitshaltung, Sprache, Ich-Bewusstsein) und Umweltfaktoren (z. B. Elternhaus, Freundeskreis, gesellschaftliche und kulturelle Einflüsse, räumliche oder atmosphärische Gegebenheiten) bestimmt.

Schülerorientierung wird auch als Schülergemäßheit und Kindgemäßheit bezeichnet und ist Leitlinie für weitere Grundsätze von Unterricht, z. B. Passung, Altersgemäßheit, Entwicklungsgemäßheit, Individualisierung, Differenzierung, Angemessenheit, Elementarisierung, Situationsgemäßheit.

2. Kindgemäßheit

„Kindgemäßheit bezeichnet die normative Forderung, die seit der Reformpädagogik besteht und ein Denken vom Kinde aus fördert, um Kindern alters- und entwicklungsgemäß gerecht zu werden. Diese Forderung sollte durch verstärkte Erforschung des Kindes, seiner Entwicklungsphasen, -gesetze und seines Entwicklungsstandes erfüllt werden" (Reinhold/Pollak/Heim [Hrsg.] 1999, S. 293 f.).

Die zentrale Kategorie für pädagogische Konzepte ist das „Kind". Sie wurde im Jahre 1900 durch Ellen Key in ihrer Schrift „Das Jahrhundert des Kindes" initiiert. Aktuell beziehen sich eine Reihe konkreter Handlungsanleitungen für das Unterrichtsgeschehen auf die „Orientierung am Kind". Eine Verständigung darauf jedoch, was nun unter dem Begriff des „Kindes" zu verstehen ist, stößt auf erhebliche Schwierigkeiten.

Die Unzulänglichkeit von Argumentationen mit ungeklärten Begriffen wird bereits in „Jahrhundert des Kindes" deutlich, wie dies E. Czucka nachweist: „Der Begriff des Kindes ist bei Key als eine Leerformel gesetzt, die sich im Verlauf der letzten Dekaden beliebig füllen ließ" (Czucka 1998, S. 268). Was sich im Theoretischen zeigt, lässt sich in der Praxis wiederfinden.

Dem Anliegen einer verstärkten Forschung in diesem Bereich wurde bereits mehrfach Rechnung getragen. So wurde etwa unter dem Stichwort der „veränderten Kindheit" eine breite Diskussion über Kindheit unter historischem, kulturellem, soziologischem oder entwicklungspsychologischem Aspekt geführt.

Begründung

- Kinder haben ein Recht auf Anerkennung ihres Eigenwerts und Eigenlebens und ihrer Eigenart.
- Ausgleich gegenüber einer Überbetonung von Ziel- oder Sachorientierung.
- Berücksichtigung der für die Schüler bedeutsamen Lebensrealität.
- Verwirklichung gesellschaftlich relevanter Erziehungsziele: Selbstbestimmung, Selbstständigkeit, Selbstverantwortung, Spontaneität oder Kreativität.
- Teil der Forderung der Humanität; problematisch erscheint jedoch in diesem Zusammenhang das Wort von einer Humanisierung der Schule, wenn es pauschal als Abgrenzung zu

Unterrichtskonzepten oder -verfahren gebraucht wird, die den jeweils eigenen Vorstellungen nicht entsprechen (aus welchen Beweggründen auch immer). Es wird nämlich dadurch suggeriert, als sei alles andere als die eigene Konzeption inhuman.

- Beitrag zur Entwicklung der Persönlichkeit (kognitive und emotionale Strukturen, Handlungsschemata) und zur Identitäts- und Sinnsuche.
- Beitrag zum Aufbau eines positiven Selbstbilds des Kindes.

Kennzeichen

1. Mitbestimmung der Schüler:

Die Schüler haben die Möglichkeit, auf Inhalte und Verfahrensweisen Einfluss zu nehmen.

2. Integration des individuellen Vorwissens:

Erfahrungen und Vorwissen der Kinder werden in das Unterrichtsgeschehen einbezogen. Ihre Überlegungen und Assoziationen sind Teil der Entwicklung des Lernprozesses.

3. Differenzierung und Individualisierung:

Inhalte und Zugriffsweise zur Lernsache werden auf Lernstand, Grad der Selbstständigkeit oder das Sprachvermögen des einzelnen Kindes oder einer Gruppierung abgestimmt. Dazu dienen geeignete Arbeitsmittel mit entsprechenden Aufgabenstellungen.

4. Kommunikation der Wertschätzung:

In der Sprache und durch die Mittel der non-verbalen Kommunikation sollen Wertschätzung, die Annahme der anderen Person, Verständnis und Rücksichtnahme zum Ausdruck kommen. Dies ist die Grundlage zum Aufbau eines positiven Lehrer-Schüler-Bezugs.

5. Impulse zur Selbstständigkeit:

Die unterrichtlichen Maßnahmen werden so ausgewählt, dass sie dem Schüler und der Schülerin als Hilfe zum Selbstständig-Werden dienen.
Beispiele: den Schülern bewusst machen, dass sie schon auf eigene Erfahrungen zurückgreifen können, ... dass sie im Unterricht schon Überlegungen gelernt haben, die zur Lösung des neuen Problems helfen, ... dass das Gelernte brauchbar ist; Vorstellen von Methoden zur Informationsgewinnung, -verarbeitung und -darstellung.

6. Selbsttätigkeit:

Selbsttätigkeit ist der Weg zur Selbstständigkeit. In verschiedenen Phasen des Unterrichts wenden sich die Schüler und Schülerinnen in Eigentätigkeit dem Lerngegenstand zu. Geeignete Materialien sind Anlass und Anregung zum aktiven Umgehen mit der Lernsache.

7. Verstehen als ein Ziel des Unterrichts:

Verstehen ist Voraussetzung und Ziel eines sinnstiftenden Unterrichts. W. Köhnlein trifft die Feststellung „Verstehen ist Menschenrecht" (Köhnlein, in Kahlert/Inckemann [Hrsg.] 2001, S. 59 f.).

Literatur:
1. Faust-Siehl, Gabriele / Speck-Hamdan, Angelika: Sich in anderen sehen: Fremd- und Selbstwahrnehmung im Grundschulalter. In: Kahlert, J. 1998, S. 111–126
2. Hasselhorn, Marcus / Mähler, Claudia: Wissen, das auf Wissen baut: Entwicklungspsychologische Erkenntnisse zum Wissenserwerb und zum Erschließen von Wirklichkeit im Grundschulalter. In: Kahlert, J. 1998, S. 73–89
3. Wild, Elke / Hofer, Manfred / Pekrun, Reinhard: Psychologie des Lerners. In: Krapp, A./Weidenmann, B. (Hrsg.) 2001, S. 207–270

3.5 Sachorientierung

Begriffe

1. Sache: Physische oder psychische Gegebenheit, Erscheinung oder auch Vorstellung.
Zunächst wird Sache „verstanden als Unterscheidung von dem, was lebend ist; dadurch wird der Bereich des Lebendigen unterschieden vom Bereich des Nicht-Lebendigen. Jedoch zeigt bereits die Verwendung des Begriffs ‚Sach-Unterricht‘, dass hier als Sache, die in der Welt wahrzunehmenden Dinge i. w. S. gemeint sind und darüber hinaus auch Inhalte der Vorstellung ... Sache als didaktische Kategorie umfasst demnach alles, was Gegenstand des Unterrichts werden kann: Naturphänomene, das Lebende, Kultur; Naturgesetze, die Geschichte, die Erscheinungsform eines Gegenstandes, Texte, Zahlbeziehungen, personale Beziehungen, soziale oder technische Vorgänge; Erlebnisse und Erfahrungen; Ideen, Normen und Werte; Handlungen, Bewegungsabläufe, motorische Fertigkeiten, Wahrnehmungsleistungen, Selbstwahrnehmung; Einzelfakten und Zusammenhänge ...“ (Käferle 2000, S. 39).

2. Sachanspruch: Forderung nach sachentsprechender Erkenntnisgewinnung, Urteilsbildung oder Umgangsweise; diese Forderung gründet auf der Annahme oder Überzeugung, dass die Sache ein eigenes Wesen und einen Eigenwert besitzt und deshalb diese Forderung von ihr selbst ausgeht.
Der Gegenstand, die Sache, die Dinge haben ihren eigenen Wert. Sofern es technische Dinge oder Gebrauchsgegenstände sind, achten wir darauf, dass wir sorgfältig, sparsam, zweckgerichtet, eben sachgerecht, mit ihnen umgehen. Vor allem die Dinge der Natur aber besitzen ein „Eigensein und ... Eigenrecht“, denn sie

waren „alle schon da, bevor der Mensch die Bühne betrat, und sie hatten nicht nur den Sinn, auf den Menschen zu warten, um seine unersättlichen Bedürfnisse zu befriedigen ..., sie haben auch ihr eigenes Recht“ (Tröger 1991, S. 436). Diese Gegenstände „sind da und behaupten sich gegen das Übersehenwerden ... Sie verlangen, als das, was sie sind, mit ihrer Selbstzwecklichkeit und ihrem Sinngehalt, im Lebensbereich des Menschen zur Geltung zu kommen“ (Guardini 1965, S. 39). Die Forderung nach der Wahrung des Sachanspruchs begründet sich also durch den Eigenwert der Sache selbst.
Unabhängig vom Eigenwert der Gegenstände wird der Anspruch der Sache in Folge gesellschaftlicher, kultureller oder ideologischer Normgebungen, Festlegungen oder Forderungen definiert.

3. Sachorientierung: Gesamtheit didaktischer Forderungen, die sich aus dem Anspruch der Sache ergeben; ähnlich: Sachgemäßheit, Sachgerechtigkeit; ferner: Wissenschaftsorientierung.

4. Sachlichkeit: Haltung, die von der Anerkennung des Eigenwerts der Sache und vom Streben nach dem Dienst an der Sache gekennzeichnet ist.

5. Sacherschließung: Art und Weise des aktiven Umgangs mit einer Sache, der vom Interesse geleitet wird, vertieft in die Sache (Wesen, Struktur) einzudringen.

Begründung

- Beitrag zur Erschließung von Bereichen oder Teilen der Umwelt.
- Erfahrungen oder Wissen von oder über Sachen stellen eine Voraussetzung der Lebensbewältigung dar.
- Schaffung einer gemeinsamen Grundlage zur Lösung von Problemen.

- Aufbau einer sachbezogenen Argumentation (als demokratische Tugend).
- Moment des Ausgleichs gegenüber einer Überbetonung einer einseitig verstandenen Schülerorientierung (das Individuelle als das Allgemein-Gültige, die Situation als übergreifende Norm).
- Aufbau von Sachlichkeit, dadurch Vermeidung der Sachverfälschung durch Ideologie oder Egoismus.
- Anbahnung einer positiven Einstellung gegenüber den Phänomenen der Umwelt, einer Anerkennung des Eigenwerts der Sache und der Achtung vor der Schöpfung.
- Im Umgang mit den Dingen seiner Lebenswelt entwickelt das Kind sein eigenes Verhältnis zur Welt. Die je eigene Art und Weise der Wahrnehmung der Dinge, der Interpretation, Rekonstruktion oder Bearbeitung der Informationen führt zu individuellen Erfahrungen und Strukturen im Handeln, Denken, Fühlen und Werten, zu je eigenen Konzepten und Formen des Problemlösens, der Lebensbewältigung und Lebensgestaltung.

Aus der Sache erwachsen (auf das Kind abgestimmte) „verpflichtende Aufgaben, unabweisbare Forderungen und fruchtbare Schwierigkeiten. Sie bieten Bewährungsmöglichkeiten, die jeglichem bedürfnisgeleiteten Tun fehlen" (Seisenberger 1999, S. 188).

In der Begegnung und Auseinandersetzung mit der Sache bildet sich die Persönlichkeit des Menschen heran. „Die Sache gibt ihren Aspektreichtum preis, und die Person ... entdeckt an sich selbst neue Eigenschaften und Fähigkeiten. Man vermehrt sein Wissen und seine Kenntnisse über die Dinge und steigert die beanspruchten Sinnes-, Willens- und Verstandeskräfte" (Duncker 1994, S. 296).

Grundsätze

1. Sachanalyse als Voraussetzung

Eine wesentliche Aufgabe der Lehrerin besteht darin, sich mit der Sache auseinander zu setzen, so dass sie dem Kind sachbezogene Hilfen geben kann (Gesamterscheinung, Teile, Abgrenzung, Unterscheidung, Ordnungen, Wirkungen; Erschließen von Zusammenhängen oder Strukturen). Kenntnisse von der Sache sind eine Grundlage für die Erschließung der Lernsache, für das Bewusstmachen von Denk- und Lernprozessen, für die Formulierung von Impulsen für die Begriffsentwicklung und für positive Rückmeldungen an die Kinder im Rahmen ihrer Lernarbeit.

2. Vielfältige, aber sachrelevante Zugriffsweisen

Verschiedene Tätigkeiten führen zu einer Begegnung, zu einer intensiven Auseinandersetzung mit der Sache, z. B. Wahrnehmungen machen (sehen, schmecken usw.), beobachten, zeichnen, meditieren, erklären, spielen, etwas verwenden, erkunden oder ordnen (didaktisch zu verstehen als „Arbeitsweisen und -techniken").
Die Eigenart der Sache bestimmt die Entscheidung für die Art der auszuführenden Tätigkeit oder der Verfahrensweise (z. B. „Konflikt" – „Rollenspiel").

3. Qualität der gelernten Sache

a) Die Lernsache soll klar sein

Klarheit im Hinblick auf Inhalte und Verfahren hat einen großen Einfluss auf das gute Behalten.
Klarheit entsteht auf verschiedene Weise: Formulierung der Zielsetzung; Verbindung neuer Informationen mit dem vorhandenen Wissen oder bekannten Interpretationsmustern; eindeutige Darstellung des Lerngegenstandes; schritt-

weiser und geordneter Aufbau von Teilinhalten; Bildung sachgerechter Begriffe;
Formulieren verständlicher Einsichten
(s. u. S. 269–271).

b) Das Gelernte soll richtig sein

„Richtig" ist relativ und bedeutet: Wir
erfassen eine Sache mit den derzeit
möglichen Erkenntnismethoden, mit
unserer Sprache und in unserem heutigen Sach-Verständnis; ich selbst nehme
den Gegenstand oder Vorgang anders
wahr als der Betrachter neben mir. Die
Richtigkeit entsteht dadurch, dass die
Zusammenhänge schlüssig sind und
bleiben: Die Beobachtung ist in Übereinstimmung mit der formulierten Regel,
die Einzelheit lässt sich in die verall-
gemeinert formulierte Erkenntnis
widerspruchsfrei eingliedern, die Einzelheiten stehen zueinander nicht im Widerspruch oder rufen Verstehensprob-
leme hervor.

In der Grundschule müssen häufig Inhalte elementarisiert werden (s. u. S.
265 f.). Hier gilt die Leitlinie, dass die
Vereinfachung (Weglassung usw.) so vorgenommen werden muss, dass einer späteren differenzierten Begriffsbildung
keine Hindernisse entgegenstehen.
Sollte eine endgültige Darstellung des
Sachverhalts nicht möglich sein, so ist
zumindest zu gewährleisten, dass diese
Darstellung eine weitere Ergänzung, Ver-
feinerung und Präzisierung zulässt und
eine „harte" Umstrukturierung (s. Möller, in Köhnlein u. a. 1997, S. 250) mit
weit reichendem Neuaufbau von Schemata vermieden wird.

c) Das Gelernte soll logisch sein

Es werden Informationen gesammelt;
aus den Informationen ergeben sich
Schlussfolgerungen. Wird ein übergeordneter Gedanke formuliert, so sollen die
nachfolgenden Aussagen *dazugehören*;

die in einem problemorientierten Unterricht gestellte Frage wird anschließend
beantwortet; Beispiele zu einer allgemeinen Regel sollen inhaltlich *als Beleg
dazu* erkannt werden; die formulierten
Unterpunkte zu einem Thema liegen in
einer gedanklichen Ebene.

4. Sachlichkeit als Ziel

Die Haltung der Sachlichkeit zeigt sich
in Objektivität, Sachgerechtigkeit, in
einer Achtung vor dem Seienden, in Verantwortung, verantwortlichem Umgang
mit der Sache oder in einer gründlichen
Auseinandersetzung mit der Sache und
versucht Subjektivität, Fremdbestimmung oder ideologische Verfälschung zu
vermeiden.

Eine demokratische Erziehung muss
darauf bedacht sein, dass Kinder auf die
selbstständige Lösung von Problemen
vorbereitet werden. Selbstständigkeit
setzt voraus, dass ausreichende Wissensbestände in dem relevanten Sachgebiet
vorhanden sind und die individuell kon-
struierten Konzepte eine Verarbeitung
der aufgenommenen Informationen zulassen.

Es ist „Aufgabe der Bildung, dass die
Schülerinnen und Schüler lernen, sich
mit der Wirklichkeit unter Geltungsanspruch auseinander zu setzen". Die Inhalte sind nicht „individuell beliebig,
sondern intersubjektiv gültig. Lehrer wie
Lerner müssen sich also gleichermaßen
dem von individueller Willkür unabhän-
gigen Sachanspruch stellen" (Ladenthin
2000, S. 53).

Es ist verfehlt, Sachlichkeit als Synonym
für Nüchternheit, Distanzierung, Ge-
fühlsarmut, Verkopfung, Stoffdominanz
oder Fremdbestimmung anzusehen.
Sachlichkeit ist vielmehr eine Haltung,
die von der Anerkennung des Eigenwerts
der Sache und vom Streben nach dem
Dienst an der Sache gekennzeichnet
ist; sie ist Teil des komplexen pädagogi-

schen Geschehens. Die Sache ist wichtig, weil das Kind im Mittelpunkt ist. Sachlichkeit ist als pädagogische Aufgabe zu werten.

Probleme

An zwei Beispielen sollen Probleme der sachgerechten Aufbereitung exemplarisch aufgezeigt werden.

1. Schüleräußerungen und sachliche Richtigkeit

Die Kinder nehmen Sachverhalte, Situationen und Gegenstände wahr, und sie teilen dazu ihr Vorwissen und ihre Meinungen mit. Grundschulkinder bleiben jedoch in ihren Aussagen über Beobachtungen oder Zusammenhänge in vielen Fällen an der äußeren Erscheinung stehen. Erst durch weiterführende Impulse werden ihnen Widersprüche oder Verbindungen deutlich. Deshalb können Probleme mit der Sache entstehen, wenn Schüleräußerungen als „wahre" Aussagen angenommen werden, obwohl sie es nicht sind (jedoch subjektiv gesehen „richtig").
Das Beispiel einer Tafelanschrift (s. Abb. 15) zeigt Inhalte, die von den Kindern genannt wurden, jedoch sind alle Teile („Überschrift", Beispiele und Merksatz) sachlich falsch oder irreführend.

2. Methodismus führt zu inhaltlichen Mängeln

Häufig erscheinen unterrichtliche Maßnahmen als attraktive Methoden: Offensichtlich bereitet der Umgang mit dem Material Spaß und am Ende sieht man sogar ein vorzeigbares Produkt. Es sollten jedoch alle getroffenen Maßnahmen u.a. auf ihre Konsequenzen für die Heranbildung sachgerechter Vorstellungen geprüft werden.

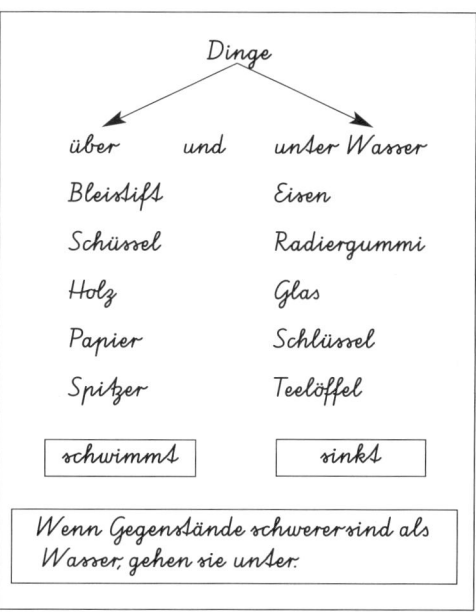

Abb. 15: Tafelanschrift mit falschen oder irreführenden Informationen

Beispiel: Zur Fixierung der Unterrichtsergebnisse zum Thema *Das frisst die Amsel* werden Bilder (Insekten, Würmer, Beeren, Früchte, Trauben) in den Umriss einer Amsel platziert. Welche Vorstellung über die inneren Organe einer Amsel wird sich dabei bei den Kindern wohl entwickeln?
Auf diese Weise laufen Methoden von alleine ab, ohne dass es auf den Inhalt ankommt. Da sie jedoch so „schön" gelingen, werden Mängel im Inhalt leicht übersehen. Auf die Probleme des „Methodismus" weist Dörner (2000, S. 291) eindringlich hin.

Literatur:

1. Käferle, Veronika: Die Auseinandersetzung mit der Sache – ein Qualitätsanspruch des Unterrichts. In: Grundschulmagazin 2/2000, S. 39–42
2. Maras, Rainer: Die unerträgliche Leichtigkeit des Inhalts. Ein Beitrag zur Sachorientierung. In: Grundschulmagazin 10/1999, S. 39–42

3.6 Sinnorientierung

Begriff

1. Sinn

Sinn stellt sich als sehr komplexer Begriff dar, der in diesem Zusammenhang als festgesetzte oder interpretierte Bedeutung verstanden werden kann.

„Sinn als das ‚Gemeinte‘ und zwar a) als Bedeutung von Worten, Sätzen usw., aber auch von Kunstwerken, Symbolen … b) als Aussagegehalt: der Sinn eines Spruchs …“; Sinn als „das ‚Verstehbare‘ überhaupt“, das auch durch Ordnung entstehen kann; Sinn als Zweck: „der Sinn der Arbeitsteilung …“; Sinn als Ziel: „das Worumwillen selbst, um dessentwillen etwas geschieht“; Sinn als „immanenter Letztwert eines Seienden“ (Neuhäusler 1963, S. 205 f.).

2. Sinnerfülltes Lernen

In Verbindung mit dem bei S. Pfeiffer erläuterten Begriff von „Lernen“: Die auf Bedeutungszusammenhänge ausgerichtete Herausbildung bzw. Veränderung von psychischen Merkmalen und Eigenschaften der menschlichen Persönlichkeit.

3. Sinnorientierung

Bestimmendes Merkmal von Unterricht und Erziehung und Unterrichtsgrundsatz, in dem die Forderung nach Vermittlung von Bedeutungszusammenhängen aufgestellt wird.

Bedeutung

- „Die Sinnsuche als Frage an die Erkenntnis ist für den Menschen eine unbedingte Frage, so lange er Bewusstsein, Freiheit und Geschichte hat … Sie ist eine Grundfrage des Menschen, weil er sich durch das Bewusstsein von der Welt getrennt erlebt, in der er sich vorfindet“ (Längle 1985, S. 86).

- „Das Streben des Menschen nach einem sinn- und werterfüllten Leben kann als das Zentralmotiv menschlichen Handelns angesehen werden“ (Biller 1988, S. 372).
- Beitrag zum Entstehen eines positiven Selbstwertgefühls.
- Förderung der Entwicklung kognitiver Leistungen, von Werthaltungen und Motivation.

Die Sinnfrage in pädagogischer Sicht

In der Auseinandersetzung mit der Frage, was „das Wesen des Pädagogischen“ sei, begründet R. Guardini Kategorien, an denen die Sinnfrage in pädagogischer Sicht entwickelt werden kann. Demnach liegt das „Pädagogisch-Eigentliche“ im „dialektischen Schnittpunkt“ (1965, S. 36) zweier Bestimmungsmomente. Das eine Moment kennzeichnet Guardini (hier verkürzt dargestellt) als „Bild“: Das Bild „enthält den Inbegriff der Wesensbestimmungen und Wertaufgaben des Menschen“ (a. a. O., S. 27). Es gibt jedoch, so Guardini, keine „in sich geschlossene Wesensgestalt des Menschen und dieses Menschen“ (a. a. O., S. 29). Deshalb setzt Guardini dem Bild-Begriff das Moment der Bewegung (auch verkürzt dargestellt) entgegen. Der Inhalt des Menschen ist nicht vorgegeben; was es gibt, ist nur der „werdende Mensch“ (a. a. O., S. 29).

Dem Individuum gegenüber steht das Objektive, das Gegenständliche. Der Gegenstand besitzt einen eigenen Wert, er „wendet sich an den Menschen, dass dieser ihn anerkenne“ (a. a. O., S. 38). Die Momente des Bildes und der Bewegung stehen in einem dialektischen Verhältnis. „Beide zusammen stehen ihrerseits in neuem dialektischen Verhältnis zum Moment des Gegenstandes und des Dienstes“ (a. a. O., S. 44). Das Pädagogisch-Eigentliche ergibt sich aus diesen Perspektiven (s. Abb. 16).

Verwirklichung

- *Das Verstehen eines Sachverhalts*, z. B. Ich verstehe jetzt, weshalb das Eichhörnchen so gut im Wald leben kann.
- *Erkennen von Zweckmäßigkeit und Zielgerichtetheit*, z. B. Das Ordnen von Wörtern nach Wortarten hilft mir, über die Groß- und Kleinschreibung zu entscheiden.
- *Die Eingliederung in das Ganze*, z. B. In der Vergangenheit haben die Menschen immer versucht, Gebrauchsgegenstände sicherer (einfacher, ...) zu machen.
- *Das Herstellen von Ordnung*, z. B. Pflanzen am oder im Gewässer.
- *Die Auslegung des Gemeinten bzw. eines Vorgangs*, z. B. Interpretation einer Fabel bzw. Deutung des Lachens über einen Mitschüler.
- *Die Einschätzung einer Sache, eines Phänomens oder eines Vorgangs als Wert*, z. B. Körner mahlen – Teig kneten – Brot backen.

- *Anwendbarkeit auf Erfahrungen oder Vorgänge*, z. B. Feuer benötigt Sauerstoff.
- *Hilfe zum Selbstverständnis*, z. B. Begründung von Aufwärmphasen im Sportunterricht.
- *Hilfe zur Selbstverwirklichung*, z. B. Anregungen zur Freizeitgestaltung.
- *Hilfe zum Dienst an der Sache*, z. B. Haltung und Pflege von Pflanzen.
- *Hilfe für den Zugang zum Religiösen*, z. B. die Botschaft der Versöhnung.

Literatur:

1. Längle, Alfried: Orientierung am Sinn. In: Längle, Alfried (Hrsg.): Wege zum Sinn. Logotherapie als Orientierungshilfe. Piper, München, Zürich 1985, S. 82–90
2. Maras, Rainer: Sinnorientierung als bestimmendes Merkmal von Erziehung und Unterricht. In: Grundschulmagazin 9/1993, S. 53–60

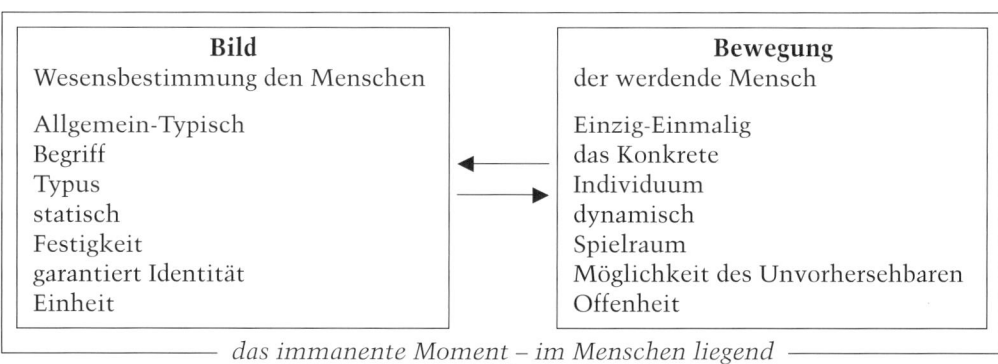

Abb. 16: Das Pädagogisch-Eigentliche (R. Guardini) als sinnstiftende Idee

3.7 Zielorientierung

Begriffe und Zusammenhänge

1. Zielorientierung: Gesamtheit der Maßnahmen in Unterrichtsplanung und -gestaltung zur Festlegung und Verdeutlichung von beabsichtigten und als sinnvoll bewerteten Lernergebnissen.

2. Lernziel: „Ein Lernziel beschreibt einen angestrebten Lernfortschritt bzw. eine angestrebte Kompetenzerweiterung des Schülers (z. B. Zuwachs an Kenntnissen, Übung von Fähigkeiten), der bzw. die möglichst eindeutig beschrieben ist, durch eigene oder nachvollziehende oder mitvollziehende Auseinandersetzung mit der begegnenden Welt erworben wird und in der Regel im handelnden Vollzug überprüfbar ist … Jedes Lernziel besitzt eine inhaltsbezogene (materiale) Komponente: Was soll gelernt werden? und eine verhaltensbezogene (formale) Komponente: Wie soll mit dem Gelernten umgegangen werden?" (Köck 1995, S. 78).
Einer gewissen Ordnung dient die Einteilung in kognitive, affektive und psychomotorische (pragmatische) Lernziele. (Lernzielstufen: Reproduktion, Reorganisation, Transfer, problemlösendes Denken, s. Glötzl 2000, S. 135 und S. 469 f.)

3. Zielangabe: Formulierung des Vorhabens für eine Unterrichtssequenz oder -einheit oder -zeiteinheit durch Lehrerin oder Schüler; diese Festlegung ergibt sich in der Regel aus einer Anfangssituation.

4. Teilziel: Inhaltliche Festlegung eines Teilschritts innerhalb der Hauptphase einer Unterrichtseinheit; damit erfolgt eine Aufgliederung des Gesamtinhalts in Teilinhalte (z. B. im Sachunterricht); psychomotorische Lerninhalte werden in Teilverhalten aufgegliedert (z. B. Werken, Sport).

5. Aufgaben- und Ich-Orientierung

„Im Rahmen des insbesondere in der amerikanischen Motivationsforschung verbreiteten Forschungsansatzes über Zielorientierungen spielt vor allem ein dichotomes Konzept eine wichtige Rolle, das mit dem Begriffspaar der intrinsischen und extrinsischen Motivation eng verwandt ist. Auf der einen Seite wird das Lernen von einer *task orientation* oder auch *mastery* bzw. *learning orientation* gesteuert. Das Ausmaß dieser *Lern- oder Aufgabenorientierung* wird daran festgemacht, wie sehr jemand eine Sache um der Herausforderung willen in Angriff nimmt, also seine eigene Kompetenz prüfen oder steigern will. Das Gegenstück ist die so genannte *ego orientation* (auch *performance orientation*). Hier orientiert sich die Person primär an den „vorzeigbaren" und „verwertbaren" Folgen des Lernergebnisses (i. O. jew. kursiv, Anm. d. Verf.)" (Wild/Hofer/Pekrun 2001, S. 223).
Eine durchgeführte Analyse der Daten von Siebtklässlern ergab, „dass Schüler mit einer ausgeprägten Orientierung an der erzielten Leistung und ihren sozialen Folgen schwächere Leistungen und wesentlich geringere Wissenszuwächse aufwiesen als Schüler mit einer ausgeprägten und stabilen Aufgabenorientierung" (a. a. O., S. 225).

6. Ziel als Kriterium des Handelns

„Denken geht aus dem Handeln hervor, und es trägt … noch grundlegende Züge des Handelns, insbesondere seine Zielgerichtetheit und seine Konstruktivität … Was ist das, ein handelnder Mensch? Es ist einer, der eine Absicht hat, der ein Ziel anstrebt … Seine Handlung bewegt sich zwischen zwei Polen: den Gegebenheiten der – inneren oder äußeren – Situation und dem Ziel. Daher stellt er sich die Aufgabe, den gegebenen Zustand in den Zielzustand überzuführen" (Aebli 1993, S. 26).

Begründung

Unterricht wird für Lehrerin und Schüler durchschaubar. Das Unterrichtsgeschehen gewinnt an Klarheit.

„Ziele braucht man; an Zielen orientiert sich das Handeln. Wie soll man über Maßnahmen nachdenken oder sich entscheiden, wenn nicht aufgrund von Zielen? Ziele sind gewissermaßen die Leuchtfeuer für das Handeln; sie geben ihm Richtung. Daher ist die Formulierung und die Umformulierung von Zielen eine zentrale kognitive Tätigkeit" (Dörner 2000, S. 74).

„Mangelnde Zielausbreitung führt zu einem Verhalten nach dem Reparaturdienstbetrieb" (a. a. O., S. 95).

Das Prinzip der „Zielgemäßheit" wendet sich „gegen den Glauben an das organische Reifen von Fähigkeiten und Interessen und damit gegen eine überzogene ‚Schülerorientierung'. Und letztlich richtet es sich auch gegen den Anspruch einer angeblich objektiven Sache …, gegen eine Überschüttung mit Stoff … Die Zielklarheit bewahrt den Lehrer vor der Wahl von Formen und Methoden, die dem eigentlichen Ziel widersprechen" (Fournés, in Kaiser [Hrsg.] 1997a, S. 240).

„Bei der Analyse von Daten aus der *Scholastik*-Studie ließ sich eine Gruppe ‚guter Lehrer' identifizieren, die überdurchschnittliche Erfolge auf sehr unterschiedlichen Zieldimensionen des Unterrichts erzielte. Ihr pädagogisches Handeln zeichnete sich durch verschiedene Qualitätsmerkmale aus, die stärker auf die zielgerichtete Orientierung, Steuerung und Unterstützung der Lernenden und weniger auf den emotionalen Gehalt der sozialen Interaktionen im Klassenzimmer gerichtet waren" (Weinert/Helmke 1996, S. 231).

Ziele sind Orientierung a) zur Überprüfung von Aufbau und Maßnahmen des Unterrichts und b) für Inhalte und Verfahren einer Erfolgskontrolle.

Praktische Hinweise

a) Festsetzen eines Schwerpunkts für diese Unterrichtseinheit (z. B. die Bedeutung von Kartenzeichen verstehen).
b) Untergliederung der Gesamtthematik in Teilinhalte oder Teilverfahren.
c) Formulieren einer klaren Zielangabe. Sie soll noch nicht die zu erarbeitende Erkenntnis vorwegnehmen. Sie wird hervorgehoben durch Wiederholen (verbal) und Anschreiben (auf Tafel oder Folie).
d) Bewusstmachen des Fortschreitens im Lern- oder Unterrichtsprozess (im Inhalt, im Verfahren, in der Gedankenentwicklung), z. B. „Du weißt schon, an welcher Stelle sich das Wasser unter der Erdoberfläche sammelt; dann hast du erfahren, wie es an die Oberfläche kommt." „Wir haben gerade beobachtet, wie … Nun soll uns eine Zeichnung helfen …"
e) Zäsuren setzen und zum nächsten Teilschritt überleiten, z. B. „Du hast jetzt … geübt; nun ist es noch wichtig, dass …"

Literatur:

1. Köck, Peter: Praxis der Unterrichtsgestaltung und des Schullebens. Auer, Donauwörth 1995, 2. überarb. Aufl., S. 73–93
2. Glötzl, Herbert: Prinzipien effektiven Unterrichts. Handbuch für die Erziehungs- und Unterrichtspraxis. Band 1, Ernst Klett, Stuttgart u. a. 2000, S. 127–167
3. Peterßen, Wilhelm H.: Lehraufgabe Unterrichtsplanung. Das Weingartner PlanungsModell. Oldenbourg, München 2003, S. 17–22

3.8 Begriffsbildung

Begriff

„Die Begriffsbildung ist ein Zusammenwirken von anschaulichen und unanschaulichen kognitiven Strukturen. Sie
führt zu einer Gegenstandsbezeichnung
mit Bedeutungsaufhellung, wobei die
Kenntnis des Bedeutungsgehaltes ein
Wissen um Beziehungen ermöglicht. Begriffsbildung ist in Form von Induktion
(vom einzelnen ausgehend) oder durch
Deduktion (vom Übergeordneten ausgehend) möglich" (Schröder 1992, S. 54).

„Im Unterricht bildet der Schüler Begriffe, indem er von einer neuen Erscheinung oder zur Lösung eines Handlungs-
und Denkproblems gedankliche Elemente aus seinem Wissen abruft und
verknüpft. So konstruiert er einen neuen
Begriffs*inhalt*" (Aebli 2001, S. 253).

„Die Begriffe helfen dem Kind, die Welt
besser zu verstehen. Mit dem Verfügen
über Schlüssel-Begriffe wird jedoch zugleich auch das Kind bereichert, seiner-
seits der Welt erschlossen" (Engelhardt,
in Schorch 1988, S. 123).

Bedeutung

„Begriffe sind für den Menschen wichtige Instrumente für die Orientierung in
der Welt und für das Lösen von Problemen" (Oerter/Dreher, in Oerter/Mon-
tada 1998, S. 605). Dabei helfen sie sowohl auf konkreter als auch auf abstrakter Ebene. „Begriffe sind nicht einfach
vorhanden, sondern werden gebildet,
überprüft und permanent revidiert"
(a. a. O., S. 605).

Psychologische Grundlagen

1. Lernpsychologische Aussagen

„Man unterscheidet zwei Hauptklassen
von Begriffen: die Eigenschafts- und die
Erklärungsbegriffe. Bei den *Eigenschafts-*
begriffen (Kategorien) gibt es zwei Auffassungen. Die klassische Theorie betont
als Kern der Begriffsbildung die logische
Struktur. ... Bei der Prototypentheorie ist
der Begriff durch einen relativ anschaulichen Prototyp (typisches Objekt, repräsentative Vertreter) gekennzeichnet. ...
Erklärungsbegriffe   beinhalten   eine
Theorie im weitesten Sinne" (Edelmann
2000, S. 132).

„Begriffe besitzen eine sachliche (denotative) Bedeutung und eine emotionale
(konnotative) Bedeutung. Je nach Ver-
wendungszweck in der Wissenschaft
oder im Alltag, werden kognitive Fein-
oder Grobstrukturen gebildet" (a. a. O.,
S. 116).

Die Begriffsbildung unterliegt durchaus,
je nach Wahrnehmung(-sart) einer relati-
ven Willkürlichkeit. Denotative, also
sachliche und konnotative, also emotionale Begriffsinhalte wirken sich auf die
persönlichen Bedeutungskomponenten,
die ein Begriff aufweist, erheblich aus.
Diese Ich-Beteiligung prägt insbesondere
auch die Anlage von Begriffshierarchien
oder die Bildung von Wertbegriffen.

„Von Begriffsbildung spricht man, wenn
Objekte zu einer (subjektiv neuen) Kate-
gorie zusammengefasst werden" (a. a. O.,
S. 119). „Die ausschlaggebend intellek-
tuelle Leistung bei der Bildung von Be-
griffen ist die Kategorisierung bzw. das
Erfassen einer Theorie und nicht der
Erwerb des Begriffsnamens" (a. a. O.,
S. 132).

2. Entwicklungspsychologische Aus-
sagen

Das Bilden von Begriffen schreitet „je
nach Untersuchungsrichtung im Kindesalter von konkret zu abstrakt (Piaget,
1964), von perzeptuell zu konzeptuell
(Bruner et al., 1956), von ganzheitlich zu
analytisch (Werner & Kaplan, 1963), von
thematisch zu taxonomisch (Wygotski,
1964) und von global zu spezifisch (Inhel-

der & Piaget, 1955) fort" (Oerter/Dreher, in Oerter/Montada 1998, S. 605).

Wesensmerkmale der Begriffsbildung

(nach Oerter/Dreher, in Oerter/Montada 1998, S. 605 f.)

1. Begriffsbildung als Ordnen

„Diese Entwicklung kann als Fortschreiten von Oberflächenmerkmalen zu Tiefenmerkmalen bzw. von eher peripheren, nebensächlichen Merkmalen zu Wesensmerkmalen verstanden werden" (a. a. O., S. 607). Die Flexibilität bei der Begriffsbildung wird zunehmend komplexer.

Die klassische brunersche Auffassung der Repräsentationsformen *enaktiv – ikonisch – symbolisch* findet in jeder Altersstufe (auch im Erwachsenenalter) je nach Aufgabe oder Problemstellung ihren Einsatz.

2. Begriffslernen aus Wahrscheinlichkeiten

Zur Bildung von Begriffen eignen sich häufig zusammen auftretende Merkmale, die miteinander korrelieren. Bereits zehn Monate alte Kleinkinder sind in der Lage, korrelierende Merkmale visuell zu analysieren und zu repräsentieren. Kinder lernen Begriffe mit Schlüsselmerkmalen auf einer so genannten Basisebene, z. B. Auto. Erst später kennen sie über- bzw. untergeordnete Begriffsebenen, z. B. Fahrzeug oder Automarke. Die Begriffsbildung findet anhand wesentlicher Merkmale statt (Bildung von Basiskonzepten). Die „Prototypen sind Exemplare eines Begriffes, die diesen besonders gut repräsentieren. Eine Amsel repräsentiert den (Basis-)Begriff ‚Vogel' besser als ein Pinguin" (a. a. O., S. 617).

3. Erklärungsbegriffe: Begriffe als Theorien

Während Piaget in seinen Untersuchungen 1926 den kindlichen Animismus untersuchte und herausfand, „dass der Begriff ‚Leben' zunächst mit Aktivität, später mit Bewegung verbunden wird und erst danach eine Einengung auf Pflanzen und Tiere sowie Menschen erfährt" (a. a. O., S. 621), wies Keil in seinen 1989 stattfindenden Forschungen nach, dass schon „jüngere Kinder mit vielen Begriffen eine Theorie über die Realität verbinden, d. h., dass solche Begriffe eine Ontologie der Realität bilden. … ‚Die Kuh ist lebendig' wird als Satz akzeptiert, ‚die Kuh dauert eine Stunde' ergibt in der Ontologie der Kinder keinen Sinn" (a. a. O., S. 619 f.). Schon Vierjährige unterscheiden zwischen Prädikaten, die zu Ereignissen gehören und denen für physikalische Gegenstände. Auch die Unterscheidung tot und lebendig wird richtig getroffen.

Didaktische Schlussfolgerungen

Begriffe müssen aufgebaut werden. „Das konservativste Vorgehen besteht darin, dass der Lehrer den neuen Begriff erklärt und der Schüler die Erklärung nachvollzieht. In der Mitte der Skala siedeln wir eine problemlösende Begriffsbildung an, in die der Lehrer helfend eingreift, wo es notwendig ist. In seltenen Fällen gelingt dem Schüler die selbstständige Bildung eines Begriffes, dessen Rahmen durch ein von Klasse und Lehrer gemeinsam erarbeitetes Problem abgesteckt ist" (Aebli 2001, S. 258 f.).

Allgemein gültig erweist sich nachfolgende Stufung des Begriffsaufbaus (a. a. O., S. 261 f.):

Didaktische Analyse eines Stoffes

↓

Begriffe als Netze von Sachzusammenhängen

↓

Begriffsinhalt aufbauen

↓

den Begriff durcharbeiten

↓

den Begriff anwenden

3.9 Denkerziehung

Begriff

Denkerziehung ist „als ein Beitrag zur individuellen Entfaltung der Intelligenz des Schülers" zu verstehen (Schröder 1992, S. 57). „Im Prozess des Denkens werden die begegnende Welt und die Beziehungen innerhalb dieser geordnet und zwar nach den Kriterien der Gleichheit, der Ähnlichkeit und der Unterschiedlichkeit" (Köck/Ott 1979, S. 98). „Soll der Lernende aus *Demonstrationen* des Handelns, Operierens und Deutens einen Gewinn für sein kognitives Verhalten ziehen, so muss dieses bezüglich der Metaaspekte des Verfahrens, des Vorgehens, der Methode gedeutet werden und der Lernende muss Gelegenheit erhalten, die Verfahren und Methoden anzuwenden" (Aebli 1994, S. 362).

Begründung

„Für die Bewältigung einer Aufgabe qualifiziert zu sein, heißt nicht nur, über das erforderliche Wissen zu verfügen, sondern bedeutet auch, ein kognitives Netzwerk erworben zu haben, in dem bewusst zugängliche Kenntnisse, hoch automatisierte Fertigkeiten, intelligente Strategien der Wissensnutzung, ein Gespür dafür, was und wie gut man etwas weiß, eine positiv-realistische Selbsteinschätzung und schließlich eine den eigenen Kompetenzen innewohnende Handlungs- und Lernmotivation miteinander verbunden sind" (Weinert 1998, S. 111). „Es kommt vor allem darauf an, vernetztes Denken zu lehren. Vernetztes Denken sollte also explizit im Unterricht thematisiert werden" (Jenchen 1991, S. 11). „Die Abstraktion bringt Entlastung von der Überfülle durch Herausheben des Wesentlichen, Ordnung und Übersicht, Versachlichung und Gewichtung, übergreifende ‚Theorie' und Sinn gebende ‚Weltanschauung'" (Glöckel 1995, S. 7).

Psychologische Ansätze

Die „Assoziationspsychologie der Jahrhundertwende, die die Verbindung der Elemente des Bewusstseins durch Assoziation als wichtigstes Erklärungsprinzip aller psychischen Prozesse annahm, wird in dieser Form heute nicht mehr vertreten. Im Anschluss an die Gestalt- und Ganzheitspsychologie (z. B. Wertheimer, Krueger) tritt die *Einsicht in Sinnzusammenhänge* oder *Strukturen* in den Vordergrund der Betrachtungsweise" (Edelmann 2000, S. 30).

Die Gestaltpsychologie kennzeichnet intelligentes und produktives Denken als die Fähigkeit, Umwege zu beschreiten und Umstrukturierungen vornehmen zu können. „Umwege kann aber nur jemand beschreiten, der über der Situation steht. … Auch die Fähigkeit zur Umstrukturierung ist ein Zeichen der Beweglichkeit" (Aebli 2001, S. 312).

„Basis der diversen konstruktivistischen Auffassungen ist die … Ansicht, dass das Gehirn ein geschlossenes, autopoietisches, selbstreferentielles System darstellt. Das heißt, die menschliche Steuerungszentrale organisiert sich selbst und wirkt regulierend auf sich zurück. … Die so entstehenden ‚Konstrukte' sind nicht objektiv ‚wahr', sondern subjektiv ‚viabel' (gangbar, passend)" (Chott 2001, S. 124). „Der radikale Konstruktivismus ist also vor allem deswegen radikal, weil er mit der Konvention bricht und eine Erkenntnistheorie entwickelt, in der die Erkenntnis nicht mehr eine ‚objektive', ontologische Wirklichkeit betrifft, sondern ausschließlich die Ordnung und Organisation von Erfahrungen in der Welt unseres Erlebens" (von Glasersfeld 1995, S. 23).

„Nach Voß (1996, S. 9) basiert das individuelle Weltverständnis auf Konstruktionen. Diese Theorien von Welt, die der Mensch über sich, seine Umwelt und die Wechselwirkung von Ich und Umwelt formt, sind keine Abbildungen einer (angenommenen) objektiven Realität, sondern Erfindungen, die dazu dienen, die Fülle von Informationen und Erlebnissen, welche auf das Individuum einströmen, zu ordnen bzw. zu strukturieren" (Schmitt 2000, S. 37).

Bedeutung

„Kinder kommen in die Schule als denkende Wesen. Sie müssen das Denken nicht erst in der Schule lernen. Eine verantwortungsvolle Erziehung ist darauf bedacht, sie in ihrer Denkfähigkeit zu fördern und das heißt vor allem auch, sie zu *fordern*!" (Krauthausen 1998, S. 31). „Denken und Problemlösen verändern sich, wenn eine Reihe von Komponenten sich wandeln. Dazu gehören die bessere Nutzung des Arbeitsspeichers (-gedächtnisses), eine vorteilhafte abstrakter werdende Repräsentation und verbesserte Strategien" (Oerter/Dreher, in Oerter/Montada 1998, S. 572). „Das Eindringen, das Kennenlernen und das Sich-Auseinandersetzen führt schließlich zu einem tieferen Verstehen der Sache als eines Teils der Lebenswirklichkeit" (Stautner 1999, S. 330). „Wem alle ‚schulischen‘ Sachverhalte erschlossen werden, wem die eigene Auseinandersetzung abgenommen, nur das Ergebnis präsentiert wird, der erlernt keine Verfahrensweisen und Strategien für den ‚Ernstfall‘. Er erwirbt isoliertes Einzelwissen, das in neuen Zusammenhängen nur begrenzte Aussagekraft hat, lernt Arbeitsweisen (nach-)vollziehen" (Beckstein 1999, S. 333).

Umsetzung

- Angebot einer äußeren Ordnung: Einrichtung und Ausgestaltung des Unterrichtsraumes, Sitzordnung, Arbeitsplatz, Anordnung der Lehr- und Lernmittel, Arbeitsatmosphäre
- Gewöhnung an Rituale und Gewohnheiten
- Schaffung von Neugier, Anreizen, Problembewusstsein, Fragehaltung
- Herausforderung durch Neuheit, Komplexität und Ungewissheit
- Auswahl der Lerninhalte: Repräsentanz, Sachanspruch, Schülergemäßheit, Relevanz, Darbietungsformen
- Konzeption der Lehr-/Lernsituation: induktive, aktivierende, forschend-entdeckende, handlungs- und erfahrungsorientierte Vorgehensweisen
- Strukturierung: lernsequentielle Aufbereitung, sachlogische Erhellung, Organisation der Lerneinheit
- Bereitstellen von Lernhilfen: Modelle, Zeichnungen, Karten, Nachschlagewerke, Informationsquellen, auch Computer und Internet
- Anwenden von Methoden, Techniken, Strategien und facheigenen Arbeitsweisen, z. B. zerlegen, zusammensetzen, kategorisieren, verallgemeinern, konkretisieren, Hypothesen bilden, polarisieren, begründen, Regeln bilden
- Bewusstmachen und Zusammenfassen von Teilschritten, Lernhinzugewinn, Zwischenzielen
- Versprachlichung und Reflexion von Erkenntnissen, Lösungswegen und Ergebnissen in unterschiedlichen Kooperationsformen
- Diskussion von Fehlern; Fehleranalyse
- Sicherungen und Fixierungen übersichtlich und eigenaktiv darstellen, z. B. auch als Mind-Map, Cluster, Skizze, Kartei, Tabelle, Schaubild, Plakat
- variatives Üben und Wiederholen
- Einbettung von Inhalten in komplexer werdende Situationen
- Darstellung von Wissensnetzen in (über-)fachlichen Zusammenhängen

3.10 Erfahrung

Begriffsklärung

1. Begriffsfeld

Die nachfolgenden Beispiele verweisen auf die Komplexität des Erfahrungsbegriffs:

a) Erfahrungen werden aktiv gemacht: In Situationen setze ich mich bewusst und gezielt mit Gegenständen oder Menschen auseinander.

b) Erfahrungen werden passiv gemacht: Ich gerate in Situationen und registriere Sachverhalte (z. B. Ich beobachte einen Unfallhergang – ich registriere an mir Gefühle).

c) Erfahrung geht von der sinnlichen Wahrnehmung aus: Ich sehe, höre, ertaste, erfühle, rieche und schmecke Sachverhalte (z. B. Wolkenfärbung – Erfahrungswissen: Es wird regnen; Geruch eines Fleischstücks: Es ist ungenießbar).

d) Erfahrungen gründen auf der Verknüpfung von Einzelvorgängen oder -wahrnehmungen: Das bloße Erkennen ist keine Erfahrung (z. B. einen Löwenzahn erkennen), die Erfahrung ergibt sich aus der Verbindung von einzelnen Informationen (z. B. „Wetterseite" eines Baumes, eines Hauses).

Erfahrungen werden vom Individuum gemacht: Die Wahrnehmung an der Sache sind *meine* Wahrnehmungen; deshalb können Primärerfahrungen nur von mir gemacht werden. Meine Identität gründet auf dem nur mir eigenen Repertoire an Erfahrungen.

Erfahrungen werden von einer Gruppe gemacht: Eine Situation kann von mehreren Menschen ähnlich oder sehr ähnlich wahrgenommen und erlebt werden; dies zieht ähnliche oder von allen als gleich empfundene Erfahrungen nach sich; ein Volk kann von der „nur ihm eigenen" Erfahrung sprechen.

2. Begriffe

a) Erfahrungen

Individuelle Bewusstseinsinhalte, die entstanden sind durch die Begegnung oder den tätigen, sinnenhaften Umgang mit materiellen oder psychischen Phänomenen und die charakterisiert sind durch die subjektive Verknüpfung von Einzelerscheinungen zu zusammenhängenden Aussagen oder Informationsketten.

b) Erfahrungsorientierter Unterricht

Konzeption eines Unterrichts, die Sachverhalte und Verfahrensweisen in den Mittelpunkt stellt, die die Gewinnung von Erfahrungen ermöglichen oder daran anknüpfen und auf Verarbeitung von Erlebnissen, Wahrnehmungen und Anmutungen ausgerichtet sind.

Bedeutung

- Kinder leben zunehmend in einer Welt von mittelbaren Situationen.
- „Über die Entfaltung des Denkvermögens, der Interpretations-, Verstehens- und Rezeptionsleistungen hinaus bedarf es ... auch der Ermöglichung unmittelbarer Erfahrungen in und mit der Wirklichkeit und aktiver Weltzuwendung" (Wöll 1998, S. 4 f.).
- „Erfahrungslernen ist als eine Komponente schulischen Lernens zu verstehen, die – außerschulische Erfahrungsdefizite kompensierend – eine sinnerfüllte und identitätsstiftende Auseinandersetzung mit den Lerngegenständen ermöglicht" (Frohne, in Kaiser [Hrsg.] 1997a, S. 41).
- Die Verknüpfung von Unterrichtsinhalten mit vorhandenen Erfahrungen begünstigt den Aufbau von Interesse und fördert das gute Behalten.

Unterrichtliche Möglichkeiten

1. Erfahrungen mitteilen

a) ... verbal: Erzählen von Erlebnissen mit Tieren, mit bestimmten Personengruppen (z. B. behinderten Kindern) oder mit Gegenständen (z. B. Spielzeugauto, Drehstuhl, Wippe); Berichten über Erfahrungen mit Wetter, Kleidung, Verkehrsmittel, Spielzeug, oder über Erfahrungen auf dem Schulweg oder beim Einkaufen; Berichten über die eigenen Überlegungen zur Lösung einer Sachaufgabe, beim Beobachten einer Amsel, beim Hören eines Gedichts, beim Anschauen eines Gemäldes.

b) ... durch (wiederholendes) Tun, d. h. *eigene Erfahrungen nochmals am Objekt vorführen*: Prellen eines Balles; Zerteilen einer Sperrholzplatte mit der Laubsäge; Grashalm zwischen beiden Daumen zum Schwingen bringen (d. h. Pfeifen); einem Hamster Futter reichen; Taschenlampe zerlegen und wieder zusammenbauen; Balancieren auf dem Schwebebalken (zugrundeliegende Erfahrung z. B. Balancieren auf einem gefällten Baumstamm).

2. Erfahrungen machen

a) im Sachunterricht: Temperatur messen mit dem Thermometer; aus Roggenkörnern Mehl herstellen; sich orientieren im Schulviertel mit der Karte; mit einem Polizisten über dessen Arbeit sprechen; Material erkunden, das Strom leitet (Draht, Metallplatten), das den Strom nicht leitet (Schnur, Gummiband).

b) in Mathematik: Die Mächtigkeit einer Zahl mit verschiedenen Elementen darstellen; die Erleichterung des Rechnens mit den Normalverfahren; die Lösung von Sachproblemen (Sachaufgaben) durch Rechnen.

c) in anderen Fächern: Wirkung von Sprachmitteln; Erfahrungen mit der eigenen Stimme; Erfahrungen mit verschiedenen Werkzeugen, Geräten, Materialien, Schreibgeräten.

d) bei Arbeitsvorgängen: Erfahrungen mit Arbeitstechniken (z. B. Unterstreichen von wichtigen Wörtern im Text), mit verschiedenen sozialen Arbeitsformen (z. B. Gruppenarbeit).

3. Erfahrungen ordnen

Schwimmen und Sinken von Gegenständen oder Materialien; Verhaltensweisen in verschiedenen Situationen (z. B. um eine Auskunft bitten, einen Termin ausmachen, eine Unstimmigkeit feststellen, auf einen angenehmen Vorgang reagieren); Auswirkungen von Unwohlsein oder Krankheiten auf die Stimmung oder Leistungsfähigkeit; Beständigkeit verschiedener Klebeverbindungen.

4. Erfahrungen in Einsichten oder Erkenntnisse überführen

Verschiedene Zimmerpflanzen brauchen verschiedene Pflege; für ein gutes Zusammenleben sind Regelungen notwendig; man soll einen Rat nur befolgen, wenn man erkannt hat, dass er gut ist (sein könnte); Protokollieren ist eine Hilfe zum genauen Vergleich.

Literatur:

1. Müller-Gäbele, Erich H.: Erleben – Erfahren – Handeln. Schlüsselbegriffe des Sachunterrichts. In: Meier/Unglaube/Faust-Siehl (Hrsg.) 1997, S. 12–26
2. Schmitt, Hubert: Kindern in ihrem Denken begegnen. Lernen auf der Grundlage der Erfahrungen von Kindern. In: Grundschulmagazin 6/2000, S. 37–40
3. Wöll, Gerhard: Handeln: Lernen durch Erfahrung. Handlungsorientierung und Projektunterricht. Schneider Verlag Hohengehren, Baltmannsweiler 1998, S. 4–21

3.11 Anschauung

Begriffe und Zusammenhänge

1. Anschauung

Anschauung „kann unter einem mehr dynamischen Aspekt (als Vorgang, Prozess der Erkenntnisgewinnung) oder unter einem mehr statischen Aspekt (als Ergebnis der Erkenntnisgewinnung) gesehen werden. Im Vorgang vollzieht sich das allseitige und zutreffende Erfassen eines Sachverhaltes oder eines Zusammenhanges auf der Basis der sinnlichen Wahrnehmung, wobei sich die Erkenntnisgewinnung nicht nur auf ein ‚Hinschauen' beschränkt, sondern eine vorstellungsmäßige und denkende ‚Verarbeitung' maßgeblich daran beteiligt ist.
Auch die Anschauung als Ergebnis beschränkt sich nicht nur auf das mit den Sinnesorganen Erfasste, sondern betrifft die Integration des Wahrgenommenen in die kognitive Struktur" (Schröder 1991, S. 120).
F. Loser skizziert die Begriffsgeschichte: „Für die Sensualisten ist nicht im Verstande, was nicht zuvor in den Sinnen gewesen ist. Anschauung meint daher eine möglichst exakte ‚Abbildung' der Sinneswahrnehmung ...
Nach der ‚kopernikanischen Wende' in der Erkenntnistheorie, wonach nicht die Wirklichkeit durch Erkenntnis abgebildet wird, sondern umgekehrt der Mensch mit Hilfe seiner Verstandeskräfte den Gegenstand der Erkenntnis ‚konstruiert', erhalten die Anschauungsformen als kategoriale Bedingungen menschlicher Erkenntnis einen neuen Stellenwert. Dieses neue Verständnis von Anschauung hatte wiederum neue Entwürfe in der didaktischen Theoriebildung zur Folge, denen es allesamt um den Aufbau der Kategorien, Elemente, Muster, Konstruktionsschemata der Anschauung ging ...

Ein drittes Begriffsverständnis von ‚Anschauung', nämlich das einer Art Wesensschau, der ‚wahren Natur' der Wirklichkeit ... hat ... in der abendländischen Erkenntnistheorie eine lange Tradition ... Nicht der ‚orbis' selbst, sondern der ‚orbis pictus' präsentiert die wahre Ordnung und lehrgangsgerechte Stimmigkeit der Welt (*Comenius*) (i. O. kursiv, Anm. d. Verf.)" (Loser, in Reinhold/Pollak/Heim [Hrsg.] 1999, S. 21 f.).

2. Veranschaulichung

„Veranschaulichung ist das Bemühen des Lehrers, einen Lerninhalt so aufzubereiten, dass bei aller Wahrung der Sachgemäßheit die Vorstellungsfähigkeit des Schülers unterstützt wird, um zur intendierten Begriffsbildung zu gelangen" (Seibert, in Seibert/Serve [Hrsg.] 1992, S. 251).

3. Denken – Wahrnehmung – Begriffe

„‚Anschauung ist das Fundament aller Erkenntnis' (Pestalozzi), d. h. Vorstellungsbilder und Begriffe werden durch die unmittelbare sinnliche Wahrnehmung eines Sachverhalts aufgebaut. Denken als Reflexion des Wahrgenommenen kann ohne diese Vorstellung nicht gelingen. Selbst das abstrakte, formallogische Denken operiert mit Symbolen und Zeichen, die durch anschauliches Handeln ‚begriffen' wurden und ihrerseits eine höhere Anschauungsebene darstellen ... Begriffe ohne anschauliches Fundament sind wirklichkeitsfremd, bloße Anschauung bleibt unfruchtbar für das realitätsgemäße Handeln" (Köck 1995, S. 230).

4. Direkte und indirekte Anschauung

„Je nach Wirklichkeitsnähe der Anschauung ergibt sich folgende Unterscheidung: Unmittelbare direkte Anschauung liegt vor, wenn der zutreffende

Begriff gleichzeitig mit der Wirklichkeitsbegegnung angeboten wird. Mittelbare direkte Anschauung ist gegeben, wenn die Wirklichkeit durch Medien vermittelt wird. Die indirekte Anschauung baut auf hinreichend bekannten Begriffen auf, mit deren Hilfe der Schüler in einem Vorgang der inneren Anschauung Vorstellungsbilder entwickeln und kombinieren kann" (Köck 1995, S. 230).

Bedeutung

● Pestalozzi: „Anschauung ist das absolute Fundament aller Erkenntnis."
● Element der Begriffsbildung: „In der Anschauung werden wir ... der äußeren und inneren Struktur eines Dinges inne ... Die Anschauung ist transparent, durch sie leuchtet der Begriff, das Wesen der Sache hindurch. Von der Anschauung aus sind wir auf dem Sprunge zum Wesensbegriff" (Reumuth 1955, S. 18 f.).
● Hohe Ansprechbarkeit der Kinder durch das unmittelbar vorhandene Objekt.
● Auslösung eines Lernantriebs zur Auseinandersetzung oder Verarbeitung.
● Herstellen von Zusammenhängen und Strukturen.

Grundsätze der Veranschaulichung

● Ziel der Auseinandersetzung mit dem Objekt ist die innere Anschauung; die äußere Anschauung ist eine Voraussetzung dazu.
● Der sinnlichen Wahrnehmung folgt eine Phase der Verarbeitung.
● Zur Darstellung der Wahrnehmungen und gedanklichen Verknüpfungen sind adäquate Medien oder Modelle auszuwählen (s. dazu etwa das Beispiel „Biologisches Gleichgewicht", in Käferle 2000, S. 41) – Frage nach der Qualität des Anschauungsmittels.

Verwirklichung

1. Formen der Begegnung

● die Wirklichkeit selbst: Sie kann bereit gestellt werden (Wiesenblumen, Sprechsituation), sie kann aufgesucht werden (Hauptstraße, Weiher);
● Reproduktion der Wirklichkeit (Pilze aus Plastik);
● Modell der Wirklichkeit (Blütenmodell; Schema „Wasserkreislauf");
● das Abbild der Wirklichkeit (Wandbild „Eichhörnchen").

2. Art der Auseinandersetzung mit dem Lerngegenstand

Betrachten (Reproduktion eines Gemäldes, Taschenlampe);
Umgehen mit dem „Gegenstand" (Füttern eines Meerschweinchens, Setzen von Samen, Aufpumpen eines Fahrradschlauchs, Gebrauch von Sprachfloskeln);
„Erfahren" eines Lerngegenstandes (Spuren einer Schleife oder Girlande mit dem Wachsmalstift);
Ausführen von Operationen (Legen der Mächtigkeit einer Zahl mit Plättchen);
Mitteilen der Wahrnehmungen, Empfindungen, Bewertungen oder Assoziationen (Aufschneiden einer Frucht, Nennen von Ideen zum Begriff „steigen");
sich für Symbole öffnen (innere Wirklichkeiten, z. B. „Sich auf den Weg machen");
Kneten, Schneiden, Zusammenfügen, Probieren, Vergleichen, Verändern, Versuche ausführen, Messen, Vermutungen äußern, Feststellungen treffen.

Literatur:

1. Loser, Fritz: Anschauung (Stichwort). In: Reinhold/Pollak/Heim (Hrsg.) 1999, S. 21–24
2. Seibert, Norbert: Das Unterrichtsprinzip der Veranschaulichung. In: Seibert/Serve 1992, S. 245–26

3.12 Selbsttätigkeit

Begriffsklärung

1. Abgrenzung und Zusammenhänge

a) Selbsttätigkeit und Selbstständigkeit

Selbsttätigkeit betont als didaktische Kategorie das eigene Tun und weist auf das Ziel der Selbst-Ständigkeit oder Selbst-Werdung hin. Im Begriff der Selbstbetätigung wird die *„Prozess*akzentuierung" und im Begriff der Selbstständigkeit die *„Produkt*akzentuierung" (Eickhorst 2000, S. 57) zum Ausdruck gebracht. Selbsttätigkeit kann als zentrale, „in der pädagogischen Tradition begründete Kategorie angesehen" werden, „welcher ein Bezug zur Selbstständigkeit immer schon immanent ist". Sie „bekommt ... den Stellenwert ‚Mittel' zum höheren ‚Zweck' der Selbstständigkeit zu sein. Aktivität, Intensität und Spontaneität tragen in diesem Sinne zu einem selbstständigen Lernen bei und das umfasst so komplexe Fähigkeiten wie z. B. den sicheren Umgang mit Wissen, das Einteilen von Arbeitsaufgaben, die Nutzung geeigneter Methoden, die Mitbestimmung über die Unterrichtsinhalte" (a. a. O., S. 57).

b) Selbsttätigkeit und Handeln

Die Begriffe Tätigkeit und Handlung sind sich sehr nahe. Etwa Planen, Bearbeiten, Sprechen oder etwa Herstellen bezeichnen wir als Handlungen. Aber auch das bewusste Sehen und Hören oder die aktive Teilnahme an einem Fest kann als Handlung verstanden werden. Durch Handlungen können materielle Produkte (z. B. ein Holz einkerben – Kerbe) oder ein innerliches Produkt (z. B. Schreibweise eines Wortes) entstehen. Handlung als beabsichtigende Tätigkeit kann nach außen erkennbar werden

(acht Elemente zu sieben anderen Elementen dazulegen) oder nicht (Ich denke mir die Aufgabe „sieben plus acht"). „Menschliche Tätigkeiten richten sich zum Teil auf Sachen und zum Teil auf Personen ... Tätigkeiten können dazu dienen, ein Produkt *herzustellen* oder eine Sache oder einen Vorgang zu *erkennen* und *darzustellen.* Herstellende Tätigkeiten nennen wir auch *praktische* (i. O. jeweils kursiv, Anm. d. Verf.) Tätigkeiten" (Aebli 1987, S. 22). Handeln im didaktischen Sinne ist ein zielgerichtetes, bewusstes Tun.

2. Geschichtliche Aspekte

Selbsttätigkeit „wurde von Pädagogen wie Rousseau, der seinen Emile durch eigenes Beobachten und Denken klug werden lassen wollte, bereits im 18. Jahrhundert gefordert. Pestalozzi erarbeitete die psychologische Kategorie der Selbsttätigkeit des Kindes heraus, das, einmal angeregt, mit unergründlichem Eifer nicht eher ruht, bis es alles auf einen Gegenstand, eine Handlung oder einen Vorgang Bezügliche in ein Sprachbild gefasst hat ... Auch Diesterweg sah ein entscheidendes Ziel seiner pädagogischen Tätigkeit in der Entwicklung aller Anlagen und Kräfte zur Humanität. Selbsttätigkeit im Dienste des Wahren, Schönen und Guten, so lautete seine Forderung" (Fournés, in Kaiser [Hrsg.] 1997a, S. 193). „Modifiziert und in vielfacher Weise abgewandelt ist die Selbsttätigkeit über Fröbel als methodisches Leitprinzip in zahlreiche reformpädagogische Ansätze eingegangen (Montessori, Freinet, Gaudig, Kerschensteiner). Durch den Rückgriff der modernen Unterrichtspraxis auf reformpädagogisches Denken ist dieses Lernprinzip in den Lichtkegel einer besonderen Aufmerksamkeit gerückt und ist Ausgangspunkt zahlreicher Unterrichts- und Lernformen mit erfahrungs-

und handlungsorientierter Ausrichtung geworden" (Potschka 1996, S. 60).

3. Begriffe

a) Selbsttätigkeit: Aktivität, die auf Aneignung und Sicherung des Lerngegenstandes gerichtet ist oder auf Ergebnisse (materiell oder psychisch) hinzielen.

b) Handelnder Umgang: Unterrichtsverfahren zur Erschließung oder Einübung des Lerninhalts durch verschiedene Tätigkeiten am und mit dem konkreten Gegenstand oder mit dem Arbeitsmittel, das diesen Lerninhalt repräsentiert.

c) Handlungsorientierter Unterricht: Unterrichtskonzept, in dem Verfahrensweisen betont werden, die durch Eigenaktivität im Lernprozess und den Einsatz sachadäquater Arbeitstechniken und -weisen gekennzeichnet sind.
„In einem vordergründigen, wenngleich verbreiteten, didaktischen Verständnis wird das Postulat nach Handlungsorientiertem Unterricht dann als eingelöst angesehen, wenn die Kinder im Unterricht Handgreifliches tun, also effektive Handlungen ausführen. In der Sicht der kognitiven Handlungstheorie (z. B. H. Aebli) ist dieses reine Aktivitätsprinzip didaktisch und methodisch nicht haltbar. Handlungen sind nicht bloße Aktivitäten oder die bloße Anwendung von Verfahren. Handeln setzt das Bewusstsein über Ziele, Gründe, Zwecke und Mittel voraus" (Soostmeyer 1997, S. 82).

d) Originale Begegnung: Unterrichtsmethode, in deren Mittelpunkt die direkte Auseinandersetzung des Schülers mit dem tatsächlich vorhandenen Ausschnitt der Wirklichkeit steht zum Zwecke der Gewinnung von Erfahrungen und Erkenntnissen. Sie kann die Gliederung der gesamten Unterrichtseinheit prägen oder auch nur die unmittelbare Phase der

Informationsgewinnung erfassen. Im Sinne H. Roths ist jede originale Begegnung mit eigener Aktivität verbunden. In dem methodischen Prinzip der originalen Begegnung „steckt der Kunstgriff, Kind und Gegenstand so aufeinander zu beziehen, dass sie einander nicht mehr loslassen, sondern ins Gespräch kommen und miteinander zu leben beginnen. Nur auf diese Weise entwickeln sich spontane Beziehungen zwischen beiden" (Roth 1976, S. 116).

Bedeutung

- „Aufgrund seiner nur spärlichen Ausstattung mit angeborenen Instinkten und einer gegenüber dem Tier ungleich größeren Offenheit all seiner Anlagen wird Selbsttätigkeit zur (Überlebens-)Notwendigkeit des Menschen" (Eickhorst 2000, S. 58).

- „Lernen hat aus pädagogischer Sicht die Selbsttätigkeit des Lernenden zur Voraussetzung" (ebd.).

- Erwerb von Selbstständigkeit: Durch das eigene Tun wird offensichtlich, ob sich die praktizierten Lösungsstrategien und -methoden in der Anwendungssituation bewähren oder ob z. B. die erworbenen Bewegungsabläufe brauchbar sind. Es entsteht eine realistische Einschätzung für die eigenen Fähigkeiten, und weil in der Ausführung einer Handlung Erfolg erfahren werden kann, stärkt sich das Zutrauen in die eigenen Möglichkeiten, auf die Umwelt durch Handlung einzuwirken.

- „Das Konzept des menschlichen Selbsttriebes geht hervor aus einer Sichtweise existentieller Lebensdynamik, die von Pestalozzi in die Formel gefasst wird: ‚Das Leben bildet.' Leben ist hier nicht als von außen manipulierender Umwelt- und Milieueinfluss gefasst, sondern als ein dem Menschen a priori eingegebenes und eingeborenes

Aktivsein. Durch dieses Aktivsein geht der Mensch auf die Welt zu, verarbeitet sie geistig, bemächtigt sich ihrer in physischer Hinsicht, wächst aber auch über das Aktivsein heran zu sittlicher Autonomie ..., erwirbt Liebe und Zutrauen zum Mitmenschen" (Potschka 1996, S. 60).

- „Selbsttätiges Handeln und Lernen fördert die Entwicklung einer mündigen Persönlichkeit und die dazu notwendigen Kompetenzen und Eigenschaften wie Selbstständigkeit, Selbst- und Mitbestimmung, Selbstverantwortung, Sach-, Handlungs- und Sozialkompetenz, Kritik- und Urteilsfähigkeit" (Glötzl 2000, S. 276).
- Grundlage für das gute Behalten (Behaltwert).

- Beitrag zum Wechsel im Unterrichtsgeschehen (Rhythmisierung) und zu einer methodischen Variation (s.a. Abb. 17).

Grundsätze

- Die Art der Selbsttätigkeit soll dem unterrichtlichen Gegenstand entsprechen (Kirschblüte: betrachten, riechen, zerlegen, durchschneiden).
- Phasen der Selbsttätigkeit sind vorzubereiten, um den Lernerfolg zu gewährleisten d. h. zielblinde Phasen sind zu vermeiden.
- Der Grad der Selbsttätigkeit ist dem Leistungsvermögen der Schüler anzupassen; gleichzeitig soll mit der Aufgabenstellung eine Weiterführung

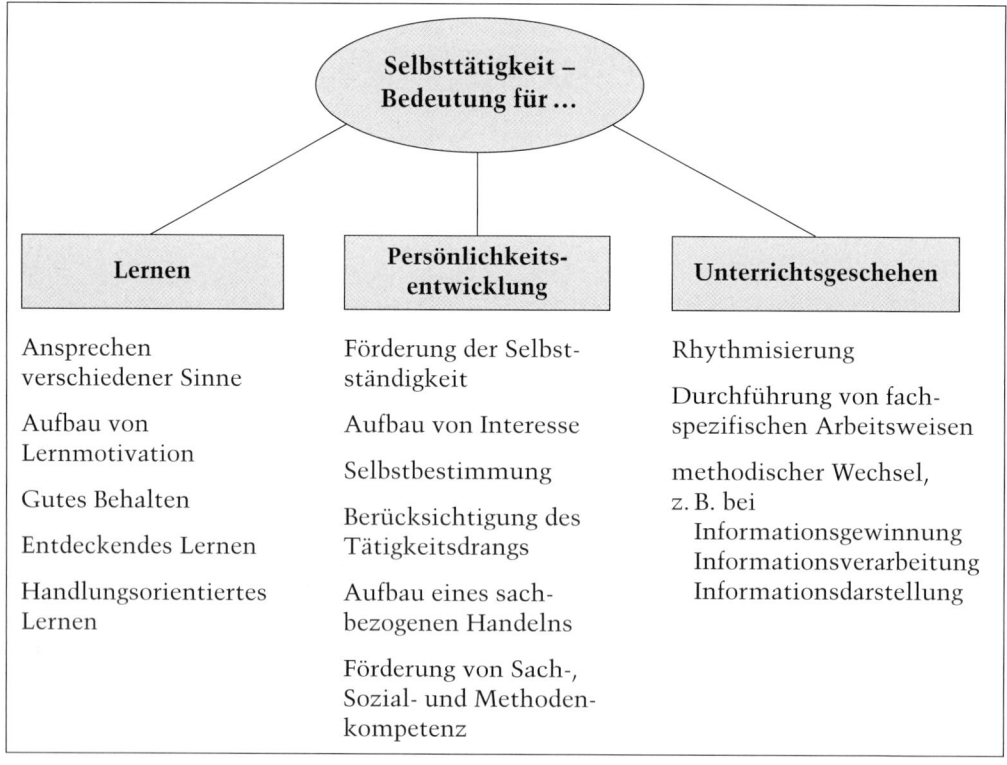

Abb. 17: Bedeutung der Selbsttätigkeit

der Bewusstseinsinhalte verbunden sein.

- Das Ergebnis der Selbsttätigkeit ist auf die sachliche Richtigkeit zu überprüfen (im Sinne der angestrebten Lernziele).
- Das Ergebnis der Selbsttätigkeit ist in den Unterrichtsprozess zu integrieren und als Lern-Ergebnis bewusst zu machen.
- In Phasen der Selbsttätigkeit sollten zeitliche Beschleunigung und Kommentierung der laufenden Arbeit nach Möglichkeit nur in Ausnahmefällen erfolgen.
- Die Ergebnisse sollten in angemessener Weise gewürdigt werden.

Möglichkeiten

1. Selbsttätigkeit als umfassende unterrichtliche Zielsetzung

Die Konsequenz der *pädagogischen* Zielsetzung, das Kind zur *Selbstständigkeit* zu befähigen, besteht organisatorisch darin, Situationen zu eröffnen, in denen Selbsttätigkeit möglich wird. Dazu bieten sich Maßnahmen an, die außerhalb der festgefügten Unterrichtseinheiten erfolgen können.

- Beginn und Beendigung des Unterrichtstages: Morgenkreis oder Tagesrückblick.
- Formen des Schullebens: Vorbereitung und Gestaltung von Festen und Feiern.
- Offene Unterrichtsformen: Projektunterricht oder Freiarbeit, Wochenplanarbeit oder Lernen an Stationen.

2. Selbsttätigkeit in den verschiedenen Phasen des Unterrichts

a) Anfangsphase, Beispiele:
beobachten (Versuch: die Außenwand eines Trinkglases, das mit kalter Flüssigkeit gefüllt ist, beschlägt sich);

betrachten (Bilder: Stadtansichten früher – heute);
zuhören (Hörszene: Streit in der Pause);
sich spontan äußern (als Reaktion auf einen Impuls: Aufpumpen eines Fußballs);
berichten (über eigene Erfahrungen: Materialeigenschaften von Plastik).

b) Hauptphase, Beispiele:
ordnen (Blüten: nach Farbe, Form, Größe);
vergleichen (geometrische Flächen: Dreieck, Viereck, mit geraden oder nicht geraden Begrenzungslinien);
interpretieren (Kreisstadt: Anzahl von Geschäften in der Hauptstraße, gut ausgebaute Verkehrswege, Anzahl von Betrieben);
heraussuchen (und durch Unterstreichen hervorheben: Aussagen über Gegenstände oder Vorgänge in einem Sachtext, treffende Eigenschaftswörter und Zeitwörter, Gründe für eine Maßnahme); planen, Versuche durchführen, verbalisieren.

c) Schlussphase, Beispiele:
einordnen („Verdunsten" in „Kreislauf des Wassers");
wiederholen, erklären, beurteilen.

Literatur:

1. Glötzl, Herbert: Prinzipien effektiven Unterrichts. Handbuch für die Erziehungs- und Unterrichtspraxis, Band 2. Ernst Klett, Stuttgart u. a. 2000, S. 276–343
2. Jürgens, Eiko: Erfolgreiches Lehren und Lernen in schüleraktiven Unterrichtsformen. Modelle und Praxis. Institut für berufliche Bildung und Weiterbildung e. V., Göttingen 2002
3. Wöll, Gerhard: Handeln: Lernen durch Erfahrung. Handlungsorientierung und Projektunterricht. Schneider Verlag Hohengehren , Baltmannsweiler 1998

3.13 Öffnung von Unterricht

Begriff und Zusammenhänge

1. Öffnung des Unterrichts

„Die ‚Öffnung des Unterrichts' erweist sich als eine innovative pädagogische Bewegung allgemein sowie in deren Rahmen als ein pädagogisch-didaktischer Ansatz von Unterricht insbesondere" (Hanke, in Einsiedler 2001, S. 376). Die Öffnung des Unterrichts wird vor allem geprägt durch Einflüsse von Erkenntnissen aus der Entwicklungs-, Kognitions- und Sozialpsychologie sowie durch gesellschaftliche Entwicklungstendenzen. Der Begriff „Öffnung" weist auf diesen Prozesscharakter hin. Das bedeutet in diesem Zusammenhang, „den Unterricht zunehmend im Hinblick auf die individuellen Lernbesonderheiten und -bedürfnisse der Schülerinnen und Schüler zu verändern (bzw. zu ‚öffnen')" (a. a. O., S. 378).
Unterricht öffnen heißt nach Gervé „vielfältige Formen des gemeinsamen Lernens und Arbeitens zu suchen und zu erproben, die es Kindern erlauben, ihr Lernen im kognitiven, motorischen aber auch im emotionalen und sozialen Bereich stärker selbst mitzubestimmen, mitzugestalten, mitzuverantworten und mitzubeurteilen" (Gervé 1998, S. 7).

2. Dimensionen offenen Unterrichts

a) Methodische Offenheit
Bestimmung des Lernweges auf Seiten der Kinder

b) Inhaltliche Offenheit
Bestimmung des Lernstoffes innerhalb der offenen Lehrplanvorgaben

c) Soziale Offenheit
Bestimmung von Entscheidungen be-

züglich der Klassenführung, der Unterrichtsplanung, des konkreten Unterrichtsablaufes, Bestimmung der Rahmenbedingungen des sozialen Miteinanders (z. B. Erstellen von Regeln)

d) Persönliche Offenheit
Beziehung zwischen Lehrkraft/Kindern (z. B. Kinder anhören und dann auch beachten) und Kindern/Kindern

Zielsetzungen

- Interesse förderndes Lernen begünstigen
- Das Selbstvertrauen stärken/ein positiv-realistisches Selbstbild aufbauen
- Die Selbstständigkeit und Eigenverantwortung fördern
- Selbstwirksamkeit erfahren
- Kenntnisse differenziert vermitteln, Zusammenhänge herstellen und Problembewusstsein entwickeln
- Soziales Lernen (Achtung, Toleranz, Beziehungsfähigkeit, Kommunikation und Kooperation) ermöglichen und bewusst fördern
- Eigenes Wissen und Können präsentieren und anderen vermitteln
- Mit der Fremd- und Eigensteuerung von Zeit sinnvoll umgehen

Voraussetzungen

1. Rolle der Lehrkraft

- Zulassen von Freiheitsräumen (z. B. kreatives Erproben eigener Lösungswege)
- Beobachtung der Lernprozesse
- Erkennen und Diagnostizieren individueller Probleme und Ergreifen entsprechender Maßnahmen
- Zuwendung zu einzelnen Kindern mit

Fragen, Lernschwierigkeiten und Problemen

- Einführung von Regeln, Ritualen und Ordnungskriterien
- Förderung der Bewusstheit durch Leitfragen und orientierende Impulse (z. B. Wie hast du das gemacht/bearbeitet? Was weißt du nun, was du vorher nicht wusstest? Warum kannst du so gut mit Amelie zusammenarbeiten?)
- Zusammenführung von offenen und gebundenen Lehrformen im Dienste der Sacherschließung (Integration und Vertiefung individueller Lernerfahrungen der Kinder)

2. Rolle der Schülerinnen und Schüler

- Bereitschaft und Fähigkeit zum selbstverantwortlichen Arbeiten
- Anstrengungsbereitschaft
- Beherrschung notwendiger sachgemäßer Arbeitsweisen und -techniken durch eine systematische Einführung in den Umgang mit Lernmaterialien und Medien
- Durch eigene zunehmend schriftlich formulierte Zielsetzungen Zuwachs an Kompetenzen bewusst machen (z. B. Was möchte ich herausfinden?)
- Arbeit in verschiedenen Sozialformen (Einzelarbeit, Partnerarbeit, Gruppenarbeit, Tutorensystem)

3. Raumgestaltung

Ausreichende Größe; gesonderte, nach Funktionen differenzierte Bereiche

4. Arbeitsmaterial

Vor allem bei der Freiarbeit kommt dem Material besondere Bedeutung zu (z. B. Motivation für eine inhaltlich bestimmte Lernarbeit, mehrere Sinne einbeziehende Auseinandersetzung).

Formen offenen Unterrichts

Jede Unterrichtsform ist danach zu wählen und zu beurteilen, welche spezifischen Lernleistungen durch sie beim Kind am ehesten und besten zustande kommen (Erwerb von Basiskenntnissen und -kompetenzen, Erwerb von Strategien der Wissensnutzung, Erwerb metakognitiver Kompetenzen, Erwerb von Handlungs- und Wertorientierungen).

1. Offene Unterrichtsphasen in einem gebundenen Unterricht
(ausgewählte Beispiele)

a) Die Öffnung der Aufgabenstellung in fachgebundenen Differenzierungsphasen und Übungsstunden
(geringerer Öffnungsgrad)

- Wahlfreie Übungen aus einem eng begrenzten Lerninhalt
- sinnvolles differenzierendes Arbeiten

b) Lernen an Stationen
(s. praktische Umsetzung, S. 184 f. und S. 232 f.)

1. Begriff

Die Kinder lernen weitgehend selbst gesteuert und eigentätig anhand von Lernstationen. Diese bieten gebündelt vorbereitete Aufgaben und Materialien an und ermöglichen multisensorisches und handlungsorientiertes Lernen.

Die Kinder können zum Teil Umfang und Schwierigkeitsgrad ihrer Aufgaben selbst wählen und Bearbeitungsreihenfolge und -dauer, Arbeitsrhythmus und Sozialform festsetzen. Das selbstverantwortliche und zielorientierte Arbeiten findet in einer regelgeleiteten Arbeitsatmosphäre statt. Das Lernen an Stationen kann auch gemeinsam geplant werden. Die Kinder können sowohl Materialien mitbringen als auch einzelne

Stationen selbst gestalten. Der wesentliche Unterschied zur Freien Arbeit ist die inhaltliche Geschlossenheit und die Überschaubarkeit der Aufgabenpalette.

2. Qualitätskriterien

- Sachgemäßheit
- Klarheit der Arbeitsanweisungen
- zielstrebige Hinführung
- Passung zur individuellen Schüler- bzw. Klassensituation
- offene Aufgabenstellungen
- individuelle Unterstützung
- sinnvolle Strukturierung des Gesamtaufbaus
- Gelegenheit zu individuellem und sozialem Lernen
- Klarheit und Strukturiertheit der Organisation
- variative Dokumentation von Ergebnissen
- Transparenz des Lernzuwachses

3. Unterrichtsphasen

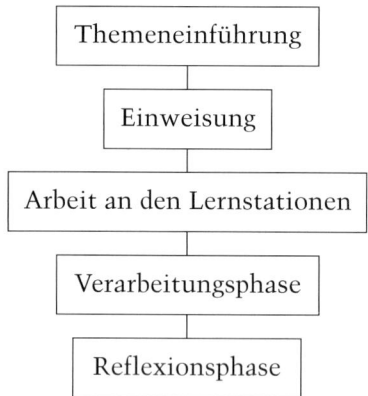

c) Werkstattunterricht

Werkstätten stehen oft unter einem bestimmten übergreifenden Thema (z. B. Wasser – Werkstatt). Die Kinder arbeiten vorwiegend selbstständig, an unterschiedlichen Arbeitsaufträgen, in verschiedenen Sozialformen, mit bereitgestelltem oder zu besorgendem Material, mit oder ohne Hilfe kompetenter Ansprechpartner. Einzelne Werkstattangebote können von den Lernenden selbst als „Chefs" oder „Experten" betreut werden.

Kriterien bezüglich der Offenheit:

- Können sich die Kinder mit eigenen Ideen beteiligen?
- Inwiefern lassen die Aufträge eigene Gestaltungsmöglichkeiten zu?

*d) **Arbeit mit dem Tages- und Wochenplan***

1. Begriff

Die Kinder bekommen für einen festgelegten Zeitraum (z.B. eine Woche) einen schriftlichen Arbeitsplan. Dieser von der Lehrkraft oder von den Kindern verfasste Plan enthält eine Reihe verschiedener Aufgabenstellungen aus den Lernbereichen bzw. Unterrichtsfächern (s. Abb. 18). Er kann einen Pflicht- und einen freiwilligen Zusatzteil enthalten. Die Kinder können innerhalb der dafür ausgewiesenen Unterrichtszeit die Reihenfolge der Aufgaben frei wählen und sich auch die Zeit dafür selbst einteilen. Weitere Freiheiten können auch bezüglich der Wahl von Aufgabenalternativen, der Art der Durchführung oder der Präsentation von Ergebnissen gewährt werden. Die Kinder kontrollieren selbst oder gegenseitig ihre Arbeitsergebnisse und lassen diese von der Lehrkraft nachsehen. Die Mitgestaltungselemente können stufenweise erweitert werden.

2. Unterschiedliche Gestaltungsformen:

- Einheitsplan
- differenzierte Pläne
- individuelle Pläne („Das nehme ich mir für diese Woche vor").

Name:										
Wochenplan vom 12. 2. ... bis 16. 2. ...										
Fach	Aufgabe	🚶 🚶🚶 🚶🚶🚶	Mo	Di	Mi	Do	Fr	erledigt	kontrolliert
SU	🔍 Sachbuch, S. 58 ● Führe Versuch 2 durch! ● Besorge dir das notwendige Material! ● Schreibe deine Beobachtungen auf!								
usw.									

Abb. 18: Beispiel für Anlage eines Wochenplans (vereinbarte Symbole erleichtern die Übersicht)

2. Freiarbeit

Freiarbeit beschreibt eine bestimmte Zeitphase des Unterrichts, die weitgehend selbst gesteuertes und eigenverantwortliches Lernen ermöglicht. Das Lernangebot ist inhaltlich, methodisch und in Zeit- und Sozialstruktur differenziert. Kinder wählen aus einem Angebot an Lern- und Übungsaufgaben in Form unterschiedlichster Materialien und Aufgabenstellungen aus verschiedenen Lernbereichen, was sie (be)arbeiten möchten. Sie haben neben der inhaltlichen Auswahlmöglichkeit auch weitgehende Freiheit in der Wahl des Arbeitsplatzes und der Sozialform. Der Schwierigkeitsgrad und das Lerntempo richten sich nach den individuellen Fähigkeiten. Die Lehrkraft berät und hilft. Die Kinder kontrollieren ihre Arbeitsergebnisse selbst oder gegenseitig. Mehr und mehr werden die Kinder angeregt, auch eigene Aufgabenstellungen zu entwickeln.

Freiarbeit unterliegt den Ansprüchen und Gesetzmäßigkeiten von Unterricht (z. B. Dokumentation der Ergebnisse).

Phasen für die Freiarbeit:
1. Einführungsphase
2. Arbeits- und Produktionsphase
3. Präsentations- und Auswertungsphase
4. Dokumentationsphase

3. Projektunterricht und projektorientierter Unterricht

In der Grundschule werden im projektorientierten Unterricht vor allem die Kriterien Situationsbezogenheit, Interdisziplinarität, Selbstorganisation, Produktorientierung und gemeinsame Realisierung berücksichtigt.

Literatur:

1. Gervé, Friedrich: Freie Arbeit. Beltz, Weinheim 1998
2. Drews, Ursula/Wallrabenstein, Wulf (Hrsg.): Freiarbeit in der Grundschule. Grundschulverband – Arbeitskreis Grundschule e. V., Frankfurt am Main 2002

3.14 Lernen lernen

Begriffe und Zusammenhänge

1. Lernen lernen

„Begreift man Lernen lernen als den Erwerb unterschiedlich allgemeiner Regeln
und Routinen des Lernens und Denkens,
die in enger Verbindung mit inhaltsspe-
zifischem Wissen erworben, eingeübt
und genutzt werden, so ist dies nicht
nur eine mögliche, sondern auch eine
effektive Strategie zur Verbesserung der
kognitiven Kompetenzen für die Lösung
verwandter Aufgabenklassen" (Weinert
1994, S. 187).

„Das Lernen des Lernens ist weder auf
das isolierte Antrainieren von Lern-
und Arbeitstechniken oder die rezep-
tive Übernahme irgendwelcher Lern-
bzw. metakognitiver Strategien noch
auf kognitive Reproduktionsleistungen
zu beschränken, sondern bezieht sich
ebenso auf problemorientierte, divergente Lösungen erforderlich machende
Aufgabenstellungen wie auf anwen-
dungsbezogenes Wissen, emotionales
und soziales Lernen und Handlungskompetenz" (Jürgens 2001a, S. 80).

2. Methodisches Lehren und Lernen

„Unter methodischem Lehren und Ler-
nen verstehen wir die unterrichtliche
Organisation zur Selbststeuerung von
Lernprozessen in der Absicht größerer
Motivation, Effizienz und Transparenz"
(Keck 1989, S. 11).

„Methodisches Lehren und Lernen heißt
in der Hauptsache, in der Unterrichtsplanung den Aspekt der Initiierung
von Selbstlernprozessen in den Vordergrund zu rücken. Die Methode des Lehrers berücksichtige die Methode des Lernens, ‚dass der Schüler Methode habe'"
(a. a. O., S. 17).

3. Lernkompetenz

„Neben dem Lernen als Erwerb von Wissen und Können umfasst Lernkompetenz
zugleich soziales und moralisches Lernen sowie das Einüben von Handlungskompetenz ... Lernkompetenz wird diesem Verständnis entsprechend als eine
übergreifende Kompetenz aufgefasst, die
durch das Zusammenwirken von Selbst-,
Sach-, Methoden- und Sozialkompetenz
zustande kommt.
Die Entwicklung von Lernkompetenz ist
ohne den Erwerb sachlichen Wissens
nicht denkbar. Um dies wirksam und
anwendungsorientiert zu tun, bedarf es
des Einsatzes individuell passender Lerntechniken und Lernstrategien. Die Vermittlung bloßer Lernstrategien macht
wiederum ohne Verbindung zu unterschiedlichen Lerninhalten wenig Sinn"
(Standop 2002, S. 9).

zum Begriff „Kompetenz": „... die Fähigkeit, das Vermögen bestimmten Anforderungen zu entsprechen, wobei zwischen einer Selbst-, Sach- und Sozialkompetenz unterschieden wird" (Rein-
hold/Pollak/Heim [Hrsg.] 1999, S. 303).

Bedeutung

- Beitrag zur Entwicklung der Selbstständigkeit.
- Lern- und Arbeitsverhalten beeinflussen die Schulleistungen maßgeblich.
- „Nicht Wissen erwerben zu müssen,
  sondern das Lernen erlernen zu können, ist im Zeitalter einer exponentiell
  wachsenden Informationsflut fast zu
  einer praktischen Notwendigkeit geworden" (Weinert 1994, S. 186).
- Voraussetzung für die Bereitschaft
  zum lebenslangen Lernen.
- Kennenlernen und Nutzen der individuellen Lernmöglichkeiten.

Praktische Hinweise

Die Förderung eines Lern- und Arbeitsverhaltens, das auf Eigenständigkeit abzielt, erfolgt in verschiedenen Bereichen:

1. Organisation: Gestaltung des Arbeitsplatzes; Festlegungen über die erforderlichen oder vermuteten Zeitspannen zur Erledigung der Aufgaben oder Vorhaben; zweckentsprechender Umgang mit Arbeitsmaterialien; Absprachen über Arbeitsteilung bei Gruppenarbeiten; Führen eines Tagebuchs für das Fach …; Entwicklung von Ritualen.

2. Motivation und Konzentration: Umfassende Zielsetzungen in Zwischenziele gliedern; ablenkende Gegenstände oder Vorgänge entfernen bzw. abstellen; Wechsel der Art von Aufgabenstellungen; Einfügen von Lernpausen; sich Erfolge bestätigen oder bestätigen lassen; sich selbst auf die Spur kommen, weshalb ein bestimmtes Unterrichtsfach oder ein bestimmter Lernstoff eine ablehnende oder positive Haltung hervorruft.

3. Informationen beschaffen: Genaue Festlegung des Arbeitsziels; Kennen und Nutzen von Informationsquellen; Informationsentnahme mit Methode: Markieren, mitschreiben, Anmerkungen oder Fragen dazu notieren; Nachschlagewerke und Sachregister verwenden.
Kennen und Nutzen von (fachbezogenen) Arbeitsweisen, z. B. Sammeln, Erkunden, Untersuchen, Text erlesen, Bild beschreiben, Gegenstand zerlegen, Beobachten, Messen.

4. Informationen verarbeiten: Vermutungen aufstellen; Informationen, die als wichtig erachtet werden, markieren oder eigens notieren; Begründen, weshalb eine Information als nebensächlich bewertet wird; einzelne Informationen nach Stichpunkten ordnen; Informationen zusammenfassen; den neuen Sachverhalt mit bereits Gelerntem verbinden; ein Bild mit Text versehen; zu einer allgemeinen Aussage ein Beispiel finden; Vergleichen, Unterscheiden, Begriff finden, Fachbegriff erklären, Modell deuten, Schlüsse ziehen, Zusammenhänge herstellen, Kernaussage formulieren.

5. Informationen darstellen: Entscheidung für das geeignete Medium treffen; etwas in Worten ausdrücken; etwas zeichnerisch darstellen; eine Kartei anlegen; vorhandene Darstellungsmittel nutzen (z. B. Geschichtsfries, Informationsecke mit der Funktion „Wichtiges" oder „Aktuelles", Kartei zum Thema …); Schaubilder entwickeln; eine Ausstellung (Fotocollage, Poster) planen und durchführen bzw. anfertigen; Modell herstellen; Hefteintrag selbstständig entwerfen; Sach-Niederschrift schreiben.

6. Das eigene Tun beim Lernen reflektieren: Sich verschiedener Vorgänge beim Lernen bewusst werden, z. B. Auswahl bestimmter Medien, Bevorzugung bestimmter Lerninhalte, Phasen der Arbeit mit guten Erfolgen; Stärken und Schwächen einschätzen; dem eigenen Gedankengang nachgehen; eigene Lösungswege bewerten; die Eigenleistung einschätzen.
(Ferner sind Kooperations- und Lerntechniken zu berücksichtigen.)

Literatur:

1. Keck, Rudolf W.: Selbstlernprozesse im Unterricht. Begründung und Darstellung des methodischen Lehrens und Lernens. In: unterrichten/erziehen 4/1989, S. 11–17
2. Weinert, Franz E.: Lernen lernen und das eigene Lernen verstehen. In: Reusser/Reusser-Weyeneth (Hrsg.) 1994, S. 183–205

3.15 Arbeitsweisen

Begriffsklärung

Arbeitsweisen: Methodische Verfahren zur unterrichtlichen Behandlung eines Lerngegenstandes mit dem Ziel der Sacherschließung und -bewältigung.

Arbeitstechniken (gelegentlich auch „elementare Arbeitsweisen"): Einzelne Fertigkeiten, die der Informationsgewinnung, -verarbeitung oder -darstellung dienen; sie besitzen eine unterstützende Funktion im Lern- und Arbeitsprozess.
Die Übergänge zwischen Arbeitstechnik und Arbeitsweise können fließend sein; z. B. kann das „Ordnen" zu einer Fertigkeit, also zu einer Arbeitstechnik werden, wenn es bereits mechanisiert abläuft und etwa innerhalb der Arbeitsweise des „Strukturierens" eingesetzt wird. „Arbeitstechnik" nimmt also den Ausführenden in den Blick (was er können muss); die „Arbeitsweise" beschreibt die Methode des Zugriffs zur Sache. Arbeitsweisen und Arbeitstechniken können selbst zum Thema werden. Dabei stehen Aufbau, Erweiterung oder Festigung der Methodenkompetenz im Vordergrund.

Bedeutung

- Weg zur Gewinnung, Verarbeitung oder Darstellung von Informationen;
- Vertiefung der Auseinandersetzung mit der Sache;
- Aufbau spezifischer Qualifikationen;
- Beitrag zur Argumentation von der Sache her;
- Ort für Selbsttätigkeit der Schüler und Schülerinnen im Unterrichtsgeschehen;
- Raum für Eigeninitiative und entdeckendes Lernen;
- Eröffnung von Möglichkeiten zur Kooperation.

Kennzeichen ausgewählter Arbeitsweisen

Sammeln: Suchen, Zusammentragen und Zusammenstellen von Objekten, Material oder Fakten.

Ordnen: Einteilung des vorliegenden Materials nach selbst gewählten oder vorgegebenen Kriterien.

Beschreiben: Darstellen des Aufbaus, der äußeren Erscheinung oder der Funktion eines Objekts oder von Vorgängen mithilfe sachentsprechender Begriffe.

Beobachten: Erfassen von in einem festgelegten Zeitraum sich vollziehenden Veränderungen; der Vorgang wird in der Regel nicht manipuliert.

Untersuchen: Feststellen von Merkmalen, Eigenschaften und Funktionen durch Veränderung des Objekts.

Versuch: Komplexes Verfahren mit Vorbereitung, Durchführung, Auswertung; der gewünschte Vorgang wird ausgelöst; Veränderungen des Versuchaufbaus oder der Versuchsanordnung sind möglich oder auch erforderlich.

Modell bilden: Einen abstrakten oder komplexen oder mit unseren Sinnen nicht zugänglichen Sachverhalt mit einem bekannten bzw. durchschaubaren Sachverhalt in Beziehung setzen und ihn daran erklären.

Interpretieren: Verknüpfen von Einzelfakten oder Wahrnehmungen durch Schlussfolgerungen.

Grundsätze

1. Die Arbeitsweise (Arbeitstechnik) soll der Sache entsprechen

Beispiel: Als „Sache" sei festgelegt: Darstellung der Schulumgebung in der Karte. Diesem Unterrichtsthema entsprechen folgende Arbeitsweisen oder

-techniken: Notieren der Straßennamen und der besonderen Gebäude; Feststellen der Straßenlänge durch Schrittzählung; Herstellen einer groben Strichskizze; Übertragung der Strichskizze in den Sandkasten als „Spurenkarte", dabei Verfeinern der Längenverhältnisse; Angeben von Richtungsverhältnissen; Erstellen einer Planskizze auf der Glasscheibe des Sandkastens; Übertragung der genaueren Planskizze in eine großflächige Darstellung.

2. Die Arbeitsweise (Arbeitstechnik) soll ihren genauen didaktischen Ort erhalten

Beispiel: Als Arbeitsweise sei festgelegt: Veranschaulichung des mathematischen Sachverhalts mit dem Streifenmodell; diese Arbeitsweise ist wie folgt eingeordnet. *Vorausgehend:* Begegnung mit der Sachaufgabe; Klärung der Sache; Erkennen der Rechenfrage; Herauslösen des Zahlenmaterials. *Nachfolgend:* Zuordnen der Zahlen zu den Elementen des Streifenmodells; Erstellen eines Rechenplans; Ausrechnen der Aufgabe.

3. Die Arbeitsweise (Arbeitstechnik) soll für den Lernprozess ergiebig sein

Beispiel: Für das Thema „Der Kreislauf des Wassers" ist das Denkmodell „Kreislauf" entscheidend. Als „ergiebig" wird nun erachtet, dass bildlich gezeigt wird, dass der „Kreis" in Wirklichkeit nicht existiert; also: Der *Kreis*lauf ist eine Vorstellung.
Folgende Maßnahmen zu dieser bildlichen Darstellung sind u. a. möglich:
a) Erklären des „Kreislaufs" mithilfe einer entstehenden Skizze auf der Folie;
b) Verbalisieren mithilfe von vorbereiteten Wortkarten („Verdunsten" usw.);
c) oder zur langfristigen Darstellung (da

es auch andere „Kreisläufe" gibt und später auf die Analogie hingewiesen werden kann): Anfertigen eines großflächigen Wandbilds.

4. Die Arbeitsweise (Arbeitstechnik) soll schrittweise aufgebaut und eingeschult werden

Beispiel: Erstellen einer Kartei

Folgendes Wissen bzw. folgende Fertigkeiten, Techniken oder Methoden sind dazu u. a. erforderlich: Auswahl eines geeigneten Informationsträgers; Auswahl geeigneter Informationen; Wissen über die Funktion einer Kartei; Einsatz entsprechender Darstellungstechniken (z. B. Hervorhebung, zu Bildern einen Text erstellen); Formulieren von Texten; Formulieren von Stichwörtern; Haltbarmachung von Karteikarten; Anordnung und Aufbewahrung der Karteikarten.

5. Die Arbeitsweise (Arbeitstechnik) soll den Schülern bewusst gemacht werden

Beispiel: Erkunden eines Objekts

Folgende Teilvorgänge können aufgedeckt und dem Kind verdeutlicht werden: Ich unterscheide Einzelheiten; ich drücke in Worten meine Wahrnehmung aus; ich finde das richtige Wort zu dieser Sache; ich finde Zusammenhänge heraus; ich verstehe die Aufgabe; ich weiß das Ziel unserer Arbeit; ich vergleiche dieses Ziel mit den (bisherigen) Ergebnissen; ich setze Fertigkeiten (z. B. Abzeichnen, Vergleichen) ein.

Literatur:

Meier, Richard: Im Sachunterricht der Grundschule: Methoden entdecken, Methoden entwickeln, mit Methoden arbeiten. In: Meier/Unglaube/Faust-Siehl (Hrsg.) 1997, S. 115–125

3.16 Sozialformen

Begriff

„Die Sozialform des Unterrichts betrifft die dominierende Lehrer-Schüler-Beziehung und das Schüler-Schüler-Verhältnis" (Schröder 1992, S. 349). Sozialformen „beschreiben das äußere Zueinander von Lehrer und Schülern bei der Bearbeitung von Lerninhalten. Sie regeln die Beziehungsstruktur in der Klasse durch die Vorgabe des äußeren sozialen Rahmens" (Köck 1995, S. 204).

Als wesentliche Sozialformen gelten:

- Frontalunterricht
- Einzelarbeit bzw. Stillarbeit oder Alleinarbeit
- Partnerarbeit
- Gruppenarbeit

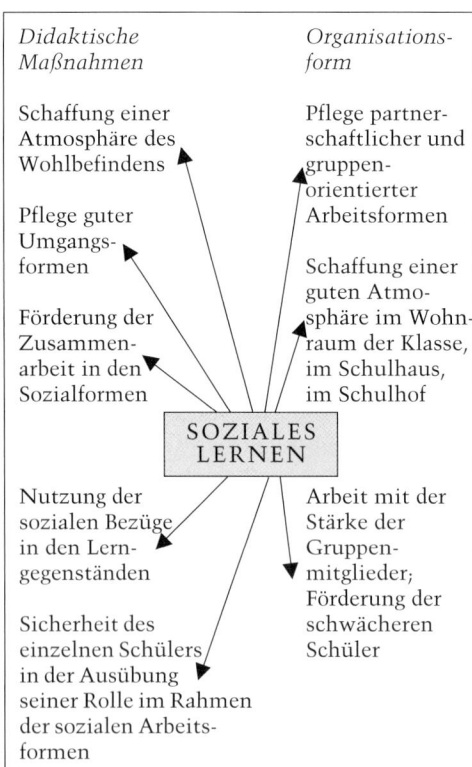

Abb. 19: Soziales Lernen

Begründung

1. Soziales Lernen und Sozialformen

Die Abbildung 19 stellt die Zusammenhänge zwischen didaktischen Maßnahmen und Organisationsform des Unterrichts im Hinblick auf das soziale Lernen dar (vgl. Drescher 1997, S. 95).

2. Allgemeine Bedeutung sozialer Arbeitsformen

- Rhythmisierung: Gliederung der Lerneinheit, Wechsel der Unterrichts- und Arbeitsform
- Strukturierung von Lerninhalten: Gliederung, Aufschlüsselung, Didaktisierung
- Förderung des Gesprächs- und Sozialverhaltens: Argumentationsfähigkeit, Verantwortungsbereitschaft, Hilfsbereitschaft, Empathie, Toleranz

3. Bedeutung schülerbezogener Sozialformen

- Schülerzentrierung: Erkennen der Selbstwirksamkeit, Austausch in der Peer-Group, Konzentration
- Schülerselbsttätigkeit: Unterstützung des entdeckenden Lernens, Fokussierung der Aufmerksamkeit
- Aktive Auseinandersetzung mit Lerninhalten: Aktivierung eigener Wissensbestände, Förderung durch Forderung, Selbstständigkeitserziehung
- Förderung einer realistischen Selbsteinschätzung: Bewusstsein über die eigene Arbeitshaltung (Konzentrationsfähigkeit, Anstrengungsbereitschaft, Ökonomie), Kooperationsbereitschaft, Organisationsfähigkeit, Kritikbereitschaft und -fähigkeit
- Aufbau und Anwendung von Lernstrategien und Arbeitstechniken/-weisen: aufschreiben, exzerpieren, untersuchen, forschen, erkunden u. Ä.
- Üben und Anwenden: Durchdringung und Reflexion von Lerninhalten, Er-

langen von Fertigkeiten, Automatisierung

- Anbahnung der Schlüsselqualifikation Teamfähigkeit: Miteinander- und Voneinanderlernen, Ermöglichung von Arbeitsteilung, Absprache, Interessenbezogenheit, gemeinsame Planung von Arbeitsschritten, Zeitökonomie.

Bedingungen

„Es kommt immer darauf an, die Wahl der Sozialform den jeweiligen Zielen, Inhalten und Bedingungen entsprechend vorzunehmen und die verschiedenen Sozialformen im Gesamtzusammenhang der Unterrichtsplanung miteinander zu verzahnen. Sozialformen hängen aber auch ab vom jeweiligen Erziehungsstil" (Gratzer 1987, S. 395).

„Alle Beteiligten sollten sich als Mitglieder einer Lerngemeinschaft verstehen, in der sie Erfahrungen und neue Kompetenzen erwerben und miteinander austauschen" (Kruppa/Gräsel/Mandl 2001, S. 50).

„Zur Lösung der Aufgabenstellung muss tatsächlich Kooperation nötig sein (denn sonst arbeitet wieder jeder für sich), die Leistung der Einzelnen sollte ebenso sichtbar und überprüfbar sein wie die der Gruppe und gerade zu Anfang sollte die Arbeit vorstrukturiert werden, um ein für alle frustrierendes Chaos zu verhindern" (Hense/Mandl/Gräsel 2001, S. 9).

„Je stärker es dem Lehrer gelingt, bei der Sozialform in den Hintergrund zu treten, desto größere Sozialisationswirkung kann erwartet werden und desto größer ist die Bereitschaft des Schülers, sich zu artikulieren. Der Abbau von Ausdrucksbarrieren steht in einem engen Zusammenhang mit der Gruppen- und Partnerarbeit" (Schröder 1992, S. 347 f.).

„In einem wechselseitigen Verhältnis von Gleichheit, unter Anerkennung unterschiedlicher Sichtweisen eines Problems, können neue Problemlösungen entdeckt werden" (Faust-Siehl/Speck-Hamdan 1998, S. 122). „Wissen wird buchstäblich ko-konstruiert" (a. a. O., S. 120).

Formen

1. Frontalunterricht bzw. Klassenunterricht oder Unterrichtsgespräch

a) Definition

Frontalunterricht stellt eine Sozialform dar, „in der die Kontakte zwischen Lehrer und Schüler überwiegen und in der es kaum oder gar nicht zu Kontakten zwischen den Schülern kommt" (Aschersleben 1974, S. 126).

b) Wesen

„Die Informationen werden
- von *einer* Informationsquelle (Lehrer, Medium)
- an jeden Einzelnen einer Klasse,
- gleichzeitig,
- auf demselben Anspruchsniveau,
- im selben Tempo,
- innerhalb derselben Zeit,
- total fremd gesteuert übermittelt" (Köck 1991, S. 207).

c) Funktionen und mögliche Einsatzbereiche

- „Schnelle und gleiche Information an alle Schüler, vor allem im darbietenden Unterricht ökonomische Informationsausgabe,
- (vorläufig) unbestrittene Anerkennung der fachlichen Autorität des Lehrers bzw. des Mediums,
- jeden einzelnen Schüler möglichst ohne Fehlleistung auf ein- und derselben Denk- und Handlungsspur halten, was die gleiche Ausgangslage für nachfolgende Unterrichtsphasen schafft,
- Einübung in die Techniken,
- Disziplinierungsfunktion" (a. a. O., S. 207).

2. Einzelarbeit bzw. Stillarbeit oder Alleinarbeit

a) Definition

Trotz Einbindung in den Klassenverband lernt der Schüler für sich allein. Einzelarbeit ist gekennzeichnet durch selbstständiges individuelles Lösen von Aufgaben ohne Informationsaustausch zwischen den Schülern und mittelbare Führung durch den Lehrer während des Arbeitsaktes (nach Peterßen 1992, S. 372 f.).

b) Wesen

Stillarbeit oder Alleinarbeit

- „kann ein Stück ‚Selbstlernen' sein, das fremder Hilfe entbehrt,
- kann auch im Sinne der Differenzierung des Unterrichts stattfinden,
- ist möglich aufgrund unterrichtlicher Zielsetzungen, aber auch auf der Basis eigener Zielsetzungen in der Freiarbeit" (nach Drescher 1997, S. 346).

c) Funktionen und mögliche Einsatzbereiche

- „Einzelarbeit ist immer dann angemessen, wenn es um die Sicherung des sog. Minimalwissens und -könnens geht, über welche jeder einzelne Schüler für nachfolgende Lernaufgaben (auch Prüfungen) verfügen muss" (Köck 1995, S. 208). Die Anwendungsbereiche sind Phasen der Sicherung, Wiederholung und Übung für die selbstständige Anwendung von (Er-)Kenntnissen und Fähigkeiten (nach Köck 1995, S. 208). Dazu zählen auch Hausaufgaben.
- Stillarbeit „dient der individuellen Verarbeitung des behandelten Lehrstoffs" (Steindorf 1985, S. 160). Sie ist überall dort einsetzbar, wo der Schüler möglichst ohne andere personale Hilfe etwas leisten kann, z. B. beim Üben, Zusammenfassen, Wiederholen, Anwenden.

3. Partnerarbeit

a) Definition

Bei der Partnerarbeit werden in einem begrenzten Zeitrahmen durch jeweils zwei Schüler auf der Basis von Lernanregungen durch die Lehrkraft in offenen oder geschlossenen Unterrichtsformen Hypothesen untersucht, Problemlösungen untersucht, Sachfragen erörtert oder Unterrichtsinhalte geübt.

b) Wesen

„Neben der absoluten Eigenwertigkeit dieser Form des Lernens ist – unbeabsichtigt – auch eine Vorbereitung auf die Gruppenarbeit gegeben" (Drescher 1997, S. 348).
Jeweils zwei Schüler – in der Regel Tischnachbarn – „bearbeiten nach präziser Arbeitsanweisung überschaubare Aufgaben v. a. der Materialsuche und -auswertung sowie der wechselseitigen Kontrolle" (Köck 1995, S. 209).

c) Funktion und mögliche Einsatzorte

„Partnerarbeit hat ihren systematischen Ort zwischen Frontalunterricht und Individualunterricht. Innerhalb des mittelbaren Unterrichts ist sie Bindeglied zwischen Einzelarbeit und Gruppenarbeit" (Steindorf 1985, S. 162).
„Partnerarbeit eröffnet dem Schüler das Verständnis für die menschliche Kategorie ‚Zusammenarbeit'; zunächst in ihrer Bedeutung von für die Arbeit und das Zusammenleben in der Schule, aber im übertragenen Sinn auch für die Zusammenarbeit allgemein. Der Schüler lernt die Vorzüge der Zweiergruppe kennen wie Gedankenaustausch, gegenseitige Ergänzung, gegenseitige Unterstützung, aber auch Probleme wie Dominanz, Unterordnung, Rücksicht, Zurückstehen usw.
Funktionierende Partnerarbeit ist aber

auch ein die Arbeit in besonderer Weise beflügelnder und befruchtender Faktor: durch Tätigkeitswechsel, durch dialogisches Lernen unter den Schülern, durch Aktualisierung und ‚Vermenschlichung' der Lerngegenstände und Fragestellungen, durch den Austausch von Eigen- und Partnerleistung, durch das freudige Erlebnis der gemeinsamen Arbeit und eines meist gelingenden Ergebnisses" (Drescher 1997, S. 348).

Partnerarbeit ist dann sinnvoll, „wenn sich ein Entscheidungsspielraum mit hypothetischem Charakter auftut und man veranlasst ist, das leise Reden ‚freizugeben'" (a. a. O., S. 348). Gemeinsames Notieren, gegenseitiges Diktieren, Abfragen, Vortragen oder Ausarbeiten sind allgemeine Formen an nahezu jedem didaktischen Ort einer Lernsequenz.

Zur stillen Beschäftigung können Partnerspiele eingesetzt werden.

4. Gruppenarbeit

a) Definition

Gruppenarbeit ist eine Sozialform des Unterrichts, in der sich mehrere Schüler (in der Regel drei bis sechs) zusammenfinden, um einen inhaltlich mehr oder weniger vorformulierten Auftrag mittels gegenseitiger Unterstützung und Ergänzung in gebundenem oder freiem Verfahren zu bearbeiten.

b) Formen

1. themengleich-konkurrierend

Ein Inhalt wird von jeder Gruppe bearbeitet. Nach der Gruppenarbeit werden die Arbeitsergebnisse im Plenum vorgetragen und verglichen, z.B. beim Lösen einer Sachaufgabe.

2. thementeilig-kooperierend

Ein Inhalt wird in Einzelthemen gegliedert von je einer Gruppe bearbeitet. Die Auswertung erfolgt durch die gegenseitige Information, z.B. Nachbereitung eines Unterrichtsganges zum Klärwerk.

3. arbeitsgleich

Bei dieser Form der Gruppenarbeit übt jedes einzelne Gruppenmitglied die gleiche Tätigkeit aus, z.B. das Suchen treffender Ausdrücke.

4. arbeitsteilig

Bei der arbeitsteiligen Gruppenarbeit übt jedes Mitglied der Gruppe eine andere Tätigkeit aus, z.B. das Erstellen einer Collage.

c) Wesen

„In der Regel sind Qualität der geleisteten Arbeit und der Lernzuwachs der Schüler (Behaltenswert und Arbeitstechniken) höher zu veranschlagen als bei anderen Sozialformen" (Köck 1995, S. 212).

Die Gruppen bilden sich frei nach Zuneigung, Aufgabe oder Interessen bzw. vom Lehrer gesteuert nach fachlichen Interessen oder Aspekten der Homogenität oder Heterogenität bei den Gruppenmitgliedern. Gruppenarbeit ist von verminderten lenkenden Lehrermaßnahmen geleitet. Die Lehrkraft tritt als Berater, Koordinator oder Moderator auf.

d) Funktion und mögliche Einsatzorte

Die Gruppenarbeit ist in problemorientierten Unterrichtsverfahren bevorzugt einsetzbar und stellt komplexe Anforderungen an die Kooperationsfähigkeit der Schüler. Die räumlichen und organisatorischen Vorbereitungen müssen gezielt vorgenommen werden. Jedes Gruppenarbeitsergebnis sollte in den Unterricht eingebracht und in den Lernprozess integriert werden.

Gruppenarbeit ist an allen didaktischen Orten einer Lerneinheit oder thematischen Aufgabenstellung möglich.

3.17 Differenzierung

Begriff

1. Definition

„Unter Differenzierung versteht man sowohl ein Unterrichtsprinzip als auch die entsprechenden Maßnahmen der Unterrichtsgestaltung zur Verwirklichung dieses Prinzips. ... Als eine pädagogische und organisatorische Maßnahme dient Differenzierung der gruppenmäßigen oder individuellen Anpassung entweder von Schwierigkeitsgraden der Anforderung an den Entwicklungsstand und die Leistungsfähigkeit der Schüler (Differenzierung nach Fähigkeiten) oder von Lernzielen und Angeboten an die Neigungen und Lernbedürfnisse (Differenzierung nach Interessen)" (Schröder 1992, S. 64).

2. Formen

a) Äußere Differenzierung

Diese Gliederung betrifft Schulen, z. B. weiterführende Schulen, Schularten, Klassen, Kurs-, Neigungs- und Fördergruppen.

b) Innere Differenzierung

„Durch Maßnahmen der inneren Differenzierung werden die Schüler einer Klasse aufgrund ihrer unterschiedlichen Ausgangslage bzw. Lernmöglichkeiten in Lehr- und Lernprozessen in Untergruppen mit verschieden gestalteten Lernangeboten aufgeteilt" (Köck 1995, S. 234):

- *quantitative Differenzierung* nach Umfang,
- *qualitative Differenzierung* nach Schwierigkeitsgrad,
- *methodische Differenzierung* durch unterschiedliche Artikulation, Sozialform, Lehrverfahren und -formen,
- *mediale Differenzierung* durch verschiedene Arbeitsmittel, Darstellungsformen, Materialien und Medien,
- *soziale Differenzierung* durch die Bildung der Gruppen nach Homogenität bzw. Heterogenität, nach Selbsteinschätzung,
- *unterstützte Differenzierung* nach Art und Ausmaß der Interaktion zwischen Lehrer – Schüler, Schüler – Schüler im Hinblick auf Unterstützung oder Korrektur,
- *sukzessive Differenzierung* je nach Beginn des differenzierten Arbeitens in jeweils unterschiedlichen Phasen der Unterrichtseinheit.

Begründung

1. Pädagogische Ansätze

„Bestimmen sich die Maßnahmen der Differenzierung von den für alle Schüler genormten Anforderungen, von der für jeden Jahrgang festgesetzten Stoffmenge, dann wird innere Differenzierung an der möglichst weitgehenden Heranführung aller Schüler an die vorgegebenen verbindlichen Stoffziele orientiert" (Röbe 1990, S. 21). „Schwerpunktmäßiges Anliegen ist es, Schüler mit Lernrückständen und -behinderungen zu fördern. Für die leistungsstärkeren geht es eher darum, sie sinnvoll zu beschäftigen" (Schorch 1998, S. 121). „Das bewusste Erlernen von Lernstrategien und Arbeitstechniken spielt dabei eine zentrale Rolle" (Glinz 1999, S. 16).

2. Erziehliche und unterrichtliche Ansprüche

- Förderung individueller Fähigkeiten und Interessen
- Behebung von Lerndefiziten
- Erhöhung der Lernmotivation im Hinblick auf Erfolgsaussicht
- Erziehung zu Selbstständigkeit und Selbsttätigkeit

- Ermöglichung von sozialer Kooperation und Selbsterfahrung
- Rhythmisierung des Unterrichts durch Wechsel in der Tätigkeit des Schülers

Bedingungen differenzierten Lernens

1. Personale Faktoren

a) beim Schüler

kognitiver, sozialer, emotionaler, instrumentaler Entwicklungsstand; Beherrschung notwendiger Lerntechniken; Umgang mit Lernmaterialien; Fähigkeit zu zeitweise selbstständiger Arbeit; Konzentrationsfähigkeit; Integrationsbereitschaft

b) bei der Lehrkraft

sozial-integrativer Führungsstil; verantwortungsbewusste Beurteilung der Eingangsvoraussetzungen beim Schüler; Beachtung der individuellen Leistungsfähigkeit; präzise Aufgabenstellung; Hilfsbereitschaft

2. Organisatorische Faktoren

a) zeitliche und räumliche Aspekte

ausreichend Lernzeit; Raumgröße; variable Sitzordnung; Ausstattung mit Arbeitsmitteln; Kontrollmöglichkeit

b) Überlegungen zur Bildung von Lerngruppen

freie oder gebundene, homogene oder heterogene, feste oder flexible Gruppenbildung; Gruppengröße und -durchlässigkeit; Kontrollformen (nach Wellenhofer 1995, S. 96)

Unterrichtliche Einsatzmöglichkeiten

1. im Rahmen gebundener Unterrichtssituationen

- *während der Anfangsphase*: Rechenfertigkeitsübung, Anknüpfung an vorausgegangene Lerninhalte, z. B. handelnder, mündlicher, schriftlicher Nachvollzug eines Versuchsablaufs

- *während der Bearbeitungsphase*: Lösung einer Sachaufgabe, Kennzeichnen von Stolperstellen in Wörtern aus dem Grundwortschatz, Erschließung eines Lesetextes, Bearbeitung von Sachinformationen (Markieren, Notieren von Stichpunkten, Zusammenstellen eines Schaubildes)

- *während der Übungsphase*: Arbeit mit der aktuellen Wörterliste, Normalverfahren, z. B. Sachaufgaben unterschiedlichen Anforderungsniveaus, sportliche Übungen, z. B. Grundübung in unterschiedlicher Einkleidung in andere Bewegungsaufgaben

- *während der Anwendungsphase*: Ausformulieren von Schreibaufgaben, z. B. einer Bildergeschichte, Darstellungsformen des Lösungsschemas einer Sachaufgabe, z. B. Streifenmodell, Rechenbaum, Simplex-Komplex

Die Lehrkraft erteilt Arbeitsaufträge mit unterschiedlichen Anforderungen, z. B. erhält die Gruppe der leistungsstärkeren Schüler (Gruppe A) schwierigere Aufgaben als die Gruppe der leistungsschwächeren Kinder (Gruppe B). Für schnell arbeitende Kinder werden Zusatzaufgaben gleichen oder ansteigenden Anspruchsniveaus zur (freiwilligen) Bearbeitung angeboten.

2. im Rahmen offener Unterrichtssituationen

- Tagesplan- oder Wochenplanarbeit
- freie Arbeit, z. B. in kreativen Schreibsituationen
- Projektarbeit
- Lernen an Stationen, z. B. durch differenzierte Aufgabenstellungen
- Lernthekenarbeit

Nach gemeinsamer Einführung bearbeiten die Schüler Arbeitsaufgaben in teils freier Abfolge, zu deren Erledigung unterschiedliche Lernhilfen und -materialien bereitgestellt werden (nach Götzfried 1994, S. 60 f.).

3.18 Einsatz von Medien

Begriff und Zusammenhänge

1. Begriffsklärung

Als Medien werden bezeichnet Gegenstände und technische Vorrichtungen, die zur Darstellung von Informationen im Unterricht dienen; als Repräsentanten der Wirklichkeit besitzen sie einen jeweils verschiedenen Grad an Abstraktion.

„Medien sind Träger gespeicherter Informationen, die als Mittler im unterrichtlichen Lernprozess dienen können" (Wiater 1993, S. 247).

2. Formen

Medien können im Hinblick auf ihren Abstraktionsgrad eingeteilt werden.

Original: der reale „Gegenstand", z. B. Bauwerke, Spielzeug, Materialien (Papier, Draht), Wiesenblumen, Haustiere; konservierte Originale, z. B. Stopfpräparate, akustische Informationen (auf Datenträger wie CD, CD-ROM oder DVD).

Nachbildung: z. B. Pilze aus Plastikmasse, Globus, Oberflächenrelief, Gebiss (vergrößertes Modell), Dampfmaschine (Verkleinerung), Wasserleitung im Haus (vereinfachendes Modell).

Abbildung: z. B. Foto, Dia, Zeichnung, Film, Präsentation über CD-ROM oder DVD.

Symbole: z. B. für Wettererscheinungen, für die Mächtigkeit von Mengen (Zahlenwerte), für gedankliche Verbindungen (Pfeile, gleiche Farben für gleiche Aussageelemente); Sprache, Schrift; Schaubilder, Schemata.

Kombinationen: Präsentation über DVD; Medienpakete (etwa Folie und Tonband).

3. Relevante Merkmale für das Lernen

B. Weidenmann nennt drei wichtige Merkmale von Medien für das Lernen:

Das Symbolsystem „hat Einfluss darauf, welche mentalen Aktivitäten im Lerner bei der Beschäftigung mit dem medialen Angebot in Gang gesetzt werden."

Die didaktische Struktur „bildet ab, wie ein Autor das Material, den ‚Stoff' eines Lernangebotes anordnet, portioniert und welche Verbindungen er zwischen den Elementen herstellt."

Die Handlungsmöglichkeiten „legen fest, was die Lernenden alles tun können. Können sie z. B. an einer beliebigen Stelle in das mediale Angebot einsteigen oder ist der Ablauf starr unbeeinflussbar? … Eignet sich das Lernmedium auch als Werkzeug, kann man mit ihm, wie z. B. beim Computer, ausdrucken, ausschneiden und einsetzen, mit anderen Personen kommunizieren, Informationen suchen?" (Weidenmann 2001, S. 420).

4. Die „Einstellung" zu einem Medium

Im Zusammenhang mit der Frage, ob die Einstellung des lernenden Kindes Konsequenzen für die Nutzung des Mediums hat, bezieht sich B. Weidenmann auf eine Studie von G. Salomon. „Die Kinder glauben, mit Fernsehen würden sie erfolgreicher lernen als mit einem Text. Effektiv gelernt wird mehr mit dem Buch als mit dem Fernsehfilm. Dies gilt für die Teile des Tests, die eine tiefere Verarbeitung erfassten, z. B. eigene Schlussfolgerungen …

Die Ergebnisse der Studie … zeigen, wie wichtig die Einstellungen der Lerner zu einem Medium sein können. Fernsehen bzw. Film wird hier als leicht eingestuft; die Schüler investieren weniger Anstrengung in die Verarbeitung. Das Buch dagegen wird als anspruchsvolleres Medium bewertet und mit mehr Aufwand verarbeitet" (a. a. O., S. 426).

Begründung

- Der Denkprozess ist an die Anschauung gebunden.
- Steuerung des Lernprozesses.
- Angebot von Lernhilfen, die die Sache erschließen.
- Der Umgang mit Gegenständlichem und Handlungsabläufe sind Grundlage für die Herausbildung abstrakter Strukturen; andererseits auch eine Hilfe, die komplexe Wirklichkeit durch Abstraktion zu verarbeiten (z. B. durch ein Gedankenmodell).
- Möglichkeit zur Durchführung fachgemäßer Arbeitsweisen.
- Beitrag zur Rhythmisierung des Unterrichtsgeschehens.
- Aktivierung der Schüler zur Sach-Auseinandersetzung.
- Aufforderungscharakter von Medien (Motivationsfunktion).

Hinweise zum unterrichtlichen Einsatz

1. Feststellung der inhaltlichen Aussagen: Einzelinformationen, Gesamtaussage, sachliche Richtigkeit.

2. Prüfung der Angemessenheit: Durchschaubarkeit, Begriffe, Abstraktionsniveau, Symbole, Motivation, Interessenlage, Aufnahmekapazität der Kinder.

3. Beurteilung der Effektivität: Das Medium soll eine dem intendierten Teilinhalt adäquate Information anbieten; Entsprechung von Lernhilfe und Sache.

4. Beurteilung der didaktischen Funktion: Motivation, Problemstellung, Informationsübergabe, Zusammenfassung, Vertiefung, Provokation, Dramatisierung, Vereinfachung, Elementarisierung, Aktualisierung, Konzentration auf das Wesentliche, Hervorhebung des Wichtigen, Lösungshilfe, Sicherung, Aktivierung, Abstraktion, Veränderung der Präsentationsform, Begriffsbildung.

Daraus folgt auch die Entscheidung über den didaktischen Ort, z. B.:

Anfangsphase: Präsentation eines überraschenden Inhalts durch ein Bild;

Mittelphase: Darstellung eines komplizierten Sachverhalts in einem Funktionsmodell;

Schlussphase: Darstellung eines Zusammenhangs in einem Schema.

5. Entscheidung über die methodischen Maßnahmen: Wie muss der Einsatz des Mediums inhaltlich vorbereitet werden? Formulierung von Arbeitsaufträgen, Fragen und Impulsen. Sind Hilfen während der Arbeit oder Begegnung nötig? Wie wird ausgewertet? Wie wird das Ergebnis festgehalten und präsentiert?

6. Organisation des Einsatzes (Effektivität und Attraktivität): Technisch einwandfreier Zustand; Wahrnehmbarkeit für alle Kinder; Rahmen für eine intensive Auseinandersetzung schaffen, d. h. ggf. auch: Zeit lassen, für Ruhe sorgen; Selbstständigkeit der Schüler bei der Arbeit; Eindruck „wirken lassen"; Klärung von Schwierigkeiten; Maßnahmen zur Integration der einzelnen Ergebnisse in einen Zusammenhang.

Literatur:

1. Köck, Peter: Praxis der Unterrichtsgestaltung und des Schullebens. Auer, Donauwörth 1995, 2. überarb. Aufl., S. 242–267
2. Leutner-Ramme, Sibylla/Schaack, Ernst: Aktive Medienarbeit mit Kindern. Richtlinien für den Grundschulunterricht. In: Grundschulmagazin 6/2000, S. 4–9
3. Weidenmann, Bernd: Lernen mit Medien. In: Krapp, A. / Weidenmann, B. (Hrsg.) 2001, S. 415–465

3.19 Motivation

Begriffe und Zusammenhänge

1. Motivation

„Motivation bezeichnet die Bereitschaft des Menschen, sich mit einem Inhalt sachgerecht, auf Dauer und erfolgsorientiert zu beschäftigen. Sachgerecht ist die Auseinandersetzung, wenn die bei der Bearbeitung des Inhalts auftretenden Probleme so bewältigt werden, dass die Funktion des Inhalts oder die in ihm liegenden Tendenzen nicht verfälscht werden. Auf Dauer meint die langjährige Disposition der Person, sich immer wieder und stetig mit diesem Inhalt zu beschäftigen. Erfolgsorientiert meint, dass die Auseinandersetzung mit dem Thema vollendet wird" (Ziechmann, in Kaiser [Hrsg.] 1997a, S. 140 f.).

„Bezogen auf Lernhandlungen meint Motivation/Motiviertheit die Absicht oder Bereitschaft einer Person sich in einer konkreten Lernsituation intensiv und ausdauernd mit einem Gegenstand auseinander zu setzen" (Wild/Hofer/Pekrun 2001, S. 218).

2. Motiv

Ein Motiv „ist eine Zielvorstellung mit einem umschriebenen Inhalt, welche Handlungen auslöst, die zu ihrer Verwirklichung (Konstruktionshandlungen, Interaktionen) und zur Herstellung des Kontaktes mit dem Zielobjekt (Annäherungshandlungen, Erwerbshandlungen, Wahrnehmungstätigkeit) führen" (Aebli 1987, S. 141).

3. Intrinsische und extrinsische Motivation

„Von einem intrinsisch motivierten Lerner wird in der Regel gesprochen, wenn dieser die Auseinandersetzung mit Lern-

inhalten ‚um ihrer selbst willen' anstrebt. Ein *extrinsisch* (i. O. kursiv, Anm. d. Verf.) motivierter Lerner ist dagegen ‚von außen her' motiviert: Die Intensität seiner Lernanstrengung hängt von den in Aussicht gestellten Anreizen … ab" (Wild/Hofer/Pekrun 2001, S. 221).

4. Interesse

„Interesse bezeichnet eine Relation zwischen Person und Gegenstand, die besondere kognitive (z. B. sich einen Gegenstand erschließen und kompetent mit ihm umgehen), emotionale (z. B. Faszination, Anteilnahme) und wertbezogene (z. B. Präferenz, subjektive Bedeutung) Merkmale aufweist. Die Interessenrelation wird aktuell durch gegenstandsbezogenes Handeln hergestellt; sie findet aber auch ihren Niederschlag in der Person (Interesse als Disposition)" (Prenzel, in Reinhold/Pollak/Heim [Hrsg.] 1999, S. 272).

5. „Nicht Stoff, sondern Tätigkeit ist attraktiv" (Aebli)

„Nicht ‚Lehrstoff' ist primär attraktiv, sondern Tätigkeit … Lernen findet im Zuge ihrer Ausführung statt. Es ist sozusagen ein Nebenprodukt der Tätigkeit" (Aebli 1987, S. 20).

„Im Grunde sucht der Kunstfreund nicht den Kupferstich, sondern er erstrebt die *Freude seiner Betrachtung* (i. O. kursiv, Anm. d. Verf.), einer Wahrnehmungstätigkeit" (a. a. O., S. 140).

Bedeutung

Ursache für In-Gang-Setzen und In-Gang-Halten des Lernens.
- Aktivierung zur Ausbildung von Lernfortschritten.
- Ausgangspunkt für den Aufbau eines positiven Selbstbildes.
- Grundlage für Eigeninitiative.
- Entstehung von Handlungsabläufen

zur Problemlösung, zur Entwicklung von Alternativen und zum Überwinden von Schwierigkeiten.

Praktische Hinweise

1. Aufbau langfristiger Motivationen

Die allgemeine Bereitschaft zum Lernen kann durch verschiedene Maßnahmen herbeigeführt werden:

Entspannte Klassenatmosphäre: Soziale Konflikte lösen oder zumindest eingrenzen; Wettbewerbssituationen auf die Sache zurückführen und Konkurrenzdenken abbauen; Vermeidung einseitig sozialer Beziehungen.

Positive Verstärkung: Lob, Ermunterung und Bestätigungen beeinflussen die Lernanstrengungen günstig; Bewusstmachen von Leistungen.

Pädagogisches Handeln der Lehrerin: Sachorientierte Reaktion auf falsche Schülerbeiträge; freundliche Haltung; vertrauensvolle Zuwendung; gerechte Beurteilung von Leistungen und Konflikten.

Trennung von Lernsituation und Leistungssituation – von der Arbeit an der Sache und der Bewertung der Qualität des Tuns.

2. Motivation in der Ausgangssituation

Hereinbringen des realen Gegenstandes; Herstellen des persönlichen Bezugs zum Thema; Einbringen des Vorwissens des Schülers; Darstellen eines Widerspruchs (die Aussagen zweier Texte provozieren); Einsatz von gut gestalteten und aussagekräftigen Medien; eine Problemstellung zwingt zur Lösung; eine unklare Hypothesenbildung führt notwendig zum Versuch; Darstellen einer lebensechten Situation durch szenisches Spiel, Tonband oder Videofilm; Anknüpfen an Bekanntes; interesseweckender Problemversuch; Vorlesen einer ungewöhnlichen Begebenheit; Bekanntgabe des Ziels, des

Vorhabens, der spezifischen Fertigkeit (die am Schluss des Unterrichts erreicht werden kann); Notieren der Fragen der Kinder; Formulieren von Vermutungen; Herausfordern zur Weiterarbeit durch Vorgabe einer echten Entscheidungssituation.

3. Motivation im gesamten Unterrichtsgeschehen

Handelndes Tun: Zerlegen eines Gegenstandes, Anfertigen eines Modells, Durchführung eines Versuchs, Ordnen von Elementen.

Strukturierung: Abgrenzung der einzelnen Teilschritte, Einsicht in die Funktion der einzelnen Teilinhalte, Herstellen von Zusammenhängen.

Veranschaulichung: Erklären am Modell, am Bild; Verbindung von bekannten Begriffen.

Zielorientierung: Bewusstmachen des Fortschreitens des Denk- und Arbeitsprozesses; Formulierung von Überleitungen.

Verdeutlichen von Erfolgen: bei der Datensuche im Internet, bei der Team-Arbeit, beim Herstellen eines Zusammenhangs.

Rhythmisierung: Variation von Sozialformen, Medien und Tätigkeiten; Wechsel von Spannung und Entspannung; Veränderung von Anspruchs- und Aktivierungsniveau; Einlegen von Pausen.

Einhaltung eines leistungsgerechten Anspruchsniveaus.

Bewusstmachen des Lernfortschritts.

Literatur:

1. Aebli, Hans: Grundlagen des Lehrens. Eine Allgemeine Didaktik auf psychologischer Grundlage. Klett-Cotta, Stuttgart 1987, S. 135–175
2. Wild, Elke / Hofer, Manfred / Pekrun, Reinhard: Psychologie des Lerners. In: Krapp, A./Weidenmann, B. (Hrsg.) 2001, S. 218–242

3.20 Gespräch

Begriff

„Im Gespräch tauschen die Kommunikationspartner verbal und nonverbal Informationen aus" (Köck 1995, S. 220).

„Das Gespräch unterscheidet sich durch einen höheren Grad an Ernsthaftigkeit von der Unterhaltung und erst recht von der Plauderei, Gerede u. ä." (Steindorf 1985, S. 150 f.).

Es „dient der Gedankenübermittlung, der geistigen Auseinandersetzung, der Vermittlung optischer Information und ist für die menschliche Bildung konstruktiv" (Köck/Ott 1979, S. 198).

Bedeutung

Die Bedeutung des Gesprächs im Unterricht liegt in vielfältigen bildenden Wirkungen. Es „ist Ausdruck der inneren Anteilnahme, Bewegtheit von Menschen – einem zunächst leblosen, starren Gegenstand gegenüber. …

- Das Gespräch rückt einen Gegenstand in den menschlichen Frage- und Interessenhorizont.
- Es erweitert den eigenen Horizont in der Betrachtungsweise und im Auffassen eines Sachverhaltes durch die Beiträge der Gesprächspartner.
- Meinungsvielfalt, die in Widersprüche münden kann, provoziert die eigene Standpunkthaftigkeit, drängt zur Stellungnahme.
- Das Gespräch bewirkt die Vertiefung eines Gegenstandes durch vielseitige Betrachtung und Erörterung.
- Es bringt eine Sache entweder zur Klärung oder es spornt an, sie durch ergänzende Beschäftigung zur vollen Klarheit zu bringen; womit weitere Lerntätigkeiten ausgelöst werden.
- Das Gespräch provoziert auch zur (ethischen) Bewertung eines Sachver-

haltes; dies vor allem dann, wenn sich an ihm verschiedene Einstellungen, Gesinnungen entzünden" (Drescher 1997, S. 388 f.).

Ziele

„Das klassische Ziel heißt, der Schüler solle die Fähigkeit erlangen, sich an einem Gespräch zu beteiligen" (a. a. O., S. 389).

„Entscheidend ist, dass die Schüler lernen, ohne die Fragen und Aufforderungen des Lehrers auszukommen, d. h. die vorliegende Erscheinung selbstständig zu erfassen" (Aebli 2001, S. 370).

„Es erfordert Interesse, innerliches Dabeisein, Selbstdisziplin, Anstand und Verständnis dem anderen gegenüber, sachliche Einschätzung der Probleme, die Kunst des Zuhören-Könnens, den Mut die eigene Überzeugung darzulegen, die Fähigkeit, das Wichtige vom Unwichtigen zu trennen, die richtigen Worte im Verlauf des Gesprächs zu wählen und logisch denken zu können" (Köck/Ott 1979, S. 198).

Voraussetzungen

1. Organisatorischer Art

- ausreichend Zeit
- eine zwangfreie und gesprächsoffene Atmosphäre
- genügend Raum und passende räumliche Verhältnisse für unterschiedliche Stuhl- und Gruppenformationen
- Arbeitsformen: Klassen-, Gruppen-, Partnergespräch
- Sitzordnung: Hufeisen, (Halb-)Kreis, Gruppen
- Möglichkeit zum Blickkontakt untereinander

2. Erziehlicher und unterrichtlicher Art

- an Interessen und Bedürfnissen der Schüler orientierte Sprechanlässe und Situationen

- Gesprächsregeln und -vereinbarungen
- Aufbau von Ausdrucksfähigkeit
- Bereitstellung grundlegender Arbeitstechniken
- eine als sprachliches Vorbild agierende Lehrkraft hinsichtlich Gesprächsbereitschaft und reversiblen Sprachgebrauchs
- Beachtung der Partnerbezogenheit mündlicher Kommunikation
- behutsame Korrektur von kommunikativ, inhaltlich oder sprachlich unangemessenen Äußerungen
- aufmerksame Begleitung von Kindern mit Sprechschwierigkeiten und Sprachstörungen
- Aufbau von metakommunikativen Reflexionen zu Einstellungen, Sprachgebrauch und nicht sprachlichen Äußerungen (nach Spanhel, in Roth 1991, S. 830 f.)

Formen

Das Ausmaß der Lenkung durch die Lehrkraft während eines Gesprächs ermöglicht eine eher aufnehmende und nachvollziehende bis eher teilnehmende und mitdenkende Schülertätigkeit:

- gelenktes oder gebundenes Gespräch
- Interview, Expertenbefragung, Informationsgespräch, Erkundigungsformen (nach Seitz 1989, S. 5)
- Diskussion, Debatte, Streitgespräch, „Kampfformen des Gesprächs" (ebd.)
- impulsgesteuertes oder freies Unterrichtsgespräch
- Rollengespräch, Rollenspiel, freies szenisches Gestalten
- Erzählkreis, Gesprächskreis, Philosophierkreis

Verwirklichung

1. Im Gelegenheitsunterricht

- aktuelle Vorkommnisse
- Erlebnisberichte von Schülern

- Erzählen über Beobachtungen
- Konflikte
- politisch relevante Themen (kommunal, staatlich, global)

2. Als Unterrichtsprinzip

- Vermutungen anstellen, Hypothesen bilden
- spontane Äußerungen zu einem Impuls
- Schaubilder, Schemazeichnungen, Tabellen, Diagramme interpretieren und auswerten
- Begriffe, Bezeichnungen, Kennzeichen klären
- Erkenntnisse, Arbeitsergebnisse und Informationen zusammenstellen und bewerten (nach Gudjons 2000, S. 115 f.)
- Lösungswege erörtern, diskutieren und vergleichen
- Überprüfen von Vermutungen und Hypothesen, Arbeitsthesen und Lösungsvollzügen

3. Im fachlichen Bereich

- Deutsch, u. a. Lernbereich „Sprechen und Gespräche führen"
- Mathematik, u. a. Lernbereich „Sachrechnen"
- Sachunterricht, u. a. Lernbereich „Mensch und Gemeinschaft"
- Kunst/Musik, u. a. im Lernbereich „Werkbetrachtung"

4. In Übungsformen

- Erzählen zu einem Gemeinschaftserlebnis
- Weitererzählen
- Gedanken äußern
- sich (in der Gruppe) verständigen, einigen
- Vorlesen
- Dialogtexte nachvollziehen
- darstellendes Spiel
- Satzmuster geben
- Gemeinschaftsarbeiten erstellen

3.21 Spiel

Begriffsklärung

1. Spiel

- „Spiel wird klassischerweise mit Merkmalen wie So-tun-als-ob, Zweckfreiheit, positiven Emotionen, Wechsel zwischen Anspannung und Entspannung gekennzeichnet. Einige Pädagogen lehnen es wegen des Merkmals Zweckfreiheit ab, das Spiel als Lernmittel einzusetzen. Spiel ist aber biologisch und psychologisch gesehen nicht funktionslos. Es ist auf Lernkonsolidierung und späteren Informationsgebrauch angelegt" (Einsiedler, in Kaiser [Hrsg.] 1997a, S. 204).

- Da sehr unterschiedliche Formen von Spiel und von Spielen existieren und Spiele in den unterschiedlichsten Situationen praktiziert werden, bereitet es Probleme, eine allgemein gültige Definition aufzustellen; dagegen wird in der Regel auf *Merkmale* verwiesen.

  „Trotz der Schwierigkeit, die komplexe Erscheinung ‚Spiel' sprachlich präzise zu umreißen und von anderen Verhaltensformen abzugrenzen, finden sich zahlreiche Versuche, die verschiedenen Merkmale in einer Definition zusammenzuführen. Dabei wird deutlich, dass Merkmale additiv aneinandergereiht werden, die im Einzelfall eines bestimmten Spiels nicht mehr alle nachweisbar sind und damit eine Vielzahl von Spielen ausschließen, auch wenn unter Umständen die anderen Merkmale sehr intensiv ausgeprägt sind" (Petillon 2000, S. 4 f.).

2. Merkmale von „Spiel"

S. Riemann nennt „wesentliche Merkmale" des Spiels:

„1. Im Spiel existiert eine spezifische Beziehung von Freiheit (Selbstbestimmtheit/Freiwilligkeit) und Notwendigkeit (spielinterne Zwänge) …
2. Das Spiel ist eine sich selbst genügende Tätigkeit, die keine außerhalb ihrer selbst liegenden Ziele verfolgt (Zweckfreiheit mit spielimmanenter Zielrealisierung) …
3. Die Freude am Spiel stellt eine seiner unverzichtbaren subjektiven Bedingungen dar; sie ist aber keineswegs von vorneherein gegeben: Spiel-Freude kann schwanken …
4. Spiel stellt ein reales Geschehen mit spezifischen Wirklichkeitsbeziehungen dar. Eine pauschale Merkmalszuweisung wie quasi-real kann dem Wesen des Spiels nicht gerecht werden, denn Spiele besitzen verschiedene Realitätsebenen und Realitätsbezüge …
5. Spiel ist primär gegenwartsbezogen und dient dem aktuellen Erleben" (Riemann, in Reinhold/Pollak/Heim [Hrsg.] 1999, S. 491 f.).

Formen

Unter dem Aspekt von „Spiele in der Grundschule" nimmt H. Petillon eine „grobe Unterscheidung" „nach dem Ausmaß der Vorstrukturierung im Sinne von Regeln und Spielmaterial" vor und unterscheidet zwischen „Play" und „Game".
Play: „Im Unterricht ergeben sich Freiräume, in denen bestimmte Situationen von den Kindern spielerisch aufgegriffen und weiterentwickelt werden. Dabei geht es um Spielen in allen geeigneten Räumen und allen geeigneten Situationen. Gespräche im Morgenkreis, Lernaktivitäten in einzelnen Fächern oder besondere Ereignisse können experimentierend, fantasierend neu interpretiert und in eine Spielhandlung übergeführt werden" (Petillon 2000, S. 5).

Games: „Hier handelt es sich um ein Spielgeschehen, das weitgehend durch Vorgaben zum Spielgegenstand und Spielablauf bestimmt ist" (a. a. O.) Unter Bezugnahme auf G. Walter unterscheidet H. Petillon dabei drei Gruppen: Spiele zur Förderung des Problemlöseverhaltens (Objekt-, Rate-, Plan-, Strategiespiele) – Spiele zur Förderung von Übungsverhalten (Quartett, Memory, Domino) – Spiele zur Förderung von Selbstkonzept und Sozialverhalten (Interaktionsspiele, kommunikative Spiele, Rollenspiele) (vgl. Petillon 2000, S. 5 f.).

Bedeutung

Eine Vielzahl von Spielen weist folgende Bedeutung auf:

- Ausdruck eines selbstbestimmten Tuns;
- Form des lustvollen Tuns;
- Möglichkeit der handelnden Begegnung oder Auseinandersetzung mit Dingen oder Vorgängen;
- Erweiterung der Erfahrungswelt (Dinge, Beziehungen);
- Beitrag zum Selbstverständnis, zur Selbstfindung oder zur Selbstverwirklichung;
- Gewinnung von Selbstvertrauen;
- Förderung von Spontaneität und Kreativität;
- Förderung der Lernbereitschaft und -ausdauer;
- Schaffung einer spannungsfreien oder -armen Atmosphäre;
- Bereicherung des Denkens und der Vorstellungswelt.

Für einzelne Formen des Spiels gilt: Differenzierung der Wahrnehmung (z. B. Kim-Spiele); Förderung kooperativen Handelns (z. B. Schattenspiele); Möglichkeit zur Verarbeitung von Misserfolgserlebnissen (z. B. Gemeinschaftsspiele).

Hinweise zu einzelnen Formen

Rollenspiel: „Bei dieser Spielform werden im Spiel fremde Rollen übernommen und je nach Erfahrungen des Spielers ausgefüllt … Beim gelenkten Rollenspiel wird der Spielinhalt vom Spielleiter vorgeschlagen. Die Kinder sollen auf der Spielebene alternative Lösungsmöglichkeiten entwickeln und erproben" (Petillon, S. 6). Teil des problembezogenen Rollenspiels ist die Klärung des Konflikts in einem Gruppengespräch. Das Rollenspiel erhält gelegentlich eine formale Vorbereitung, z. B. durch das Darstellen von Handlungsabläufen (z. B. einen Tisch festlich decken) oder durch das Darstellen von Gestimmtheiten (z. B. jemand ist aufgebracht).

Szenisches Spiel: Kinder übernehmen die Rollen von Personen (oder von Tieren/Gestalten mit menschlichen Verhaltensweisen) und stellen in Spielszenen Einzelepisoden dar (auch „szenische Darstellung"). Vielfach wird eine vorgegebene Situation *nachgestaltet* oder ein vorgegebener überschaubarer Vorgang wird *ausgestaltet.* Ein szenisches Spiel mit größerem Umfang (z. B. ein Abenteuer von Kasperl, Mimi oder Pumuckl; Grundlage: Text) wird in folgenden Schritten erfolgen: *Kennenlernen* (Begegnung mit dem Text, spontane Aussprache), *Durchdringung* (Klärung von Inhalt, Ablauf, Charakteren, Schwerpunkten, Stimmungen usw.), *Gestaltung* (Umsetzung mit Ausdrucksmitteln, Arbeit am Detail, Organisation) und *Darbietung.*

Literatur:

1. Petillon, Hanns: Spiele(n) in der Grundschule. Versuch einer Problemklärung. In: Grundschulmagazin 2/2000, S. 4–9
2. Schmitt, Hubert: Persönlichkeiten bilden – „Spiel" als Bildungsgrundform. In: Grundschulmagazin 9/1998, S. 38–41

3.22 Rhythmisierung

Begriff

„Rhythmisierung ist die Herbeiführung eines Gleichmaßes in einem Bewegungsablauf durch periodischen Wechsel und Hervorhebung der Zeitintervalle. ... Rhythmisierung wird häufig als methodische Maßnahme zum besseren Behalten und Reproduzieren von Lernmaterial angewandt. ... Da Rhythmisierung Lernprozesse grundsätzlich erleichtert, wird sie häufig bei der Überwindung von Lernschwierigkeiten erfolgreich angewandt" (Schröder 1992, S. 294 f.).

„Verstöße gegen natürliche Rhythmen können ‚Rhythmusstörungen‘ verursachen" (Drescher 1997, S. 326).

Begründung

„Aus Gründen innerer Arbeitshygiene ist Rücksicht auf den bio-physischen Tagesrhythmus, auf leistungsstarke und leistungsschwache Zeiten zu nehmen und ein Tätigkeitswechsel von kognitiven, emotional und motorisch geprägten Unterrichtsabschnitten anzustreben, ohne beim Wechsel von Anspannung und Entspannung, von Eindruck und Ausdruck in übertriebene Hektik oder starre Zeitregeln (z. B. 20-Minuten-Rhythmus) zu verfallen" (Schorch 1998, S. 77).

„Umso wichtiger ist jedoch die Beachtung polarer Prinzipien wie Leistung und Muße, Pflicht und Vergnügen, Arbeit und Spiel" (Schorch 1998, S. 111).

„Rhythmisierung des Schulalltages ist deshalb in Anpassung an das Biologische ein pädagogisch-didaktisches Prinzip und sie gibt dem Kind Sicherheit und Ordnung" (Steurer 1993, S. 246).

Formen

„Die zeitliche *Rhythmisierung des Schullebens* hat ... erzieliche Funktion und einen festen Stellenwert in der Grundschulpädagogik. ... Dazu dienen der Rhythmus des Schulalltags mit seinen täglichen Gliedern", die Schulwoche mit ihren besonderen Einrichtungen sowie die Gestaltung festlicher Stunden im Jahreslauf und Kirchenjahr" (Schorch 1998, S. 77 f.).

„Im Begriff der *Rhythmisierung des Unterrichts* sind jene Forderungen zusammengefasst, die auf einen sinnvollen Wechsel der Arbeits- und Sozialformen, den angemessenen Medieneinsatz und eine überschaubare Gliederung des Unterrichtsverlaufes abzielen" (Franke 1987, S. 438).

Grundsätze

„Es ist bekannt, dass die Leistungsbereitschaft eines Menschen im Verlauf eines Tages erheblichen Schwankungen unterworfen ist. ... Nach der Tagesleistungskurve ist die völlige Leistungsfähigkeit um 8.00 Uhr erreicht. Sie weist um 10.00 Uhr den höchsten Stand auf und sinkt dann gleichmäßig gegen Mittag ab. Eine verminderte Leistungsbereitschaft liegt in der Zeit zwischen 13.00 und 16.00 Uhr" (Steurer 1993, S. 244).

Im Mittelpunkt der Gestaltung eines rhythmisierten Schullebens oder Schuljahres, Schulalltages, Unterrichtsvormittags oder der Rhythmisierung einzelner Unterrichtssequenzen und Lerneinheiten steht die Anpassung von schulischen und unterrichtlichen Handlungen im biologischen Gleichtakt und im Bewusstsein kindlicher Kapazitäten unter Berücksichtigung der altersabhängigen Leistungsfähigkeit und Lernbereitschaft der Schülerinnen und Schüler (vgl. Haarmann 1998, S. 147).

Rhythmisierung als unterrichtliches

Prinzip stellt demnach sowohl eine Maßnahme der Psychohygiene als auch eine Unterstützung für das Lernen dar. Gewohnheiten und Rituale schaffen einen sinnstiftenden Ordnungsrahmen und eine vertrauensvolle Atmosphäre (vgl. Hüsten u. a. 2000, S. 5 f.).

Verwirklichung

Gleichmaß und Rhythmik ergeben sich durch den Wechsel

- in den äußeren Gegebenheiten des Lernumfeldes, z. B. Klassenzimmer, Fachlehrraum, Orte auf dem Schulgelände, außerschulische Lernorte, und die Pflege eines täglichen Ordnungsrahmens, z. B. gleitender Unterrichtsbeginn, Gestaltung der Vorviertelstunde, Begrüßung und Morgenfeier, gemeinsames Frühstück, Lehrformen, Bewegungspausen, Hausaufgabenstellung, Tagesabschluss, Wochenrückblick, Verabschiedungsformen,
- in den Inhalten, z. B. Anordnung der Unterrichtsfächer während des Unterrichtsvormittags, Abfolge der Lehrinhalte in zeitlicher Ausprägung, Wechsel von Kernfächern und musischen Fächern, soweit stundenplantechnisch möglich,
- in der Unterrichtsform, z. B. gebundenes – offenes – freies Lernen und Arbeiten,
- in der Aktivierung der Schüler, z. B. Spannung – Entspannung – Pause; Konzentration – Spiel – Arbeit; nachschaffend – kreativ gestaltend, Aktion – Ruhe, Lärm /Lautstärke – Stille, Bewegung – Muße,
- in der Darstellungsform, z. B. mündlich – schriftlich – bildlich,
- in der Begegnung und Auseinandersetzung, z. B. originale Begegnung – Medium,
- in der Repräsentation, z. B. enaktiv – ikonisch – symbolisch,

- in den Arbeitstechniken und Arbeitsweisen, z. B. forschend-entdeckend, gelenkt-darbietend,
- in der Sozialform, z. B. Gesprächskreis, Frontalunterricht, Einzel- oder Stillarbeit, Partnerarbeit, Gruppenarbeit,
- in der Darbietung der Lerninhalte, z. B. fachlich/fachbereichsspezifisch – integrativ – fächerübergreifend – projektorientiert.

Didaktischer Ort

1. im Rahmen geschlossener Unterrichtszeiteinheiten

- während der Anfangsphase, z. B. bei rechentechnischen Übungen, Anknüpfungsphasen, Wiederholungen,
- während der Bearbeitungsphase, z. B. bei Lösungsformen, Teilschritten, Modellentwicklung, Problemlösung, Exploration,
- während der Sicherungsphase, z. B. beim Einüben und Wiederholen, Festigen, Besinnen, Einprägen und Auswendiglernen.

2. im Rahmen offener und freier Arbeit

- an Lernstationen,
- während der Tages- oder Wochenplanarbeit,
- bei der Lernthekenarbeit,
- bei Projekten.

3. im Rahmen der Lernsequenz

- in der zeitlichen Gewichtung und Ausdehnung einzelner Lernziele und Unterrichtsinhalte,
- während der Erarbeitung, z. B. in Einzel- oder Gruppenarbeit, auf Unterrichtsgängen und Exkursionen, in erkundenden Formen, durch probierende Verfahren,
- während der Übung, z. B. unter Beachtung der Übungsprinzipien Variation, Differenzierung, Sozialform.

3.23 Übung

Begriffe

1. Wiederholung:

Die nochmalige Ausführung einer schon bekannten äußeren (motorischen) Handlung oder eines inneren (geistigen) Vorgangs zum Zwecke des Übens oder Einprägens

2. Übung:

- Die Prozesse oder die dazu notwendigen Maßnahmen zur Automatisierung und Verbesserung geistiger Funktionen, von Handlungsabläufen oder Verhaltensdispositionen.
- „Eine Kenntnis, eine Fertigkeit, eine Fähigkeit wird so häufig verwendet und so optimiert, dass sie geläufig verfügbar ist. Die Lernphase ‚häufig verwenden und optimieren' nennen wir Übung. Das Ziel ‚geläufige Verfügbarkeit' nennen wir Übungsziel" (Bartnitzky, in Valtin 2000, S. 64).
- „Im Rahmen des entdeckenden Unterrichts ist das Üben ein integraler Bestandteil des Lernprozesses in allen seinen Stadien" (Winter 1994, S. 31). Üben meint hier primär die Wiederaufnahme eines entdeckenden Lernprozesses. Das noch einmal Erleben von Lernsituationen trägt zur Sicherung bei. Jede Übung birgt die Chance, etwas zu entdecken. Alle Entdeckungen haben aber auch verschiedene Übungseffekte.

Bedeutung

- Aufbau eines dauerhaft und sicher verfügbaren Wissens und Könnens als Grundlage für neue Lernsituationen
- Entlastung des Gedächtnisses
- Überspringen von Teilvorgängen in einem komplexen Prozess
- Freiwerden für umfassende Erkenntnisse
- Erhöhung der Schnelligkeit, Genauigkeit und Sicherheit von Handlungsabläufen oder Denkprozessen
- Erwerb von Methodenkompetenz
- Besondere pädagogische Bedeutung: Eine entsprechend vorbereitete Übung führt zu Leistung, zur Freude am Gekonnten und sie fordert Disziplin, Genauigkeit und Anstrengung. Beim Üben können sich innere Beruhigung und Gelassenheit einstellen. Insofern hat die Übung große erzieherische Bedeutung.
- Vor allem leistungsschwächere Kinder werden durch Übungen emotional stabilisiert.

Zielbereiche

1. Üben zur Automatisierung

Auf Automatisierung ausgerichtete Übung soll erreichen, dass auf bestimmte Auslösereize unmittelbar sichere Reaktionen oder Reaktionsketten folgen können (vgl. Maier 1986, S. 103). „Psychomotorische Fertigkeiten wie Turnen … und spezifische kognitive Handlungsschemata, operative Fertigkeiten und Algorithmen … werden über ständige Wiederholung der gleichen Abfolge der Teilvollzüge in variativen Aufgaben bis zur Geläufigkeit eingeschliffen" (Glötzl 2000, S. 414). Ein zu früher Übergang von der Grundlegung zur Automatisierung ist für den Lernprozess schädlich.

2. Üben zur Transfersteigerung

„Damit das … aufgebaute begriffliche, inhaltliche und operative Wissen und Können flexibel auf neue Situationen und Aufgaben anwendbar wird, ist es notwendig, die erarbeiteten neuen kognitiven Strukturen an ausgewählten einfachen Problemfällen und Beispielen operativ durchzuarbeiten, d.h. sinnbe-zogen und einsichtig zu üben und zu sichern" (a. a. O., S. 416).

3. Üben zur Qualitätssteigerung

Das reflektierte Üben wird vor allem durch die Vermittlung entsprechender Lernstrategien gefördert. „Die Prozesse der Informationsverarbeitung, Speiche-rung und Übung werden effizienter … je konsequenter ihnen Denk-, Lern- und Gedächtnisstrategien vermittelt wer-den" (a. a. O., S. 424).

Übungsgrundsätze

Übungsgrundsätze basieren auf Erkennt-nissen der Lernpsychologie und der Übungsdidaktik.

1. Üben muss für die Kinder einen Sinn haben

Üben im normgerechten Schreiben erfor-dert sinnvolle Schreibsituationen (eigene Texte brauchen Leser). Auch das Üben eigener Wörter für eigene Schreibsitua-tionen hat für die Kinder einen besonde-ren Sinn (Kenntnisse und Fertigkeiten dienen dem Üben von Fähigkeiten).
Übungsziele, die mit den Kindern ge-meinsam formuliert werden, haben Vor-rang. Es sind Bedingungen zu schaffen, die den eigenen Fortschritt erkennen las-sen.

2. Üben erfordert Übungs- und Anstrengungsbereitschaft

Voraussetzung für effektives Üben ist eine entspannte, angstfreie Lernatmo-sphäre, ein guter pädagogischer Bezug der Lehrperson zu seinen Kindern und befriedigende Interaktionen in der Klasse. Wichtig sind außerdem klare Ver-haltensregeln und Leistungserwartun-gen. Auch vertraute Übungsrituale kön-nen hilfreich sein.

3. Anpassung an das Leistungs- und Konzentrationsvermögen der Lernenden

Die Übungsform ist vom Lerngegen-stand, vom Übungsziel und von der Person abhängig (Vorwissen). Aufgaben-stellung und Arbeitsmaterial sind dem Leistungs- und Konzentrationsvermögen der Kinder anzupassen. Dies hat auch Auswirkungen auf den Einsatz von Sozialformen. Lernumgebungen müssen entsprechend gestaltet werden (z.B. auch selbstständiges Üben an Lernsta-tionen).

4. Aktive und selbstverantwortliche Beteiligung der Lernenden

Den Kindern ist ein Freiraum für den eigenen Zugriff auf den Übungsinhalt zu gewähren. Selbstkontrolle ist eine Form der Selbsttätigkeit. Die Kinder sollen auch aktiv am Zusammenstellen von Übungen in den verschiedenen Fächern beteiligt werden (Übungskarteien, Ver-fassen von Aufgaben „Von Schülern für Schüler"). Die von Kindern selbst erstell-ten Arbeitsmittel werden durch wenige gekaufte Arbeitsmittel ergänzt.

5. Lernangebote für mehrere Sinnes-kanäle

Der Übungserfolg für das einzelne Kind wird gesteigert, wenn neben der eigen-ständigen Handlung und der kognitiven Durchdringung Anregungen durch Lern-materialien gegeben werden, die ver-schiedene Sinne ansprechen.

6. Abwechslung und Rhythmisierung

Der Wechsel der Übungs-, Arbeits- und Sozialform bringt neue motivationale Anreize, neue Informationen und Asso-ziationen und beugt Unkonzentriertheit vor. In kurzen Lernpausen können unbe-wusste, nachwirkende Verarbeitungspro-zesse ungestört ablaufen.

7. Verteilte Übungen

Verteilte intensive Übungen sind effizienter als massiertes Üben. Die Übungskartei ist ein typisches Medium, das diesen Grundsatz bereits in sich trägt. Bei der Wochenplanarbeit kann ein sinnvolles, regelmäßiges Üben in geeigneten zeitlichen Abständen vorgesehen werden.

8. Rückmeldung

Unverzichtbar für die Übenden sind Rückmeldung zum Übungsfortschritt und zu Übungsmethode. Bewertende Rückmeldung erfordert qualifizierte individuell ausgerichtete Beratung aufgrund entsprechender diagnostischer Kompetenz.

9. Übungskompetenz des Lernenden

Der Übungseffekt kann durch bewusstes Üben, das vom Lerner organisiert wird, gesteigert werden. Die Kinder sollen für das Üben selbst Verantwortung übernehmen und ihre Übungsziele kennen. Mit Hilfe von Übungsstrategien und Arbeitstechniken können sie ihr Üben eigenverantwortlich steuern und überprüfen. Die Behaltensleistung wird dadurch erhöht. Durch die Vermittlung von Primärstrategien (z. B. Techniken und Methoden der Verarbeitung und Speicherung) und Stützstrategien (z. B. Techniken zur Konzentration) kann reflektiertes Üben induziert werden.

10. Sachliche Richtigkeit

Eine intensive Auseinandersetzung mit der Sache ist erforderlich, um eine umfassende Förderung der Kinder zu ermöglichen (Prinzip der Sachgerechtigkeit).

Verwirklichung

1. Üben in besonderen Übungsphasen innerhalb einer Unterrichtseinheit

- *Anfangsphase:* Übung als Vorbereitung (Sport, Musik, Mathematik,

Schreiben); Funktion: Präsentmachen, Wiedererkennen, Übungsbereitschaft wecken, Warming up.
- *Hauptphase:* Klärung des Übungsformats bzw. Spiels, Wiederholung von bekannten Übungsformaten, Einsatz von geeigneten Arbeitsmitteln, offene Aufgabenstellungen, „übendes Entdecken und entdeckendes Üben", Zusammenstellen von Lerntipps, Bewegungsvorstellung gewinnen und umsetzen, Spiel- und Übungsreihen, wahlfreie Übungen, Einsatz computergestützter multimedialer Lernumgebung.
- *Schlussphase:* meist unter Beachtung eines höheren Lernniveaus, s. auch Hinweise zur Hauptphase, Rückschau auf den Lernprozess.

2. Üben in besonderen Unterrichtsformen

a) Üben an Lernstationen

Erarbeitetes wird durch eine methodisch überlegte Anordnung und Zusammenstellung einzelner Übungsstationen selbstständig wiederholt und vertieft.

Ansprüche für erfolgreiches Üben an Stationen:

- Übungsschwerpunkte setzen
- Anpassung an Lern- und Arbeitstempo
- Selbstständiges und selbstverantwortliches Üben
- wahrnehmungsfreundliche Anordnung des Übungsmaterials
- Arbeitsrückschau mit wertender Reflexion
- Transparenz des Lernzuwachses

b) Üben im Tages- und Wochenplan

Hier wird zwischen Pflicht- und Angebotsaufgaben unterschieden, die in einem bestimmten Zeitraum eigenverantwortlich zu erledigen sind. Je offener die Übungsaufgaben formuliert sind, umso mehr übernimmt das Kind die Verantwortung für sein Üben.

c) Üben in der Freiarbeit (auch in der Ausprägung des mehr oder weniger offenen oder geschlossenen Wochenplanunterrichts)

Sachgerechtes Üben ist hier nur möglich, wenn die Kinder über ein entsprechendes Methodenrepertoire verfügen und die Arbeitsmittel den sachgerechten Zugriff durch die Kinder ermöglichen (Prinzip der Sachgerechtigkeit).
Kinder, die bewusst und zielgerichtet arbeiten, ergreifen von selbst Übungsmöglichkeiten und Lernhilfen, um „Noch-nicht-Können" in „Können" umzuwandeln.

d) Üben in Projekten

Die Kinder nutzen im Verlauf der Arbeit ihr Können, sie üben ihr Können sinnvoll aus.

3. Spielerisches Lernen und Üben

Das Spiel fördert emotionale, psychomotorische, intellektuelle und soziale Fähigkeiten der Kinder. Durch ihren lustvollen Charakter liegt eine vielfache Wiederholung im Interesse der Kinder.

Kriterien:

- Denk- und Strategiespiele (Üben von operativen Momenten und schlussfolgerndem Denken)
- Vermeiden von Pseudospielen (Bastelaktivitäten beanspruchen mehr Zeit als das Üben)
- Erstrebenswertes und erreichbares Spiel- und Übungsziel
- Anbieten von freien Entscheidungsmöglichkeiten (z. B. Ausgestaltung von Spielregeln).
- Überschauebare und verständliche Spielregeln
- Ästhetisch ansprechendes und haltbares Spielmaterial

Beispiele zur Förderung des beweglichen Denkens

1. Magische Quadrate fördern das bewegliche Denken. Beim folgenden Beispiel wird auch das Addieren und Subtrahieren zweistelliger Zahlen geübt.

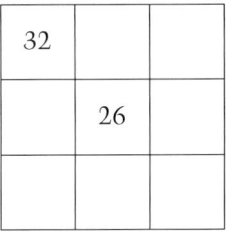

36 32 30 20 42 16 22 26 10

Die Summe von 3 Feldern waagrecht, senkrecht und diagonal ist immer 78.

2. Zahlenfolgen

Das Kopfrechnen (Addieren, Subtrahieren) wird operativ und beziehungshaltig geübt.

Regel: Die dritte Zahl ist die Summe aus den beiden vorangehenden Zahlen.

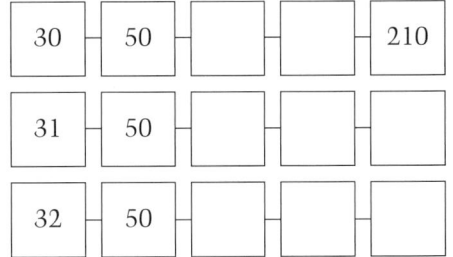

Arbeitsauftrag: Sage voraus, welche Zahlen wohl bei den anderen Folgen auf den letzten Kärtchen stehen! Schreibe deine gefundene Regel auf!

Literatur:

1. Renkl, Alexander: Automatisierung allein reicht nicht aus. In: Üben und Wiederholen, Jahresheft 2000, S. 16–19, Erhard Friedrich Verlag, Seelze
2. Winter, Heinrich: Mathematik entdecken. Cornelsen Verlag Scriptor, Berlin 1994, 4. Aufl.

3.24 Sicherung

Begriffe und Zusammenhänge

1. Begriffsklärung

Sicherung: Maßnahmen im Unterricht mit der Zielsetzung, dass Wissen und Können in der Weise gelernt werden, um darüber in einer entsprechenden neuen (Aufgaben-) Situation verfügt werden kann. Wissenselemente, Denkprozesse, Erfahrungen, Fertigkeiten, Handlungsabläufe und Haltungen sollen vom Schüler zu einem späteren Zeitpunkt aktiviert werden können.

Erfolgssicherung: Unterrichtsgrundsatz, in dem die Forderung aufgestellt wird, dass die getroffenen didaktischen und methodischen Maßnahmen im Hinblick auf die Bewahrung des neu Gelernten vorzunehmen sind.

In das Begriffsumfeld von Erfolgssicherung gehören Übung, Einübung, Einprägen, Schulen, Einschulen, Wiederholen, Anwenden, Transfer, Behalten, Wiedererkennen, Erinnern.

2. Sicherung als umfassende Aufgabe

„Alles aufgenommene Wissen, alle Kenntnisse, Fertigkeiten, Techniken, Verhaltensweisen müssen gesichert werden, d.h. sinnvoll wiederholt und geübt werden, um sie einzuprägen und für neue Lernsituationen verfügbar zu machen" (Glötzl 2000, S. 408).

Das neu Gelernte ist dadurch gekennzeichnet, dass es bisher in dieser Weise im Bewusstsein nicht vorhanden war. Dieser Erfolg eines Lernprozesses ist aber noch vorläufig. Weitere Maßnahmen (oder Unterrichtsstunden, Lernarbeit, Lernanstrengungen, Lernprozesse) sind nötig, um das neu Gelernte verfügbar zu machen, in einen sicheren Bestand überzuführen. Unter der Voraussetzung, dass

Unterricht mit unterschiedlichen Funktionen eingeteilt werden kann, wird am Schluss vieler Stufungsmodelle ein Abschnitt „Übung – Anwendung – Zusammenfassung" gesetzt. Sicherung geschieht aber nicht nur in eigens durchgeführten Unterrichtsabschnitten, sondern muss durch verschiedene Maßnahmen in allen Phasen angestrebt werden.

In einer Unterricht*einheit* können Zusammenfassungen, Wiederholungen oder eine Arbeitsrückschau, aber auch eine eigene Phase der Übung oder Anwendung einer Sicherung des Lernerfolgs dienen. In einer Unterrichts*sequenz* erscheinen häufig eigene Übungsstunden, etwa in den Fächern Mathematik oder Sport oder in den Lernbereichen Rechtschreiben oder Schrift.

3. Formen

Die Formen der Sicherung sind vielfältiger Art (ausgewählte Beispiele):

Mündliche Zusammenfassung; Erstellen eines Protokolls, einer Sach-Niederschrift; Kommentieren; eine Meinung äußern und begründen; Bilden von Überschriften; Formulieren von Texten zu Bildern; Arbeit mit Karteien; Beschriften von Skizzen; Vervollständigen von Zeichnungen, Tabellen oder Rubriken; Herstellen einer richtigen Reihenfolge; Weiterführung eines Gedankengangs; unter vorgegebenen Behauptungen eine (richtige) Auswahl treffen; Fehler entdecken; Zuordnen; Formulieren von Fragen zum Gelernten; Rätsel stellen und beantworten; Lösen von Aufgaben mit Reorganisations- oder Transfer-Niveau; Bewusstmachen des Lernprozesses und des Lernfortschritts.

Bedeutung

1. Praktischer Aspekt

Denken und Tun werden rascher vollzogen, wenn darin enthaltene Teilvorgänge so eingeprägt sind, dass sie automatisch ablaufen können. Automatisierte, zur Gewohnheit gewordene Abläufe sind für die Gestaltung und Bewältigung des Lebens unerlässlich.

2. Bildungsaspekt

Über das Gelingen von Alltagsvorgängen hinaus erhält die Sicherung des Gelernten auch eine Bedeutung für Bildung. Ausgehend von bereits gesicherten Bewusstseinsinhalten können neue, bisher unbekannte Leistungen erbracht werden. So verhilft etwa die Kenntnis geschichtlicher Fakten zur Herstellung historischer Einsichten.

3. Pädagogischer Aspekt

Das Üben (das Einprägen wohl weniger) sollte verstärkt in seiner pädagogischen Bedeutung anerkannt werden. Viele Kinder zeigen bei der Durchführung von Übungen Freude am Tun und den Willen, dieselbe Übung nochmals oder ähnliche Übungen zu machen. Im Üben selbst lernen sich die Kinder besser kennen, z. B. ihre Wahrnehmungs- und Merkfähigkeit, aber auch ihre Vorstellungswelt.

Maßnahmen

1. Motivation

Die Schüler und Schülerinnen werden angeregt, sich dem Lerngegenstand zuzuwenden und sich mit ihm auseinander zu setzen.

2. Aktivierung

In einem selbsttätigen Umgang mit der Sache wird der Lerngegenstand erschlossen. Durch die eigene Auseinandersetzung wird die Chance für ein gutes Behalten erhöht.

3. Strukturierung

Eine erkennbare Abgrenzung oder Verknüpfung der Inhalte und der Maßnahmen verschafft dem Schüler Klarheit über Einzelaspekte und Zusammenhänge der Lernsache und der im Unterricht praktizierten Vorgehensweisen. Die neu erarbeiteten Lerninhalte werden nachhaltig gesichert, wenn die Teilinhalte abgegrenzt dargeboten und gedankliche Verbindungen, Denk- und Arbeitsprozesse deutlich gemacht werden.

4. Sinnorientierung

Isoliertes Wissen und nicht verstandene Tätigkeiten bleiben ohne Bildungswert. Die Kenntnis von Einzelfakten und die Beherrschung von Einzelfertigkeiten sind unerlässlich für den Aufbau verschiedener Qualifikationen, sie sind in einen übergeordneten Bedeutungs-Zusammenhang zu bringen.

5. Fixierung

Informationen, die als wichtig erscheinen, werden in Text und/oder Bild festgehalten. Durch die Sammlung der entsprechenden Einträge (Informationsblätter, Dateien) entsteht ein Wissensspeicher; er bildet die Grundlage für Wiederholungen und dient damit der Sicherung.

6. Verbalisierung

Gegenstände und Vorgänge werden durch Begriffe repräsentiert. Sie sind bewegliche Elemente der Vorstellung und leichter abrufbar als die Vielzahl der konkreten Einzelerfahrungen.

Literatur:

1. Glötzl, Herbert: Prinzipien effektiven Unterrichts. Handbuch für die Erziehungs- und Unterrichtspraxis, Band 2. Ernst Klett, Stuttgart u. a. 2000, S. 408–447
2. Maras, Rainer: Lernplanung und Unterrichtsgestaltung unter dem Aspekt der Erfolgssicherung. In: Pädagogische Welt 9/1987, S. 402–407

3.25 Leistungsfeststellung

Begriffe

1. Leistungsfeststellung

Leistungsfeststellung, -erhebung, -messung, „d. h. die quantitative und qualitative Ermittlung der erbrachten oder nicht erbrachten Leistungen eines Schülers bei der Bewältigung verschiedener Aufgaben und ihre nachfolgende Analyse" (Glötzl 2000, S. 453).

„Der Begriff *Leistungsmessung* fasst sämtliche Maßnahmen zusammen, die geeignet erscheinen, *über Prozess und Ergebnis einer Lernleistung Erkenntnisse zu gewinnen* (i. O. kursiv, Anm. d. Verf.)" (Köck 1995, S. 323).

2. Lernerfolgskontrolle

„Leistungsmessungen mit dem Zweck der Lernerfolgskontrolle (synonym: Lernzielkontrolle, Lernfortschrittsfeststellung, Leistungsfeststellung) beschränken sich ausschließlich auf die *Beschreibung von Leistungsverhalten und Leistungsergebnissen im Vergleich mit gesetzten Lernzielen und* Lernerwartungen (i. O. kursiv, Anm. d. Verf.)" (Köck, S. 326).

3. Leistungsbeurteilung und -bewertung

Die Feststellung der Leistung bildet die Grundlage von Leistungsbeurteilung, indem in Bezug auf fachliche Vergleichsmaßstäbe Punkte zugeordnet werden oder eine verbale Stellungnahme durchgeführt wird, und von Leistungsbewertung, indem die ermittelte Leistung in eine Notenskala eingeordnet wird.

4. Schulleistung

„Schulleistungen bezeichnen allgemein das Ergebnis schulischer Lernprozesse, die durch unterrichtliche Maßnahmen zielorientiert initiiert und gesteuert werden. Sie bestehen in der Bewältigung bestimmter lehrplanadäquater schulischer Lern- und Leistungsanforderungen (Aufgabenaspekt) und werden in Form mündlicher, schriftlicher oder praktischer Kenntnisse, Handlungen, Verhaltensweisen, Strategien sichtbar (Hervorhebungen nicht berücksichtigt, Anm. d. Verf.)" (Glötzl 2000, S. 448).

(Pädagogisches Leistungsverständnis, s. Jürgens 1995;
Grundsätze, s. Köck 1995, S. 333–345;
Erstellung, s. Glötzl 2000, S. 464–483;
Gültigkeit, s. Aebli 1987, S. 371–379;
Probleme, s. Köck 1995, S. 301–306, und Wild/Krapp, in Krapp/Weidenmann 2001, S. 541–544)

Bedeutung

- Information über den situativen Stand des Lernens bei einem Kind in Bezug auf die gestellte Aufgabe (in der jeweiligen Situation der Bearbeitung der Aufgabenstellung).
- Rückmeldefunktion für den Schüler und Hilfe zur Selbsteinschätzung.
- Rückmeldefunktion für die Lehrerin: Grundlage für Konsequenzen zur eventuellen Änderung der didaktischen Aufbereitung, der methodischen Maßnahmen und der Aufgabenstellungen. Information über die Verteilung des Leistungsstandes in der Lerngruppe.
- *Berichtsfunktion*: „Zensuren und Zeugnisse sind für die meisten Eltern eine wichtige Informationsquelle, um sich einen kontinuierlichen Einblick in die Leistungsentwicklung ihrer Kinder zu verschaffen" (Wild/Krapp, in Krapp/Weidenmann 2001, S. 542).
- *Anreizfunktion*: Die Rückmeldung eines Erfolges wirkt sich förderlich auf die Bereitschaft zu weiteren Anstrengungen aus.

Praktische Hinweise

1. Aufgliederung komplexer Lernvorgänge (Beispiele)

Teilleistungen im Sachunterricht: Der Schüler/die Schülerin ... formuliert eine zutreffende Problemfrage; nennt die Voraussetzungen zur Sachklärung; stellt einen zutreffenden Plan zur Problemlösung auf; nennt zutreffende Beispiele zum Thema; kann den neuen Sachverhalt mit seinen/ihren bereits vorrätigen Begriffen beschreiben; hält das Wesentliche vom Nebensächlichen auseinander; besitzt folgende Kenntnisse über vorausgegangene Unterrichtsinhalte ...; kann eigene Gefühle in Worten zum Ausdruck bringen; kann sich in die Lage anderer Personen versetzen; regelt Konflikte, indem er/sie auf vorher vereinbarte Regeln hinweist; erkennt eine Wenn-dann-Beziehung.

Teilbereiche der *Rechenfähigkeit:* Alle Sachinformationen verwertet; alle Zahlangaben verwertet; Einzeldaten richtig zugeordnet (Sache – Zahl); Sachinformationen richtig interpretiert; Einzeldaten richtig in eine mathematische Operation umgesetzt; Ergebnisse von Einzeloperationen richtig verknüpft; Rechenergebnisse in einer Antwort zutreffend wiedergegeben; Lösungsablauf verständlich notiert.

2. Konkrete Formulierungen

Nachfolgend werden einige konkrete Aufgabenstellungen aufgeführt, die den Anforderungen der Knappheit *und* Klarheit genügen:

- Lies das, was wir gerade herausgefunden haben, nochmals still durch und versuche, dir alles zu merken. (Die Folie wird entfernt, die Tafelanschrift verdeckt; die Kinder wiederholen.)
- Unterstreiche die Wörter, die zu der Zeichnung passen! Zwei Wörter passen nicht dazu.
- Erstelle eine Liste der Zeitwörter, bei denen wir uns ein „lautes" Sprechen gut vorstellen können (Wortfeld „sagen").
- Subtrahiere in dieser Tabelle die richtigen Zahlen und trage in die Felder der Tabelle die Ergebnisse ein.
- Drehe das Arbeitsblatt um und zeichne die Skizze aus dem Gedächtnis auf.
- Beantworte mithilfe des Textes diese Fragen: Wie oft kommt der Brotteig zur „Gare"? Bei welcher Temperatur werden die Semmeln gebacken?
- In diesem Bild sind manche Dinge falsch eingezeichnet: Schreibe in der Tabelle die Dinge hinein, die „richtig" bzw. „falsch" sind.
- Beobachte genau, wie Monika beim Absprung ihre Arme und Beine bewegt. Vielleicht kannst du uns dann sagen, weshalb sie vorhin so weit gesprungen ist.
- Du hast gerade an diesem (Dia-)Bild beschrieben, wie ... vor sich geht. Versuche nun, an der einfachen Skizze (Folie) den Vorgang nochmals zu erklären. (Wechsel des Arbeitsmittels oder der Darstellung)
- Manche der Fragen, die wir am Anfang notiert haben, kannst du nun schon beantworten.
- Bestimme die zusammengehörigen Wörter, indem du die richtigen Zahlen davor setzt.

Literatur:

1. Glötzl, Herbert: Prinzipien effektiven Unterrichts. Handbuch für die Erziehungs- und Unterrichtspraxis, Band 2. Ernst Klett, Stuttgart u. a. 2000, S. 448–499
2. Jürgens, Eiko: Zur Begründung von Leistungsforderungen in der Schule. In: Grundschulmagazin 1/1995, S. 37–40
3. Röbe, Heinrich H.: „Ich kann alles auf der Welt!" Können ermöglichen – Schüler beobachten – Leistung bewerten. In: Grundschulmagazin 1/1998, S. 4–9

4. Gestaltungshilfen für die Unterrichtsfächer

4.1 Deutsch

4.1.1 Informationen zum Fach Deutsch

Fachliche Grundlagen

1. Begriffe

a) Deutschunterricht umfasst Sprach- und Literaturunterricht und bezeichnet die Initiierung individueller Lernprozesse und die geplante Förderung von Leistungen in Gebrauch und Verständnis der deutschen Sprache.

b) Sprachkompetenz: „In der Sprachdidaktik der letzten 20 Jahre etwa wird – nach geschichtlich und systematisch unterschiedlichen Theorien – Sprachkompetenz aufgefasst als eine umfassende Fähigkeit, Sprache situations-, intentions- und partnerangemessen und möglichst normengerecht und effektiv – aktiv und passiv – zu verwenden und zu verstehen" (Watzke 1998, S. 10).

c) Sprachbewusstheit: „In allen didaktischen Konzepten des Sprachunterrichts spielte das Prinzip der Sprachbewusstheit eine Rolle … Sprachbewusstheit meint die Meta-Ebene: das Nachdenken und Wissen über sprachliches Handeln … Grundschulkinder müssen dazu lernen, Sprache und Sprachhandeln zum Gegenstand des Nachdenkens zu machen" (Bartnitzky 2001, S. 20).

d) Phonem: „Die ursprünglichste Einheit aller Sprachen ist der geäußerte Laut. Je nach der Stelle, welche die Laute in einem Wort einnehmen, unterscheiden wir zwischen An-, In- und Auslaut … Wichtig ist, dass die Laute selbst keine Träger von Inhalt und Bedeutung sind. Sie haben lediglich eine bedeutungsunterscheidende Aufgabe in unserer deutschen Sprache. Erfüllt nun ein Laut diese Funktion der Bedeutungsunterscheidung, d. h. er grenzt ein Wort von einem anderen Wort ab, so sprechen wir von Phonemen" (Günther 2002, S. 54).

e) Graphem: „Der Begriff Graphem ist von dem griechischen Wort ‚Graph' abgeleitet, was so viel wie schriftliches Zeichen bzw. Buchstabe bedeutet. Das Graphem hat wie das Phonem eine bedeutungsunterscheidende Funktion. Den Phonemen als lautliche Einheiten entsprechen die Grapheme als schriftliche Repräsentanten der Phoneme" (a. a. O., S. 55).

f) Morphem: „Mit den Sprechsilben nicht zu verwechseln sind die Sprachsilben, die dann entstehen, wenn man die Elemente eines Wortes in Vorsilbe, Stamm und Endung zerlegt. Das Erkennen der Sprachsilben ist die Voraussetzung zum Verstehen eines Wortes. Diese Sprachsilben sind die kleinsten Einheiten, genauer gesagt, die kleinsten bedeutungtragenden Einheiten, unserer Sprache. Diese nennen wir Morpheme" (a. a. O., S. 56).

2. Bedeutung

- Sprachliche Bildung ist wesentlicher Bestandteil der Entwicklung der Gesamtpersönlichkeit (Identitätsfindung, Wirklichkeitserschließung, Medium des Lernens)

- Sprache ermöglicht die Teilnahme an kulturellen Prozessen
- Sprache dient der Weitergabe und Speicherung von Informationen und der Verständigung
- „Mit der Entwicklung der Sprache ist auch die Entwicklung des Intellekts verbunden, und es entstehen Fantasie, abstraktes Vorstellungsvermögen und die Fähigkeit, innere Bilder zu formen" (Wechsler 2002).

Zielsetzungen

- Vermittlung einer grundlegenden sprachlichen Bildung
- Ausbildung und Entwicklung (Erweiterung, Differenzierung) der sprachlichen Fähigkeiten
- Beherrschung der Kulturtechniken Lesen und Schreiben
- Fähigkeit zum bewussten, schöpferischen, zielgerichteten, situationsgerechten sprachlichen Handeln
- Fähigkeit zur sprachlichen und literarischen Kommunikation
- Einsicht in die Vielfalt und Regelhaftigkeit der Schriftsprache
- Wecken der Freude am Umgang mit Sprache und am Lesen
- Hinführung zur Standardsprache und Anerkennung des Eigenwerts von Mundart und Umgangssprache
- Kritischer Umgang mit Medien

Didaktische Grundsätze

1. *Sprachliche Entwicklung auf individuellen Lernwegen*

Die Sprache des Kindes entwickelt sich in der Wechselbeziehung zwischen den Verhaltensäußerungen des Kindes und seiner Umwelt. Sie ist deshalb abhängig vom kulturellen Hintergrund, von der regionalen Herkunft oder von der familiären Sprachsituation. Die individuelle

Sprachsituation äußert sich in der Sprachverwendung, im Erkennen einer Sprachhandlungssituation, im Umfang des Wortschatzes, in Satzbau und Sprachmuster oder im Gebrauch von Redewendungen und abwechselnden Satzstrukturen.

Die Lehrerin erhält einen Einblick in die Sprachsituation des einzelnen Kindes durch dessen mündliche und schriftliche Äußerungen und auch durch die begleitenden non-verbalen Vorgänge. Die sprachlichen Voraussetzungen bilden den Ausgangspunkt für die individuelle weiterführende Arbeit im Deutschunterricht. *Sprachentwicklung* bedeutet demnach Zuwachs an Sprachkompetenz. (Erfahrungsorientierung heißt nicht, den Ist-Stand zur Norm zu erheben.) Im Sinne des Konstruktivismus (ohne nun den Begriff hier zu diskutieren) ist Lernen als eigenaktiver Vorgang zu verstehen; es vollzieht sich auf *individuellen Lernwegen*.

Verschiedene Maßnahmen unterstützen diese Arbeit:

- Bereitstellen von Situationen, in denen die Kinder Gelegenheiten zu sprachlichen Äußerungen haben, z. B. im Morgenkreis oder Notieren eigener Vorstellungen zu Bildern oder Texten (auch in einem „Sprach-Tagebuch").
- Eingehen auf Schüleräußerungen durch Impulse und Fragen. Dadurch werden die Kinder angeregt, ihre Aussagen – neben der inhaltlichen Vertiefung – sprachlich zu differenzieren.
- Lernberatung, z. B. Hinweis auf zutreffende und ähnliche Begriffe und Sprachmittel mit dem Ziel einer Ergänzung, Präzisierung oder Richtigstellung; weiterführende Anmerkung zu geschriebenen Texten und Hefteinträgen (hier: Schrift und Schreiben); Aufgabenstellung zu ausgewählten Übungsbereichen und -inhalten (z. B.

Gesprächsregeln, aktives Hören, Wörter gliedern, sinngestaltender Vortrag, einen Schluss zu einer Geschichte erfinden).

- Führung von Aufzeichnungen zu Leistungen in den einzelnen fachlichen Lernbereichen; Probearbeiten erfahren dazu eine entsprechende Auswertung.

2. Lebensweltorientierung

Die Anlässe zu Sprachäußerungen, zur Sprachbegegnung, zur Auseinandersetzung mit Sprache und zur Reflexion über Sprache sind der Lebenswelt entnommen. Die Kinder erfahren, dass die gewählten Inhalte für die Erschließung ihrer (subjektiven) Lebenswirklichkeit von Bedeutung sind. Die neu erworbenen sprachlichen Kenntnisse und Fertigkeiten sind in verschiedenen Lebenssituationen anwendbar.

Beispiele: miteinander ein Gespräch aufnehmen und führen, sich etwas wünschen, jemanden fragen, ein Sach-Problem oder ein Rätsel lösen; Geschichten erfinden; zu Bildern, zu Vorgängen, zu Erlebnissen mit Tieren (usw.) Texte schreiben oder lesen; Einladungen und Sachtexte schreiben und gestalten; Piktogramme oder Schlagzeilen deuten; das Verhalten von Figuren aus Geschichten nachempfinden, mit den eigenen Erfahrungen vergleichen und Alternativen dazu entwickeln; gezielt Informationen aus Gebrauchstexten entnehmen; Stichpunkte festhalten und für ein Kurzreferat zusammenstellen.

3. Kommunikatives Handeln

Sprache dient dem Verstehen und der Verständigung. Sie ist das wichtigste Mittel, um sich selbst Klarheit über Zusammenhänge, Handlungen, Verhaltensweisen, Ereignisse und Sachverhalte zu verschaffen. Die sprachliche Kommunikation ist ein interaktiver Vorgang, in dem der Mensch als Partner agiert, er ist Hörer und Sprecher, Leser und Schreiber, und in den Situationen der sprachlichen Kontaktaufnahme und Verständigung reagieren die Kommunikationspartner wechselseitig aufeinander. Somit enthält Kommunikation, vor allem im mündlichen Bereich, immer eine soziale Dimension.

Im Deutschunterricht tritt demzufolge Sprache in verschiedener Weise hervor: Sprache ist Unterrichtsgegenstand, Sprache ist Medium des Lehrens und Lernens (inhaltlich und prozessual), Sprache stellt Beziehungen her und hat Anteil an der Qualität der Arbeitsatmosphäre, Sprache dient schließlich dazu, über die Sprache und sich selbst nachzudenken. Im Dialog wird eine Verständigung über Wahrnehmungen, Auffassungen, Begriffe, Problemlösungen, Einstellungen, Bewertungen, Regeln, Normen oder Ziele versucht oder herbeigeführt.

Eine Vielzahl von Möglichkeiten, um kommunikatives Handeln anzuregen und zu reflektieren, bietet sich an (hier nur exemplarisch), z. B.

- Erzählen besonderer Erlebnisse aus Schulalltag, Familie, Freundeskreis;
- durch Diskussion einfache Gesprächsregeln oder Arbeitsregeln festlegen;
- aktives Zuhören;
- gemeinsames Erstellen einer Dokumentation über einen Sachverhalt;
- die Vorstellung (eines Textinhalts) durch die Klanggestalt zum Ausdruck bringen;
- die Bedeutung unbekannter Begriffe aus einem Text-Zusammenhang entnehmen und die eigene Interpretation darlegen.

4. Ästhetisches Lernen

Die Betonung des Lebensweltbezugs und des kommunikativen Aspekts der Sprache könnte zu dem Schluss führen, dass die unterrichtliche Auseinandersetzung mit Sprache vorrangig deren Zweckcharakter im Blick hat. Mit der Einbeziehung des ästhetischen Lernens in die ausgewählten didaktischen Grundsätze des Faches Deutsch in der Grundschule werden die Ansätze „Lernen als Konstruktion" und „Lernen als eigenaktiver Vorgang" nochmals herausgestellt.

Über Augen und Ohren wird Sprache wahrgenommen, und es werden dabei Anmutungsqualitäten und Vorstellungen erzeugt. „Was unsere Sinne wahrnehmen, sind ... *Qualitäten*. Die Sinnenwelt, in der wir leben, in der wir uns voll und ganz als Menschen fühlen können, ist eine Welt der Qualitäten" (Aissen-Crewett 1997, S. 148). Ästhetisches Lernen schließt das Erkennen mit ein. Deshalb ist Wahrnehmung „als ein ‚Wahr'-nehmen im Sinne von Einsicht aufzufassen ... Ästhetisches Erkennen hat mit einem Gewahrwerden, einem ‚Spüren', ‚Merken' zu tun, mit dem Versuch, *Erstbedeutungen* (i. O. jew. kursiv, Anm. d. Verf.) auf die Spur zu kommen" (a. a. O., S. 150 f.).

Die Ästhetik eines Gedichts ist rasch zugänglich: Die Sprachgestalt, der Wortklang, der Rhythmus der Silben, Worte und Wortgruppen, die Sprachmelodie, die Beschleunigung und Verlangsamung des Sprechtempos bewirken das unmittelbare Gewahr-Werden eines inneren Zugangs. Aber nicht nur die „Gestalt" ist der affektiven Wahrnehmung zugänglich, sondern auch Inhalte. Allein einzelne Worte wie atmen, ahnen, breitet aus, Feuer, Wasser, Erde, Luft, Herz, Hand oder Licht rühren Erfahrungen an und eröffnen ein weites Feld der Vorstellung. Auch ein Gebrauchstext kann aus der ästhetischen Perspektive gesehen werden, da er durch die Eindeutigkeit seiner Aussagen (was der Erwartungshaltung entspricht) ansprechend wirkt.

Im Deutschunterricht der Grundschule zeigt sich das ästhetische Lernen in einem unmittelbaren und intuitiven Zugang zur Sprache und in einem offenen und fantasievollen Umgang mit Sprache (Anm.: zum „Ästhetischen Lernen" siehe auch Ingendahl 2001).

Beispiele:

- Zuhören lernen (einer Erzählung, einem Hörbild zuhören);
- ein Beschreibungsrätsel erstellen;
- ritualisierte Sprachäußerungen sammeln, aussprechen und ihre Wirkung darlegen;
- Sprach- und Schreibspiele sammeln und durchführen und reflektieren;
- den Bewegungsablauf beim Spuren von Buchstaben und Buchstabengruppen als rhythmisch erfahren, seine beruhigende Wirkung spüren, mit Worten und Summen begleiten;
- Texte laut lesen (bereits in der „Phase" Text- oder Sprachbegegnung) und die Empfindungen beim Sprechen oder Hören darlegen;
- Wortbedeutungen durch Schriftgestaltung zum Ausdruck bringen;
- sich der Bildhaftigkeit oder Mehrdimensionalität von Wörtern und Ausdrücken bewusst werden;
- themenorientierte Bücher verfassen, mit Texten und Bildern gestalten;
- zu literarischen Textvorbildern schreiben.

Literatur:

1. Bartnitzky, Horst: Sprachunterricht heute – Sprachdidaktik, Unterrichtsbeispiele, Planungsmodelle. Cornelsen Scriptor, Berlin 2001
2. Nußbaum, Regina (Hrsg.): Wege des Lernens im Deutschunterricht. Phantasie entfalten – Erkenntnisse gewinnen – Sprache vervollkommnen. Westermann, Braunschweig 2000

4.1.2 Schriftspracherwerb

Fachliche Grundlagen

1. Begriff

Das Erlernen der Kulturtechniken des Lesens und Schreibens und dessen primäre Anwendung, das als Schriftspracherwerb gekennzeichnet wird, bildet den Mittelpunkt schulischen Anfangslernens.

2. Schrift als eine weitere Sprachform

Nach dem Erlernen der gesprochenen Sprache erlebt das Kind in der Schule die Heranführung an eine zweite Sprachform, die geschriebene Sprache oder Schriftform. „Beim Schriftspracherwerb müssen die Lernenden zu einer gedanklichen Klarheit in Bezug auf Funktion und Aufbau der Schrift gelangen" (Valtin, in Huber u. a. 1998, S. 60). Nur unter der Voraussetzung des gelingenden Erwerbs der Schriftsprache, wird der Schüler erfolgreich weiterlernen können. Auf einer erfolgreichen Bewältigung des Schriftspracherwerbs können alle anderen Fächer und Lernbereiche aufbauen.

3. Methoden

Die Lese- und Schreibdidaktik der 50er- und 60er-Jahre ist durch zweierlei Ansätze zu kennzeichnen: Einerseits der ganzheitliche Leseansatz, der ganze Wörter oder Sätze als Ausgangsmaterial anbot, andererseits der synthetische, der Buchstabe für Buchstabe zusammenfügte zu Wörtern. Mischformen der 70er-Jahre, ausgehend von Wort/Satz oder Buchstaben/Lauten, können ebenfalls den vorgenannten Ansätzen zugerechnet werden. Diese Lehrgangstypen finden eine Ergänzung durch die Konzepte „Lesen durch Schreiben" (Reichen 1982), den Spracherfahrungsansatz und diverse

Formen eines offenen Anfangsunterrichts.

Grundsätzlich wird heute kaum ein methodischer Ansatz ausschließlich nach dessen Ursprungsidee unterrichtlich verwirklicht. Vielmehr existieren Mischverfahren, der Ausgang entweder vom Schreiben oder vom Lesen und/oder eher geschlossenere oder eher offenere Lehransätze nebeneinander. Wesentlich erscheint jedoch, dass sich „die drei Aspekte der Sprache

– der phonologische Aspekt (die Buchstaben-Lautzuordnung),
– der syntaktische Aspekt (die Verwendung von Wörtern und Sätzen) und
– der semantische Aspekt (Sprache und Schrift als sinnhaltige Gebilde)

in jeder Phase des Leselehrgangs systematisch durchdringen, d. h. nicht voneinander getrennt werden, sondern immer gleichzeitig präsent sind" (Meiers 1998, S. 103 f.).

Die Lehrkraft beobachtet, hilft und begleitet jedes Kind beim individuellen Erwerb der Schriftsprache.

4. Grundsätzliche Annahmen

Zum Zeitpunkt des Schulbeginns sind Kinder bereits schriftspracherfahren. Sie bringen Vorkenntnisse im Hinblick auf sprachliche Strukturen (Buchstaben, Wörter) und Tätigkeiten (Lesen, Schreiben) mit.

Die Lernenden möchten selbstständig Erfahrungen machen. Deshalb ermöglicht der Unterricht den persönlichen Zugang zum Gebrauch der Schrift und eigenaktive Erkundungen zu deren Logik.

Der Schriftspracherwerb wird als ein konstruktiver Prozess gesehen, weshalb individuelle Wege wichtig und Fehler als Hinweise, „Fenster", zu sehen sind (vgl. Brügelmann/Brinkmann 1998, S. 92 und Meiers 1998, S. 83).

Situation des Kindes

1. Die Ausgangslage

Die Bemühungen des Kindes, Schrift verstehen zu wollen, erfolgen in Interaktion mit der Umwelt meist im häuslichen und elterlichen Bereich oder im Rahmen der Vorschulerziehung. Alle damit verbundenen Kognitionen stellen eine je eigene, kindliche Konstruktion dar, die einer Komplexitätsreduktion unterliegt. Beim Schriftspracherwerb lernt das Kind das alphabetische Prinzip der Sprache zu (re-)konstruieren – ein Entwicklungsprozess von mehreren Tausend Jahren Menschheitsgeschichte, den das Kind in der Regel im Verlauf des zweiten Schuljahres abzuschließen in der Lage ist.

2. Sprachanalytische Fähigkeiten

a) Die strukturelle Einheit des Wortes und des Satzes

Das Kind lernt zu erkennen, dass in der gesprochenen und geschriebenen Sprache Entsprechungen existieren und dass alle gesprochenen Elemente auch verschriftet werden. Zu Beginn der Schulzeit verfügen jedoch nicht alle Kinder über dieses Konzept. „Kinder aus schriftfernem Milieu müssen Möglichkeiten

der Schrifterfahrung in der Schule nachholen dürfen" (Schmid-Barkow 1999, S. 37).

b) Phonembewusstsein und Lautanalyse

Schrift ist nicht auf die Bedeutung oder den Inhalt bezogen, z.B. entspricht die Größe eines Tieres nicht der Länge eines Wortes, sondern die Bedeutung eines Wortes erschließt sich über die Lautfolge. Das Kind lernt über das Angebot des Schriftbildes die auditive Lautanalyse, jedoch benötigt die Entwicklung eines komplexen Phonembewusstseins insbesondere im Hinblick auf Wörter mit Konsonantenhäufungen viel Übung.

c) Kenntnis der Phonem-Graphem-Zuordnungen

Für den Lernenden wird sehr rasch die Tatsache einsichtig, dass es keine Analogie zwischen Laut und Schriftzeichen gibt. Eine einzige Lautung kann in verschiedene Verschriftungen münden, z.B. das lang gesprochene Ii in (i), (ie) oder (ieh), oder ein einziger Laut, z.B. Schsch, besteht aus drei Buchstaben. Dazu kommt, dass Laute gleich klingen, jedoch insbesondere bei Auslautungen un-

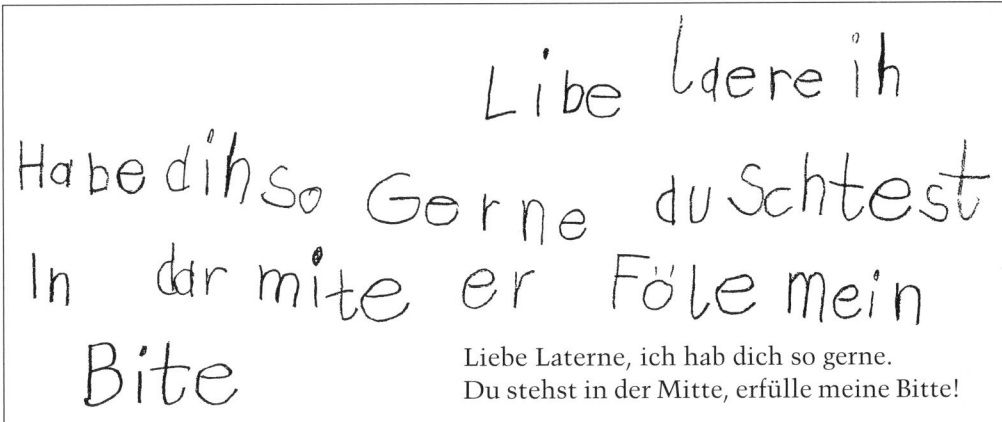

Liebe Laterne, ich hab dich so gerne.
Du stehst in der Mitte, erfülle meine Bitte!

Abb. 20: Text eines Schulanfängers nach vier Monaten

terschiedlich zur Verschriftung gelangen, z. B. (b) und (p) oder (d) und (t) (s. Abb. 20).

3. Fähigkeiten und Einsichten beim Erwerb der Schriftsprache

Aufgrund ihrer Untersuchungen stellten Scheerer-Neumann (1987) für das Lesenlernen und Valtin (1993) für das Erlernen des Schreibens ein Stufenmodell zusammen (vgl. Valtin, in Huber u. a. 1998, S. 63). Es verdeutlicht, dass jedes einzelne Kind charakteristische Probleme beim Schriftspracherwerb hat, die allerdings nicht als individuelle Defizite gekennzeichnet werden dürfen (s. Abb. 21).

Zielsetzungen und praktische Hinweise

1. Erkennen der Bedeutung von Lesen und Schreiben

Es kann davon ausgegangen werden, dass jedes Kind zum Schuleintritt Schrifterfahrungen unterschiedlichster Art und Intensität hat. Diese Vorerfahrungen müssen aufgegriffen und das Lernangebot darauf abgestimmt werden. Durch das Erlernen der Buchstabenschrift und der Technik des Lesens wird das Kind befähigt, zunehmend selbstständig an der Schriftkultur teilzuhaben. Dabei sind gesellschaftliche und persönliche Aspekte bedeutsam.
Denken und Sprechen des Kindes werden durch den Schriftspracherwerb differenzierter und komplexer. Im Mittelpunkt des Unterrichts stehen eine variantenreiche Anwendung und ein facettenreicher Gebrauch von Schrift und Schrifterzeugnissen. Das Kind nimmt große Anstrengungen auf sich, um die Buchstabenschrift zu erlernen, was durch vielfältige Begegnungsformen mit Sprache und Schrift unterstützt werden kann. Dabei hat das Sprach- und Schreibverhalten der Lehrkraft Vorbildcharakter.

Inhaltsbereiche des Unterrichts:

- Erforschen des eigenen Namens, z. B. aufschreiben, vergleichen mit anderen, niederschreiben in verschiedenen Schriften; wiedererkennen gleicher Elemente,
- Suchen von Zeichen, Buchstaben und Wörtern in der Umgebung, z. B. Firmenschilder, Produktnamen, Verkehrsschilder, Plakate und Werbung,
- Ausprobieren der Verwendung von Zeichen, Buchstaben und Wörtern, z. B. als Straßenzeichnung, Notizzettel, Brief, Mitteilung; jemandem etwas mit Hilfe von Bildern, Symbolen und/oder Wörtern/Buchstaben mitteilen; anlegen einer eigenen Wörtersammlung,
- Vorlesen, z. B. von anderen Kindern oder durch Erwachsene; Kinderliteratur und Sachtexte aus den eigenen und fremden Kulturkreisen; Vortrag eigener Texte oder stichpunktartig festgehaltener Erkenntnisse,
- Fortschritte wahrnehmen, z. B. durch Vergleich und Reflexion der Schreibprodukte oder der Verwendung gesprochener Sprache untereinander oder anhand der eigenen Entwicklung.

2. Kenntnis von Lauten und Buchstaben und deren Verwendung in Wörtern

Für den Schriftspracherwerb grundlegend wird die phonologische Bewusstheit im weiteren Sinne angesehen: Marx definiert sie als „Sprachleistungen, die auf dem natürlichen Umgang mit den lautlichen und artikulatorischen Aspekten der Sprechsprache basieren, z. B. Reimen oder Silbensegmentieren bei Kinderliedern" (Marx, in Weinert/Helmke 1997, S. 105). Kinder, die in diesem Bereich Defizite aufweisen, müssen in den ersten Schulwochen in dieser Hinsicht

Fähigkeiten und Einsichten	Lesen	Schreiben	
1 Nachahmung äußerer Verhaltensweisen	„Als-ob"-Vorlesen	Kritzeln	1
2 Kenntnis einzelner Buchstaben an Hand figurativer Merkmale	Erraten von Wörtern auf Grund visueller Merkmale von Buchstaben oder -teilen (Firmenembleme benennen)	Malen von Buchstabenreihen, Malen des eigenen Namens	2
3 Beginnende Einsicht in den Buchstaben-Laut-Bezug, Kenntnis einiger Buchstaben-Laute	Benennen von Lautelementen, häufig orientiert am Anfangsbuchstaben, Abhängigkeit vom Kontext	Schreiben von Lautelementen (Anlaut, prägnanter Laut zu Beginn des Wortes), „Skelettschreibungen"	3
4 Einsicht in die Buchstaben-Laut-Beziehung	Buchstabenweises Erlesen (Übersetzen von Buchstaben- und Lautreihen), gelegentlich ohne Sinnverständnis	Phonetische Schreibungen nach dem Prinzip „Schreibe, wie du sprichst"	4
5 Verwendung orthografischer bzw. sprachstruktureller Elemente	Fortgeschrittenes Lesen: Verwendung größerer Einheiten (z. B. mehrgl. Schriftzeichen, Silben, Endungen wie -en, -er)	Verwendung orthografischer Muster (z. B. -en, -er; Umlaute), gelegentlich auch falsche Generalisierungen	5
6 Automatisierung von Teilprozessen	Automatisiertes Worterkennen und Hypothesenbildung	Entfaltete orthografische Kenntnisse	6

Abb. 21: Fähigkeiten und Einsichten beim Erlernen des Lesens und Schreibens (Valtin, 1998)

geschult werden. Mit Eintritt in den Schriftspracherwerb vollzieht sich eine Entwicklung zur phonologischen Bewusstheit im engeren Sinn. Diese ist gekennzeichnet durch „Sprachleistungen, die keine semantischen oder sprechrhythmischen Bezüge oder natürlichen Elemente aufweisen" (a. a. O., S. 105). Neben der stark den akustischen Bereich betonenden phonologischen Bewusstheit ist im Schriftspracherwerb das Verständnis für Symbole und Zeichen zu festigen. Der Schüler kommt mit den Buchstaben durch Analyse und Gebrauch in Kontakt. Im Vordergrund steht der Umgang mit der Lauttabelle, die die Wiedererkennung und Identifikation von Lauten und Buchstaben ermöglicht. „Das sprachliche Durchgliedern und lauttreue Schreiben von Wörtern ist die Grundlage des Erlernens der Rechtschreibung und verhindert Lese-Rechtschreibschwierigkeiten" (Schweißthal, in Huber u. a. 1998, S. 52).

Lesen wird nur durch Lesen gelernt, Schreiben nur durch Schreiben.

Inhaltsbereiche des Unterrichts:

● Sorgsames Wahrnehmen der Lautstruktur gesprochener Sprache, z.B.
  durch die Bildung von Reimen, die
  Durchgliederung von Wörtern in
  Sprechsilben, das bewusste und deutliche Sprechen,
● Erfassen des Zeichencharakters der
  Buchstabenschrift, z.B. durch Erken-
  nungs- und Auffindeübungen zu Zeichen, durch die Unterscheidung von
  Buchstaben von anderen Zeichen,
● Herstellen der Phonem-Graphem-Kor-
  respondenz, z.B. durch Lautanalyse
  und Unterscheidung, Erfassung und
  Diskriminierung von Buchstabenformen und -gestalten, Zuordnungsübun-
  gen von Lauten und Buchstaben bzw.
  Buchstabenkombinationen, erkennen
  der Laute in der Reihenfolge der Buchstaben,
● Schreiben von Groß-/Kleinbuchstaben
  in Druckschrift, z.B. Gewöhnung an
  die Schreibrichtung; Übung der Feinmotorik; Erfassen von Buchstabenformen; Finden eines günstigen Bewe-
  gungsablaufes; (möglichst) Eigenkon-
  trolle von Körperhaltung, Blattlage,
  Hand- und Stifthaltung; Erproben und
  sachgerechtes Umgehen mit diversen
  Schreibgeräten; Gestalten von Schreib-
  produkten und Vergleichen deren Wirkung,
● Aufbauen, Durchgliedern und Verändern von Wörtern, z.B. durch den
  Vergleich von Wortklang und Schriftbild, Austausch, Weglassung und Hin-
  zufügung von Buchstaben, Finden von
  Wortteilen/-bausteinen (Silben, Signalgruppen) und deren Neuzusam-
  mensetzung, schreibenden Aufbau
  von eigenen und klassenspezifischen
  Wörtern.

3. Erlesen und Verschriften von Wör-
tern, Sätzen und Texten

Als höchstes Ziel kann das Sinn verste-
hende Lesen angesehen werden. Wörter,
die mit einem Blick erfasst werden können, und Wörter, die langsam und müh-
selig synthetisiert werden müssen,
beschleunigen bzw. verlangsamen den
Leseprozess. Über den Ausbau des aktiven, gesprochenen Wortschatzes und des
Wortverständnisses mit Hilfe von Erklärungen für sprachlich wenig geför-
derte Kinder oder Kinder nichtdeutscher
Muttersprache wird das Zusammen-
lesen, Wiedererkennen und Erfassen der
Wortbedeutung erleichtert.

Neben der Erweiterung des Buchstaben-
bestandes ist der Anbahnung grundlegender orthografischer Prinzipien und
Strategien Rechnung zu tragen, z.B.
Wortabstände, Punkt am Ende des Sat-
zes, Großschreibung am Anfang des Sat-
zes und von Namenwörtern etc. Die Kinder erkennen, dass rechtschriftlich richtige Texte einfacher lesbar sind. Damit
werden Grundlagen zur Überarbeitung
eigener Texte geschaffen.

Inhaltsbereiche des Unterrichts:

● Lesen und Verstehen von Wörtern, z.B.
  häufig vorkommende und kurze Wörter auf einen Blick erfassen; Lese-
  übungen und -spiele zur Sinnerfassung
  (Wort-Bild, Bild-Wort); Durchgliederung von längeren Wörtern in Leseein-
  heiten (Sprechsilben); Klären von
  neuen/fremden Wörtern und Erweiterung des Wortschatzes unter Nutzung
  der Querverbindungen zum Sachunterricht und anderen Fächern,
● Verstehendes Lesen von Sätzen und
  kurzen Texten, z.B. still, flüsternd,
  einzeln oder mit Lesepartnern neue
  Inhalte erlesen; Beantworten von
  Fragen zum Text; Sinn gestaltendes
  Vorlesen von einfachen Sätzen und

kleinen Texten unter Beachtung elementarer Satzzeichen,

- Schreiben von Wörtern, Sätzen und Texten in freien und angeleiteten Schreibsituationen, z. B. auch auf dem Computer,
- Kennenlernen und Verwenden elementarer rechtschriftlicher Konventionen, Durchgliederungs- und Strukturierungsmöglichkeiten, z. B. Großschreibung von Satzanfängen und Nomen, einfache Satzzeichen, Wortabstände etc.

4. Anwendung und Vertiefung der Lese- und Schreibfähigkeit in zahlreichen, lebensbezogenen Situationen

Der Verlauf des Schriftspracherwerbs wird von Ausgangslage, Anstrengungsbereitschaft und individuellen Lernstrategien des Kindes entscheidend geprägt. Deshalb ist genügend Zeit zur Übung der neuen Techniken Lesen und Schreiben in abwechslungsreichen und vielfältigen Anwendungssituationen einzuräumen. Grundsätzlich kann davon ausgegangen werden, dass der Schriftspracherwerb im Verlauf des zweiten Schuljahres abgeschlossen werden kann. Bereits begleitend beginnt die Umsetzung anderer fachlicher Lernbereiche, z. B. Mündlicher Ausdruck, Rechtschreiben, Schriftlicher Ausdruck. Weitere bauen auf den Erkenntnissen des Schriftspracherwerbs auf, z. B. Schreiberziehung, Lesen, Sprachreflexion.

Inhaltsbereiche des Unterrichts:

- Übung des stillen, exakten und Sinn verstehenden Lesens, z. B. durch Nachfragen unbekannter Wörter; Aufspüren von Sinnabschnitten; Nacherzählung von Inhalten; Aufsuchen von Schlüssel-/Zentralbegriffen,
- Flüssiger und Sinn gestaltender Vortrag von kleinen Texten, z. B. durch

Übung des stillen Lesens, des wortübergreifenden Lesens, Beachtung der Satzmelodie, klanggestalteter Vortrag, Lesen in verteilten Rollen, Gedichtvortrag,

- Erfahren der persönlichen Bereicherung durch selbstständiges Lesen, z. B. durch Begegnung mit Kinderliteratur aus aller Welt, der Informationsentnahme von Mitteilungen und Lesen von Texten in verschiedenen Medien (Zeitung, Fachbuch, Internet), Nutzung von Bücherläden, Bibliotheken und Flohmärkten zur Auswahl von Lesestoff,
- Verschriftung und Gestaltung von Texten für sich und andere, z. B. Notizen, Briefe, Nachrichten, Einladungen, Erlebnisse aufschreiben und gestalten,
- Anbahnung des orthografisch richtigen Schreibens, z. B. Abhören von lautgetreuen Wörtern (Mitsprechwörtern); Beachtung von Wort-/Satzstrukturen; Umgang mit einfachen Wortlisten,
- Vorbereitung der verbundenen Schrift, z. B. Vergleich von Druck- und Schreibschrift; Formelemente wiedererkennen; Einführung von Formelementen und Bewegungsabläufen der Schreibschrift unter Wechsel von Material und Schreibgerät,
- Lesen von Texten in verbundenen Schriften, z. B. Vortrag von eigenen und fremden handschriftlich notierten Texten, Vergleich verschiedener handschriftlicher Verschriftungen.

Didaktische Überlegungen

1. Der individualisierende Ansatz

Angesichts der unterschiedlichen Ausgangslagen für den schulischen Schriftspracherwerb wird deutlich, dass in keinem Fall alle Kinder mit den gleichen Methoden und Medien erreicht werden können. Da jedes Kind auf seine Art lernt, sind die vertrauensvolle Beziehung zur Lehrkraft, emotionale Wertschätzung und Zuwendung und ein geordnetes Klassenklima Voraussetzungen für ein entspanntes und selbstbestimmtes Lernen, wie es der Schriftspracherwerb erfordert. Der Aufbau von Ich-Stärke stellt je eigene Kompetenzen des Kindes in den Mittelpunkt. Rituale und eingeübte Formen der Zuwendung und Bestätigung unter den Mitschülern geben Halt und Sicherheit. Für ein erfolgreiches (Weiter-)Lernen während des Schriftspracherwerbs ist eine sorgfältige Beobachtung des kindlichen Lernstandes und der Entwicklung unabdingbar. Daneben ist der Entwicklungsstand in den kognitiven und motorischen Fähigkeiten und Fertigkeiten festzustellen. „Kinder, die Probleme mit der Psychomotorik, mit kognitivem Verstehen, dem Sprechen und der Sprache haben, müssen speziell gefördert werden" (Dräger 1999, S. 21). Kooperations- und Sozialformen oder Helfersysteme auch in Zusammenarbeit mit älteren Schülerinnen und Schülern oder Eltern stützen die Arbeit des Klassenleiters.

2. Der Umgang mit der Linkshändigkeit

Bei manchen Kindern ist nach Umschulungsversuchen der Eltern oder des Kindergartens zu Schulbeginn die Händigkeit nicht eindeutig feststellbar. Für die Feststellung der Händigkeit sind einfache Tests und Beobachtungen von der Lehrkraft selbst durchzuführen (vgl. Sattler 1995, S. 18 f.). Teilweise haben sich Kinder selbst zu Schuleintritt durch Nachahmung und Beobachtung so weit umgeschult, dass eine Rückschulung nur unter Hinzuziehung von Schul- und Kinderpsychologen ratsam erscheint. Dabei sollte anhaltend die Feinmotorik der linken Hand durch Lockerungsübungen geübt werden. Schreibhaltung und Blatt-

lage erfordern Berücksichtigung auch bei der Wahl des Sitzplatzes zusammen mit einem anderen Kind. Auch der Licht- bzw. Sonneneinfall sollte beachtet werden. Neben dem Schreibgerät (Füller) selbst sollte auch bei etlichen anderen schulgebräuchlichen Gegenständen, z. B. Schere oder Spitzer, auf die Linkshändigkeit Rücksicht genommen werden. Besonders sei darauf hingewiesen, dass beim Schreibenlernen Schriftbeispiele in Schreib-, Schwung- oder Arbeitsheften am rechten Zeilenrand erscheinen und damit dem linkshändigen Kind als Schreibvorbild dienen.

3. Mit oder ohne Fibel?

In den aktuellen Fibelkonzepten schlägt sich grundsätzlich der Ansatz des prozess-orientierten Schriftspracherwerbs nieder. Einige Fibeln betonen stärker den Aspekt der Analyse, andere sind stärker ganzheitlich ausgerichtet. Nahezu alle berücksichtigen den Schreibansatz in einem ausgewogenen Verhältnis zum Lesen, Text- und Bildkombinationen sind als Gesprächsanlass konzipiert. Die Entscheidung für eine bestimmte Fibel muss über eine exakte Analyse gefällt werden (vgl. Menzel 1990, S. 74 f.). Neben der Fibel selbst, die den Schriftspracherwerb als einen systematischen Lehrgang mit Öffnungsmöglichkeiten vorgeben muss, werden jeweils Arbeitshefte, Bastelblöcke zum Schriftspracherwerb und andere Begleitmaterialien angeboten. Die Auseinandersetzung über den Einsatz einer Fibel wird seit vielen Jahren unter Wissenschaftlern und Anhängern der jeweils definierten Methodik geführt: Die Begegnung mit „richtigen" Büchern fördert die Entwicklung der mündlichen Sprache und des Sprachbewusstseins. Das Verfassen eigener Schreibprodukte (Wörter, Beschriftungen, Geschichten,

Szenen etc.) für sich und andere erbringt vielfältige Textformen und kooperative Begegnungen. Der Ausgang von so genannten Buchstabengeschichten konzentriert sich auf den zu erlernenden Laut. „Eigene Texte produzieren und fremde Texte hören – dies ist eine gute ‚Doppelstrategie', wenn man an den Voraussetzungen der Kinder anknüpfen und unnötige Barrieren auf dem Weg zur Schrift umgehen will" (Brügelmann 1992, S. 198).

4. Der Gebrauch der Lauttabelle

Im Mittelpunkt des fibelfreien Programms von Reichen (1988) steht eine „Anlauttabelle" in Form eines Bogens, mit Hilfe derer die Kinder zwischen dem jeweils abgebildeten Gegenstand und zugeordneten Buchstaben im Anlaut eine Beziehung herstellen und damit Wörter oder kleine Texte verschriften (vgl. Röber-Siekmeyer 1997, S. 125).
Die zu Fibellehrgängen entworfenen oder teils von Lehrkräften selbst zusammengestellten Lauttabellen ermöglichen die lauttreue Verschriftung. „Der Anlaut sollte klar aus dem Wort herauszuhören sein, Konsonantenhäufungen sind möglichst zu vermeiden" (Prieß 1999, S. 55).
Die abgebildete Lauttabelle (s. Abb. 22) von Schweisthal (1998, S. 53) enthält in einem langgezogenen Achteck alle für das Lesen und die Rechtschreibung notwendigen Grapheme. Ein Laut in der Mitte eines Wortes, z.B. äu in Häuser, wird durch „.-." gekennzeichnet, ein Laut am Ende, z.B. e in Tulpe, durch „..-". Vokale und Umlaute sind im oberen Bogen abgebildet, Doppellaute unten. Die Konsonanten finden sich an der rechten und linken Seite. Im Mittelfeld sind die für die Rechtschreibung bedeutsamen Grapheme zusammengestellt.

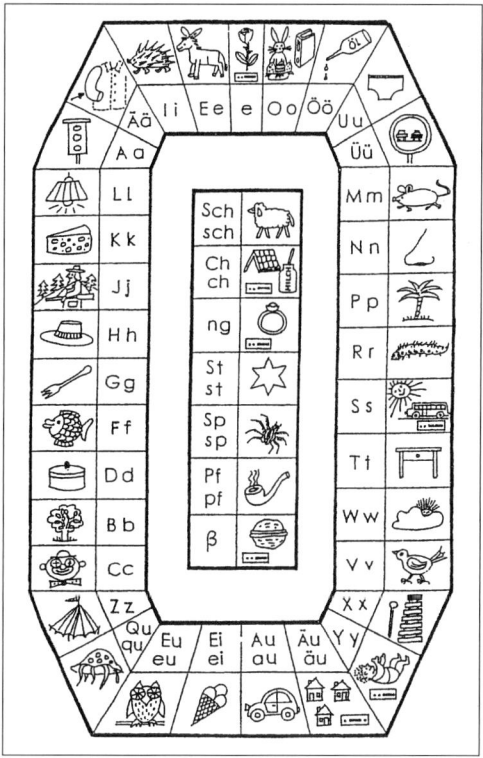

Abb. 22: Lauttabelle (Schweisthal, 1998)

5. Der Einsatz vielfältiger Hilfen

Zum Umgang mit den Graphemen eignen sich hervorragend alle Angebote an Einzelbuchstaben: Magnete, Buchstabenkarten, Setzkasten, Schablonen, Lebkuchen, Salzteig, Stempel und Druckerei.
Im Anfangsunterricht arbeiten die Kinder an den Buchstabenformen mit Knete, Salzteig, Ton und allem formbaren und kindgerechten Material.
„Jedes Kind sammelt seinen Wortschatz in handgreiflicher Form in einer Wort-Kartei" (Brügelmann 1992, S. 176).
Der Computer bietet neben der Schreibmaschine die Möglichkeit zum sofortigen Überarbeiten von Texterzeugnissen am Bildschirm.
Spielerische Formen, die aus der Umfunktionierung von Kinderspielen stammen, bereichern den Unterricht zusätzlich, z.B. Leselotto, -domino, -memory etc.

Strukturmodelle: *1. Analyse von Lauten und Buchstaben*

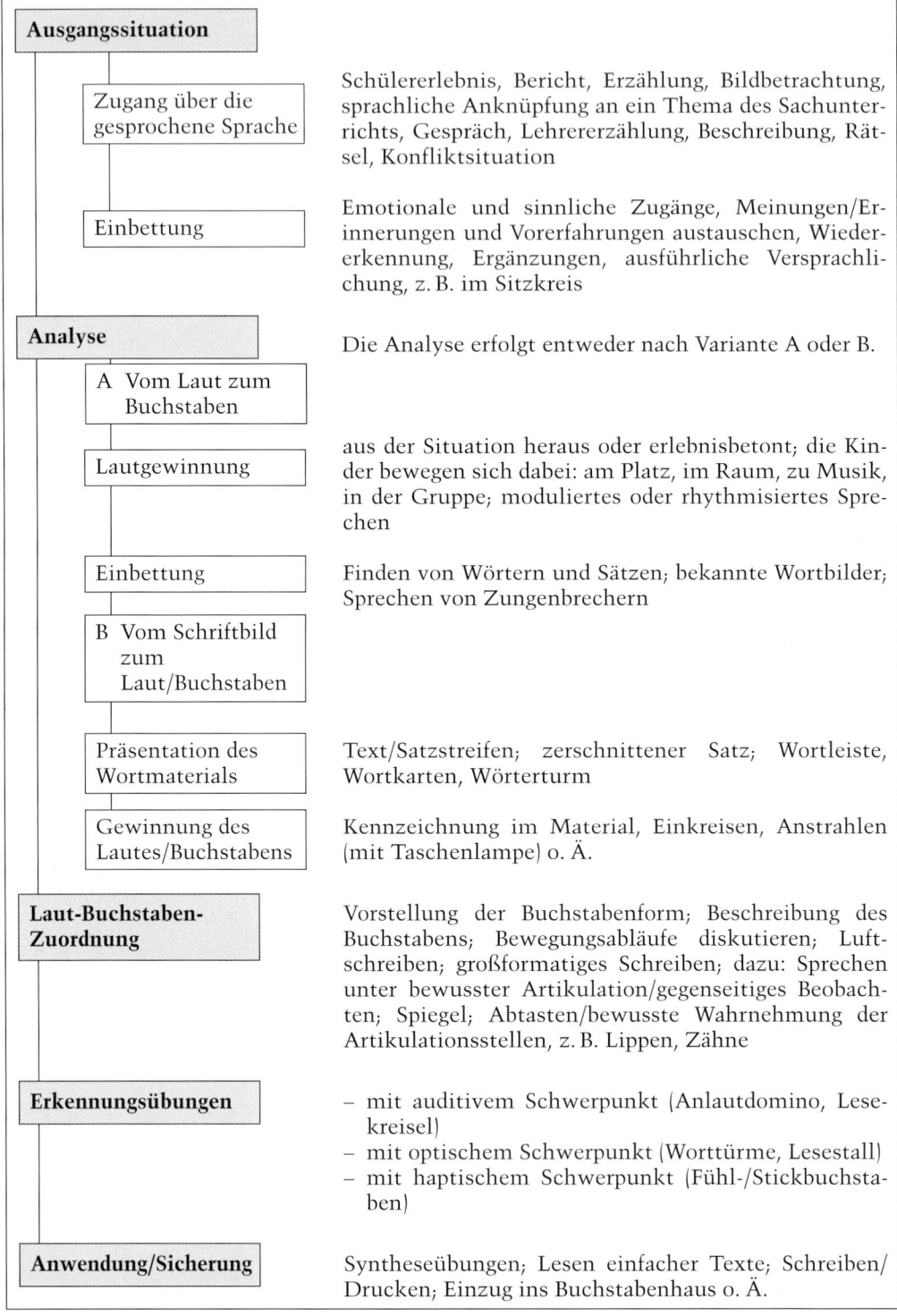

Ausgangssituation

Zugang über die gesprochene Sprache — Schülererlebnis, Bericht, Erzählung, Bildbetrachtung, sprachliche Anknüpfung an ein Thema des Sachunterrichts, Gespräch, Lehrererzählung, Beschreibung, Rätsel, Konfliktsituation

Einbettung — Emotionale und sinnliche Zugänge, Meinungen/Erinnerungen und Vorerfahrungen austauschen, Wiedererkennung, Ergänzungen, ausführliche Versprachlichung, z. B. im Sitzkreis

Analyse — Die Analyse erfolgt entweder nach Variante A oder B.

A Vom Laut zum Buchstaben

Lautgewinnung — aus der Situation heraus oder erlebnisbetont; die Kinder bewegen sich dabei: am Platz, im Raum, zu Musik, in der Gruppe; moduliertes oder rhythmisiertes Sprechen

Einbettung — Finden von Wörtern und Sätzen; bekannte Wortbilder; Sprechen von Zungenbrechern

B Vom Schriftbild zum Laut/Buchstaben

Präsentation des Wortmaterials — Text/Satzstreifen; zerschnittener Satz; Wortleiste, Wortkarten, Wörterturm

Gewinnung des Lautes/Buchstabens — Kennzeichnung im Material, Einkreisen, Anstrahlen (mit Taschenlampe) o. Ä.

Laut-Buchstaben-Zuordnung — Vorstellung der Buchstabenform; Beschreibung des Buchstabens; Bewegungsabläufe diskutieren; Luftschreiben; großformatiges Schreiben; dazu: Sprechen unter bewusster Artikulation/gegenseitiges Beobachten; Spiegel; Abtasten/bewusste Wahrnehmung der Artikulationsstellen, z. B. Lippen, Zähne

Erkennungsübungen —
– mit auditivem Schwerpunkt (Anlautdomino, Lesekreisel)
– mit optischem Schwerpunkt (Worttürme, Lesestall)
– mit haptischem Schwerpunkt (Fühl-/Stickbuchstaben)

Anwendung/Sicherung — Syntheseübungen; Lesen einfacher Texte; Schreiben/Drucken; Einzug ins Buchstabenhaus o. Ä.

2. *Erlesen und Verschriften von Wörtern, Sätzen und Texten*

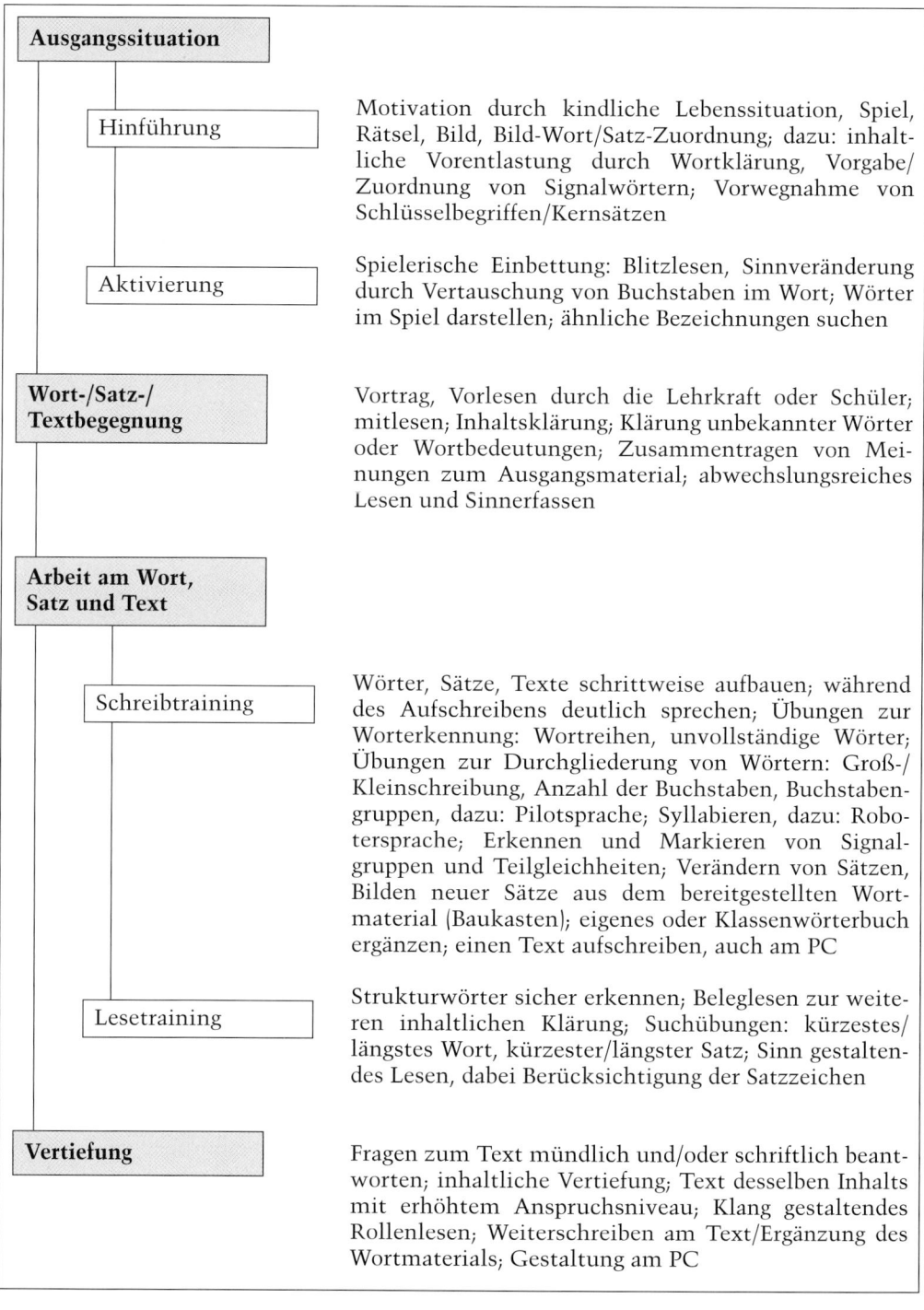

Ausgangssituation

Hinführung — Motivation durch kindliche Lebenssituation, Spiel, Rätsel, Bild, Bild-Wort/Satz-Zuordnung; dazu: inhaltliche Vorentlastung durch Wortklärung, Vorgabe/Zuordnung von Signalwörtern; Vorwegnahme von Schlüsselbegriffen/Kernsätzen

Aktivierung — Spielerische Einbettung: Blitzlesen, Sinnveränderung durch Vertauschung von Buchstaben im Wort; Wörter im Spiel darstellen; ähnliche Bezeichnungen suchen

Wort-/Satz-/Textbegegnung — Vortrag, Vorlesen durch die Lehrkraft oder Schüler; mitlesen; Inhaltsklärung; Klärung unbekannter Wörter oder Wortbedeutungen; Zusammentragen von Meinungen zum Ausgangsmaterial; abwechslungsreiches Lesen und Sinnerfassen

Arbeit am Wort, Satz und Text

Schreibtraining — Wörter, Sätze, Texte schrittweise aufbauen; während des Aufschreibens deutlich sprechen; Übungen zur Worterkennung: Wortreihen, unvollständige Wörter; Übungen zur Durchgliederung von Wörtern: Groß-/Kleinschreibung, Anzahl der Buchstaben, Buchstabengruppen, dazu: Pilotsprache; Syllabieren, dazu: Robotersprache; Erkennen und Markieren von Signalgruppen und Teilgleichheiten; Verändern von Sätzen, Bilden neuer Sätze aus dem bereitgestellten Wortmaterial (Baukasten); eigenes oder Klassenwörterbuch ergänzen; einen Text aufschreiben, auch am PC

Lesetraining — Strukturwörter sicher erkennen; Beleglesen zur weiteren inhaltlichen Klärung; Suchübungen: kürzestes/längstes Wort, kürzester/längster Satz; Sinn gestaltendes Lesen, dabei Berücksichtigung der Satzzeichen

Vertiefung — Fragen zum Text mündlich und/oder schriftlich beantworten; inhaltliche Vertiefung; Text desselben Inhalts mit erhöhtem Anspruchsniveau; Klang gestaltendes Rollenlesen; Weiterschreiben am Text/Ergänzung des Wortmaterials; Gestaltung am PC

Unterrichtsbeispiel:

„Analyse des Lautes/Buchstabens Ff"
(Übung im Stationenbetrieb)
1. Jahrgangsstufe

Die Unterrichtseinheit ist nach Einführung der Unterrichtsform Stationen-
training ungefähr ab der zehnten Unterrichtswoche umsetzbar.

Lernziel

Übung und Anwendung der Buchsta-
benzeichen Ff für den entsprechenden
Laut

1. Einstieg

Syntheseübung: Mit Hilfe des Lesepfei-
les lesen die Schüler (in der Fibel) angebotenen Lesestoff zum Laut Ff.

2. Vorbereitung des Stationentrainings

* Erläuterung des Unterrichtsvorhabens
* Zielangabe
* Einteilung der Stationengruppen
* Hinweis auf Lokalitäten und Arbeits-
  plätze im Klassenzimmer
* Wiederholung der Verhaltensregeln
  während des Stationentrainings
* Vereinbarung von Zeichen und Signal
  zum Arbeitsbeginn, Stationenwechsel
  und Arbeitsende

3. Durchführung des Stationentrainings

Station A: Hören

Mit Hilfe von Kassettenrekordern hören
die Schüler je ein Wort vom Band ab und
schreiben es auf (Selbstkontrolle auf
einem verdeckt aufliegenden Blatt).

Station B: Fühlen

Unter einem Tuch sind verschiedene
Groß- und Kleinbuchstabenformen aus
diversen Materialien verborgen. Die
Schüler ertasten und notieren (Selbstkontrolle).

Station C: Aquarium

Wortkarten mit Metallklammern werden in Partnerarbeit abwechselnd mit
einer Magnetangel aus einem Glasbehäl-
ter gefischt und einem anderen Kind vor-
gelesen (Partnerkontrolle).

Station D: Purzelwörter

Auf Klammerkarten sind in der linken
Spalte mehrere Wörter verpurzelt vorgegeben. Mit einer Klammer wird in der
rechten Spalte das Wort unter einer Auswahl von drei Wörtern in seiner richtigen Buchstabenfolge markiert. Die Karte
enthält fünf Purzelwörter. Es liegen
mehrere Variationen auf (Selbstkontrolle
durch Umdrehen der Klammerkarte).

Station E: Flüsterstation

Durch einen an den Enden mit Trichtern
versehenen Schlauch flüstern sich zwei
Partner je ein Wort zu, das der Partner
am anderen Ende aufschreiben muss. Die
vorgegebenen Wörter sind als Wortkärt-
chen jeweils an den Schlauchenden abge-
legt (Partnerkontrolle).

Station F: Wörter mit Bildkärtchen
der Lauttabelle buchstabieren (oder
umgekehrt: Wörter aus den Anlauten
der Bildkärtchen aufschreiben)

Vorgegebene Wörter werden mit Hilfe
der zur Lauttabelle gehörenden Bildkärtchen zusammengesetzt, z. B. das Wort
Flur aus den Bildkärtchen Fisch, Lama,
Ufo, Rakete. Die Übung kann auch in
umgekehrter Weise durchgeführt werden
(Selbstkontrolle durch die Bildchen bzw.
das Wort auf der Rückseite der vorgegebenen Wortkarte).

Station G: Lesememory

Es ist von allen bisher analysierten Buchstaben jeweils Groß- und Kleinbuchstabe als Pärchen zu finden. Das Spiel wird mit einem Partner durchgeführt (Selbst- und Fremdkontrolle).

Station H: Abhörübung/Lokalisation des neuen Lautes/Buchstabens

Auf diversen kleinen Arbeitsblättern sind Bilder mit Gegenständen oder Tieren, die Ff enthalten, abgebildet (s. Abb. 23). Die Kinder kreuzen in drei nebeneinander abgebildeten Kästchen an, wo sie den Laut hören: am Anfang, in der Mitte oder am Ende des Wortes (Selbstkontrolle durch Umdrehen des Arbeitsblattes: Schriftbild mit Kennzeichnung von Ff).

4. Reflexion

- Auf ein akustisches Signal wird die Arbeit vollständig abgebrochen.
- Die Schüler berichten über ihre Tätigkeiten, schätzen ihren Lernerfolg dabei selbst ein und reflektieren zu einem möglichen weiteren Übungsbedarf.
- Die Einhaltung der vorab vereinbarten Regeln wird überprüft.

5. Abschließende, gemeinsame Übung mit Bewegung

Die Lehrerin zeigt verschiedene Bildkarten. Die Kinder bewegen sich je unterschiedlich, je nachdem, an welcher Stelle sie den Laut zum Bild im Wort lokalisieren: am Anfang (sich mit gestreckten Armen groß machen); in der Mitte (sitzend die Arme verschränken); am Ende (in die Hocke gehen).

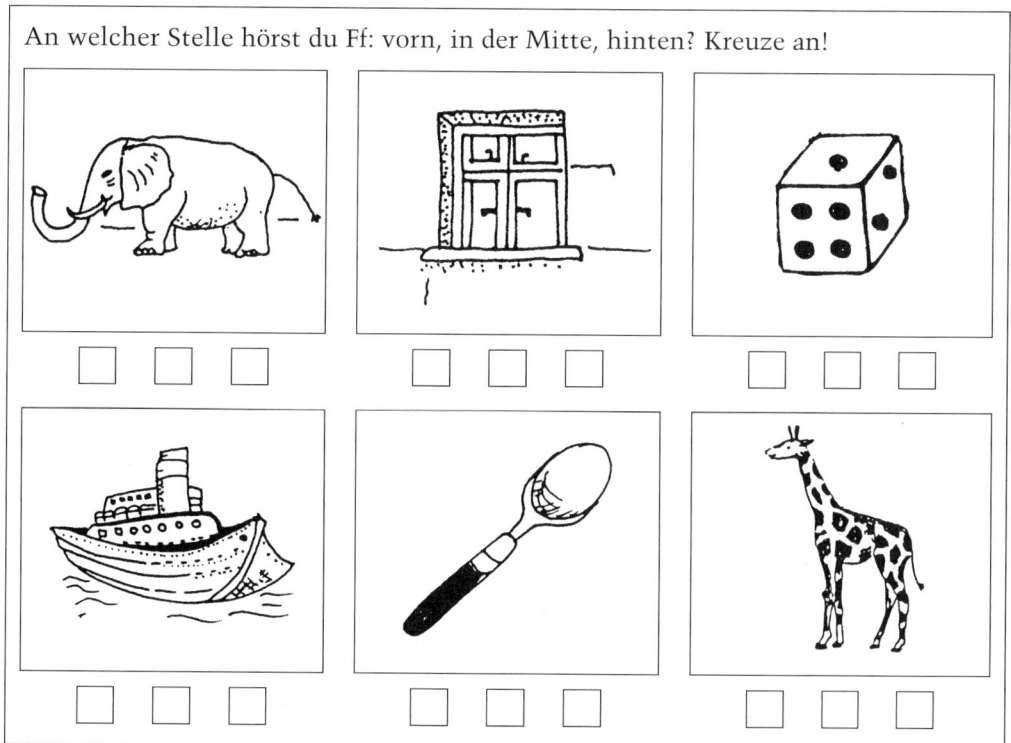

Abb. 23: Beispiel eines Arbeitsblattes für die Abhörübung

4.1.3 Lesen und Literatur

Fachliche Grundlagen

1. Begriffe

a) Lesen

„Das Wortfeld umfasst Bedeutungen des Ein- und Aufsammelns und … des Deutens von Zeichen, Schrift, Spuren oder Ausdrucksgebärden. Die Fähigkeit, Gedrucktes und Geschriebenes zu entziffern, d. h., eine Folge graphischer Zeichen in Sprache umzusetzen, ist ein komplexer Prozess, der auch das Vermögen einschließt, sich Sach- und Sinnzusammenhänge des Textes zugänglich zu machen" (Brockhaus 1993, Bd. 13, S. 304).
„Linguistisch-kognitive Ansätze definieren Lesen als Wahrnehmung und Decodierung schriftlicher Zeichen, d. h. vorab als *mentale Aktivität*, und richten dementsprechend ihr Augenmerk auf die Lesekompetenz bzw. Literalität, ihre entwicklungspsychologische Entstehung sowie gesellschaftliche Verbreitung …
Im Unterschied dazu untersucht die moderne sozialwissenschaftlich orientierte und empirisch verfahrende Buchleseforschung Lesen primär als *medienbezogenes soziales Handeln*, d. h. als Nutzung der Printmedien in einem weiten und als Umgang mit dem *Medium ‚Buch‘* im engeren Sinn, aus einer *personbezogenen Perspektive* (i. O. jeweils kursiv, Anm. d. Verf.) der Leserin und des Lesers" (Bonfadelli, in Stiftung Lesen 1998, S. 78).

b) Literatur

„… in einem grundlegenden Sinn jeder auf der Basis eines (Schrift-)Zeichensystems festgehaltene und damit lesbare Text …, also ein anhand eines materialen Zeichensystems gegebener Sinnzusammenhang" (Brockhaus 1993, Bd. 13, S. 447).

c) Lesefertigkeit

Lesefertigkeit bezeichnet das durch Übung erworbene Können im fehlerfreien Erfassen von Schriftzeichen und im Zusammenfügen dieser Schriftzeichen zu Silben und Wörtern, verbunden mit einer Steigerung der Sicherheit und der Geschwindigkeit des Vorgangs.
Die verschieden gestalteten Schriftzeichen werden visuell unterschieden und einem Klangbild zugeordnet. Bei bekannten Wörtern werden mehrere Schriftzeichen zu Einheiten (Buchstabengruppen, Silben, Wörter) zusammengefasst.

d) Leseverständnis

Leseverständnis bezeichnet das Erfassen der Bedeutung von Wörtern, Wortgruppen, Sätzen oder Texten. Sinnverstehendes Lesen zeigt sich in der selbstständigen Verarbeitung von Texten. Dabei werden z. B. textbezogene Fragen beantwortet, Hauptgedanken formuliert, zusätzliche Informationen beschafft, zutreffende eigene Erfahrungen und Vorstellungen ergänzt und entwickelt, Teilinhalte zu einer Gesamtinformation zusammengefügt oder Sachverhalte gedeutet.

2. Sinnerfassung und technische Grundfertigkeit

„Beim Lesen haben wir es mit unterschiedlichen Fähigkeiten und Teilleistungen zu tun. So haben wir es einerseits mit Vorgängen der Informationsaufnahme und Informationsverarbeitung zu tun, andererseits mit einem technischen Vorgang des Zusammensetzens von einzelnen Buchstaben und der Fähigkeit der Synthese. Beim Lesen handelt es sich daher um die zwei miteinander verknüpften und aufeinander bezogenen Prozesse der Sinnerfassung (semantischer Aspekt) und der technischen Grundfertigkeit (mechanischer

Aspekt) … Wenn ein Kind ein Wort sieht, erfasst es zunächst einmal die orthographische Struktur, aber gleichzeitig wird auch die phonologisch-artikulatorische Information aktiviert. Das Kind spricht das Wort leise oder laut aus und erkennt auf Grund der semantischen Information die Bedeutung des gelesenen Wortes. Dieser Weg des Lesens wird mit zunehmendem Alter immer mehr genutzt. Die Kinder, die mit dem Lesen in der Grundschule beginnen, gehen jedoch den zweiten, den indirekten Weg. Sie übertragen Buchstabe für Buchstabe in die entsprechenden Laute bzw. Lautverbindungen und setzen dann die einzelnen Elemente zu einem ganzen Wort zusammen" (Günther 2002, S. 70).

3. Lesen als konstruktive Aktivität

a) Teilprozesse und Repräsentationen

„Die Textforschung betrachtet den Verstehens- und Lernprozess als eine konstruktive Aktivität des lernenden Kindes, die wiederum in verschiedene Teilprozesse untergliedert werden kann. Als wesentliche Teilprozesse nennen Schiefele und Heinen (2001 …) die Konstruktion einer semantischen Textbasis, die Verdichtung der Textbasis zu einer Makrostruktur und die Bildung eines Situationsmodells … Die wörtliche Repräsentation bildet die Textoberfläche ab und ist gleichzeitig das Resultat basaler Verarbeitungsprozesse wie z. B. die Buchstaben- und Worterkennung. Die propositionale Repräsentation beinhaltet die Bedeutung und das Verstehen eines Textes. Die situative Repräsentation ist ein Abbild der im Text beschriebenen Situationen, Sachverhalte und Ereignisse … So wird bereits zu Beginn des Verstehensprozesses ein Situationsmodell konstruiert, das dann auf der Basis des gelesenen Textes permanent korrigiert und revidiert wird. Das Situationsmodell übernimmt

daher bei der Steuerung des Verstehensprozesses eine wichtige Rolle, weil es zu Erwartungen über die noch folgenden Textteile führt und somit das Verstehen erleichtert …" (Günther 2002, S. 65).

b) Aufbau von Wissensstrukturen

„Beim Lesen baut man eine Wissensstruktur auf … Die Textstruktur wird vom Lerner rezipiert, verarbeitet, elaboriert und umgeformt. Was der Lerner schließlich vom Text behält, ist idiosynkratisch; denn im Verstehensprozess bestimmen persönliche Schemata, welche Informationen auf welche Weise verarbeitet werden. Andererseits sind die Wissensstrukturen mehrerer Leser zum gleichen Text in mancher Hinsicht auch identisch … Man bildet Wissensstrukturen bevorzugt als Netzwerke ab, die aus Propositionen (Aussagen) und Verbindungen zwischen ihnen bestehen" (Weidenmann 2001, S. 434).

4. Leseverhalten

a) Vorlesen und Leseentwicklung

„Wie aber wird man zum Leser? Neuere Untersuchungen betonen übereinstimmend die große Bedeutung der Familie … Wenn die Mutter oder der Vater Bilderbücher mit ihren Kindern anschauen, lernen diese, sich über ‚nur‘ symbolisch Dargestelltes zu verständigen. Später kommen das Geschichtenerzählen, das Spielen mit Sprache und das so wichtige Vorlesen. Vorlesen, so wissen wir heute, ist eine Schlüsselsituation für die Leseentwicklung, denn hier begegnet das Kind zum ersten Mal der Schriftsprache" (Hurrelmann 1998, S. 189).

b) Lesen und Medienkompetenz

„Gegen die Vermutung einer eigenständig, unabhängig vom Lesen, entstehenden Medienkompetenz sprechen mehrere Beobachtungen. Dagegen sprechen die Differenzen in den Schulleistungen von Kindern, die viel lesen und wenig fernsehen, im Vergleich zu Kindern, die wenig lesen und viel fernsehen ... Genauerhin geht dies sogar so weit, dass Kinder, die regelmäßig lesen, auch aus dem Fernsehen (!) mehr lernen, als Kinder, die vergleichsweise mehr fernsehen als sie (und insofern geübter, ‚kompetenter‘ im Umgang mit diesem Medium sein könnten), aber weniger lesen ... Alles spricht vielmehr dafür, dass es einen kompetenten Umgang wie mit dem Fernsehen, so auch mit den neuen Medien ohne die Basis einer qualifizierten Lese-Kompetenz nicht geben kann" (Schön 1998, S. 64 f.).

Alle neueren Untersuchungen zeigen, „dass der bessere Leser immer auch der bessere Mediennutzer ist. Das Betriebssystem für die elektronischen Medien ist das Lesen; das Betriebssystem für das Lesen ist die Sprachkompetenz" (Wechsler 2002).

5. Textsorten

Gegenstand des Leseunterrichts in der Grundschule sind Texte, die an einem umfassenden Textbegriff orientiert sind, literarisch-ästhetische Dichtung, Trivialliteratur und Sachliteratur; in letzterem sind Alltags- und Gebrauchstexte mit eingeschlossen. Texte können verschiedene Funktionen haben, indem sie z. B. informieren, unterhalten, belehren, appellieren, argumentieren oder kritisieren.

6. Bedeutung

- Gewinnung von Informationen über Dinge und Vorgänge in der Umwelt.
- Erschließung von Verhaltens- und Denkweisen anderer Menschen.
- Erweiterung der Vorstellungswelt, der Phantasie und des Gefühls.

- Beitrag zur persönlichen Bereicherung, zur Unterhaltung und zur Freizeitgestaltung.
- Förderung des Selbstverständnisses und der eigenen Lebensführung und Lebensbewältigung.
- Initiierung von Denkprozessen.
- Grundlage der Medienerziehung.
- Sicherung und Erweiterung der Sprachkompetenz.
- Lesefähigkeit als Voraussetzung zur Lösung schulischer Aufgabenstellungen, z. B. Erlesen von Arbeitsaufträgen, von Sachtexten oder von Textaufgaben.
- „Die grundlegenden Wahrnehmungsschemata des Menschen werden im Reden, durch Sprache, später durch Lesen gebildet ... Wie die Sprache induziert auch das Lesen die Entwicklung der entsprechenden Gehirnstrukturen ... Sprache und Lesen sind nicht nur Vermittler und Träger von Kenntnissen und Bildung, sondern schaffen überhaupt erst die biologischen Voraussetzungen für unsere Lern- und Bildungsfähigkeit" (Wechsler 2002).

Zielsetzungen

- Förderung der Sprachbildung.
- Einblicke in den Reichtum der Sprache.
- Förderung der Fähigkeit und der Freude mit Texten und mit der eigenen Sprache umzugehen.
- Entwicklung der Lesefertigkeit.
- Erweiterung und Vertiefung des Leseinteresses.
- Aktiver und selbstständiger Umgang mit Texten.
- Entwicklung der Vorstellungswelt, der Phantasie, der Gefühlswelt, des Denkens, der Urteilsfähigkeit, der Kreativität und ästhetischer Wahrnehmungen und Auffassungen.

- Textspezifischer Umgang mit Literatur.
- Kennenlernen einiger Textarten.
- Begegnung mit Kinder- und Jugendliteratur und Teilnahme an der literarischen Kultur.
- Anbahnen der Fähigkeit zur Reflexion des eigenen Leseverhaltens, der Leseinteressen, der Leseerwartungen und der Leseabsichten im Sinne von Lesen als einem Kommunikationsprozess.
- Schulung der Fähigkeit, die aus dem Umgang mit Texten resultierenden Vorstellungen, Gedanken, ästhetischen Urteilen, Erinnerungen oder Entdeckungen und Einsichten über die Sprache zum Ausdruck zu bringen (durch Sprache und Bild, Vortrag und darstellendes Spiel, Musik und Bewegung).

Didaktische Grundsätze

1. Die Auswahl der Texte orientiert sich an der Lebens- und Lernsituation der Kinder

Der Text bezieht sich inhaltlich auf die Interessenslage und den Lebens- und Erfahrungsbereich der Kinder; dabei wird die Abstraktionsfähigkeit der Schüler berücksichtigt, d. h. die Darstellung ist konkret und die Handlung überschaubar und die Zusammenhänge sind durchschaubar. Sprachlich knüpft der Text an den Wortschatz der Schüler an. Die Satzkonstruktionen sollen in der Regel ohne besondere Hilfestellungen erschlossen werden können; der Textumfang sollte so bemessen sein, dass die Lesemotivation aufrechterhalten bleiben kann. Didaktisch soll sich der Text in eine Lernsequenz eingliedern, so dass bereits erlernte Arbeitsweisen, Arbeitstechniken und Inhalte zum Verstehen und zur Erschließung des Textes und zum produktiven Umgang mit dem Text genutzt werden können.

2. Der Schüler soll bereit werden, sich mit dem Text zu befassen

Die Reaktion von Kindern auf Texte kann von Erwachsenen nicht immer realistisch eingeschätzt werden; auch nach längerer Berufserfahrung zeigt es sich für Lehrerinnen immer wieder, dass die Kinder auf den Inhalt oder auf Details in überraschender Weise, d. h. in der Regel mit überraschenden Assoziationen, reagieren. Die oben genannten Aspekte zur Textauswahl sind also als Ausgangspunkte für eine Entscheidung für einen Text anzusehen, der dann Kinder motivieren *kann*.

Unabhängig von der Motivation, die inhaltlich oder sprachlich von einem Text ausgehen kann, bieten sich als weitere Maßnahmen an, die Kinder für das Lesen zu interessieren: Einführung in den Erzählbereich durch ein Bild, durch die Vorgabe der Überschrift, durch die Vorgabe eines (provozierenden) Satzes aus dem Text oder durch eine Lehrererzählung. Eine langfristige Motivation wird aufgebaut, wenn der Schüler positive Erfahrungen im Umgang mit Texten gemacht hat, z. B. durch abwechslungsreiche Aktivitäten, die zu erkennbaren Erfolgen führen.

3. Der Schüler soll sich den Text erschließen

Im Begriff des Erschließens sind verschiedene Wege und Ergebnisse der Auseinandersetzung enthalten. Die Erschließung eines Textes umfasst also das Verstehen, das Herstellen von Zusammenhängen mit dem eigenen Vorwissen oder den eigenen Erfahrungen, Erlebnissen und Bewertungen, das Eingliedern in das Ganze, das Ausgliedern in Teilaspekte oder das Interpretieren.

Der Texterschließung geht die Textbegegnung voraus. Die äußeren Formen der ersten Textbegegnung können grundsätzlich in dreifacher Weise unterschieden werden: a) Kennen lernen des Textes als Ganzes oder in Teilen, b) Aufnehmen des Textes visuell oder akustisch und c) Kennen lernen des Textes alleine oder in Zusammenarbeit.

Die inhaltliche und sprachliche Erschließung kann im Einzelnen sehr abwechslungsreich geschehen:

- Sich unmittelbar nach dem Lesen zum Text äußern („Dem Eindruck folgt der Ausdruck."); oft wird hier schon der Kerngedanke angesprochen; Aussagen dieser Art werden dann im weiteren Verlauf wieder aufgegriffen.
- Bearbeiten von Leitfragen oder Reagieren auf Impulse.
- Aufsuchen von Textstellen, z. B. Suche die Stelle, bei der Frau ... eine besondere Idee hat.
- Zeichnen eines Bildes zu einer ausgewählten Textstelle, z. B. mit der Zielsetzung, das Textverständnis mitzuteilen.
- Nennen der Stellen, die besonders anschaulich (wichtig) für den Verlauf oder spannend sind.
- Verdeutlichen von Textstellen oder des Textes durch szenische Darstellungen.
- Erweiterung von Textteilen oder Textstellen; z. B. „Versuche noch weitere Wörter zu finden, die ... ähnlich ..." (etwa Auffinden eines Wort- oder Sprachfelds). „Was wohl manche der Zuschauer in diesem Augenblick gedacht haben?"
- Aufzeigen der Zusammenhänge in einer grafischen Darstellung (Tafelbild).
- Begründen eigener Deutungen, auch verbunden mit dem Nachlesen entsprechender Textstellen.
- Lautes Lesen des Textes (etwa mit der Zielsetzung, den Sprachrhythmus zu erspüren); das Vorlesen wird begleitet von Mimik, Gestik und Bewegung.

4. Das eigenständige Lesen soll zur Sache des Schülers werden

Eine positive Einstellung zur Arbeit mit Texten entwickelt das Kind, wenn es Gelegenheit zum tätigen Umgang und zur produktiven Auseinandersetzung erhält. Lesekompetenz schließt mit ein, dass die Kinder die Bereitschaft entwickeln, sich eigenständig Texte zu erschließen und sie zu nutzen, so dass über die Schule hinaus auf das Leben verwiesen wird. Das Kind soll im Bewusstsein behalten, woran es Freude hatte, was es beeindruckte, woran es Anteil nahm und was ihm gefallen hat. Dies verlangt Maßnahmen, die eine gründliche, tief gehende, aspektreiche oder erfolgversprechende Bearbeitung erfordern:

- Umgestalten von Textteilen; *Beispiel:* Aus der Strophe eines Gedichts wird ein Vers gestrichen und durch eigene Sprachäußerungen ersetzt.
- Zum Ausdruck bringen oder Hervorheben von Textstellen durch nichttextliche Medien (z. B. Zuordnen von Bildern, Anfertigen von Collagen, Vertonen mit Orff-Instrumenten, Begleiten mit akustischen Elementen, Zuordnen vorgegebener Musikstücke oder musikalischer Ausdrucksformen).
- Benennen von Anwendungsbeispielen.
- Gestaltendes, ausdrucksvolles Lesen.
- Mitteilen der emotionalen Wirkung.
- Stellung nehmen durch wertende und begründende Aussagen.
- Unterrichtsergebnisse darstellen und bewusst machen.

5. Die Maßnahmen zur Arbeit am Text sind abhängig vom Kontext

Die Lernvoraussetzungen und Inhalt und Gehalt des Textes bestimmen die didaktischen Intentionen und die Entscheidungen über die unterrichtlichen Maßnahmen.

Zur Klärung des Schwerpunkts der unterrichtlichen Arbeit mit dem jeweiligen Text ist es sinnvoll, die Funktion innerhalb der Unterrichtssequenz festzulegen oder zumindest abzugrenzen (s. Abb. 24). Eine Unterrichtssequenz im Lernbereich Lesen und Literatur umfasst mehr als *ein* Lesestück und bezieht fachliche Arbeitsweisen (s. S. 130) mit ein. Der Überblick über den Gesamtzusammenhang der didaktischen Intentionen wird erschwert, wenn eine Unterrichtssequenz etwa nur in dieser Weise gebildet wird: 1. Unterrichtszeiteinheit (UZE): „Das gute und das böse Tier" von Leo Tolstoi – Kennenlernen und Klärung von Inhalt und Gehalt; 2. UZE: Wir schreiben eine Fortsetzung dieser Geschichte; 3. UZE: Wir spielen die Geschichte vor – Klanggestaltendes Lesen, Lesen mit verteilten Rollen, darstellendes Spiel.

Praktische Hinweise

1. Arbeitsweisen schrittweise aufbauen

Am Beispiel der Arbeitsweise „Teilüberschriften formulieren" wird exemplarisch aufgezeigt, wie Fertigkeiten angebahnt und entwickelt werden können.

1. Wörter gemäß (zunächst eng gefasster) Aufgabenstellung markieren.
2. Begriffe markieren, die zu einem Thema gehören.
3. Die Sätze markieren, die über eine bestimmte Sache informieren.
4. Sätze verkürzen, so dass das Wichtigste stehen bleibt.
5. Überschriften zu einem Textganzen formulieren.
6. Einen Text in Abschnitte gliedern.

Verantwortung tragen

1. Verantwortung für mich

a) „Das Bauchweh" von Nasrin Siege – Es geht mir gut, wenn ich die Wahrheit sage.

b) „Kranksein ist schön" von Elke Bräunling – Wie ich mich bei Krankheit richtig verhalte.

2. Verantwortung für andere

a) „Ist ja auch nicht für ein Mädchen" von Gina Ruck-Pauquèt – Erkennen, was anderen weh tun kann.

b) „Ich bin so gemein gewesen" von Irina Korschunow – Möglichkeiten, wieder etwas gut zu machen.

3. Verantwortung für die Umwelt

a) „Waldsterben – was ist das?" von Irmgard Lucht – Unsere Lebensweise schadet dem Leben in unserer Umwelt.

b) „Können Küchenherde fliegen?" von Gerd Eggers – Möglichkeiten, unsere Mitmenschen auf unsere Verantwortung für die Umwelt aufmerksam zu machen.

4. Verantwortung spüren

a) „Das Heupferd im neuen Anzug" von Josef Guggenmos – Mein Verhalten kann sich ändern, wenn ich mich einer Sache zugewandt habe. (Etwas dem Gefühl zugänglich machen.)

b) „Gefunden" von Johann Wolfgang von Goethe – Mein Verhalten kann sich ändern, wenn ich mich an frühere Erfahrungen erinnere.

Abb. 24: Beispiel für eine Unterrichtssequenz im Lernbereich Lesen und Literatur

7. Zusammenhänge zwischen Abschnitten herstellen.
8. Einen Abschnitt mit wenigen Sätzen zusammenfassen.
9. Das Wichtigste in einem Textabschnitt durch einen Satz ausdrücken.
10. Teilüberschriften formulieren.

2. Unterrichtsergebnisse bei der Arbeit mit Texten bewusst machen

In Übungsstunden wird dem einzelnen Kind oder einer Schülergruppe der Lernfortschritt in einem begrenzten Übungsbereich mitgeteilt. In Unterrichtszeiteinheiten, deren Schwerpunkt die Texterschließung ist, werden häufig die Ergebnisse in Wort und Bild, auf Tafel oder Folie, fixiert. In einer Reflexionsphase bietet es sich häufig an, den Kindern die individuellen Voraussetzungen, Fortschritte oder Schwierigkeiten bei der Arbeit mit Texten bewusst zu machen. *Beispiele:*
„Die Überschrift für den zweiten Abschnitt konnte ich gut finden, weil ich dort vorher die wichtigen Wörter unterstrichen habe."
„Ich kann schon gut unterscheiden, was in einem Text wichtig und weniger wichtig ist."
„Die anderen Informationen aus dem Text haben mir geholfen, dass ich das Wort Recycling erklären kann."
„Je länger ich probierte (eine neue Strophe zu formulieren), desto mehr ist mir eingefallen; und darüber habe ich mich gefreut."
„Ich hatte noch Schwierigkeiten, diesen langen Satz zu verstehen."

3. Umgang mit Kinder- und Jugendliteratur

1. Schritt: Vorarbeit

Benützung von Auswahllisten, Katalogen, Karteien, Buchempfehlungen und Buchbesprechungen; sich in Büchereien informieren; Auswahl der Ganzschrift in gemeinsamer Arbeit.

2. Schritt: Lektüre

a) Vorstellen der Ganzschrift.
b) Lesen der Ganzschrift: Das Erlesen kann in unterschiedlichen Zugriffsweisen erfolgen: freies Lesen – Lesen mit Arbeitsaufträgen; Lesen zu Hause – Lesen in der Schule; Lesen in Etappen. Beispiele für Aktivitäten: Gemeinsames Lesen zentraler Stellen; Fragen oder Briefe an Figuren des Buches schreiben; Fragen über den Textinhalt an die Mitschüler formulieren; führen des Lesetagebuchs oder eines Lektürebegleithefts.

3. Schritt: Weiterführung

Veröffentlichen einer Buchbesprechung; Schreiben von Fragen und Überlegungen an den Autor; Vorstellen von Ganzschriften mit ähnlichen Inhalten, Motiven oder Wirkungen.

Literatur:

1. Bartnitzky, Horst: Sprachunterricht heute – Sprachdidaktik, Unterrichtsbeispiele, Planungsmodelle. Cornelsen Scriptor, Berlin 2000, S. 142–214
2. Günther, Herbert: Leserechtschreibschwache Kinder in der Grundschule. Hinweise zur Diagnose und Förderung. Ernst Klett Grundschulverlag, Leipzig u. a. 2002

Strukturmodelle: *1. Lyrik*

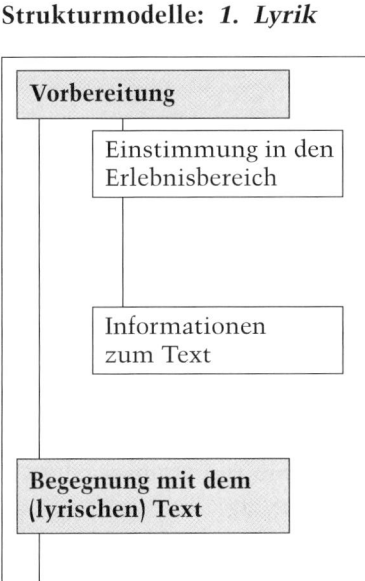

Vorbereitung	
Einstimmung in den Erlebnisbereich	Vorstellen eines Bildes oder einer mündlich vorgetragenen Situation; erste Mitteilungen über eigene Erfahrungen; Meditation; Formulieren von Vorstellungen zu einem vorgegebenen Begriff; eine zergliedernde Darlegung der vorgestellten Situation ist zu vermeiden.
Informationen zum Text	Ggf. können Hinweise zu Begriffen und zu einem unbekannten Sachverhalt gegeben werden; Informieren über den Autor; kurze Zielangabe.
Begegnung mit dem (lyrischen) Text	Hören des Textes (z. B. Vortrag der Lehrerin); in der Regel ist die Begegnung mit dem Textganzen zu bevorzugen; spontane, ungelenkte Aussprache; häufig ist zur Intensivierung des Eindrucks ein nochmaliges Lesen (falls „stilles" Lesen: auch mit Mundbewegungen) günstig.
Erschließung des Textes	Diese Phase wird des Öfteren – in Bezug auf die Eigenart des Textes – Textproduktion und klanggestaltendes Lesen enthalten; Unterstreichen wichtiger Aspekte (Handlungen, Vorgänge, Eigenschaften, Gegenstände); Impulse geben, die das Aufsuchen von Textstellen provozieren.
Inhaltliche Klärung	
Textdeutung	Die Kinder erhalten die Möglichkeit, Assoziationen und Ideen zur Arbeit am Text eigenständig zu entwickeln; Vorlesen des Textes (begleitet von Mimik, Gestik, Bewegung); Initiieren von Überlegungen durch Impulse; Vorstellen von Interpretationen, ggf. Klärung individueller Gedankengänge; Betonung des Werts individueller Auffassungen und Hinführung zu einer übertragbaren Aussage.
Sprachliche Betrachtung	Erfahren von Sprachwirkung und Sprachrhythmus; Herausarbeiten sprachlicher Mittel; Herstellen des Zusammenhangs Sprache – Inhalt; klanggestaltendes Vorlesen (Stimmführung, Lautstärke, Stimmhöhe, Tempo, Pausen).
Abschluss	
Reflexion Bewertung Ausdruck Transfer	Bewusstmachen der Verbindung zu den eigenen Erfahrungen; Veränderung des Textes: Umschreiben, Erfinden neuer Passagen; Schreibgestaltung, szenische, zeichnerische oder musikalische Gestaltung; Hilfen zum Auswendiglernen.

2. Erzähl- und Sachtexte

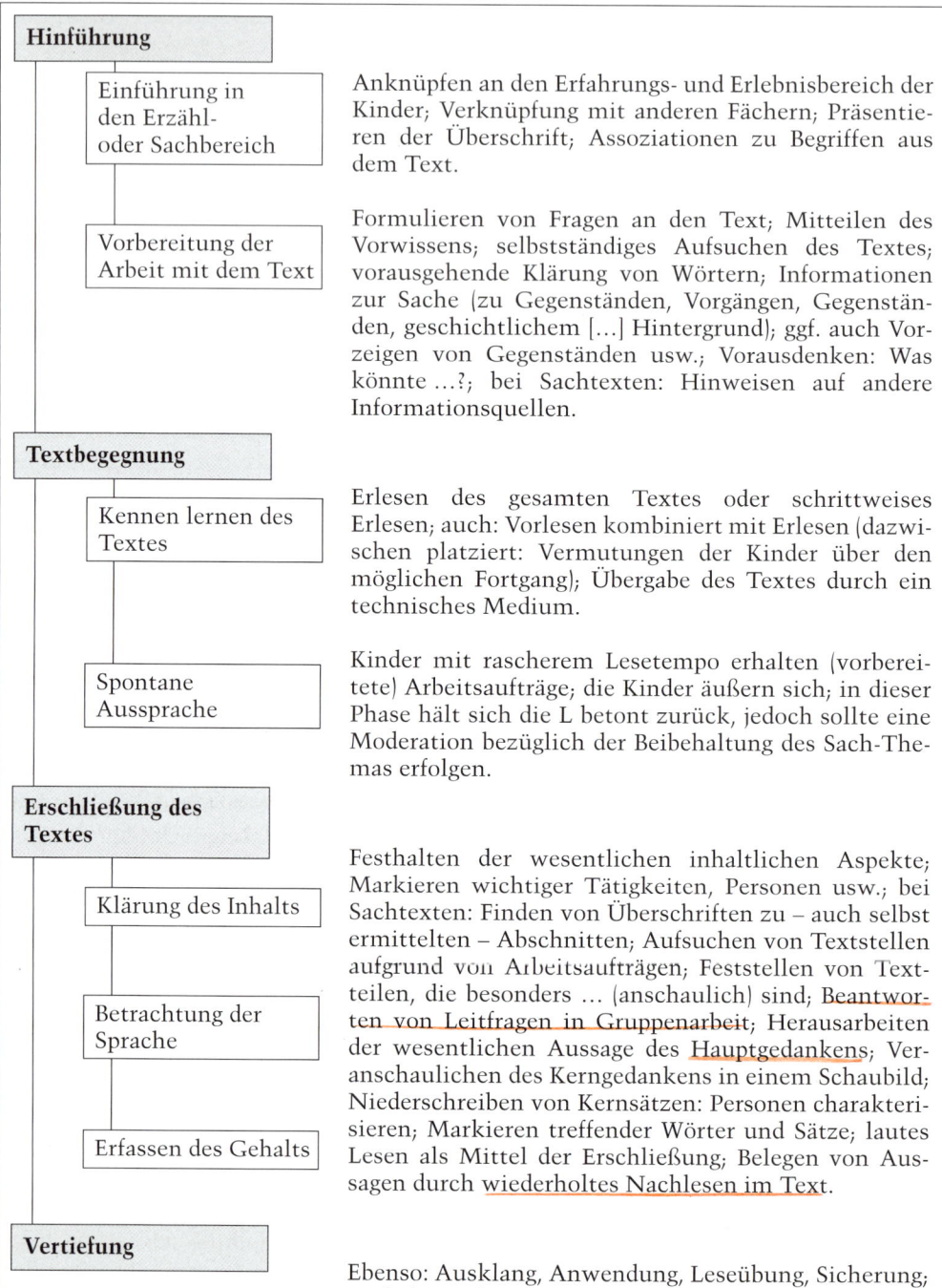

Hinführung

Einführung in den Erzähl- oder Sachbereich

Anknüpfen an den Erfahrungs- und Erlebnisbereich der Kinder; Verknüpfung mit anderen Fächern; Präsentieren der Überschrift; Assoziationen zu Begriffen aus dem Text.

Vorbereitung der Arbeit mit dem Text

Formulieren von Fragen an den Text; Mitteilen des Vorwissens; selbstständiges Aufsuchen des Textes; vorausgehende Klärung von Wörtern; Informationen zur Sache (zu Gegenständen, Vorgängen, Gegenständen, geschichtlichem […] Hintergrund); ggf. auch Vorzeigen von Gegenständen usw.; Vorausdenken: Was könnte …?; bei Sachtexten: Hinweisen auf andere Informationsquellen.

Textbegegnung

Kennen lernen des Textes

Erlesen des gesamten Textes oder schrittweises Erlesen; auch: Vorlesen kombiniert mit Erlesen (dazwischen platziert: Vermutungen der Kinder über den möglichen Fortgang); Übergabe des Textes durch ein technisches Medium.

Spontane Aussprache

Kinder mit rascherem Lesetempo erhalten (vorbereitete) Arbeitsaufträge; die Kinder äußern sich; in dieser Phase hält sich die L betont zurück, jedoch sollte eine Moderation bezüglich der Beibehaltung des Sach-Themas erfolgen.

Erschließung des Textes

Klärung des Inhalts

Betrachtung der Sprache

Erfassen des Gehalts

Festhalten der wesentlichen inhaltlichen Aspekte; Markieren wichtiger Tätigkeiten, Personen usw.; bei Sachtexten: Finden von Überschriften zu – auch selbst ermittelten – Abschnitten; Aufsuchen von Textstellen aufgrund von Arbeitsaufträgen; Feststellen von Textteilen, die besonders … (anschaulich) sind; Beantworten von Leitfragen in Gruppenarbeit; Herausarbeiten der wesentlichen Aussage des Hauptgedankens; Veranschaulichen des Kerngedankens in einem Schaubild; Niederschreiben von Kernsätzen: Personen charakterisieren; Markieren treffender Wörter und Sätze; lautes Lesen als Mittel der Erschließung; Belegen von Aussagen durch wiederholtes Nachlesen im Text.

Vertiefung

Ebenso: Ausklang, Anwendung, Leseübung, Sicherung; auch besondere Betonung einer Wertung; Herstellen des Bezugs zum eigenen Denken, Verhalten und Erfahrungshintergrund; ggf. Beantworten der eingangs gestellten Fragen; kritisches Überdenken; Puppenspiel.

Unterrichtsbeispiel:

"Das Heupferd im neuen Anzug" von Josef Guggenmos
4. Jahrgangsstufe

I. Vorbereitung

1. Hinführung

a) Vorstellen des äußeren Rahmens

L: Drei Kinder (Norbert, Ruth, Bettina; *ggf. auch als TA*) – am Waldrand.

b) Thematische Eingrenzung`

L: In dieser Geschichte spielt eine Pflanze eine wichtige Rolle.
Präsentation des Bildes einer Distel (günstig: "Eselsdistel"; auch Tafelzeichnung); S äußern sich.

c) Zielangabe

L: Wir werden die Geschichte lesen. Ich interessiere mich, welche Gedanken ihr dazu haben werdet. Ich vermute, dass wir bei unserer Arbeit einige wichtige Überlegungen machen werden.

2. Worterklärung

Vorgabe der Begriffe oder Ausdrücke über Tafel oder Datenprojektor; die Kinder machen Vorschläge zur Erklärung.

von Stacheln starren (über und über mit Stacheln bedeckt sein); sich tummeln (viele halten sich an einem Ort auf); Heupferd (Heuschrecke; das Weibchen der Grünen Laubheuschrecke wird wegen ihres pferdeähnlichen Kopfes auch als Heupferd bezeichnet); fahl (bleich, leblos); Futteral (Schutzhülle).

II. Textbegegnung

1. Vortrag

L trägt Text vor (ohne Nennung der Überschrift); S äußern sich.

2. Darstellung des ersten, wichtigen Eindrucks

Fragestellung: Wie könnte die Überschrift lauten?

TA: *"Das Heupferd im neuen Anzug" von Josef Guggenmos*

III. Erschließung des Textes

1. Klärung des Inhalts

In Alleinarbeit lesen die Kinder den Text.

Aufträge für Kinder, die den Text gelesen haben (s. Abb. 26, unten).

Auswertung in Klassenarbeit; Nachlesen im Text; Formulierung des Vorgangs (s. TB, Punkt 1; Abb. 25).

2. Gehaltliche Durchdringung

L: In dieser Geschichte ist ein Gedanke enthalten, der auch für uns wichtig ist.

Arbeitsaufgabe – Gruppenarbeit:

Versucht folgende Fragen zu beantworten und notiert euere Antworten auf:

1. Welchen Wert hat die Distel für Norbert zu Beginn der Geschichte und am Ende der Geschichte? (Versuche dafür jeweils ein Eigenschaftswort zu finden: "Diese Distel ist …").
2. Wie kommt es dazu, dass Norbert sein Verhalten ändert?
3. Dies ist eine Geschichte über Norbert und eine Distel. Wer könnte an Stelle von Norbert stehen? Könnte an Stelle der Distel auch etwas anderes stehen?

Gruppierung zum Kreis; Auswertung, dabei Formulierung einer übertragbaren Einsicht (s. TB, Punkt 2, Begriff "Distel" als Wortkarte, wird ersetzt durch "Sache").

IV. Vertiefung

1. „Verantwortung spüren"

Weiterhin Gruppierung im Kreis.
Impulse und Fragen:

- Wir haben schon aus anderen Texten gelernt, dass wir eine Verantwortung haben.
- An welcher Stelle könnte Norbert bemerken, dass er eine Verantwortung hat?
- Wie kommt es dazu, dass Norbert sein Verhalten ändert? (Schwerpunkt auf „spüren")
- Es gibt sicher Situationen, in denen du auch deine Verantwortung gespürt hast. *(Hier ggf. Rückgriff auf TB, Punkt 2: Die Wortkarte „Sache" wird ersetzt durch ein leeres Feld; so können verschiedene Situationen „hineingedacht" werden.)*

2. „Das ist für mich wichtig"

Die Kinder verbleiben für etwa eine Minute in Stille im Kreis; sie überlegen, was für sie selbst bei der Arbeit am Text wichtig war; dann Auflösung der Kreis-Gruppierung; am Arbeitsplatz notieren die Kinder ihre Überlegungen auf; diese werden bei einem Hefteintrag hinzugefügt (s. TB, Punkt 3).

3. Ausweitung

- Auf der Distel könnte noch manches geschehen, dem die Kinder interessiert zuschauen würden.
- Du wirst nun verstehen, warum der Schriftsteller sagt: „Diese Distel war wie ein großes Haus." – In der Natur gibt es noch andere „große Häuser".

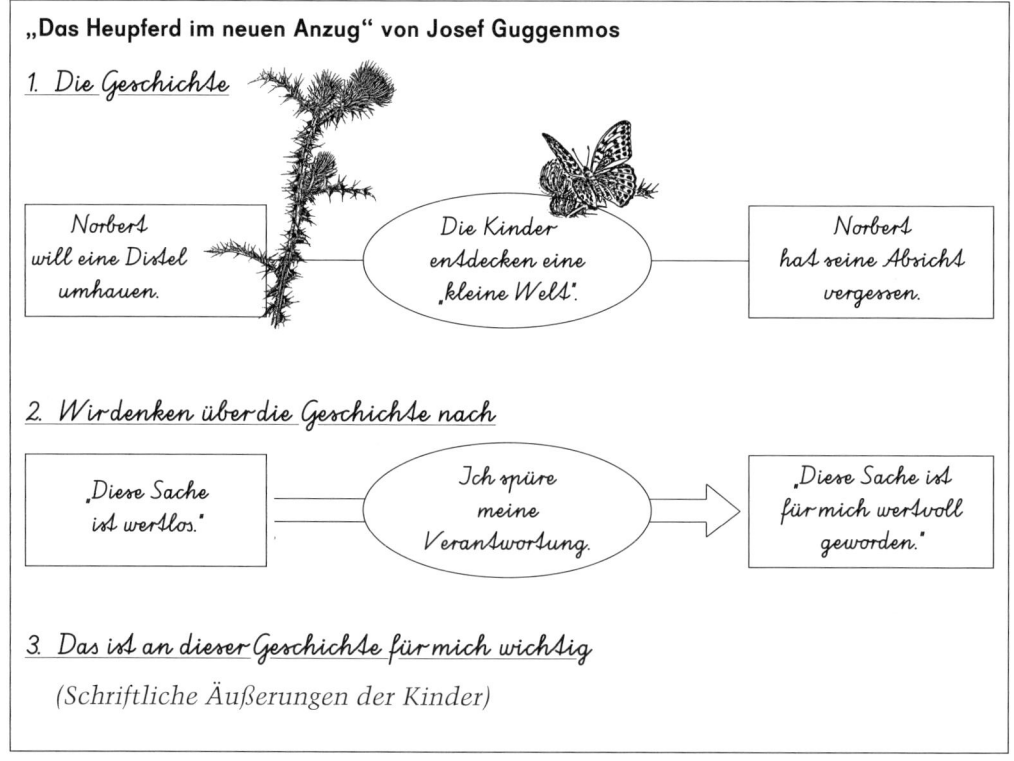

Abb. 25: Tafelbild zu „Das Heupferd im neuen Anzug" von Josef Guggenmos

Das Heupferd im neuen Anzug

„Ist die aber groß!", riefen Norbert, Ruth und Bettina wie aus einem Munde. Am Waldrand hatten sie eine riesige Distel entdeckt.

„Die ist so groß wie Papa", stellte Bettina fest. „Ein richtiger kleiner Baum", meinte Norbert. Mit gerunzelter Stirn betrachtete er das mächtige, von Stacheln starrende Gewächs.

„Wozu gibt es überhaupt Disteln auf der Welt?", fragte Ruth. Und Norbert rief: „Ich haue sie um!" Schon wollte er mit einem Stecken ausholen, als Ruth ihn zurückhielt. „Schau, die Schmetterlinge, die auf der Distel sitzen", sagte sie. „Was ist der rotgelbe für einer, mit dem dunklen Muster?" – „Das ist der Kaisermantel", erwiderte Norbert, der ein großer Schmetterlingsfreund war. Außer dem Kaisermantel tummelten sich noch viele andere Schmetterlinge auf den lilafarbenen Blütenknospen der Distel. Norbert und Ruth versuchten, sie zu zählen, aber die genaue Zahl war nicht festzustellen, denn immer wieder flatterte ein Schmetterling empor und ein anderer ließ sich nieder, um seinen Rüssel in den süßen Blütengrund zu tauchen. Nun bemerkten die Kinder auch Spinnennetze zwischen den Zweigen und Käfer auf den Blättern. Diese Distel war wie ein großes Haus für ungezählte kleine Tiere. „Was ist denn das?", rief Ruth plötzlich. Von der Unterseite eines Distelblattes hing etwas Plumpes, fast Unheimliches herab. „Ist das nicht ein Heupferd?", meinte Norbert. „Merkwürdig, wie hält es sich nur fest?"

Das Heupferd klammerte sich mit seinen Beinen an das Distelblatt. Aber die Beine waren eigentümlich fahl, wie tot. Gehörten sie überhaupt dem Heupferd? Und da waren ja noch andere Beine, und ein doppelter Kopf! Allmählich begriffen die Kinder, dass sie etwas Aufregendes miterlebten: Das Heupferd häutete sich. Die alte, zu eng gewordene Haut war auf dem Rücken aufgeplatzt. Aus diesem Spalt stieg nun das Tier in seinem neuen Hautgewand. Wie aus einem Futteral hatte es die Beine und den Kopf mit den langen Fühlern aus der bisherigen Hülle gezogen und versuchte, sich ganz zu befreien. Das ging sehr langsam, doch kletterte es schließlich auf die Oberseite des Blattes. Da saß es nun, ein stattliches, schönes Tier in funkelnagelneuem grünem Gewand. Schon fing es an, mit seinen langen, dünnen Fühlern lustig zu spielen. Dann setzte es zu einem hohen Sprung an. – Ganz still gingen die Kinder nach Hause. Norbert hielt noch immer seinen Stecken in der Hand. Er hatte ganz vergessen, dass er damit die Distel hatte umhauen wollen!

Josef Guggenmos

Wenn du die Geschichte gelesen hast, dann versuche, diese Aufträge zu bearbeiten:

a) Welche Überschrift könnte noch zu dieser Geschichte passen?
Notiere deinen Vorschlag dazu auf.

b) Wie verhält sich Norbert zu Beginn und am Ende der Geschichte?
Versuche es jeweils mit einem kurzen Satz zu beschreiben.

c) Welche Gedanken hast du beim Lesen dieser Geschichte? Notiere sie so auf, dass du dich hinterher wieder daran erinnerst.

Abb. 26: Textblatt zu „Das Heupferd im neuen Anzug" von Josef Guggenmos

4.1.4 Schrift und Schreiben

Fachliche Grundlagen

1. Begriffe

a) Schrift

„Schrift ist optisch fixierte Sprache. Durch die Schrift ist es möglich, Gedachtes und Gesprochenes und somit individuelle und gesellschaftliche Erfahrungen räumlich und zeitlich unabhängig zu übermitteln. Als Mittel der Kommunikation und der Erkenntnisgewinnung kann ihre Bedeutung für die gesellschaftliche Entwicklung kaum überschätzt werden" (Kaestner/Tost 1990, S. 5).

„Schrift ist ein System grafischer Zeichen, mit dem ein sprachlicher Bedeutungsgehalt encodiert und wieder decodiert werden kann. In unserer Kultur gibt es neben der Lautschrift noch andere Zeichensysteme, wie z.B. Ziffern, Noten, Verkehrszeichen, Symbole und Landkarten" (Schenk 1997, S. 21).

Schrift ist „ein System von Zeichen, die Begriffe oder Laute zum Zweck der Informationsvermittlung oder -aufbewahrung sichtbar machen" (Bertelsmann Lexikon 1997, Bd. 13, S. 100).

b) Schreiben

„Schreiben als elementares manuelles Herstellen von schriftlichen Aufzeichnungen verstanden, ist eine komplizierte menschliche Leistung, die durch das Zusammenwirken vielfältiger geistiger und motorischer Teiloperationen gekennzeichnet ist. Schreiben ist optisches Fixieren der Sprache mittels konventioneller Zeichen, die mit Hilfe eines Schreibgeräts durch mehr oder weniger flüssige, rhythmische Bewegungen der Hand grafisch dargestellt werden" (Kaestner/Tost 1990, S. 5).

Schreiben bedeutet nicht nur das Hervorbringen einer optisch oder taktil wahrnehmbaren Spur, sondern auch die Vermittlung einer Information. Die Zeichen werden in der Weise angeordnet, dass aus ihrer Abfolge bedeutungsvolle Zeichen-Einheiten (Wörter, Sätze, Texte) entstehen, aus denen Bedeutungen entnommen werden können. Schreiben ist eine kommunikative *und* motorische Aktivität.

2. Prozess des Schreibens

Schreiben setzt Kenntnis und Verstehen von Sprache und von Schriftzeichen und die Leistungsfähigkeit des Wahrnehmungsapparates und von geistigen und motorischen Funktionen und Fähigkeiten voraus. Geschrieben wird aus der Vorstellung oder nach einer optischen oder akustischen Vorgabe. Das manuelle Tun des Schreibens wird von einem inneren Mitsprechen begleitet, jedoch nicht Zeichen für Zeichen, sondern in Einheiten, die von der Automatisierung der Schreibhandlung abhängig sind. So könnte etwa ein 8-jähriges Kind beim Wort *Schrift* das *Sch* als „Ganzes" (automatisiert) schreiben und nachfolgend das -r-i-f-t in bewussten Einzelakten aneinanderfügen (ggf. sich dabei die einzelnen Laute vorsprechend).

Bei der Analyse des Schreibprozesses sind also optische, lautliche, schreibmotorische und kognitive Aspekte zu berücksichtigen; Schreiben ist eine komplexe Aktivität.

Es lassen sich verschiedene Teilvorgänge wie folgt beschreiben:

- Optische Wahrnehmung der Struktur der sichtbaren Spur: Einzelformen, Buchstaben, Buchstabenverbindungen, Wörter, Satzteile, Sätze;
- Entstehung von Reizmustern im Gedächtnis;
- Aufbau von Verbindungen zwischen Sprechen, Sprechbewegungen, Form, Bedeutung, Bewegungsablauf und Handmotorik;

- Zusammenfügen von optischen oder akustischen Reizmustern mit Bedeutungsinhalten;
- Automatisieren von Bewegungsvorgängen, Bewegungsempfindungen und Bedeutungsinhalten;
- Umsetzen von Bewegungsmustern in Bewegung durch Aktivierung des Nerven-Muskel-Systems.

Die manuelle Ausführung der verbundenen Schrift ist gekennzeichnet von Formdifferenzierungen auf kleinstem Raum und der gleichzeitig weiter laufenden Vorwärtsbewegung. „Was die Buchstaben der Schrägschrift unterscheidet, ist vor allem die Kombination der Abwärtslinien. Anders ausgedrückt: Der Abwärtsverlauf eines Buchstabens enthält mehr Information in sich als der Aufwärtsverlauf. Der Charakter einer Handschrift äußert sich dementsprechend auch mehr in diesem Abwärtsverlauf als bei anderen Elementen einer Linie. Der Grund hierfür liegt wahrscheinlich darin, dass im Allgemeinen in der Feinmotorik Bewegungen, bei denen

die Finger gebogen werden, genauer ausgeführt werden können als Bewegungen, bei denen die Finger gestreckt werden. Die Abwärtsbewegung geht zum Körper und die Finger müssen sich beugen. Bei der Aufwärtsbewegung, wobei die Finger sich strecken müssen, entfernt sich die Schreibbewegung vom Körper, sowohl bei einzelnen Buchstaben wie auch beim Übergang von einem Buchstaben zum anderen … Auch das Handgelenk muss sich beugend und streckend mitbewegen. Die Bewegungen des Handgelenks sind schneller als die Fingerbewegungen, und bei der Aufwärtsbewegung begünstigt es das Vorwärtskommen" (Kohnstamm 1988, S. 41).

3. Fachbezeichnungen für Elemente der Schrift und Bewegungsformen

An-, Ab-, Auf-, Deck-, Dach-, Endstrich, Unter-, Oberschleife, Anschluss, Bogen, Girlande, Arkade, gerade Ecke, liegende Acht, stehende Acht, Luftsprung, Anfangs-, Kreuzungs-, Haltepunkt; Größe, Weite.

Jahrgangsstufe	1.	2.	3.	4.	5.	6.	7.	8.	9.
Silbenzahl pro Min.		9	12	15	17	19	21	23	
Schreib-entwicklung	Schreiben erlernen Festigung der Formen Automatisierung der Bewegungen		Verwendung individueller Schreibformen Eingliedern von Wahlformen						
Schriftbezeichnung	Ausgangsschrift		Gebrauchsschrift			Individualschrift			
Kennzeichen	Orientierung an der Normschrift		gute Form; Vereinfachungen; Verkürzungen, auch Verfestigungen			Unregelmäßigkeit; Ausprägung von Fehlformen; persönliches Formenrepertoire			

Abb. 27: Übersicht über die Entwicklung des Schreibens

4. Entwicklung der Handschrift

In einer Übersicht (s. Abb. 27) werden die Stufen der Schreibentwicklung in Zusammenhang mit der Schriftbezeichnung und einer kurzen Kennzeichnung dargestellt. Zusätzlich erfolgt ein Hinweis zum Schreibtempo, indem die durchschnittliche Silbenzahl pro Minute am Ende des jeweils ersten Halbjahres angegeben wird. Diese Werte wurden bereits 1923/24 von A. Legrün ermittelt (zitiert aus Dostal, S. 75). Aktuelle Erfahrungen bestätigen, dass diese Werte weiterhin Gültigkeit besitzen; Kaestner/ Tost (1990, S. 15) zitieren den damaligen Lehrplan für die 2. Jahrgangsstufe in den Schulen der DDR: „Am Ende der Klasse 2 sollen die Schüler in der Lage sein, ... durchschnittlich etwa zehn Silben in der Minute beim Schreiben in allen Fächern und Disziplinen zu erreichen."

5. Bedeutung von Schrift und Schreiben

a) Schreiben als Technik der Informationsspeicherung und Informationsverarbeitung

- Schaffung externer Informationsspeicher in der Schule (Hefteinträge u. Ä.).
- Notieren von Überlegungen, Fragen, Vorwissen, Vorschlägen, Ergebnissen, Beobachtungen.
- „Der Lernende schreibt das auf, was für ihn persönlich besonders wichtig erscheint. Er kann auf technisch unkomplizierte Weise Denkschritte sichtbar machen. Damit wird nicht nur das Kurzzeitgedächtnis entlastet. Begünstigt durch die spezifischen Möglichkeiten des Fixierens auf der Fläche ... kann der Schreiber nicht nur die inneren Beziehungen des Gedankengutes äußerlich sichtbar machen, zum Beispiel Wesentliches hervorheben,

Unwesentliches optisch unterordnen, sondern er kann beim Wiederlesen angeregt werden, neue Zusammenhänge und Verbindungen aufzudecken" (Kaestner/Tost 1990, S. 6).

b) Unterstützung anderer fachlicher Bereiche

- Prägnante, gut unterscheidbare Formen erhöhen das Behalten der Schriftgestalt (Rechtschreiben).
- Übersichtliche Einträge und Aufzeichnungen erleichtern das Einprägen.
- Schrift und Schreiben sind Teil einer ästhetischen Erziehung.
- Schreiben erfordert das klare Ordnen von Gedanken.
- Komplexe Aussagen können simultan erfasst werden (z. B. in einem Schaubild, das aus Begriffen zusammengesetzt ist).

c) Förderung sozialer Kontakte und der Kommunikation

- Schrift ist ein Mittel zur Verständigung und der Information.
- Aufbau eines Teilaspekts einer sozialen Einstellung: Das von mir angefertigte Schriftstück kann der Leser gut verwenden (mühelos lesen, es gefällt ihm).
- Erfahrung, dass Normen eingehalten werden müssen, um mit anderen in Kontakt bleiben zu können.

d) Förderung der persönlichen Entwicklung

- Beitrag zur Erhöhung der Wahrnehmung (optisch, taktil) und von Bewegungsabläufen (motorisch).
- Positive Verstärkung durch die Erfahrung, etwas (mühelos) zu können.
- Förderung der Fähigkeit, sich zu konzentrieren und ausdauernd zu arbeiten.
- Maßnahme zur inneren Beruhigung (Schreibbewegungstherapie).

6. Bedeutung eines Lernbereichs „Schrift – Schreiben – Schreiben und Gestalten"

- Der Erwerb einer sicheren Gebrauchsschrift ist in einem Schuljahr nicht zu bewältigen.
- Der Knochenbau der Hand, sowohl in der Beschaffenheit der Knochen wie auch in den Proportionen, ändert sich bis in die Jugendzeit hinein. Erst nach der Pubertät stabilisiert sich die Schrift. Die Schreibentwicklung bedarf deshalb einiger unterstützender Maßnahmen.
- Der im Erstschreibunterricht erworbene Formenschatz und die Bewegungsabläufe verlieren an Prägnanz und Geläufigkeit, wenn sie nicht weiter gefestigt werden.
- In weiterführenden Schulen besteht oft die Gefahr einer Überbeanspruchung der schreibenden Hand oder einer Nichtbeachtung der Voraussetzungen; es wird dem Schüler dabei ein hohes Schreibtempo und ein zu großer Textumfang zugemutet. Die Kinder sollten deshalb in der Grundschule so weit geführt werden, dass sie ihre eigene, individuelle Handschrift bewusst gestalten, beeinflussen und entwickeln können.

Unterrichtskonzept „Schrift und Schreiben"

Die Erstellung von Texten mit der Handschrift hat eine manuelle und kommunikative Komponente. Der in der Grundschule ausgewiesene Arbeits- oder Lernbereich des Faches Deutsch, der „Schrift" zum Unterrichtsgegenstand hat, wird deshalb sowohl motorische wie auch kognitive, soziale und ästhetische Lernprozesse berücksichtigen müssen. Bezeichnungen für diesen Lernbereich wie „Schriftpflege" oder „die Schrift entwickeln" nehmen begrifflich auf das durch die Hand zu fertigende Produkt Bezug. Da jedoch aktuelle Unterrichtskonzeptionen für das Fach Deutsch einen Schwerpunkt auf das *Schreiben* als Ausgangspunkt des Sprachhandelns legen, sollte zumindest der kommunikative Charakter dieses Lernbereichs auch in der Bezeichnung zum Ausdruck kommen.

Es wird hier deshalb vorgeschlagen, diesen Lernbereich mit „Schrift und Schreiben" zu benennen. Diese Bezeichnung lässt auch die Einbeziehung der *maschinellen* Erstellung und Bearbeitung von Schreibtexten zu. Kinder im Grundschulalter können schon elektronische Textverarbeitungsprogramme zur Gestaltung von Schriftsätzen nutzen.

1. Zielsetzungen – Überblick

Die Zielsetzungen für die Schrift sind seit Jahrzehnten unverändert. In den zwanziger Jahren wird bereits eine „gut leserliche, gefällige und geläufige Schrift" gefordert (z. B. in Lehrordnung für bayerische Volksschulen 1926, Deutsche Sprache, Oberstufe, Kapitel III). Bei H. Glöckel ist das Richtziel eine „gut lesbare, gefällige, vor allem aber flüssige und gewandte Schrift" (Glöckel 1976, S. 92).

Die kommunikative Komponente von „Schrift und Schreiben" beinhaltet die Forderung nach einer von der Schreibsituation abhängigen äußeren Gestaltung von Schrift und Schreiberzeugnissen. Die Formung der Schrift richtet sich nach dem Zweck des Schriftstücks. Eine Notiz oder kurze Aufzeichnung dient möglicherweise nur dazu, dem Schreiber für einen späteren Zeitpunkt eine Information bereitzuhalten; gelegentlich ist dabei der Schriftzug nur noch vom Schreiber selbst mit Bedeutung zu füllen. Dagegen kann die Erstellung einer

Glückwunschkarte hohe Ansprüche an die Gestaltung enthalten. In jedem Fall ist es das Ziel bei der Anfertigung eines jeden Schriftstücks, dass ein Adressat aus dem Geschriebenen die Bedeutung der Zeichen entnehmen kann.

Die Anforderungen an den Schreiber steigern sich je nach dem Zweck des Schreibens:

- Das Geschriebene ermöglicht eine Sinnentnahme.
- Die Sinnentnahme kann durch eine andere Person aus dem handgeschriebenen Text in raschem Lese-Tempo erfolgen.
- Die ansprechende äußere Gestaltung bewirkt eine positive Zuwendung zum Schriftstück (aus dem zusätzlich die Sinnentnahme in raschem Tempo möglich ist).

Zusammengefasst: Zielaspekte von „Schrift und Schreiben" sind Schreibsicherheit, Schreibgeläufigkeit, eine gut lesbare Schrift und die Fähigkeit zur ansprechenden Gestaltung von handgeschriebenen Texten.

2. Zielaspekte im Einzelnen

Schreibsicherheit: Automatisieren der Zuordnung einer bestimmten Schreibspur zu einem Buchstaben und von Bewegungsabläufen bei der Formung von Buchstaben, Buchstabenverbindungen, Silben, Endungen, Wörtern.
Schreibgeläufigkeit: Bewusst machen und Messen des individuellen Schreibtempos; Entwicklung der Fertigkeit, einen vorgegebenen Schreibtext in einer festgelegten Zeit anzufertigen; Aneignung von Einfachformen als Wahlformen.
Gute Lesbarkeit: Buchstaben, Buchstabenverbindungen, Wortteile und Wörter sind durch die Formgebung in ihrer Bedeutung eindeutig zu identifizieren. Die

Buchstaben besitzen eine prägnante Form, wenn die festgelegten Merkmale des jeweiligen Buchstabens enthalten sind und eine klare Unterscheidung von anderen Buchstaben möglich ist.
Ansprechende Gestaltung: Bei der Gestaltung eines Wortes werden die Buchstabenformen aufeinander bezogen und abgestimmt. Die Gestalt des Wortes ergibt sich aus der Formung und Proportionen der einzelnen Elemente wie Abstand der Abstriche, Neigung der Ab- und Aufstriche, Bogenform, Größe von Mittelhöhe, Unter- und Oberlängen und Abstände der Buchstaben.
Ein ansprechend gestaltetes Schriftstück wird gerne betrachtet, es regt zum Lesen an, es vermittelt dem Leser den Eindruck der Wertschätzung des Adressaten. Die klare Ordnung der Textteile auf einer Seite, die ausgewogene Gliederung und Zuordnung, die ästhetische Gestaltung und die Sauberkeit der Ausführung tragen zu einem als äußerlich angenehm empfundenen Schriftstück bei. Bei verschiedenen Anlässen, wie etwa die Erstellung von Einladungen, steigern Schmuckelemente oder Illustrationen den Gesamteindruck.

Didaktische Grundsätze

1. „Schrift und Schreiben" ist Unterrichtsprinzip

- Stützende Funktion anderer Fächer und Lernbereiche: Rechtschreiben (Bereitstellen des Wortmaterials), Sprachbetrachtung (Einsicht, Bedeutung), Lesen (Wort- und Sinnerfassung), Sprachgebrauch (Sprechen, Schrift als Bedeutungsträger), Sachunterricht (Begriffe), Kunsterziehung (Formen, kreativer Umgang); Hefteinträge.
- Dokumentationen und Präsentationen von Unterrichtsinhalten aus an-

deren Fächern oder Lernbereichen sind Anlass für gezielte Übungen zur Nacharbeit.

- Angemessener Umfang der Hausaufgaben und Entgegenwirken dem „flüchtigen Schreiben".

2. Die Schüler werden zur Arbeit an ihrer Schrift motiviert

- Positive Einstellung der Lehrerin zur Schreiberziehung.
- Bestätigung und Bewusstmachen von Fortschritten.
- Anlässe zur Arbeit; neben der kommunikativen Verwendung (s. u.) sind noch zu nennen: Gedichte, Hefteinträge, Lieder, Tagebuch.
- Freude durch Umgang mit verschiedenen Schreibmaterialien.
- Freude durch Umgang mit Schrift: Spiele mit Schrift (Größe, Form, Farbe); Verwendung elektronischer Textverarbeitung.

3. Aktive Unterstützung der Schreibentwicklung

Die Entwicklung der individuellen Handschrift zu einer prägnanten, sicheren, geläufigen und gefälligen Schrift wird vonseiten der Lehrerin begleitet und betreut. Dies geschieht durch Beobachtung und steuernde Hinweise (Bestätigung, Korrektur oder Anregungen) und Aufgabenstellungen (Übungen zur Festigung, Klarheit und Geläufigkeit).

4. Der kommunikative Charakter der Schrift wird bewusst gemacht und wird in praktischen Anwendungen deutlich

- Schüler erhalten Gelegenheit, andere Handschriften zu lesen, und beurteilen dabei die „gute Lesbarkeit".

- Schüler nehmen zur schriftlichen Gestaltung von Kinder- und Jugendbüchern Stellung und entdecken Gestaltungselemente, die „für das Auge" angenehm sind.
- Anwendungen: Einladungen, Glückwünsche, Briefe, Überschriften, Reklameblätter, Schilder, Postkarten, Wandzeitung, Collage, Plakat, Karteikarten, Bestimmungsbuch, „Mein … (Wiesen-)Buch", Programme, konkrete Poesie, eigene Geschichten.

5. Die Handschrift des Schülers wird durch das Vorbild der Lehrerin beeinflusst

- Angemessenheit des Umfangs der (schriftlichen) Hausaufgaben.
- Bei Schreibtexten auf Folie, Tafel und Arbeitsblättern wird beachtet: Lesbarkeit, enge Orientierung an den Schreibformen der Ausgangsschrift, Sauberkeit, Einteilung und Aufgliederung.
- Erkennbarkeit der Bemühungen der Lehrerin um die Schrift.

Praktische Hinweise

1. Äußere Voraussetzungen

Geeigneter Arbeitsplatz (Tisch, Stuhl, Beleuchtung), Schreib- und Sitzhaltung (Handhaltung, Heftlage, Haltung von Armen und Oberkörper), Schreibmaterial (Schreibgeräte, Papierqualität, Art des Heftes, Block, Lineatur; Kugelschreiber sind in der Grundschule ungeeignet).

2. Motivationen zum Schreiben

Motivierende Anlässe (z. B. Anfertigen von Lesezeichen und Namensschildern, von Textblättern, Schreiben von Einladungen, s. o. „Anwendungen"); Freude am Tun (z. B. durch Umgang mit verschiedenen Schreibgeräten; Spiele mit Schrift); positive Erfahrungen mit der

Schreibarbeit (z. B. Anerkennung der Leistung durch schriftliche Anmerkungen der Lehrerin, Aufstellen individueller Ziele und Übungen).

3. Abstimmung der Maßnahmen auf den einzelnen Schüler

● Beobachtung der Schülerschrift: Feststellen günstiger Bewegungsabläufe, Diagnose der zugrunde liegenden Fehlform.

Beispiele für ungünstige oder falsche Formen:

a) Die ganze Schrift ist von einer Fehlform geprägt, z. B. durch starke Bogigkeit.
b) Einzelne Formgruppen weisen Fehlformen auf, z. B. Girlande und Arkade (Deckstriche zu lang oder zu kurz), Oberschleifen, Dachstriche, Ovale.
c) Buchstabenverbindungen zeigen Mängel, z. B. bloße Anstückelung.
d) Einzelne Buchstaben sind verformt, z. B. e, s, ß, x oder L.
e) Die Schriftlage entspricht nicht dem günstigen Schreibwinkel, z. B. linkslagig.

● Maßnahmen zur Abschwächung oder Beseitigung von Fehlformen und ungünstigen Abläufen: Schleifenschwünge, Aufstrich strecken, Abstrich gerade, enge Bögen, Vereinfachungen, Schreibgerät wechseln, Formen markieren, Schreibhaltung;
● Didaktischer Ort: im Anschluss an den geschriebenen Text, tägliche 10-Minuten-Übung, gelegentliche Übungen mit speziell abgestimmten Übungsaufgaben.

4. Linkshändigkeit

Die verbundenen Schriftzüge der Lateinischen Schrift sind im Bewegungsablauf durch die *rechts*läufige Schreibrichtung auf die Ausführung durch die *rechte* Hand abgestimmt. Deshalb bereitet die Ausfertigung dieser Schreibschrift mit der linken Hand Probleme. Eine Umschulung eines Kindes mit ausgeprägter Linkshändigkeit ist zu unterlassen. Da der Umgang mit der Linkshändigkeit sensibel erfolgen sollte, muss hier auf die aktuelle einschlägige Literatur verwiesen werden. (Einen raschen Überblick gibt Schenk 1997, S. 246–252.)

5. Schreibschwierigkeiten erkennen und beheben

Ungünstige Bewegungsabläufe und wenig prägnante oder falsche Buchstaben- und Verbindungsformen treten in vielfältiger Ausprägung auf. Sie können jedoch in der Weise gruppiert werden, dass gezielte Übungen in vielen Fällen zu einer Verbesserung führen. Ein ausgezeichnetes Verfahren zum raschen Erkennen von Eigenheiten der Schülerschrift bzw. von Fehlformen ist das Nachspuren der betreffenden Schrift: Ein transparentes Papier wird auf die Schriftprobe gelegt und mit Füller oder Bleistift nachgefahren. Meistens wird schon nach einer Zeile das Wesentliche der vorliegenden Handschrift erfasst – oder im unmittelbaren Sinne *erfahren*.

Ein praktikabler und differenzierter Ansatz zur zielgerichteten Auswahl von Übungen besteht in der Analyse der Schrift nach Grundformen.

Literatur:

1. Glöckel, Hans: Schreiben lernen – Schreiben lehren. Auer, Donauwörth 1976, 3. Aufl.
2. Kaestner, Elisabeth / Tost, Renate: Schreibunterricht. Volk und Wissen, Berlin 1990, 10. Aufl.
3. Maras, Rainer: Arbeitshilfen für das weiterführende Schreiben in der Grundschule. Auer, Donauwörth 1991, 4. Aufl.

Strukturmodell: *Schreibübung*

Vorbereitung

Hinführung
zur Schreibübung

Kurze Einstimmung durch ein Musikstück, dabei wird das rhythmische Motiv aufgegriffen und in eine Bewegung des Arms oder des Körpers umgesetzt. Erfinden von Sprechsilben, die zum rhythmischen Modell passen, Unterstützen durch Klatschen.
Allgemeine Lockerung des Körpers, des Arms und speziell der Hände und Finger.

Erkennen der
Schreibaufgabe

Rückgriff auf Schülerarbeiten: Vorzeigen über Arbeitsprojektor, Beamer oder Arbeitsblatt; Herauslösen der Schwierigkeit oder der Besonderheit des Buchstabens, der Buchstabenverbindung oder des Wortes; Formulieren der Schreibaufgabe, die sich aus dem dargestellten Schriftbeispiel ergibt.

Durchführung

Gezielte Vorarbeit

Auseinandersetzung mit dem Schreib-Gegenstand: Benennen einzelner Elemente, Hinweisen auf die schwierigen oder besonderen Schriftelemente oder auf die individuell Schwierigkeiten bereitenden Stellen oder Bewegungsabläufe; Feststellen möglicher Ursachen für ungünstige Bewegungsabläufe oder Fehlformen; Markieren des entsprechenden Elements. (Hier kann bereits eine qualitative Differenzierung einsetzen; die Kinder bestimmen die jeweils für sie zutreffende Übungsaufgabe selbst.)
Darstellen der schreibrichtigen Form bzw. Vorzeigen des bewegungsgünstigen Ablaufs.
Ggf. grobmotorische Bewegungsübungen, begleitendes Sprechen (2. Jgst.). Spuren mit verschiedenen Schreibmaterialien auf verschiedenen Unterlagen nach einer Vorlage; anschließend Spuren oder Schreiben aus der Vorstellung.
Bewegungsübungen, feinmotorisch; Kontrolle; Besprechen guter Formen; Markieren.

Kernübung

Schreiben mit Füller in das Heft; Schreiben im Zusammenhang; Kontrolle gemäß Muster; Differenzierung (auch unter Verwendung einer Schreibkartei); Gestaltungsaufgaben.

Anwendung

Verwendung neuen Wortmaterials; Besprechen guter Ergebnisse und Übungsmaßnahmen; Ausgestalten des Heftes; Eingliederung in ein größeres Schreib-Vorhaben.

Unterrichtsbeispiel: *„Das s am Wortanfang"*

3. Jahrgangsstufe

Artikulation/ Inhalt	Unterrichtsaktivitäten/ Sozialformen/Medien

I. Vorbereitung

1. Lockerungs- und Bewegungsübungen

z. B. Arme kreisen, strecken – Handflächen drehen – Faust ballen und Unterarm drehen – Arme vorstrecken und konzentriert Hände kreisförmig bewegen – jeden Finger einzeln einknicken und wieder ausstrecken.	S stehen hinter dem Stuhl an ihrem Arbeitsplatz; Vorzeigen durch L oder S.

2. Erkennen der Schreibaufgabe

a) Präsentation von ausgewähltem Wort-Material Abschrift von Wörtern aus Schülerarbeiten mit s am Wortanfang	Folie; S äußern sich.
b) Zielangabe Wir üben Wörter mit s am Wortanfang. *Das s am Wortanfang*	S benennen die Übungsaufgabe. TA durch L

3. Beschreibung der günstigen Schreibform

(Anstrich, Ecke, Abstrich, Schleife; bei Bewegung zur Grundlinie ist die Richtung zu beachten: nicht zu steil bzw. nicht zu flach)	Arbeit am Tageslicht-projektor; S stellen fest, welche Stellen zu beachten sind.

4. Anlegen eines Musters – Form und Bewegung

z. B. *su, sa, sp, si, so, se, A, sch* (Die Richtung des Abstrichs wird durch einen Strich gekennzeichnet; s. Abb. 28.)	S machen Vorschläge zu häufigeren Buchstaben-verbindungen; TA und Schreiben in das Heft (s. Abb. 28)

II. Durchführung

Arbeitsaufgaben:
1. Suche Wörter mit s am Wortanfang aus dem Wörterbuch.
   Notiere einige auf und suche solche Wörter aus, die für dich zum Üben wichtig sind.
   Schreibe das gewählte Wort dreimal (untereinander) und fülle diese Zeilen.
2. Bilde Sätze, in denen jeweils viele Wörter mit s vorkommen.
   Schreibe diese Sätze in dein Heft.

Artikulation/ Inhalt	Unterrichtsaktivitäten/ Sozialformen/Medien
1. Schreiben isolierten Wortmaterials	Alleinarbeit (s. Abb. 28)
2. Schreiben von Sätzen	Alleinarbeit (ein Beispiel in Abb. 28)
3. Sicherung	
Feststellung der Schreibgeschwindigkeit; Verwendung von Sätzen, die einzelne S formuliert haben (s. Abb. unten) (Individueller Vergleich mit den Ergebnissen früherer Schreibübungen – im Heft notiert)	Präsentation auf Folie; Vorlesen dieser Sätze; Schreiben mit Zeitnahme.
III. Abschluss	
1. Reflexion	Klassenarbeit
2. Ausblick	Klassenarbeit
Möglichkeit der Weiterführung der durchgeführten Übungen (z. B. Wörter mit s in der Wortmitte)	

Das s am Wortanfang

su su su su su   sa sa sa sa sa
sp sp sp sp sp   st st st st st
sass   sinken   sehr   sein   so
sass   sinken   sehr   sein   so
sass   sinken   sehr   sein   so
Sissi schleckt sehr süßes Speiseeis.
Schreibtest:
Susi summt.
Susi singt.
Susi summt und singt.
Susi summt und singt seltsam.
Susi singt seltsam.
Susi staunt sehr. (2 Minuten 50 Sekunden)

Abb. 28: Ergebnis eines individuell gestalteten Hefteintrags

4.1.5 Sprechen und Gespräche führen

Fachliche Grundlagen

1. Begriff

Sprechen ist eine gemeinschaftliche Verständigungshandlung. Beim kommunikativen Handeln mit Hilfe der gesprochenen Sprache werden Informationen situationsbezogen an einen Partner weitergegeben. Dabei werden auch oft nichtsprachliche Mittel (z. B. Mimik, Gestik) eingesetzt (s. auch Definitionen zum Begriff „Gespräch" S. 94).

2. Stellenwert der Mündlichkeit im sprachdidaktischen Wandel

In den 70er Jahren waren die übergeordneten Lernziele „kommunikative Kompetenz", „Kritikfähigkeit" und „Mündigkeit" vor allem mündlich gedacht. Das Rollenspiel war eine zentrale Methode. In der Aufsatzdidaktik fanden kommunikative Kriterien der Mündlichkeit in der Schriftlichkeitserziehung Anwendung. Nachdem in der Linguistik der 80er Jahre vor allem die Schreibforschung als eigenes Forschungsfeld entdeckt wurde, orientiert sich der Umgang mit Mündlichkeit neu (vgl. Quasthoff 2000a, S. 34 f.). Alltagskommunikation, Metakommunikation und Projekte sind auch heute noch aktuell. Obwohl Rollenspiele vor allem in ihrer Auswirkung auf das reale Vorhaben überschätzt wurden, gehören sie zum festen Repertoire. Projekte bieten neben Handlungsorientierung vielfältige Situationen für den mündlichen Ausdruck. Sprechakte (z. B. sich bedanken) und Alltagskommunikation haben auch heute noch eine sinnvolle Funktion.
Durch den konstruktivistischen Ansatz erhalten informelles Sprechen und All-

tagssprache eine höhere Wertschätzung, die Gesprächskultur wird weiterentwickelt und das mündliche Erzählen als geselliges Erzählen bekommt eine eigene Bedeutung. Metakommunikation als reflexive Meta-Ebene des Lernens trägt zur Entwicklung der Lernkompetenz bei. Auch die Mitbestimmungsmöglichkeiten durch die Öffnung des Unterrichts beziehen sich im Wesentlichen auf den Bereich des Mündlichen.

3. Einzelaspekte nonverbaler Kommunikation

Verhaltensaspekte nonverbaler Kommunikation, die vor allem für den Unterricht relevant sind, sind Mimik, Gestik, Blickkontakt und räumliche Orientierung. Sie sind jeweils nur in Abhängigkeit von verbalen Elementen und der Situation interpretierbar. Menschliches Körperausdrucksverhalten ist ein sehr komplexes System, das eindeutig, aber auch vieldeutig sein kann.

- Mimik (sichtbare Bewegung der Gesichtsoberfläche) ist eng an Emotionen gebunden und kann eine Situation mitsteuern.
- Das Blickverhalten ist eng an kognitive Prozesse gebunden. Es hat Überwachungs-, Regulations- und Ausdrucksfunktion und signalisiert Kommunikationsbereitschaft oder -vermeidung.
- Die Gestik umfasst die Gebärden der Arme und Hände. Sie ist von allen nonverbalen Kommunikationssignalen am besten durch Übung zu schulen.
- Aus der Körperhaltung gewinnen wir wichtige Eindrücke über die Einstellung der Interaktionspartner (vgl. Schuster 2001, S. 59 f.).

Da Körpersprache im Kommunikationsprozess so wichtig ist, muss sie auch zum Gegenstand des Unterrichts werden (z. B. Pantomime, Rollenspiel, Interaktionsspiel).

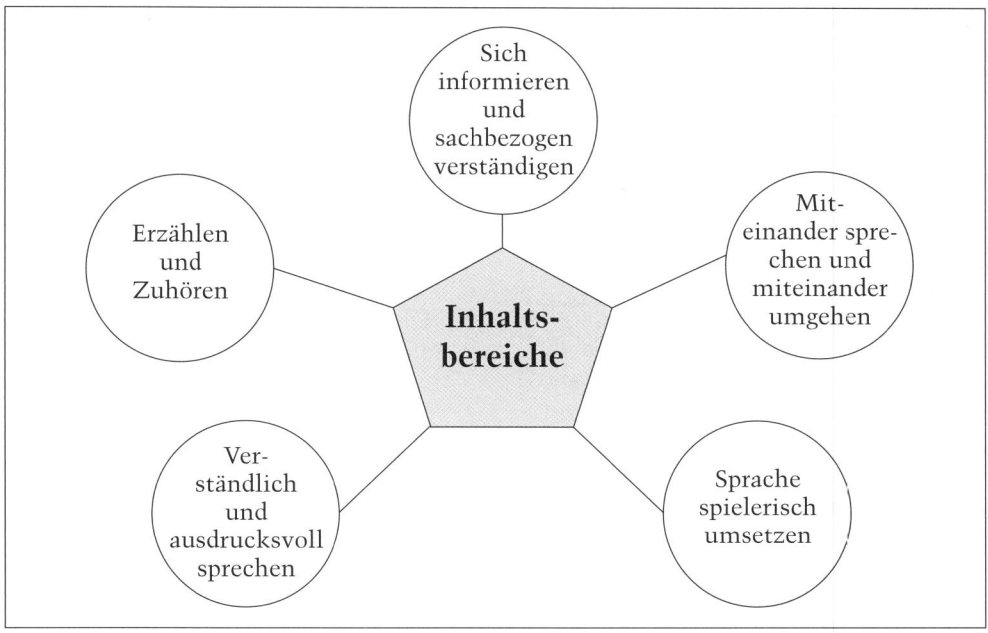

Abb. 29: Inhaltsbereiche

4. Der pädagogische Stellenwert des Zuhörens

Die mündliche Sprache erlaubt es, Informationen in enger Rückkoppelung an die Reaktionen anderer abzustimmen und zu modifizieren. Wichtig ist eine Atmosphäre, in der man sich darauf verlassen kann, dass einem zugehört wird. „Wer hinhört, will etwas heraushören, wiedererkennen. Zuhören geht noch weiter: Man hört zu, um etwas Neues zu erfahren, um etwas zu lernen" (Kahlert, in Huber/Odersky 2000, S. 11). Nach Schulz von Thun hat die Psychologie des guten Zuhörens zu berücksichtigen, dass in jeder Äußerung, die uns erreicht, vier Aspekte (Sachinhalt, Selbstkundgabe, Beziehungsbotschaft, Appell) gleichzeitig und prinzipiell gleichwertig enthalten sind, auf die der Empfänger achten kann. Dabei wird immer ein Aspekt offensichtlich ausgedrückt. Die anderen drei Anteile einer Botschaft werden gewissermaßen unter der Wasseroberfläche mit-

gesendet (vgl. Stierlin/Schulz von Thun, in Huber/Odersky 2000, S. 26). Deshalb können wir im Gespräch damit rechnen, dass unterschiedliche Reaktionen auftreten. Die bewusste Handhabung dieser Auswahl macht das gute Zuhören aus. Als Inbegriff des guten Zuhörens gilt das „aktive Zuhören". Das Ergebnis meines Zuhörens mache ich zum Gegenstand meiner Rückäußerung. Dabei vermeide ich eigene Wertungen und wähle Formulierungen, die der andere annehmen kann (vgl. a. a. O., S. 30).

5. Inhaltsbereiche

Die Inhaltsbereiche ermöglichen eine gezielte Erweiterung des Sprachhandlungsrepertoires (s. Abb. 29).

a) Erzählen und Zuhören

Mündliches Erzählen wirkt neben der unterhaltenden und phantasiefördernden Funktion vor allem auch entlastend.

● Erzählen als gesellige Praxis

Erzählen ist ein Medium der freien Rede, der Selbstdarstellung und der Empathie. Erzählen lernen heißt, sich mit anderen über eigene Erfahrungen verständigen lernen. Das spontane Sprechen wird zum bewusst gestalteten Sprechen. Das monologische Erzählen bei den Schulanfängerinnen und Schulanfängern entwickelt sich zum dialogischen Erzählen. In der Grundschule erscheint es sinnvoll, „Erzählen vorrangig als gesellige Praxis zu organisieren, die Erzählen und Zuhören gleichermaßen einschließt" (Claussen, in Schober 1998, S. 50). Erzählen als gesellige Praxis ergänzt das monologische und dialogische Erzählen durch das gemeinsame Ausdenken, Erfinden und Erzählen einer Geschichte.

Die Kinder sollen spielerisch mit den Erzählmitteln umgehen. Eine ständige Ermutigung zum öffentlichen Reden und Erzählen stärkt das Selbstvertrauen und die Vorstellungskräfte. Neben dem Erwerb differenzierter sprachlicher und dramaturgischer Mittel eignen sich die Kinder auch die Fähigkeit des Zuhörenkönnens und des Aufeinander-eingehen-könnens an. Die gemeinsame Suche nach der Idee, dem treffenden Wort und einem Erzählablauf fördert Erzählgenauigkeit und strukturell geordnetes Erzählen. Zu den Merkmalen eines Werkstattunterrichts gehören hier auffordernde offene Angebote, die von der Lehrkraft vorgegeben oder mit den Kindern erarbeitet werden. Die Lehrkraft bereitet vor, moderiert, leitet an, berät individuell und bietet Hilfen an. Die Kinder bereiten im Wechsel zwischen Erzählen und Zuhören realistische, fiktionale oder „vermischte" Geschichten vor. Der Erzählkreis wird mit einer Erzählwerkstatt verbunden. Dieser Ansatz greift Anregungen aus der Freien Arbeit und aus dem kreativen Schreiben auf (vgl. Claussen 2000, S. 7).

b) Sich informieren und sachbezogen verständigen

Dieser Bereich ist vor allem auch für fächerübergreifende Anliegen wichtig. Die Kinder lernen, sich zu einem Thema oder einer Fragestellung Informationen zu beschaffen, sie auszuwerten und sie zu veröffentlichen. Dabei nutzen sie neben den traditionellen Informationsquellen auch die vielfältigen Möglichkeiten der neuen Medien zur Informationsbeschaffung. Im Mittelpunkt steht das Sachgespräch. Für die Entwicklung einer sachangemessenen Gesprächshaltung ist die Ernsthaftigkeit und Bedeutung des Gesprächsinhalts für die Lerngruppe grundlegend. Wichtig ist auch die Erfahrung, dass der eigene Beitrag ebenso wie das aufmerksame Zuhören für ein Gelingen des Lösungsprozesses gebraucht werden. Jedes Kind soll dabei auch erfahren können, dass das Gespräch persönlichen Erkenntnisgewinn und neue Anregungen bringt.

Beim sachbezogenen Vortrag wird ein Sachverhalt vor einer Gruppe dargestellt. Wenn das Kind Gesagtes durch eine Veranschaulichung klärt und das Interesse der Zuhörer gewinnt, wird das Durchdringen der Sache angeregt. Zu Grunde liegende Sprechakte wie etwas erklären, über etwas informieren sind Fähigkeiten, die bei allen Kindern förderbar sind.

● Fächerübergreifendes Beispiel für sachbezogene Verständigung: Das Lernpotential mathematischer Gespräche nutzen

Wenn Kinder ihre Lösungswege vorstellen, ist die Fähigkeit zum Reden über die Sache und das eigene Denken gefordert (Metakommunikation). Die Kinder müssen deshalb auch von Anfang an lernen, sich beim Denken zuzuschauen. Sie sollen ihre Denkprozesse darstellen. Insofern wird die Sprache zum

Medium ihrer Denkprozesse. Bei der Darstellung eigener Denkwege können auch Veranschaulichungsmittel als Kommunikationswerkzeuge eingesetzt werden.

c) Miteinander sprechen und miteinander umgehen

● Teilnehmerorientierte Gesprächsführung

Zentrales Anliegen dieses Bereichs ist die elementare Gesprächserziehung. Er ist sowohl Inhaltsbereich als auch Unterrichtsprinzip. Gespräche führen lernt man, indem man Gespräche führt. Sie sind ein Übungs- und Erfahrungsfeld für angenäherte symmetrische Kommunikation. Die Kinder nehmen sich als Gesprächsteilnehmer gegenseitig ernst, hören einander aktiv zu und stellen eine Balance von Sachgegenstand, eigenen persönlichen Bedürfnissen und Bedürfnissen der Gesprächspartner her (vgl. Potthoff/Steck-Lüschow/Zitzke 1995, S. 16). Diese themenzentrierte Methode von Ruth Cohn (TZI) wird neben anderen Ansätzen der humanistischen Psychologie für eine teilnehmerorientierte Gesprächsführung in Anspruch genommen (vgl. a.a.O., S. 14 f.). Auf dieser Grundlage werden Kinder auch fähig, Probleme und Konflikte sprachlich zu bewältigen und darüber zu reflektieren. Sie verbalisieren Probleme und damit verbundene Gefühle und lernen, sich in die Gefühlslage anderer Kinder hineinzuversetzen (Empathiefähigkeit).

● Gesprächsregeln

Grundpostulate der TZI (z.B. Störungen haben Vorrang; jede Person ist für sich selbst, für die Gruppe und für das Thema verantwortlich) und einzelne Regeln (z.B. Vertritt dich selbst in deinen Aussagen – „ich" statt „wir") fließen in altersgemäßer Weise auch in Aufstellungen von Gesprächsregeln ein. Kinder brauchen eine Orientierung für ihr Verhalten, damit sie selbstständig zusammenarbeiten können. Diese Regeln werden gemeinsam gefunden, aufgestellt, erprobt und evtl. wieder verändert. In einem Reflexionsgespräch wird das Nichtfunktionieren des Gesprächs thematisiert. Störungen werden gesucht und Ursachen erforscht. Probleme werden als Lernchancen auf dem Weg betrachtet.

d) Sprache spielerisch umsetzen

Die Erweiterung der sprachlichen und nichtsprachlichen Ausdrucksmöglichkeiten ist Ziel dieses Inhaltsbereichs. Sprachliche Kreativität wird gefördert und gestalterisch umgesetzt. Dabei ist die Vernetzung mit den musischen Fächern besonders wichtig.

● Das szenische Spiel bietet viele methodische Möglichkeiten:

interpretatives Erspielen von Szenen eines Textes, Entwickeln einer Pantomime zum Gedichtvortrag (Sprache durch Körpersprache ersetzen), Einüben bestimmter Sprechakte beim Begrüßen in verschiedenen Sprachen, mediales Spiel (z.B. Schattenspiel), personales Spiel (z.B. Personentheater).

Theaterspiele als Aufführungsprojekte können mit den Kindern aus Spielideen heraus selbst entwickelt werden.

Kinder drücken sich situationsgerecht und partnerbezogen aus und entwickeln sprachliche und nichtsprachliche Ausdrucksfähigkeit. Die Körpersprache wird bewusst in die sprachlichen Ausdrucksformen integriert. Wenn Kinder sich in Szenen einfühlen, experimentieren sie mit Sprechhaltungen. Sie verarbeiten sachbezogene Äußerungen anderer über das eigene Spiel und nutzen sie für die eigene Darstellung.

e) Verständlich und ausdrucksvoll sprechen

Die sprecherzieherische Arbeit in diesem Lernbereich ist Voraussetzung für die anderen mündlichen Bereiche. Sie verwertet aber auch deren Ergebnisse. Eine sinnvolle Vernetzung ergibt sich zu den Zielen des Schriftspracherwerbs, des Richtigschreibens, des Lesens und der Musikerziehung (z. B. Stimmbildung). Auch ein Vergleich von Standardsprache, Umgangssprache und Mundart bietet sich an. Die kindlichen Ausdrucksmöglichkeiten werden durch die Arbeit an der auditiven Wahrnehmung, sprechmotorischen und sprachlichen Umsetzung sowie der körpersprachlichen Gestaltung erweitert. Zum Gestalten von Szenen werden Sprache und Körpersprache gezielt eingesetzt. Lautstärke, Betonung, Tempo, Pausen und Melodieführung sind neben Körpersprache, Stimme und Aussprache die Gestaltungsmittel beim Sprechen. Beim Sprechen wirken Persönlichkeit, Inhalt und die Art und Weise, wie gesprochen wird, immer zusammen.

Situation des Kindes

1. Erwerb mündlicher Sprach- und Kommunikationsfähigkeiten

Gesunde Kinder verfügen bei der Einschulung bereits über erhebliche sprachliche und kommunikative Fähigkeiten, ohne dass sie jemand unterrichtet hätte. Sie bildeten ihre Fähigkeiten, Sprache kommunikativ zu verwenden, entwickelten ihren Wortschatz, ihre syntaktischen Fähigkeiten zur Bildung von Wörtern, Sätzen und Texten. Insofern werden die Erwerbsmechanismen des Alltags auch für fachdidaktische Überlegungen interessant. Bei der Sprachentwicklung von Kindern zwischen 5 und 14 Jahren im Bereich des Erwerbs von über den Satz hinausgehenden Struktu-

rierungsfähigkeiten (in Gesprächen erzählen, argumentieren ... können) gibt es einerseits in der Aneignung eine klare Erwerbsfolge: die Fähigkeit im Gespräch größere Einheiten zu initiieren, sie intern gemäß den Erwartungen der erwachsenen Gesprächspartner aufzubauen und sprachlich-formal angemessen zu kontextualisieren. Andererseits sind die mündlichen Äußerungen von Kindern in einem erheblichen Maße ko-konstruiert, d. h. von erwachsenen Gesprächspartnern strukturell geprägt (vgl. Quasthoff 1999, S. 63). Der Erwachsene behandelt die kindlichen Aktivitäten unter dem Gesichtspunkt ihrer Entwicklungsbedürftigkeit. Die regelhafte Struktur übersatzmäßiger Einheiten (z. B. Wegbeschreibungen) entwickelt sich also im Zusammenspiel zwischen Anforderung und struktureller Unterstützung (vgl. Quasthoff 2000 b, S. 40). Das Kind lernt sprechen, indem es die Sprache im Prozess der Verständigung anwendet. Diese natürlichen Erwerbsprozesse weisen aber große individuelle Unterschiede auf.

2. Gesprächsfähigkeit

Die Gesprächsfähigkeit der Kinder ist wie ihr gesamter Entwicklungsstand unterschiedlich ausgebildet und muss differenziert gefördert werden. Schritte zur Gesprächsfähigkeit sind mit Umwegen und Rückgriffen verbunden. Gesprächsfähig sind Kinder, wenn sie sich in verschiedenen Gesprächssituationen zurechtfinden und dabei Sprecher- und Hörerrollen einnehmen können. Sie sprechen sachangemessen und partnerbezogen miteinander, können einen Sachverhalt richtig erfassen und verständlich wiedergeben und sich dabei an vereinbarte Regeln halten. In besonderen Situationen ergreifen sie die Möglichkeit zur Metakommunikation. Gesprächsfähigkeit ist ein lebenslanger Lernprozess (vgl. Potthoff/Steck-Lüschow/Zitzke 1995, S. 23).

3. Entwicklung der Erzählkompetenz

Mündliches Erzählen spielt im Alltag eine wichtige Rolle. Die Entwicklung des mündlichen Erzählens hatte in der kommunikativen Deutschdidaktik kaum einen eigenen Stellenwert. Die Erzählkompetenz entwickelt sich nach Klaus R. Wagner in drei Stufen (vgl. Bartnitzky 2001, S. 35):

1. Erwerb von Basissprechakten des Erzählens, z.B. Berichten, Mitteilen, Erzählen im engeren Sinne
2. Entwicklung des dialogischen Erzählens in „Geflecht-Erzählungen", bei denen gemeinsam erzählt wird (etwa Fünf- bis Sechsjährige)
3. Kompetenzerwerb für das monologische Erzählen in „Höhepunkt – Erzählungen" (gegen Ende der Grundschulzeit)

Diese Schritte legen die Kinder allerdings in individuell unterschiedlicher Zeit (z. B. auch mit individuellen Verzögerungen) und bezüglich der Ergebnisse auch in individuell unterschiedlicher Ausprägung zurück. Die Erzählschemata der drei Stufen lernt das Kind, weil ihm erzählt wird. Beim eigenen Erzählen registriert es die Reaktionen der Zuhörer.

4. Entwicklung der Rollenübernahme

Kinder haben Schwierigkeiten, wenn sie anderen ein Rollenverhalten demonstrieren sollen. Sie haben Schwierigkeiten mit den Sichtweisen der Handelnden, weil ihnen lange das Bewusstsein der Perspektive fehlt.
Die Rollenübernahme bei 4–10-jährigen Kindern entwickelt sich in folgenden Stufen:
„Stufe 1: egozentrische Stufe ohne Be-

fähigung der Übernahme von Perspektiven;

Stufe 2: sozial-informative Rollenübernahme, bei der unterschiedliche Standpunkte von Handelnden wahrgenommen werden;

Stufe 3: reflexive Rollenübernahme, bei der erkannt wird, dass man selbst von anderen als Träger von Handlungen und Gedanken gesehen wird" (Baurmann, in Schober 1998, S. 36).

5. Altersbedingte Besonderheiten der nonverbalen Kommunikation

Sensitivität für nonverbale Kommunikation entwickelt sich mit zunehmendem Schulalter. Divergente Signale sind von Grundschülern selten decodierbar. Durch widersprüchliche kommunikative Mitteilungen werden Kinder verunsichert.

Zielsetzungen

1. Beachtung der Sprachentwicklung

Der Unterricht im mündlichen Ausdruck nimmt die vorhandenen sprachlichen Voraussetzungen und die Erzählbereitschaft der Kinder wahr und schafft Situationen, in denen sie ihre Sprachmöglichkeiten einbringen können. Durch das Sprachhandeln in neuen Situationen entwickeln sie ihre bisherigen mündlichen Fähigkeiten und ihre Sprechfreude weiter. Die Kinder sollen neben Umgangssprache und Mundart zunehmend bewusst und situationsgerecht die Standardsprache verwenden. Da die eingebrachten subjektiven Voraussetzungen und Bedingungen der Kinder jeweils sehr unterschiedlich sein können, müssen dem einzelnen Kind individuelle Lernwege ermöglicht werden. Fehler sind Indikator für den jeweiligen Stand des Kindes in seinem Lernprozess. Ziel ist die

Hinführung zur mündlichen Sprachhandlungskompetenz.

2. Herausfordernde Situationen

Sprechen geschieht in Situationen. Die Sprechsituation ist eine zentrale Kategorie des mündlichen Sprachunterrichts. Sie muss so gewählt werden, dass sie für die Kinder sinnstiftend und motivierend ist. Aufgegriffene oder geschaffene Situationen fordern zum mündlichen Gebrauch der Sprache und dessen Reflexion heraus. In solchen Sprachsituationen erfahren die Kinder die Möglichkeiten der gesprochenen Sprache. Bedeutsam können Inhalte sein, die von den Kindern als wichtig erlebt werden (z. B. Klärung eines aktuellen Konflikts). Die Umsetzung der Sprache in spielerischer Form regt die schöpferischen Fähigkeiten im Kind an und wird insofern als subjektiv bedeutsam erlebt. Erst die Bedeutsamkeit, die das Kind den Inhalten beimisst, aktiviert das Kind.

3. Förderung der Gesprächsfähigkeit

Mündliches Sprachhandeln ist immer auch soziales Handeln. Die Gesprächsfähigkeit der Kinder muss differenziert gefördert werden. Die Kinder lernen verstärkt zuhörerbezogen zu erzählen und in ihren Gesprächsbeiträgen aufeinander einzugehen. Sie teilen sich zunehmend klar, verständlich und ausdrucksvoll mit. Den Gesprächsverlauf und das Gesprächsergebnis fördernde Verhaltensweisen werden bewusst gemacht und herausgestellt. Die Kinder wenden gelernte Sprachkonventionen an. Aktuelle Konflikte werden besprochen und verbal gelöst. Das Gesprächsverhalten soll zunehmend vom Kind gestaltet und verantwortet werden.

4. Förderung der Sprachbewusstheit

Sprachbewusstheit meint das Nachdenken und Wissen über sprachliches Handeln (Metaebene). Die Kinder lernen zunehmend ihr mündliches Sprachhandeln zu planen, zu steuern und zu reflektieren. Der mündliche Ausdruck wird Gegenstand des Nachdenkens (z. B. Wechsel zwischen Rollenspiel und Gespräch).

5. Förderung des mündlichen Ausdrucks ist Unterrichtsprinzip

Die Entfaltung und Durchdringung der Fachinhalte ist an die Entfaltung der Sprache gebunden; insofern ist der mündliche Ausdruck mit allen Fächern verbunden.

Die Eigenständigkeit und besondere Bedeutung des Lernbereichs wird durch die aufbauenden und weiterführenden Inhalte deutlich. Dieser systematische Aufbau ermöglicht die individuelle Erweiterung des Sprachhandlungsrepertoires beim Kind.

Didaktische Grundsätze

1. Sinnvolle Rituale strukturieren den Unterricht und schaffen eine anregende Lernatmosphäre

Rituale sind in ihrer Bedeutung nach bestimmte, gleich bleibende Handlungsabläufe nach festgelegter Ordnung. Sie sollen Kindern und Lehrkräften etwas bedeuten und freiwillig praktiziert werden. Deshalb müssen sie immer wieder auf ihren sinnbringenden Inhalt überprüft werden. Rituale, die das Gefühl der Zuverlässigkeit, Geborgenheit, Ruhe, Überschaubarkeit und Zusammengehörigkeit geben, wirken sich sehr häufig positiv auf das Sprechen und das Führen von Gesprächen aus. Sie ermöglichen es, ein bestimmtes Verhalten zu zeigen, ohne dass die Situation oder das Verhalten erst jedes Mal durchdacht werden müssen. Bei Ritualen im Gespräch ist den Kindern die Handlungsfolge klar und sie können sich selbst organisieren.

2. Einsatz von anregenden Materialien

Im Rahmen einer anspruchsvollen Erzählpraxis sind Erzählmaterialien unverzichtbar. Dies können z. B. reale Gegenstände, Bilder (Fotos, Zeichnungen), Bildkombinationen, Collagen, Figuren, Handpuppen, Karten mit Reizwörtern sein. Erzählmaterialien geben Anstöße für Geschichten, geben Anfänge vor und lösen Ereignisfolgen aus für unterschiedliche Gedankengänge der Kinder. Es werden damit immer auch inhaltliche Andeutungen, Vorgaben und Ideen vermittelt, die die Kinder „weiterspinnen" können. Erzählmaterialien sind im Klassenzimmer ständig verfügbar.

3. Das Spiel fördert den mündlichen Ausdruck

Beim mündlichen Sprachhandeln ist besonders das erfahrungsbezogene Lernen wichtig. Im Spiel kommt es unwillkürlich zu Artikulation und Kommunikation. Je nach Art der Spiele wird der nonverbale oder verbale Austausch im Vordergrund stehen. Zu beachten sind auch äußere Rahmenbedingungen.

4. Das Sprachverhalten der Lehrkraft muss für den mündlichen Ausdruck der Kinder förderlich sein

- Das Lehrervorbild ist einprägender Faktor. Die Kinder orientieren sich an der Sprache der Lehrkraft. Sie sollte natürlich, altersadäquat präzise und sachangemessen sein. Wichtig ist die Parallelität zwischen gesprochenem Wort und nonverbalen Verhaltensweisen. Die Lehrkraft achtet auch auf die Reversibilität der eigenen Äußerungen.
- Die Lehrkraft sollte aktiv zuhören können. Aktives Zuhören ist gerade bei weniger eloquenten Kindern besonders wichtig und sollte nicht mechanisch und unnatürlich erscheinen. Positive Wertschätzung, einfühlendes Verständnis und Echtheit sind in diesem Zusammenhang bedeutsame Verhaltensweisen der Lehrkraft.
- Eine permanente Reflexion des eigenen Sprech- und Gesprächsverhaltens ist Voraussetzung für eine entsprechende Modifikation (Selbstwahrnehmung und Selbstreflexion).
- Die Lehrkraft sollte in Arbeitsprozessen nach Befindlichkeiten fragen, z. B. im Anschluss von Partner- und Gruppenarbeit nicht nur die Ergebnisse, sondern auch die Kommunikationsprozesse (mündliches Sprachhandeln), die zu ihnen geführt haben, gemeinsam sprachlich reflektieren und den Kindern das Gefühl vermitteln, dass um den mündlichen Ausdruck gerungen werden kann.
- Die Lehrkraft ermuntert und bestärkt schüchterne und zurückhaltende Kinder zum Mitreden. Mit Sensibilität und Empathie kann sie „Vielredner" abbremsen.
- Durch prozessorientiertes Beobachten gewinnt die Lehrperson diagnostische Informationen. Individuelle und gruppenspezifische Lern- und Unterrichtsprozesse in diesem Lernbereich werden differenziert beschrieben. Sie geben der Lehrkraft Hinweise, wie sie dem Kind zur Seite stehen kann.

Literatur:

1. Potthoff, Ulrike/Steck-Lüschow, Angelika/Zitzke, Elke: Gespräche mit Kindern. Cornelsen Scriptor, Frankfurt a. M. 1995
2. Schober, Otto: Deutschunterricht für die Grundschule. Klinkhardt, Bad Heilbrunn 1998
3. Claussen, Claus: Erzähl mal was! Auer, Donauwörth 2000

Strukturmodell

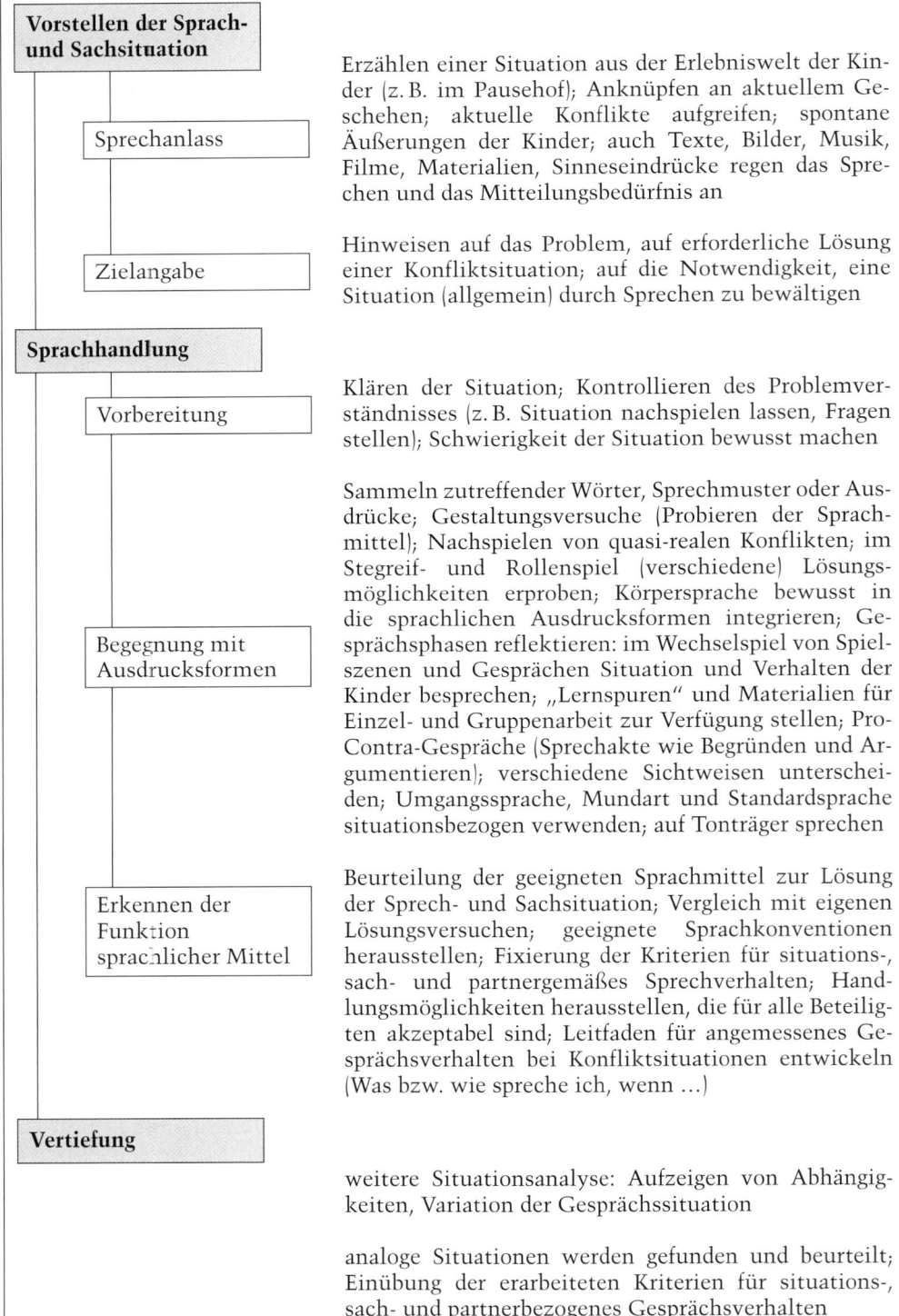

Vorstellen der Sprach- und Sachsituation	
Sprechanlass	Erzählen einer Situation aus der Erlebniswelt der Kinder (z. B. im Pausehof); Anknüpfen an aktuellem Geschehen; aktuelle Konflikte aufgreifen; spontane Äußerungen der Kinder; auch Texte, Bilder, Musik, Filme, Materialien, Sinneseindrücke regen das Sprechen und das Mitteilungsbedürfnis an
Zielangabe	Hinweisen auf das Problem, auf erforderliche Lösung einer Konfliktsituation; auf die Notwendigkeit, eine Situation (allgemein) durch Sprechen zu bewältigen
Sprachhandlung	
Vorbereitung	Klären der Situation; Kontrollieren des Problemverständnisses (z. B. Situation nachspielen lassen, Fragen stellen); Schwierigkeit der Situation bewusst machen
Begegnung mit Ausdrucksformen	Sammeln zutreffender Wörter, Sprechmuster oder Ausdrücke; Gestaltungsversuche (Probieren der Sprachmittel); Nachspielen von quasi-realen Konflikten; im Stegreif- und Rollenspiel (verschiedene) Lösungsmöglichkeiten erproben; Körpersprache bewusst in die sprachlichen Ausdrucksformen integrieren; Gesprächsphasen reflektieren: im Wechselspiel von Spielszenen und Gesprächen Situation und Verhalten der Kinder besprechen; „Lernspuren" und Materialien für Einzel- und Gruppenarbeit zur Verfügung stellen; Pro-Contra-Gespräche (Sprechakte wie Begründen und Argumentieren); verschiedene Sichtweisen unterscheiden; Umgangssprache, Mundart und Standardsprache situationsbezogen verwenden; auf Tonträger sprechen
Erkennen der Funktion sprachlicher Mittel	Beurteilung der geeigneten Sprachmittel zur Lösung der Sprech- und Sachsituation; Vergleich mit eigenen Lösungsversuchen; geeignete Sprachkonventionen herausstellen; Fixierung der Kriterien für situations-, sach- und partnergemäßes Sprechverhalten; Handlungsmöglichkeiten herausstellen, die für alle Beteiligten akzeptabel sind; Leitfaden für angemessenes Gesprächsverhalten bei Konfliktsituationen entwickeln (Was bzw. wie spreche ich, wenn …)
Vertiefung	weitere Situationsanalyse: Aufzeigen von Abhängigkeiten, Variation der Gesprächssituation
	analoge Situationen werden gefunden und beurteilt; Einübung der erarbeiteten Kriterien für situations-, sach- und partnerbezogenes Gesprächsverhalten

Unterrichtsbeispiel:

„Ich will auch mitspielen!"
3./4. Jahrgangsstufe

Es handelt sich hier um eine fächerübergreifende Thematik: Miteinander sprechen und miteinander umgehen, Zusammenleben, mit Konflikten umgehen.
Die Kinder werden für die Thematik „Ausgegrenztsein" und „Ausgrenzen" sensibilisiert. Die grundlegende Voraussetzung für Konfliktbearbeitung ist, dass Kinder lernen, Probleme und die damit verbundenen Gefühle zu verbalisieren, und dass sie lernen, sich in die Gefühlslage anderer Kinder hineinzuversetzen (Empathiefähigkeit). Das Miteinandersprechen ist Grundlage der Konfliktbearbeitung. Die Kinder werden zum Ausprobieren verschiedener Sprechhandlungen angeregt. Wichtig ist es, sich die Situation und das Sprechproblem vorzustellen.

I. Kurze einführende Übung

Je nach klassenspezifischer Situation:
- Entspannungsübung oder
- Übung zum Sozialverhalten (Pantomime, Kooperation, Musikeinsatz): Alle Kinder stehen durcheinander im Raum und sollen durch eine Pantomime zueinander finden. Jeder erhält ein Kärtchen. Jedes Kärtchen gibt es zweimal. Auf den Kärtchen stehen Tätigkeiten, die auf ein akustisches Signal hin pantomimisch dargestellt werden sollen. Daraufhin sollen sich die entsprechenden Partner finden.

II. Hinführung zum Thema Sprechsituation

1. Problemstellung – Sprechanlass

- Aufgreifen eines aktuellen Falles (z. B. Situation Schulpausenhof, Sportunterricht)

- Aufgreifen eines Eintrages im Störungsbuch (rechts ist Platz für die Störungszettelchen der Kinder, links für die in Gesprächen aktuell erarbeiteten Regeln)
- Der ausgewählte Fall für die folgende Unterrichtseinheit soll anhand eines Bildes (Tafel) für die Thematik des Ausgegrenztseins und des Ausgrenzens sensibilisieren.

Sukzessives Vorgehen:

Gruppe von spielenden Kindern – Amelie steht allein daneben – sieht nicht glücklich aus
Kinder sprechen zu der Situation, gehen auf nonverbales Verhalten ein
L zeichnet zum Bild (Amelie) eine Gedankenblase – Kinder haben Zeit zum Nachdenken … „Amelie denkt sich …, wünscht sich …"

2. Zielfestlegung: Ich will auch mitspielen! (Tafel)

III. Problemlösung – Sprachhandlung

1. Erkennen des sozialen Problems

a) Überleitung durch L bzw. Cassetteneinsatz mit dargestellter Situation: Amelies Wunsch wird nicht erfüllt. Die anderen Kinder lassen sie nicht mitspielen.
b) Kinder nennen Gründe für Situation des Ausgegrenztseins bzw. Ausgrenzens (Beispiel s. TA) und warum Amelie mitspielen will (Absicht – z. B. Wunsch, Freund[e] zu haben …)

2. Darstellen der problemhaltigen Situation im Rollenspiel

a) Erarbeiten von Lösungsmöglichkeiten in Gruppen (evtl. Gruppen verschiedene Situationen anbieten: Amelie reagiert zuerst, Gruppe reagiert zuerst, …, Wie kann A. sich verhalten, wenn sie nicht mitspielen darf? …)

Überlegen und Festlegen der Handlungs-
schritte:
- Was erwarte ich/erwarten wir vom
  anderen?
- Was bin ich/sind wir bereit zu tun?

Nachspielen beider Situationen: die des
Ausgegrenztseins und die des Ausgrenzens (Empathieübung)

Auftrag für eine Gruppe:

● Stellt euch folgende (oder eine eigene) Situation vor:
  Kinder spielen zusammen Gummi-
  twist. Amelie steht daneben und
  möchte auch gerne mitspielen. Sie
  traut sich aber nicht, weil sie allein
  ist. Außerdem ärgern sie sie ...

Plötzlich nimmt Amelie doch all ihren
Mut zusammen. Was könnte passie-
ren?

● Spielt die Situation nach und über-
  legt euch einen Schluss!
● Achtet darauf, dass jedes Kind in der
  Gruppe auch einmal Amelies Rolle
  erleben kann!
● Überlegt euch, wie ihr euren Fall
  präsentiert!
  Denkt dabei an die Zuhörer!
    - Laut und deutlich sprechen
    - Mimik, Gestik, Körperhaltung be-
      achten

---

b) Präsentation der Lösungsvorschläge

- Beobachtungsaufträge für die Zuhörer/
  Zuschauer (verbales und nonverbales
  Gesprächsverhalten; Varianten analysieren)
- spontane Bewertung des Rollenspiels
  und Auswertung der Beobachtungsaufträge
- jeweils kurze Zusammenfassung des
  Gesprächsinhalts (Lösungsvariante)
- Empathieübung: Wie hast du dich in
  deiner (bzw. jeweiligen) Rolle gefühlt?
  („Ich als Amelie wollte ..., weil ...")

**c) Metagespräch über Prozess des Rol-
lenspiels in den Gruppen** (setzt auch
Beobachtung der Gruppenprozesse durch
L voraus)

3. Urteilsbildung mit Begründung

**a) Zusammenfassung der Lösungs-
vorschläge (Tafel oder Plakat)**

b) Wertung der Lösungsvorschläge:

- Welcher Lösungsvorschlag gefällt dir
  am besten?
- Kinder begründen ihre Meinung,
  warum sie den einen gut finden und
  den anderen nicht.
- Warum ist es oft so, dass nicht die
  Gruppe zuerst auf den Einzelnen zu-
  geht?
- Zuhörenwollen der Gruppenmitglieder ist wichtig
- Anwendung von (gelernten) Sprachkonventionen (z. B. Kontakt aufnehmen, höflich fragen, Wünsche äußern,
  persönliches Anliegen vorbringen)

c) Mögliche Erkenntnisse:

- Wir gehen fair miteinander um
- Wir verletzen nicht ... vermeiden
  Schimpfwörter ... hören zu ... fragen
  höflich
- Jeder Einzelne muss einen Beitrag zum
  friedlichen Miteinander leisten

IV. Sicherung

Zusammenfassung und Fixierung der Erkenntnis (Tafel oder Plakat)

V. Transfer

Weiteres Fallbeispiel durch vorbereitetes
Rollenspiel (z. B. Gruppenbildung, Zusammenarbeit in der Gruppe als Problemsituation) regt zur Anwendung von
Konfliktlösungsstrategien an.

VI. Fortsetzung

Kinder denken darüber nach, welche Eigenschaften ein Kind haben soll, mit dem es gern spielen möchte (unabhängig vom Geschlecht). Sie schreiben ihre Gedanken auf *(Ich würde gerne mit einem Kind spielen, das … Es …)*. Diese Kinderaussagen bilden wieder Gesprächsanlässe (und führen evtl. zur Bildung neuer Spielgruppen).

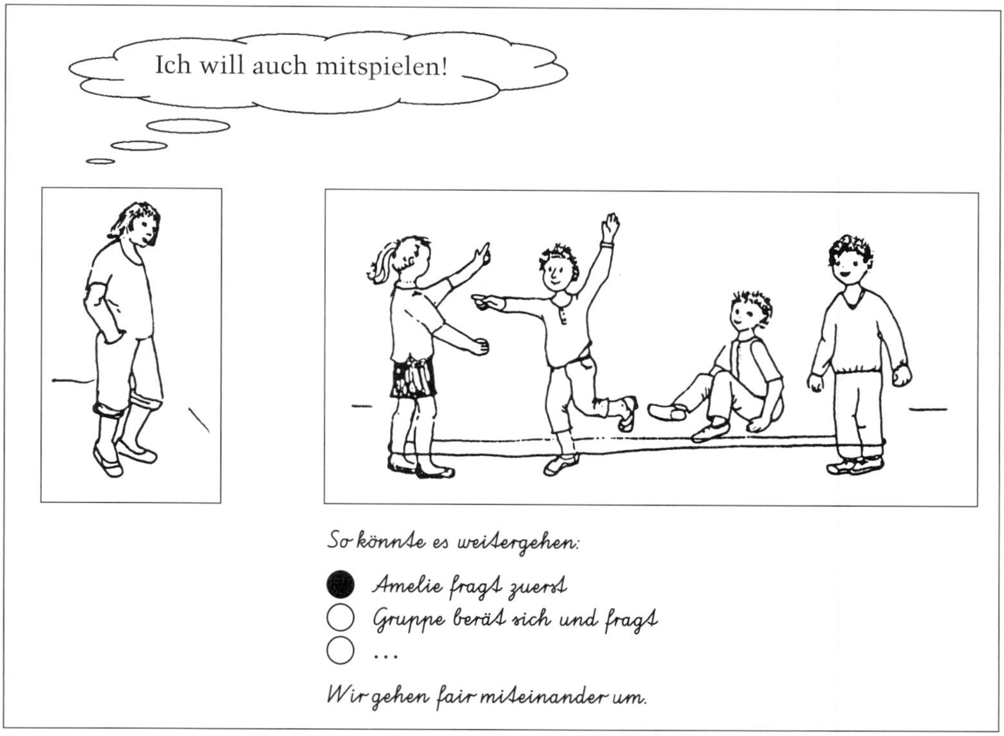

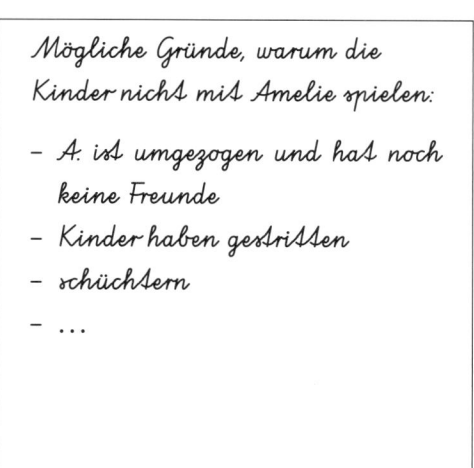

Abb. 30: Tafelbild (Mitteltafel)

Mögliche Gründe, warum die Kinder nicht mit Amelie spielen:

- *A. ist umgezogen und hat noch keine Freunde*
- *Kinder haben gestritten*
- *schüchtern*
- …

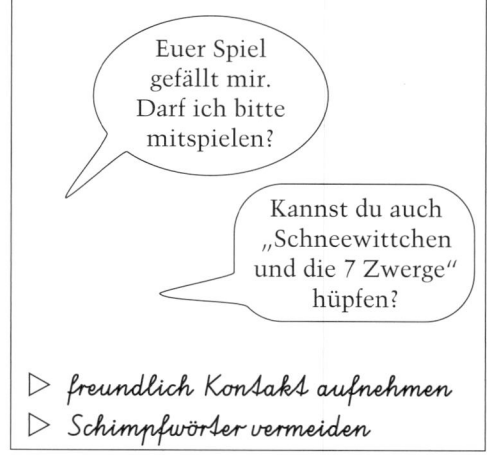

Abb. 31: Tafelbild (linker und rechter Flügel)

4.1.6 Texte verfassen

Fachliche Grundlagen

Das Verständnis und die kritische Verwendung der zahlreichen Methoden in diesem Lernbereich erfordern einen Einblick in die Entwicklung der Schreibdidaktik und in die Auswirkung der aufsatzdidaktischen Diskussion auf die Grundschule.

1. Aufsatzdidaktische Entwicklungen

a) Das Konzept des kommunikativen Aufsatzunterrichts

Ausgangspunkt der massiven Kritik an der traditionellen Aufsatzdidaktik Anfang der 70er Jahre war der fehlende Adressatenbezug des Schreibens. Der traditionelle Aufsatzunterricht verlaufe außerhalb der realen Kommunikationsbedingungen und schreibe selbstzweckhaft schulinterne Muster vor. Ziel des kommunikativen Schreibens waren nicht idealtypische an literarischen Texten orientierte Aufsatzformen, sondern die Bewältigung kommunikativer Schreibsituationen (z. B. Anleitung für ein Spiel, das Kinder für andere entwickelt haben). Im Vordergrund standen lebensrelevante Schreibsituationen, die das Herstellen von Texten für Leser herausforderten. Der Adressatenbezug, die Schreibintention und die Bedingungen der Situation werden als Konstituenten des Schreibprozesses anerkannt. Der kommunikative Ansatz wurde später dahingehend verändert, dass er nicht nur reale, sondern auch fiktive Adressaten zuließ und somit variablere Ausgangssituationen ermöglichte. Das Textschreiben der kommunikativen Wende führte zu einer Übertonung des Adressatenbezugs und auch zu gekünstelten Schreibsituationen. Die kommunikative Wende hat jedoch vor allem auf folgende drei Aspekte aufmerksam gemacht, die auch für die weitere Entwicklung bedeutsam wurden:

- zweckgebundenes Schreiben
- sprachliche Grundintention des Appells
- Bedeutung des Schreibprozesses (vgl. Bartnitzky 2001, S. 65).

b) Subjektivistische und konstruktivistische Ansätze

Nach der kommunikativen Wende wirken in den 80er Jahren neue Sichtweisen auf den Deutschunterricht ein. Subjektivistische Ansätze und Auswirkungen der kognitiven Wende in der Lernpsychologie führten zu neuen Sichtweisen auf die Schreibentwicklung von Kindern und zu neuen Schreibsituationen. Es folgten bildungstheoretisch geprägte Formen wie das „freie Schreiben", das „personale Schreiben", das „kreative Schreiben", das „Schreiben als Prozess" und das „Schreiben von Anfang an". Stets wird der Schreibprozess, die Schreiberpersönlichkeit sowie deren Schreibentwicklung betont. Die Schreiberpersönlichkeit bringt sich selbst in den Prozess des Schreibens ein. Somit gewinnen Subjektivität und Individualität der Kinder an Bedeutung.

Die Tendenzen in den 80er Jahren werden unter dem Begriff des personalen Schreibens zusammengefasst. Sie sind notwendige Ergänzungen zur Einseitigkeit des zweckgebundenen Schreibens. Es sind Texte, die aus Schreiblust als Texte für sich selbst, aber auch im Sinne gemeinsamer Schreibprojekte als Texte für uns geschrieben werden. Diese Texte können weitere Leser oder Hörer finden, sie müssen es aber nicht. Für alle Schreibanlässe ist es wichtig, dass es für die Verfasserin und dem Verfasser einen Grund zum Schreiben geben muss.

2. Typen von Schreibsituationen

Wir unterscheiden sechs Typen von Schreibsituationen (vgl. Bartnitzky 2001, S. 74):

a) Schreiben von Unterrichtstexten

- In der Verbindung von Sprache und Sache entstehen zahlreiche geeignete Schreibsituationen, die zur Verwendung vielfältiger Textsorten anregen (z. B. Langzeitbeobachtungen notieren, Aufrufe und Hinweistexte im Rahmen einer Themenarbeit).

Die Kinder fördern ihre Sprachkompetenz durch das Verfassen von verständlichen Sachtexten über Lebewesen, Dinge und Vorgänge. Sachverhalte werden folgerichtig und genau dargestellt. Arbeitsergebnisse können auch in Stichpunkten zusammengefasst und für einen Sachtext verwendet werden. Sachkenntnis und entsprechende Fachbegriffe sind Grundlage der schriftsprachlichen Äußerung. Häufig wird auch ein Ausschnitt aus der Sache als Gegenstand des Sachtextes ausgewählt. Sachtexte können in Einzelarbeit, Partner- oder Gruppenarbeit verfasst werden. Die Begründungen für das Schreiben sind überzeugender, wenn die Texte auf verschiedene Weise präsentiert werden.

- Im Fach Mathematik werden Sachsituationen schriftlich versprachlicht und in einer Sachrechenkartei gesammelt.
- Im Musikunterricht können zur Musik Erzählgeschichten entstehen.
- Im Sportunterricht werden selbst gefundene Regeln zu einem Spiel notiert.

b) Schreiben von Texten zum Klassenleben

Je vielfältiger das Klassenleben und das Schulleben mit den Kindern gestaltet wird, desto häufiger entstehen geeignete Schreibsituationen: Vereinbarungen für die Nutzung der Computer, Zimmerregeln für den Schullandheimaufenthalt, Festhalten von Konfliktlösungen.

c) Schreiben von Lerntexten

Die Entwicklung der Lernkompetenz ist eine Schlüsselqualifikation. Als eigenaktive Lerner denken die Kinder über ihren Lernprozess nach und gestalten ihn mit. Lerntexte im Sinne von eigenen Lernspuren dokumentieren eigene Entscheidungen und Lösungswege. Es sind zunächst Texte personalen Schreibens mit erkenntnisfördernder Funktion (epistemische Texte). Lerntexte können in vielen Fächern entstehen:

- In der Verbindung von Sprache und Mathematik halten Kinder ihre Rechenstrategien fest (s. Abb. 58, S. 241).
- Im Bereich Umgang mit Texten können die Kinder in Lesetagebüchern ihre persönlichen Lernspuren verschriften.

Abb. 32: Sachtext eines Kindes

d) Angeregtes und angeleitetes Schreiben

Dieser Typ von Schreibsituationen umfasst vielfältige Textsorten und Textfunktionen. Kinder brauchen für ihre Entwicklung geeignete Anregungen und Anleitungen. Sie unterscheiden sich jedoch in ihren sprachlichen Fähigkeiten, ihrem Textwissen und ihren Interessen erheblich.

1. Schreibanregungen durch inhaltliche Impulse

– Anhand eines aussagekräftigen Fotos wird ein optischer Eindruck in Sprache umgesetzt. Es kann ein Anstoß zu einem eigenen Schreibthema sein.
– Reizvolle Gestaltungsaufgaben bilden die Kombination bestimmter Wörter oder Gegenstände. Kinder wählen z. B. frei gesammelte Wörter aus einer Wörterliste aus.

2. Schreibanregungen durch gedankliche Strukturen

Anhand von Ideenfeldern können Gedanken, Ideen, Zusammenhänge dokumentiert werden. Eine Ausgangssituation regt persönliche Assoziationen an. In der Gruppe führen die Assoziationen der anderen zu eigenen Ergänzungen. Aus den gedanklichen Strukturen entwickeln sich Textstrukturen. Bartnitzky fasst mit dem Begriff Ideenfeld die Methoden Clustern, Brainstorming und Mind-mapping zusammen (vgl. a. a. O., S. 46).

3. Schreibanregungen durch literarische Vorgaben

Mechthild Dehn hebt besonders die Verbindung von Lesen und Schreiben hervor. „Wer schreibt, fasst Vorgegebenes, Gewusstes, Erfahrenes für sich und gibt es anderen wiederum zum Lesen. Der Text der dabei entsteht, ist immer ein Text zwischen den Texten. Er adaptiert andere Texte und korrespondiert mit ihnen, mit Formen und Mustern, in denen Inhalte, Themen, Bedeutungsstrukturen gestaltet, Erfahrung und Erkenntnis formuliert ... werden" (Dehn 1999, S. 36).

Schreiben nach Vorgaben hält die Kinder dazu an, aus der Fülle des Vorgegebenen (bereits inhaltliches Spektrum) etwas für sich auszuwählen. Es setzt Einfälle frei und bindet sie zugleich.

– Beispiel: Geschichtenanfang
Den Kindern ist aufgegeben, einen Konflikt zu lösen. Die Schreibvorgabe weckt eigene Erfahrungen, Assoziationen zur Kinderliteratur, zur Behandlung solcher Konflikte in anderen Texten. Es gibt nicht eine richtige oder die beste Lösung.

e) Freies Schreiben

Konstitutive Merkmale der Freien Arbeit gelten auch für freies Schreiben (vgl. Bartnitzky 2001, S. 82):

Sinnmoment	Die Kinder schreiben, weil sie es als sinnvoll erfahren.
Planungsmoment	Die Kinder entscheiden selbst über Zeit, Schreibmaterialien, Inhalte, Textform und Textverwendung.
Reflexionsmoment	Die Kinder denken über ihre Entscheidungen und Schreibprozesse nach.
Moment der Selbstdifferenzierung	Jedes einzelne Kind bestimmt über sein Schreiben individuell und eigenverantwortlich.

Freies Schreiben weckt die Schreibfreude und fördert die Selbst- und Lernkompetenz der Kinder. Es trägt sich jedoch nicht von selbst. Die Lehrkraft schafft entsprechende Schreibanlässe und vermittelt notwendige Fähigkeiten, Arbeitstechniken und Schreibhaltungen. Alle bisher erläuterten Schreibsituationen können berücksichtigt werden. Die Kinder können sich Anregungen für ihre individuellen Schreibaktivitäten holen. Jederzeit können sie auf die Hilfsangebote zurückgreifen. Die Lehrperson hat eine beratende Funktion. Entscheidend ist es, neugierig zu sein auf das, was ein Kind geschrieben hat.

f) Schreibprojekte

Im Projekt planen, gestalten und reflektieren alle Kinder von Anfang an mit. Sie tragen Verantwortung für die Arbeit und das vorzeigbare Ergebnis. In Schreibprojekten ist das Texteschreiben selbst Gegenstand des Vorhabens. Das Projekt hat den gestalteten und präsentierten Text zum Ziel (z. B. Buch, Klassenzeitung). Das Projektziel bleibt stets das Korrektiv für das Schreiben, für die Überarbeitung und die abschließende Gestaltung.

3. Kreatives Schreiben

a) Begriff

Von den drei Hauptaspekten der Kreativitätsforschung (kreative Persönlichkeit, kreativer Prozess, kreatives Produkt) ist vor allem der kreative Prozess unter pädagogisch-didaktischen Gesichtspunkten die relevanteste Kategorie. Kreatives Handeln trägt zur Entwicklung der Persönlichkeit bei (vgl. Müller 2001, S. 13).

Spinner grenzt den Begriff kreatives Schreiben ein, indem er drei miteinander verbundene Leitprinzipien als Kennzeichen festhält (vgl. Spinner 1996, S. 82 f.).

● Prinzip: Irritation
Der Kreativitätsbegriff der 70er Jahre betonte vor allem das divergente Denken, das neue überraschende Problemlösungen ermöglicht. Spinner spricht hier von Irritation. Für das kreative Schreiben werden Verfahren gesucht, mit denen man die Schreibenden aus ihren gewohnten Denk- und Vorstellungsbahnen herauslocken kann. Wenn Bekanntes oder Gegebenes in ungewohnte Zusammenhänge gebracht wird, werden Problemlösungsprozesse angestoßen. Dies führte zu zahlreichen methodischen Ideen für kreatives Schreiben: ungewöhnliche Reizwortketten, Figuren aus bekannten Texten in Texte mit anderer Struktur einfügen, Geschichten aus verschiedenen Perspektiven erzählen.

● Prinzip: Expression
In den 80er Jahren wird die Entfaltung der individuellen Kräfte betont. Unter kreativem Schreiben wird vor allem der Ausdruck von Subjektivität verstanden (z. B. persönliche Gefühle, Vorstellungen). Methoden, die den Weg zum Selbstausdruck ebnen: Clustern, assoziatives Schreiben (z. B. zu einem Ausgangswort aus der Wortkiste schreiben), poetisches Schreiben (z. B. Elfchen).

● Prinzip: Imagination
Dieses Prinzip verbindet die Prinzipien Irritation und Expression. „Imaginieren heißt", so Spinner, „dass man sich etwas nicht unmittelbar Vorhandenes vorstellt und dass man seinen eigenen Standort verlässt, sich in den fiktionalen Raum versetzt und z. B. in der Perspektive einer anderen Person schreibt. Imagination beim Schreiben reicht von der Rekonstruktion von Wahrgenommenem über das Hineindenken in Vergangenes, Entferntes und Fremdes bis zur Faszination

des Entwurfs imaginärer Welten" (Spinner, in Nußbaum 2000, S.108). Methodisch realisiert sich dieses Prinzip z. B. in Fantasiereisen, in der Kombination verschiedener Verfahren kreativer Arbeit.

b) Methodengruppen des kreativen Schreibens

Folgende Verfahren (vgl. Böttcher 1999, S. 21 f.) können in unterschiedlichen thematischen Zusammenhängen und in allen Fächern eingesetzt werden. Sie lassen sich miteinander verbinden und sind nicht überschneidungsfrei.

Verfahren des kreativen Schreibens	Beispiele
Assoziatives Verfahren	Cluster (spielerisch–experimentell), Fantasiereise (meditativ)
Schreibspiele	Geschichten reihum, Wörter finden (z. B. Wörterkiste)
Schreiben nach Vorgaben, Regeln und Mustern	Elfchen, Zeilenumbrechen, Schreiben zu mathematischen Vorgaben
Schreiben zu und nach (literarischen) Texten	Textreduktion, zu Ende schreiben, Werbetexte, Bilderbücher
Schreiben zu Stimuli (geben keine sprachlichen Gedankenbahnen vor)	Musik, Bild, Musik und Bild, Orte (z. B. Museum), vier Elemente (z. B. Wasser)
Weiterschreiben an kreativen Texten	Über den Rand hinausschreiben (Revisions- und Produktionsverfahren), Textlupe, Operieren mit Textteilen

c) Kreatives Schreiben – Freies Schreiben – Schreibplanung

Während beim freien Schreiben die Kinder selbst über Ort, Zeit und Thema des Schreibens bestimmen, werden beim kreativen Schreiben durchaus bestimmte Anregungen gegeben, um kreative Prozesse auszulösen. Alle Anregungen des kreativen Schreibens können auch beim freien Schreiben verwendet werden. Auch das freie Schreiben kann in vielen Fällen das kreative Schreiben fördern. Kreatives Schreiben ist als eine besondere Form des Schreibens ebenfalls prozessorientiert. Es lässt sich jedoch stärker von diesem Prozess leiten und steuert ihn weniger bewusst. Distanzierte Haltungen können möglicherweise Blockaden verursachen.

Situation des Kindes

In der Schreibforschung hat es in den letzten Jahrzehnten grundlegende Veränderungen gegeben.

1. Unterschied zwischen Schreiben und Sprechen

Die sprachlichen Tätigkeiten Sprechen und Schreiben unterscheiden sich wesentlich. Bei der Verschriftlichung fehlt gegenüber der mündlichen Verständigung die unmittelbare Rückkoppelung zu den Adressaten, das nonverbale Verständigungsmittel und der direkte situative Zusammenhang. Gerade bei Grundschulkindern ist beim Schreiben gegenüber dem Sprechen der Äußerungsprozess erheblich verlangsamt. Wer schreibt kann jedoch Geschriebenes überarbeiten oder verwerfen. Durch die Schriftlichkeit entstehen auch Ansprüche an die Textqualität (gedankliche Schärfe, lesermotivierende Gestaltung, sprachliche Mittel). Es gibt jedoch auch mündliches Sprechen, das der Schriftlichkeit nahe kommt (z. B. Vortrag) und es gibt Schriftliches, das eher mündlichen Charakter hat (z. B. E-Mail-Texte). Mit dem Grundsatz „Schreiben ist nicht die direkte Umsetzung des Gesprochenen" (Bildungsplan B.-W. 1994, in Spitta 1998, S. 188) wird im Bildungsplan von Baden-Württemberg die Ansicht zurückgewiesen, stets zuerst zu erzählen und dann das Erzählte aufzuschreiben. „Die vielfältigen Funktionen des Schreibens … werden durch die Reduktion des Textschreibens auf die Technik des Aufschreibens von vorher geäußerten Gedanken ausgeblendet" (a. a. O., S. 189). Für die Deutschdidaktik ist besonders Wygotskis Konzept der „Inneren Sprache" interessant. Auf die innere Sprache greifen wir bei mündlichen und schriftlichen Textproduktionen zurück. Ein Kind kann beim mündlichen Erzählen wichtige Einfälle für das Schreiben haben. Sie kann diese jedoch nicht gleich ins Medium Schrift übertragen, sondern muss bei seinem Schreibakt neu ansetzen. Der Weg vom Sprechen zum Schreiben erfolgt auf dem Umweg über die innere Sprache.

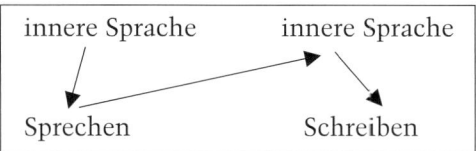

Abb. 33: Vom Sprechen zum Schreiben (Wild, in Schober 1998, S. 76)

2. Der Schreibprozess

Schreiben ist eine komplexe eigenständige Handlung, die durch Routinetätigkeiten und Problemlösestrategien gleichermaßen geprägt ist. Die moderne Schreibforschung untersucht vor allem die Teilprozesse der Textproduktion. Die Teilprozesse planen – aufschreiben – überarbeiten verlaufen nicht streng suk-

zessiv, sondern bewegen sich interaktiv auf verschiedenen Ebenen. Den Textproduktionsprozess bestimmen außerdem situative, motivationale, emotionale, soziale und kreative Komponenten sowie das Wissen und die Fähigkeiten des Schreibers (vgl. Böttcher 1999, S.17).
Der Schreibprozess durchläuft verschiedene Phasen:
(1) Schreibidee/Schreibziel
(2) Ineinandergreifende und wiederholbare Teilprozesse:

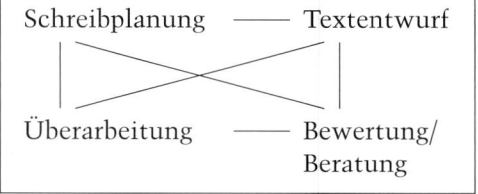

(3) Präsentation/Veröffentlichung
Dieses ständige Wechselspiel von Planen und Verwerfen, Ausprobieren und Überarbeiten spielt sich häufig auch nur im Kopf ab. Auch Erstklässler wählen bei ihren Spontanschreibungen aus (vgl. Bartnitzky 2001, S. 87). Die Förderung der Schreibprozesse trägt demnach zur besseren Entwicklung der Schreibfähigkeiten bei.

3. Entwicklung schriftsprachlicher Fähigkeiten

Entwicklung meint hier einen Prozess, der durch konstruktive (eigenaktives Lernen) und instruktive Anteile (gezielte Vermittlung) bestimmt ist. Es ist ein prinzipiell offener Prozess, der sich über viele Jahre hinzieht. In Anlehnung an das grundlegende Entwicklungsmodell von Bereiter (1980) haben Baurmann/Ludwig ein didaktisch orientiertes Modell entwickelt. Entwicklungsstadien sind dabei zugleich Schreibhaltungen (s. Abb. 34). Jede Stufe im genannten Entwicklungsprozess bezeichnet eine grundlegende Schreibhaltung. Die Kinder der Grundschule durchleben diese Stadien „aber nicht unbedingt nacheinander und nicht in zwingend aufeinander folgenden psychischen Entwicklungsstufen" (Böttcher 1999, S. 19).

Entwicklungsstadien und Schreibhaltungen		Beispiele
● assoziatives – expressives Schreiben	Gedanken werden verschriftet, Ideen, Clustern und Einfälle finden	Spontanschreibung
● normatives Schreiben	Beachten von Schreibkonventionen (orthografisch, grammatikalisch, stilistisch)	Erarbeitung von Schreibhinweisen, Veröffentlichungstexte
● funktionales bzw. kommunikatives Schreiben	sich adressatenorientiert verhalten können, Orientierung am Leser – für jemanden und an jemanden etwas schreiben	Korrespondenzen Schreibprojekte
● subjektiv-authentisches Schreiben	Entwicklung des individuellen Sprachstils, persönliche Schreib-Präferenz, Orientierung am Schreiber – für sich, über sich schreiben	Freies Schreiben persönliches Tagebuch
● epistemisches bzw. heuristisches Schreiben	Schreiben als Mittel des Denkens einsetzen können, Schreiben als Medium der Gedankenerzeugung und -formulierung, Orientierung auf Sache und Inhalt hin – über etwas schreiben	Cluster Lerntexte Forscherheft Nachdenktexte

Abb. 34: Entwicklungsstadien und Schreibhaltungen (vgl. Bartnitzky 2001, S. 104 f.)

Die relativ großen Entwicklungsspannen innerhalb einzelner Altersgruppen ergeben sich vor allem aufgrund unterschiedlicher Schreiberfahrungen. Schülertexte sind „Ergebnis zurückliegender Lernprozesse (der Erfahrung, der Beobachtung anderer Texte), die im Schreiben ihren Niederschlag finden, und Ergebnis von Prozessen, die sich im Akt des Schreibens vollziehen, in der Notwendigkeit, eine Struktur für die Schreibidee zu finden, Beziehungen zu formulieren" (Dehn, in Böttcher 1999, S. 20). Ein schreibanregender Unterricht mit vielfältigen Schreibbegründungen und verschiedenartigen und komplexen Schreibsituationen kann die Schreibhaltungen fördern.

Fachliche Zielsetzungen

1. Am Schreibprozess orientieren

Der Schreibprozess durchläuft verschiedene Phasen: Texte vorbereiten, Texte schreiben, Texte überarbeiten. Die Kinder erkennen und nutzen verschiedene Schreibanlässe und entwickeln entsprechende Gestaltungsideen. Dabei achten sie bei der Planung der Texte zunehmend auf Absicht, Adressat und Verwendungszusammenhang. Erkenntnisse aus bisherigen Textüberarbeitungen werden berücksichtigt. Bereits bei der Umsetzung der entwickelten Schreibidee setzt die Tätigkeit des Überarbeitens ein. Vielfältige Möglichkeiten des Überarbeitens werden angewandt. Die Fähigkeiten der Kinder, ihren Schreibprozess mitzugestalten und zu selbstbestimmten Texten zu kommen, werden kontinuierlich weiterentwickelt.

2. Auf begründete Schreibsituationen achten

Die Entwicklung, die bereits in der Phase des Schriftspracherwerbs gefördert wurde, wird fortgesetzt. So sollen Kinder das Verfassen von Texten stets als eine sinnvolle und bereichernde Tätigkeit erfahren. Nur so schreiben sie in einer bestimmten Art und Weise und achten auf bestimmte Ansprüche beim Schreiben. Diese Ansprüche können sie aus ihrem eigenen Schreibziel ableiten. Individuelle Begründungen sind wichtig für alle Phasen des Schreibprozesses. Wer gern schreibt, hat erfahren, dass Schreiben für ihn persönlich bedeutsam ist. Der anspruchsvolle Weg bis zum fertigen Text erfordert Bereitschaft und Ausdauer. Gewonnene Zuversicht in eigene Schreibfähigkeiten wirkt sich positiv auf das Schreiben weiterer Texte aus. Solche geglückten Schreibsituationen können zur Entwicklung einer Schreibkultur in der jeweiligen Klasse beitragen.

3. Grundschulrelevante Schreibfunktionen aufgreifen

Schreiben ist in einen Kommunikationszusammenhang eingebunden (Schreiber und Leser). Es verhilft dem Kind zum Abbilden und Aufbewahren seiner Erlebnisse, Gedanken und Gefühle. Schon für die Grundschule gilt es Einseitigkeiten zu vermeiden. Folgende Funktionen des Schreibens sollen sich im Unterricht auswirken:

- Psychische Funktion (Schreiben für sich): Erlebnisse, Wünsche, Gefühle artikulieren
- Soziale Funktion (Schreiben für und an andere): unterhalten, informieren, appellieren
- Kognitive Funktion (Schreiben für das Denken): Erlebnisse, Beobachtungen und Gedanken ordnen und zum Gegenstand des Nachdenkens machen (vgl. Ossner, in Schober 1998, S. 83)

Die Schreibfunktionen Erzählen/Unterhalten – Informieren – Appellieren bilden den Mittelpunkt des Unterrichts, nicht das Einüben verschiedener Darstellungsformen.

4. Freies und angeleitetes Schreiben ermöglichen

Die Kinder brauchen vielfältige Gelegenheiten zum (mehr) freien und (mehr) angeleiteten Schreiben. In angebotenen Freiräumen können sie Schreibanlässe möglichst oft selbst finden und eigene Gestaltungsideen entwickeln. In Schreibkonferenzen denken die Kinder selbstbestimmt und selbstverantwortlich gemeinsam mit anderen Kindern über ihre Texte nach (Inhalt, Sprache, Textwirkung, Entstehungsmotivation). Der Schreibende muss aber auch eine Vielzahl kultureller Bedingungen berücksichtigen. Insofern sind auch sprachliche und inhaltliche Vorgaben erforderlich, damit der Schreibende seine Texte zunehmend im Zusammenhang von Schreibabsicht, Inhaltsbezug und Verwendung verfasst. Dabei wird auch die Eigengesetzlichkeit des schriftlichen Ausdrucks im Unterschied zum mündlichen Ausdruck bewusst. Das kreative Schreiben ist ein wichtiger ergänzender Aspekt, der viele Überschneidungen mit anderen Schreibmöglichkeiten hat. Kreative Lernprozesse verbinden kognitive, emotionale und imaginative Lernprozesse.

5. Sprachliche und gestalterische Mittel zunehmend bewusst einsetzen

Die sprachlichen Mittel regen die schriftlichen Ausdrucksmöglichkeiten der Kinder an und bereichern sie. Sie werden für die jeweiligen Texte erarbeitet und beziehen sich auf das Schreibziel. Die Kinder setzen die sprachlichen und gestalterischen Mittel, die sie im Umgang mit Sprache lernen, zunehmend planvoll ein. In Verbindung mit dem Lernbereich „Sprachreflexion" können sprachliche Mittel bewusst gebraucht und mit zunehmendem Alter gezielt ausgewählt werden: passende Ausdrücke sammeln, treffende Wörter wählen (z. B. Wortfelder erstellen); sich für eine Zeitstufe entscheiden; Gedanken, Gefühle, Stimmungen ausdrücken; wörtliche Rede einsetzen. Vielfalt und Reichtum der Sprache können dabei entdeckt und genutzt werden. Die Textwirkung wird auch von der äußeren Form beeinflusst. Gestalterische Mittel werden auch in Verbindung mit dem Fach Kunsterziehung bewusst eingesetzt: Schriftgestaltung, optische Gliederung, Gestaltungsmöglichkeiten für ein Plakat oder einen Brief. Erkenntnisse aus vorhergehenden Texten und Textüberarbeitungen werden stets miteinbezogen. Letztlich entscheidet das Autorenkind in seinem Text und bezogen auf seine Schreibabsicht über die Trefflichkeit der sprachlichen Mittel.

Didaktische Grundsätze

1. Lernbereichs- und fächerübergreifend vernetzen

Sprachliches Handeln vollzieht sich in komplexen Situationen. Dies erfordert ein sach-, situations- und partnerbezogenes Sprachhandeln in allen Fächern. Sprechen, Schreiben und Lesen sind kommunikative und handlungsorientierte Funktionen der Sprache, die aufeinander bezogen sind. Die Lernbereiche im Fach Deutsch sind deshalb sinnvoll und sachgerecht zu vernetzen. Nur so ist eine ständige Erweiterung der Sprachhandlungsfähigkeit möglich.

- Das Rechtschreiben wird vor allem durch das häufige Verfassen eigener Texte geübt. Der individuelle Wortschatz wird erweitert und bereits erworbene Strategien werden gesichert.
- Durch vielfältige Gelegenheiten zum schriftlichen Ausdruck werden die Kinder sensibel für die unterschiedlichen sprachlichen Mittel.
- Der produktions- und handlungsorientierte Umgang mit Texten fördert vor allem das kreative Schreiben.
- Beim Überarbeiten der Texte ist vor allem der mündliche Ausdruck wichtig, z. B. aktives Zuhören, auf sachlicher Ebene über Texte sprechen.
- Der didaktische Gewinn von projektorientiertem Unterricht liegt vor allem darin, dass fächerübergreifendes Lernen ermöglicht wird und sich die Schreibprozesse an der realen Verwendung orientieren.

- Einrichten einer Schreibwerkstatt
Auch in einer Schreibwerkstatt wird lernbereichs- und fächerübergreifendes Arbeiten realisiert. Der Werkstatt-Begriff ist vor allem in Verbindung mit der Freinet-Pädagogik entstanden. Die Kinder streben selbstständig ein ihnen bekanntes oder von ihnen entschiedenes Arbeitsziel an. Sie arbeiten individuell oder in Grup-

pen und nutzen dabei entsprechende Arbeitstechniken. Arbeitsmaterialien finden sie im Klassenzimmer vor; sie können diese gegebenenfalls auch ergänzen. Das Material hat einen hohen Aufforderungscharakter. Organisatorisch können Schreibwerkstätten Teil des Unterrichtstages oder der Unterrichtswoche sein. Schreibkonferenzen können in die Arbeit integriert werden. Ziel ist vor allem die Förderung der Schreibmotivation.

2. Überarbeitungsbereitschaft und -kompetenz anbahnen

Für die Entwicklung der Schreibkompetenz ist die Fähigkeit zum Überarbeiten von Texten ebenso wichtig wie die Planungs- und Formulierungsfähigkeiten. Die Überarbeitungsfähigkeit unterliegt einer altersbedingten Entwicklung. Der Text muss überhaupt auch erst einmal als überarbeitungsbedürftig erkannt und akzeptiert werden. Voraussetzung für die Arbeit am Text ist, dass die Kinder die Wirkung auf andere erfahren. Der Austausch der Texte untereinander und das Präsentieren im Vorlesen hat sowohl für die Schreiberin und den Schreiber des jeweiligen Textes als auch für die Zuhörer (als Verfasser der anderen Texte) Bedeutung. Sie erfahren die Wirkung ihres Textes, indem das Textverständnis anderer Personen zurückgespiegelt wird. Die Kinder lernen verschiedene Möglichkeiten der Überarbeitung kennen und erproben diese (z. B. rechtschriftliche und sprachliche Korrektur, Verwendung von Wörterlisten und Wörterbüchern, Schreibkonferenzen). Sie überarbeiten ihre Texte zunehmend selbstständig und kooperativ und in enger Verzahnung mit den Lernbereichen des Deutschunterrichts. Als Vorbereitung auch für die Schreibkonferenzen müssen die Kinder für Probleme, die ein Text aufweist, sensibilisiert werden und dazu an Beispielen

Überarbeitungsmöglichkeiten erfassen und einüben. Die Lehrkraft kann aus Kindertexten „Mustergeschichten" zusammenstellen, die zum Überarbeiten besonders geeignet sind und an denen alle etwas lernen können.

● Schreibkonferenz

„Schreibkonferenzen sind Versammlungen, die aber auf wenige Teilnehmer begrenzt sind, die der Autor oder die Autorin ausgesucht hat" (Bartnitzky 2001, S. 95). Die Kinder können eigenaktiv und handlungsorientiert lernen. Sie entwickeln ihrem eigenen Lernprozess gegenüber ein Verantwortungsgefühl und ein positives Sozialverhalten. Schreibkonferenzen stellen hohe Anforderungen an die Konzentration und Ausdauer der Kinder.

Hauptelemente der Organisation:

(1) Die Kinder schreiben in regelmäßigen freien Schreibzeiten überwiegend freie, selbstverantwortete Texte.
(2) Die Schreibkonferenzen finden in der Regel in freien Schreibzeiten statt. Das Autorenkind kann dazu zwei Mitarbeiter einladen.
– Vorlesen des Textentwurfes
– Spontanreaktionen der Mitarbeiterkinder
– Verständnisfragen zum Inhalt, Autorenkind markiert gegebenenfalls Stellen für inhaltliche Veränderungen
– Satzweises Durchgehen des Textentwurfes unter sprachlichen und inhaltlichen Aspekten, Stellen markieren und Vorschläge notieren, Gewinnung sog. Schreibtipps
– Rechtschreibkontrolle allein, in der Schreibkonferenz oder mit der Lehrkraft
(3) Inhaltliche, sprachliche und orthografische Überarbeitung des Textes, Endredaktion mit Lehrkraft (Nachkorrektur, Einzelgespräch), Übertragen des Textes auf spezielle Veröffentlichungsbögen

(4) Veröffentlichung: Vorlesen des Textes und Gespräch über Text mit gesamter Klasse („Autorenstunde", „Dichterlesung"), evtl. Buchprojekt oder Textausstellung.

Die Rituale müssen mit den Kindern entwickelt werden. Die Schreibkonferenz kann während der Einführungsphase modellhaft unter Beteiligung der Lehrkraft im Rollenspiel erprobt werden. Die Regeln werden im Laufe der Zeit in metakommunikativen Gesprächen überprüft und ggf. geändert. In der Schreibkonferenz können die Kinder auch hilfreiche Anknüpfungsformulierungen finden: „Du schreibst, dass ..."; „Ich kann mir gut vorstellen, dass ..."; „Was ich nicht verstanden habe, ist ...". Damit Textauffälligkeiten auch richtig diagnostiziert werden, ist es wichtig bei den Kindern „ein Textverstehen anzubahnen, das den Text insgesamt in den Blick rückt und auch Phänomene der Textstruktur und der Textsorte zum Inhalt von Überarbeitungsinteresse und -strategien werden lässt" (Reuschling, in Schober 1998, S. 98). Hier bedarf es von der Lehrkraft als Lernbegleiter gezielter Anregungen. Von Vorteil ist es, wenn die Lehrkraft die Texte vor der Besprechung in der Schreibkonferenz kennt und ihr Textverständnis entwickelt hat. So hat sie auch Einblick in die kindlichen Lernprozesse gewonnen. Mögliche Anregungen sollen jedoch die eigenaktive Annäherung der Kinder an den Text nicht stören. Auch abschließende Fragen zur individuellen Reflexion sind sinnvoll: Was hat deine Leser und Zuhörer besonders angesprochen? Welche Hinweise waren besonders hilfreich für dich? Was hast du selbst dazugelernt? Durch das gemeinsame Nachdenken über individuell verfasste Texte wird langfristig eine selbstreflexive Haltung dem eigenen Text gegenüber gefördert. Das Schreibwissen nimmt zu.

● Schreibhilfen
Überarbeitungsstrategien können im Laufe der Arbeit gesammelt werden. Diese Schreibhilfen können auf Plakaten festgehalten oder in eine Schreibkartei aufgenommen werden. Sie sollen stets auch Beispiele der Kinder aus Entwürfen und Überarbeitungen enthalten. Diese erarbeiteten Schreibhilfen tragen dazu bei, dass die Kinder bewusst mit der Sprache umgehen und über Texte nachdenken und sie bearbeiten.

3. Vielfältige Möglichkeiten der Veröffentlichung nutzen

Veröffentlichen ist im Schreibprozess die letzte Phase des Herstellungsprozesses. Die Aussicht, dass die eigenen Texte veröffentlicht werden, fordert die Bereitschaft, an Form und Inhalt zu arbeiten. Schreibtexte sollen in der Regel zu Lesetexten für andere werden. Für die Entwicklung der Schreibmotivation ist es von besonderer Bedeutung, dass die Texte ästhetisch gestaltet und für die Veröffentlichung gezielt vorbereitet werden (z. B. „Baumgeschichten" auf einem ausgeschnittenen Baum aus Tonpapier). So wird die Schreibfreude der Kinder verstärkt und sie erfahren durch die Veröffentlichung ihrer Texte die Wirkung und Bedeutung der schriftlichen Kommunikation. Die Rückmeldung und Anerkennung von Mitschülerinnen und Mitschülern und erwachsenen Personen stärkt sie in ihrem Selbstbewusstsein. Die Kinder können ihre Texte in schriftlicher und mündlicher Form an unterschiedlichen Orten, in vielfältigen Situationen mit je anderen Adressaten veröffentlichen und präsentieren: Vortrag in der Klasse, Vorleseabende, Klassenzeitung, Geschichtenbücher, Klassentagebuch, Schautafeln, Erstellen einer Sachkartei, Briefkontakte pflegen, Homepage. Das Schreiben für sich selbst (z. B. Tagebuch) oder für einen bestimmten Adressaten (Geheimnisse, persönliche Briefe) nimmt eine Sonderstellung ein, da sie nicht für die Öffentlichkeit bestimmt sind.

4. Steigerung der Schreibmotivation durch den Einsatz des Computers

Durch den Einsatz des Computers als Schreibwerkzeug kann die Schreibmotivation gefördert und die selbstständige Überarbeitung von Texten angeregt werden. Kindern mit schreib-motorischen Problemen kann er eine Hilfe sein und dazu führen, dass sie sich mit dem Inhalt schreibend länger befassen. Der Text auf dem Monitor (im Speicher) ist flexibel. Das Autorenkind kann den Text nach Maßgabe seiner jeweiligen Gedanken immer wieder umformen. Spezielle Programme bieten zur Unterstützung beim freien Schreiben am Bildschirmrand ein Wörterbuch an, das die Lehrkraft im Lehrkraft-Modus entsprechend bearbeiten kann. Auch das kooperative Schreiben kann gefördert werden, da der entstehende Text auf dem Monitor für beide Verfasser gut sichtbar ist. Die Kinder entdecken die schnelle Verfügbarkeit von Ausdrucken und damit verbundene Anschlusstätigkeiten. Zu den lernrelevanten Besonderheiten von E-Mails gehört die Möglichkeit zu (rascher) öffentlicher Kontaktsuche und der Einbezug schriftlicher Aussagen von Individuen außerhalb des Klassenzimmers. Gemeinsam und zeitgleich kann an gleichen Themen gearbeitet werden. Geschichten können weitergeschrieben werden. Gründlich bearbeitete Texte lassen sich als Anhang anfügen und auf schnellem Wege austauschen. Auch die Veröffentlichung von verfassten Texten auf der schuleigenen Homepage kann über die angegebene E-Mail-Adresse zu Reaktionen des Publikums führen. Hervorzuheben sind auch die computerspezifischen Möglichkeiten zur Gestaltung des äußeren Erscheinungsbildes, wie z. B. Schriftart, Farbgebung, Anordnung des Textes auf einer Seite.

5. Anforderungen an die Lehrkraft

- Das Schreiben kann nur gelingen, wenn günstige Voraussetzungen geschaffen werden. Die Lehrkraft sorgt für ein angstfreies Umfeld und eine angenehme Schreibatmosphäre. Vereinbarte Regeln sensibilisieren für rücksichtsvolles Verhalten und fördern eine gemeinschaftsdienliche Arbeitshaltung.
- Die Lehrperson beobachtet regelmäßig die Entwicklung der Kinder, um entsprechende Fördermaßnahmen zu ergreifen. Vor allem sollen zuerst die Stärken des jeweiligen Textes gesucht werden, das ist die motivationale Grundlage für weitere Lernprozesse. Die Lehrkraft bemüht sich zu verstehen, was die Kinder zum Ausdruck bringen. Die Prozessbeobachtung und das Feststellen der individuellen Zugriffsweisen beim Schreiben stellen die Könnensermittlung auf der allgemeinen Textplanungsebene in den Mittelpunkt. Textanalysen mit Hilfe linguistischer Beschreibungskategorien (syntaktische, semantische und stilistische Mittel) geben Aufschluss über die Entfaltung kindlicher Schreibstrategien auf der Text-, Satz- und Wortebene. Die fünf typischen inneren Schreibhaltungen (s. Abb. 34, S. 164) bilden eine Art Raster, an denen die Entwicklung beobachtet werden kann.

Literatur:

1 Bartnitzky, Horst: Sprachunterricht heute – Sprachdidaktik, Unterrichtsbeispiele, Planungsmodelle. Cornelsen Scriptor, Berlin 2001, 2. Aufl.
2. Böttcher, Ingrid: Kreatives Schreiben. Cornelsen Scriptor, Berlin 2000, 2. Aufl.

Strukturmodell

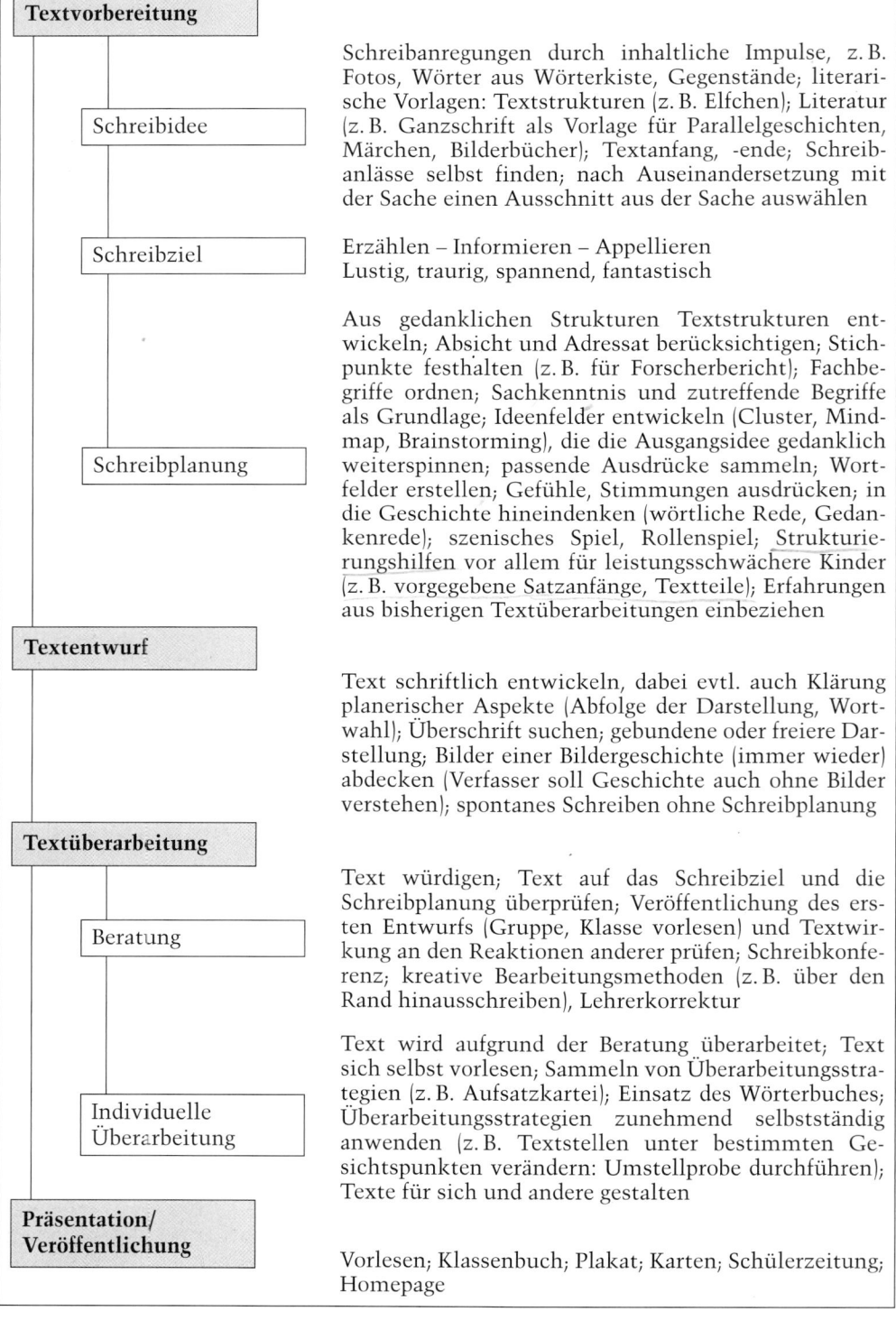

Textvorbereitung

Schreibidee

Schreibanregungen durch inhaltliche Impulse, z. B. Fotos, Wörter aus Wörterkiste, Gegenstände; literarische Vorlagen: Textstrukturen (z. B. Elfchen); Literatur (z. B. Ganzschrift als Vorlage für Parallelgeschichten, Märchen, Bilderbücher); Textanfang, -ende; Schreibanlässe selbst finden; nach Auseinandersetzung mit der Sache einen Ausschnitt aus der Sache auswählen

Schreibziel

Erzählen – Informieren – Appellieren
Lustig, traurig, spannend, fantastisch

Schreibplanung

Aus gedanklichen Strukturen Textstrukturen entwickeln; Absicht und Adressat berücksichtigen; Stichpunkte festhalten (z. B. für Forscherbericht); Fachbegriffe ordnen; Sachkenntnis und zutreffende Begriffe als Grundlage; Ideenfelder entwickeln (Cluster, Mindmap, Brainstorming), die die Ausgangsidee gedanklich weiterspinnen; passende Ausdrücke sammeln; Wortfelder erstellen; Gefühle, Stimmungen ausdrücken; in die Geschichte hineindenken (wörtliche Rede, Gedankenrede); szenisches Spiel, Rollenspiel; Strukturierungshilfen vor allem für leistungsschwächere Kinder (z. B. vorgegebene Satzanfänge, Textteile); Erfahrungen aus bisherigen Textüberarbeitungen einbeziehen

Textentwurf

Text schriftlich entwickeln, dabei evtl. auch Klärung planerischer Aspekte (Abfolge der Darstellung, Wortwahl); Überschrift suchen; gebundene oder freiere Darstellung; Bilder einer Bildergeschichte (immer wieder) abdecken (Verfasser soll Geschichte auch ohne Bilder verstehen); spontanes Schreiben ohne Schreibplanung

Textüberarbeitung

Beratung

Text würdigen; Text auf das Schreibziel und die Schreibplanung überprüfen; Veröffentlichung des ersten Entwurfs (Gruppe, Klasse vorlesen) und Textwirkung an den Reaktionen anderer prüfen; Schreibkonferenz; kreative Bearbeitungsmethoden (z. B. über den Rand hinausschreiben), Lehrerkorrektur

Individuelle Überarbeitung

Text wird aufgrund der Beratung überarbeitet; Text sich selbst vorlesen; Sammeln von Überarbeitungsstrategien (z. B. Aufsatzkartei); Einsatz des Wörterbuches; Überarbeitungsstrategien zunehmend selbstständig anwenden (z. B. Textstellen unter bestimmten Gesichtspunkten verändern: Umstellprobe durchführen); Texte für sich und andere gestalten

Präsentation/ Veröffentlichung

Vorlesen; Klassenbuch; Plakat; Karten; Schülerzeitung; Homepage

Unterrichtsbeispiele

1. „Mein Erlebnis im Traumschloss" (Fantasiereise)

3. Jahrgangsstufe
- Anknüpfung an die Ganzschrift „Das kleine Gespenst"
- Ausblick: Lesenacht

Zielsetzungen:

- Mit Hilfe der Fantasiereise, der meditativen Musik und des farbigen Tafelbildes (Schloss) spontane Assoziationen, Fantasie und Imagination provozieren und sprachliches kreatives Umsetzen anregen
- Durch den Einsatz eines spielerisch-experimentellen Assoziationsverfahrens (Cluster) eine sprachliche Basis für den Formulierungsprozess finden
- Eine spannende oder lustige Fantasiegeschichte erzählen und dabei besonders auf den situationsgemäßen Einsatz der wörtlichen Rede und Gedankenrede achten

I. Textvorbereitung

1. Einstimmung durch Fantasiereise

Traum – Wiese – Schloss (freie Lehrererzählung untermalt mit leiser meditativer Musik, Kinder schließen die Augen)
„... vor mir stand plötzlich etwas Wunderschönes ..."
Bildimpuls an der TA (erste Hälfte): Schlosstüre
Partnerarbeit: Wer wohnt in dem Schloss? (Ideen an der Tafel festhalten)
Lehrkraft erzählt weiter von seinem Traum (Musikeinsatz) Schloss genau angesehen ... große schwere Schlosstüre ... Ob ich klopfen soll? ... mit Kindern anklopfen ... geärgert, weil an der spannendsten Stelle aufgewacht.

2. Schreibziel:

Du stehst vor der Schlosstüre. Neugierig öffnest du die Türe. Träume weiter! Schreibe deine Fantasiegeschichte auf. Sie kann spannend oder lustig sein. Für die Kinder hängen „Schlosstüren" aus Tonpapier an der Tafel – innen ist Platz für eine Geschichte

3. Schreibplanung:

a) Ideenfelder in der Gruppe entwickeln: Ideen, Gedanken und Bilder im Kopf auf verschieden große Karten (evtl. pro Gruppe andere Farbe) schreiben, ähnliche oder gleiche Ideen zusammenlegen, clustern, auf Plakat aufkleben oder an die Tafel heften; auch Wege mit Entscheidungsmöglichkeiten zulassen (s. Abb. 36, S. 172)
b) Lebendige und abwechslungsreiche Gestaltung durch den bewussten Einsatz adäquater sprachlicher Mittel: Wörtliche Rede und Gedankenrede (Wiederholung: Erkenntnis aus vorausgehender Textüberarbeitung, Verbindung zu Sprachreflexion und Rechtschreiben); s. Abb. 35, S. 172

II. Textentwurf

Kinder träumen zu meditativer Musik weiter. Jedes Kind bekommt eine „Schlosstüre". Auf dem Platz öffnen sie die Tür und schreiben ihren Traum hinein. Alle beginnen mit der Leitidee (s. TA).
Differenzierung für leistungsschwächere Schüler: Briefumschläge z. B. mit Satzanfängen (Drehscheibe), Satzstreifen, Anfangssätzen

III. Ausklang

- Vorlesen und erste Würdigung einzelner Fantasiegeschichten (Sitzkreis)
- Lied vom Geisterschloss

Mein Erlebnis im Traumschloss

Neugierig öffnete ich die Türe ...

● Wer wohnt in diesem Schloss?

...

● Wir gestalten unsere Fantasiegeschichte lebendig und abwechslungsreich

  ➢ wörtliche Rede

  ➢ Gedankenrede

Abb. 35: linker und rechter Tafelflügel

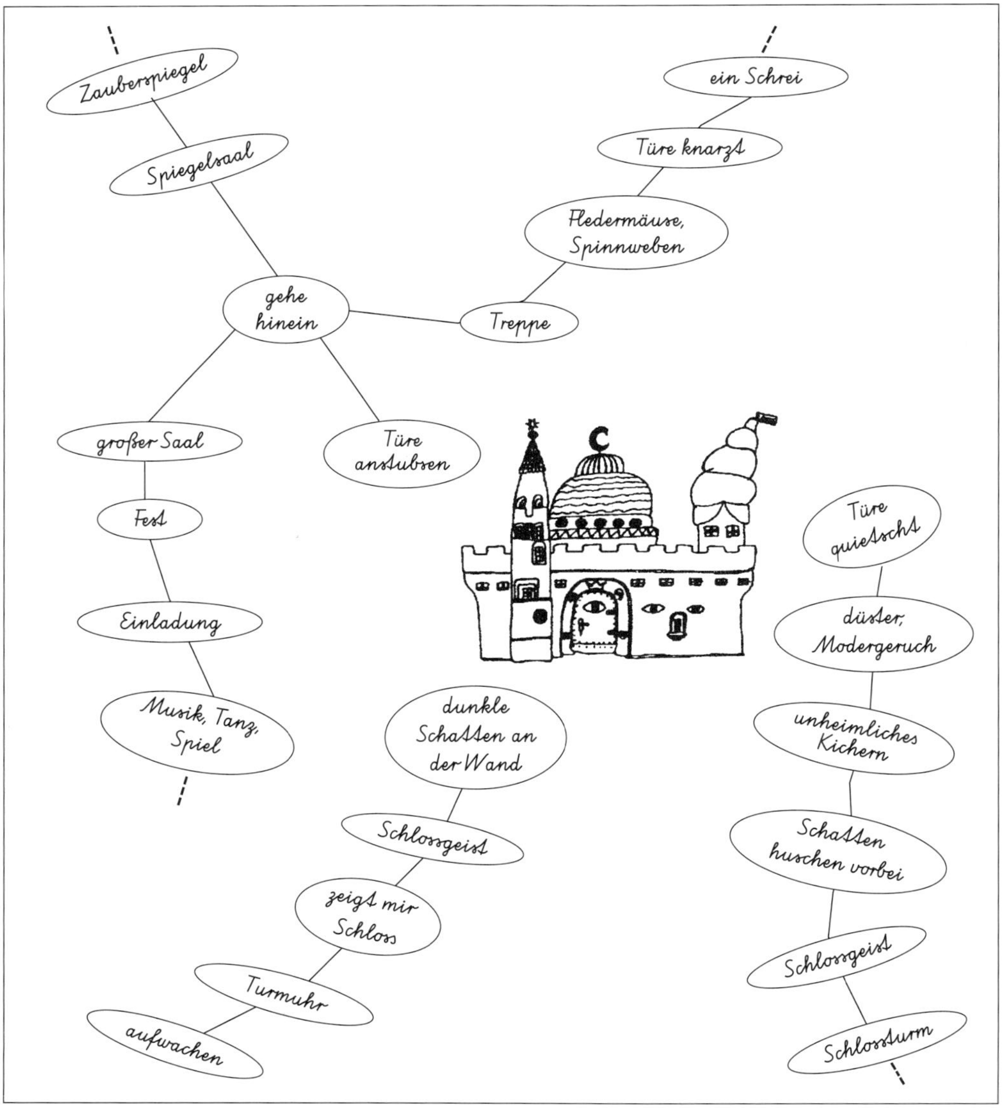

Zauberspiegel

ein Schrei

Spiegelsaal

Türe knarzt

Fledermäuse, Spinnweben

gehe hinein

Treppe

großer Saal

Türe anstubsen

Türe quietscht

Fest

düster, Modergeruch

Einladung

unheimliches Kichern

Musik, Tanz, Spiel

dunkle Schatten an der Wand

Schatten huschen vorbei

Schlossgeist

Schlossgeist

zeigt mir Schloss

Turmuhr

Schlossturm

aufwachen

Abb. 36: Cluster (Mitteltafel)

2. Planungsbeispiel: „Wir schreiben Winterelfchen", 2./3. Jahrgangsstufe
(Schreiben zu Vorgaben, Regeln und Mustern)

a) Elemente der Planung

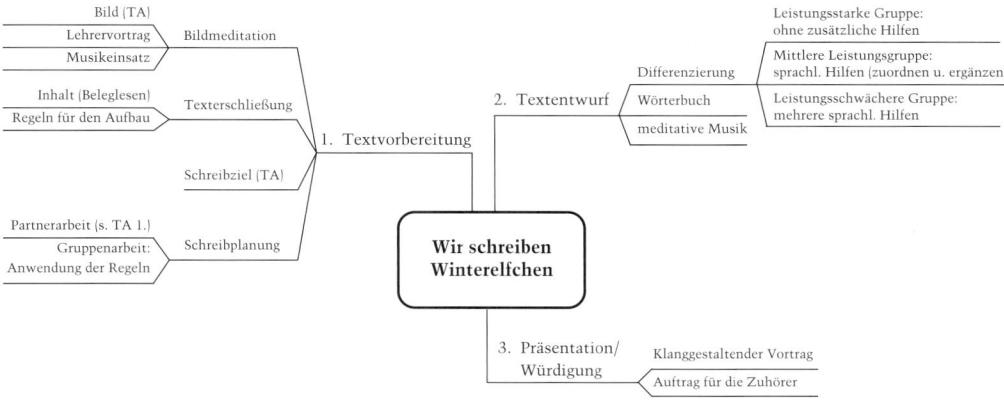

Abb. 37: Wir schreiben Winterelfchen – Elemente der Planung

b) Lernziele

- Regeln für den Aufbau von Elfchen auf das Beispiel eines Winterelfchens übertragen
- In arbeitsteiliger Partnerarbeit geeignete Verben und Adjektive zum Winter finden
- In Einzelarbeit Winterelfchen gemäß der erarbeiteten Gestaltungskriterien und mit Hilfe vorgegebenen Wortmaterials aufbauen, ergänzen oder frei schreiben (qualitative Differenzierung)
- Freude am kreativen Umgang mit Gedichten und mit Sprache entwickeln

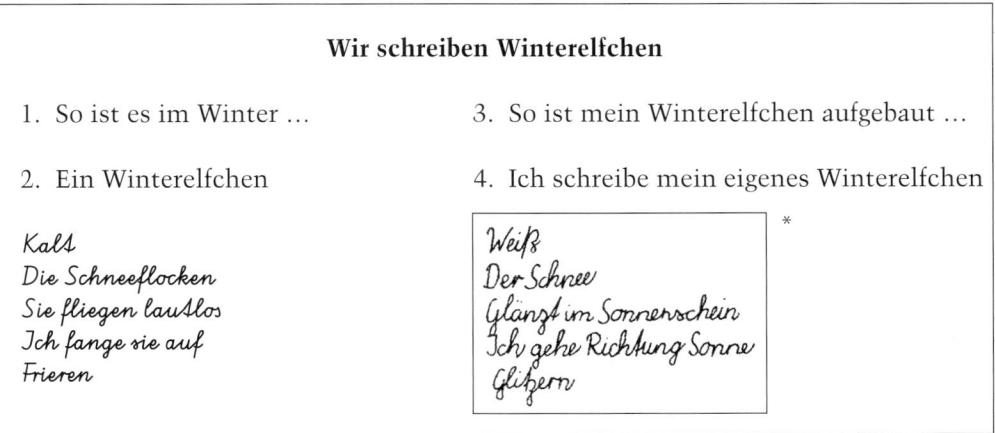

Abb. 38: Material für ein mögliches Tafelbild; * Text von einem Kind verfasst

4.1.7 Rechtschreiben

Fachliche Grundlagen

1. Prinzipien der deutschen Orthografie

Die immer gleiche Schreibung (Normierung) erleichtert dem Leser die Sinnentnahme und ist auf Verständnissicherung ausgerichtet (Leseorthografie). „Rechtschreibung heißt: Der Schreiber macht den Wortaufbau und den Satzaufbau – und damit die Bedeutung und Funktionsweise des Wortes – für den Leser sichtbar auf der Basis von Laut – Buchstaben – Zuordnungen oder gespeicherter Schreibschemata" (Augst/ Dehn 2002, S. 13). Die Trennung zwischen Regelhaftem und Ausnahme stellt den Kern des Rechtschreibunterrichts dar. Die regelhaften Schreibungen werden mit Hilfe von vier Prinzipien dargestellt.

a) Das phonologische Prinzip (Lautprinzip)

Das Lautprinzip stellt die Grundlage der Orthografie dar. Rund 90 % aller Grapheme in deutschen Texten werden nach dem Lautprinzip geschrieben (sog. „lauttreue" Wörter). Gelegentlich sind auch Buchstabenkombinationen für einen Laut notwendig, weil zur Abbildung von 40 Lauten nur 30 Buchstaben zur Verfügung stehen (z. B. sch oder ch).

Schwierigkeit für das Rechtschreiblernen bereitet vor allem die Unterscheidung der Vokale in Lang- und Kurzvokale. Diese Laute unterscheiden sich in der Sprechdauer und in der Qualität. Das ablautende e in der zweiten Silbe unterscheidet sich zum Beispiel deutlich vom Lang- und Kurzvokal in der betonten Silbe (z. B. reden – rennen).

b) Das silbische Prinzip

Neben der Lautstruktur eines Wortes findet nach neueren Erkenntnissen der Sprachwissenschaft die Silbenstruktur zunehmend an Beachtung. Sie ist geeignet, die Gegliedertheit der Wörter und bestimmte Rechtschreiberscheinungen den Kindern besonders deutlich zu machen. Folgendes Basiswissen hilft den Kindern beim Rechtschreiben:

- In jeder Silbe ist ein vokalischer Kern. (z. B. nicht Ta – fl sondern Ta – fel)
- Die meisten Wörter sind Zweisilber. Die zweite Silbe ist meistens gleich aufgebaut: Konsonant + e (mit Konsonant, wenn ich ihn höre). In der offenen Silbe klingen die Vokale in der Regel lang (z. B. Ha – se), in der geschlossenen klingen sie in der Regel kurz (En – te). Eine Silbe, die mit dem vokalischen Kern endet, nennt man offene Silbe. Eine mit konsonantischem Endrand nennt man geschlossene Silbe. In der neueren Rechtschreibdidaktik werden die Begriffe „langer/kurzer Vokal" durch die Begriffe „offene/geschlossene Silbe" ergänzt.
- Die zweisilbige Form hilft beim lautlichen Strukturieren (z. B. zielt – zielen). Morphematische Zusammenhänge werden deutlich (z. B. rollt – rollen).

c) Das morphematische Prinzip

Das Lautprinzip wird am häufigsten durch das morphematische Prinzip durchbrochen. Dieses Prinzip ermöglicht dem Leser eine rasche Sinnentnahme (z. B. Unterscheidungsschreibung bedeutungsverschiedener, aber gleich klingender Wortstämme: mahlen – malen).

Grundschulrelevante Hauptbereiche:
- Auslautverhärtung und Umlautung,
- z. B. Hund – Hunde, fährt – fahren, härter – hart.

- Kombinatorische Verhärtung, z.B. hebt, wegen: heben.
- Morphematische Gleichschreibung nur, wenn diese nicht gegen die Lautung verstößt (z.B. kommen – kamen)
- Zusammensetzungen, z.B. Fahrrad, Ver – käufer – in, Handschuh, Arbeitszeit.
- Zusammensetzungen mit Vor- und Nachsilben, z.B. miss-, -bar, - mäßig
- Die Arbeit mit Wortfamilien stellt eine wichtige Rechtschreibhilfe dar. Die Kinder erfahren hier sehr gut das Gleichschreibungsprinzip.

d) Grammatisches Prinzip

Dieses Prinzip betrifft in der Grundschule die Großschreibung der Nomen und den Satzbeginn.

e) Besonderheiten der Rechtschreibung (Merkwörter)

Als Ausnahmen bleiben vor allem die bezeichnete Dehnung, Wörter mit ß, v und ä im Wortstamm, sowie solche, die den <ks>-Laut enthalten und Fremdwörter.

2. Grundlagen des Rechtschreiberwerbs

Zur Erklärung des Rechtschreiblernens während der Grundschulzeit werden unterschiedliche, sich gegenseitig ergänzende Modelle herangezogen.

a) Entwicklungsmodelle des Rechtschreibens

Es handelt sich hierbei um zeitliche Entwicklungsmodelle. Rechtschreiben vollzieht sich in Korrespondenz zum Lesenlernen in erkennbaren Gesetzmäßigkeiten (s. auch Schriftspracherwerb, S. 112 f.).

b) Prozessmodelle des Rechtschreibens

Prozessmodelle versuchen zu erklären, welche Denkprozesse beim Schreiben ablaufen. Danach wird ein Teil der Wörter nach mehr oder weniger normgerechten inneren Regelbildungsprozessen konstruiert und ein Teil der Wörter wird aus einem inneren orthografischen Lexikon bei Bedarf ohne lange Überlegung abgerufen. In einem konstruktivistischen Lernverständnis sind Schemata kognitive Strukturen eines Wortes, die im Langzeitgedächtnis abgespeichert werden. Zur Konstruktion der richtigen Schreibung aktiviert das Kind eine Vielzahl miteinander verknüpfter Informationen über das Wort:

- das Lautschema (an der normierten Standardlautung orientierte Lautvorstellung)
- das Schreibschema (geordnete Buchstabenfolge entsprechend der Laut-Buchstaben-Zuordnung) (vgl. a. a. O., S. 37 f.)

Welche wortspezifischen Informationen jeweils abgespeichert werden, hängt vor allem von den orthografischen Schwierigkeiten eines Wortes und von den individuellen Rechtschreibstrategien des Schreibens ab. Wird ein Wort mit einer verstandenen Regel verknüpft, wird es leichter automatisiert.

3. Bedeutung und Einführung von Rechtschreibstrategien

Regelgeleitetes Handeln wird zu einer Strategie, wenn die erkannten Regeln zunehmend systematisch das Handeln der Kinder steuern. Unter Rechtschreibstrategien versteht man einerseits die Gedankenschritte zur Konstruktion der richtigen Schreibung eines Wortes oder zu ihrer nachträglichen Kontrolle und andererseits auch die Darstellung der Überlegungen zu normgerechtem Schreiben. Die Vorstellungen über orthografische Zusammenhänge, denen die Kinder beim Schreiben folgen, können letztlich nur im Gespräch mit dem einzelnen Kind herausgefunden werden. Die Kinder müssen bei der Umbildung ihrer individuellen Regeln in normgerechte unterstützt werden.

Rechtschreibstrategien		
Beherrschen der lautgetreuen Schreibung **Mitsprechwörter** z. B. *Tomate*	Beherrschen von Rechtschreibregeln **Nachdenkwörter** z. B. *Bäume* mit äu, da von *Baum*	Einprägen orthografischer Merkstellen **Merkwörter** z. B. *Vogel* mit V

Abb. 39: Mitsprech-, Nachdenk- und Merkwörter

a) Grundstrategie der lautgetreuen Schreibung der Mitsprechwörter

Die lautgetreue Schreibung ist die Grundlage der Rechtschreibung. Wörter, die allein durch die Kenntnis der Laut-Buchstabenentsprechung richtig gesprochen werden können, nennen wir Mitsprechwörter. Die Kinder gelangen über die alphabetische Grundstrategie des artikulierten Mitsprechens und Silbierens zur richtigen Schreibung. Sie müssen eine „schriftbasierte Lautvorstellung" (a. a. O., S. 99) erwerben. Das geschriebene Wort wird überdeutlich gelesen und gesprochen und dabei in Silben gegliedert. Diese Strategie ist vor allem für die dialektsprechenden Kinder wichtig. Sie müssen lernen, wie sie die lautgetreuen Wörter auszusprechen haben, um sie richtig schreiben zu können.

b) Nachdenkstrategien zur Schreibung nicht lautgetreuer Wörter

Diese ableitbaren Schreibungen sind nicht mehr lautgetreu. Den Nachdenkwörtern mit Rechtschreibbesonderheiten liegen regelhafte Prinzipien zugrunde. Das Lautprinzip wird vom Stammprinzip oder übergeordneten Regeln überlagert. Das Stammprinzip ist von besonderer Bedeutung und wurde bei der Rechtschreibreform besonders betont. Die Fähigkeit, den Wortaufbau zu durchschauen, wird durch gezieltes denkendes Durchdringen angebahnt. Einsichtig gewonnene Regeln werden zusammen mit den Wörtern gelernt (Beispiel: rollt kommt von rol – len, also mit Doppell-l). Die Schreibweise eines Wortes wird in einen größeren Zusammenhang eingeordnet und führt zur Regelanwendung bei ungeübten Wörtern.

c) Das Einprägen nicht ableitbarer und nicht lautgetreuer Merkwörter mit Hilfe von Lernstrategien

Die strukturellen Rechtschreibbesonderheiten werden klar herausgestellt, mit dem Lautschema und der Wortbedeutung abgespeichert und mit Hilfe von geeigneten Lerntechniken geübt und visuell, auditiv und schreibmotorisch eingeprägt.
Beispiele für Wörter mit orthografischen Aufpass-Stellen: Wörter mit Dehnungs-h-, Wörter mit <v> im Wortstamm.
Die für die Grundschule akzeptierten Bezeichnungen Mitsprechwort, Nachdenkwort und Merkwort müssen immer im Zusammenhang mit dem Lernniveau des Kindes gesehen werden.

4. Arbeit mit dem Grundwortschatz

Unter Rechtschreibgrundwortschatz versteht man einen Grundbestand an rechtschriftlich gesicherten Wörtern, der den Kindern für ihre eigenen Texte zur Verfügung stehen soll.

Die Abgrenzung eines speziellen Schreibwortschatzes soll den Lerngegenstand überschaubarer machen und insofern eine Lernhilfe für die Kinder sein (vgl. a. a. O., S. 221). Es gibt jedoch nicht **den** Grundwortschatz für alle Kinder.

Mögliche Kriterien für die Auswahl eines Grundwortschatzes:

● Häufigkeit des Gebrauchs
● Arbeits- bzw. Modellwortschatz für die Stärkung und Absicherung der verschiedenen Rechtschreibstrategien
● Bedeutsamkeit für das Kind (kommunikativer Aspekt)
● Relevanz für den Fachunterricht (Unterrichtswortschatz)

Grundwortschatzarbeit muss auch die aktuellen Fehlerschwerpunkte der Kinder einer Klasse berücksichtigen (an den aktuellen Lernnotwendigkeiten der Kinder ansetzen).

5. Rechtschreiben üben

Rechtschreiben lässt sich ohne (bewusste) Übung nicht lernen (s. Übung, S. 100 f.). Der Schreiber soll nicht durch langwieriges Nachdenken über die Normrichtigkeit der Schreibweisen vom Niederschreiben und sprachlichen Gestalten eines Textes abgehalten werden.

a) Üben von Strategien

Übung beschränkt sich nicht nur auf das Üben einzelner Wörter, sondern auch auf das Üben von Strategien (Denkhandlungen). Die Zusammenhänge zwischen Rechtschreibfall und Lösungsstrategie müssen deutlich herausgestellt werden.

b) Arbeitstechniken einüben

Auf die Vermittlung wichtiger Arbeitstechniken muss besonderer Wert gelegt werden (Lernen lernen). Arbeitstechniken müssen im Unterricht gezielt erarbeitet, eingeübt und angewendet werden.

● Richtiges Aufschreiben
Die Kinder beziehen je nach dem Stand im Lernprozess das schon erworbene rechtschriftliche Wissen mit ein (z. B. Aufpass-Stelle[n] entdecken und kommentieren, Wort mit Augen, Ohren und silbischem Mitsprechen einprägen, auswendig aufschreiben, sorgfältig überprüfen, Fehler berichtigen).

● Arbeit mit Nachschlagewerken
Wir unterscheiden in diesem Zusammenhang zwischen zwei Arbeitstechniken:
– Nachschlagetechnik (Einordnungsübungen)
– Wortfindetechnik (z. B. Aufsuchen flektierter Verbformen).

● Selbstständiges Be- und Überarbeiten von Texten
Rechtschriftliche Übungstexte werden unmittelbar nach dem Schreiben selbstständig mit Hilfe von Rechtschreibhilfen oder dem Wörterbuch überarbeitet und berichtigt (s. auch Überarbeitung von selbst verfassten Texten, S. 167).

● Fehlerberichtigung
Eine differenzierte Fehleranalyse durch die Lehrkraft hilft den Kindern beim Überarbeiten und Berichtigen. Die fehlerspezifischen Hinweise sind von der rechtschriftlichen Sicherheit des Schreibers abhängig. Der Umfang der zu berichtigenden Fehler darf für das jeweilige Kind nicht frustrierend sein. Die verschiedenen Umgangsweisen mit Rechtschreibfehlern müssen mit den Kindern eingeübt werden (z. B. Fehler verbessern mit Hilfe von Strategien).

c) Tägliche kurze Rechtschreib-
   übungen

Die täglichen kurzen Rechtschreibübungen sind besonders lernförderlich und sichern die wichtigsten Grundlagen.

1. Ein Partner diktiert die Wörter mit ihren Verwandten.
   Machst du einen Fehler, so sagt dein Partner „stopp".
   Versuche den Fehler selbstständig zu verbessern.

2. Bilde mit den Wörtern Sätze!
   Zeige sie mir zum Korrigieren, damit du sie dann auch den Mitschülern diktieren kannst.

Abb. 40: Auftrag für eine Zehnminuten-
übung

d) Beachtung der Ähnlichkeitshemmung
   (Ranschburgsche Hemmung)

Für die Übungsarbeit gilt, dass keine gleich klingenden, aber verschieden zu schreibende Phänomene (z. B. ai – ei oder Wörter mit f, v) vor allem am Anfang des systematischen Rechtschreibunterrichts behandelt werden sollen. Ähnliche Inhalte können sich beim Lernen gegenseitig hemmen, so dass sie nicht gelernt werden (vgl. Richter 1998, S. 59).

Zielsetzungen

● Kinder sollen zum Verfassen und Überarbeiten eigener Texte motiviert und befähigt werden.
Sie schreiten in ihrer Annäherung an normgerechtes Schreiben so weit fort, dass sie vieles automatisiert richtig schreiben.
● Kinder sollen durch die Aneignung von Rechtschreibstrategien befähigt werden, sich die Schreibweisen zunehmend eigenständig zu erschließen.

Durch den Aufbau wichtiger Strategien über das wortspezifische Lernen erlangen sie eine elementare Rechtschreibkompetenz.

● Kinder sollen durch die Aneignung wichtiger Arbeitstechniken das Rechtschreiben selbstständig und selbstverantwortlich lernen und üben.
● Kinder sollen eine Fehlersensibilität und ein orthographisches Problembewusstsein entwickeln.

Die Kinder sollen sich beim Schreiben beobachten. Sie achten auf die Wörter, bei denen der Schreibfluss unterbrochen wird. Das Gespür für Zweifelsfälle ist ein Anzeichen für wachsende Rechtschreibsicherheit. Die Aufmerksamkeitshaltung gegenüber den Möglichkeiten Fehler zu machen ist verbunden mit der Bereitschaft zur Selbstkontrolle und Selbstkorrektur.

● Kinder sollen durch die Erfahrung des Leistenkönnens eine positive Haltung zum Rechtschreiben aufbauen.

Dies erfordert den Blick auf die individuelle Lerngeschichte und die Planung einer entsprechenden Differenzierung.

Didaktische Grundsätze

Die Qualität des Rechtschreibunterrichts hängt vor allem davon ab, wie es der Lehrkraft gelingt, Kinder in ihren Schwierigkeiten mit der Rechtschreibung zu verstehen.

1. Wahrnehmung schulen und Strukturen erkennen

Diesem Bereich muss eine durchgehende Bedeutung beigemessen werden, da die Kinder möglichst viele wortspezifische Informationen aufnehmen sollen. Wahrnehmung ist ein konstruktiver Vorgang. Insofern werden durch die Schulung der Wahrnehmung kognitive Schemata eingeübt (s. Abb. 41).

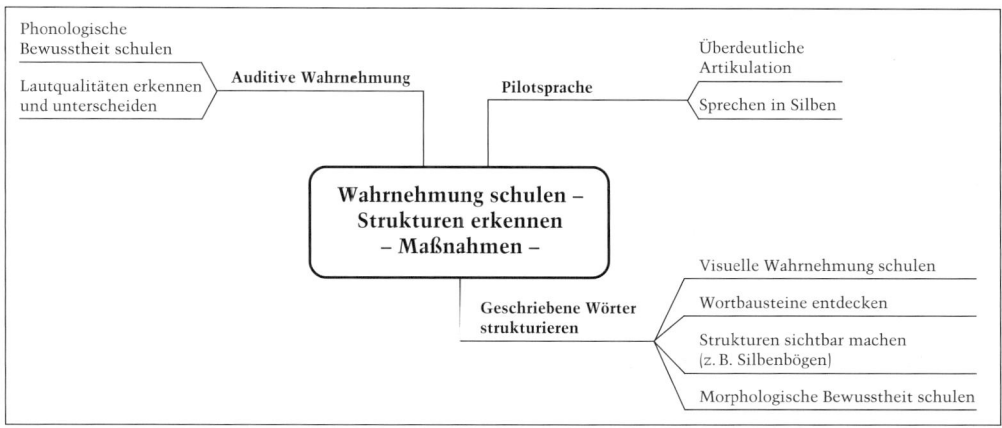

Abb. 41: Wahrnehmung schulen – Strukturen erkennen

2. Eigenständiges Erproben, Vergleichen und Nachdenken über Schreibweisen

Die Kinder lernen Rechtschreiben durch eigenständiges, richtiges Schreiben.

Die Wahrnehmung des Rechtschreibens ist besonders zu fördern. Dazu ist es notwendig, dass die Aufmerksamkeit zunächst auf das eigene Vorgehen beim Schreiben gerichtet wird (Selbstwahrnehmung).

Der Rechtschreibunterricht lenkt die Aufmerksamkeit auf rechtschriftliche Phänomene und stößt Erkundungen an. Damit ein Erkenntnisprozess in Gang kommen kann, muss das Rechtschreibproblem formuliert werden. Gerade geltende Eigenregeln werden von der Lehrkraft erkannt und wenn immer möglich vom Kind versprachlicht. Der Unterricht muss sich auch für falsche und abwegige Erklärungen interessieren. Zum Erforschen gehört die verbesserbare eigene Hypothese. Wir sprechen von innerer, intuitiver Regel- und Musterbildung. Diese inneren Regelbildungsprozesse sind systematisch zu erweitern. Wenn Kinder ihre Eigenregeln formulieren, werden ihnen diese dadurch oftmals erst bewusst. Durch die Reaktion ihrer Mitschülerin-

nen und Mitschüler werden sie herausgefordert, diese Eigenregeln zu überprüfen und neue Erkundungen anzustellen. So wird der Weg für eine allgemein gültige Regel bereitet (vom Singulären zum Regulären). Merksätze sind Erinnerungshilfen an einen verstandenen Zusammenhang. Wer die Rechtschreibung in ihren Zusammenhängen, ihrer Regelhaftigkeit selbstständig und möglichst im Austausch mit anderen durchschaut, für den verliert sie ihre Undurchschaubarkeit. Deshalb sollen die Kinder an diese Forschertätigkeit herangeführt werden (s. Abb. 42).

3. Aus Fehlern lernen

Eine kontinuierliche Erfassung, Analyse und sinnvolle Verbesserung der Rechtschreibfehler in allen schriftlichen Arbeiten sind wichtige Voraussetzungen für einen lernwirksamen, differenzierten Rechtschreibunterricht. Fehler geben Hinweise auf den Lernprozess und individuelle Rechtschreibstrategien der Kinder. Die Lehrkraft sollte sich im Gespräch mit den Kindern vor allem für deren „innere Regeln" interessieren. Dabei sollte auch über richtig Geschriebenes geredet werden.

k oder ck ? Wer findet die Regel?

Den Unterschied kann man nicht hören. Folgende Wörter enthalten einen k-Laut. Sie sind nach dem Abc geordnet.

der Blick	der Haken	die Schaukel
der Dackel	eklig	spucken
denken	das Küken	spuken
dunkel	nicken	stark
erschrecken	das Päckchen	das Stück
hacken	der Rock	die Wolke

1. Lies die Wörter halblaut.
   Erkennst du einen Unterschied zwischen den Wörtern mit <k> und <ck>?
2. Schreibe die k-Wörter und ck-Wörter getrennt in zwei Spalten.
   Lies die Wörter nochmals halblaut.
3. Denke darüber nach, wann man ein Wort mit <ck> schreiben muss und wann nur ein <k> geschrieben werden darf.
   Schreibe deine Vermutung ins Lernheft.
4. Überprüfe deine Vermutungen, indem du mit den anderen Kindern deiner Gruppe vergleichst.
   Stimmst du mit den anderen Kindern überein?
   Wo erkennst du unterschiedliche Meinungen?

In unserer Sprache gibt es 11 verschiedene Formen, die Mehrzahl zu bilden: z. B. das Pferd – die Pferde oder der Mann – die Männer.

▶ Finde noch mindestens fünf weitere Mehrzahlformen!

Abb. 42: Sprachforscheraufgaben zum Selberfinden von Regelhaftem

4. Rechtschreiben ist Unterrichtsprinzip

Rechtschreiben lernen die Kinder, indem sie viel schreiben. Schreiben und Rechtschreiben müssen die Kinder im kommunikativen Zusammenhang erfahren und üben. Freies Schreiben ist eine Herausforderung, sich mit der Rechtschreibung auseinander zu setzen. Dabei können die Rechtschreibnormen als Schreiberleichterung erlebt werden. Die Erarbeitung von Grundwörtern erfolgt in sachbedeutsamen Zusammenhängen. Viele Strategien und Lösungshilfen vermitteln Einsichten in den Wort- und Satzbau. Akustisch-sprechmotorische Übungen zeigen die Verbindung zum mündlichen Ausdruck auf.

Literatur:

1. Augst, Gerhard / Dehn, Mechthild; Rechtschreibung und Rechtschreibunterricht. Klett, Stuttgart 2002
2. Staatsinstitut für Schulpädagogik und Bildungsforschung München: Rechtschreibunterricht in der Grundschule. Auer Verlag, Donauwörth 2002

Strukturmodelle

1. Phasen einer Sequenz zur Arbeit mit einem thematischen Wortschatz

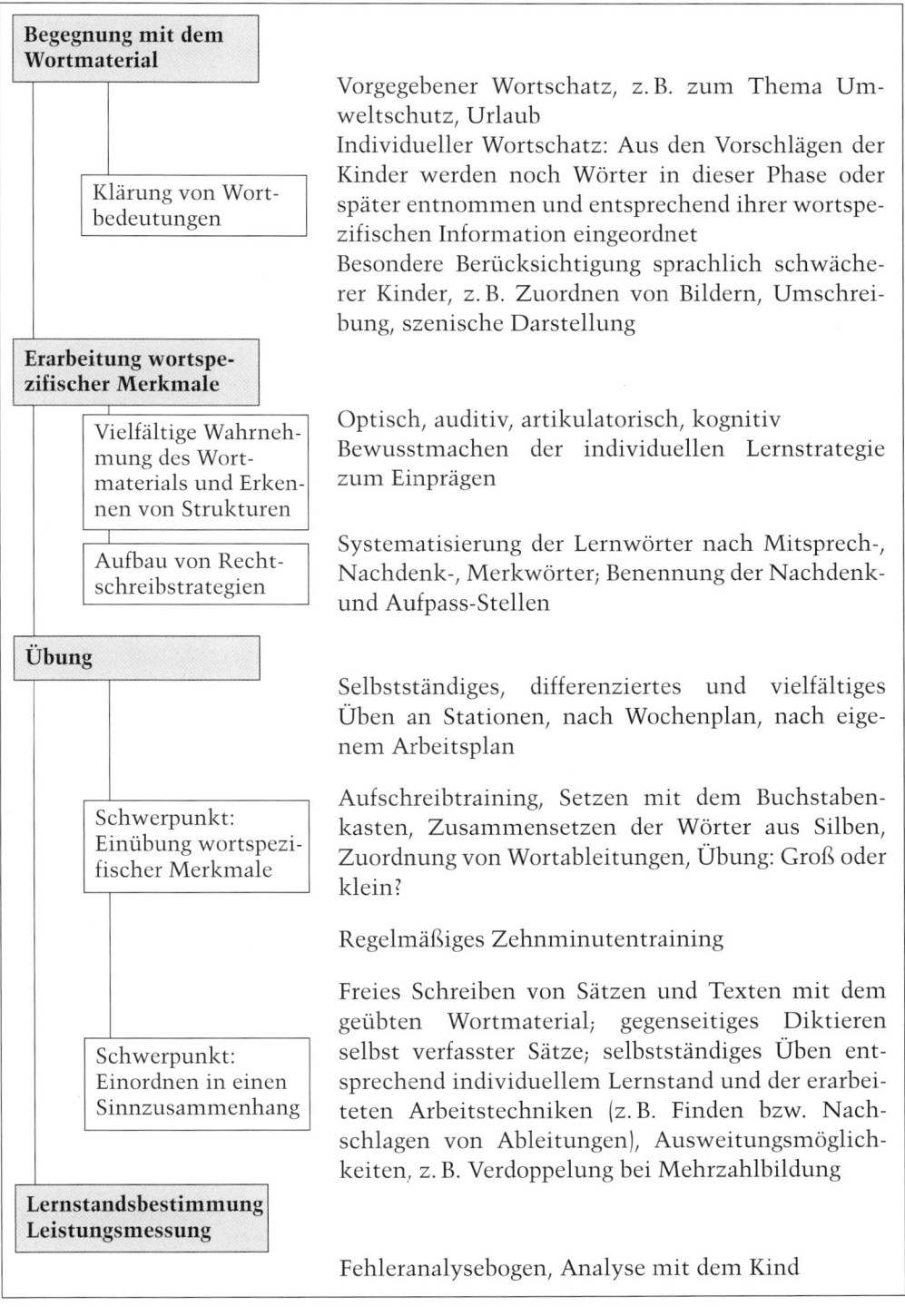

Begegnung mit dem Wortmaterial

Klärung von Wortbedeutungen

Vorgegebener Wortschatz, z. B. zum Thema Umweltschutz, Urlaub
Individueller Wortschatz: Aus den Vorschlägen der Kinder werden noch Wörter in dieser Phase oder später entnommen und entsprechend ihrer wortspezifischen Information eingeordnet
Besondere Berücksichtigung sprachlich schwächerer Kinder, z. B. Zuordnen von Bildern, Umschreibung, szenische Darstellung

Erarbeitung wortspezifischer Merkmale

Vielfältige Wahrnehmung des Wortmaterials und Erkennen von Strukturen

Optisch, auditiv, artikulatorisch, kognitiv
Bewusstmachen der individuellen Lernstrategie zum Einprägen

Aufbau von Rechtschreibstrategien

Systematisierung der Lernwörter nach Mitsprech-, Nachdenk-, Merkwörter; Benennung der Nachdenk- und Aufpass-Stellen

Übung

Selbstständiges, differenziertes und vielfältiges Üben an Stationen, nach Wochenplan, nach eigenem Arbeitsplan

Schwerpunkt: Einübung wortspezifischer Merkmale

Aufschreibtraining, Setzen mit dem Buchstabenkasten, Zusammensetzen der Wörter aus Silben, Zuordnung von Wortableitungen, Übung: Groß oder klein?

Regelmäßiges Zehnminutentraining

Schwerpunkt: Einordnen in einen Sinnzusammenhang

Freies Schreiben von Sätzen und Texten mit dem geübten Wortmaterial; gegenseitiges Diktieren selbst verfasster Sätze; selbstständiges Üben entsprechend individuellem Lernstand und der erarbeiteten Arbeitstechniken (z. B. Finden bzw. Nachschlagen von Ableitungen), Ausweitungsmöglichkeiten, z. B. Verdoppelung bei Mehrzahlbildung

Lernstandsbestimmung Leistungsmessung

Fehleranalysebogen, Analyse mit dem Kind

2. Erarbeitung einer rechtschriftlichen Regelmäßigkeit

Vorübung	Schulung der Wahrnehmung und Erkennen von Strukturen, z. B. Lautqualitäten erkennen und unterscheiden (langer – kurzer Vokal, offene und geschlossene Silbe), Wörter nach ihrer Lautfolge abhören und in Schrift umsetzen, Wörter strukturieren (Sprech-, Schreibsilben, Wortbausteine)
Begegnung mit dem Rechtschreibfall	Ausgangssituationen als Handlungskomplexe, in denen Rechtschreibprobleme auftreten, die der Lösung bedürfen Sprachsituationen aus dem Lebensbereich der Kinder, fehlerhafte Texte, Wörter von Kindern Lesen eines gegebenen Textes Erkennen des Rechtschreibproblems mit entsprechender Markierung
Erkennen der Regelhaftigkeit	Aufbau von Strategien Von der Eigenregel zur allgemeingültigen Regel Eigenproduktionen Vorgehen hängt auch von der Sprache der Kinder ab (Dialekt) Lautes, deutliches Sprechen, Wörter in Tabelle einordnen, Wörter verändern Zweckmäßigkeit erkennen, z. B. Stammschreibung (Häuser – Haus: Es handelt sich um ein und dasselbe Wort, was wir nicht so gut erkennen könnten, schrieben wir Heuser mit eu)
Übung und Sicherung	Automatisierung der regelhaften Schreibung Übungsreihen, in denen Strategien trainiert werden Vor dem Aufschreiben eines Wortes Regel sprechen Sammeln und Bündeln von Wörtern mit gleicher Regelhaftigkeit in Wörterlisten Rechtschreibspiele Gegenseitige Diktate, dabei vor der genauen Kontrolle entsprechende Stellen im diktierten Text markieren

Unterrichtsbeispiele:

1. Wörter mit Sp/sp und St/st

2. Jahrgangsstufe
In der deutschen Orthografie steht am Silbenanfang kein <scht> oder <schp>. Die Schreibweise <st, sp> für /scht, schp/ ist regelhaft und es gibt im Anlaut keine Ausnahme (phonologische Regelhaftigkeit). Von einigen norddeutschen Sprachgebieten abgesehen, klingt die Lautverbindung am Wortanfang wie „scht". Durch zunehmende Automatisierung entwickeln sich Nachdenkwörter mit phonologischer Regelhaftigkeit zu Mitsprechwörtern.

I. Vorübung

Wörter nach ihrer Lautfolge abhören und in Schrift umsetzen, Einsatz von Muggelsteinen oder Lautketten

II. Begegnung mit dem Rechtschreibproblem

1. Situation an einem Bahnhof (Fremdenverkehrsregion)
a) Bild (Bahnhof mit Alpenexpress „Königssee" – Hamburg – Berchtesgaden) als Sprechanlass
b) Familie Brandner holt mit den Kindern ihren neuen Feriengast, Fr. Klose, aus Hamburg ab
Anhören der Begrüßung auf Kassette (u. a. mit folgenden verwendeten Begriffen: Stunde, spät, Stefan, stolz, steigen ein, Sparschwein) u. spontane S-Äußerungen
c) Wiederholtes Vorspielen der Begrüßungsszene. Kinder heben die Hand, wenn Fr. Klose ein Wort anders spricht, als sie es gewohnt sind.

2. Zusammenstellung des Wortmaterials
a) Kinder schreiben mit Partner (mindestens) ein solches Wort auf (Folienstreifen)

b) Festhalten der Wörter an der Tafel
Unterstreichen der schwierigen Stellen

III. Erkennen der Regelhaftigkeit

a) Selbstständiges Finden einer passenden Regel

Auftrag für Partner- oder Gruppenarbeit:

> 1. Lest euch die geschriebenen Wörter laut und deutlich vor! Achtet dabei auch auf die Mundstellung!
> 2. Ordnet sie nach Sp/sp und St/st!
> 3. Sind es Mitsprechwörter, Nachdenkwörter oder Merkwörter?
> 4. Findet eine passende Regel! (Folie oder Plakatstreifen)

b) Präsentation der Eigenregeln
Kinder begründen ihre gefundenen Regeln, werten andere Regeln, erproben diese Regeln

> Vor dem t und p sprechen wir ein sch. Wir schreiben aber nur s.

> Wir sprechen am Anfang ein scht und schp. Aber wir schreiben st und sp.

> Wir hören scht und Schreiben st.
> Wir hören schp und schreiben sp.

> Es sind keine Mitsprechwörter weil wir anders schreiben wie wir sprechen.

c) Zusammenfassung: allgemeingültige Regel an der Tafel

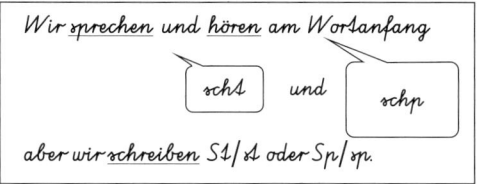

> Wir sprechen und hören am Wortanfang
> scht und schp
> aber wir schreiben St/st oder Sp/sp.

IV. Übung und Anwendung

Differenzierte Aufgabenstellungen

2. *Üben an Stationen – Ableitungen: Umlaute ä/äu,* 3. Jahrgangsstufe

I. Hinführung

1. Konzentrationsübung	2. Problemstellung	3. Anknüpfung an vorausge-
Je nach Klassensituation, z. B. KIM-Spiel oder Silbenübungen	L diktiert: läuten – die Leute die Scheune – die Zäune S schreibt auf Folie Rechtschreibgespräch	gangener UE TA: Wörter mit ä/äu Wiederholung der erarbeiteten Rechtschreibregel (Plakat) Hinweis auf Doppelpunkte bei ä und äu

4. Zielangabe	5. Vorstellen der Stationen	6. Verhaltensschwerpunkt
Wir üben die Wörter mit ä/äu an Stationen	Überblick an der TA Hinweis auf Station(en) mit noch nicht geübter Arbeitsform	Bei der Kontrolle meiner Arbeit hake ich Richtiges ab oder verbessere meine Fehler mit grünem Farbstift

II. Üben an Stationen

Station 1	Station 2	Station 3	Station 4
Mehrzahl bilden	Wörter bilden Wortfamilien	Verben in verschiede- nen Formen	Arbeit mit dem Wörterbuch
Einzahl und Mehrzahl zuordnen	Wortfamilien zusammenstellen und Wortstämme kennzeichnen	Grundformen und Personalformen bilden und zuordnen	Wörter nachschlagen und Wortschatz erweitern

Station 5	Station 6	Station 7	Station 8
Memory spielen	Arbeit mit dem Computer	Partnerdiktat	Merkwörter einprägen
Wortpaare zuordnen	Individuelles Üben der Wörter nach dem Karteikartenprinzip (GUT 1)	Sätze diktieren und Fehlerstellen beim Schreiben bewusst machen	Nichtableitbare Wörter richtig auf- schreiben und einprägen

III. Kontrolle

1. Partnerdiktat	2. Rechtschreibgespräch an-	3. Aufgegebene und selbst
Kinder lassen sich Wörter bzw. Sätze aus dem eigenen Heft vom Partner diktieren (Partner- und L-korrektur)	hand von aktuellen Recht- schreibfehlern (Lehrkraft als Beobachter notiert Fehler- wörter auf Folie)	erstellte **Forscheraufgaben** aufgreifen und besprechen

IV. Reflexion

Kinder beschreiben und bewerten ihre Allein- bzw. Partnerarbeit	Herausstellen des Lern- zuwachses bzw. Lern- und Übungsbedarfs	Verhaltensschwerpunkt:
	● Welche Hilfen wünschen sich S? ● Welche Lösungsansätze zur Bewältigung ihrer Schwie- rigkeiten sehen S selbst?	● Wie ist es dir dabei ergangen? ● Vorschlag für nächsten Verhaltensschwerpunkt

Hinweise zur Unterrichtseinheit

Die folgende Übungseinheit beschränkt sich auf eine Strategie. Bei Wörtern, deren Schreibung man von anderen ableiten kann, geht man strategisch vor. Man lernt sie besser in rechtschriftlichen Zusammenhängen als in thematischen Zusammenhängen. Bei der Schreibung von Wörtern mit ä/äu müssen die Kinder zunächst das Problem, das sie schon beim Erstlesen kennen gelernt haben, auch benennen können. Diese Wörter stehen in Konkurrenz mit vokalisch gleichlautenden Wörtern mit e/eu, z.B. Leute – läuten, Zäune – Scheune. Die Kinder sollen lernen, dass Wörter mit ä/äu bis auf wenige Ausnahmen (z.B. Säule) stets ableitbar sind von verwandten Wörtern mit a/au. Bei diesen Wörtern geht es vor allem um Prozesse des Ableitens, die man ihrerseits lernen muss. Das Herleiten als ein Verfahren des Aufsuchens einer kürzeren Wortform (z.B. bläulich – blau, läuten – laut) muss geübt werden. Nur so führt man zu Selbstständigkeit hin. Die zugrundliegende Strategie lautet: „Ich suche ein verwandtes Wort mit a/au" oder „Ich schreibe ä/äu, wenn es in der Wortfamilie eine Grundform mit a/au gibt". So gelingt es auch leistungsschwächeren Kindern mit der Zeit einen gewissen Automatismus in der Beweisführung zu entwickeln.

Jedes Kind behält anhand eines Laufzettels den Überblick über die Stationen (Station-Nr., Thema, Pflichtstation, Sozialform, Kontrolle). Pflichtstationen werden individuell eingeteilt. Arbeitsaufträge können auch in zwei verschiedenen Farben (z.B. weiß/© für leistungsstärkere S – gelb/☀ für leistungsschwächere S) verteilt werden. An den Stationen sollte zeitversetzt in sinnvollen Zeiteinheiten geübt werden.

Station 1: Mehrzahl und Verkleinerungsform bilden   ©

| *Apfel – Zaun – Strauß – Stadt – Mantel* |

1. Schreibe die Nomen mit Begleiter in der Mehrzahl und in der Verkleinerungsform untereinander in dein Heft.
Markiere jeweils a/ä und au/äu farbig.
Sprich die Wörter halblaut!
B *das Haus – die Häuser – das Häuschen*

2. Ergänze eigene Nomen mit a/ä und au/äu!
Wenn du unsicher bist, schau im Wörterbuch nach!

3. Bilde mit einigen dieser Nomen Sätze in der Einzahl, Mehrzahl oder in der Verkleinerungsform.
B *Die Katze fängt eine Maus.*
 Die Katzen fangen Mäuse.
[!] Selbstkontrolle nicht vergessen!

Station 1: Die Mehrzahl bilden   ☀

1. Schreibe auf dem Arbeitsblatt die Nomen in der Mehrzahl auf.
Sprich die Wörter halblaut!
Markiere je a/ä und au/äu farbig.
Zeichne einen Pfeil, der die Schreibweise erklärt.
B  *der Baum* →

2. Du kannst auch eigene Beispiele ergänzen.
Wenn du unsicher bist, schau im Wörterbuch nach!

3. Bilde mit einigen Nomen in der Mehrzahl sinnvolle Sätze.
Sprich jeden Satz halblaut!
B *Die Blätter fallen im Herbst von den Bäumen.*
[!] Selbstkontrolle nicht vergessen

Station 2: Wörter bilden Wort- Ⓒ
familien

| bauen – räumen – wählen – backen |

1. Stelle mit diesen Verben Wortfamilien zusammen und schreibe sie
   in dein Heft.
2. Kreise jeweils den Wortstamm ein und
   unterstreiche a/ä und au/äu farbig.

B *Wortfamilie fallen*
  fallen – er fällt – Wasserfall

> Wortfamilien nützen
> mir doch nichts!

> Wortfamilien
> sind prima!

3. Wer hat recht? Begründe deine
   Meinung und schreibe sie ins Heft!
4. *Sprachforscherauftrag:*
   Warum schreibt man das Wort
   „Fähre" mit ä ? Schreibe deine
   Begründung ins Heft.
5. Kannst du auch für deine Mitschülerinnen und Mitschüler einen Forscherauftrag erstellen? Schreibe ihn
   auf eine Karteikarte.

Station 2: Wortfamilienquartett ☀

1. Spiele mit deinem Partner Quartett. Vier Kärtchen gehören
   jeweils zusammen und bilden
   eine Wortfamilie.
   Lege sie nebeneinander auf die Bank
   und sprich sie deutlich. Begründe
   mit deinem Partner, warum sie eine
   Wortfamilie bilden.

2. Wähle mindestens zwei Wortfamilien aus und schreibe sie auf.
   Kreise den Wortstamm ein und
   markiere a/ä und au/äu farbig.

B *Wortfamilie fallen*
  fallen – er fällt – Wasserfall

Quartette: (Beispiele)
Haus – Häuser – Gehäuse – häuslich
backen – Bäcker – Gebäck – Bäckerei
wählen – Wahl – Wähler – verwählen
laufen – er läuft – Läufer – Waldlauf

Station 3: Verben in Ⓒ
verschiedenen Formen

1. Verben stehen im Wörterbuch in
   der Grundform.

| fahren – schlafen – halten – lassen –
| laufen |

Schreibe diese Wörter in der Ich-
Form, Du-Form und Er-Form auf!
Markiere a/ä und au/äu farbig.
Sprich jetzt die geschriebenen
Wörter noch mal deutlich.

B *ich wasche, du wäschst, er wäscht*

! Wenn du unsicher bist, schau im
  Wörterbuch nach!

2. Schreibe einen eigenen Text, in
   dem diese Verben (oder auch
   andere mit diesem Rechtschreibfall) in den verschiedenen
   Formen vorkommen.
Lies dir deinen Text noch einmal
halblaut und deutlich vor!

Station 3: Verben in ☀
verschiedenen Formen

1. 1 2 3

4 5  6

Überlege dir zu den Bildern jeweils
ein passendes Verb. Wie heißt die
Grundform? Bilde mit diesem Verb
einen Satz.
Schreibe diese Wörter und Sätze in
dein Heft.
Markiere jeweils a/ä und au/äu
farbig.
Sprich den geschriebenen Text noch
mal deutlich.

B ① *wäscht – waschen*
  Robert wäscht sich die Haare.

2. Male eigene Bilder, die zu den
   Verben mit ä/äu passen.

Station 4: Arbeit mit dem Wörterbuch

1. Schlage die folgenden Wörter im Wörterbuch nach.

> *häufig – Päckchen – älter – Ärztin – Äste – ängstlich – gefährlich – quälen – bläulich*

Schreibe diese Wörter untereinander in dein Heft und schreibe dazu jeweils auch das Wort, das im Wörterbuch daneben steht.
Markiere a/ä und au/äu farbig!

B *die Drähte – der Drahtzaun (S…)*

2.

Warum finde ich das Wort „Städte" nicht im Wörterbuch?	Warum finde ich das Wort „fällt" nicht im Wörterbuch?
Maria	Stefan

Gib der Schülerin und dem Schüler einen Rat und schreibe ihn auf!

Station 6: Arbeit mit dem Computer

1. Setze den Kopfhörer auf und wähle am Computer den Wortschatz „Ableiten: ä von a, äu von au"!

2. Spiele eine Strickleiter!

3. Bereite jetzt den Computer für den Nächsten aus deiner Gruppe vor!

Station 7: Partnerdiktat

1. Suche dir einen Partner und triff dich mit ihm am Partnertisch.

2. Einer von euch geht zur roten Diktatdose und prägt sich einen Satz ein.

3. Diesen Satz diktiert er seinem Partner und spricht dabei deutlich.

Wenn der Partner einen Fehler macht, sagt er –stopp- oder deutet auf die Fehlerstelle.
Besprecht euch und begründet die Schreibweise.
Verbessert genau!
Vergleicht zum Schluss mit dem Textstreifen.

4. Tauscht jetzt die Rollen.
Wer als Nächster diktiert, holt sich den Satz aus der blauen Dose.

Station 8: Merkwörter einprägen

> *Märchen – Lärm – Träne – Bär – spät – Säule – während – Käfig*

Diese Wörter stammen nicht von Wörtern mit a/au ab und werden trotzdem mit ä/äu geschrieben.
Du musst sie dir gut merken.

1. Schreibe diese Wörter auf. Wende bei jedem Wort die gelernten Schritte unseres Aufschreibtrainings an (Plakat im Klassenzimmer).

2. Ordne die Wörter nach dem Abc.

3. Schreibe mit diesen Wörtern lustige Sätze in dein Heft.

4.1.8 Sprachreflexion

Fachliche Grundlagen

1. Begriff

Sprache ist Träger von Sinn und Überlieferung und Mittel zwischenmenschlicher Verständigung. Sie ist Medium des Denkens und von Lehren und Lernen.
Unter Reflexion versteht man das Nachdenken, die Betrachtung, das vergleichende und prüfende Denken (vgl. Duden 2002, S. 849). Wir unterscheiden verschiedene Aspekte der Sprachreflexion:

- Reflexion über das Sprachsystem: Grammatikunterricht
- Reflexion über Fragen des fremden oder eigenen Sprachhandelns: Kommunikationsanalyse, Meta-Kommunikation
  (vgl. Nußbaum 2000, S. 181 f.)

Die beiden Begriffe Sprachreflexion und Grammatik bedeuten insofern Unterschiedliches. „Sprachreflexion heißt Nachdenken über die Sprache überhaupt – in der Grundschule: über die Bedeutung von Wörtern, über die Wirkung von Aussagen, über den Sinn von Texten, auch: über die Arten von orthografischen und grammatischen Fehlern, über Normen der Sprache oder die Variabilität des Gebrauchs der Sprache" (Menzel, in Einsiedler 2001, S. 431). Sprachreflexion verlegt Fähigkeiten aus der Ebene des Unbewussten, Automatischen in die Ebene des Bewussten, Absichtlichen. Sie fordert die Sprachbewusstheit in allen Aufgabenbereichen. Deshalb ist dieser Lernbereich in die übrigen Lernbereiche als Meta-Ebene integriert. Als eigener Lernbereich unterstreicht er die Bedeutung des experimentierenden und nachdenklichen Umgangs mit Sprachhandeln und Sprachsystem.
Der Grammatikunterricht (insbesondere die Wort- und Satzgrammatik) ist ein Teil der Sprachreflexion. Schulgrammatik ist „die didaktisch vereinfachte Wiedergabe von Erkenntnissen, Verfahrensweisen und Ergebnissen der Grammatikforschung" (Menzel 1999, S. 8). Ein moderner Grammatikunterricht geht wenn immer möglich vom Sprachgebrauch der Kinder aus und zieht die Wirkungen von Sprache in seine Betrachtungen mit ein. Es geht um die Vermittlung bzw. Ermittlung von Wissen **über** Sprache und um die Kenntnis und Beherrschung von **Verfahren** mit deren Hilfe man zu diesem Wissen gelangen kann: grammatische Operationen. Das Untersuchen von Sprache erfordert Selbsttätigkeit der Kinder, Experimentieren und einen spielerischen Umgang.

Eine Schulgrammatik mit begrenzten Kategoriensystemen muss nach Menzel folgendes Anforderungsprofil haben:

- Einsicht in den Bau der Sprache vermitteln (systematisch)
- Methoden mit denen man zu grammatischen Kategorien gelangt zur Verfügung stellen (induktiv)
- Rolle die die zu ermittelnden Kategorien in der Sprache spielen transparent machen (funktional)
- Strukturen, Inhalte und Sprachsituationen in den Mittelpunkt der Arbeit und Reflexion stellen (integrativ)
  (vgl. a. a. O., S. 9)

Ein Grammatikunterricht hat einerseits eine **dienende** Funktion (Bereitstellung von Hilfen zur Bewältigung sprachlicher Aufgaben und Probleme) und andererseits ein **eigenständiges** Aufgabengebiet (Analyse und Erfassung der Sprache als Gegenstand) (vgl. Nußbaum 2000, S. 184).

2. Meta-Kommunikation

Meta-Kommunikation kann sich auf das Sprachhandeln und auf das Sprachsystem beziehen. Zur Verständigung verwenden wir eine Meta-Sprache (Alltags-begriffe, schulische Fachbegriffe). Sie hat eine dienende Funktion. Die Kinder ver-ständigen sich über ihr Sprachhandeln und Sprachsituationen metakommuni-kativ. Daraus entwickeln sie Erkennt-nisse über Regelungen. Wenn nach den Klärungsprozessen Begriffe notwendig sind, werden sie erfunden oder gegeben (vgl. Bartnitzky 2001, S. 222 f.).

3. *Operativer Grammatikunterricht*

Glinz hat sprachwissenschaftliche Pro-ben erarbeitet, die bei der Entwicklung einer Grammatik helfen können (s. Abb. 43, S. 190). Kinder können so auf induktivem Weg Sprachstrukturen ent-decken. Eisenberg/Menzel bezeichnen sie als Methoden einer Grammatik-Werkstatt. Im Umgang mit operativen Verfahren gelangen die Kinder vom Kon-kreten zu Kategorien (Kategorisieren).
Die aufgeführten Übungen dürfen nicht mechanisch durchgeführt werden. Die Proben müssen stets zum Nachdenken anregen (Was tun wir? Was ändert sich? Entsteht ein sinnvolles Wort/ein sinn-voller Satz? Was passt nicht?). Begriffe werden eingeführt und verwendet.
Der Umgang mit diesen Verfahren („Werkzeugen") setzt entsprechendes Vorwissen voraus. Der Lernende muss z. B. bei der Umstellprobe schon eine Menge davon können, was er nachher genauer weiß. Er muss sich in der deut-schen Sprache soweit auskennen, dass die Experimentierregel (der Sinn des Sat-zes darf sich nicht verändern) funktio-niert. Anhand von sprachanalytischen Handlungen machen die Kinder ihr im-plizites sprachliches Können und Wissen explizit. Problematisch ist in diesem Zu-sammenhang die Auswahl der Beispiel-sätze. Zu bedenken ist, dass grammati-sche Proben komplexer sind als es die Schulgrammatik nahe legt.

4. *Kategorien und Begriffe*

● Wortarten und Wortbildungen
Deutsche Begriffe werden verwendet, wenn sie für die Kinder unmissverständ-lich sind, z. B. Einzahl und Mehrzahl. Ein irreführender Begriff ist z. B. das Zeit-wort. Die Kinder gelangen in der Regel über den eng gefassten Begriff Tunwort zu dem lateinischen Begriff Verb. Der Nomenbegriff wird häufig über den deut-schen Begriff Namenwort eingeführt. Maria, Robert und Hund dürfen jedoch nicht in einen begrifflichen Topf gewor-fen werden. So wird den Nomen eine Einmaligkeit und Bedeutsamkeit zuge-wiesen, die sie im konkreten Fall nicht haben müssen (vgl. Menzel 1999, S. 32). Namen individualisieren, Nomen gene-ralisieren.
Wichtig ist vor allem der Weg der zum neuen Begriff hinführt. Im Unterricht sollte zu rasches regelorientiertes Anwen-den vermieden und stattdessen gründ-licher betrachtet und untersucht werden.

● Satzbildungen und Satzglieder
Alle Satzglieder beziehen sich auf das Verb. Sie können vom Verb aus erfragt werden (wer? wohin? ...). Manche Verben erfordern eine Ergänzung. In der Schul-grammatik ist das Verb ein Satzglied, ob-wohl es eigentlich kein Satzglied ist, weil die Satzglieder vom Verb abhängig sind.

5. *Spielen mit Sprache*

„Sprachspiele ... fördern die Lust am spie-lerischen Umgang mit den verschiedenen Elementen von Sprache und richten den Blick weg von der Nützlichkeit sprach-lichen Handelns auf einzelne Aspekte des Gegenstandsbereichs Sprache, experi-mentieren mit Sprachkonventionen und erfinden Sprache" (Bartnitzky 2001, S. 228 f.). Wenn Sprachspiele Sprach-normen verdrehen, machen sie eben diese Normen sichtbar.

Ersetzen/Austauschen	• *Wortebene:* systematische Veränderungen mit einer „Wörtermaschine" • *Satzebene:* ein Satzglied durch ein anderes ersetzen • *Textebene:* in Texten Wörter z. B. mit Hilfe eines Wortfeldes ersetzen (Texte verfassen und überarbeiten) Die Zahl der Variationen lässt sich durch den Austausch des Subjekts, des Prädikats und des Objekts erhöhen	ver pflanz en Anfang Stamm Endung *Der Junge malt. Er malt.*
Einfügen/Erweitern	• Sätze durch Satzglieder erweitern Erweiterung erfolgt auch mit Hilfe von Fragen (was? wann? wo? ...) • Erweitern beim Verfassen und Überarbeiten von Texten: Adjektive ergänzen > Wie verändert sich dabei der Text? Sätze ergänzen, z. B. Gedanken	*Der Vogel singt.* *Der Vogel singt schön.* *Im Frühling singt der Vogel schön.*
Weglassen/Kürzen	• Sätze durch Weglassen verkürzen • Bestimmen, ob der Satz noch sinnvoll bleibt	*Die Kinder schreiben heute einen Text.* (Zwei Satzglieder bleiben übrig.)
Umstellen/Verschieben	• Satzglieder umstellen zum Bestimmen der Satzglieder Wörter eines Satzes vermischen > Wie kann umgestellt werden, ändert sich der Sinn? Je nach Redeabsicht (Was ist für mich besonders wichtig?) die Teile zusammenlegen • Umstellen beim Verfassen und Überarbeiten von Texten: abwechslungsreicher Satzbau	Der fleißige Junge lernt ein Gedicht. *Fleißig lernt der Junge ein Gedicht.* *Der Junge lernt fleißig ein Gedicht.* *Der Junge lernt ein Gedicht fleißig.*
Sprechen/Klangprobe	• bezieht sich auf die Intention von Sätzen • Tonfall bei verschiedenen Satzarten • Sinnwörter feststellen Textüberarbeitung: Lies dir deine Geschichte laut vor!	Werden die Aussagesätze (s. Umstellprobe) sprecherisch gestaltet, so entdecken die Kinder, welchen Rang und Klang in der Satzmelodie „fleißig" besitzt. Verschiebungen, Kürzungen, Erweiterungen sprechen und so Sprachgefühl aktivieren

Abb. 43: Operative Verfahren

6. *Vergleichender Sprachunterricht*

Durch die Zuwanderung von Kindern aus anderen Herkunftsländern und durch die Einführung von fremdsprachlichem Unterricht ergeben sich zusätzliche Chancen zur Entwicklung eines Sprachbewusstseins (vgl. Bartnitzky 2001, S. 221 f.). Aus den Differenzen der verschiedenen Sprachen werden allgemeine Einsichten in Sprachstrukturen ermöglicht. Durch vergleichende Sprachuntersuchungen (auch mit Mundart und Umgangssprache) erkennen die Kinder sprachliche Phänomene, z. B. den Lautcharakter von Sprache, Sprachverwandtschaften, Satzstrukturen. Gelegenheiten für das Nachdenken über Sprachen bieten Situationen des schulischen Alltags (z. B. Begrüßungen, Glückwünsche, Redewendungen, Korrespondenzen) und Unterrichtsthemen (z. B. Sammeln und Untersuchen von Urlaubswörtern, Lesen und Vergleichen von Bilderbüchern, Austausch zwischen dem Deutschunterricht und dem so genannten muttersprachlichen Unterricht).

Zielsetzungen

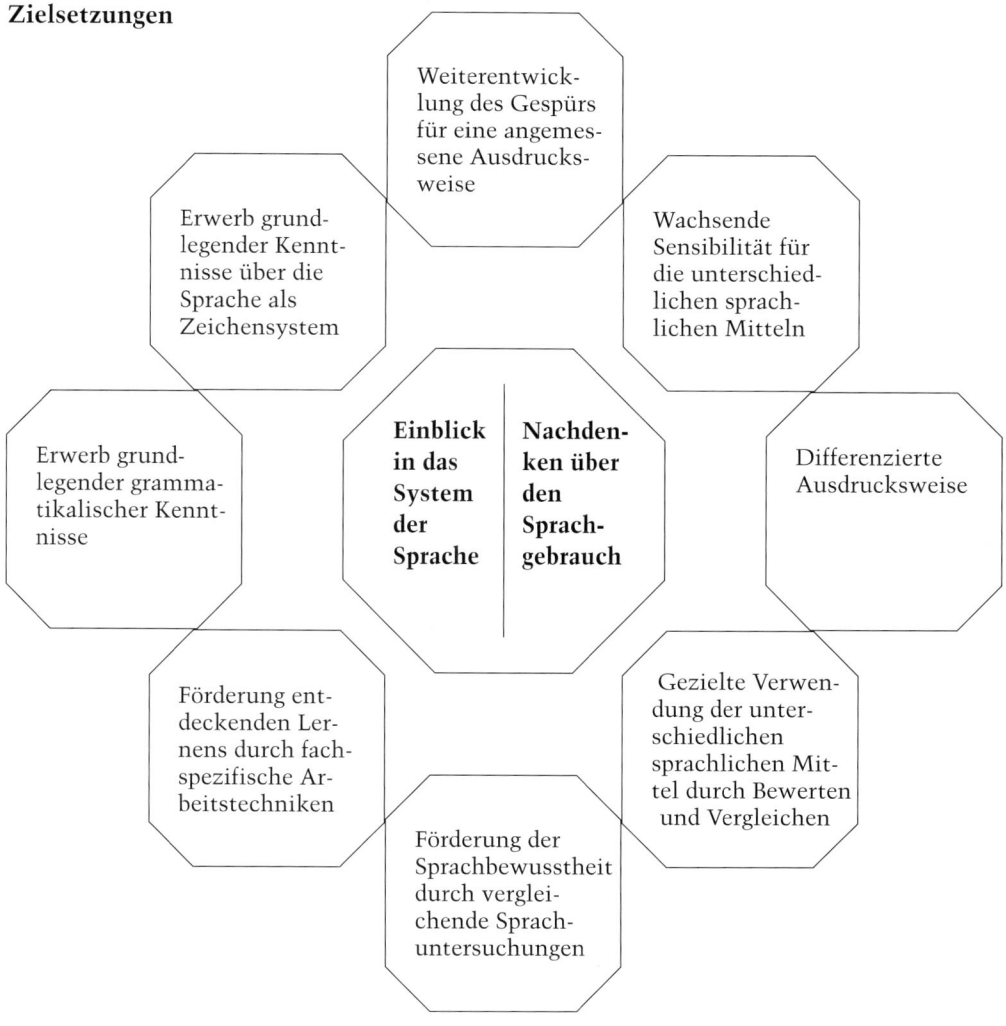

Abb. 44: Zielsetzungen

Situation des Kindes

Ein Kind, das seine Sprache erlernt, experimentiert mit Sprache, bevor es in die Schule kommt: spielt mit ihr, erprobt sie, bildet Hypothesen. Die Kinder haben also bereits Sprachkompetenzen, wenn sie in die Schule kommen (z. B. mündliche Verständigung, Mediennutzung). Sie verfügen auch über ein Sprachgefühl für grammatische Abhängigkeiten und Zusammenhänge. Im Sprachunterricht müssen vorhandene Kompetenzen wahrgenommen und herausgefordert werden. Durch Sprachhandeln in neuen Situationen entwickeln sie ihre sprachlichen Fähigkeiten weiter. Auch für die sprachlichen Lernprozesse gilt, dass das Kind seine Erfahrungen und entsprechende Schlussfolgerungen selbstständig sammelt, ordnet, systematisiert und korrigiert. Es verbindet sie mit bereits vorhandenen Denk- und Handlungsmustern. Das Kind muss seine Sprache selbst entwickeln (eigenaktives Lernen), es braucht dafür aber auch Unterstützung. Der Regelfindungsprozess muss in der Schule geübt und gelernt werden.

Didaktische Grundsätze

1. Situationsorientierung

Das Prinzip der Situationsorientierung sucht den Kontakt von Leben und Lernen aufrechtzuerhalten. Solche Situationen können sich zufällig als didaktisch fruchtbare Momente ergeben, sie können aber auch planmäßig arrangiert werden. Situationen können die Kinder auch dazu anregen, sprachliche Ausdrucksmöglichkeiten spielerisch zu erproben. Entscheidende Kriterien bei der Wahl und Planung der Sprachsituation sind die Lebensnähe, die Zielorientierung und die motivierende Gestaltung. Ausgangspunkt und Gegenstand sind vorwiegend reale entwicklungsgemäße

Sprachhandlungs- und Kommunikationssituationen aus dem Alltagsleben und aus der Lebenswelt der Kinder, die das metasprachliche Nachdenken herausfordern (z. B. Verständigungsschwierigkeiten, Normverstöße, Auffälligkeiten, Befremdliches, lustige Versprecher). Die Kinder entdecken Sprache in ihrem Verwendungszusammenhang. Dies trägt dazu bei, die Kinder für die Geregeltheit des Sprachsystems aufzuschließen.
„Ziel des Nachdenkens ist die klarere Sicht auf die Situation, die Klärung der Irritation, die Bewältigung der Schwierigkeit. Ein anderes Ziel kann die Erkenntnis einer sprachtheoretischen Kategorie sein" (a. a. O., S. 221).

2. Experimenteller Umgang mit Sprache

Zu den Aufgaben des Deutschunterrichts gehört es, zu vermitteln, wie Sprache funktioniert, was bei bestimmten „Sprachexperimenten" geschieht und wie man zu den Kategorien der Grammatik gelangt. Von zunächst unreflektiertem Sprachgebrauch gelangt das Kind zu einem reflektierten Gebrauch der Sprache. Die Kinder erkennen die Leistung und die Funktion der verwendeten Mittel. Dies erfordert ein induktives und spielerisch – experimentelles Vorgehen und entsprechende Sprachübungen, mit deren Hilfe das grammatisch richtige Sprechen und Schreiben gelernt werden sollen. Die Kinder sollten sich selber in die Lage von Sprachforschern begeben dürfen, um Gesetzmäßigkeiten, Besonderheiten der Sprache zu entdecken und darüber nachzudenken. Dabei dürfen sie eigene, noch unvollständige Teilgrammatiken aufstellen. Wenn Kinder Sprachbildungsprozesse erleben, gestalten und darüber reflektieren, wird ihnen auch aufgezeigt, was sie sprachlich bereits können, ohne es zu wissen.

Vorrangig geht es darum, „Forscherinteresse" zu wecken, um das System der gesprochenen und geschriebenen Sprache im eigenaktiven Zugriff zu entdecken. Dieses auf Entdecken ausgerichtete Lernen muss durch die fachspezifischen Arbeitstechniken unterstützt werden. Wenn das methodische Repertoire für sprachliche Entdeckungen bereitgestellt wird, wird operatives Problemlösungswissen vermittelt. Solche Kompetenzen sind für den selbstständigen Wissenserwerb besonders wichtig (Lernen lernen). Das Erforschen und Entdecken von Wortbedeutungen und Bedeutungsverflechtungen kann eine spannende und bereichernde Erfahrung darstellen. Die bedeutsamen Tiefenschichten der Wörter, die affektiven und handlungsorientierten Erfahrungen sollten in den Unterricht miteinbezogen werden. Die lernenden Sprachforscher können bei einzelnen Wörtern auch innere Bilder entwickeln. Kinder werden auf Wörter aufmerksam, wenn sie aus dem Rede- oder Textzusammenhang heraustreten, wenn sie auffallen, stören oder belustigen. Wenn sie in Gedichten versteckt werden bzw. die Kinder selbst in Gedichten verstecken, kommt es noch mehr auf jedes einzelne Wort an.

> Suche in der Wörterliste weitere Verben mit diesen Vorsilben.
> Probiere aus, ob du die Vorsilben durch andere ersetzen kannst.
> Wie verändert sich dabei die Bedeutung?

Abb. 45: Beispiel für einen Forscherauftrag

3. Integration in andere Lernbereiche des Deutschunterrichts

Die Hinführung zur Sprachhandlungsfähigkeit ist die zentrale Bildungsaufgabe. Das Kind soll zum Sprecher, Schreiber, Leser und Denker erzogen werden. Sprache kann nur durch integratives Arbeiten im Deutschunterricht mit einer sinnvollen Vernetzung der Lernbereiche in ihrer Komplexität erfahren werden. Sprachreflexion ist ein Kernbereich des Deutschunterrichts und von grundlegender Bedeutung.

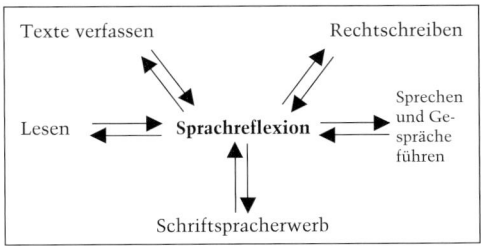

Abb. 46: Sprachreflexion als Kernbereich

Ausgangspunkt für Sprachreflexion kann jeder Lernbereich sein. Im ständigen wechselseitigen Bezug zum Rechtschreiben, Lesen (z. B. Probleme beim Textverständnis) und mündlichen und schriftlichen Ausdruck (z. B. Satzbildung, Wortfelder) sollte grammatisches Wissen aufgebaut und genutzt werden. Wenn beispielsweise die Unterscheidung von Zeitformen (Präsens, Perfekt, Präteritum) zum Ausbau des Wissens über mündlichen und schriftlichen Ausdruck und zum angemesseneren Verfassen von Texten führt, erzielt das, was wir tun, die erwarteten Wirkungen. In der orthografischen Praxis haben sich grammatische Züge durchgesetzt. Gerade die Strategiebildungen bei den Nachdenkwörtern basieren auf solchen Verknüpfungen. Die Begriffsbildung im Sachunterricht ist ein Beispiel für das notwendige fächerverbindende Lernen.

Literatur:

1. Bartnitzky, Horst: Sprachunterricht heute – Sprachdidaktik, Unterrichtsbeispiele, Planungsmodelle. Cornelsen Scriptor, Berlin 2001, 2. Aufl.
2. Menzel, Wolfgang: Grammatik-Werkstatt. Kallmeyer Verlag, Seelze-Velber 1999

Strukturmodell

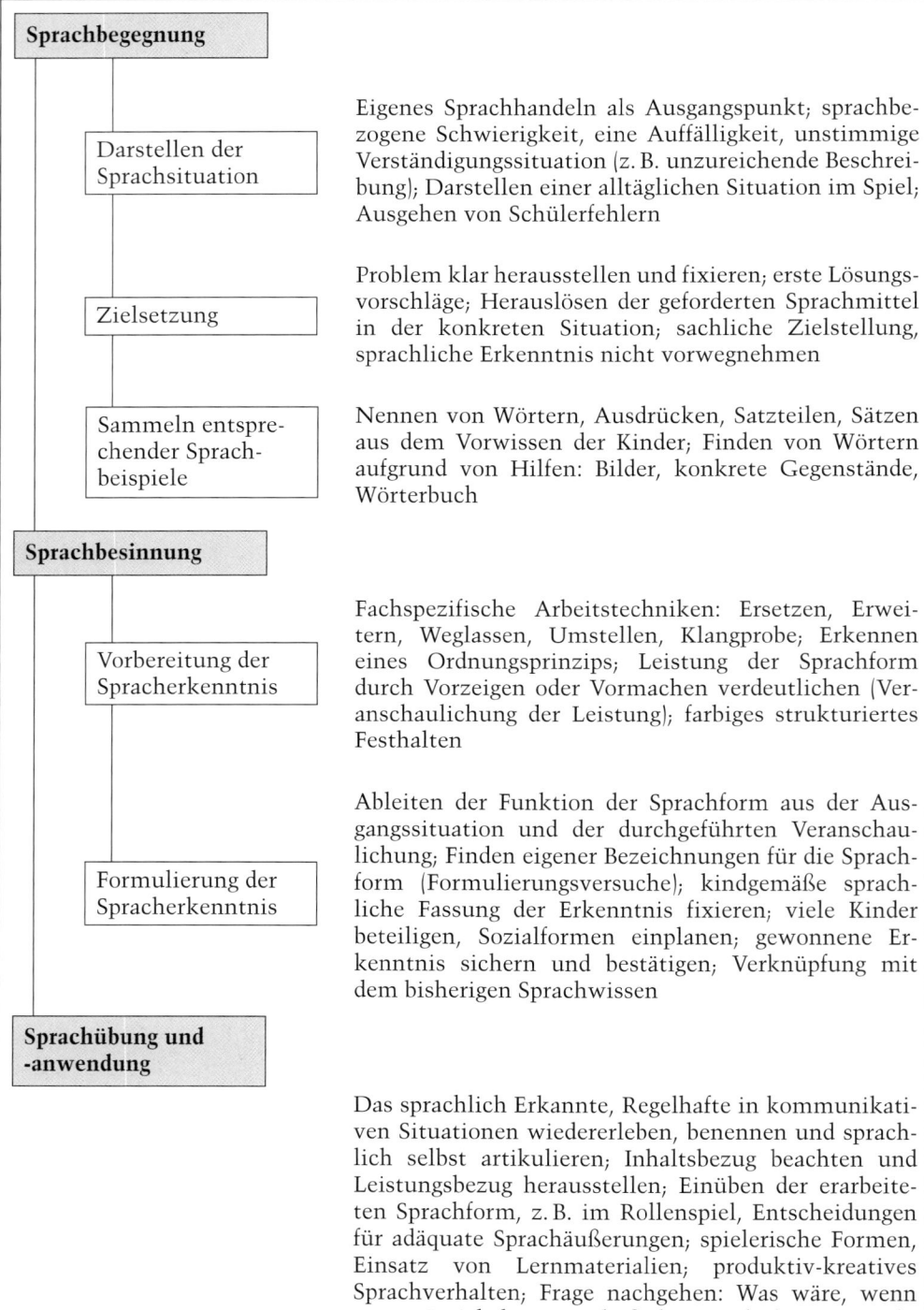

Sprachbegegnung

Darstellen der Sprachsituation

Eigenes Sprachhandeln als Ausgangspunkt; sprachbezogene Schwierigkeit, eine Auffälligkeit, unstimmige Verständigungssituation (z. B. unzureichende Beschreibung); Darstellen einer alltäglichen Situation im Spiel; Ausgehen von Schülerfehlern

Zielsetzung

Problem klar herausstellen und fixieren; erste Lösungsvorschläge; Herauslösen der geforderten Sprachmittel in der konkreten Situation; sachliche Zielstellung, sprachliche Erkenntnis nicht vorwegnehmen

Sammeln entsprechender Sprachbeispiele

Nennen von Wörtern, Ausdrücken, Satzteilen, Sätzen aus dem Vorwissen der Kinder; Finden von Wörtern aufgrund von Hilfen: Bilder, konkrete Gegenstände, Wörterbuch

Sprachbesinnung

Vorbereitung der Spracherkenntnis

Fachspezifische Arbeitstechniken: Ersetzen, Erweitern, Weglassen, Umstellen, Klangprobe; Erkennen eines Ordnungsprinzips; Leistung der Sprachform durch Vorzeigen oder Vormachen verdeutlichen (Veranschaulichung der Leistung); farbiges strukturiertes Festhalten

Formulierung der Spracherkenntnis

Ableiten der Funktion der Sprachform aus der Ausgangssituation und der durchgeführten Veranschaulichung; Finden eigener Bezeichnungen für die Sprachform (Formulierungsversuche); kindgemäße sprachliche Fassung der Erkenntnis fixieren; viele Kinder beteiligen, Sozialformen einplanen; gewonnene Erkenntnis sichern und bestätigen; Verknüpfung mit dem bisherigen Sprachwissen

Sprachübung und -anwendung

Das sprachlich Erkannte, Regelhafte in kommunikativen Situationen wiedererleben, benennen und sprachlich selbst artikulieren; Inhaltsbezug beachten und Leistungsbezug herausstellen; Einüben der erarbeiteten Sprachform, z. B. im Rollenspiel, Entscheidungen für adäquate Sprachäußerungen; spielerische Formen, Einsatz von Lernmaterialien; produktiv-kreatives Sprachverhalten; Frage nachgehen: Was wäre, wenn man z. B. Adjektive wegließe bzw. nicht hätte; Sprachhandeln zielt auf andere Lernbereiche

Unterrichtsbeispiel:

Wiewörter beschreiben wie Tiere aussehen oder sind

2. Jahrgangsstufe

Das Adjektiv wird als Wortart zum Beschreiben und Unterscheiden von Lebewesen und Dingen verwendet und bereichert so den mündlichen und schriftlichen Ausdruck. Es wird zunächst als „Wiewort" bezeichnet. In dieser Unterrichtseinheit erfolgt eine Beschränkung auf die Beschreibung und Unterscheidung von Tieren. Den Kindern soll deutlich werden, dass man oft erst an den Adjektiven erkennen kann, um welche Tiere es sich handelt. Die Kinder sollen die Leistung dieses sprachlichen Mittels entdecken und bewusst anwenden. Ausgewählt wurde eine natürliche Sprachhandlungssituation, in die sich das Kind hineinversetzen kann und in der es sprachlich agieren kann. Im Rahmen des integrativen Ansatzes wird auch auf die Kleinschreibung geachtet.

I. Sprachbegegnung

1. Sprachsituation

Cass.: Familie Weber hat sich einen Hund gekauft. Stefanie kommt von der Schule heim und freut sich schon auf ihren Hund Stupsi. Doch ihre Mutter teilt ihr die traurige Nachricht mit, dass Stupsi beim Ausführen weggelaufen ist.

Unterrichtsgespräch/S äußern sich

Sammeln von Vorschlägen zur Lösung des Problems
Partnerarbeit > Unterrichtsgespräch: S besprechen sich, was Stefanie tun kann, um Stupsi wiederzufinden
Möglicher Lösungsvorschlag: Suchanzeige aufgeben

Impuls/Folie

> Wer hat unseren Stupsi gesehen?
> Wer ihn findet, soll ihn bitte bei Stefanie Weber in ..., Finkenstraße 10, abgeben!
> Tel.: ...

S lesen Suchanzeige laut vor und nehmen dazu Stellung
Beispiel: Diese Suchanzeige ist ungenau. Man muss wissen, wie Stupsi aussieht. Man sollte sich von dem Hund ein „Bild" machen können.

2. Zielsetzung

TA/Bild von Stupsi als Ergänzung zur Suchanzeige auf der Folie
Unterrichtsgespräch/S machen erste Vorschläge zur Verbesserung der Suchanzeige

3. Sammeln von entsprechenden Sprachbeispielen

a) Merkmale des Hundes
S nennen die zu beschreibenden Merkmale/Körperteile des Hundes (evtl. Anknüpfen an erste Verbesserungsvorschläge der S)
Ergänzung der Begriffe (Größe, Fell ...) auf Plakat an der TA

b) Zuordnen von Adjektiven
S ordnen Adjektive an der Seitentafel den entsprechenden Merkmalen auf dem Plakat zu („Diese Wörter helfen dir") und verwenden dabei die Adjektive in Sätzen („Stupsis Ohren sind lang.")

c) Handelnder Umgang mit dem gesammelten Wortmaterial
Partnerarbeit mit qualitativer und quantitativer Differenzierung: S bilden mit zerschnittenen Satzstreifen (enthalten verwendete Adjektive) sinnvolle Sätze. Sie lesen sich die Sätze abwechselnd halblaut vor.

Alleinarbeit: S notieren Sätze auf den Block bzw. ins Heft

☀ Mit Satzstreifen Sätze in Anlehnung an vorher mündlich formulierte Sätze bilden
(z. B. Stupsis Fell ist weich.
    Stupsis Pfoten und Schnauze sind hellbraun.)

ℂ Satzstreifen auch mit veränderten Adjektiven
(z. B. Stupsis Fell ist weich.

 Stupsi hat ein weiches Fell.
    Stupsi hat hellbraune Pfoten und eine hellbraune Schnauze.)

Für Sprachforscher!

> Vergleicht die Sätze und schaut die Wörter genau an!
> Was fällt euch auf?

Auswertung und Kontrolle der PA

II. Sprachbesinnung

1. Teilziel: Wiewörter beschreiben wie Tiere aussehen oder sind

a) Vorbereitung der Spracherkenntnis
L: Stefanie hängt mit ihrer Mutter die Suchanzeige an verschiedenen Stellen auf. Was meinst du, kann Stupsi jetzt gefunden werden?
Cassette.: Es klingelt an der Haustür. Hundegebell ist zu hören … Stefanie rennt vor Freude zur Türe. Der Mann sagt: „Ich habe die Suchanzeige gelesen. Dann habe ich sofort erkannt, dass das dein Hund ist."
S lesen Wiewörter auf dem Plakat vor, an denen der Mann Stupsi erkannt hat.
(sprachliche Mittel nennen)

b) Formulierung der Spracherkenntnis
S erklären, welche Aufgaben diese Wörter auf der Suchanzeige haben.

TA: *Diese Wörter beschreiben wie der Hund aussieht.*

S machen Vorschläge, wie diese Wörter heißen könnten, die beschreiben, wie der Hund aussieht.

TA: *Wiewörter*

S überlegen mit dem Partner, wie sie nach den Wiewörtern fragen können, damit sie diese Wörter auch immer wieder erkennen können.

TA ergänzen

Alternative für entsprechend geschulte bzw. leistungsfähige Klassen/Gruppen: Arbeitsauftrag für Partnerarbeit:

> 1. *Welche Aufgaben haben diese Wörter in der Suchanzeige?*
> 2. *Habt ihr eine Idee, wie die Wörter heißen könnten, die uns beschrieben haben, wie Stupsi aussieht?*
> 3. *Überlegt, wie ihr nach diesen Wörtern fragen könnt!*

2. Teilziel: Wiewörter schreiben wir klein

S achten auf die Schreibweise der Wiewörter, farbige Markierung des Anfangsbuchstabens
Formulierung der Spracherkenntnis

TA: *Wiewörter schreiben wir klein.*

Aufgreifen des Sprachforscherauftrages für leistungsstärkere S (Folie):
● Wiewort hat sich in dem Satz verändert > mit Endung
● Wiewort steht zwischen Begleiter und Namenwort (Nomen)

III. Zusammenfassung – Sicherung der Spracherkenntnis

Verbalisierung durch S
Beispiel: Wie ist das Fell?
          Das Fell ist dunkelbraun.
          Dunkelbraun ist ein WW.
          Es beschreibt, wie das Tier aussieht.
          Ich schreibe es klein.

S wiederholen, was sie gelernt haben (s. TA)

IV. Sprachübung und -anwendung

1. Aufgaben mit qualitativer und quantitativer Differenzierung

☀ Partnerarbeit: Anderen Tieren passende Wiewörter zuordnen
S arbeiten mit Bild- und Wortkarten. Sie legen jeweils zu einem Tierbild zwei oder drei passende Wortkarten.

Beispiel:

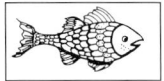 glitschig
nass
wendig

 Zusatzaufgabe:
Ein Partner schließt die Augen und der andere stellt ihm ein Tierrätsel.

© Alleinarbeit: Zettel für ein Wunschtier schreiben

Hamster
Fell:
Farbe:
Größe:
Wesen:

Alternative:
Partnerarbeit: Quizspiel für die Freiarbeit herstellen, Tierrätsel auf Karteikarten, Lösung auf die Rückseite der Karte, Wiewörter grün unterstreichen

Beispiel:

Fisch

Mein Tier ist
lang, schmal
und hat eine
schuppige Haut.

2. Auswertung und Kontrolle

☀ Sprechreihen > Bild- und Wortkarten an TA
© Jeweils Präsentation als Tierrätsel

Abschlussfrage: Was wäre, wenn man die Wiewörter wegließe?

Folie (s. Arbeitsauftrag für Sprachforscher)

 Stupsis Fell ist weich.
Er hat ein weiches Fell.
Seine Ohren sind lang und
dunkelbraun.
Stupsi hat lange und dunkelbraune
Ohren.

V. Weiterarbeit:

● Eintrag ins Lernheft
● Arbeitsblatt zum differenzierten Üben und Anwenden
● An der Erstellung des Freiarbeitsmaterials (s. Gr. ©) weiterarbeiten
● Freiarbeit/Wochenplan mit entsprechenden Übungen

> **Fragen zum kritischen Rückblick auf das Unterrichtsgeschehen**
> (Reflexion als Grundlage der weiteren unterrichtlichen Arbeit):
> 1. War die Zielsetzung klar?
> 2. Konnten die Kinder die Leistung dieses sprachlichen Mittels wirklich entdecken?
> 3. War die Präsentation der Ergebnisse effektiv?
>   ● Wurden jeweils die Mitschülerinnen und Mitschüler einbezogen?
> 4. Inwiefern haben die Kinder einen Lernzuwachs zu verzeichnen?
>   ● Waren die Anregungen vielfältig?
>   ● War das Anspruchsniveau variativ?

Wir schreiben eine Suchanzeige

1. Wo ist Stupsi?

2. Eine Suchanzeige schreiben

> Unser Hund Stupsi ist
> entlaufen!
>
> Größe:
> Fell:
> Ohren: z.B. lang, dunkelbraun
> Pfoten und
> Schnauze:
>
>
> Bitte abgeben bei ...

> Wiewörter beschreiben wie Tiere aussehen oder sind.

Wir fragen: Wie ist ...

Wiewörter schreiben wir klein.

---

3. Wir verwenden passende Wiewörter

lang
wendig
giftig

4. Mein Wunschtier

schwer
riesig
grau

> Hamster
>
> (S malen ein Bild
> vom Hamster)
>
> Größe:
> Fell:
> Farbe:
> Wesen:

flink
klein
grau

Abb. 47: Tafelbild

Name: _____   Datum: _____   Nr.: _____

Wiewörter helfen Tiere zu beschreiben

1. Wie Tiere sein können

   | bissig, glitschig, klein, groß, dick, grün, schlank, freundlich, lieb |

   Ordne die Wiewörter den Tieren sinnvoll zu!

Frösche	Katzen	Hunde	...
grün			

2. Welches Wiewort passt?
   Schreibe den Satz auf und unterstreiche das Wiewort grün!

   stumpfen – kurzen – spitzen

   Der Eisvogel hat einen _____ Schnabel.

   _____

   rau – schleimig – blau

   Die Haut der Schnecke ist _____

   _____

   flauschige – lockige – glitschige

   Die Küken haben _____ Federn.

   _____

   Eichhörnchen – Schwanz – klein, samtartig, buschig

   _____

Abb. 48: Arbeitsblatt zur Unterrichtseinheit „Wiewörter"

4.2 Mathematik

4.2.1 Informationen zum Fach Mathematik

Fachliche Grundlagen

1. Unterrichtsgegenstand

Aus dem großen Gegenstandsbereich der Mathematik, die z. B. Ziffernsysteme, Algebra, Arithmetik, Funktionen und Geometrie beinhaltet, werden für die Grundschule drei elementare Bereiche ausgewählt: Zahlen, räumliche Vorstellungen und mathematische Denkweisen.

a) Zahlbegriff

Die Zahl ist kein konkretes Objekt, sondern ein abstrakter Begriff. Man erfasst immer nur einen Aspekt (eine Erscheinungsform) der Zahl. Die Vielzahl der Zahlaspekte führt zur Komplexität des Zahlbegriffs (s. Abb. 50, S. 207): Kardinal-, Ordinal-, Maß-, und Rechenzahlaspekt, Operator- und Kodierungsaspekt (vgl. Baireuther 1999, S. 24 f.).

b) Rechenoperationen

Mit Zahlen können Operationen durchgeführt werden; in der Grundschule sind dies Addition und Multiplikation mit den entsprechenden Umkehrungen Subtraktion und Division. Eine Zahl kann auch selbst als Operator betrachtet werden, etwa in einer Vervielfachungsabbildung. Die verschiedene Funktion der Zahl wird begrifflich fassbar, wenn man beispielsweise Abziehen und Ergänzen oder Verteilen und Aufteilen unterscheidet.

c) Normalverfahren

Das Ergebnis einer bestimmten Rechenoperation kann durch exakt beschrie-bene Anweisungen schrittweise gefunden werden. Ein solches System von Regeln wird als schriftliches Normalverfahren bezeichnet. Der systematische Rechengang ist so schematisiert, dass er sogar ohne Einsicht in die mathematische Struktur durchgeführt werden kann.

d) Größen

Gegenstände können gezählt oder gemessen werden. Das Messen bezieht sich auf verschiedene Phänomene (Inhalt, Fläche usw.) und geschieht mittels festgelegter Maßeinheiten. Das Rechnen mit Größen ist der Anwendungsbereich des Mathematikunterrichts. Die in der Grundschule verwendeten Größen sind Stückzahlen, Geldbeträge, Längen, Flächeninhalte, Rauminhalte, Gewichte und Zeitspannen.

e) Sachsituationen

In vielen Sachsituationen sind Probleme enthalten, die eine zahlenmäßige Lösung erfordern. Aufgabenstellungen dieser Art gehören dem Sachrechnen an, das eng mit dem Rechnen mit Größen verbunden ist.

f) Geometrie

Die Auseinandersetzung mit räumlichen Phänomenen bezieht sich in der Grundschule auf Lagebeziehungen, Flächenformen, Raumformen und Abbildungen. Gegenstände haben zueinander eine bestimmte Lage; an Gegenständen werden Flächen verschiedener Formen festgestellt; die Gegenstände selbst lassen sich mit modellhaften Körpern (z. B. Kugel) vergleichen. Die Gegenstände können auch bezüglich einer bestimmten Flächen- oder Körperform geordnet werden.

2. Entwicklungspsychologische Hinweise

Die Erkenntnisse J. Piagets zur kognitiven (geistigen) Entwicklung von Kindern können sowohl bei der Gestaltung kleinerer Lernschritte als auch bei Planung größerer Lernzusammenhänge berücksichtigt werden (s. Abb. 49). Gerade der Anfangsunterricht in Mathematik sollte einen erheblichen Beitrag zur Entwicklung des konkret-operativen Denkens leisten. Die Verankerung von Lernerfahrungen in konkreten Sachhandlungen und Erfahrungen zum Ordnen und Vergleichen in genügend umfangreichen und repräsentativen Beispielmengen sind für den Abstraktionsprozess besonders wichtig.

Stadium des Denkens	Ungefähres Alter	Kennzeichen
voroperativ – anschaulich	4–6	Begriffe sind an die reale Anschauung und die konkrete Handlung gebunden; Denkhandlungen sind nicht reversibel und noch nicht verknüpfbar; Invarianz von Mengen wird verneint
konkret – operativ	6–12	Denkhandlungen nun reversibel und kompositionsfähig; Koordination von konkreten Handlungen in der Vorstellung; Lösung kann allmählich auf verschiedenen Wegen erreicht werden
formal operativ	ab 11	Denken hypothetisch, deduktiv und abstrakt; nicht mehr an die konkrete Vorstellung gebunden.

Abb. 49: Phasen der Entwicklung des Denkens in stark vereinfachter Form

3. Mathematischer Lernprozess

a) Prozessmerkmale

Die aktive und bewusste Auseinandersetzung mit dem mathematischen Lerngegenstand ist Ausgangspunkt für das Lernen. Der Zuwachs an mathematischer Kompetenz wird durch die Verknüpfung von aktuellen und früheren Inhalten, Methoden und Betrachtungsweisen erfahrbar gemacht. Das Kind konstruiert neues Wissen in Verknüpfung mit einer bestimmten Lernsituation. Lernen ist an die inhaltlichen und sozialen Erfahrungen der Lernsituation gebunden. Durch die gemeinsame Auseinandersetzung mit mathematischen Problemen kommuniziert und interagiert jedes Individuum mit anderen. Die Kinder entwickeln selbstständig Lösungsideen. Sie suchen zielgerichtet Lösungswege und erproben diese. Fehler und nicht zum Erfolg führende Wege sind notwendige Begleiterscheinungen im mathematischen Lernprozess. Sie sollten als solche im Lernprozess thematisiert werden.

Durch die Reflexion über den eigenen mathematischen Lernprozess können die Kinder lernen, eigene Lernfortschritte bewusster wahrzunehmen.

b) Abstraktionsprozess und Modellbildung

1. Repräsentations- bzw. Darstellungsformen

Beim Aufbau von Wissen und Können, beim Denken und Problemlösen werden mathematische Sachverhalte im Gehirn in unterschiedlichen Repräsentations- bzw. Darstellungsformen verarbeitet.
- Enaktiv (handelnd): Operationen mit konkreten Gegenständen
- Ikonisch (bildlich): Erfahrungen mit bildhaften Darstellungen
- Symbolisch: Umgang mit Zeichen bzw. Sprache

Formale und konkrete Operationen sind so miteinander zu verbinden, dass sie sich gegenseitig stützen und ergänzen. „Unterricht hat ... **nicht** die Aufgabe, Schüler von konkreten und anschaulichen Erfahrungen wegzuführen, sondern verschiedene Formen der Erkenntnis **miteinander zu verbinden** (i. O. jeweils fett)!" (Baireuther 1999, S. 52).
Die Reihung der verschiedenen Formen ist in Abhängigkeit vom Lerngegenstand variativ zu handhaben. Sie kann mehrfach – auch in wechselnder Richtung – durchlaufen werden. Es handelt sich um verschiedene Ausprägungen derselben Sache. „Mathematische **Grundvorstellungen** bilden sich heraus, wenn **wesentliche Lernerfahrungen** in allen drei Repräsentationsformen **zusammenpassen** (i. O. jeweils fett)" (a. a. O., S. 53).

2. Beispiele für den mathematischen Abstraktionsprozess

a) Der Würfel als geometrische Körperform
   1. Enaktive Phase: Würfelmodelle (Kanten-, Massiv- und Flächenmodelle) herstellen, Eigenschaften an Modellen erschließen
   2. Ikonische Phase: Würfelnetze zeichnen

3. Symbolische Phase: Würfelnetze erkennen; Zusammenhang zwischen Netz und Würfel in der Vorstellung erkunden

b) Darstellung der Multiplikation
Für die Multiplikation sind vor allem der zeitlich sukzessive Aspekt (z. B. 3-mal nacheinander werden 5 Flaschen geholt) und der räumlich simultane Aspekt (z. B. Im Regal sind drei Fächer mit je 5 Flaschen) bedeutsam.
Es muss in diesem Zusammenhang nicht an jedem Beispiel immer linear vom Handeln bis zur Notation der Gleichung vorgegangen werden. Die Reihung der Ebenen ist hier variabel zu handhaben: Zu gespielten Geschichten die Gleichungen notieren ohne Zwischenschritt über das Zeichnen; zu ikonischen Darstellungen die Gleichungen notieren; zu Rechengeschichten Zeichnungen anfertigen und entsprechende Gleichungen notieren.

Zielsetzungen

Fach- und inhaltsspezifische Lernziele sind in den jeweiligen Lehrplänen vorgeschrieben. Im Folgenden werden einige grundlegende Zielsetzungen besonders dargestellt.

1. Förderung grundlegender kognitiver Fähigkeiten

Manche Lerninhalte eignen sich in besonderer Weise, kognitive Fähigkeiten zu entwickeln und zu fördern mit dem Ziel offen, beweglich und vernetzt zu denken:

- Vergleichen, Unterscheiden, Klassifizieren, Ordnen, Strukturieren, Verknüpfen, Zerlegen, Schlüsse ziehen, Gesetzmäßigkeiten entdecken, Regeln bilden, Erkanntes auf andere Zusammenhänge übertragen

- Sachverhalte handelnd, bildhaft, verbal und in Symbolen darstellen, Handlungserfahrungen verallgemeinern und abstrahieren
- Aussagen und Lösungswege plausibel und logisch begründen, Vermutungen und Behauptungen überprüfen

2. Entwicklung eines Zahlensinns

Zahlvorstellungen sind ein imaginierter Zahlenraum. Die Kinder bewegen sich auf vielfältige Weise im Zahlenraum und setzen dabei Zahlen zueinander in Beziehung. Rechnungen sind dabei Bewegungen in diesem Zahlenraum. Ohne die Fähigkeit, sich Zahlen vorzustellen sind die Lernenden auf die Strategie des Zählens – meist mit den Fingern – angewiesen. Zahlen stellen Beziehungen dar. Der Zahlensinn erlaubt Abschätzungen über die Nähe von Zahlen zueinander. Die Zahl 48 „sieht" man zwischen 40 und 50, dabei nahe an der 50. Entfernungen spielen für die Strategieentscheidungen eine wichtige Rolle (Bedeutung der Geometrie) (vgl. Lorenz, in Schubert 2002, S. 46 f.).

3. Allgemeine Lernziele

„Allgemeine Lernziele sind bezogen auf (auch) fachübergreifende und in gewisser Weise inhaltsunabhängige Qualifikationen, die ihre Legitimation nicht zuletzt aus einer langfristigen und allgemeinen gesellschaftspolitischen Relevanz erhalten sowie im Hinblick auf den individuellen Lebensentwurf in einer demokratischen Gesellschaft" (Krauthausen 1998, S. 54).

- Kreativität und Problemlösen
„Kreativ sein (…) setzt sich zusammen aus **kreativ sein dürfen, kreativ sein wollen** (intrinsische Motivation) und **kreativ sein können** (Hervorh. i. Orig.)" (Bruder

in Krauthausen/Scherer 2001, S. 118). Neben dem Fachwissen setzt dies Raum, Zeit und Ermunterung zum freien Experimentieren voraus. Die Scheu vor ungewöhnlichen Wegen muss abgebaut werden. Metakognition und Metakommunikation über das eigene Denken und Darstellen gehören dazu (vgl. a.a.O., S. 142 f.)

- Mathematisieren
Unter Mathematisieren versteht man die Beschreibung einer Situation in einem mathematischen Modell. Quantifizieren und Formalisieren sind Formen des Mathematisierens (vgl. Schütte 1996, S. 101). Dieser Prozess kann auch Umwege und Irrwege beinhalten.

- Darstellen
Eigene Denkprozesse und Bearbeitungswege sollen angemessen dargestellt werden. Darstellen meint die Fähigkeit zum mündlichen und schriftsprachlichen Ausdruck und sachgerechter Gebrauch von Notationen. Vor allem das eigene Finden von Darstellungen fördert Lernprozesse.

- Argumentieren
Entdeckendes Lernen ist ohne diese spezielle Ausdrucksfähigkeit nicht vorstellbar.
Ein Kind versucht z.B. den Geltungsanspruch seiner Aussage zu sichern und anderen gegenüber zu vertreten. Dies kann auch zu neuen mathematischen Strukturen und Einsichten führen.

- Soziales Lernen
Neben der individuellen Arbeit sollte der Mathematikunterricht Gelegenheit zum Ideenaustausch geben. Verstehen ist auf den sozialen Austausch angewiesen. Soziales Lernen ist insofern eng an kognitive Aspekte gebunden. Außerdem stärkt soziales Lernen das Selbstbewusstsein.

Didaktische Grundsätze

Die folgenden Leitvorstellungen des Lernens und Lehrens spielen eine wesentliche Rolle bei der Auswahl der Inhalte sowie für den Verlauf von Lernprozessen.

1. Operatives Prinzip beachten

Geistige Schemata werden nicht durch isolierte Einzelhandlungen, sondern durch vernetzte Handlungen (Aufgaben) ausgebildet. Geistige Operationen organisieren sich zu Systemen (Gruppierungen) die beweglich und flexibel sind (vgl. Baireuther 1999, S. 76).
Um bewegliches Denken zu erreichen, müssen auch die Denkhandlungen, die wiederum auf tatsächlichen Handlungen basieren, bestimmte Merkmale erfüllen.

- Reversibilität (Umkehrbarkeit, Inversion): Die konkret oder innerlich vollzogene Handlung kann durch eine inverse Handlung wieder rückgängig gemacht werden; dementsprechend soll die Umkehroperation frühzeitig mit einbezogen werden.
- Assoziativität (variable Gruppierbarkeit): eine Gesamtoperation kann auf verschiedene Weise aus Teiloperationen aufgebaut werden; das Ergebnis ist unabhängig vom Lösungsweg; es sind also verschiedene Variationen in Zusammensetzung und Abfolge von Teiloperationen zu berücksichtigen.
- Kompositionsfähigkeit (Verknüpfungsfähigkeit): Mehrere Operationen lassen sich durch eine neue ersetzen.

Entscheidend ist bei Ausführung der Operation die Einsicht in die Struktur des geistigen Aktes.

2. Orientierung am Vorwissen

Vorerfahrungen der Kinder sind in der Regel sehr heterogen und dürfen nicht ignoriert werden. Die Lehrperson kann den Unterricht eigentlich nur dann erfolgreich organisieren, wenn sie versucht, prinzipiell am Vorwissen der Kinder anzusetzen. Es geht um eine bewusste Erhebung der jeweiligen Lernausgangslage. Bei diesen Standortbestimmungen sollen vor allem die individuellen Leistungsstände, Vorerfahrungen und Denkweisen ermittelt werden. Fehler bieten die besondere Chance zu erkennen, wie Kinder rechnen und an welcher Stelle sie sich innerhalb eines Lernprozesses befinden. Als Ergänzung zur Analyse eines Fehlers kann ein diagnostisches Gespräch zwischen Lehrkraft und Kinder durchgeführt werden, um etwas über die Denkprozesse zu erfahren, die sich hinter falschen oder richtigen Lösungen verbergen.

3. Differenzierung

Die Lehrperson muss durch qualitative und quantitative Differenzierung den speziellen Lernbedürfnissen und Lernschwierigkeiten gerecht werden. Besonders die Lehrkräfte sind erfolgreich, denen es gelingt, ihre Lehrangebote an die Bedürfnisse und Fähigkeiten der Kinder anzupassen (Verbesserung der Feinabstimmung). Grundlegende Ziele, Inhalte und Verfahren müssen von allen Kindern erreicht werden.
Die Lehrkraft muss offen sein in ihrer Unterrichtsplanung, d. h. sie muss flexibel auf nicht vorhersehbare Schwierigkeiten und plötzlich auftretende Lernprobleme einzelner Kinder angemessen reagieren. Ein differenzierender (offener) Mathematikunterricht ermöglicht den Kindern eigene Wege, Erfahrungen und Problemlösungen und besteht nicht auf Standardverfahren für alle Kinder. Es ist auch von der Sache her sinnvoll, wenn unterschiedliche Zugangsweisen, Bearbeitungen und Lösungen in einen

interaktiven Austausch eingebracht werden (z. B. Rechenkonferenz).

4. Entwicklung einer Meta-Sprache

Dem wechselseitigen Bemühen um Verstehen und Verstandenwerden kommt eine Schlüsselfunktion für Lernprozesse zu. Die Haltung des ermunternden Zuhörens unterstützt eigene Fähigkeiten. Man vergewissert sich als Lehrkraft: Was meinst du? Habe ich dich richtig verstanden? Während der Bearbeitung einer Aufgabe sollen die Kinder oft ihre Lösungsstrategien gleichzeitig verbalisieren („laut denken"). Damit die Kinder ihre eigenen Denkweisen und Strategien darstellen können, müssen sie erst lernen, sich beim Denken „zuzuschauen". Sich über das eigene Denken zu äußern, erfordert Distanz zu sich selbst und damit die Einübung in Selbstreflexion. Dies muss gelernt werden. Nützlich wäre es, von Anfang an die Kinder an das Notieren ihres Denkens zu gewöhnen. Solche Protokolle des eigenen Vorgehens unterstützen die erwünschte Distanzierung vom spontanen Handlungsfluss. Die Kinder können durch die Verbalisierung ihrer Denkweisen auch ein tieferes Verständnis für die mathematischen Sachverhalte gewinnen. Zu bedenken ist, dass die Komplexität des Denkens die sprachlichen Darstellungsmöglichkeiten der Kinder übersteigen können. Sie sollen deshalb zunächst ihren Rechenweg und das Ergebnis nach eigenem Können und Verständnis notieren. Sie sollen aber auch lernen, ihre mathematischen Gedankengänge so aufzuschreiben, dass die Leser sie rekonstruieren können.

Zur Äußerung eigener Denkweisen kommt das Nachvollziehen der Lösungswege anderer Kinder. Auch das Sich-hinein-Versetzen in das Denken anderer muss geübt werden. Gelegenheit

dazu bietet hier z. B. die Rechenkonferenz.

Beispiele für entsprechende Fragen und Impulse:
– Wie rechnest du am liebsten?
– Was hat sich Anton wohl gedacht?
– Wie hat Maria die Aufgabe gelöst? Kannst du ihren Weg erklären?

Kinder können sich jedoch meist nicht einfach so zwischen unterschiedlichen Rechenwegen entscheiden. Sie sollten auch eigene Erfahrungen mit den einzelnen Strategien sammeln, indem sie unterschiedliche Rechenstrategien auch tatsächlich durchführen.

5. Forschend-entdeckendes und soziales Lernen

Voraussetzung für ein langfristig wirkendes mathematisches Lernen ist das Verständnis. In problemorientiert gestalteten und mathematisch gehaltvollen Lernumgebungen entwickeln die Kinder Problemlösestrategien. Ihnen wird zugemutet, Probleme zu lösen, für die sie noch keine festen Verfahren zur Verfügung haben. Diese entwickeln sie dabei selbst. Offene Lernsituationen aus der Erfahrungswelt der Kinder bieten Anlässe zum Mathematisieren und entdeckenden Lernen. Die Kinder machen die Erfahrung, dass verschiedene Wege zur Lösung führen können und entwickeln dabei auch ein Repertoire an Lösungshilfen. Eigene Wege, Umwege und auch Irrwege sind Ausgangspunkt für einen langfristigen Lernerfolg. Teamarbeit oder die regelmäßige gegenseitige Information über individuelle Aktivitäten und Entdeckungen verhindern Vereinzelung und Überforderung. Fehler lassen sich bei der Erarbeitung erfolgreicher Lösungsverfahren nutzen.

Die Kinder gewöhnen sich auch daran, mit Denkwiderständen umzugehen. Der

Fehler darf im Unterricht aber nicht wichtiger werden als die korrekte Lösung. Auch entdeckendes Lernen läuft in strukturierten Bahnen. Die Lernergebnisse der Kinder werden in einen Zusammenhang gebracht um ein tiefer gehendes Verständnis zu ermöglichen. Die Analyse der Lernprozesse kann auch ein Steuern und Eingreifen der Lehrkraft erfordern. Wenn die individuellen Rechenwege der Kinder hinsichtlich der Möglichkeiten des Weiterlernens in eine Sackgasse führen, so müssen der Offenheit durch die Zielorientierung auch Grenzen gesetzt werden (z. B. beim zählenden Rechnen) (vgl. Schipper 2001, S. 10).

6. Überlegte Auswahl von Arbeitsmitteln

Handlungsorientierung und Individualisierung des Lernens erfordern den Einsatz von Arbeitsmitteln. Arbeitsmittel können sowohl als Veranschaulichungsmittel wie auch als Anschauungsmittel (Werkzeuge zum Mathematiktreiben der Kinder) eingesetzt werden.

Drei Funktionen des Einsatzes:
● Mittel zur Zahldarstellung
● Mittel zum Rechnen
● Argumentations- und Beweismittel

Jedes Arbeitsmittel muss in seiner mathematischen Struktur zusammen mit den Kindern erarbeitet werden (konstruktiver Akt des Lernenden). „Ziel des Wahrnehmungsprozesses (bzw. des Einsatzes von Arbeitsmitteln) ist der Aufbau von Vorstellungs- oder Anschauungsbildern sowie das mentale Operieren mit ihnen" (Krauthausen/Scherer 2001, S. 214). Das Handeln mit konkretem Material in einer bestimmten Situation soll stets auch sachlich geboten sein. „Eine Überinterpretation und formalistische Handhabung des E-J-S-Prin-

zips ... kann dazu führen, dass das Arbeiten am konkreten Material zum Selbstzweck wird und sich verselbständigt" (a. a. O., S. 224). Im Unterricht sollten deshalb einige wenige, didaktisch wohlüberlegte Arbeitsmittel bewusst ausgewählt werden.

Einige didaktische Kriterien zur Beurteilung von Arbeitsmitteln:
● Wird die Ausbildung von Vorstellungsbildern und das mentale Operieren mit ihnen unterstützt?
● Wird die Verfestigung des zählenden Rechnens vermieden bzw. die Ablösung vom zählenden und der Übergang zum denkenden Rechnen unterstützt?
● Werden verschiedene individuelle Bearbeitungs- und Lösungswege zu ein und derselben Aufgabe ermöglicht?

7. Beziehungsreiches Üben

Gerade im Fach Mathematik zeigt sich ein besonders hoher Übungsbedarf. Übung ist ein integraler Bestandteil des Lernprozesses. Das entdeckende Lernen fördert produktive Übungsformen. Neben offenen Aufgaben bieten sich operativ- oder problemstrukturierte Übungen an. Das Einüben von Wissenselementen und Fertigkeiten muss mit der Förderung der allgemeinen Ziele verbunden werden. Das Automatisieren von grundlegenden Kenntnissen ist auch im Rahmen des entdeckenden Lernens unabdingbar.

Literatur:

1. Baireuther, Peter: Mathematikunterricht in den Klassen 1 und 2. Auer, Donauwörth 1999
2. Krauthausen, Günter / Scherer, Petra: Einführung in die Mathematikdidaktik. Spektrum Akademischer Verlag, Heidelberg 2001

4.2.2 Zahlbegriff

Begriff

Die Komplexität des Zahlbegriffs ist mit der Vielzahl der Zahlaspekte verbunden.

Zahlaspekte	Beschreibung	Beispiele	Addition	Subtraktion
Kardinal-zahlaspekt	Zahlen beschreiben die Anzahl von Elementen einer Menge	3 Birnen	Vereinigen, zusammen-legen	Wegnehmen, Fehlendes berechnen
Ordinal-zahlaspekt	Zählzahl: Folge der nat. Zahlen, die beim Zählen durchlaufen werden	„Eins, zwei, drei, …"	Weiterzählen	Rückwärts zählen
	Ordnungszahl: Rangplatz in einer geordneten Reihe	„Ich bin der sechste im Wartezimmer."		
Maßzahl-aspekt	Maßzahlen für Größen	20 Minuten, 10 Euro	Aneinander legen entsprechender Repräsentanten	Abtrennen entsprechender Repräsentanten
Operator-aspekt	Bezeichnung der Vielfachheit einer Handlung	Noch viermal schlafen bis zu den Ferien	Nacheinander vervielfachen	Umkehroperator Wie oft noch?
Rechenzahl-aspekt	Algebraischer Aspekt	Kommutativität/ Assoziativität $36 + (17 + 4) = (36 + 4) + 17$	Rechnen mit Ziffern (schriftliche Rechenverfahren) statt Rechnen mit Zahlen (halbschriftliche Strategien)	
	Algorithmischer Aspekt	727 + 462 1189		
Kodierungs-aspekt	Bezeichnung von Objekten	83471 Berchtesgaden ISBN 3-8275-1029-4	(macht keinen Sinn)	

Abb. 50: Aspekte des Zahlbegriffs (in Anlehnung an Krauthausen/Scherer 2001, S. 8)

Didaktische Grundsätze

a) Stabilisierung und Systematisierung der Vorkenntnisse
b) Einbeziehung der verschiedenen Aspekte der Zahl
c) Die Einführung in den Zahlenraum erfolgt ganzheitlich und nicht in Form sukzessiver Einführung.
d) Erfassung der Zahlen mit allen Sinnen

e) Der Zählraum ist offen (Differenzierung), der Rechenraum beschränkt sich zunächst auf den Zahlenraum bis 10, dann bis 20.
f) Vermittlung einer nicht zählenden Rechenstrategie
Die Kinder sollen sich auf der Basis entwickelter (fehlerfreier) Zählstrategien allmählich vom zählenden Rechnen lösen. Dies führt sonst in den

nachfolgenden Schuljahren zu einer strategischen Sackgasse. Eine quasi-simultane Zahlauffassung und -darstellung unterstützt die Ablösung vom zählenden Rechnen. Strukturiertes Zählen führt zu vertiefter Zahlvorstellung (vgl. Radatz 1996, S. 40).

g) Geeignete Arbeitsmittel unterstützen die Entwicklung und Festigung des Zahlverständnisses.

Literatur:

Krauthausen, Günter/Scherer, Petra: Einführung in die Mathematikdidaktik. Spektrum Akademischer Verlag, Heidelberg 2001

Strukturmodell

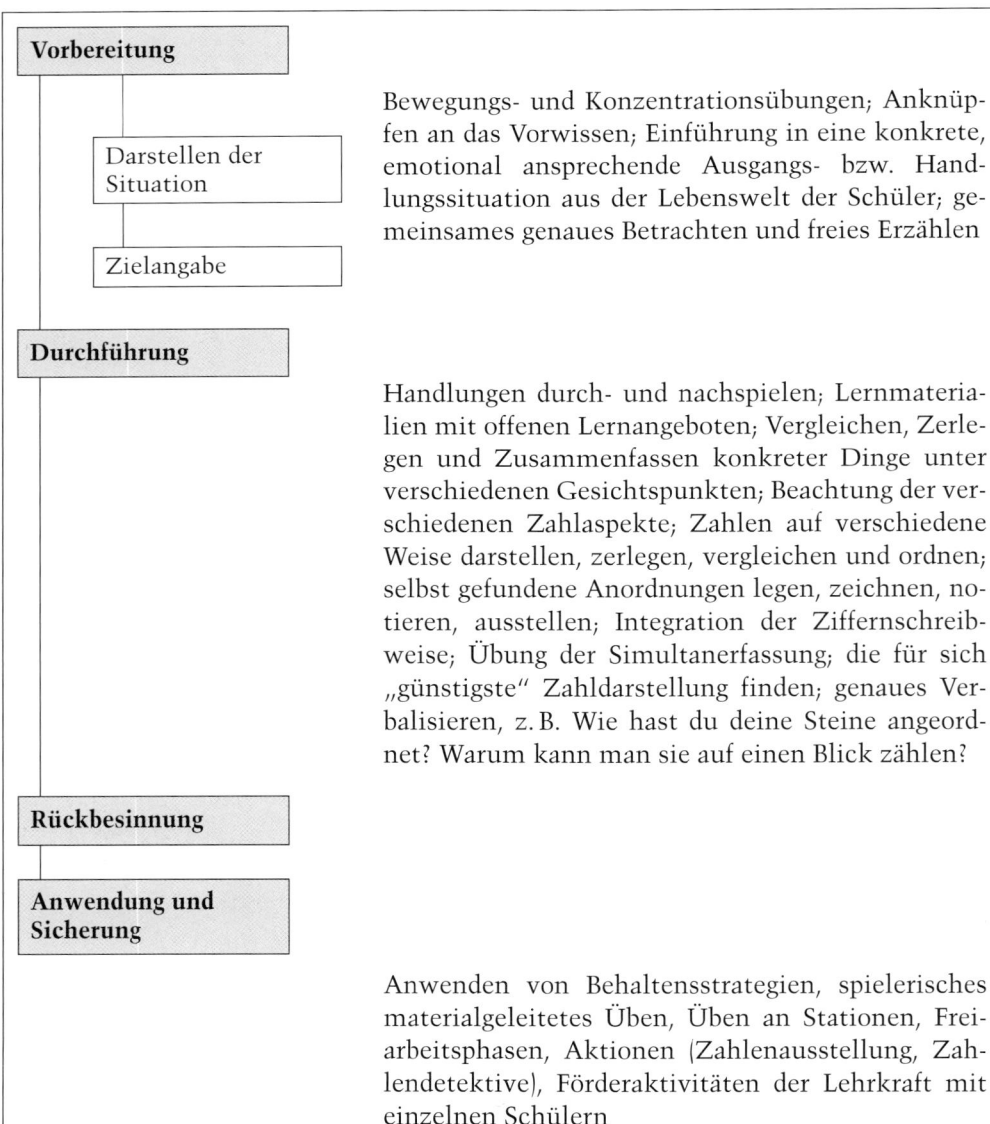

Vorbereitung	
Darstellen der Situation	Bewegungs- und Konzentrationsübungen; Anknüpfen an das Vorwissen; Einführung in eine konkrete, emotional ansprechende Ausgangs- bzw. Handlungssituation aus der Lebenswelt der Schüler; gemeinsames genaues Betrachten und freies Erzählen
Zielangabe	
Durchführung	
	Handlungen durch- und nachspielen; Lernmaterialien mit offenen Lernangeboten; Vergleichen, Zerlegen und Zusammenfassen konkreter Dinge unter verschiedenen Gesichtspunkten; Beachtung der verschiedenen Zahlaspekte; Zahlen auf verschiedene Weise darstellen, zerlegen, vergleichen und ordnen; selbst gefundene Anordnungen legen, zeichnen, notieren, ausstellen; Integration der Ziffernschreibweise; Übung der Simultanerfassung; die für sich „günstigste" Zahldarstellung finden; genaues Verbalisieren, z. B. Wie hast du deine Steine angeordnet? Warum kann man sie auf einen Blick zählen?
Rückbesinnung	
Anwendung und Sicherung	Anwenden von Behaltensstrategien, spielerisches materialgeleitetes Üben, Üben an Stationen, Freiarbeitsphasen, Aktionen (Zahlenausstellung, Zahlendetektive), Förderaktivitäten der Lehrkraft mit einzelnen Schülern

Unterrichtsbeispiel:

Zerlegungen von Zahlen entdecken und notieren

1. Jahrgangsstufe

Didaktische Überlegungen:

- Zahlzerlegungen dienen dem Aufbau der Zahlvorstellung.
- Die Kinder entdecken verschiedene Zerlegungen von Zahlen und notieren sie mit dem Zeichen „+".

- Die verschiedenen Zerlegungen und die entsprechende Notation helfen dem Kind, die einzelnen Zahlen in ihrer operativen Struktur zu durchdringen und sie innerhalb des behandelten Zahlenraumes einzuordnen.
- Die Zahl 0 verwenden die Kinder als Zahl für eine Menge ohne Elemente („leere Menge").

Artikulation/ Inhalt	Unterrichtsaktivitäten/ Sozialformen/Medien
I. Vorbereitung Spiel: Achtung – Zahlenblitz Anzahlen in strukturierter Form jeweils nur kurz zeigen („blitzen" kurz auf)	Materialien, z. B. Muggelsteine auf Overhead-Projektor (OHP), Fingerbilder, Würfelbilder, Anzahlen aus dem Zwanzigerfeld ganze Klasse, Partnerspiel oder Kleingruppe
II. Durchführung **1. Teilschritt: Handlungssituation führt zu mathematischen Operationen**	Vorstellen der Schüttelschachteln im Sitzkreis (entweder fertige Schachtel von der Lehrkraft oder von den Kindern hergestellte Schülerschachteln; eine große Schüttelschachtel; Füllmaterial: Erbsen, Perlen, Linsen …)
Aktivität wird im Unterrichtsgespräch beispielhaft geklärt	Ein S schüttelt, öffnet die Schachtel und nennt Anzahl der Erbsen in beiden Kammern. Dann schließt er die Schachtel und gibt sie weiter. Die zuhörenden S denken beide „Teile" zu dem „gleichen Ganzen" zusammen und nennen die passende Zahl.

Artikulation/ Inhalt	Unterrichtsaktivitäten/ Sozialformen/Medien
2. Teilschritt: Gesamtmenge bekannt, Teilmengen (Zerlegungen) „erschütteln"	Partnerarbeit (enaktiv) Ein Partner schüttelt, der andere öffnet die Schachtel und nennt die Zerlegung.
individuelle Verschriftlichung	Einzelarbeit S malen und schreiben so auf: (Beispiel im Schulbuch oder OHP) 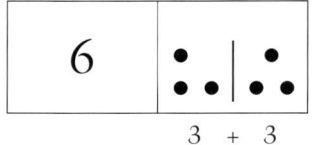 einzelne S notieren Beispiel auf Plakat bzw. Folie Leistungsstärkere S können den Rahmen der vorgegebenen Zahlen überschreiten (Chance zum selbstbestimmten aktiven Lernen).
Präsentation und Vergleich der Lösungen andere Lösungen verstehen	auch mit Rückübersetzung der Ikonisierung ins konkrete Handeln
Einführung des Pluszeichens: Kindgemäße Interpretation des Pluszeichens vor Bekanntgabe der normierten Sprechweise plus	z. B. 7 gibt 4 und 3
3. Teilschritt: Von gegebenen Zahlen auf die Ausgangsmenge zurückschließen	Partner- oder Gruppenarbeit Einsatz der Schachteln in veränderter Form: Das Zahlzeichen befindet sich auf der unteren Seite der Schachtel. Wieder wird eine Schachtel ausgesucht, geschüttelt, geöffnet, die Zerlegung abgelesen und auf die Gesamtmenge geschlossen. Selbstkontrolle durch das Umdrehen des Deckels Neue Aufgabenstellung durch Tauschen der Schachteln in der Gruppe

Artikulation/ Inhalt	Unterrichtsaktivitäten/ Sozialformen/Medien

**4. Teilschritt: Ordnen bzw. Systemati-
sieren von Schüttelergeb-
nissen/Zahlzerlegungen**

Partner- oder Gruppenarbeit

- Wer findet zu einer Zahl alle Schüttel-
ergebnisse? (Forscherfrage)
- Schreibe jede Zerlegung nur einmal
auf!
- Ordnet eure/deine Ergebnisse!
- Leistungsstärkere Kinder können
auch schon „im Kopf" die möglichen
Zahlzerlegungen finden
- Warum bist du dir so sicher, dass du
alle Ergebnisse gefunden hast?

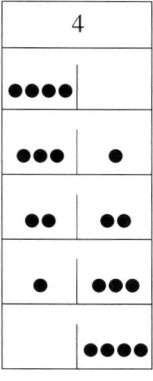

III. Rückbesinnung

z. B. Was hast du heute entdeckt?

IV. Sicherung

1. Darstellen der Zahlzerlegungen im
Lernheft

Zerlegungen (z. B. von 3–10) ins Lernheft
eintragen; jede Zahl auf eine eigene Seite

2. Fortsetzung als Hausaufgabe bzw.
Wochenplanarbeit

S üben in Alleinarbeit bzw. Partnerarbeit
mit dem Lernheft

Besondere Zusatzübungen aufgrund von Schülerbeobachtungen:

- Übungen zum simulatanen Mengenerfassen für Kinder, die auch noch kleinere
Mengen (4, 5) abzählen

- Zusätzliche Übungszeit mit den Schüttelschachteln und paralleler Notation
(evtl. auch mit Eigenikonisierungen) für Kinder, bei denen Probleme auf der
symbolischen Ebene auftreten

4.2.3 Rechenoperationen

Fachliche Grundlagen

1. Begriff

„Eine Operation ist eine effektive, vorgestellte (innere) oder in ein Zeichensystem übersetzte Handlung, bei deren Ausführung der Handelnde seine Aufmerksamkeit ausschließlich auf die entstehende Struktur richtet. Abgekürzt sagen wir: Eine Operation ist eine abstrakte Handlung" (Aebli 1991, S. 209). Das Ergebnis dieses inneren Probehandelns ist eine Struktur. Wird eine solche Struktur auf verschiedenen Wegen durchlaufen, dann operieren wir. Jede Operation bildet mit anderen ein System an Operationen (vgl. Glötzl 2000, S. 187). Mathematische Operationen „beziehen sich auf einsichtige Verknüpfungen wie Addition, Multiplikation usw. und haben ein Ergebnis, das den verknüpften Ausgangselementen zugeordnet ... wird" (a. a. O., S. 187). Dabei geht es vor allem um das Verstehen und Begreifen der mathematischen Operationen.

Der Begriff „Rechenoperationen" meint in der Grundschule die vier sog. Grundrechenarten: Addition, Subtraktion, Multiplikation und Division.

Grundvorstellungen der verschiedenen Rechenoperationen:

- Addition: Zusammenzählen oder Weiterzählen
- Subtraktion: Wegnehmen oder Ergänzen (Umkehrung der Addition)
- Multiplikation: mehrfache Addition – ein- und zweidimensional
- Division: gerecht Verteilen oder Messen (Umkehrung der Multiplikation)

Rechengesetze:

Die wichtigsten Rechenstrategien ergeben sich aus der Anwendung von Rechengesetzen. Geschicktes Rechnen beruht wesentlich auf dem Ausnutzen struktureller Merkmale der konkreten Aufgabenstellung auf der Basis von Rechengesetzen.

- Kommutativgesetz (Vertauschungsgesetz) der Addition und Multiplikation
  $a + b = b + a$ bzw. $a \times b = b \times a$
- Assoziativgesetz (Verbindungsgesetz) der Addition und Multiplikation
  $(3 + 8) + (4 + 2) = 3 + (8 + 4) + 2$
- Distributivgesetz (Verteilungsgesetz)
  $3 \times 8 = 3 \times (5 + 3) = 3 \times 5 + 3 \times 3$
- Konstanzsätze (Ausgleichsgesetze)
  $87 - 28 = 89 - 30$

(vgl. Krauthausen/Scherer 2001, S. 37 f.)

2. Mit Zehnerüberschreitung addieren und subtrahieren

„Klassischer Zehnerübergang":
$8 + 5 = 8 + 2 + 3$
„Die Alternative ist vielmehr, auch andere Wege (z. B. über das Verdoppeln) und andere Notationsformen zu akzeptieren, selbst das zählende Rechnen zeitlich befristet bei denjenigen Kindern hinzunehmen, denen andere Wege noch nicht zur Verfügung stehen, zugleich aber alle Anstrengungen zu unternehmen, den Kindern im Sinne einer Zielorientierung alternative Wege aufzuzeigen, die längerfristig günstiger sind. Die anfängliche Offenheit den kindlichen Rechenwegen gegenüber muss also durch ein an den Zielen des weiterführenden Rechnens orientiertes Angebot an langfristig tragfähigen Rechenstrategien ergänzt werden" (Schipper 2001, S. 11).

Dabei sind die Handlungen an geeigneten Materialien die Basis für die Verinnerlichung von Rechenstrategien. Auf Dauer ist es günstig, sich in der Klasse auf eine von allen verstandene Form zu einigen. Es sollte jedoch immer geprüft werden, ob die Kinder eine schriftliche Notation von Zwischenrechnungen bzw.

-ergebnissen noch benötigen. Wichtiger als die Notationsform ist die Betrachtung des Rechenwegs. Das schrittweise Rechnen mit Zerlegung des zweiten Summanden ist ein besonders wichtiger Weg, weil die Strategie des Zerlegens und Zusammensetzens eine operative Grundstrategie für das weiterführende Rechnen ist.

Didaktische Grundsätze

1. Grundlegung des Operationsverständnisses

Die Kinder sollen verstehen, „was bspw. die Addition/die Subtraktion (als mathematische Idee) ausmacht, und wie man lernt, sie *flexibel* (i. O. kursiv) zu handhaben, was v. a. ein situationsbezogen *geschicktes* (i. O. kursiv) Rechnen unter Ausnutzung von Rechengesetzen und strukturellen Regelhaftigkeiten der jeweiligen Operation meint" (Krauthausen/Scherer 2001, S. 22).

2. Besondere Bedeutung der Arbeitsmittel

Die Vielfalt der materialgestützten Lösungswege fördert mentale Vorstellungsbilder von Operationen. Es sollte dabei nicht zu früh auf Anschaulichkeit verzichtet werden. Die sog. „Kraft der Fünf" ist ein effektives Mittel zur Vermeidung eines langen Verweilens beim zählenden Rechnen.

3. Gründliche Versprachlichung

Während des Abstraktionsprozesses ist die Versprachlichung von Tätigkeiten und Erkenntnissen mit einzubeziehen: Ebenso wie das Legen konkreter Dingmengen vom Sprechen begleitet werden soll, ist auch auf die exakte Verbalisierung von Gleichungen zu achten. Selbst gefundene Rechenwege können

die Kinder anschaulich oder formal begründen.

4. Notation individueller Rechenwege statt Algorithmen („halbschriftliches" Rechnen)

Die Kinder verschriftlichen ihre informellen Rechenwege bei Aufgaben im größeren Zahlenraum, wenn die Grenzen des Kopfrechnens überschritten werden. Rechengesetze und Rechenvorteile werden ausgenützt. Die Kinder erproben die ihnen gemäßen Wege und stärken dadurch ihr arithmetisches Selbstbewusstsein. Im Vordergrund hat das Verstehen und nicht das Vollziehen zu stehen.

5. Automatisierendes Üben

Ziel ist die Präsens eines Basiswissens und -könnens (z. B. Einspluseins-Sätze, Einmaleins). Die Kinder suchen und entwickeln beim Einprägen selbstständig Systematiken und analysieren und nutzen vorgegebene. Individuell anwendbare Strategien tragen zur Automatisierung bei (z. B. das Lösen von Aufgaben mit Zehnerüberschreitung). Erst wenn Grundvorstellungen (z. B. zur Multiplikation) aufgebaut sind, kann man mit Automatisierungsübungen (z. B. des 1×1) beginnen.

Notwendig ist strukturiertes, sog. Ankerstellen nutzendes Üben. Durch stetige Wiederholung wird eine schon erlangte Fähigkeit zu Fertigkeit. Das Vermitteln entsprechender Lernstrategien spielt eine entscheidende Rolle (Lernen lernen).

Literatur:

1. Krauthausen, Günter / Scherer, Petra: Einführung in die Mathematikdidaktik. Spektrum Akademischer Verlag, Heidelberg 2001
2. Schipper, Wilhelm: Offenheit und Zielorientierung. In: Grundschule 3/2001, S. 10–15

Strukturmodell

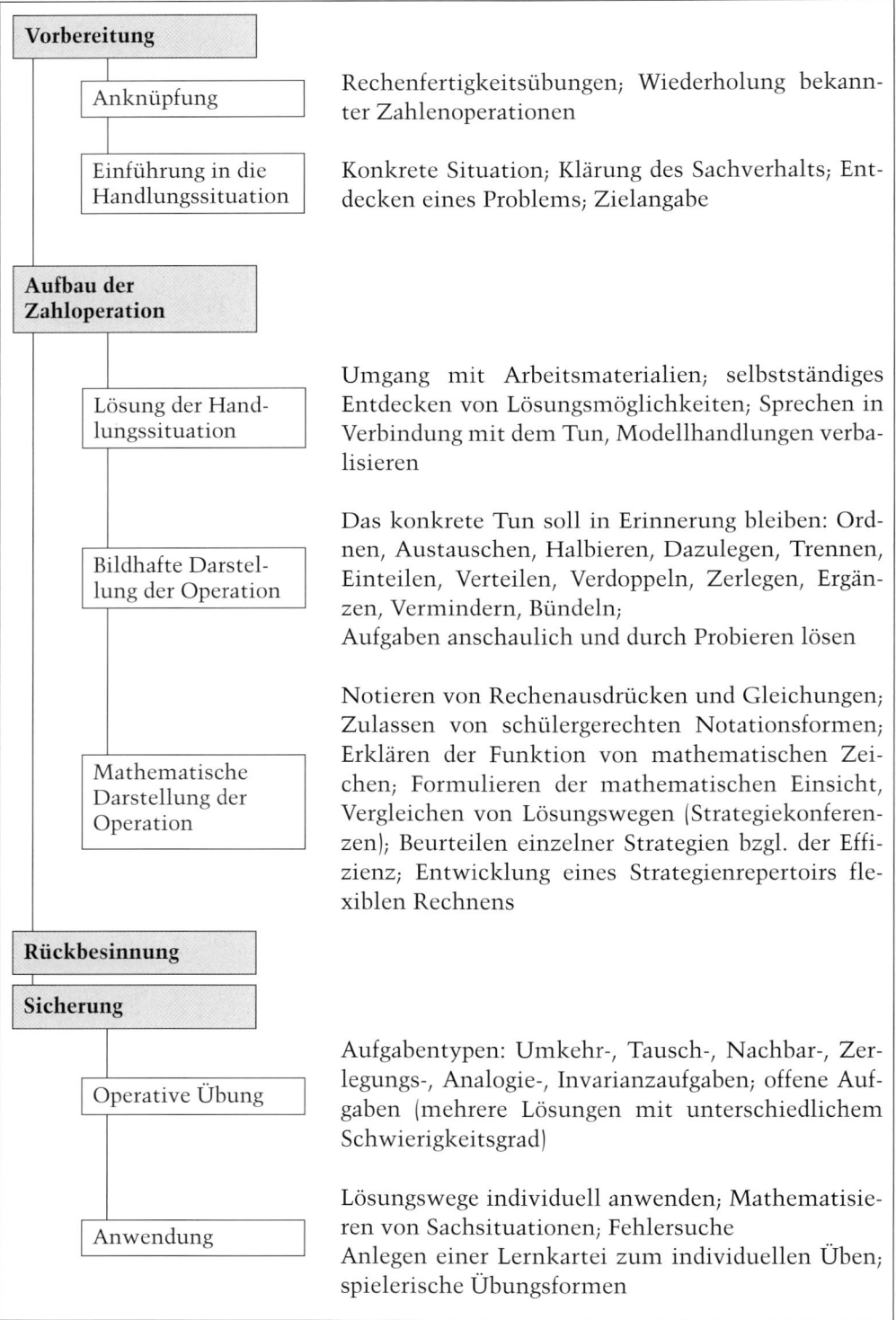

Vorbereitung

Anknüpfung — Rechenfertigkeitsübungen; Wiederholung bekannter Zahlenoperationen

Einführung in die Handlungssituation — Konkrete Situation; Klärung des Sachverhalts; Entdecken eines Problems; Zielangabe

Aufbau der Zahloperation

Lösung der Handlungssituation — Umgang mit Arbeitsmaterialien; selbstständiges Entdecken von Lösungsmöglichkeiten; Sprechen in Verbindung mit dem Tun, Modellhandlungen verbalisieren

Bildhafte Darstellung der Operation — Das konkrete Tun soll in Erinnerung bleiben: Ordnen, Austauschen, Halbieren, Dazulegen, Trennen, Einteilen, Verteilen, Verdoppeln, Zerlegen, Ergänzen, Vermindern, Bündeln;
Aufgaben anschaulich und durch Probieren lösen

Mathematische Darstellung der Operation — Notieren von Rechenausdrücken und Gleichungen; Zulassen von schülergerechten Notationsformen; Erklären der Funktion von mathematischen Zeichen; Formulieren der mathematischen Einsicht, Vergleichen von Lösungswegen (Strategiekonferenzen); Beurteilen einzelner Strategien bzgl. der Effizienz; Entwicklung eines Strategienrepertoirs flexiblen Rechnens

Rückbesinnung

Sicherung

Operative Übung — Aufgabentypen: Umkehr-, Tausch-, Nachbar-, Zerlegungs-, Analogie-, Invarianzaufgaben; offene Aufgaben (mehrere Lösungen mit unterschiedlichem Schwierigkeitsgrad)

Anwendung — Lösungswege individuell anwenden; Mathematisieren von Sachsituationen; Fehlersuche
Anlegen einer Lernkartei zum individuellen Üben; spielerische Übungsformen

Unterrichtsbeispiel:

„Das Einmaleins mit 9"

2./3. Jahrgangsstufe

I. Rechenfertigkeitsübung

1. Verdoppeln

Außentafel

verdoppeln	
3	6
6	...

„Wenn ich die Dreierzahlen verdopple, erhalte ich die Sechserzahlen."

2. Kettenrechnungen (Verbindung der Grundrechenarten)

Qualitative Differenzierung
(z. B. $2 \times 6 - 8$ bzw. $(55 - 7) : 6$)
S notieren Ergebnisse

II. Einführung in die Handlungssituation

Maria spielt mit ihrer Oma Rommé. Wer 40 Punkte hat, kann auslegen. Sie hat vier Neuner. Kann sie auslegen?

Rommékarten (9er) auf Folie

Lösungsvorschläge:
Wie hast du gerechnet?
Mit welchen 4 Karten hätte sie auslegen können?

Zielangabe: Schneller rechnen mit dem Einmaleins mit 9

III. Aufbau bzw. Ausbau der Zahloperation

1. Teilschritt: Selbstständiges Erarbeiten der Neunerreihe

Partner- oder Gruppenarbeit:

> 1. Stellt die Neunerreihe zusammen. Bereits gelernte Einmaleinsreihen helfen dir.
> 2. Denkt über die folgenden Fragen nach. Schreibt auch einige Gedanken auf (Folie/Plakat)!
>
> - Wie habt ihr die einzelnen Aufgaben gefunden?
> - Wie könnt ihr euch die Neunerreihe gut merken?
> - Was ist an der Neunerreihe besonders auffällig?

2. Teilschritt: Herausstellen der Strategien

Präsentation der Ergebnisse (Folie/Plakat/TA)
- Mitteilen und Nachvollziehen individueller Strategien und Entdeckungen
- operative Beziehungen herausstellen, z. B. von den Kernaufgaben zu den restlichen Aufgaben
  Strategien: Verdoppeln, Halbieren, Tauschaufgabe, Nachbaraufgabe, Zerlegen
- Darstellung an der Tafel (s. Abb. 51) durch sinnvolle und begründete Zuordnungen der Einmaleinsaufgaben (Karten vom linken Tafelflügel in die Mitteltafel)
- Welche Einmaleinszahlen sind wirklich neu?

Beispiele für Versprachlichung und Begründung durch die Kinder:

- Ich habe zuerst 9×5 gerechnet und dann noch 9×1 dazugezählt.
- Wenn $10 \times 7 = 70$ ist, dann ist $9 \times 7 = 63$.
  (S demonstriert am Punktefeld/Folie)
- 9×8 ist das Doppelte von 9×4

IV. Rückbesinnung

Herausstellen des Lernzuwachses
Reflexion des Lernprozesses:

- Welche Aufgabe fällt dir noch schwer?
- Inwiefern halfen dir die Kernaufgaben?
- Welche Entdeckung hat dich überrascht?

V. Sicherung

1. Differenziertes Übungsangebot für Einzelarbeit

Operative Übung (s. S. 217: Aufgaben für leistungsstärkere Kinder)

L arbeitet mit leistungsschwächeren Kindern (z. B. Ableitungen noch einmal verbalisieren; zeitlich sukzessiver Malbegriff – Wie viele Punkte kann man mit allen Neunerkarten des Romméspiels holen?; Lösen von Aufgaben mithilfe von Punktefeldern)

2. Auswertung der Arbeitsaufträge auf dem Arbeitsblatt

Ergänzung von weiteren möglichen Strategien

3. Eintrag ins Lernheft

(Alleinarbeit, z. B. individuell bedeutsame Entdeckungen, „So merke ich mir die Neunerzahlen")

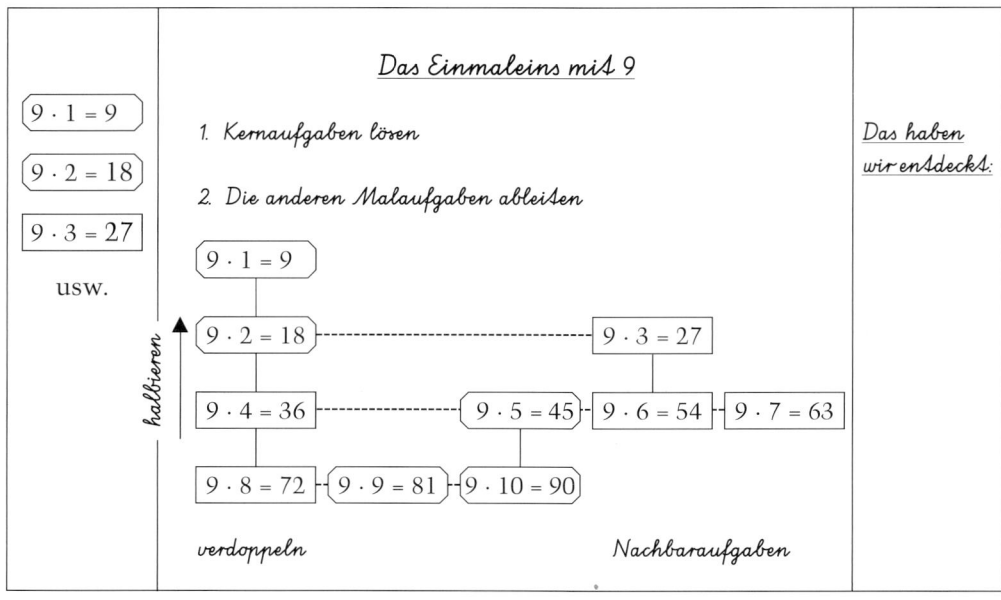

Abb. 51: Tafelbild – mögliches Endergebnis

Aufgaben, die zum Entdecken anregen und sich auch für die Differenzierung eignen

(L reagiert bei der Einteilung flexibel auf das vorausgehende Unterrichtsgeschehen)

1. Stelle die Einmaleinsaufgaben auf dem Punktefeld dar.

2. Arbeite mit der Zahlentafel.
   a) Male in der 100er-Tafel die Neunerzahlen rot an.
      Betrachte die Neunerzahlen genau (z. B. Zehner/Einer)!
      Schreibe auf, was dir auffällt!
   b) Kreise die Dreierzahlen grün ein! Was fällt dir auf?
   c) Kreuze die Sechserzahlen blau an! Was fällt dir auf?

3. Wer das Einmaleins mit 10 kann, kann sich auch das Einmaleins mit 9 leicht merken.
   Ergänze folgende Aufgaben:
   $9 \times 1 = 10 \times 1 - 1$
   $9 \times 2 = 10 \times 2 - 2$
   $9 \times 3 = ...$
   ...
   Was fällt dir auf? Versuche es zu erklären! (Leerzeilen zum Notieren)

4. Neunerzahlen sind auch Zauberzahlen!
   Betrachte in deinem Rechenbuch auf der Seite 16 die Aufgabe Nr. 5.
   (im Buch z. B. $\boxed{1|8} \rightarrow 1 + 8 =$)
   Tipp: Denke an die Quersumme!
   Schreibe deine Entdeckung auf!

5. Das Dreier- und das Sechsereinmaleins helfen dir beim Neunereinmaleins.
   Rechne folgende Aufgaben aus (s. Abb. 52)!

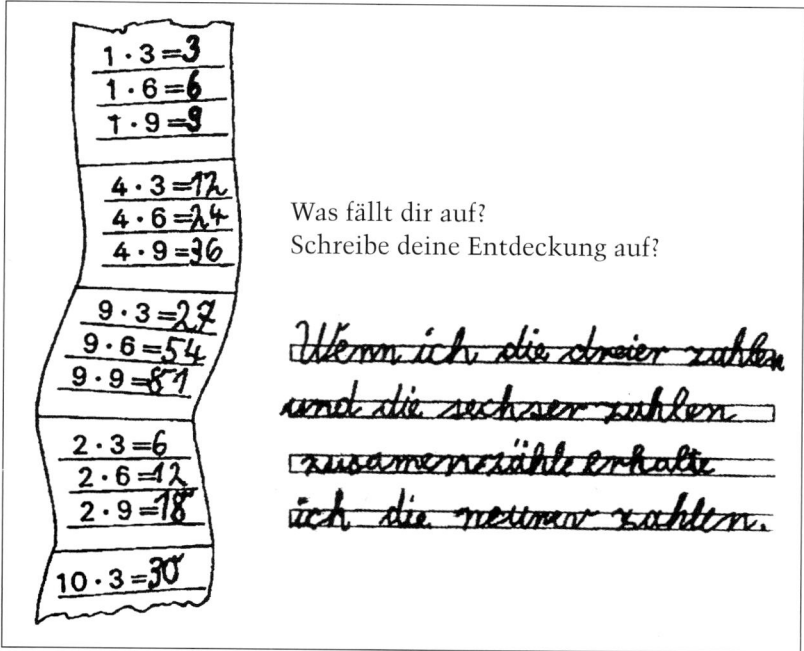

Abb. 52: *Schülerbeispiel zu Aufgabe 5*

4.2.4 Schriftliche Rechenverfahren

Fachliche Grundlagen

1. Begriff

„Beim schriftlichen Rechnen handelt es sich im Wortsinn um ‚Verfahren' bzw. Algorithmen. Ein Algorithmus ist ein für seine spezifischen Anwendungsfälle (z. B. Multiplikationen) allgemein gültiges, in seiner Abfolge festgelegtes, eindeutig beschriebenes Verfahren, das nach endlich vielen Schritten und unabhängig von der Person, die diesen Algorithmus durchführt, zur Lösung führt" (Krauthausen/Scherer 2001, S. 46).

Im Gegensatz zu den halbschriftlichen Strategien sind bei schriftlichen Rechenverfahren der Lösungsweg, die Sprechweise und die Notation festgeschrieben (Konventionen einzelner Länder). Ein weiterer Unterschied besteht darin, dass bei schriftlichen Rechenverfahren mit Ziffern gerechnet wird.

2. Schriftliche Subtraktion

Gliederung der verschiedenen Subtraktionsverfahren nach zwei Gesichtspunkten (vgl. Radatz u. a. 1999, S. 132):

- Art und Weise der Bestimmung der Differenz (Unterschied): durch *Abziehen* oder durch *Ergänzen*
- Behandlung des Stellenübergangs: durch *Entbündeln*, durch gleichsinniges Verändern von Minuend und Subtrahend (Erweiterungstechnik) oder durch *Auffüllen* des Subtrahenden zum Minuenden

Mit den verschiedenen Verfahren sind verschiedene Vor- und Nachteile verbunden:

- Die Grundidee des Erweiterns ist für viele Kinder zu kompliziert.
- Die natürliche Sinngebung der Subtraktion (das Abziehen) ist beim Ergänzungsverfahren nicht mehr gege-

ben. Außerdem beziehen sich nur wenige lebensnahe Sachsituationen auf das Ergänzen.

- Deutliche Vorteile des Abziehens über Umwechseln/Entbündeln:
  - Abziehen entspricht den Vorerfahrungen zum Kopfrechnen und zum halbschriftlichen Rechnen bei der Subtraktion
  - das Verfahren ist über Handlungen mit konkreten Materialien leicht einsehbar und begründbar
  - das Entbündeln bei der schriftlichen Subtraktion ist die Umkehrung des Bündelns bei der schriftlichen Addition

Auf Sonderfälle des Abziehverfahrens muss bei der Erarbeitung und dem Üben gezielt eingegangen werden.

„Wenn es beim heutigen Mathematikunterricht sehr viel stärker darauf ankommt, Einsicht in die schriftlichen Rechenverfahren zu gewinnen und wegen der Verbreitung von Taschenrechnern weniger auf automatisiertes Rechnen …, dann muss das Abziehen über Entbündeln favorisiert werden" (a. a. O., S. 133).

Didaktische Grundsätze

1. Entdeckende Entwicklung der Verfahren

Algorithmen sollen von den Kindern soweit wie möglich selbstständig entdeckend entwickelt werden (verständnisgestütztes Vorgehen). Sie werden angeregt, ihre eigenen Vorgehensweisen zielbewusst weiterzuentwickeln (fortschreitende Schematisierung).

2. Sicherung der notwendigen Vorkenntnisse

Die Kinder müssen beispielsweise das kleine Einspluseins, das Einsminuseins und das Einmaleins automatisiert beherr-

schen. Sie müssen auch mit dem Bünde-
lungsprinzip und mit der Stellenwert-
schreibweise der Zahlen vertraut sein.
Hinzu kommt eine Sicherheit beim jeweiligen halbschriftlichen Rechnen. Es
muss auch geprüft werden, ob ein
grundsätzliches Verständnis z. B. für die
Multiplikation oder Division vorhanden
ist.

3. Passende Sachsituationen

Problemhaltige und motivierende Sachsituationen sollen dem angestrebten
schriftlichen Verfahren entsprechen. Die
einführenden Aufgabenstellungen sind
so zu wählen, dass sie die Notwendigkeit
des Verfahrens einsichtig machen (und
sich nicht leicht im Kopf lösen lassen).

4. Handelnde Grundlegung

Der Weg geht vorrangig bei der Addition
und Subtraktion vom Handeln mit konkreten Materialien (z. B. Rechengeld)
über das Arbeiten mit gleichartigen Plättchen in einer Stellenwerttafel zum
schriftlichen Rechnen mit Zahlen/Zif-
fern.

5. Frühzeitige Berücksichtigung mög-
licher Schwierigkeiten

Jedes schriftliche Rechenverfahren hat
schwierige Stellen und Sonderfälle, die
einigen Schülern Schwierigkeiten bereiten (z. B. die Null, die Überträge). Durch
frühzeitige Beachtung können Klippen
im Lernprozess verhindert werden.

6. Frühzeitige Thematisierung
von Fehlern

Die Kinder können bei den vielen Teilschritten Fehlerstrategien entwickeln,
die sich verfestigen können. Deshalb ist
das frühzeitige Erkennen von Fehlern
und deren Ursachen sowie die individuelle Hilfestellung besonders wichtig.

7. Erhaltung der Einsicht

Um das jeweilige Verfahren zu verinnerlichen, muss es immer wieder erläutert
(ggf. auch neu erarbeitet) werden.

8. Kind- und fachgerechte Verba-
lisierung

Handlungen und Rechnungen sollten
möglichst oft durch lautes und später
durch „inneres" Sprechen begleitet werden.

9. Operative und automatisierende
Übungen

Operative Übungen bieten gute Möglichkeiten, das Verständnis zu fördern, weil
eingefahrene Rechenwege verlassen werden müssen. Den Kindern sollten regelmäßig problemhaltige Übungen und
Aufgabenstellungen angeboten werden
(z. B. fehlende Zahlen/Ziffern bei
Addition und Subtraktion, Thematisie-
rung von verschiedenen Varianten von
schriftlichen Verfahren). Die Verfahren
sollen durch vielfältiges, variantenrei-
ches Üben beherrscht werden.

10. Saubere und übersichtliche
Arbeitsweise

Da das schriftliche Rechnen ein Rechnen mit einzelnen Ziffern an bestimmten Stellen ist, müssen auch die vorgegebenen Rechenkästchen beachtet werden (evtl. Ziffernschreibkurs wiederholen).

Literatur:

1. Krauthausen, Günter / Scherer, Petra:
   Einführung in die Mathematikdidaktik.
   Spektrum Akademischer Verlag, Heidelberg 2001
2. Radatz, Hendrik / Schipper, Wilhelm /
   Dröge, Rotraut / Ebeling, Astrid: Handbuch für den Mathematikunterricht,
   3. Schuljahr. Schroedel, Hannover 1999

Strukturmodell

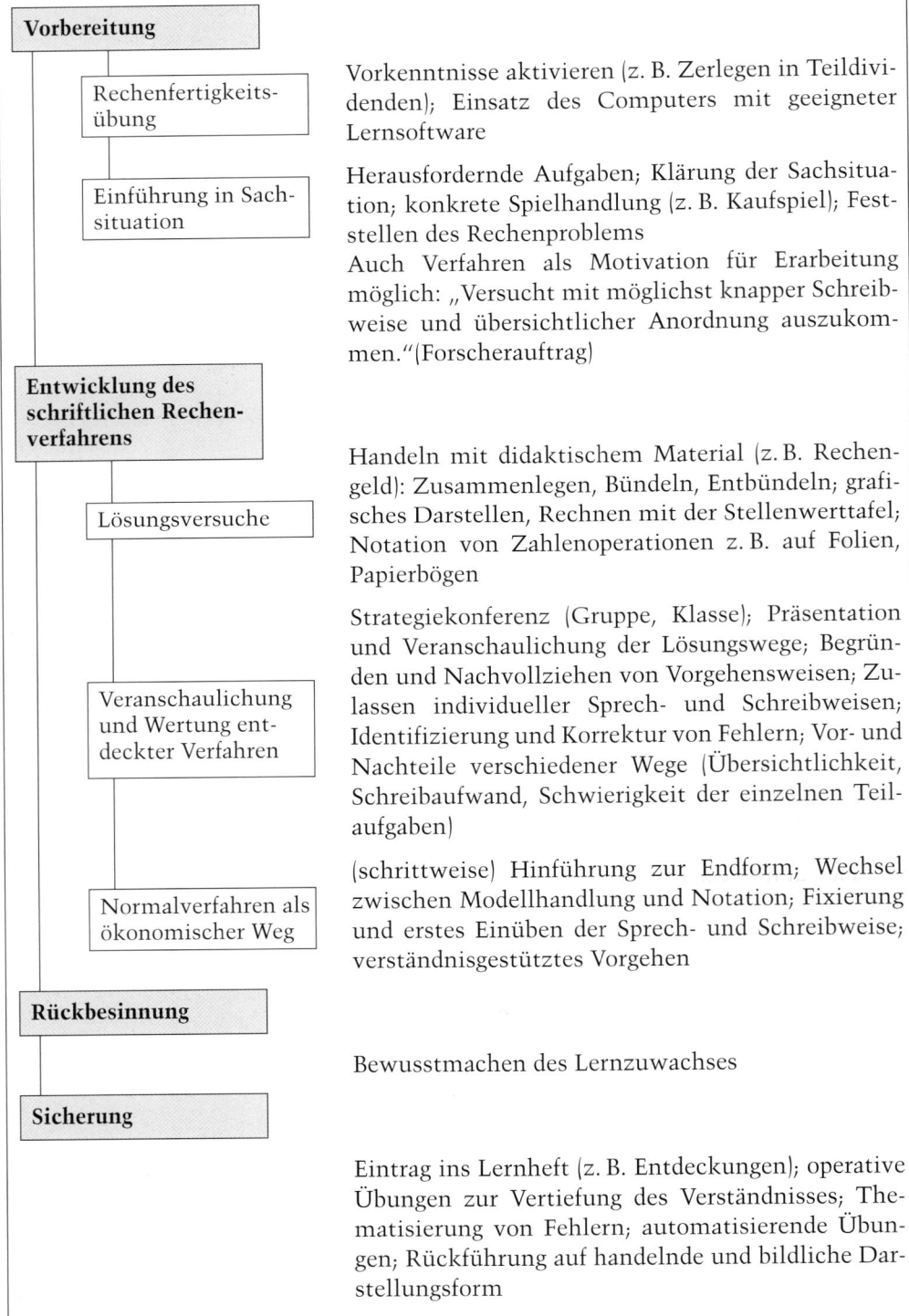

Vorbereitung	
Rechenfertigkeits-übung	Vorkenntnisse aktivieren (z. B. Zerlegen in Teildividenden); Einsatz des Computers mit geeigneter Lernsoftware
Einführung in Sachsituation	Herausfordernde Aufgaben; Klärung der Sachsituation; konkrete Spielhandlung (z. B. Kaufspiel); Feststellen des Rechenproblems Auch Verfahren als Motivation für Erarbeitung möglich: „Versucht mit möglichst knapper Schreibweise und übersichtlicher Anordnung auszukommen."(Forscherauftrag)
Entwicklung des schriftlichen Rechenverfahrens	
Lösungsversuche	Handeln mit didaktischem Material (z. B. Rechengeld): Zusammenlegen, Bündeln, Entbündeln; grafisches Darstellen, Rechnen mit der Stellenwerttafel; Notation von Zahlenoperationen z. B. auf Folien, Papierbögen
Veranschaulichung und Wertung entdeckter Verfahren	Strategiekonferenz (Gruppe, Klasse); Präsentation und Veranschaulichung der Lösungswege; Begründen und Nachvollziehen von Vorgehensweisen; Zulassen individueller Sprech- und Schreibweisen; Identifizierung und Korrektur von Fehlern; Vor- und Nachteile verschiedener Wege (Übersichtlichkeit, Schreibaufwand, Schwierigkeit der einzelnen Teilaufgaben)
Normalverfahren als ökonomischer Weg	(schrittweise) Hinführung zur Endform; Wechsel zwischen Modellhandlung und Notation; Fixierung und erstes Einüben der Sprech- und Schreibweise; verständnisgestütztes Vorgehen
Rückbesinnung	Bewusstmachen des Lernzuwachses
Sicherung	Eintrag ins Lernheft (z. B. Entdeckungen); operative Übungen zur Vertiefung des Verständnisses; Thematisierung von Fehlern; automatisierende Übungen; Rückführung auf handelnde und bildliche Darstellungsform

Unterrichtsbeispiel:

Schriftliches Abziehen mit Entbündeln

3. Jahrgangsstufe

1. Vorüberlegungen

Im Rahmen der Einführung wird auf eine ausführliche und auf Stellenwerte bezogene Notation und Sprechweise geachtet. Zu Modellhandlungen werden geeignete Notationsformen entwickelt. Ein Verzicht auf eine stufenweise Steigerung der Aufgabenkomplexität und der Schwierigkeit würde gerade die leistungsschwächeren Kinder überfordern.

Notwendige Vorkenntnisse:
- Sicherheit im kleinen „Einsminuseins" (Kopfrechnen)
- Einsicht in das Entbündeln
- Begriff „Wechseln" (Entbündeln) in Sachzusammenhängen
- Beherrschung des Stellenwertsystems
- schriftliches Abziehen ohne Übergang

2. Unterrichtsverlauf

I. Rechenfertigkeitsübung

Übungen zum Entbündeln

Konkrete Spielhandlung (Partnerarbeit):
Material: Rechengeld, Wechselkasse
Aufgaben zum Wechseln von Geldscheinen (10 €, 100 €)
Wie viel bekommst du beim Einkauf zurück?
(vorhanden – abzugeben – es bleiben)
Aufgaben mit unterschiedlichem Schwierigkeitsgrad zur Auswahl
z. B. 728 € – 474 €
        600 € – 276 €

II. Einführung in die Sachsituation

1. Klärung der Sachsituation

Sparbuch (s. Aufgabe an Tafel, Abb. 53)
Feststellen des Rechproblems (einfache Übersetzung in Rechenaufgabe)

2. Anknüpfung an vorausgehende Unterrichtseinheit

S sollen für die Ausrechnung das schriftliche Normalverfahren verwenden
S entdecken das Problem („Von 3 Einer kann ich nicht 5 Einer abziehen")

3. Zielangabe

Forscherauftrag: Findet heraus, wie man das Problem lösen kann!

III. Entwicklung des schriftlichen Rechenverfahrens

1. Lösungsversuche *(Partner- oder Gruppenarbeit)*

Lösung anhand einer Modellhandlung suchen
Material als Lösungshilfe (z. B. Rechengeld, Stellenwerttafel)
Grafische Darstellung und/oder Notation der Zahlenoperation (Folie , Plakat, TA)

2. Veranschaulichung und Wertung entdeckter Verfahren

Rechenkonferenz

Veranschaulichung z. B. mit Rechengeld an TA, Folie, Plakat

Begründung der Rechenwege mit individueller Sprech- und Schreibweise
Betrachten und Beurteilen von Strategien
„Lösungsweg 3 ist kurz, weil die Gruppe gewechselt hat…"/„Wenn Gruppe 1… gerechnet hätte, dann wäre…"/„Lösungsweg 2 ist falsch/umständlich, weil…"

Vorgang des Wechselns/Entbündelns noch einmal verdeutlichen

3. Normalverfahren mit (noch) ausführlicher Notation der Entbündelung

Darbietung bzw. Ergänzung der Notationsform durch die Lehrkraft
Verständigung auf eine geeignete Notation des Übertrags in der Ziffernrechnung (s. TA, Abb. 54)

Darstellung mit Rechengeld im Wechsel bzw. parallel zur Notation („Protokollierung") in der Stellenwerttafel
Leerzeile zwischen der Kopfzeile HZE und dem Minuend für den Eintrag der Änderung einplanen
Vorschläge der S für sinnvolle Sprechweise
z. B. „Drei Einer minus fünf Einer geht nicht. Ich wechsle einen Zehner. Mir bleiben noch sieben Zehner. Jetzt habe ich dreizehn Einer. Dreizehn Einer minus fünf Einer gleich acht Einer ..."

IV. Rückbesinnung

- Vergleich mit individuellen Strategien
- Klärung von Verständnisproblemen
  z. B. Was bedeutet die durchgestrichene Zahl bei den Zehnern?

V. Sicherung

1. Eintrag ins Lernheft

z. B. mit eigener Entdeckung und ausführlicher Notation

2. Differenziertes Übungsangebot:

- Leistungsschwächere Kinder:
Lösung von Aufgaben gleichen Typs mit didaktischem Material und ausführlicher Notation und Sprechweise (auch lautes Sprechen)

- Leistungsstärkere Kinder:
Nach konkretem Modellbezug wieder Arbeit mit abgebildeten bzw. selbst gezeichneten Geldbeträgen, Aufgaben auch schon mit zwei Übergängen

- Kontrolle durch Probe

VI. Ausblick

Schriftliches Abziehen mit mehreren Übergängen

> **Schülerbeobachtung:**
> - Kann das Kind handelnd abziehen?
> - Kann es die einzelnen Schritte begründen und erklären?
> - Bei Kindern mit Schwierigkeiten: Arbeit am Stellenwertbrett mit paralleler Notation der Handlungsschritte und passender Sprechweise

> Regina hat 383 € auf ihrem Sparbuch. Sie darf für den Kauf von Inlineskatern 125 € abheben.
> Wie viel € hat sie noch auf ihrem Konto?
>
> A: Sie hat noch 258 € auf ihrem Konto.

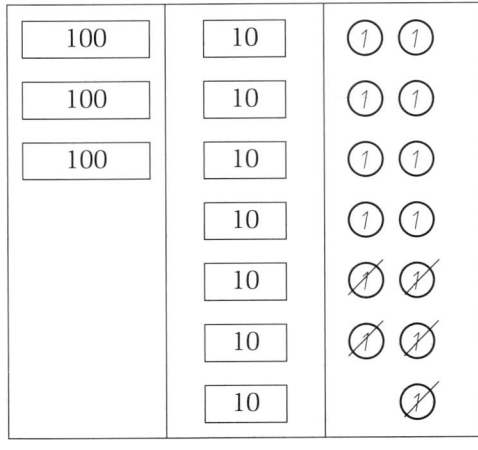

Abb. 53: Tafelbild (1): Darstellung mit Rechengeld – s. TB (2): Wechseln und Abziehen

* Einer werden weggenommen, nicht durchgestrichen

Schriftliches Abziehen: Wir wechseln um (Entbündeln)

a)

3 Einer minus 5 Einer geht nicht.

100	10	①
3	8	3
1	2	5

b)

Ich wechsle 1 Zehner in 10 Einer. Mir bleiben 7 Zehner.

Zuerst die Einer,

100	10	①
3	7 ~~8~~	**1** 3
1	2	5
		8

13 Einer minus 5 Einer sind 8 Einer.

c)

dann die Zehner,

100	10	①
3	7 ~~8~~	**1** 3
1	2	5
	5	8

7 Zehner minus 2 Zehner sind 5 Zehner.

d)

jetzt die Hunderter.

100	10	①
3	7 ~~8~~	**1** 3
1	2	5
2	5	8

3 Hunderter minus 1 Hunderter sind 2 Hunderter.

Abb. 54: Tafelbild (2)

4.2.5 Größen

Fachliche Grundlagen

1. Begriff

„Eine Größe (7 m) ist durch eine **Maßzahl** (die Zahl 7) und eine **Maßeinheit** (die Längeneinheit m) festgelegt. Eine Strecke, ein Band, ein Streifen sind die Repräsentanten (7 m) für die Länge" (J. Schnauder, 1986, S. 160). Größen sind Ergebnisse von Abstraktionsprozessen aufgrund von Beziehungen (Relationen) zwischen konkreten Dingen (Repräsentanten). Größen sind keine Zahlen; dieselbe Größe kann durch verschiedene Zahlen ausgedrückt werden, z. B. 1 km = 1000 m; Größen dürfen nicht mit der Zahl identifiziert werden. Größen der gleichen Art fasst man zu Größenbereichen zusammen (z. B. Größenbereich „Längen": mm, cm, m, km) (vgl. Erber/Gehring/Holler 1992, S. 10).

2. Unterrichtsinhalte und -verfahren

Unterscheidung zwischen Zeitdauer und Zeitpunkt, Zeitspannen schätzen und genau bestimmen; Geldwerte auf verschiedene Weise darstellen, ordnen, vergleichen, Beträge in Kommaschreibweise ablesen, legen, vergleichen, Geldbeträge wechseln (Prinzip des Bündelns und Entbündelns); Größen direkt und indirekt miteinander vergleichen; Längen, Gewichte und Hohlmaße schätzen, bestimmen, notieren; Maßangaben konkretisieren und interpretieren; Umgang mit gebräuchlichen Messgeräten und Beschreibung der Messergebnisse (Maßzahl als ganze Zahl oder einfachem Bruch und Maßeinheit); Verwendung von Tabellen und Diagrammen.

Didaktische Grundsätze

1. Vom konkreten Repräsentanten zur abstrakten Größe

Die Kinder sollen lernen, die konkret gegebenen Repräsentanten (z. B. Geldscheine) und die abstrakte Größe (z. B. Geldwert dieser Scheine) zu unterscheiden. Zwischen einzelnen Repräsentanten eines Größenbereichs werden Äquivalenzrelationen hergestellt (z. B. „ ... ist so lang wie ...").

2. Aufbau von Stützvorstellungen

Voraussetzung für eine realistische Schätzung ist die Verinnerlichung von Vergleichsmaßen. „Schätzen meint das Ermitteln einer relativ groben Größenangabe für ein Objekt auf der Grundlage eines gedanklichen Vergleichs. Damit das gelingt, müssen Vergleichsgrößen aus der Erfahrungswelt der Schüler vorhanden sein, auf die sie zurückgreifen können. Schätzmethoden korrespondieren eng mit konkreten Messaktivitäten, denn ohne diese Aktivitäten lernen die Kinder nicht sinnvoll zu schätzen, weil sie ihre Schätzwerte nicht auf gesicherte Stützvorstellungen zurückführen können" (Schipper/Dröge/Ebeling 2000, S. 212). Besonders wichtig sind Größenerfahrungen am eigenen Körper. Beispiele für Stützvorstellungen zu Längen:

1 cm Breite eines Daumennagels
1 m Armspanne

Literatur:

Schipper, Wilhelm/Dröge, Rotraut/Ebeling, Astrid: Handbuch für den Mathematikunterricht, 4. Schuljahr. Schrodel, Hannover 2000

Strukturmodell

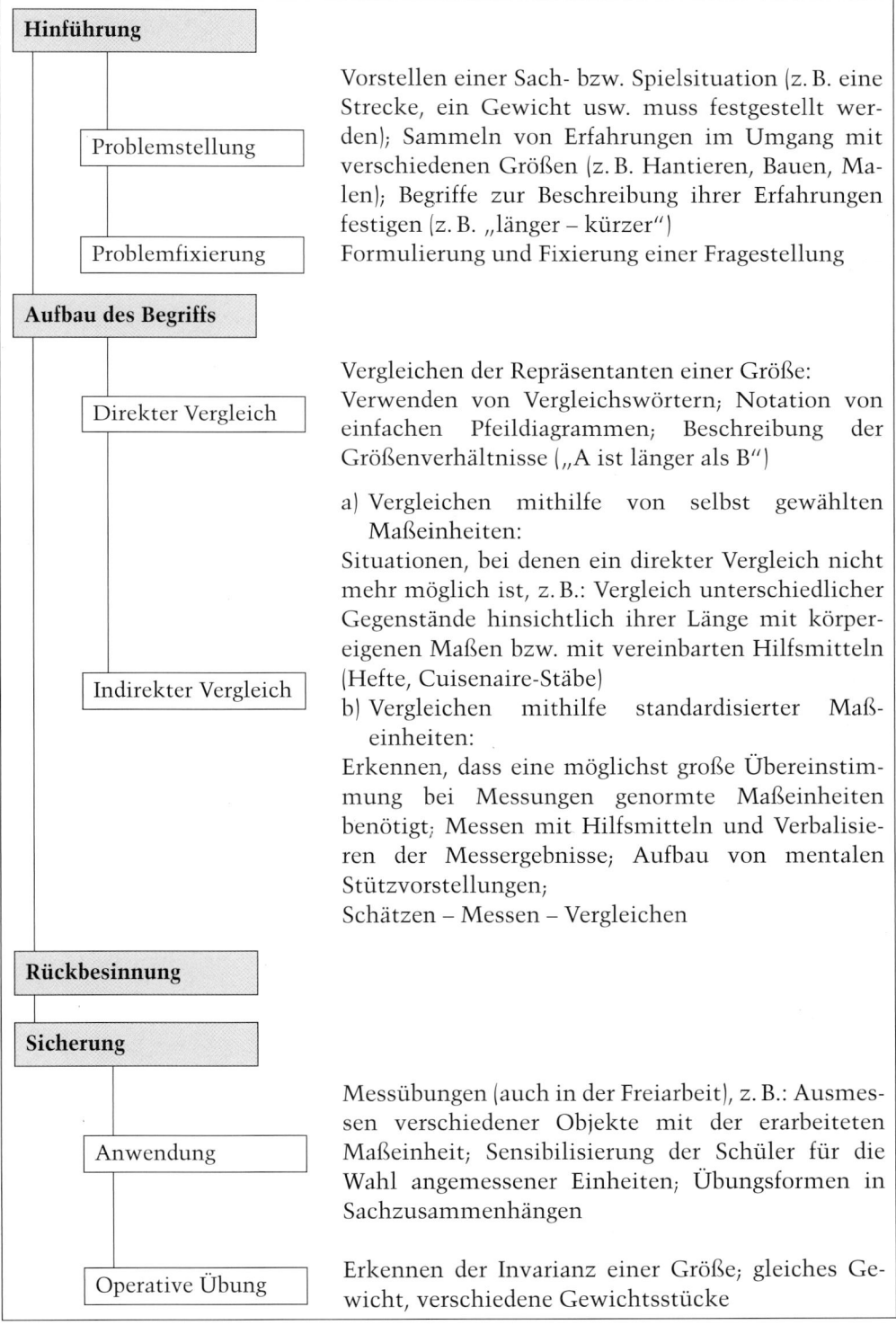

Hinführung

Problemstellung

Vorstellen einer Sach- bzw. Spielsituation (z. B. eine Strecke, ein Gewicht usw. muss festgestellt werden); Sammeln von Erfahrungen im Umgang mit verschiedenen Größen (z. B. Hantieren, Bauen, Malen); Begriffe zur Beschreibung ihrer Erfahrungen festigen (z. B. „länger – kürzer")

Problemfixierung

Formulierung und Fixierung einer Fragestellung

Aufbau des Begriffs

Direkter Vergleich

Vergleichen der Repräsentanten einer Größe: Verwenden von Vergleichswörtern; Notation von einfachen Pfeildiagrammen; Beschreibung der Größenverhältnisse („A ist länger als B")

a) Vergleichen mithilfe von selbst gewählten Maßeinheiten:
Situationen, bei denen ein direkter Vergleich nicht mehr möglich ist, z. B.: Vergleich unterschiedlicher Gegenstände hinsichtlich ihrer Länge mit körpereigenen Maßen bzw. mit vereinbarten Hilfsmitteln (Hefte, Cuisenaire-Stäbe)

Indirekter Vergleich

b) Vergleichen mithilfe standardisierter Maßeinheiten:
Erkennen, dass eine möglichst große Übereinstimmung bei Messungen genormte Maßeinheiten benötigt; Messen mit Hilfsmitteln und Verbalisieren der Messergebnisse; Aufbau von mentalen Stützvorstellungen;
Schätzen – Messen – Vergleichen

Rückbesinnung

Sicherung

Anwendung

Messübungen (auch in der Freiarbeit), z. B.: Ausmessen verschiedener Objekte mit der erarbeiteten Maßeinheit; Sensibilisierung der Schüler für die Wahl angemessener Einheiten; Übungsformen in Sachzusammenhängen

Operative Übung

Erkennen der Invarianz einer Größe; gleiches Gewicht, verschiedene Gewichtsstücke

Unterrichtsbeispiel:

„So groß sind wir!"
Messen mit Zentimetern

2. Jahrgangsstufe

I. Hinführung

1. Reale Situation:
Körpermaße und Schulmöbelgröße:
Klasse bekommt neue Schulmöbel, Zuordnung von Körpergröße und Stuhl-
größe ist wichtig

2. Problemstellung:
Wie groß sind wir?
Wer ist das größte/kleinste Kind?
S bringen ihr Vorwissen ein

II. Aufbau des Begriffs

1. Teilschritt: Direkter Vergleich

● Nebeneinanderstellen
● Aufstellen der Größenreihenfolge
● Auch: Ich bin kleiner als die Türe

2. Teilschritt: Indirekter Vergleich
                    mit selbst gewählten
                    Maßeinheiten

a) Gruppenarbeit

● In früheren Zeiten benutzten die Menschen Arme und Beine zum Messen (Vorschläge der Schüler, Schulbucheinsatz) ● Körpermaße feststellen und miteinander vergleichen (z. B. längste Armspanne) ● Körperlänge als Umriss- oder Streifenbild mit geeigneten Körpermaßen messen ● Die Gegenstände im Klassenzimmer auswählen und mit geeigneten Körpermaßen messen (Plakat), Tabellen verwenden bzw. zeichnen

Grundsatz: Schätzen – Messen – Notieren – Vergleichen

b) Ergebnisvergleich mit anderer Gruppe
   (Rechenkonferenz)
Denkt gemeinsam über folgende Fragen
nach und schreibt eure Ergebnisse auf:

● Was fällt euch auf?
● Wie erklärt ihr euch die Unterschiede?
● Warum kommt ihr zu verschiedenen
   Ergebnissen?
● Wie könnt ihr messen, damit ihr zu
   gleichen Messergebnissen kommt?
● Probiert es aus!

c) Präsentation der Ergebnisse

Unser Puls	
Handspanne	*Fingerbreite*
13 (Anna) 14 (Kilian) usw.	… Anna … (Kilian) usw.

Erkenntnis:
Ergebnisse verschieden, weil Körper-
maße unterschiedlich
Wir brauchen ein einheitliches Maß!

3. Teilschritt: Indirekter Vergleich
                    mit standardisierten
                    Maßeinheiten

(weiterer Unterrichtsverlauf hängt auch
von den Ergebnissen der Gruppen ab)

Beispiele für weiteres Vorgehen:
Einsatz des Folienlineals, Stempelfarbe
● S nennen bekannte (vereinheitlichte)
   Messgeräte
   Evtl. Einsatz von gleichlangen Papier-
   streifen oder Schnüren
● Messen mit dem 30-cm-Lineal
   – Daumenbreite und Fingerspanne
      messen
   – Messvorgang beschreiben
   z. B. „Ich lege meinen Daumen bei 0
   an. Mein Zeigefinger reicht bis dicht
   an die 10. Meine Fingerspanne beträgt
   fast 10 cm."
● Einteilung des 30-cm-Lineals
   (3 Fingerspannen)

Einsatz eines 10-cm-Lineals nur mit cm-Markierung (ohne mm-Einteilung klarer strukturiert)

Schätz- und Messübungen mit dem Lineal:
- Körperlängen messen
- Nullpunkt ist der Anlegepunkt!

Eintrag auf Plakat/Papierstreifen

IV. Rückbesinnung

V. Sicherung

Messen mit Zentimeter:
- Welche Strecke ist länger?
- Muster ausmessen, abzeichnen und fortsetzen (Alleinarbeit)

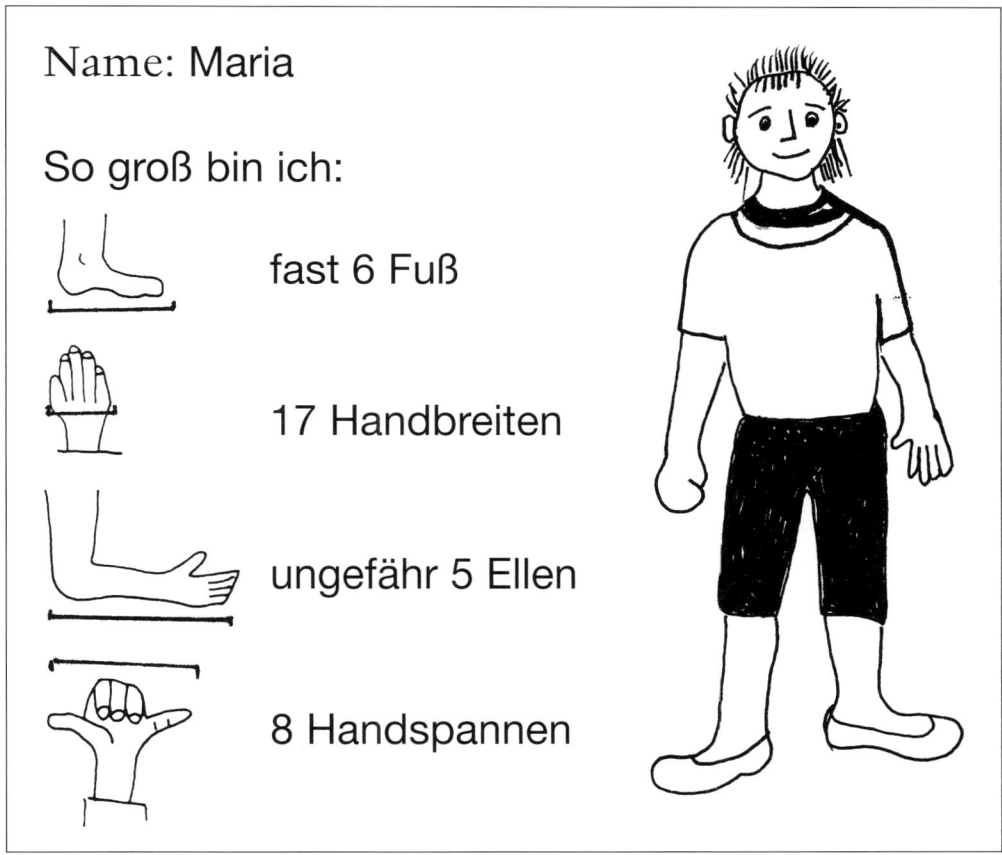

Abb. 55: Mögliches Ergebnis einer Gruppenarbeit (Indirekter Vergleich mit selbst gewählten Maßeinheiten)

4.2.6 Übung

Fachliche Grundlagen

1. Begriff

a) Wiederholen:

Die nochmalige Ausführung einer schon bekannten äußeren (motorischen) Handlung oder eines inneren (geistigen) Vorgangs zum Zwecke des Übens oder Einprägens.

b) Üben

Die Prozesse oder die dazu notwendigen Maßnahmen zur Automatisierung und Verbesserung geistiger Funktionen, von Handlungsabläufen oder Verhaltensdispositionen.

c) Operative Übung

Das Ziel der operativen Übung ist das bewegliche Denken und das Erkennen und Vernetzen von Zusammenhängen (Förderung des flexiblen Denkens). Kennzeichen: Reversibilität, Assoziativität, Kompositionsfähigkeit

d) Produktives Üben

Produktives Üben ist Lernen und Üben in Sinnzusammenhängen. Alle Formen des Übens sind integriert: Vom gestützten, strukturierten Üben bis zum formalen, unstrukturierten Üben.

2. Bedeutung

● Im Mathematikunterricht ist die Übung besonders wichtig, weil die zu erlernenden Begriffe und Verfahren einen umfangreichen Abstraktionsprozess benötigen.
● „Alles aufgenommene Wissen, alle Kenntnisse, Fertigkeiten, Techniken, Verhaltensweisen müssen gesichert werden, d. h. sinnvoll wiederholt und geübt werden, um sie einzuprägen und

für neue Lernsituationen verfügbar zu machen" (Glötzl 2000, S. 408).

3. Ziele der Übung

● Automatisierung und Sicherheit von Kenntnissen, Fähigkeiten und Fertigkeiten
● Einsicht in Zusammenhänge und Förderung der flexiblen Anwendung (Transfersteigerung und Flexibilität)
● Qualitätssteigerung (Verwendung von Lernstrategien, abkürzenden oder strategisch eleganteren Verfahren: Entwicklung eines Problembewusstseins für die Aufgabenschwierigkeiten)

4. Übungsformen

Die verschiedenen in der didaktischen Literatur aufgeführten Übungsformen können auf die folgenden Grundformen zurückgeführt werden.

a) Produktives Üben im Kontext des entdeckenden Lernens

Bei der produktiven Übung entfällt die genaue Trennung zwischen den Phasen der Einführung, Übung und Anwendung. „Im Rahmen des entdeckenden Lernens ist das Üben ein integraler Bestandteil des Lernprozesses in allen seinen Stadien" (Winter 1994, S. 31). Es wird „entdeckend geübt und übend entdeckt" (Winter, in Krauthausen/Scherer 2001, S. 6). Forderungen für das Üben im Unterricht, der dem Leitprinzip des entdeckenden Lernens folgt:
„– Problemorientierung: Aufgabensequenzen sollten in der Umgebung übergeordneter Fragen stehen.
– Operativität: In Aufgabensequenzen sollten Daten systematisch so verändert werden, dass die Einsicht in Zusammenhänge vertieft wird.
– Produktivität: Aufgabensequenzen sollten möglichst von Kindern selbst

erzeugt und eigenständig kontrolliert werden.
– Lebensorientierung: Nach Möglichkeit sollte das Üben mit der Vermehrung sachkundlichen Wissens und lebenspraktischer Tätigkeiten verknüpft werden" (Winter 1994, S. 31).

Die produktive Übung unterscheidet verschiedene Übungstypen. Die folgende Darstellung soll für die Vielfalt der Typen sensibilisieren. Es ist vor allem auf die jeweils dominanten Aspekte zu achten.

a) Grad der Strukturierung und Formalisierung
● Unstrukturierte Übungen:
– Willkürliche Auswahl von Aufgaben einer Aufgabenserie
– Übungsspiele, bei denen Aufgaben über Zufallsgeneratoren ausgewählt werden
● Strukturierte Übungen:
– mehrere Aufgaben stehen in einem operativen Zusammenhang (z. B. Ableiten von Aufgaben aus den [leichten] Verdopplungsaufgaben)
● Gestütztes Üben:
– Verbindung von formalen Übungen mit Operationen in anschaulichen oder konkreten Modellen (z. B. Arbeit mit dem Folienkreuz am Punktefeld)
● Formales Üben:
– symbolische Ebene
– Umgang mit formalen mathematischen Sprachelementen

b) Art der Strukturierung
Strukturiertes Üben greift auf eine Serie von Aufgaben zurück, die in einer Beziehung zueinander stehen.
● Problemstrukturierte Übung:
– Aufgaben aus einer Serie ergeben sich aus einer Problemstellung (z. B. Zahlenketten: Finden aller Lösungen für die Zielzahl 20)
● Operativ strukturierte Übung:

– Systematische Variation der Daten einer Aufgabenserie
– Zusammenhang der Ergebnisse (z. B. Zahlenketten: Was geschieht, wenn ...?)
● Sachstrukturierte Übungen:
– Einordnung einer gleichartigen Aufgabenserie in einen Sachzusammenhang (z. B. Entfernungen auf der Autobahn)

c) Zugang zur Struktur der Übung
● Reflektives Üben:
Erkennung des inneren Zusammenhangs erst bei der Durchführung bzw. Rückschau
● Immanentes Üben:
Auswahl und Art der Übungsaufgaben aufgrund eines bekannten Übungsziels (festigende Struktur)

Das Konzept des produktiven Übens umfasst eine Vielzahl möglicher Übungsformen. Die strukturierte Übung wird jedoch eindeutig bevorzugt.

b) Automatisierendes Üben

„Sollen Gedächtnisinhalte wie Faktenwissen und Fertigkeiten mühelos abgerufen und aktiviert werden können, so sind sie durch Übung und Wiederholung zu automatisieren" (Glötzl 2000, S. 413). Zum einen brauchen so gefestigte Fertigkeiten keinen Platz mehr im Kurzzeitspeicher, zum anderen können sie nahezu ohne psychischen Aufwand eingesetzt werden.

Grundsätze:
● Automatisierende Übungen dürfen nicht zu früh einsetzen! Zuerst muss der betreffende Sachverhalt operativ durchdrungen werden.
● Bei Übungen zum Automatisieren dürfen sich keine Fehler einschleichen! Eine unmittelbare Rückmeldung soll dies verhindern.

- Kognitive Automatismen können Lernsets bewirken. Bestimmte Lösungswege bei Sachaufgaben können Fixierungen (Lernsets) bewirken in den Einstellungen der Kinder gegenüber gleichartigen Problemen. Deshalb sind variierende Aufgabenstellungen wichtig (vgl. a. a. O., S. 415).
- Neben Phasen des reinen Einübens sollen Elemente reflektierter Übung eingesetzt werden! Beim Einüben von Vorgehensweisen (z. B. Subtraktionsalgorithmus) ist es sinnvoll, immer wieder auf die zugrunde liegende Logik einzugehen.

5. Kopfrechenübungen

a) Begriff

Wir unterscheiden zwischen Kopfrechnen (ohne Notation und Hilfsmittel wird eine Aufgabe „nur" im Kopf gerechnet) und gestütztem Kopfrechnen (halbschriftliches Rechnen: Zwischenschritte und Zwischenlösungen einer Aufgabe werden schriftlich notiert (vgl. Radatz u. a. 1998, S. 42).
Kopfrechenübungen können auch regelmäßig in einer eigenen Übungsphase zu Beginn einer Unterrichtseinheit bzw. Lernsequenz durchgeführt werden.

- Ziel: Aufbau verlässlicher und flexibler Rechenfähigkeiten und Rechenfertigkeiten;
  Vermittlung eines Gefühls für Zahlen und den Umgang mit ihnen
- Inhalt: Aufbau eines didaktisch begründeten Kopfrechenkurses; diffuse inhaltliche Zugehörigkeit vermeiden.
- Aufgabenstellung:
  Die Schwierigkeit wird von verschiedenen Faktoren beeinflusst:
  – Art der Aufgabendarbietung (mündlich, schriftlich)
  – Komplexität der Zahlen
  – Gewählte Rechenverfahren (Anzahl

der Rechenschritte und Zwischenergebnisse)
  – Kontrolle der Rechenprozesse (Schwierigkeit steigt mit Komplexität der Zahlen und Anzahl der Rechenschritte)

b) Beispiel: Blitzrechenübung
(vgl. Wittmann/Müller 2001, S. 30)

1. Grundlegungsphase:
– Vorstellung der Übungsform
– Sicherstellung einer tragfähigen Verständnisgrundlage
Beispiel: L stellt Umkehraufgaben 32 : 8, 56 : 7. Anschauliche Stützen dürfen benutzt werden.

2. Automatisierungsphase:
– Übergang zum Rechnen mit verinnerlichten Vorstellungen von Zahldarstellungen und Operationen unter zunehmendem Verzicht auf anschauliche Hilfen
– Steigerung der Schnelligkeit der Antworten

Beispiel: Ergebnisse der Umkehraufgaben im Kopf berechnen, Umkehraufgaben der Kernaufgaben betonen und operativ variieren

c) Kopfrechenübungen mit dem Computer

– wählbare anschauliche Varianten der Aufgabendarbietung
– Selbstbestimmung durch Auswahl des Übungsmoduls
– Druckoption ermöglicht ein Vergleichen, Erweitern
(**Kopfgeometrische Übungen**, s. Geometrie, und **Übungsgrundsätze**, s. Übung)

Literatur:

1. Glötzl, Herbert: Prinzipien effektiven Unterrichts. Klett, Stuttgart 2000
2. Winter, Heinrich: Mathematik entdecken. Cornelsen Verlag Scriptor, Berlin 1994, 4. Aufl.

Strukturmodell

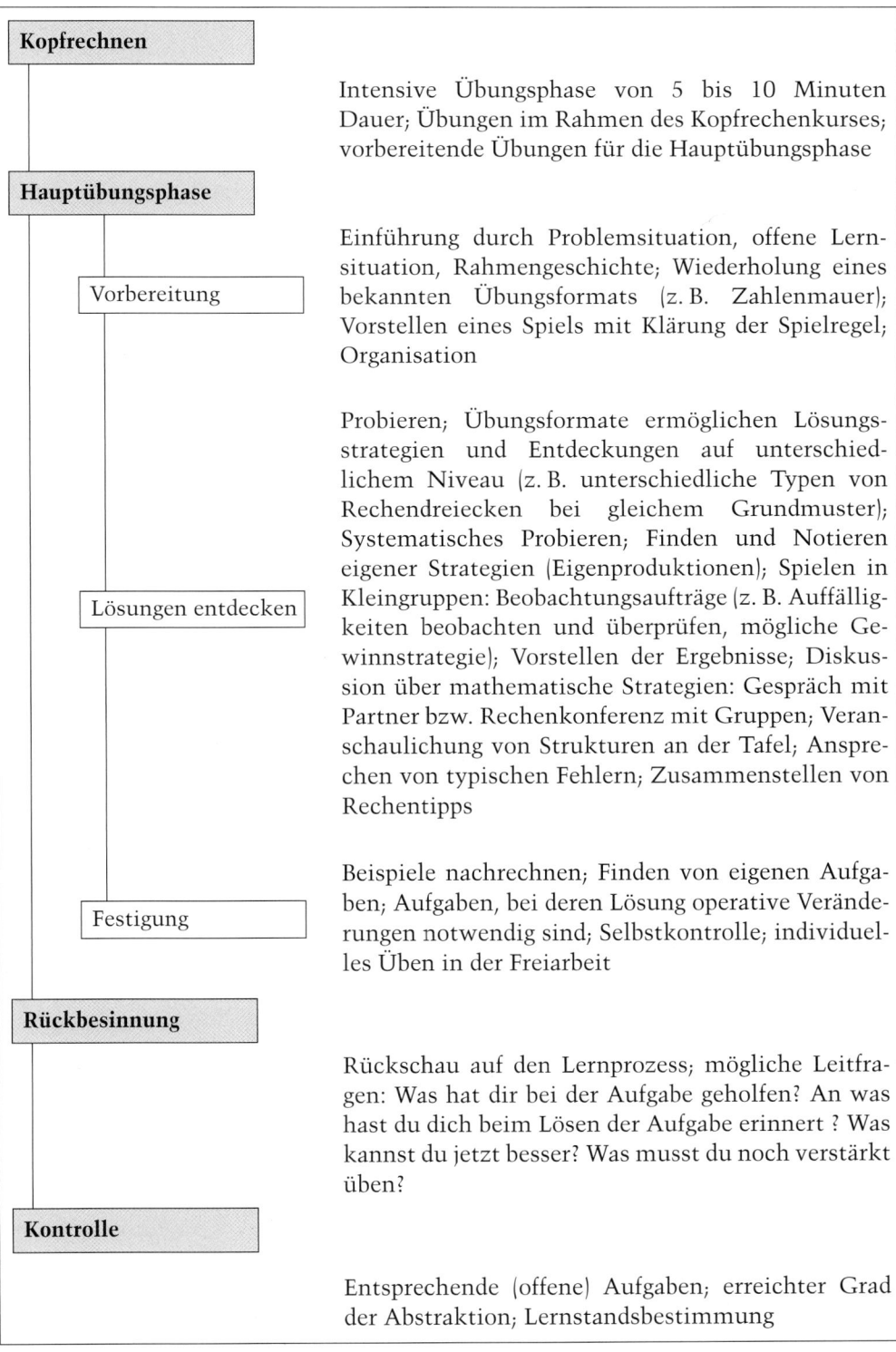

Kopfrechnen

Intensive Übungsphase von 5 bis 10 Minuten Dauer; Übungen im Rahmen des Kopfrechenkurses; vorbereitende Übungen für die Hauptübungsphase

Hauptübungsphase

Vorbereitung

Einführung durch Problemsituation, offene Lernsituation, Rahmengeschichte; Wiederholung eines bekannten Übungsformats (z. B. Zahlenmauer); Vorstellen eines Spiels mit Klärung der Spielregel; Organisation

Lösungen entdecken

Probieren; Übungsformate ermöglichen Lösungsstrategien und Entdeckungen auf unterschiedlichem Niveau (z. B. unterschiedliche Typen von Rechendreiecken bei gleichem Grundmuster); Systematisches Probieren; Finden und Notieren eigener Strategien (Eigenproduktionen); Spielen in Kleingruppen: Beobachtungsaufträge (z. B. Auffälligkeiten beobachten und überprüfen, mögliche Gewinnstrategie); Vorstellen der Ergebnisse; Diskussion über mathematische Strategien: Gespräch mit Partner bzw. Rechenkonferenz mit Gruppen; Veranschaulichung von Strukturen an der Tafel; Ansprechen von typischen Fehlern; Zusammenstellen von Rechentipps

Festigung

Beispiele nachrechnen; Finden von eigenen Aufgaben; Aufgaben, bei deren Lösung operative Veränderungen notwendig sind; Selbstkontrolle; individuelles Üben in der Freiarbeit

Rückbesinnung

Rückschau auf den Lernprozess; mögliche Leitfragen: Was hat dir bei der Aufgabe geholfen? An was hast du dich beim Lösen der Aufgabe erinnert? Was kannst du jetzt besser? Was musst du noch verstärkt üben?

Kontrolle

Entsprechende (offene) Aufgaben; erreichter Grad der Abstraktion; Lernstandsbestimmung

Unterrichtsbeispiel:

Übung der schriftlichen Addition mit Übertrag an Stationen

3. Jahrgangsstufe

I. Hinführung

1. Kopfrechnen
Fortsetzung des Blitzrechenkurses

2. Zielangabe: Wir üben das schriftliche Zusammenzählen mit Übertrag (TA)

II. Üben an Stationen

1. Vorbereitung

a) Vorstellen der Rahmengeschichte (Bild an der TA)
S lösen mathematische Probleme, indem sie Dino auf seiner fiktiven Entdeckungstour helfen, die richtigen Schlüssel (Schlüsselwörter) zum Öffnen von Schatztruhen zu finden.

b) Einführung in den Stationenbetrieb
- Übersicht an der TA
- Kurze Erläuterung einzelner ausgewählter Stationen (z. B. neue Elemente)
- Verhaltensschwerpunkt herausstellen (TA)

Wir arbeiten sauber und übersichtlich:
▶ In jedes Kästchen nur eine Zahl
▶ Summenstrich ein halbes Kästchen tiefer

2. Durchführung

- Freie Wahl der Reihenfolge, Sozialform
  S bearbeiten Stationen selbstständig anhand des Stationenplans (Laufzettel)
- Auswahl der Aufgaben innerhalb einer Lernstation vor allem aufgrund realistischer Selbsteinschätzung

- evtl. arbeitet Lehrkraft mit S mit besonderem Förderbedarf unter Einsatz entsprechenden Materials
- Lehrkraft als Lernbegleiter, L bzw. einzelne SS schreiben während der Durchführung Beispiele für besondere Lernwege, Entdeckungen, Fehler auf Folie bzw. Plakat

3. Abschluss/Aufräumphase

Musikeinsatz

III. Rückbesinnung

Unterrichtsgespräch, S begründen ihre Meinungen

a) Beispiele für Leitfragen zum Lernprozess (Lehrkraft setzt Schwerpunkte):
- Welche Station war für mich leicht?
- An welchen Stationen habe ich am besten gelernt?
- Bei welcher Station wusste ich genau/nicht genau, was ich üben soll?

b) Auswertung der Forscheraufträge

c) Auswertung der während der Durchführung notierten Besonderheiten
(schwächere) Kinder lernen geeignete Strategien der Mitschülerinnen und Mitschüler kennen

IV. Kontrolle

- repräsentative Aufgaben mit verschiedenen Schwierigkeitsgraden
- Forscherauftrag für besonders leistungsstarke S:
  Wie viele Platzhalter dürfen in einer Aufgabe vorkommen, damit sie noch eindeutig lösbar ist?

Zusätzliche praktische Hinweise:

Zusammenstellung der Stationen

Eine Station kann auch eine Aufgabenstellung enthalten, deren Lösung im bis-

herigen Unterricht noch nicht eingeführt wurde, z. B. Addition mit mehreren Überträgen, mehreren Summanden; schriftliches Abziehen mit zwei Übergängen.
Dies ist wiederum eine Chance zur Reflexion.

Zur Differenzierung

In der Regel können wir in der Klasse drei Gruppen unterscheiden:
- besonders lern- und leistungsstarke Kinder
- Kinder mit mittlerem Lern- und Leistungsniveau
- langsame und leistungsschwache Kinder

Jede Leistungsgruppe erhält Aufgabenstellungen mit zwei Schwierigkeitsstufen (Wechsel der Gruppen ist möglich).

Aufgabenkarten mit verschiedenen Farben tragen zusätzlich zur übersichtlichen Anordnung der Aufgaben bei.

Gruppe	Aufgabentyp
☾	A ▬▬▬
	B ▭
☀	B ▭
	C ▬▬
✶	C ▬▬
	D ▬▬

Station 1: Schlüsselzahlen finden (Tippkarten)

Übungsschwerpunkte:
- Überschlag anwenden
- Probe in entgegengesetzter Richtung durchführen
- mehrere Zahlen stellengerecht untereinander schreiben und schriftlich addieren
- qualitative Differenzierung: Anzahl der Summanden, Zahl des Übertrags, Anzahl der Überträge
- Selbstkontrolle

Station 2: Der Schlossgeist war da und hat gekleckst! (Auftragsscheibe)

Übungsschwerpunkte:

- Lösen von Platzhalteraufgaben
  (Aufgaben über die Ermittlung der fehlenden Zahlen schriftlich vervollständigen)
- quantitative Differenzierung: Auftragsscheibe mit 4 bzw. 5 Aufgaben
- qualitative Differenzierung: 3 Platzhalter in den Summanden bzw. 2 Platzhalter in den Summanden und einen im Ergebnis
- Selbstkontrolle

Station 3: Spiel „1000 gewinnt!"

Jeder S zieht 6 Ziffernkärtchen und legt sie so zu zwei dreistelligen Zahlen, dass ihre Summe möglichst nahe an 1000 ist, diese Zielzahl aber nicht überschreitet.

Übungsschwerpunkte:

- spielerisches Üben der schriftlichen Addition mit mathematischer Problemstellung und Förderung des sozialen Lernens
- selbstständige Zusammenstellung von operativen Übungen zur schriftlichen Addition (Entwickeln von Lösungsstrategien)

Schülerbeobachtung: Die schriftlichen Aufzeichnungen lassen Rückschlüsse über die Leistungen zu.
Haben Kinder z. B. die größte Summe sofort gefunden, haben sie sich durch Vertauschen der Ziffern herangetastet oder haben sie unsystematisch probiert?

Station 4: Schlüsselwort suchen

Übungsschwerpunkte:

- Fähigkeit im mündlichen und schriftlichen Rechnen einschätzen
- Rechenstrategien und Rechenvorteile erkennen und nutzen

Die unterschiedliche Leistungsstärke zeigt sich in der Einteilung der Aufgaben.
Auszug aus Auftrag: 399 + 398   274 + 468 ...
Welche Aufgabe löst du im Kopf, welche schriftlich? Entscheide selbst!
Knicke dazu eine Heftseite in der Mitte. Über die linke Hälfte schreibst du „im Kopf", über die rechte Hälfte „schriftlich". Ergänze in jeder Spalte noch eine eigene Aufgabe!

Station 5: Zahlenrätsel lösen

Übungsschwerpunkte:

- Lösungen durch Probieren oder geschicktes Überlegen finden
- Überschlag sinnvoll einsetzen
- Text in mathematische Operationen umsetzen
- Eigene Zahlenrätsel formulieren
  Qualitative Differenzierung: Formulierung berücksichtigt verschiedene Leistungsniveaus

4.2.7 Sachrechnen

Fachliche Grundlagen

1. Begriff

a) Unter Sachrechnen wird zweierlei verstanden:

● Umwelt- und Erfahrungsbezug:
Die Vorkenntnisse der Kinder dienen als Ausgangspunkt für die Entwicklung mathematischer Modelle und Verfahren.

● Anwendungsorientierung:
Die erworbenen Kenntnisse, Fertigkeiten und Fähigkeiten werden zur Lösung von Alltagsproblemen und zur Erschließung der Welt mit mathematischen Mitteln verwandt.

b) Typen von Sachaufgaben
(vgl. Krauthausen/Scherer 2001, S. 77 f.)

Die Übergänge zwischen den einzelnen Typen sind fließend.

1. Sachbilder
Vor allem in der 1./2. Jahrgangsstufe eignen sich Bilder als sinnstiftende Lernanlässe. Sie lassen fast immer mehrere mathematische Interpretationen zu und regen zu unterschiedlichen Fragestellungen und Lösungen an. Es findet eine individuell unterschiedliche Übersetzung von der ikonischen in die symbolische Ebene statt.

2. Textaufgaben und Denkaufgaben
● Textaufgaben: mathematisch mehr oder weniger stark vorstrukturiert (Vorform: erzählte Rechengeschichten)
● Denkaufgaben: künstliche bzw. unrealistische Aufgaben zielen auf das Entwickeln allgemeiner Denk- und Lösungsstrategien, entscheidend ist das Entwickeln einer geschickten Lösungsstrategie.

3. Erfinden von Rechengeschichten
„Sachaufgaben, die die Kinder selbst geschrieben haben, erfüllen von sich aus den Primat der Sache. Die Kinder identifizieren sich mit dem Sachverhalt und interpretieren ihn vor dem Hintergrund ihrer subjektiven Erfahrungsbereiche" (Dröge, in Krauthausen/Scherer 2001, S. 82).

4. Sachprobleme
Zu originalen Daten (Zahlen, Größen, Zusammenhänge) aus der Umwelt können unterschiedliche Fragen und Problemstellungen formuliert werden. Die Sache steht im Vordergrund. Mathematisches Wissen oder mathematische Fähigkeiten können in realistischen Sachsituationen angewandt werden.

5. Sachtexte
In Sachtexten wird eine realistische Umweltsituation angeboten, in der Zahlen und Daten eine Rolle spielen (z. B. Zeitungsmeldungen, Texte aus Sachbüchern). Schwierigkeiten könnte es jedoch im Hinblick auf die Lesefähigkeit geben.

6. Projekte/Vorhaben
Es sollte sich um realistische Umweltsituationen handeln. Die Umweltsituation muss mit Hilfe der Mathematik verstanden, erschlossen und erkundet werden. Es gibt vielfältige Fragen, Operationen, Ergebnisse. Die Berechnungsweisen und -methoden sind offen.

c) Strukturmerkmale von Sachaufgaben

Folgende Aspekte beinhalten die Sachaufgaben in unterschiedlicher Form:
● Sachlicher Aspekt (z. B. Sachsituation)
● Sprachlicher Aspekt (z. B. Tabelle)
● Mathematischer Aspekt (z. B. mathematische Struktur)
● Rechnerischer Aspekt (z. B. Grundrechenarten)

2. Bedeutung

- Beitrag zur Lebensbewältigung und Umwelterziehung
- Systematische Schulung von Rechenfähigkeit (logisches, operatives, problemlösendes, produktives Denken)
- Anwendung und Sicherung erlernter Rechenfertigkeiten
- Unterstützung beim Aufbau von Größenvorstellungen
- Verknüpfung von arithmetischem und geometrischem Wissen

3. Mathematisierung und Modellbildung

Das Mathematisieren gehört zu den allgemeinen Lernzielen. Gefordert wird eine zweifache Anwendungsorientierung:

- Nutzung des Alltagswissens zur Darstellung mathematischer Ideen
- Entwicklung neuen Wissens über die Wirklichkeit durch Mathematisierung.

Sachsituationen werden durch ein wechselweises Arbeiten auf den Ebenen der Sache und der Mathematik bewältigt (s. Abb. 56, S. 237). Im Sachrechnen müssen die Kinder intensive Erfahrungen mit Übertragungsvorgängen machen können.

Didaktische Grundsätze

1. Herausfordernde Situationen

Mit herausfordernden Aufgaben, die zum Entdecken mathematischer Sachverhalte anregen, kann man den Kindern mehr zumuten. Die sinnstiftenden (offenen) Sachsituationen aus der kindlichen Lebens- und Erfahrungswelt werden in unterschiedlichen Darstellungsformen angeboten und zunehmend komplexer.

2. Selbstständige gründliche Erschließung der Sachaufgaben und ihrer Darstellungen

Sachdurchdringung (z. B. durch praktisches Handeln) und das Aufdecken von Sachzusammenhängen helfen bei der Erschließung. Erst wenn ein Sachzusammenhang erfasst worden ist, kann er in eine mathematische Operation übersetzt werden.

3. Entwickeln und Zulassen eigener Lösungsstrategien und -wege

Offene Lernsituationen im Sachrechnen sind Gelegenheiten für entdeckendes Lernen. Deshalb sind eigene Wege, die direkt, indirekt oder auch nicht zur Lösung führen, zentraler Ausgangspunkt. Die Erprobung eigenwilliger und vielfältiger Lösungswege unterstützt Kreativität. Vorbilder und Beispiele von Lösungswegen können die Kinder zu eigenen Lösungsversuchen anregen. Eine wichtige Grundhaltung der Lehrperson ist folgende: Ich möchte wissen, wie du denkst!

4. Vermittlung von Problemlösestrategien und Lerntechniken

Die Kinder sollten das Aufbauen, Verändern oder Erweitern von Lösungshilfen und -strategien durch gezielte Übung lernen (Aufbau eines Repertoires an überdauernden Lösungshilfen und -strategien) (vgl. Schipper/Dröge/Ebeling 2000, S. 231).

5. Gemeinsame Auseinandersetzung mit mathematischen Problemen

Kooperatives Lernen aus der Sache heraus ist sowohl bei der Lösungsplanung (Entwickeln von Lösungen) als auch beim Austausch von verschiedenen Lösungswegen möglich. Leistungsstärkere Kinder können zeitweise als Tutoren eingesetzt werden. Die Kommunikation mit den Mitschülerinnen und Mitschülern in einer Atmosphäre gegenseitiger Wertschätzung ist für die Ausbildung mathematischen Denkens grundlegend. Geistige Aktivität erfordert gegenseitige Anregung und Überprüfung durch kritisches Denken. Die Fähigkeit, Beobachtungen, Überlegungen, Begründungen zu mathematischen Sachverhalten mündlich und schriftlich auszudrücken, sollte kontinuierlich weiterentwickelt werden.

6. Verfeinerung von Problemlösestrategien durch Rechenkonferenzen

„So rechne ich – wie rechnest du?" Rechenkonferenzen bieten den Rahmen, auf verschiedene Problemlösestrategien zurückzuschauen und Ergebnisse auf mathematische und sachliche Plausibilität zu überprüfen. Sie unterstützen die Kinder auf dem Weg zu einer systematischeren Vorgehensweise und trainieren ihre Ausdrucksfähigkeit. Auch die Bewusstheit über das eigene Denken entwickelt sich.

7. Lernprozessbegleitende Dokumentation

Das Lernheft enthält schriftliche Eigenproduktionen, die in Form von Texten, eigenen Ikonisierungen, Rechenwegen und deren Mischformen auftreten können. Beim Schreiben ist gegenüber dem Sprechen der Äußerungsprozess erheblich verlangsamt. Die Prozesse treten dadurch deutlicher ins Bewusstsein. Die Kinder sollte man behutsam anregen, eigene Lösungsideen aufzuschreiben. Sie brauchen Zeit, um sich darauf einzulassen (vgl. Selter 1997, S. 10).

8. Selbstständige Arbeit mit einer dynamisch anwachsenden Sachrechenkartei

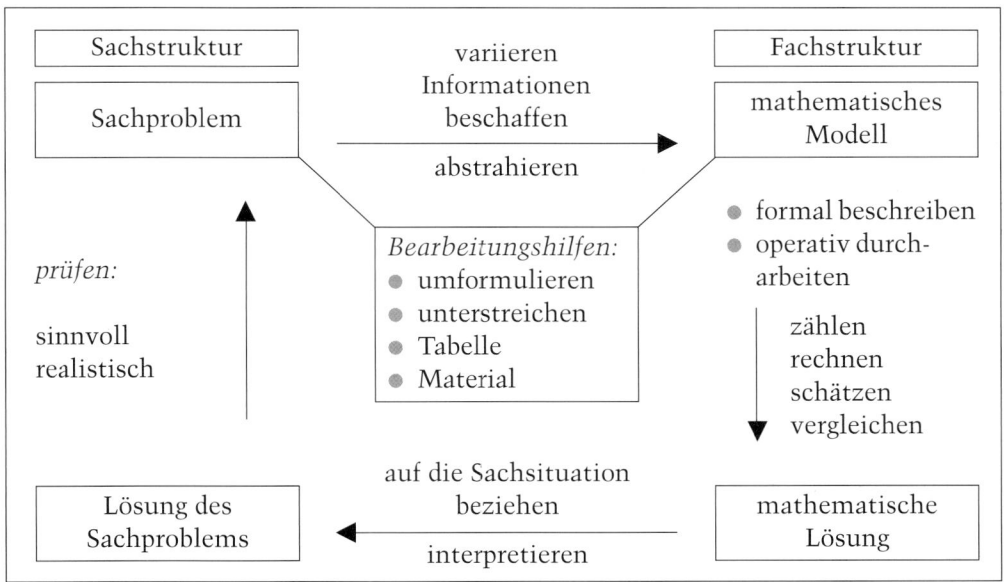

Abb. 56: Mathematische Modellbildung beim Sachrechnen (vgl. Franke/Schipper, in Einsiedler 2001, S. 470)

Literatur:

1. Krauthausen, Günter/Scherer, Petra: Einführung in die Mathematikdidaktik. Spektrum Akademischer Verlag, Heidelberg 2001

2. Schipper, Wilhelm/Dröge, Rotraut/Ebeling, Astrid: Handbuch für den Mathematikunterricht, 4. Schuljahr. Schroedel, Hannover 2000

Strukturmodell

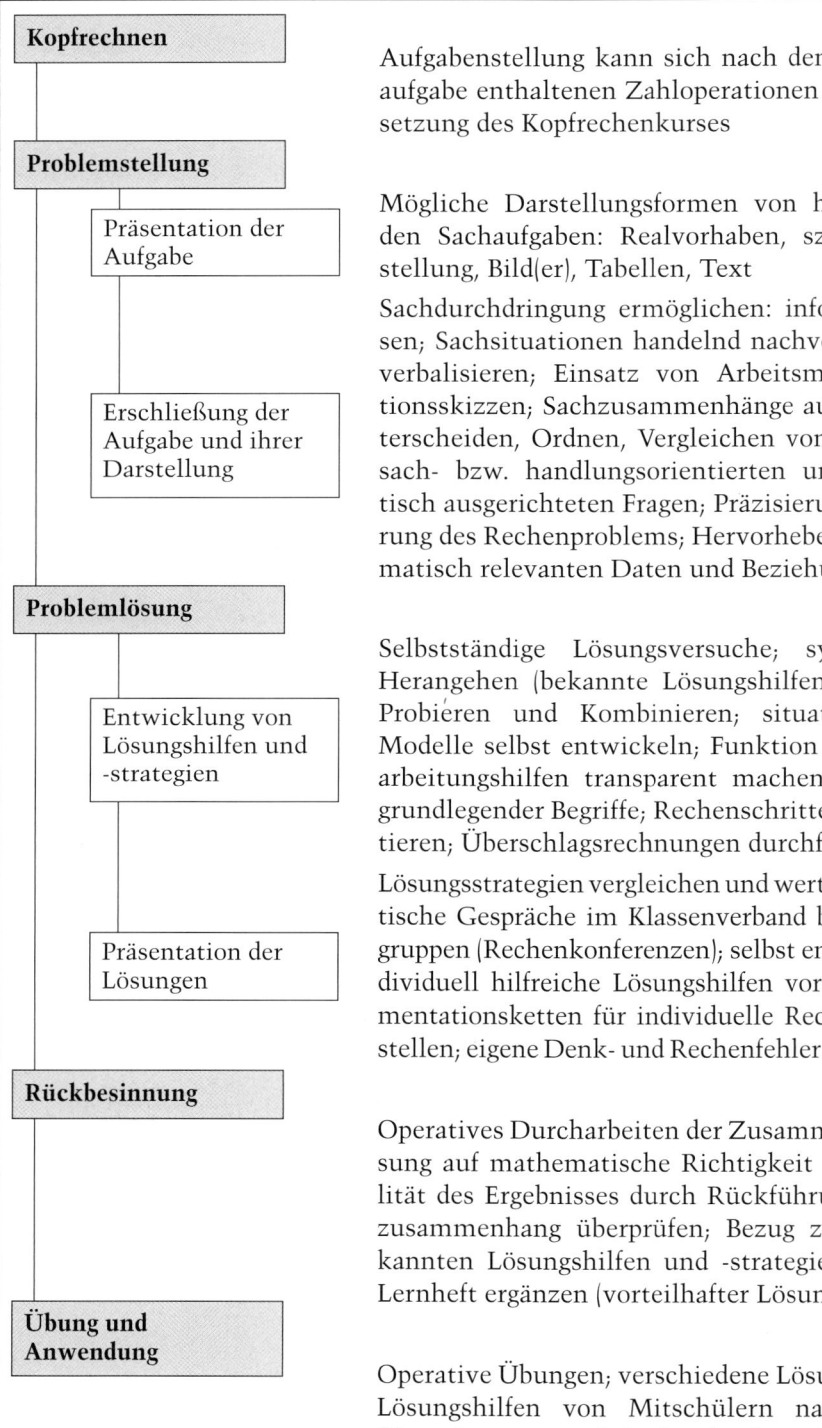

Kopfrechnen

Aufgabenstellung kann sich nach den in der Sachaufgabe enthaltenen Zahloperationen richten; Fortsetzung des Kopfrechenkurses

Problemstellung

Präsentation der Aufgabe

Möglichte Darstellungsformen von herausfordernden Sachaufgaben: Realvorhaben, szenische Darstellung, Bild(er), Tabellen, Text

Erschließung der Aufgabe und ihrer Darstellung

Sachdurchdringung ermöglichen: informatives Lesen; Sachsituationen handelnd nachvollziehen und verbalisieren; Einsatz von Arbeitsmitteln; Situationsskizzen; Sachzusammenhänge aufdecken: Unterscheiden, Ordnen, Vergleichen von Fragen nach sach- bzw. handlungsorientierten und mathematisch ausgerichteten Fragen; Präzisierung und Fixierung des Rechenproblems; Hervorheben von mathematisch relevanten Daten und Beziehungen

Problemlösung

Entwicklung von Lösungshilfen und -strategien

Selbstständige Lösungsversuche; systematisches Herangehen (bekannte Lösungshilfen verwenden); Probieren und Kombinieren; situationsadäquate Modelle selbst entwickeln; Funktion einzelner Bearbeitungshilfen transparent machen; Erarbeitung grundlegender Begriffe; Rechenschritte geordnet notieren; Überschlagsrechnungen durchführen

Präsentation der Lösungen

Lösungsstrategien vergleichen und werten; mathematische Gespräche im Klassenverband bzw. in Kleingruppen (Rechenkonferenzen); selbst entwickelte, individuell hilfreiche Lösungshilfen vorstellen; Argumentationsketten für individuelle Rechenwege darstellen; eigene Denk- und Rechenfehler finden

Rückbesinnung

Operatives Durcharbeiten der Zusammenhänge; Lösung auf mathematische Richtigkeit und Plausibilität des Ergebnisses durch Rückführung auf Sachzusammenhang überprüfen; Bezug zu bereits bekannten Lösungshilfen und -strategien herstellen; Lernheft ergänzen (vorteilhafter Lösungsweg)

Übung und Anwendung

Operative Übungen; verschiedene Lösungswege und Lösungshilfen von Mitschülern nachvollziehen; Was wäre, wenn ...?; Sachrechenkartei weiterführen

Unterrichtsbeispiel:

„Korbinians Zimmer wird neu tapeziert"

4. Jahrgangsstufe

Vorwissen:

● Von Vorteil ist es, wenn die Kinder schon den Maßstab kennen gelernt haben
● Kenntnis des Quaders kann Raumvorstellung unterstützen
● Denkwege schriftlich fixieren (lernprozessbegleitende Dokumentation)

Lernziele:

● Komplexen Sachverhalt systematisch durchdenken, planerisch erfassen und entstehende Kosten berechnen
● Anfertigen einer den Denk- und Vorstellungsprozess unterstützenden Skizze, die die Berechnung der benötigten Tapetenbahnen vereinfacht

Artikulation/ Inhalt	Unterrichtsaktivitäten/ Sozialformen/Medien
I. Kopfrechnen	Überschlagen: z. B. 6 × 2,88 € 13,92 € × 9 6 × 20,88 € 313,32 € × 9 6 × 208,88 € usw. [Vertausche die Zahlen, wenn nötig!]
Kopfgeometrie	Wiederholung des Quaders: Beschreibung des Quaders bzw. Quadernetzes
II. Problemstellung	
1. Hinführung zum Sachverhalt	Szenische Darstellung: Korbinians Zimmer soll renoviert werden (Gespräch zwischen Eltern und Korbinian)
2. Vorwissen aktivieren über notwendige Arbeitsschritte beim Tapezieren	evtl. vorbereitende Hausaufgabe Partnerarbeit Begriffsklärung „Tapete/tapezieren"
3. Präsentation der Sachaufgabe (Textform)	stilles/lautes (informatives) Lesen mit freier Aussprache
4. Weitere Erschließung der Sachaufgabe und ihrer Darstellung anschauliche Begriffsklärung anhand realer Gegenstände	Raufasertapete, Tapetenbahn, -rolle

Artikulation/ Inhalt	Unterrichtsaktivitäten/ Sozialformen/Medien
Verbalisierung der in Kurzform angebotenen Angaben	Text mündlich erweitern
Qualität wirkt sich auf Preis aus	
Sachsituation handelnd nachvollziehen	Eine Tapetenbahn abmessen, schneiden, anlegen
Fragen, die die Familie beschäftigen	Fragen in Partnerarbeit auf Folien- bzw. Papierstreifen notieren

5. Präzisierung und Fixierung des Rechenproblems

Fragen ordnen	S ordnen Fragen nach bereits bekannten Kriterien (Tafel bzw. Seitentafel)
● Fragen, die sich anhand des Textes beantworten lassen	
● Fragen, zu denen man nur Vermutungen anstellen kann (z. B. Wie viel muss man für Fenster und Türe aussparen?)	
● Fragen, zu denen man eine Rechnung durchführen muss, um sie beantworten zu können	
Mathematische Fragen in eine sinnvolle Reihenfolge bringen	Einsatz verschiedener Farben

III. Problemlösung

1. Entwickeln von Lösungshilfen und -strategien

Lösungsversuche in heterogenen Gruppen (Tipp: Zur Berechnung der Anzahl der Tapetenbahnen kann dir eine sinnvolle Skizze helfen. Beschrifte sie!)	Organisation der Gruppenarbeit: pro Gruppe Tapetenstreifen, Karopapier beschriftete Skizzen, Rechenwege und Überschläge auf Folie bzw. Tapetenresten Denkwege schriftlich fixieren (Arbeitsweise bekannt)

2. Präsentation der Lösungen

● Lösungshilfen und -strategien vergleichen und werten
● Leitfragen für das Zuhören (z. B. Wie viele unterschiedliche Lösungshilfen [Skizzen] wurden gefunden?)
● Entwickelte Lösungshilfen und -strategien begründen und Verschiedenartigkeit herausstellen
● Überschläge vergleichen

Wir haben es genau im Maßstab aufgezeichnet weil man dann gleich weiß wie viele Bahnen man braucht.

Abb. 57: Lernprozessbegleitende Dokumentation (s. entsprechende Skizze am Tafelbild, Abb. 59, S. 242)

Artikulation/ Inhalt	Unterrichtsaktivitäten/ Sozialformen/Medien
	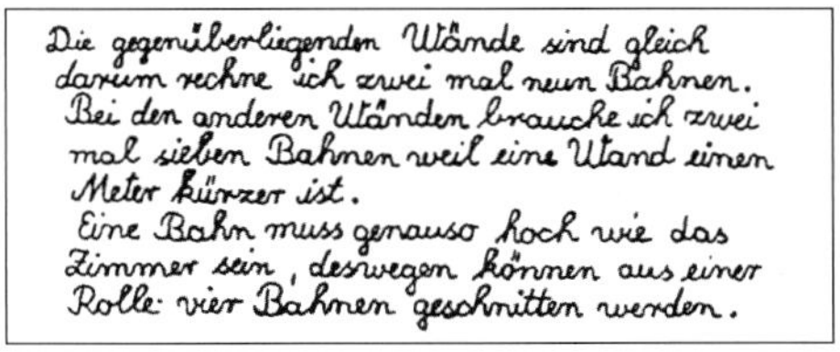 *Die gegenüberliegenden Wände sind gleich darum rechne ich zwei mal neun Bahnen. Bei den anderen Wänden brauche ich zwei mal sieben Bahnen weil eine Wand einen Meter kürzer ist. Eine Bahn muss genauso hoch wie das Zimmer sein, deswegen können aus einer Rolle vier Bahnen geschnitten werden.*

IV. Rückbesinnung

Abb. 58: Lernprozessbegleitende Dokumentation (s. auch entsprechende Skizze am Tafelbild, Abb. 59, S. 242)

- Fehler berichtigen
- Inwieweit konnte auf bekannte Lösungsstrategien zurückgegriffen werden?
- Erkenntnis: Die Skizze vereinfacht die Berechnung der benötigten Tapetenbahnen
- Plausibilität der Ergebnisse überprüfen (Problem: Aussparung für Fenster und Türe)

S ergänzen Lernheft (z. B. individuell vorteilhafte Lösungsskizze mit kurzer schriftlicher Begründung)

V. Übung und Anwendung

- Aufgabe selbstständig erweitern

Maße für Fenster und Türen angeben und Auswirkungen für die Anzahl der Tapetenbahnen ermitteln; Anbringen von Fußleisten und Berechnung der vom Material abhängigen Kosten; Verwendung von Wandfarbe; Tapezierausrüstung; evtl. einzelne Kostenfaktoren auf Einsparung überprüfen

- Kalkulation für Renovierung erstellen
- Eigenes Zimmer abmessen und entsprechende Rechnungen ausführen (Preise selbstständig erkunden)

Leistungsschwächere S:
entwickelte Lösungshilfen noch einmal verbalisieren; dieselbe Aufgabe mit anderen Zahlen rechnen; evtl. Rückgriff auf reale Tapetenbahnen

Korbinians Zimmer soll neu
tapeziert werden.

Es ist 4,5 Meter lang,
3,5 Meter breit und
2,5 Meter hoch.

Die Tapete muss in Bahnen
geschnitten werden.

Eine Tapetenbahn reicht
von der Zimmerdecke
bis zum Boden.

Raufasertapete

Qualität für hohe
Ansprüche
Rolle nur 6,95 €

Standard-Qualität
Rolle nur 5,80 €

Breite: 52 cm
Länge: 10 m 5 cm

---

1. Wie viele Tapetenbahnen werden
gebraucht? (Schülerbeispiele an TA)

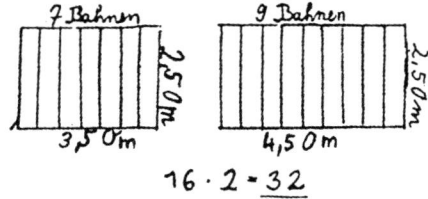

16 · 2 = 32

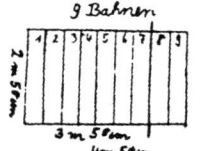

2 · 9 = 18
2 · 7 = 14
18 + 14 = 32

A Es werden 32 Tapetenbahnen
gebraucht.
! Aussparung für Fenster und Türe noch
beachten!

2. Wie viele € kosten alle Tapetenrollen
zusammen?

a) Anzahl der Rollen:

4 Bahnen – 1 Rolle
32 Bahnen – 8 Rollen

b) Gesamtkosten:

Qualität A: 56 €

6,95 € × 8 = 55,60 €

Qualität B: 48 €

5,80 € × 8 = 46,40 €

A Die Tapetenbahnen kosten insgesamt
55,60 € (46,40 €).

Abb. 59: Tafelbild zur Sachaufgabe

4.2.8 Geometrie

Fachliche Grundlagen

1. Begriff

Geometrie ist ein Teilgebiet der Mathematik, das sich mit Ausdehnung, Form und Lage von ebenen und räumlichen Figuren befasst. In der Grundschule setzen sich die Kinder vor allem mit dem Raum auseinander. Geometrie dient der Lebensbewältigung, da unsere Umwelt durch geometrische Strukturen gekennzeichnet ist.

2. Entwicklung des räumlichen Vorstellungsvermögens

„Fast jedes Denken, jede kognitive Kompetenz bedient sich visueller, d. h. geometrischer Stützen. Die *intellektuelle Entwicklung* (i. O. kursiv) ist eng verbunden mit den Fähigkeiten, visuell dargebotene Informationen aufzunehmen, zu analysieren, zu speichern, mit ihnen in der Vorstellung zu operieren u. a. So sind visuell-geometrische Erfahrungen und ein entsprechendes Können von grundlegender Bedeutung für die kognitive Entwicklung des einzelnen Schülers" (Radatz/Rickmeyer 1991, S. 7).
Der Geometrieunterricht leistet einen wichtigen Beitrag für die Entfaltung des räumlichen Vorstellungsvermögens und somit für die generelle geistige Entwicklung. Das Denken entwickelt sich nach Piaget in der aktiven Auseinandersetzung des Menschen mit seiner räumlichen Umwelt (Verinnerlichung von Handlungen). Raumvorstellung wird in psychologischen Theorien als ein Primärfaktor für Intelligenz gesehen. Er umfasst „die Fähigkeit, mit zwei- und dreidimensionalen Objekten in der Vorstellung zu operieren" (Franke 2000, S. 30). Wir unterscheiden fünf Teilkomponenten der Raumvorstellung (vgl. a. a. O., S. 33 f.):

- Räumliche Wahrnehmung: Die Fähigkeit, die räumlichen Beziehungen in Bezug auf den eigenen Körper zu erfassen
- Räumliche Beziehungen: Das Erfassen räumlicher Gruppierungen von Objekten oder Teilen von ihnen und deren Beziehungen untereinander
- Veranschaulichung: Die gedankliche Vorstellung von räumlichen Bewegungen wie Verschiebungen und Faltungen von Objekten oder Teilen von ihnen ohne Verwendung anschaulicher Hilfen
- Räumliche Orientierung: Die Fähigkeiten, sich als Person oder mental im Raum zurechtzufinden
- Vorstellungsfähigkeit von Rotationen: Die Fähigkeit, sich schnell und exakt Rotationen von zwei- und dreidimensionalen Objekten vorzustellen

Geometrische Fähigkeiten können sich gerade während der Grundschulzeit besonders stark entwickeln.

3. Bedeutung des Geometrieunterrichts

- Sammeln von geometrischen Erfahrungen zum Erschließen des umgebenden Anschauungsraumes und seiner Teilstrukturen
- Entwickeln der Raumvorstellung einschließlich der räumlichen Orientierung
- Erwerben von Wissen über grundlegende geometrische Begriffe (z. B. Präzisierung umgangssprachlicher Begriffe wie Ecke, Kante, Seite)
- Ausbilden von Problemlösefähigkeiten
- Durchdringen, Veranschaulichen und Erklären anderer Inhalte des Grundschulunterrichts, insbesondere in der Arithmetik, in der Kunsterziehung, aber auch im Sport- und im Sachunterricht

Zur adäquaten Nutzung der im Arithmetikunterricht eingesetzten geometrischen Gebilde, Darstellungen, Diagramme u. Ä. sind geometrische Grundlagen erforderlich.

4. Kopfgeometrie und Raumvorstellung

a) Begriff

„Kopfgeometrie umfasst alle mündlich – im Kopf – zu lösenden geometrischen Aufgaben, die das räumliche Vorstellungsvermögen schulen. Dabei werden gleichzeitig auch andere intellektuelle Fähigkeiten weiterentwickelt, geometrisches Wissen wiederholt und sprachliche Kompetenzen verbessert" (a. a. O., S. 43). Die Kinder müssen sich „zum einen *geometrische Objekte* (i. O. kursiv) vorstellen, zum anderen müssen sie aber auch *mit diesen Vorstellungen operieren* (i. O. kursiv): ihre Lage, ihre Größe und ihre Form verändern sowie sie zerlegen oder zusammensetzen" (a. a. O., S. 44).
Die Kopfgeometrie ist eine gute Schulung der Konzentrationsfähigkeit.

b) Typisierung von Aufgabenstellungen

Senftleben unterscheidet je nach dem Einsatz von Hilfsmitteln vier unterschiedliche kopfgeometrische Aufgabentypen, die jedoch keine methodische Stufenfolge für den Lernprozess der Kinder darstellen sollen (vgl. Radatz u. a. 1998, S. 115):

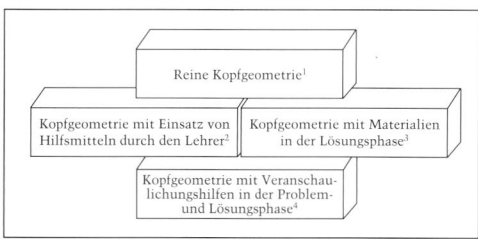

Abb. 60: Kopfgeometrische Aufgabentypen

1 Versprachlichte Aufgabenstellung ohne Veranschaulichung
2 Lehrperson zeigt z. B. ein Bild, eine Zeichnung oder ein konkretes Modell
3 Kind zeichnet z. B. Ergebnis auf, baut das Ergebnis nach
4 Kombination aus 2. und 3.

Wesentlich bei dieser Systematisierung ist, dass es keine Beschränkung auf rein verbale Aufgabenstellungen gibt. Bei allen diesen Aufgabentypen bleibt in der 2. Phase das Typische für Kopfgeometrie erhalten: Räumliches Denken, Vorstellen, Operieren im Kopf. In einer angefügten Kontrollphase können die Kinder ihre kopfgeometrischen Überlegungen überprüfen. Typisch sind hier handlungsgeometrische und materialgeleitete Aktivitäten. Dabei verstärken sich bei den Kindern die Vorstellungen. Vor allem vorstellungsschwache Kinder erhalten so eine grundlegende Unterstützung (vgl. Maier 1999, S. 296).

c) Didaktischer Ort

Kopfgeometrie soll den gesamten Geometrieunterricht durchsetzen:

- 10-minütiges Training als vorbereitende Einstimmung auf einen neuen Inhalt oder als vertiefende Wiederholung und immanente Übung
- „Auflockerung" im Verlauf der Unterrichtseinheiten
- Bestandteil der Freiarbeit, des Wochenplanunterrichts und projektorientierten Unterrichts

Didaktische Grundsätze

1. Herausfordernde offene Lernsituationen

Die von der Lehrkraft geschaffene Arbeitsumgebung soll zu einer Lernumgebung mit beziehungsvollem Anregungs- und Entdeckungspotential für die Kinder werden.
Zu echten Erfindungssituationen können Impulse gegeben werden (z. B. Arbeitsumgebung zur Papierfaltgeometrie). Den Lernenden soll die Sinnhaftigkeit ihres Tuns verdeutlicht werden.

2. Handlungs- und materialgeleitetes Lernen als Voraussetzung für die Entwicklung von räumlichen Vorstellungen und Begriffen

Jede neue geometrische Erfahrung soll auf der Basis konkreter Handlungen das systematische Wissen um die Inhalte bereichern.

a) Geometrische Tätigkeiten:

Bewegungen im Raum (Bewegungsspiele, anschließend Sichtbarmachen der Spuren durch Linien), Wegbeschreibungen, Figuren laufen, Formen wiedergeben und darstellen (Luft „zeichnen", freihändiges Zeichnen, Kneten, Legen, beidhändiges Zeichnen, Malen, Drucken), Falten, Schneiden, Ausschneiden, Formen ertasten, Umrissfiguren herstellen, Zerlegen, Zusammensetzen, Bauen, Messen, Kippen, Modellieren, Stecken, Drehen, Verschieben, Spannen, Darstellen am Computer.

b) Materialvielfalt regt zum kreativen Umgang, selbstständigen Denken und offenen Problemlösen an:

strukturiertes Material, geometrische Grundformen, Modelle, Legespiele, Steckwürfel, Bausteine, Lernsoftware.

3. Die operative Durcharbeitung ist die Grundlage für die Beweglichkeit der geometrischen Begriffe

Verschieben einer Figur in die Ausgangslage (Reversibilität), Zusammensetzen eines Quaders aus verschiedenen Quadern in unterschiedlicher Anordnung (Assoziativität), Variation der Körper in Größe, Farbe, Lage und Anordnung.

4. Aufbau geometrischer Begriffe

Allmählich gelangen die Kinder nicht nur zu einer höheren Abstraktionsstufe, sondern erwerben auch Sicherheit im Wechsel zwischen den einzelnen Stufen.

5. Individuelle Lernfortschritte ermöglichen

Eine entscheidende Voraussetzung dafür ist die richtige Einschätzung der geometrischen Kompetenzen der Kinder. Es gilt nach Möglichkeiten zu suchen, innere kognitive Prozesse nach außen zu transportieren, um sie erkennbar und fassbar zu machen. So kann im Unterricht dort angeknüpft werden, wo die Kinder stehen (Vermeidung von Unter- und Überforderung). Freiarbeit, Projekt- und Wochenplanunterricht lassen ein großes Spektrum zur Differenzierung zu.

6. Offenheit hinsichtlich des Weges zum Ziel

Beim Problemlösen brauchen die Kinder Freiraum für eigene Strategien, unkonventionelle Lösungen und geometrische Fantasie, aber auch für Probieren, sich Irren und Neubeginnen.

7. Mathematische Kurztexte verfassen

Lernwege mit Eigenproduktionen dokumentieren; Handlungsprotokolle und Anleitungen unter Verwendung von Sprache, Zeichnungen, Skizzen; Protokollvergleiche und -reflexionen als konstitutive Elemente eines handelnd-entdeckenden Lernprozesses.

8. Spielerische Übungsformen fördern die Lernmotivation

9. Wiederholendes Üben über das ganze Schuljahr verteilt

Literatur:

1. Franke, Marianne: Didaktik der Geometrie. Spektrum Akademischer Verlag, Heidelberg 2000
2. Radatz, Hendrik / Rickmeyer, Knut: Handbuch für den Geometrieunterricht an Grundschulen. Schroedel, Hannover 1991

Strukturmodell

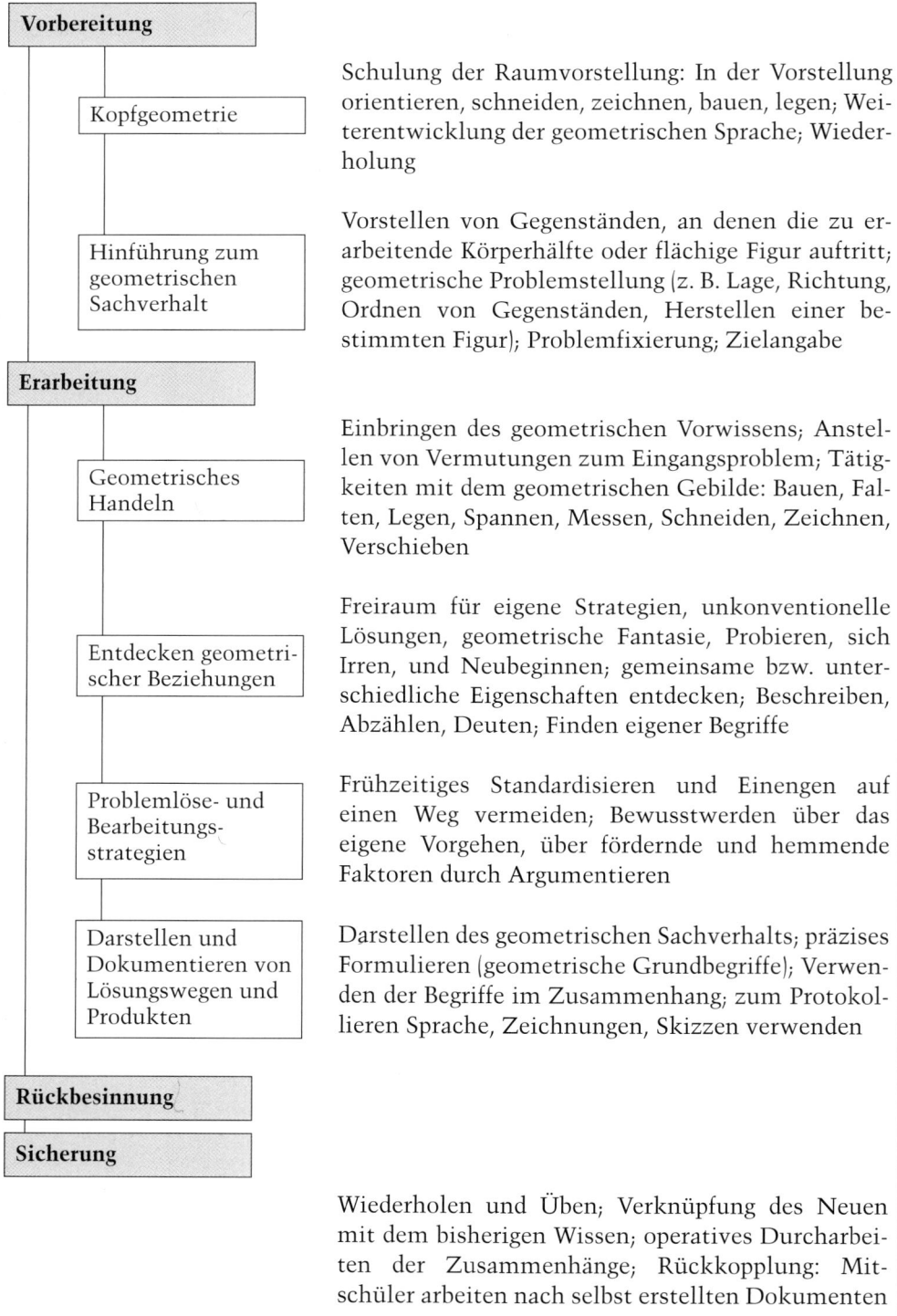

Vorbereitung	
Kopfgeometrie	Schulung der Raumvorstellung: In der Vorstellung orientieren, schneiden, zeichnen, bauen, legen; Weiterentwicklung der geometrischen Sprache; Wiederholung
Hinführung zum geometrischen Sachverhalt	Vorstellen von Gegenständen, an denen die zu erarbeitende Körperhälfte oder flächige Figur auftritt; geometrische Problemstellung (z. B. Lage, Richtung, Ordnen von Gegenständen, Herstellen einer bestimmten Figur); Problemfixierung; Zielangabe
Erarbeitung	
Geometrisches Handeln	Einbringen des geometrischen Vorwissens; Anstellen von Vermutungen zum Eingangsproblem; Tätigkeiten mit dem geometrischen Gebilde: Bauen, Falten, Legen, Spannen, Messen, Schneiden, Zeichnen, Verschieben
Entdecken geometrischer Beziehungen	Freiraum für eigene Strategien, unkonventionelle Lösungen, geometrische Fantasie, Probieren, sich Irren, und Neubeginnen; gemeinsame bzw. unterschiedliche Eigenschaften entdecken; Beschreiben, Abzählen, Deuten; Finden eigener Begriffe
Problemlöse- und Bearbeitungsstrategien	Frühzeitiges Standardisieren und Einengen auf einen Weg vermeiden; Bewusstwerden über das eigene Vorgehen, über fördernde und hemmende Faktoren durch Argumentieren
Darstellen und Dokumentieren von Lösungswegen und Produkten	Darstellen des geometrischen Sachverhalts; präzises Formulieren (geometrische Grundbegriffe); Verwenden der Begriffe im Zusammenhang; zum Protokollieren Sprache, Zeichnungen, Skizzen verwenden
Rückbesinnung	
Sicherung	Wiederholen und Üben; Verknüpfung des Neuen mit dem bisherigen Wissen; operatives Durcharbeiten der Zusammenhänge; Rückkopplung: Mitschüler arbeiten nach selbst erstellten Dokumenten

Unterrichtsbeispiel:

„Wir kippen den Quader an den Kanten"

4. Jahrgangsstufe

Vorüberlegungen:

Ausgehend von der konkreten Handlung werden die Kinder angeregt, mit Quadern zunehmend gedanklich zu operieren. Die Kinder drehen den auf der Tischplatte liegenden Quader um eine der unten aufliegenden Kanten um 90°, setzen solche Kippbewegungen zusammen und fragen nach den verschiedenen Lagen, die der Quader einnimmt. Man kommt zur Ausgangslage zurück, wenn alle Kippbewegungen wieder rückgängig gemacht werden. Verschiedene Wege können zum gleichen Ziel führen (Assoziativität). Durch ein rückwärtiges Ineinandergehen der Repräsentationsebenen können die Kinder im Tun zeigen, dass sie das Kippen beherrschen.

I. Vorbereitung

1. Kopfgeometrie

„Wanderung im Kopf": Wir betreten das Schulgebäude, gehen den ersten Gang nach rechts ... öffnen die Türe links. In welchem Raum sehen wir hinein? (Kinder schließen die Augen)

2. Wiederholung

Quader als geometrische Körperform
- Eigenschaften
- Quadernetz

Quadermodell (mit B = Bodenfläche, D = Deckfläche) für S

3. Geometrische Problemstellung

Darbieten einer spielerischen Aufgabenstellung mit einem Quader „Wie kommst du zum Ziel?"

Spielplan mit Magnetquader an der TA
S suchen mit Partner Lösungswege

4. Zielangabe:

Wir kippen den Quader (TA)

II. Erarbeitung

1. Geometrisches Handeln

Vorgangsbegriff „kippen"
S führen Kippbewegungen aus, entdecken verschiedene Arten des Kippens (über Kante, Eck)
Darstellung des Kippvorgangs an der TA
Spielregel: Wir kippen den Quader an den Kanten
(Ergänzung der Zielangabe)

2. Entdecken geometrischer Beziehungen

a) Arbeitsauftrag für Partnerarbeit:

1. Kippt den Quader in jede Richtung.
   Schreibt auf, in welche Richtung ihr jeweils den Quader gekippt habt!
2. Kippt nach dem 1. Plan an der Tafel.
   Schreibt eure Kippbewegungen auf! (einzelne Beispiele auf Folie)
3. Kippt nach dem 2. Plan zuerst in der Vorstellung!
   Sagt voraus, wie der Quader vor euch liegen wird. Schreibt es auf!
   Führt zur Kontrolle die Kippbewegungen mit dem Quader durch!
   Besprecht euch, warum ihr die Lage des Quaders richtig oder falsch vermutet habt.

b) Auswertung der Partnerarbeit
Ergänzung der TA (s. Abb. 62)
Nachvollziehen gegebener Kippbewegungen, S verbalisieren Kippbewegungen

Begriffe „Ausgangslage", „Endlage", „Kipp-Plan"
Auf welchen Wegen zur gleichen Endlage?

c) Kurze Übung (gedanklich mit Quader operieren):
Schau dir die Ausgangslage an. Schließe die Augen und kippe im Kopf mit … Wie liegt der Quader? (Begriffe „hoch", „quer", „flach" als Vorwissen)
S diktiert Kippfolge, Mitschülerinnen und Mitschüler vollziehen mit, versprachlichen die Zwischenlagen
S ergänzen zum Ausgangsbeispiel die Kipp-Pläne

3. Problemlösestrategie entwickeln und dokumentieren

a) Einzelarbeit mit Einteilung in Leistungsgruppen, Arbeitsblatt, Quadermodell

Grundsatz:
● Kippe zuerst in der Vorstellung!
● Notiere deine Vermutung!

Mögliche Aufgabenstellungen (s. Abb. 61)
S kontrollieren Lösungswege selbst durch das Ausführen entsprechender Kippbewegungen

b) Reflexion der kopfgeometrischen Aufgabenstellung (z. B. Wie erging es dir, als du zuerst im Kopf kippen solltest?)

III. Sicherung

1. Kopfgeometrische Übung mit verschiedenen Schwierigkeitsstufen

Geometrisches Spiel mit dem Partner, Spielunterlage (Quadermodell, Gitterplan, Start- und Zielfläche, Aufgabenkarten, Spielanleitung, Tabelle)
Selbstkontrolle
Dokumentation der verschiedenen Lösungswege, -strategien

2. Reflexion des Spiels (z. B. auch die Zusammenarbeit mit dem Partner ansprechen)

S stellen Bezug zur geometrischen Problemstellung (Tafel) her und stellen den Lernzuwachs heraus

---

Findest du die verschiedenen Wege zum Ziel?

1. **Kippe zuerst in der Vorstellung** und trage die Wege mit Bleistift in den Plan ein!

2. Kontrolliere deine Ergebnisse, indem du die Wege mit dem Quader kippst!

3. Jetzt fahre die verschiedenen Wege mit Farbstift nach!
Ist im Ziel die Deckfläche oder die Bodenfläche oben?

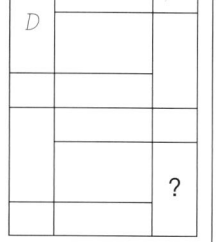

Kippe und zeichne den Weg!

v , r , v , r , r

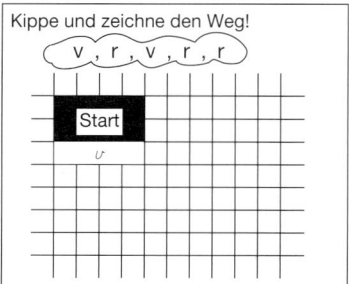

Ist bei der Endlage die Deckfläche oder die Bodenfläche zu sehen?

1. Stelle dir die Kippbewegungen **zuerst im Kopf** vor und trage deine Vermutung ein!
2. **Kontrolliere,** indem du die Kippbewegungen mit deinem Quader wirklich ausführst! Achte auf die *richtige Ausgangslage!*
Trage das Ergebnis ein (D oder B)

	Endlage: D oder B?	
	Vermutung	Kontrolle
D — r v l ⟶		
D — v v r r ⟶		
D — h h l v r ⟶		

Abb. 61: Mögliche Aufgabenstellungen

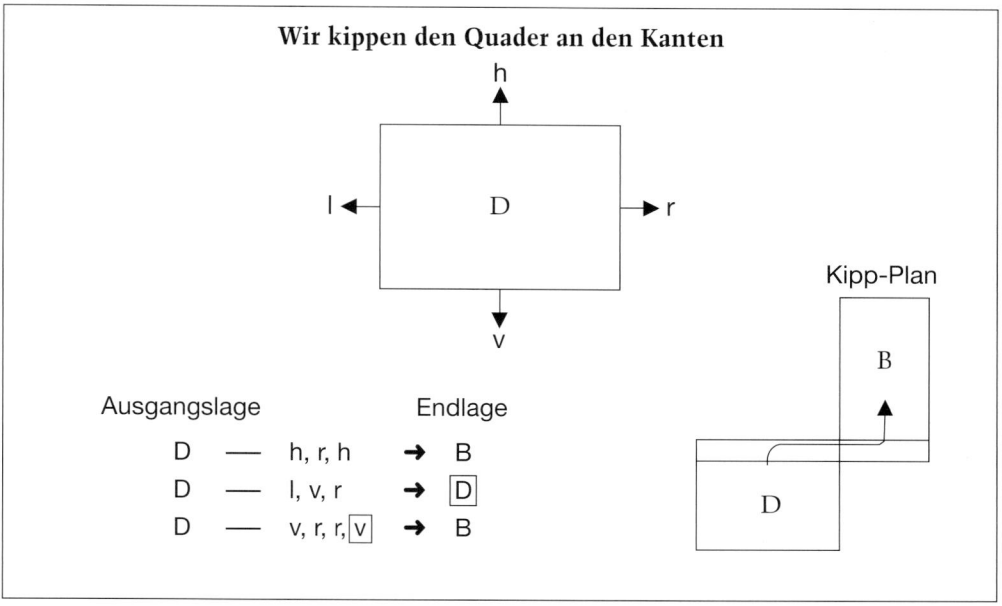

Abb. 62: Tafelbild (1) zur UZE „Wir kippen den Quader"

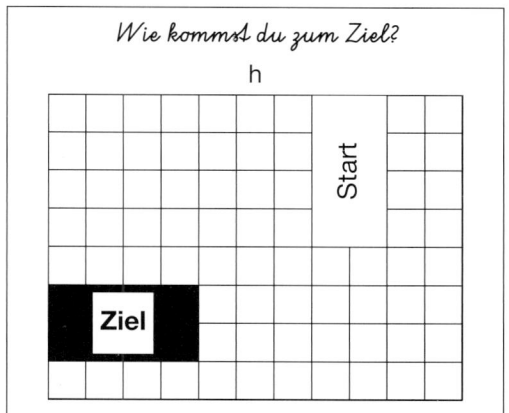

Abb. 63: Tafelbild (2) in Anlehnung an „Schauen und Bauen", Klett Verlag 1997

Aufgabenstellung:

1. Tragt zuerst die Nummer der gewählten Aufgabe in die Tabelle ein!
2. Legt jetzt die Start- und Zielflächen wie angegeben auf den Gitterplan!
3. Legt den Quader auf die Startfläche!
4. Wie kommt ihr zum Ziel?
   Kippt zuerst in der Vorstellung und beschreibt euch gegenseitig euren Weg!
5. Kontrolliert, indem ihr die Kippbewegungen mit eurem Quader wirklich ausführt! Findet ihr auch einen zweiten Weg?
6. Tragt die einzelnen Wege in die Tabelle ein!

Abb. 64: Aufgabenstellung für das geometrische Spiel

4.3 Sachunterricht

4.3.1 Informationen zum Fach Sachunterricht

Fachliche Grundlagen

1. Bedeutung

Die Persönlichkeit des Menschen bildet sich durch die Begegnung und Auseinandersetzung mit der Sache heran. Im Umgang mit den Dingen seiner Lebenswelt entwickelt das Kind sein eigenes Verhältnis zur Welt. „Die Sache gibt ihren Aspektreichtum preis, und die Person ... entdeckt an sich selbst neue Eigenschaften und Fähigkeiten. Man vermehrt sein Wissen und seine Kenntnisse über die Dinge und steigert die beanspruchten Sinnes-, Willens- und Verstandeskräfte" (Duncker 1994, S. 296). Die je eigene Art und Weise der Wahrnehmung der Dinge, der Interpretation, Rekonstruktion oder Bearbeitung der Informationen führt zu individuellen Erfahrungen und Strukturen im Handeln, Denken, Fühlen und Werten, zu je eigenen Konzepten und Formen des Problemlösens, der Lebensbewältigung und Lebensgestaltung.

2. Was ist Sache des Sachunterrichts?

Der Grundschule ist die umfassende Aufgabenstellung zugewiesen, den Kindern eine Hilfe zur Weltorientierung und Weltbewältigung zu geben. Dazu werden Inhalte traditionell in Fächern unterrichtet. Die Zuordnung von Inhalten zu Fächern scheint für Deutsch, Mathematik, Sport, Kunst oder Musik einigermaßen einsichtig zu gelingen. „Prinzipiell gehören alle restlichen Inhalte des Weltwissens in den Sachunterricht – vorausgesetzt, dies ist in den wenigen Grundschuljahren und mit den 6- bis 10-jährigen Kindern leistbar. Diese unscheinbar wirkende Einschränkung macht bereits deutlich, dass dies auch nicht annähe-

rungsweise zu leisten ist. Es muss also eine pädagogisch begründete Auswahl getroffen werden" (Kaiser 1997b, S. 145). Damit ist das Problem angesprochen, nach welchen Kriterien die Auswahl der Inhalte erfolgen solle.

In den weiterführenden Schulen haben sich Sach-Fächer etabliert, die mit den entsprechenden Bezugswissenschaften korrespondieren; ihnen werden die Inhalte zugeordnet, oder Kraft ihrer Autorität bestimmen sie, was Sache im Unterricht ist. Dagegen waren die Inhalte des Sachunterrichts in der Primarstufe von Anfang an bei keiner wissenschaftlichen Disziplin anzusiedeln. Dies gilt für alle Ausprägungen des „Sachunterrichts" wie Heimatkunde (nach 1945), Sachunterricht, Sachkunde, Heimat- und Sachkunde, Heimat- und Sachunterricht, elementare Weltkunde oder Weltkunde. Fächer unterstützen zwar das Ordnen von Erfahrungen, sie lösen aber nicht das Problem, wie die erlebte und gelebte Welt zu thematisieren ist. Hinzu tritt die Tatsache, dass das Kind die Welt nicht fachlich gegliedert erfährt, und dass es subjektiv Situationen als „Ganzes" interpretiert.

3. Konzepte des Sachunterrichts

Die Suche nach einem pädagogisch, didaktisch, bildungspolitisch und gesellschaftlich vertretbaren Ansatz führte in den letzten vierzig Jahren zu einer Vielzahl von Lösungen und Konzepten, etwa gekennzeichnet als fachorientiert, strukturorientiert, prozessorientiert, situationsorientiert, generativ oder mehrperspektivisch. In den Vordergrund trat allmählich die Auffassung, dass nur ein integrierender Ansatz der Komplexität der Lebenssituationen gerecht würde. Dazu wurden und werden Kategorien aufgestellt, mit deren Hilfe die vielfältigen Sachverhalte zu strukturieren seien. *Beispiele:*

a) „Lernfelder"

„Lernfelder" aus den Richtlinien des Landes Niedersachen (1975): Zusammenleben der Menschen, Mensch und Raum, Sicherung und Gefährdung menschlicher Existenz, Naturphänomene und ihre Zusammenhänge, Mensch und Technik.

b) „Lernbereiche"

„Lernbereiche" aus dem Lehrplan Grundschule des Landes Sachsen (1992): Vom Zusammenleben der Menschen, gesunde Lebensweise, Heimatland Sachsen, Begegnungen mit Pflanzen und Tieren, unbelebte Natur, Verhalten im Straßenverkehr.

c) „Themenbereiche und Lernfelder"

„Themenbereiche" und „Lernfelder" aus dem Lehrplan für die Grundschulen in Bayern (2000); Themenbereiche (Jgst. 1 und 2) aus der Lebenswirklichkeit der Kinder: Unser eigenes Thema – Ich und meine Erfahrungen — Wünsche und Bedürfnisse – Zusammenleben – Leben mit der Natur – Orientierung in Zeit und Raum – Erkunden der Umwelt; diese werden aus der Perspektive von sieben Lernfeldern bearbeitet: Körper und Gesundheit – Individuum und Gemeinschaft – Zeit und Geschichte – Heimat und Welt – Arbeit und Freizeit – Natur und Technik – Tiere und Pflanzen.

4. Schlüsselprobleme und didaktische Raster

Der Versuch, die Aufgabe der Weltorientierung inhaltlich umzusetzen, zeigt sich auch im Konstrukt der „Erfahrungsgebiete", wie sie K. Both beschreibt: Der Jahreskreis, Umgebung und Landschaft, Herstellen und Gebrauchen, Technik,

Kommunikation, Zusammenleben, Mein Leben. Both bezeichnet diese Erfahrungsgebiete als „Schlüssel zur Welt" und als „ganz offenes Modell". „Es gibt innerhalb dieses Modells eine Polarität oder ein Spannungsfeld zwischen einem kosmozentrischen und biozentrischen Gesichtspunkt (bei ‚Der Jahreskreis' und ‚Umgebung und Landschaft') und einem anthropozentrischen Gesichtspunkt (‚Mein Leben'). Innerhalb der Erfahrungsgebiete gibt es menschlich-sozial-kulturelle und natürliche Inhalte" (Both 1994, S. 64 f.).

Ein Vorschlag von A. Kaiser steht unter der Vorgabe, dass immer die Frage voransteht, „sinnvolle Inhalte für die breite Qualifizierung der Kinder und zur Bewältigung der gesellschaftlichen Herausforderungen zu finden ... Was ist sinnvoll für die Entfaltung der Kinder und was ist sinnvoll für ihre Lebensbewältigung. Nur wenn Inhalte diesem Sinnraster entsprechen, sind sie auch bedeutsam für den Sachunterricht, aber nicht deshalb, weil es sie im Fachkanon gibt" (Kaiser 1997b, S. 151).

Sie entwickelt ein zweidimensionales Kriterienraster: „Die eine Dimension bestände aus den gesellschaftlichen Schlüsselbereichen", die „polaren Querdimensionen" dienen der „Selbstentfaltung des Kindes." „Dieses zweidimensionale Raster mit seinen 63 Feldern soll nur eine Hilfestellung sein, um bei der Inhaltsauswahl für den Sachunterricht ein breites Spektrum an Kompetenzen und Fähigkeiten zu fördern und ein breites Inhaltsspektrum zu eröffnen" (Kaiser 1997b, S. 151 f.).

5. Die Dynamik von didaktischen „Netzen" und „Landkarten" sollte erhalten bleiben

Ein Raster dieser Art bietet einige Vorteile: a) Inhalte werden aspektreich aufgegliedert; b) es wird Material zu einer differenzierten Sachklärung bereit gestellt; c) der Denkansatz schließt stets das übergeordnete Ziel der Förderung der Schülerpersönlichkeit mit ein; d) die einzelnen Aspekte der Dimensionen, die das gesamte Feld entfalten, könnten im Einzelfall ausgetauscht oder ergänzt werden, so dass auf aktuelle Entwicklungen rasch zu reagieren wäre.

Die Festlegung von Schlüsselproblemen oder die Vorgabe eines didaktischen Rasters kann eine formale Hilfe sein, sich der Lösung der Frage nach der Auswahl von exemplarischen Lerninhalten weitgehend zu nähern. Die Qualität der Antworten ist jedoch u. a. davon abhängig, welche Teilaspekte die jeweiligen Dimensionen enthalten.

Die Idee des Netzes legt nahe, dass die einzelnen Inhalte miteinander zu verknüpfen sind. „Vernetzt werden sollen Lebenswelt- und Fachbezüge, und das ‚Knüpfen' soll ausdrücken, dass es dabei nicht um ein Schema geht, das standardisiert angewendet werden könnte, sondern um eine letztlich immer neu herzustellende…Konstruktion" (Kahlert 1998, S. 70).

Der dynamische Charakter dieses Modells wird jedoch rasch zunichte gemacht, wenn aus einem Netz eine Matrix wird. Die aus den „lebensweltlich orientierten Dimensionen" und „fachlich orientierten Perspektiven" (a. a. O., S. 70–74) entwickelten Sichtweisen verhelfen dazu, die Vielfalt der Bezüge aufzudecken. Das Problem des additiven Nebeneinander entsteht jedoch, wenn aus den „Knoten des Netzes" „Felder in einem Rechteck" werden. Diese Überlegung gilt auch für das Modell der „didaktischen Landkarten" (vgl. Kohls 1996, S. 62–64), das zu Veränderungen des Unterrichts anregt, also Beweglichkeit in der Handhabung verlangt.

6. Fünf Perspektiven für den Sachunterricht

Die Gesellschaft für Didaktik des Sachunterrichts (2001) hat einen Vorschlag zur Aufgliederung der Lerninhalte vorgelegt. Demnach wird die Fülle der inhaltlichen Bezüge des Sachunterrichts in fünf Perspektiven aufgefächert: sozial- und kulturwissenschaftliches, raumbezogenes, naturbezogenes, technisches und historisches Lernen. Es erscheint sehr sinnvoll, einem solchen Vorschlag zu folgen, um eine gemeinsame Diskussionsgrundlage zu besitzen. Diese Perspektiven bilden die Grundlage zur Darstellung der Lernbereiche des Sachunterrichts in diesem Buch.

Situation des Kindes

1. Gewinnung einer realistischen Grundeinstellung

Zum Zeitpunkt des Eintritts in die Schule nimmt das Kind die Umwelt – Gegenstände, Menschen, Pflanzen und Tiere, die unbelebte Natur, Ereignisse und Vorgänge – von einem stark ichbezogenen Standpunkt aus wahr. Das Schulkind löst sich aus seiner egozentrischen Betrachtungsweise und gewinnt eine sachliche und realistische Grundeinstellung. Dabei erfolgt eine allmähliche Trennung und Unterscheidung von innerer und äußerer Welt.

2. Abbau des animistischen Denkens

Dies zeigt sich etwa in einem Abbau des „animistischen Denkens", das J. Piaget beschrieben hat. „Piaget untersuchte Kinder im Alter von 3 bis 13 Jahren und stellte eine charakteristische, in Phasen verlaufende Abnahme der animistischen Denkweise fest. Nach Piagets Befunden ist bis zu einem Alter von 6 bis 7 Jahren alles mit Bewusstsein ausgestattet. Alles

Geschehen kann nur gedacht werden als bewusste und intendierte Aktivität. In der nächsten Phase (6,5 bis 8,5 Jahre) werden alle beweglichen Dinge als mit Bewusstsein ausgestattet angenommen, in der dritten Phase schließlich nur die mit Eigenbewegung ausgestatteten Körper (8,5 bis 11,5 Jahren). Schließlich (etwa mit 11/12 Jahren) wird das Bewusstsein den Tieren vorbehalten" (Gebhard 1997, S. 57).

3. Konkret-operationale Phase

Nach den psychologischen Untersuchungen v. a. von Piaget sind die Kinder im Grundschulalter in der konkret-operationalen Phase. Ihre Interpretationen für unbekannte Phänomene „vollziehen sich in ‚Wenn-dann-Erklärungen' und in ‚Zweck-Mittel-Relationen'. Weiterhin erwerben sie die Fähigkeit, Erklärungen in eine zeitlich und logisch richtige Abfolge zu bringen. Sie verknüpfen nun ihre Erfahrungen miteinander und beziehen sie aufeinander" (Soostmeyer 1997, S. 111).

4. Wahrnehmungen und Vorstellungen

Eine Zuordnung des kindlichen Denkens in Stufen lässt sich jedoch nicht eindeutig vornehmen. Aufgrund eigener Untersuchungen stellt A. Kaiser eine andere Blickrichtung vor. Demnach zeigen gegenwärtige Beobachtungen bei Grundschulkindern, dass „sie kognitiv sehr wohl auch zu abstraktem Denken fähig sind und nicht wie bei Piagets (1974) Stufenlehre, in der schlussfolgerndes und selbstreflexives Denken erst in höheren Altersstufen für möglich gehalten wird" (Kaiser 1997b, S. 132).
Dazu formuliert sie thesenartig „einige allgemeine Erkenntnisse" (a. a. O., S. 135): „1) Grundschulkinder sind in außerordentlich hohem Maße von den in der Erwachsenenöffentlichkeit diskutierten Problemen betroffen, sie wissen um den inhaltlichen Kontext von aktuellen gesellschaftlichen Problemen wie Arbeitslosigkeit, ökologischer Krise der Rationalisierung und Technisierung … 2) Ihre gesellschaftlichen Zukunftsvorstellungen sind pointierte Extrapolationen gegenwärtiger Entwicklungstrends zu mehr Anonymisierung, Technisierung, Formalisierung und Rationalisierung, die durch Muster spielerischer, kindlich-phantastischer Wirklichkeitswahrnehmung gebrochen werden … 3) Sie können sich in die Probleme der ‚Erwachsenenwelt' auch emotional hineinfinden und sind von fundamentalen gesellschaftlichen Problemen wie Umweltkrise, Erwerbslosigkeit, Rationalisierung deutlich selbst betroffen. Sie sind in der Lage, sich in die Sorgen der Erwachsenen hineinzuversetzen und fühlen sich diesen Konflikten oft hilflos ausgesetzt …" (a. a. O., S. 135 f.).

5. Vielfalt der Lebenssituationen

Die gesellschaftlichen Wandlungsprozesse müssen sich auch zwangsläufig auf das Leben der Kinder auswirken. Die Ergebnisse der Kindheitsforschung wurden dazu vor allem unter dem Stichwort der „veränderten Kindheit" bekannt und diskutiert. Dabei zeigte es sich, dass pauschale Urteile über die Lebenssituation der Kinder nicht haltbar sind. „Es gibt erhebliche Ungleichzeitigkeiten bei den Entwicklungen. In vielen ländlichen Regionen, aber auch in zahlreichen Städten bzw. Stadtbezirken haben sich die Verhaltsweisen der Kinder nicht in dieser dramatischen Weise verändert, wie manche Veröffentlichungen dies suggerieren. Mehr aber als regionale Unterschiede sind Ungleichzeitigkeiten und Unterschiede innerhalb einzelner Schulen oder gar Klassen festzustellen. So gibt es in vielen Schulklassen Kinder, die wie ihre

Eltern (oder gar Großeltern) nach wie vor täglich viele Stunden im Garten oder auf dem Hof verbringen, mit mehreren Geschwistern aufwachsen und nicht täglich stundenlang fernsehen..." (Fölling-Albers 1997, S. 44).

Aus diesem Grund sind auch die Aussagen über die Situation der Kinder, die hier später in den fachlichen Lernbereichen (S. 272–297) dargelegt werden, nur als Anhaltspunkte für eigene Überlegungen zu verstehen.

Zielsetzungen

1. Sachunterricht erschließt die Umwelt

Die Unterrichtsinhalte geben Informationen über Erscheinungen in Natur, Gesellschaft, Kultur oder Technik; sie gehen von den Erfahrungen der Kinder aus. Die Aussagen zur Sache orientieren sich an den Erkenntnissen der relevanten wissenschaftlichen Disziplinen. Die Auswahl des Unterrichtsgegenstandes bezieht sich auf die Lebenssituationen der Kinder; diese Inhalte sind zu klären, durch weiterführende Inhalte zu ergänzen und schließlich zu sichern. Kenntnisse sind die Grundlage für das Verstehen.

2. Sachunterricht fördert das verantwortliche Tun

Wissensvermittlung bleibt bedeutungslos, wenn die Informationen ohne Zusammenhang zu moralischen Überlegungen oder Wertvorstellungen sind. Deshalb zielt Sachunterricht ab auf verantwortliches Handeln gegenüber Sachen, Natur und Menschen. Dabei ist die Selbststeuerung des Handelns das Ziel der Verantwortungserziehung. Sie „meint ... mehr als bloße Regelbefolgung und Aufgabenerfüllung; sie verschafft Kindern den nötigen Spielraum zur Wahr-

nehmung von Verbindlichkeiten, in offenen Lernsituationen sachliche und methodische Möglichkeiten zu prüfen, soziale Erwartungen wahrzunehmen und zu berücksichtigen sowie persönliche Bedürfnisse und Motive zu steuern" (Behrmann 1998, S. 172).

Durch entsprechende Auswahl der Inhalte und Gestaltung des Unterrichts kann im Schüler ein bleibendes Interesse am Gegenstand geweckt und ein kritisches, problembewusstes, sachgerechtes, engagiertes, kooperatives und soziales Verhalten herbeigeführt werden.

3. Sachunterricht fördert die individuelle Entwicklung

Sachunterricht soll die persönliche Entwicklung des Kindes positiv beeinflussen. Von den Sachen geht der Anspruch aus, dass man verantwortlich mit ihnen umgehe. Sie treten mit der Person in Beziehung und stellen die Aufgabe des sachgerechten Umgangs. Aus dem Umgang mit den Dingen erwächst die Sensibilität für den Eigenwert der Dinge außerhalb der eigenen Person; aus der steten Auseinandersetzung mit den Dingen bildet sich die realistische Einschätzung und Wertschätzung der eigenen Person heran.

4. Sachunterricht wahrt den Anspruch des Kindes und der Sache

Die Verwirklichung von Grundsätzen der Unterrichtsgestaltung erfordert die Wahrung von Sachanspruch und Kindorientierung. Lernprozess, Organisation des Unterrichts und das ausgewählte Lernmaterial richten sich nach den Lernvoraussetzungen. Sie berücksichtigen dabei Erfahrungen, Interesse, Lerntempo, sachstrukturellen Entwicklungsstand und Aufnahmefähigkeit des Schülers und der Schülerin. Aus dieser Forderung ergeben sich didaktisch-methodische Konsequenzen: die exemplarische Auswahl der Ziele, die Einbeziehung von Erfahrungswissen, die Orientierung am Erfahrungsraum, die Reduktion auf elementare Inhalte, die Veranschaulichung des Gegenstandes, der handelnde Umgang mit der Sache, die Differenzierung im Unterricht, die Verwendung einer kind- und sachgerechten Sprache, die Strukturierung des Informationsangebots, das Bewusstmachen eigener Denk-Wege und des emotionalen Bezugs zur Sache und die Berücksichtigung anwendungsbezogener Aufgabenstellungen.

5. Sachunterricht orientiert sich an der Wissenschaft

In den einzelnen Disziplinen der Wissenschaft werden mit gezielten Methoden abgegrenzte Gegenstandsbereiche untersucht. Sie geht von spezifischen Fragestellungen aus, sammelt Informationen und analysiert die Fakten. Daraus ergeben sich Theorien, Regeln, Erkenntnisse, Zusammenhänge, Modelle, Strukturen und Systeme. Der Sachunterricht verwendet gesicherte Ergebnisse (nach dem aktuellen Wissenstand). Die in der Grundschule verwendeten Begriffe und Vorstellungen sollen für die weitere Begriffsentwicklung tragfähig sein und zu einem späteren Zeitpunkt ohne gravierende Umstrukturierungen oder Änderungen erweitert oder modifiziert werden können. Im Unterricht werden bereits fachgemäße Arbeitsweisen und Arbeitstechniken eingesetzt. Ferner sind Merkmale einer grundschulspezifischen Wissenschaftsorientierung eine *klare Begriffsbildung, problemorientiertes Vorgehen und Klarheit der Darstellung.*

Didaktische Grundsätze

Der Sachunterricht berücksichtigt, wie andere Unterrichtsfächer auch, allgemeine Gestaltungsprinzipien wie Zielorientierung, Motivierung, Strukturierung, Aktivierung oder Lebensnähe. An dieser Stelle sollen solche Grundsätze akzentuiert werden, die für die Eigenart des Faches besonders kennzeichnend sind.

1. Handelnd lernen

Lernen und Denken sind eng mit dem Handeln verbunden. Die Bedeutung des Tuns lässt sich schon aus den Schriften Pestalozzis herauslesen; die Orientierung des Lernens am Handeln wird in der Reformpädagogik hervorgehoben und ist bis heute von unverminderter Aktualität. Obwohl das handelnde Lernen bereits in früheren Lehrplänen betont wurde, hat vor allem in den achtziger und neunziger Jahren eine Vielzahl von Veröffentlichungen die Umsetzung dieser Konzeption zum Ziel gehabt. Bei der Vorstellung der praktischen Beispiele zeigte es sich, dass es nicht so schwierig ist, sich attraktive Tätigkeiten und Methoden auszudenken. Allerdings ist die jeweilige methodische Maßnahme daraufhin zu überprüfen, ob sie sich auch in den Lernprozess im Sinne einer Unterstützung oder Weiterführung günstig eingliedert.

Die Aufgabe besteht nun darin, die jeweilige Tätigkeit auf ihre didaktische Funktion im Lernprozess abzustimmen. Attraktivität der Maßnahmen, im Sinne der Eingrenzung auf die äußere Gefälligkeit, kann *gelegentlich ein* Argument für die Durchführung einer gewählten Maßnahme sein. Insgesamt ist dies für schulisches Lernen zu wenig.

Zur Prüfung der didaktischen Funktion unterrichtlicher Tätigkeiten können Betrachtungsweisen hilfreich sein, die Handlungsorientierung präzisieren. So geht etwa Gerhard Wöll (1998) sehr differenziert auf den Handlungsbegriff ein und setzt sich mit einigen zugehörigen Konzeptionen auseinander. Daraus folgend nennt er als Merkmale das *instrumentelle* und *kommunikative* Handeln.

a) Instrumentelles und kommunikatives Handeln

Im Sinne von G. Wöll bezieht sich instrumentelles Handeln auf „Veränderung, Untersuchung oder Herstellung von Objekten"; bei diesem Handeln werden generelle „gesetzmäßige Zusammenhänge von Ereignissen und Zuständen angenommen". Bei diesen Handlungen „geht es jeweils um Erzielung von … Handlungsergebnissen", die „nach eindeutigen Kriterien" (Wöll 1998, S. 83) beurteilbar sind. Die Gegenstände dieser Handlungen entstammen demnach dem naturwissenschaftlichen und technischen Bereich.

An dieser Stelle ergeben sich erste Hinweise auf die Unterrichtspraxis.

1. Zur *Fragestellung* einer Erkundung: a) Die Fragen sind daraufhin zu überprüfen, ob sie tatsächlich aus den gegebenen Fakten resultieren. b) Abweichenden Fragen ist vom Gedankengang her nachzuspüren.

2. Zur *Planung*: Das Kriterium des instrumentellen Handelns beinhaltet darüber hinaus die Bedingung, dass die Schüler die „erforderlichen Aktivitäten weitgehend selbstständig planen" (a. a. O., S. 85). Den Schülern sollte bei exemplarisch ausgewählten Themen (Zeitfaktor) die Möglichkeit gegeben werden, selbst Versuche zu planen.

Gemäß den Ausführungen von G. Wöll zielen die Aktivitäten des kommunikativen Handelns auf Verständigung. Im Gegensatz zu den Unterrichtsinhalten, die *eindeutig* zu bestimmen sind, existieren Unterrichtsinhalte über die wir

uns *verständigen* müssen; es ist darüber ein *Konsens* herzustellen; die Ausgangssituation ist offen oder interpretationsbedürftig.

Beispiele: Gemeinschaft erleben; übertragene Aufgaben verantwortungsbewusst ausführen; Umgangsformen und Rituale festlegen; das eigene Verhalten als Grundlage für Beziehungen erkennen; Tischsitten einhalten; mit Geld überlegt umgehen; partnerschaftliches Verhalten im Straßenverkehr; Achtung gegenüber Behinderten; Nachteile von Freizeitbetätigungen; Nein sagen können; mit Meinungsverschiedenheiten umgehen; Verantwortung gegenüber Tieren und Pflanzen.

Die *Verständigung* über solche Themen erfordert die Kooperation der Kinder bei Planung und Durchführung. Sie reicht über die „kommunikative Verhandlung von Themen" hinaus, da ein „Zugewinn an Erkenntnissen, Einsichten, Dispositionen, Kompetenzen" (a. a. O., S. 97) damit eingeschlossen sein soll. Das kommunikative Handeln ist also keine bloße sammelnde, sondern darüber hinausgehend eine ordnende und bewertende Tätigkeit.

b) Zielorientierung

Nun lassen sich aber nicht alle sachbezogenen Tätigkeiten im Unterricht in diese beiden Kategorien – instrumentelles und kommunikatives Handeln – einordnen. (Beispiel „Wahrnehmungen am Baum": Auch Tätigkeiten wie das Umarmen des Baumes oder das Befühlen der Baumrinde werden wohl als Teil eines handlungsorientierten Unterrichts angesehen.) Um pragmatisch dieser Einschätzung entgegenzukommen, bietet es sich hier an, den Begriff der Zielorientierung einzuführen. Wir verstehen hier „Handlung" in Bezugnahme auf H. Aebli als Tun „mit hohem Grad der Bewusstheit und der Zielgeleitetheit, auch im Einzelnen" (Aebli 1993, S. 20). Die Anforderung an die ausgewählte Tätigkeit besteht also darin, dass die Tätigkeit dem Ziel, d. h. der Lernsache, entspricht.

Am *Beispiel* einer methodischen Maßnahme zum Thema Amsel kann das Problem des Zusammenhangs von Tätigkeit und Lernsache gezeigt werden. Die Kinder erhalten eine Astgabel und dazu diverses Nistmaterial, wie Heu, Zweiglein oder Moos; nun sollen die Kinder ein Nest bauen; sie arbeiten etwa fünf Minuten daran; es wird die Arbeit gestoppt; die Kinder stellen fest, dass sie nicht annähernd so ein Nest wie die Amsel bauen können.

Es liegt nahe zu sagen: „Logisch, denn die Amsel nimmt sich dazu zwei bis vier Tage Zeit." Ferner ist auch die Amsel für diese Feinarbeit deutlich besser ausgestattet als der Mensch. Offensichtlich stand für diese Maßnahme das Ziel im Hintergrund „Staunen über die Natur". Das Erstaunen besteht aber nicht darin, dass wir nicht in fünf Minuten das Nest so bauen können wie die Amsel. Wir geraten trotzdem in Erstaunen, vielleicht kommt sogar Bewunderung auf, wie nämlich eine Amsel ein so formschönes und stabiles Nest bauen kann.

Das Erstaunen entsteht doch schon beim Anblick des Nestes! Wenn nun die Kinder bereits mit dem Nistmaterial arbeiten: Warum wird nicht auf einzelne Wahrnehmungen Bezug genommen? Zum Beispiel in der Weise: Was müssten wir alles tun, um diese *Form* zu erzielen? Die Frage nach der Zielorientierung der Schülertätigkeiten stellt sich derzeit verstärkt, wenn den Kindern mehrere Aktivitäten zum gleichen Lerninhalt, wie das etwa beim Lernen an Stationen geschieht, angeboten werden. Es besteht hier „die Gefahr, dass … die kritische Reflexion über die behandelten Inhalte bzw. die ausgewählten Aktivitäten in

den Hintergrund tritt" (Sundermann/ Selter 2000, S. 110).

2. *Forschend-entdeckendes Lernen*

Im entdeckenden Lernen begegnet uns ein Unterrichtsverfahren, das die Selbsttätigkeit des Kindes in den Mittelpunkt stellt, das bereits eine längere Tradition hat und vor allem durch J. S. Bruner in den 60er Jahren erneute Anstöße zur Verwirklichung erhalten hat.

„Der Begriff ‚Entdeckendes Lernen' wird oft auf bestimmte didaktische Arrangements bezogen, welche im Unterricht zu *bestimmten* (i. O. kursiv, Anm. d. Verf.) wissenschaftlichen Fragestellungen hinführen sollen. In seinen Grundzügen lässt sich der Ansatz aber auch auf offene Situationen mit nicht vorab festliegendem Weg und Ziel übertragen. Entdeckendes Lernen erweist sich hier als eng verwandt mit den Arbeitsweisen detektivischen Ermittelns:

1. Sammeln von Eindrücken, Aussagen, Spuren, Sachverhalten
2. Suchen nach dem ‚Schema', … innerhalb dessen die isolierten Beobachtungstatsachen … ‚Sinn machen' …
3. ‚Verstehen' als rückbezügliche Anwendung des ‚Schemas' auf weitere Beobachtungen …" (Zacharias 1998, S. 107 f.).

Es macht tatsächlich Sinn, die Konzeptionen eines forschenden und entdeckenden Lernens zu verbinden. Das forschende Verhalten geht dem Entdecken voraus. Dem Forschen ordnen wir Tätigkeiten und Vorgänge zu wie Fragen stellen, suchen, sich irren, untersuchen, erproben, beobachten oder erkunden; dem kann sich das Entdecken anschließen als finden, Antwort geben, dahinterkommen, gewahr werden oder auf etwas stoßen.

Forschend-entdeckendes Lernen hat positive Auswirkungen auf das Lernen insgesamt. Vom tatsächlichen Umgang mit den Gegenständen geht eine hohe Lernmotivation aus. Der Schüler tritt in eine enge Beziehung zur Sache, er macht unmittelbare Erfahrungen, die beim entdeckenden Lernen zum plötzlichen Erkennen eines Zusammenhangs oder einer Lösung führen – verbunden mit Erstaunen, Verwunderung, Überraschung und sogar einem Gefühl der Zufriedenheit im Moment des Erkennens. Denn: „Ich war selbstständig und durch meine Überlegungen und durch meine Mühe habe ich etwas Neues herausgefunden".

a) Ein anregendes Lernumfeld schaffen

Den Schülern werden Gegenstände, Medien und andere Informationsmaterialien zur Sachauseinandersetzung angeboten. Dadurch entsteht ein anregender Charakter des Lernumfelds.
Beispiele: Verschiedene Gebrauchsgegenstände aus früherer Zeit geben einen Einblick in die Lebensweise des Alltags der Vergangenheit; in Sachbüchern und über CD-ROMs können Informationen zu vielen Themen des Sachunterrichts eingeholt werden; auf einem Experimentiertisch können Versuche zur Optik oder Mechanik durchgeführt werden.

b) Den Gegenstand mit sachadäquaten Arbeitsweisen erschließen

Der Ansatz des forschend-entdeckenden Lernens stellt auch die Bedeutung des *Prozesses* im Lernen heraus, in Abgrenzung vom Lernergebnis. Damit erhalten die Methoden des Erkundens, Erprobens und Erforschens einen herausragenden Stellenwert. In der Praxis des Sachunterrichts werden bereits eine Vielzahl von Arbeitstechniken und Arbeitsweisen angebahnt und angewendet; entscheidend ist dabei, dass die Schüler Arbeitsweisen zunehmend bewusst einsetzen.

Auch bei einer integrativen Konzeption des Sachunterrichts werden Teilaspekte unter fachlichem Gesichtspunkt zu bearbeiten sein. Die jeweiligen Bezugswissenschaften bieten eine Reihe von fachgemäßen Arbeitsweisen und -techniken an. Mit ihrer Hilfe werden nicht nur die punktuellen Informationen für die einzelne Unterrichtsstunde gewonnen, sondern auch allgemeine Problemlösungsstrategien angebahnt.

Einige Beispiele für fachgemäße Arbeitsweisen sind: Ordnen von Ereignissen aus dem Leben der Kinder unter dem Gesichtspunkt der Zeit (geschichtlicher Gegenstandsbereich), Entnahme von Informationen aus einer Karte (erdkundlich), Einüben von Verhaltensweisen im darstellenden Spiel (sozialkundlich), Betrachten von Pflanzenteilen mit der Lupe (biologisch) oder Feststellen der Eigenschaften von Gegenständen (physikalisch).

Am *Beispiel* des Themas „Hecke" lässt sich eine Reihe von Arbeitstechniken und Arbeitsweisen konkret für einen bestimmten Unterrichtsgegenstand zeigen:

- Blumen betrachten, beschreiben, sammeln und pressen;
- Bestimmungskarten anlegen;
- Vögel beobachten; mit dem Fernglas Vögel betrachten und beobachten;
- die Hecke vermessen – nach Länge und Breite;
- an verschiedenen Bereichen der Hecke die Windstärke messen;
- nach Spuren suchen: Vogelkot, Federn, Fraßspuren (Nüsse);
- Nachbildung einer Hecke mittels Karton und Zweigen oder als Variante mithilfe eines Klappbilds.

c) *Exemplarischer Hinweis:*
Die Sachzeichnung als Arbeitsweise

In diesem Zusammenhang soll ein Hinweis auf die Bedeutung der Sachzeichnung gegeben werden, da nach unseren Beobachtungen diese Arbeitsweise (mindestens) in den letzten zwei Jahrzehnten in der Praxis zunehmend in den Hintergrund getreten ist. Die Vorteile der Sachzeichnung für das forschend-entdeckende Lernen, für eine differenzierte Sacherschließung und für das Lernen insgesamt sollen eigens herausgestellt werden (s. auch 5.15 Sachzeichnung):

1. Aktive Erkenntnisbildung im Grundschulalter: „Das Zeichnen im Sachunterricht scheint … eine wichtige Methode der aktiven Erkenntnisbildung gerade im Grundschulalter zu sein, weil es bei dem noch wenig entwickelten sprachlichen Ausdrucks- und Abstraktionsvermögen in dieser Altersstufe besonders geeignet zu sein scheint, von den konkreten Phänomenen über subjektive Vorstellungen hin zu theoretischen Verallgemeinerungen zu gelangen" (Kaiser, in Kaiser [Hrsg.] 1997a, S. 239).

2. Die Möglichkeit des „raschen Ablesens": „Die Wissenspsychologen sind sich einig, dass bildhafte Codierungen ein wesentliches Merkmal von mentalen Modellen sind … Bei einer konkreten Aufgabe erlaubt ein gutes mentales Modell ein rasches und ganzheitliches ‚Ablesen' mit Hilfe der bildhaften Vorstellungen" (Weidenmann 1994, S. 78).

3. Überlegenheit bei bestimmten Sachverhalten: „Die piktorale Codierung ist der sprachlichen überlegen, wenn es um sichtbare Merkmale, räumliche Anordnungen und komplexere Konstellationen (Abläufe, Wirkungszusammenhänge) geht" (a. a. O., S. 79).

4. Gleichzeitigkeit des Erfassens: „Ein weiterer Vorzug: Als Betrachter hat man bei einer Zeichnung alle Elemente gleichzeitig im Blick. Verbale Erläuterungen dagegen sind sequenziell angeordnet; sie verlangen, dass man das bereits Gehörte oder Gelesene weiterhin im Arbeitsgedächtnis parat hält" (a. a. O., S. 79).

5. Rückwirkung auf die eigene Vorstellung: Beim „Zeichnen von Vorstellungen berichten Schüler … immer wieder, wie sich beim Zeichnen auch die Vorstellung verändert und wie die Zeichen auf dem Papier in das ‚innere Bild' eingebaut werden. Dieser Effekt des Erstellens einer Zeichnung ist aus psychologischer Sicht wünschenswert" (a. a. O., S. 80).

6. Beitrag zum guten Behalten: „Eine klare bildhafte ‚Gestalt' scheint als Gedächtnisanker zu wirken; sie ist einprägsamer und leichter zu erinnern" (a. a. O., S. 80).

Beispiel einer ausgewählten Schülerzeichnung (s. Abb. 65): Folgende Aufgabenstellung veranlasste Kinder zu einer Sachzeichnung: „Wie funktioniert ein Kettenkarussell? Versuche aufzuzeichnen, wie du dir das vorstellst." Die vorliegende Zeichnung eines 10-Jährigen zeigt sowohl die Erfassung eines technischen Problems wie auch einen prinzipiell brauchbaren Lösungsvorschlag dazu.

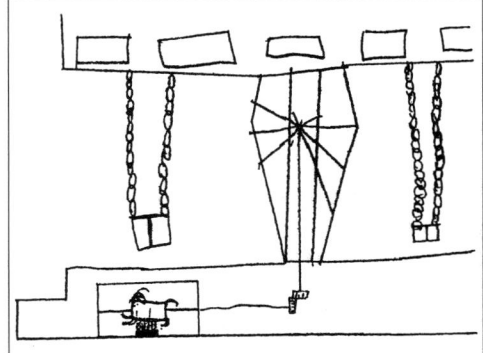

Abb. 65: Die Sachzeichnung als Arbeitsweise im forschend-entdeckenden Lernen

3. Eigenständig lernen

Das eigene Tun bildet die Grundlage für die Entwicklung von Selbstständigkeit. Auf den engen Zusammenhang von Selbsttätigkeit und Selbstständigkeit hat A. Eickhorst eingehend aufmerksam gemacht. „Selbsttätigkeit bekommt ... den Stellenwert ‚Mittel‘ zum höheren ‚Zweck‘ der Selbstständigkeit zu sein. Aktivität, Intensität und Spontaneität als Kennzeichen von Selbsttätigkeit tragen in diesem Sinne zu einem selbstständigen Lernen bei" (Eickhorst 2000, S. 57). Nachdem Lernen als individueller Prozess verstanden wird, erhalten Selbsttätigkeit und Selbstständigkeit eine zentrale Bedeutung im schulischen Lernen.

a) Verhalten der Lehrerin in Phasen der Eigentätigkeit der Kinder

Das Sich-Erinnern an Vor-Erfahrungen, das Zurecht-Legen einer Problemlösung, das Verbinden von Wahrnehmungen und Schlussfolgerungen oder das Diskutieren von Überlegungen erfordert Zeit. Gelegentlich neigen Lehrkräfte dazu, Leistungsanforderungen bzw. die Erledigung von Aufgabenstellungen unter ein zeitliches Diktat zu stellen. Eine Untersuchung von A. Helmke zeigt jedoch, dass ein Merkmal effizienten didaktischen Handelns der Verzicht auf zeitliche Beschleunigung ist (vgl. Apel 1990, S. 53). Viele Lehrer und Lehrerinnen der Volksschule, und insbesondere der Grundschule, sehen Hilfestellungen beim Lerngeschehen als konstitutiven Bestandteil des Lernprozesses an. Da jedoch Lernen ein individueller Prozess ist und gleichzeitig das Ziel der Selbstständigkeit zu berücksichtigen ist, sollte den Schülern Raum für die Entwicklung der eigenen Vorstellungen gegeben werden. (Für die Effizienz von Gruppenarbeiten ist dies durch eine Untersuchung belegt worden; vgl. Fürst 2000, S. 76–80.) Es sollten also Kommentierungen der laufenden Arbeit oder auch Präzisierungen, Nachbesserungen oder Einengungen der Aufgabenstellungen eher nur in Ausnahmefällen, die vor allem pädagogisch motiviert sind, erfolgen.

b) Artikulation des Unterrichtsverlaufs

Eine zweite Konsequenz in diesem Zusammenhang betrifft den grundsätzlichen Ansatz im Aufbau des Unterrichts. Bei „Einführungsstunden" z. B. in Mathematik, Sprachbetrachtung oder im Sachunterricht allgemein besteht die Praxis, einen begrenzten Sachverhalt in Teilschritte zu zerlegen. (Die Begründung dazu ist komplex. Sie liegt auch in der Ausbildung, die damit der besonderen Situation der Berufsanfängerinnen gerecht wird.) Dabei wird häufig kleinschrittig vorgegangen. Eine Reihe von Inhalten kann jedoch unterrichtlich aufbereitet werden, so dass ein weit gehend selbstgesteuertes und eigenständiges Lernen ermöglicht wird. Dies soll am Beispiel des Themas „Der Kalender" gezeigt werden:

Kleinschrittige Vorgehensweise: Die Kinder erhalten in drei Schritten Material, das jeweils vorbereitet ist: a) Kalenderblätter, auf denen jeweils eine Woche angegeben ist; b) kompletter Jahreskalender; c) Kalenderblätter, auf denen jeweils ein Monat angegeben ist. Daraus ergeben sich nacheinander drei Ergebnisse (sinngemäß): a) Die Woche hat bestimmte Wochentage; b) Das Jahr hat folgende zwölf Monate: ... c) Die Monate haben jeweils eine bestimmte Anzahl von Tagen.

Offene Vorgehensweise: Der bevorstehende Jahreswechsel und die Präsentation verschiedener Jahreskalender führt zu dem Entschluss, gemeinsam einen Kalender herzustellen; die einzelnen Kalenderblätter sollen in Gruppenarbeit angefertigt werden. Notwendige Zwischenergebnisse zu diesem Ziel sind die Kenntnisse über Anzahl, Namen und Reihenfolge der Wochentage, der Monate usw. Beim gesamten Aufbau des Unterrichtsprozesses bieten sich mehrere Stellen an, in denen Kinder eigene Entscheidungen über die inhaltliche und methodische Auseinandersetzung mit der Sache treffen können. (Siehe dazu auch Punkt 2., S. 26 f. und z. B. das Unterrichtsbeispiel auf S. 292 f.) Dies beginnt bei der Benennung interessanter Themenstellungen, führt über die Formulierung von Fragen und der Festlegung von Arbeitsweisen bis zur Präsentation der Ergebnisse.

c) Prozesse bewusst machen

Ein wichtiger Beitrag der Hirnforschung und der Kognitionspsychologie ist der nachdrückliche Hinweis auf die Tatsache, dass der Mensch über ausgeführte Handlungen, über den Weg der Erkenntnis und über das eigene Lernen nachdenken kann. „Die Fähigkeit des Menschen, sich ‚beim Denken zuzusehen', ermöglicht eine ungeheuere Vielfalt … im Umgang mit Gelerntem: Auf jeden Aspekt des Erfahrenen kann er reflektieren: auf das Wahrnehmbare, das Kategorisierbare, das Versprachlichte, die Gefühlsprägung und Bewertung" (Ingendahl 1998, S. 8). Diese Fähigkeit führt zu erfolgreichem Lernen (vgl. Beck/Guldimann/Zutavern 1994, S. 210), es muss jedoch auf diese Fähigkeit aufmerksam gemacht werden und sie muss geschult werden. Maßnahmen dazu sind zunächst Fragen an den Schüler.
Beispiele: Was hat dir geholfen, die Lösung zu finden? An was hattest du alles gedacht, um auf dieses Ergebnis zu kommen? Warum hast du dich für diese Lösung (diesen Weg, dieses Bild, …) entschieden? Bist du mit dem Ergebnis zufrieden? Welche Aufgabe (Welches Bild …) hat dir besonders geholfen? Was half dir, dich zu konzentrieren? Was ist dir besonders gut gelungen? An welchen Stellen hattest du Schwierigkeiten? Ferner sind zur Darstellung der Gedankenwege die Phase der Arbeitsrückschau, das Führen eines sog. „Arbeitsheftes" oder der Einsatz des sog. „Ausführungsmodells" (vgl. Stebler/Reusser/Pauli 1994, S. 241) hilfreich (auch: Sach-Niederschriften!).

Auf diese Weise erhalten die Gedanken des einzelnen Kindes einen eigenen Stellenwert. Es bemerkt das Interesse an der eigenen Gedankenwelt durch die Frage „Wie machst du das eigentlich?". Die Kinder sind dann nicht vom Ansatz her das Mittel zum Zwecke der Findung einer allgemein gültigen Erkenntnis. Diese gilt es weiterhin zu finden, aber der Weg dorthin ist verändert. Aus diesen Aussagen folgt die Konsequenz, dem Weg des Denkens beim einzelnen Kind nachzuspüren (s. z. B. Abb. 70, S. 268). Unerwartete Schüleräußerungen sind dabei Anlass, das eigene unterrichtliche Tun in den Blick zu nehmen. Überlegungen, die für die Lehrerin überraschend sind, sollten auch ihre entsprechende Würdigung erhalten (s. in diesem Zusammenhang auch Kircher 1998, S. 147–152; Kühnel 1913, S. 60; Schmitt 2000, S. 39).

Beispiel: Schriftliche Darstellung eines Schülers über sein Vorwissen zum Kompass (s. Abb. 66).

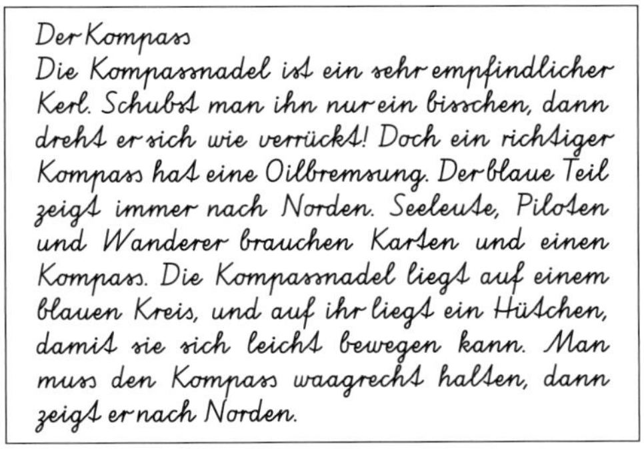
Der Kompass
Die Kompassnadel ist ein sehr empfindlicher Kerl. Schubst man ihn nur ein bisschen, dann dreht er sich wie verrückt! Doch ein richtiger Kompass hat eine Oilbremsung. Der blaue Teil zeigt immer nach Norden. Seeleute, Piloten und Wanderer brauchen Karten und einen Kompass. Die Kompassnadel liegt auf einem blauen Kreis, und auf ihr liegt ein Hütchen, damit sie sich leicht bewegen kann. Man muss den Kompass waagrecht halten, dann zeigt er nach Norden.

Abb. 66: Hinweise auf individuelle Erfahrungen und Vorstellungen

4. Lernen in Zusammenhängen

Eine weitere Forderung, die fachlich hohe Akzeptanz findet, liegt in „Lernen in Zusammenhängen" vor. Diese Forderung wird in der Regel auf den Lerngegenstand bezogen. Also der Gegenstand in seinem Sachzusammenhang, im Zusammenhang des Faches oder mit anderen Fächern. Nach unserer Auffassung sollte jedoch der Lerngegenstand darüber hinaus im Zusammenhang mit dem lernenden Kind und mit dem Unterricht gesehen werden.

a) Sachzusammenhänge

Die Forderung nach der Herstellung von Zusammenhängen in der Sache findet sich in Begriffen wie in fächerübergreifendem, fächerverbindendem oder fächerintegrierendem Lernen wieder. Sie wird aber bereits bedeutsam, wenn Ursache und Wirkung, Abhängigkeiten und Bedingungen untersucht werden. Die Dinge können je nach Betrachtungsweise in verschiedener Hinsicht zusammenhängen, z. B. weil sie aufeinanderfolgend sind, oder sie hängen in ihrer Funktion voneinander ab, sie bedingen sich wechselseitig, oder sie stimmen in einem regelhaften Verhalten überein.

1. *Aspekte zur Ermittlung von Sach-Zusammenhängen:*

a) Die Bedeutung der Teile in einem Ganzen. Beispiel: Betrachten einer Blüte: Griffel, Narbe, Fruchtknoten; Staubgefäße, Pollen.

b) Der Zweck eines Gegenstandes, eines Vorgangs oder einer Handlung. Beispiel: Das Waschen von Gemüse dient der Hygiene bei der Vorbereitung des Essens.

c) Das Ziel einer Aktion, einer Entscheidung usw. Beispiel: Sportliche Betätigung als Beitrag zur Erhaltung oder Förderung der Gesundheit.

d) Ursache und Wirkung eines Vorgangs, einer Entscheidung, eines Sachverhalts. Beispiel: Standort: kühl, feucht, schattig – das Usambaraveilchen gedeiht gut.

e) Formulierung übergeordneter Einsichten. Beispiel: Die Menschen haben zu allen Zeiten versucht, die Lebensbedingungen zu verbessern.

2. *Unterrichtsinhalte miteinander verbinden*

Grundschulkinder fassen Phänomene nicht „gefächert" auf, sondern gemäß subjektiver Sichtweisen. Konsequenterweise müssen deshalb die zusammengehörigen Teilaspekte, für die das Kind aufnahmefähig ist, im Unterricht erscheinen. Sie sollen nicht nach fachlichen Gesichtspunkten sortiert werden, so dass reine Fachlehrgänge entstehen. Die Integration des Unterrichts spielt sich auf verschiedenen Ebenen ab: Zunächst werden innerhalb des fachlichen Gegenstandsbereichs die Inhalte und Verfahrensweisen miteinander verbunden, die sich gegenseitig in der Begriffsbildung bedingen oder unterstützen; ferner werden die Zusammenhänge zwischen den fachlichen Bereichen des Sachunterrichts hergestellt; schließlich finden sich mehrere Ansatzpunkte zur Verknüpfung der Sachunterrichtsthematik mit anderen Unterrichtsfächern (wie dies am Beispiel „Wasserversorgung" hier dargestellt ist; s. Abb. 67).

b) Lerngegenstand und lernendes Kind

1. *Das Vorwissen der Kinder in den Unterricht mit einbeziehen*

Kinder besitzen, wenn sie in die Schule kommen, Erfahrungen und Wissen. Es kann, um auf die Ergebnisse der Hirnforschung Bezug zu nehmen, „genaugenommen nichts Neues gedacht werden ...", sondern vorhandene Neuronen-Ver-

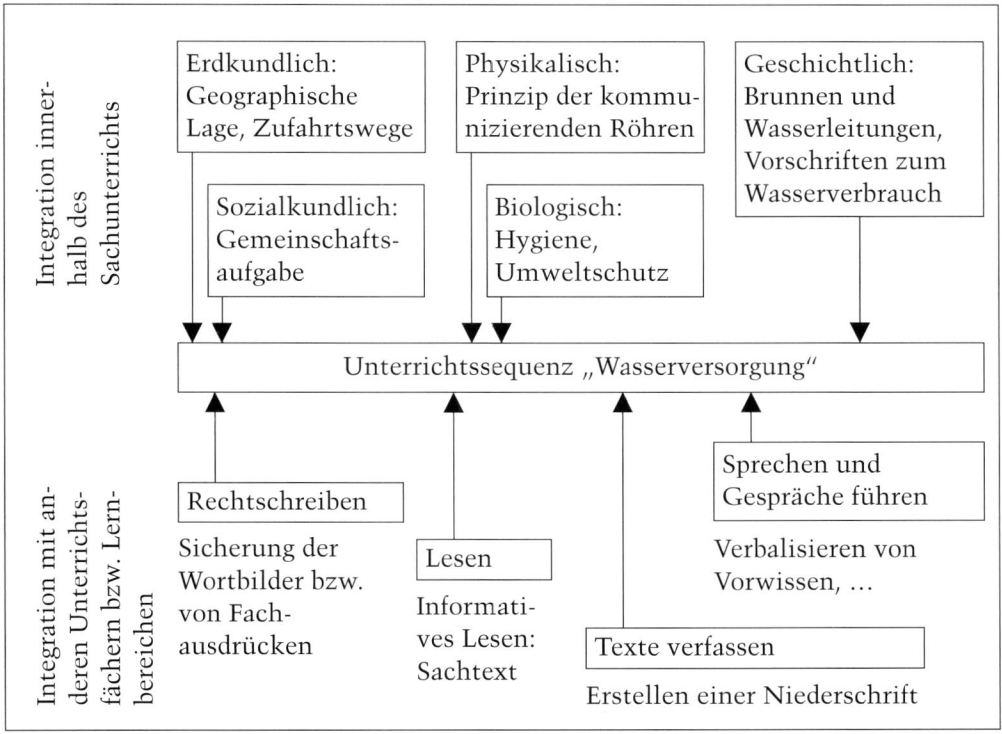

Abb. 67: Mehrere Unterrichtsfächer wirken bei der Arbeit an einem Thema zusammen

knüpfungen (werden) ‚nur‘ neu kombiniert" (Scheunpflug 2000, S. 48). Es sind Art und Anzahl der aktivierten Verbindungen der Neuronen von Bedeutung, die die kognitive Leistung des Gehirns verbessern. Es liegt also die Überlegung nahe, dass die Unterrichtsinhalte in *Verbindung mit den Erfahrungen* der Kinder stehen müssen.

Lehrer und Lehrerinnen erhalten dazu nicht nur in informellen Mitteilungen Kenntnis, sondern auch durch gezielte Befragung (Welche Bücher liest du gerade? Welche Fragen hast du zu folgendem Thema? Welche Themen haben dir bisher gut gefallen?) oder bei anderen Vorgängen, z. B. beim Schreiben von Sach-Niederschriften, bei der Sichtung mitgebrachter Bücher oder von Daten aus elektronischen Medien.

Die Verbindung der Unterrichtsgestaltung mit der Lebenswelt der Kinder wird vor allem in der Einbeziehung der Vor-Erfahrungen und in der Anwendbarkeit des Gelernten ersichtlich.

2. Berücksichtigung der gefühlsmäßigen Bewertung einer Sache

Die verschiedenen Phänomene, Gegenstände und Vorgänge der Umwelt rufen unterschiedliche Gefühle hervor. Durch das *Gefühl* erhalten die (von außen kommenden) Sinneseindrücke eine Bewertung. Sie alle „durchlaufen" das limbische System, „hier werden sie emotional und motivational eingeschätzt" (Ingendahl 1998, S. 7). „Gefühle wie auch Handlungsvollzüge werden ... (überwiegend) durch das Gehirn gesteuert. Die Bedeutung von Gefühlen für das Lernen wird oft unterschätzt ... Gefühle haben die Aufgabe, Sinneseindrücke schnell zu bewerten und das nachfolgende Verhalten zu steuern" (Scheunpflug 2000, S. 50). Die Berücksichtigung der kindlichen Gefühle im Sachunterricht hat mehrere Ansatzpunkte: Die Kinder bringen bereits den einzelnen Dingen vielfach eine gefühlsmäßige Bewertung entgegen; für das Entstehen einer so oder so gearteten Gestimmtheit sind die äußeren Voraussetzungen zu beachten; die Kinder verbinden mit dem neu Gelernten ein positives, negatives oder differenziertes Gefühl.

Beispiel für die unterschiedliche gefühlsmäßige Beteiligung von Kindern beim Einstieg in *ein* Thema, jedoch mit jeweils verschiedenem Ansatz – *Thema „Maulwurf":* a) In der Praxis ist häufig eine statische Vorgehensweise vorzufinden (s. Abb. 68); die Kinder erhalten Stopfpräparate, benennen die Einzelteile und schließen auf deren Funktion. b) Der Entwicklung der Lernsache könnte jedoch auch ein dynamischer Ansatz zugrunde gelegt werden, der vermutlich dem Interesse der Kinder viel stärker entgegenkommt und darüber hinaus zu einer vertieften Sachklärung führt (s. Abb. 69). Dabei stehen folgende Fragen im Mittelpunkt: 1. Was bedeutet „leben"?; 2. Was heißt im Falle des Maulwurfs „fortbewegen" bzw. „wahrnehmen"?; 3. Wie ist der Maulwurf ausgestattet, so dass er recht gut „vorwärtskommt" (usw.)?

3. Anwendungsbezug und Lebensbezug der Unterrichtsinhalte

Das Anliegen der *Anwendbarkeit* des im Unterricht Gelernten ist längst bekannt. Sie wird aktuell etwa auch von W. Ingendahl vorgebracht, indem er darlegt, dass Hirnprozesse Bedeutungen erzeugen und daraus einen wichtigen Impuls „der Hirnforschung für die Lehrpraxis" ableitet: „In welchen für sie sinnvollen Verhaltensweisen sollen Schüler das Gelernte für sich und andere anwenden?" (Ingendahl 1998, S. 6).

Aus einer konkreten Erfahrungssituation entsteht die Notwendigkeit der unterrichtlichen Auseinandersetzung; das Ge-

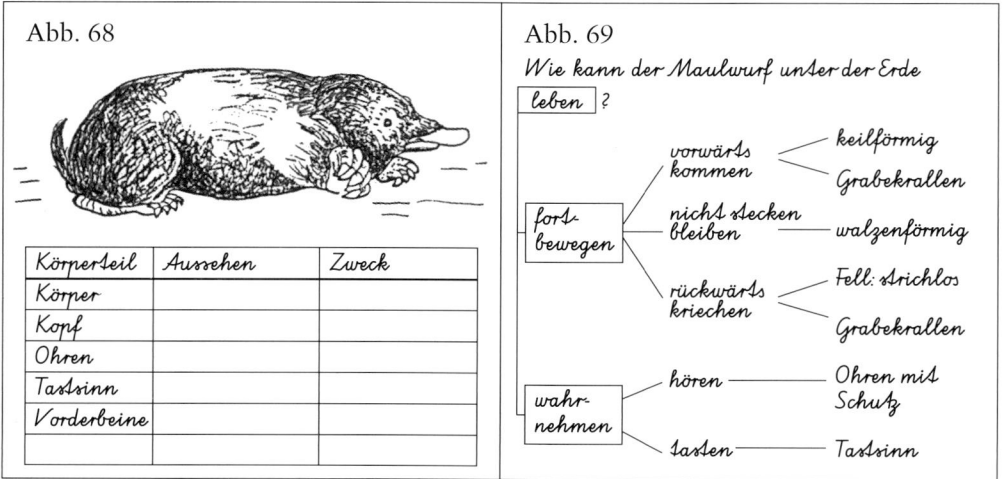

Abb. 68/69: Der didaktische Ansatz wird auch durch die gefühlsmäßige Zuwendung der Kinder zur Sache bestimmt (Abb. 68: Statischer Ansatz; Abb. 69: Dynamischer Ansatz)

lernte wiederum soll zur Bewältigung weiterer Lebenssituationen beitragen. Folgende *Beispiele* (aus verschiedenen Jahrgangsstufen) zeigen, wie dies den Schülern bewusst gemacht werden kann: Nun kannst du schon sehr rasch die Uhrzeit ablesen. Nun hast du selbst herausgefunden, warum das Waschen mit der Seife so wichtig ist. – Du hast jetzt mehrere Möglichkeiten kennen gelernt, wie man den Geburtstag zu einem richtigen Fest machen kann. Du kannst jetzt begründen, weshalb Süßigkeiten nicht zum Pausenbrot gehören. – Nun kannst du ohne Hilfe den Weg zur ...straße in der Ortskarte finden. Du weißt jetzt, wie wir unsere Augen trainieren können. – Du kannst nun Besuchern schon viele interessante Dinge über unseren Heimatort erzählen. Du weißt jetzt, wo die verschiedenen Sorten des Hausmülls abgeliefert werden können.

4. Die Elementarisierung der Sache

Lerngegenstände müssen häufig vereinfacht werden, damit sie von Kindern in den bestehenden Bewusstseinsvorrat aufgenommen werden können. Dies wird didaktisch mit dem Begriff „Elementarisierung" bezeichnet. Es handelt sich dabei um eine Verfahrensweise bei der Unterrichtsgestaltung, den (komplexen) Lerngegenstand durch Vereinfachung so zu präsentieren, dass er für den Schüler durchschaubar (fassbar, verständlich, begreifbar) wird, ohne die Sachgerechtigkeit zu beeinträchtigen.

Die vereinfachte Darstellung soll für die weitere Begriffsentwicklung tragfähig sein und zu einem späteren Zeitpunkt problemlos erweitert oder modifiziert werden können. So ermöglicht etwa der Begriff des *Teilchens* mehrere Erklärungen für beobachtete Naturphänomene, hier nur am Beispiel *Luft* aufgezeigt: Luft besteht aus sehr kleinen Teilchen; diese Teilchen können wir nicht sehen; sie sind ständig in Bewegung und voneinander getrennt; die Teilchen der Luft lassen sich leicht verschieben und bewegen; beim Zusammendrücken der Luft werden die Zwischenräume zwischen den Teilchen kleiner; ich kann die Luftteilchen selbst in Bewegung versetzen; bewegte Luftteilchen treffen auf einen Gegenstand auf und können diesen in Bewegung versetzen.

Die Vorgehensweise des Elementarisierens kann durch folgende Maßnahmen unterstützt werden (Beispiele jeweils aus dem Bereich Physik – Chemie – Technik):

a) Den Sachverhalt von Erfahrungen ableiten

Eine derzeit durchgängig praktizierte Maßnahme der Elementarisierung stellt die Bezugnahme auf Erfahrungen der Kinder dar. Auf diese Weise bleiben zwar eine Vielzahl von Anwendungsbereichen, die sich meist erst dem Erwachsenen erschließen, unerwähnt, jedoch kann das Regelhafte bzw. die Erkenntnis auch dann erarbeitet werden, wenn es nur in einigen den Kindern zugänglichen Anwendungssituationen erscheint.

Beispiele: Temperaturmessung mit dem *Flüssigkeitsthermometer.* – Wasser ist fest: *Eiswürfel, Eiszapfen, Eisschicht im Kühlschrank, Eisplatten am Flussufer.* – Kondensieren des Wassers: *an einem Glas mit kalter Flüssigkeit, an der Innenseite eines Fensters, Hauch in der kalten Luft.*

b) Ein einfaches Beispiel auswählen

Nun gibt es zwar Dinge, die den Kindern vertraut sind, die aber trotzdem nicht Unterrichtsgegenstand sein können, weil sie zu komplex sind. Deshalb wird ein einfacher historischer Sachverhalt,

das nach außen hin wenig komplexe Sozialverhalten oder der einfache Natur-
vorgang ausgewählt.
Beispiele: Schreibgeräte als Beispiel für
die Entwicklung technischer Geräte. –
Änderung des Aggregatzustands am Beispiel des *Kerzenwachses.* – Ein *Wipp-
schalter* als Beispiel für die technischen
Möglichkeiten der Stromkreisunterbre-
chung.

c) Nebenaspekte weglassen

Zu dem Sachverhalt wird eine Aussage
in der Weise formuliert, dass Ausnahmen oder solche Fälle nicht berücksichtigt sind, die zu einem späteren
Zeitpunkt dem Wissensbestand ohne
bzw. ohne wesentliche Änderung der Be-
griffsstruktur hinzugefügt werden können.
Beispiele: Es wird formuliert: „Beim Erwärmen von Flüssigkeiten dehnen sich
diese aus." Hierbei wird weggelassen,
dass dies etwa für Wasser zwischen 0 °C
und + 4 °C nicht richtig ist. – Es wird formuliert: Die Flamme braucht zum Bren-
nen „Luft" oder „Metalle gehören zu den
nicht brennbaren Stoffen" – hierbei wird
u. a. weggelassen, dass bei mehreren Metallen eine langsame Verbrennung stattfinden kann.

d) Sich auf einen Teilbereich beschrän-
ken

Aus mehreren Aspekten, die für einen
Sachverhalt insgesamt bestimmend sind,
werden einige wenige herausgelöst, die
für eine *„grundlegende* Bildung" wichtig
erscheinen.
Beispiel: Aspekte aus der Elektrizitäts-
lehre: Grunderscheinungen der Elektrizi-
tät (z. B. Stromkreis, elektrische Ladung,
chemische Wirkung), Grundgesetze (z. B.
Stromstärke, Widerstand, Arbeit), Wech-
selwirkungen (z. B. Induktion, Transfor-
mator) oder Deutung und Anwendung

(z. B. Elektronenleitung, Lichtbogen,
Elektronenröhre): In der Grundschule
werden sinnvollerweise im Wesentlichen
die Themen „einfacher Stromkreis" und
„Stromversorgung" bearbeitet.

e) Sprache vereinfachen und auf den
Vorgang reduzieren

Abstrakte Sätze und Einzelbegriffe werden durch solche ersetzt, die vom Kind
verstanden oder dem Kind ohne großen
Aufwand erklärt werden können.
Beispiele: Wird das Gefäßvolumen ver-
kleinert oder das Gasvolumen erhöht, so
prallen mehr Gasmoleküle auf die Ge-
fäßwand (als vorher). Der Druck im Inneren des Gefäßes wird größer. *Wenn wir
einen Ball aufpumpen, dann wird die
Menge der Luftteilchen im Ball größer;
der Druck im Inneren des Balls wird
größer.* – In einer wässrigen Seifenlösung
wird die Oberflächenspannung des Wassers herabgesetzt. Das entspannte Wasser schiebt sich in die kleinen Zwischenräume zwischen Untergrund und
Verschmutzung. *Wenn wir in ein Seifenwasser greifen, so meinen wir: Das Wasser ist weich. Das Seifenwasser löst den
Schmutz ab.*

c) Unterrichtsgeschehen und das ler-
nende Kind

Es wurde oben festgestellt, dass die schulischen Aktivitäten das Kriterium der
Zielorientierung erfüllen sollen. Die
Kinder äußern ihre eigenen Vorstellungen zu einer Sache, sie erkennen die Bedeutung einer bestimmten Tätigkeit für
den Erkenntnisweg, sie werden sich der
eigenen Denkwege bewusst. Auf diese
Weise wird ein Zusammenhang zwischen der selbst durchgeführten Tätigkeit und den Vorgängen im Inneren hergestellt.
Im Blick auf den gesamten Lernprozess
sind jedoch die Momente des Bewusst-

machens zu erweitern. Nicht nur die Funktion der einzelnen Tätigkeit kann geklärt werden, sondern auch die einzelner Unterrichts*phasen*. Häufig genügt schon, auch aus ökonomischen Überlegungen, die Verknüpfung (an „Gelenkstellen") zwischen den Unterrichtsphasen („Wir haben gerade die Fotos genau betrachtet, nun werden wir versuchen herauszufinden, was sich… [z. B. in unserem Ort] verändert hat" usw.]). In einem weiteren Schritt sind schließlich die Unterrichtsstunden zu verknüpfen („Unterrichts*sequenz*"; dabei ist auch die Entwicklung von Arbeitstechniken und Arbeitsweisen zu beachten).

5. *Lernprozesse aufbauen*

Der Erfolg von Unterricht wird von mehreren Kriterien bestimmt. Dazu zählen, in Folge einer Untersuchung von Weinert und Helmke, z. B. Klarheit und Strukturiertheit, die Effektivität der Klassenführung oder die individualisierende Unterstützung der Lernenden (vgl. Weinert/Helmke 1996, S. 230). Im Zusammenhang des Sachunterrichts vertreten wir die Auffassung, dass das Augenmerk verstärkt auf Klarheit und Strukturierung zu richten ist. Auch diese Überlegung wird vonseiten der Kognitionspsychologie unterstützt. „Teilhandlungen oder einfache Elemente einer Operation werden miteinander verknüpft und in ein Beziehungsgefüge gebracht. Das Gelingen von Lernen oder einer Problemlösung ist auf das Vorhandensein verarbeitungsfähiger Strukturen angewiesen" (Käferle 2000, S. 41). (Nicht: „Informationshaufen", vgl. Dörner 2000, S. 70.) Diese Strukturen sind durch den Unterricht aufzubauen.

a) *Strukturierung*

Durch das Strukturieren werden die Art der Beziehung und Beziehungsverhält-

Was bedeutet „Münchner Kindl"?

1. *Woher wir das „Münchner Kindl" kennen*

Beispiele: beim Trachtenzug, auf dem Rathausturm, auf dem U-Bahn-Zug,

auf einer Milchflasche

2. *Der „Mönch" erinnert an die Entstehung Münchens*

Mönche bauten ein Kloster.

Es entstand die Siedlung zu den Munichen.

3. *Der „Mönch" im Stadtwappen*

segnende Hand

Stadtbuch

seit 1957

Im Laufe der Zeit wurde für den „Mönch" aus dem Stadtwappen das Wort „Kindl" verwendet.

Abb. 70: Informationen gliedern und zusammenfügen

nisse in einem umfassenden Vorgang oder Sachverhalt deutlich gemacht. Die methodische und inhaltliche Gliederung des Unterrichts wird erkennbar durch Auswahl, Abfolge und Schwerpunktsetzung der Teilschritte und Teilinhalte.

1. Informationen unterscheiden und verbinden

Sachverhalte gliedern und Teilinformationen zusammenfügen sind wichtige Vorgänge des Strukturierens. Durch das Strukturieren entsteht eine geordnete Gesamtheit (s. Abb. 70), die wiederum verarbeitungsfähige mentale Strukturen anbietet. Für den Unterricht in der Grundschule ist dabei entscheidend, dass die angebotenen Informationen die Erweiterung des Begriffsaufbaus zulassen bzw. sie nicht behindern („harte" und „weiche" Umstrukturierung; vgl. Möller 1997, S. 250).

2. Schwerpunkte setzen

Die Unterscheidung von Informationen erfolgt auch durch die Hervorhebung einzelner Teile der Gesamtinformation. Für die Strukturierung des Lernprozesses ist dabei nicht nur der inhaltliche Aspekt von Bedeutung, sondern auch der methodische und psychologische Aspekt. Bedeutsamkeit erhält die ausgewählte Teilinformation dadurch, dass ein Schwerpunkt der Bearbeitung erkennbar wird.

Beispiele für Schwerpunkte mit unterschiedlichen didaktischen Intentionen (nachfolgend in Klammern *Inhalte* kursiv):

Erklärungsmodelle bilden *(die Kraft des Magneten)*, Begriffe entwickeln *(die „Geschichte" unseres Heimatortes)*, Informationen gewinnen *(Daten aus dem Internet holen und bearbeiten)*, Erfahrungen gewinnen *(einen Konflikt mit den vereinbarten Regelungen lösen)*, Beobachtungen darstellen *(Erstellen einer Sach-Niederschrift zum Thema „Wie der Bäcker Brot herstellt")*, sachgerechter Umgang mit Gebrauchsgegenständen *(Schultasche)*, verantwortliches Verhalten gegenüber Lebewesen *(Haltung eines Kleintiers)*, Fakten wissen *(Aufbau des Auges)*, sach- und situationsangemessenes Handeln begründen *(eine Streitsituation klären)*, exaktes Versprachlichen *(Beschreibung von Gegenständen und Vorgängen auf einem Bild)*, Vermutungen überprüfen *(Wie eine Quelle entsteht)*, die Herstellung eines Zusammenhangs *(die Erleichterung von häuslichen Arbeiten durch die technische Entwicklung von Gebrauchsgegenständen)*, das Bewusstwerden der Entstehung eigener Vorstellungen (s. Abb. 71: Wie wächst eine Seerose?).

3. Lernleistungen schrittweise aufbauen

Dieses Anliegen betrifft einerseits den sachlogischen Aufbau und andererseits

Abb. 71: Schwerpunkte setzen: Wie ist diese Vorstellung bei mir entstanden?

die Erreichbarkeit von Leistungsanforderungen. Ein Zuwachs an Wissen, Können, Erkennen oder Werten wird nur auf der Grundlage bestehender Leistungsformen erzielt. Die neuen Informationen sollen Wissensbestände oder motorische Fertigkeiten antreffen, mit denen sie sich verknüpfen können. Qualität und Quantität der neuen Leistungsform sollen vom Schüler erreichbar sein, so dass eine unüberbrückbare Lücke im Aufbau des Lerngegenstandes vermieden wird. Dies gilt für die langfristige Unterrichtsarbeit (über die Jahrgänge hinweg) wie auch innerhalb von Unterrichtssequenz und Unterrichtseinheit (s. Abb. 72).

b) Klarheit

Während Probleme bezüglich „Richtigkeit" und „Logik" meist rasch zu erkennen sind, können Probleme mit der „Klarheit" der wahrgenommenen Sachverhalte oder deren Darstellung oft nur erkannt werden, wenn es gelingt, sich in die Lernsituation des Kindes hineinzuversetzen. Klarheit entsteht für das Kind, indem die neue Information mit den bisherigen Informationen verbunden oder

in bekannte Schemata eingeordnet werden kann und mit vorhandenen Interpretationsmustern korrespondiert. Intensive Begriffsarbeit, die Entwicklung von Erkenntnissen und die eindeutige Darstellung des Lerngegenstandes geben Klarheit in der Sache und sind Teil einer grundlegenden Bildung.

Der schrittweise und geordnete Aufbau von Teilinhalten ist wesentlicher Bestandteil einer effektiven Unterrichtsarbeit. Begriffe, Schlussfolgerungen, Formulierungen und bildhafte Darstellungen jedoch, die sich den Kindern nur diffus darbieten, erfordern häufig Rückfragen und Korrekturen, d. h. psychologisch gesehen entstehen Unsicherheiten infolge wiederholter Umstrukturierung von Gedächtnisinhalten. Stoffliche Klarheit hat großen Einfluss auf das gute Behalten; verschwommene Inhalte erzeugen Desinteresse und auch Stress.

1. Begriffe aufbauen

Die Vorstellung von einer Sache geht auf konkrete Erfahrungen zurück bzw. lässt sich darauf zurückführen. Klare Begriffe bilden sich heran, indem sie von anderen unterscheidbar sind.

Unterrichtssequenz: Der Heimatraum in der Karte	Voraussetzungen zur Einführungsstunde:
1. Wir stellen selbst eine einfache Karte her	Begriffe: „Grundriss", „Linie", „Anhöhe – Berg"; entsprechender Zahlenraum
2. Unser Heimatort in der Karte	Aufbau der Unterrichtszeiteinheit:
3. Wir vergleichen den Ortsplan mit der Bildkarte	Problem erkennen; Lösungsvorschläge einbringen; Beobachtungen am Modell verbalisieren;
4. Berge in der Karte ———————	Zusammenhänge herstellen können (Höhenlinie – gleiche Höhe);
5. Wir gebrauchen die Karte	Transfer herstellen: Modell – Wirklichkeit.

Abb. 72: Aufbau von Lernleistungen in Unterrichtssequenz und -einheit

Beispiele:

a) „Dinge" als Begriffe:
„Die Zeit wird eingeteilt": Ab Dezember der ersten Klasse werden „Erinnerungstage" bestimmt und mit Datum festgehalten; Erinnerungen werden (mit Hilfe verschiedener Medien) dargestellt; ein individueller Kalender (auch als Jahresuhr oder Jahresstreifen) wird entwickelt und hergestellt; an der Jahresleiste wird die Gegenwart kenntlich gemacht (z. B. mit einer Wortkarte, die an der Leiste verschoben werden kann); das Gefühl für gemessene Zeit wird aufgebaut, indem Zeitspannen für das Erreichen markanter Orte ermittelt und notiert werden.

b) Eigenschaften als Begriffe:
„Die Nadeln der Kiefer sind lang und spitz. Sie wachsen paarweise. Die Zapfen sind klein und rundlich; sie bestehen aus harten Schuppen."

c) Tätigkeiten (Zustände, Vorgänge) als Begriffe:
„Vom Gaswerk laufen Rohre bis zum Haus." Was werden sich wohl Kinder unter einer solchen Aussage vorstellen? Ähnliche Begriffe können die Vorstellung kaum präzisieren: „Rohre *führen* … bzw. Gas *wird* durch Rohre *geleitet*." Also ist es hilfreich, den Begriff *laufen* in den Gesamtvorgang zu stellen: „Ein kleiner Bagger hebt mit seiner schmalen Schaufel die Erde aus. Es entsteht ein Graben. In diesen Graben werden die Rohre hineingelegt. Arbeiter haben die Rohre vom Gaswerk bis zu diesem Haus gelegt."

2. Einsichten verständlich formulieren
An Objekten werden Einzelteile und einzelne Vorgänge wahrgenommen. Die einzelnen Feststellungen rücken in einen Zusammenhang. Aussageelemente werden miteinander verbunden. In vielen Fällen wird eine Erkenntnis durch eine Formulierung zum Ausdruck gebracht.
Beispiel: Die Menschen haben zu allen Zeiten versucht, Gebrauchsgegenstände zu verbessern: Die Handhabung einfacher und sicherer machen; den Gegenstand billiger herstellen; die Wirkung des Gegenstandes erhöhen (Lampe – heller; Heizung – raschere Erwärmung; Schreibgerät – leichtes Gleiten der Schreibspitze, einfaches Nachfüllen der Schreibflüssigkeit); den eigenen Krafteinsatz verringern; die Haltbarkeit des Gegenstandes erhöhen.

3. Sachverhalte in bildlicher Form sachentsprechend und eindeutig darstellen

Neben der Sprache werden auch Bilder, Schemata, Zeichnungen und Symbole gebraucht, um Aussagen über die Sache darzustellen. Diese Darstellungen sollten weder Verwirrung stiften oder verschwommene Vorstellungen nach sich ziehen.
Beispiel: Eine Tafelanschrift zum Thema „Schwimmen und sinken" mit folgenden Inhalten ist sachlich nicht haltbar: *Dinge über und unter Wasser: Bleistift, Schüssel, Holz, Papier, Spitzer – Eisen, Radiergummi, Glas, Schlüssel, Teelöffel. Wenn Gegenstände schwerer sind als Wasser, gehen sie unter."*
Es ist also darauf zu achten, dass die verwendeten Elemente der Darstellung eindeutige Interpretationen ermöglichen (s. Abb. 73, S. 271 und Abb. 15, S. 59).

c) Unterstützung des Lernprozesses

Die Gestaltung des Sachunterrichts ist geprägt von einer Orientierung an den Erfahrungen der Kinder und von einer Förderung der individuellen Vorstellungen und Kompetenzen. Darin begründet sich die zentrale Rolle der Lehrer und Lehrerinnen in einem solchen Unterricht; sie beeinflussen das Geschehen durch ihre Aktivität. Diese Aktivität ist gekennzeichnet von Zielorientierung und verschiedenen didaktischen und pädagogischen Maßnahmen, die zum Gelingen der genannten Aufgabenstellungen beitragen. Erfolgreich unterrichtende Lehrerinnen und Lehrer erfüllen Kriterien wie Strukturierung des Unterrichts oder „Förderung aufgabenbezogener Schüleraktivitäten" (Weinert/Helmke 1996, S. 250). Deshalb kann ein Sachunterricht, der auf Daseins-Bewältigung und positive Lebensführung ausgerichtet ist, nicht im Sammeln von bereits Bekanntem stehen bleiben.

Literatur:

1. Köhnlein, Walter/Marquardt-Mau, Brunhilde/Schreier, Helmut (Hrsg.): Kinder auf dem Wege zum Verstehen der Welt. Klinkhardt, Bad Heilbrunn 1997
2. Meier, Richard/Unglaube, Henning/Faust-Siehl, Gabriele (Hrsg.): Sachunterricht in der Grundschule. Arbeitskreis Grundschule – Der Grundschulverband – e. V., Frankfurt a. Main 1997

Schwimmen und Sinken

1. Wir erkunden

a) Dinge, die sinken

Stein
Schlüssel aus Eisen
Blechdose mit Wasser
ganz gefüllt
Glaskugel

2. Ein besonderer Versuch mit Plastilin

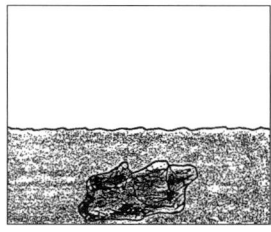

b) Dinge, die schwimmen

Holz
Styropor
Plastikschiff
Blechdose
Glasflasche

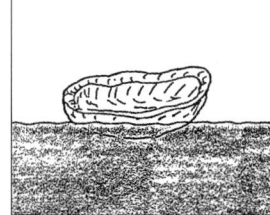

3. Wir erkennen

| Manche Dinge, die sinken, kann ich so formen, dass sie schwimmen. |

Abb. 73: Sachentsprechende Darstellung zum Thema „Schwimmen und sinken"

4.3.2 Lernbereich „Mensch und Gemeinschaft"

Situation des Kindes

- Im Grundschulalter „entwickeln sich im Austausch mit anderen das eigene Selbstwertgefühl sowie Vorstellungen über grundlegende Qualitäten des sozialen Zusammenlebens wie Gerechtigkeit, Verantwortung und Kooperation. Die Kinder suchen nach stabilen und verlässlichen Beziehungen zu ihren Mitschülern, richten ihre Handlungen im Unterricht auch danach aus, anderen zu imponieren oder zu gefallen und bauen im Vergleich mit anderen Vorstellungen über das eigene Wissen sowie über eigene Fähigkeiten und Eigenschaften auf" (Kahlert 1998, S. 14 f.).

- „Der Schulbeginn und das erste und zweite Schuljahr begünstigen neue Freundschaftsbeziehungen. Einmal eingegangene Beziehungen sind relativ stabil, vor allem wenn die Kinder sich wechselseitig als Freunde nennen. Freunde treffen sich auch außerhalb der Schule, sind Sitznachbarn oder wollen es sein und sind füreinander Bezugspersonen" (Faust-Siehl/Speck-Hamdan 1998, S. 122).

- „An Kinder und Jugendliche wird … heute häufiger die Anforderung gestellt, sich in ihrer intimsten Umwelt auf wechselnde Bezugspersonen, Beziehungs- und Wohnkonstellationen in emotionaler und psycho-sozialer Hinsicht einstellen zu müssen" (Holtappels 1998, S. 49).

- Kinder sind in ihren Lebensumständen durch eine Vielzahl von Regelungen eingegrenzt: Unfallverhütung, Hausordnung, Verhalten auf der Straße.

- Kinder besitzen verbreitet einen Begriff von (sozialer) Gerechtigkeit, der von „numerischer Gleichheit" geprägt ist (genaues Abzählen).

Grundsätze

1. Reale oder wirklichkeitsnahe Situationen als Ausgangspunkte

Sozial bedeutsame Vorgänge und Tatsachen werden in realen Gegebenheiten erfahren. Sie können auch durch entsprechende Medien oder Darstellungsweisen repräsentiert oder bei einem Unterrichtsgang unmittelbar erkundet werden.

Beispiele:
Sich streiten und vertragen (Streit in der Pause – Wie kam es dazu? – Warum warst du so aufgebracht? – Welche Regeln können wir aufstellen, damit ein kleiner Anlass nicht zu einem Streit wird?). Klassenkonferenzen durchführen (Aufgreifen eines aktuellen Anlasses – Möglichkeiten der Entscheidungsfindung – Diskussion der Alternativen zur Lösung eines Problems). Ehrenamtliche Tätigkeiten kennen lernen.

2. Wertung sozialer Vorgänge

Das Einüben sozialer Verhaltensweisen kann nicht mechanisch erfolgen, sondern muss im Hinblick auf die notwendige politische Bildung eine kognitive Aufarbeitung mit einschließen. Entscheidungen, Lösungen, Reaktionen, Rollen und Verhaltensmuster sind zu bewerten, inwieweit sie die Bedürfnisse und Ansprüche der Beteiligten berücksichtigen.

3. Unterrichtsinhalte und -maßnahmen als Lebenshilfe

Die Unterrichtsinhalte werden der Erfahrungswelt der Kinder entnommen. Darüber hinaus trägt der Sachunterricht zur Bewältigung von Lebenssituationen bei, wenn den Kindern der Bezug zum Alltag bewusst gemacht, die erarbeitete Erkenntnis in neuen Zusammenhängen angewendet wird und Phasen der Einübung, z. B. in Gruppenarbeit, angeboten werden.

Strukturmodell: *„Mensch und Gemeinschaft"*

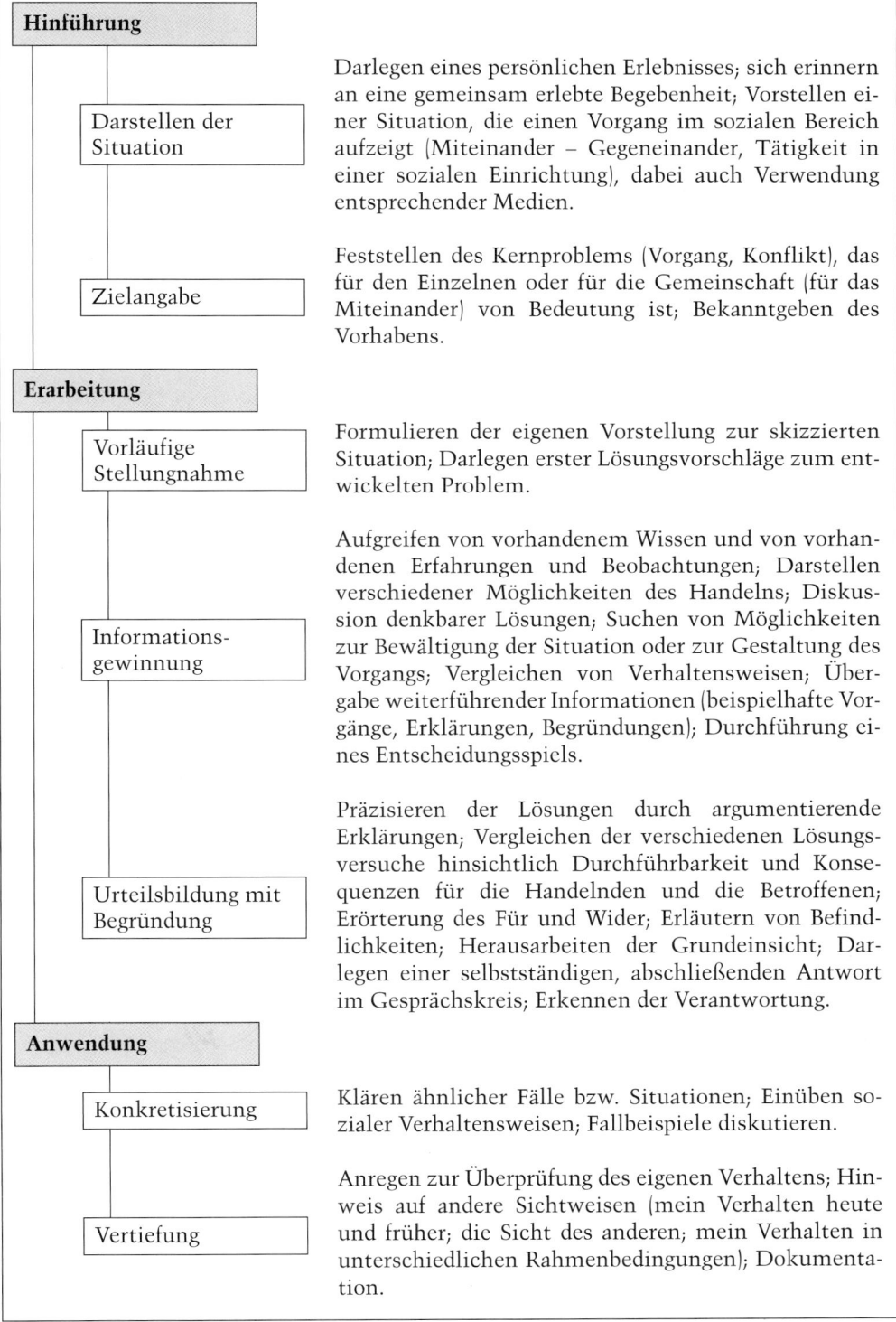

Hinführung	
Darstellen der Situation	Darlegen eines persönlichen Erlebnisses; sich erinnern an eine gemeinsam erlebte Begebenheit; Vorstellen einer Situation, die einen Vorgang im sozialen Bereich aufzeigt (Miteinander – Gegeneinander, Tätigkeit in einer sozialen Einrichtung), dabei auch Verwendung entsprechender Medien.
Zielangabe	Feststellen des Kernproblems (Vorgang, Konflikt), das für den Einzelnen oder für die Gemeinschaft (für das Miteinander) von Bedeutung ist; Bekanntgeben des Vorhabens.
Erarbeitung	
Vorläufige Stellungnahme	Formulieren der eigenen Vorstellung zur skizzierten Situation; Darlegen erster Lösungsvorschläge zum entwickelten Problem.
Informationsgewinnung	Aufgreifen von vorhandenem Wissen und von vorhandenen Erfahrungen und Beobachtungen; Darstellen verschiedener Möglichkeiten des Handelns; Diskussion denkbarer Lösungen; Suchen von Möglichkeiten zur Bewältigung der Situation oder zur Gestaltung des Vorgangs; Vergleichen von Verhaltensweisen; Übergabe weiterführender Informationen (beispielhafte Vorgänge, Erklärungen, Begründungen); Durchführung eines Entscheidungsspiels.
Urteilsbildung mit Begründung	Präzisieren der Lösungen durch argumentierende Erklärungen; Vergleichen der verschiedenen Lösungsversuche hinsichtlich Durchführbarkeit und Konsequenzen für die Handelnden und die Betroffenen; Erörterung des Für und Wider; Erläutern von Befindlichkeiten; Herausarbeiten der Grundeinsicht; Darlegen einer selbstständigen, abschließenden Antwort im Gesprächskreis; Erkennen der Verantwortung.
Anwendung	
Konkretisierung	Klären ähnlicher Fälle bzw. Situationen; Einüben sozialer Verhaltensweisen; Fallbeispiele diskutieren.
Vertiefung	Anregen zur Überprüfung des eigenen Verhaltens; Hinweis auf andere Sichtweisen (mein Verhalten heute und früher; die Sicht des anderen; mein Verhalten in unterschiedlichen Rahmenbedingungen); Dokumentation.

Unterrichtsbeispiel:
Miteinander gut auskommen,
2. Jahrgangsstufe

1. Unterrichtseinheit:

„Das war sicher der A."

a) Zielsetzungen

- Aufgrund der Darstellung einer Begebenheit, die einer Klärung bezüglich eines aufgetretenen Schadens bedarf, Vermutungen über die Ursache äußern;
- begründen, weshalb die Kinder der vorgezeigten Spielsituation eine Schuldzuweisung auf ein bestimmtes Kind vorgenommen haben;
- in der Gruppe diskutieren, ob die Schuldzuweisung „richtig" sein kann;
- in einem Gespräch herausfinden, dass bereits bestehende Meinungen über eine Person oder äußere Merkmale einer Person zu einem falschen Urteil („„falsche Beschuldigung" aber auch falsche Einschätzung einer Nicht-Täterschaft) führen können;
- formulieren, wie es einem ergeht, wenn man falsch beschuldigt wurde;
- in der Gruppe herausarbeiten, wie sich die Kinder der Spielsituation hätten verhalten können, um ein Fehlurteil zu vermeiden, und dies in einer szenischen Darstellung vorspielen.

b) Methodische Maßnahmen

- Szenische Darstellung, z. B.: ein Kind weint und zeigt sein aufgeschürftes Knie und äußert „Ich habe nicht gesehen, wer es war"; in der Garderobe ist eine attraktive Kopfbedeckung nicht aufzufinden; ein mitgebrachtes Spielzeug ist nicht mehr funktionsfähig;
- Fortsetzung der szenischen Darstellung: durch Bilder oder mündliche Mitteilungen der spielenden Kinder („Der A. hat auch gestern schon …") wird eine Schuldzuweisung vorgenommen;

- Hinweis auf häufiger gebrauchte Formulierungen („Wahrscheinlich hat der A. wieder …" „Der will immer bloß …");
- Sich in Gruppen verständigen, wie es zu einem Fehlurteil kommen kann und welche Lösungen es gibt, um in einer ähnlichen künftigen Situation Streit oder Ungerechtigkeiten zu vermeiden (ggf. Differenzierung: Vorgabe von möglichen Verhaltensweisen). Die Kinder präsentieren die Ergebnisse mündlich, szenisch oder schriftlich (Folie, Satzstreifen).

c) Aufgabenstellungen, Fragen und Impulse

- Wie kommt es, dass sich die Kinder getäuscht haben?
- Ich denke, du kannst dich auch an eine Begebenheit erinnern, in der du falsch beschuldigt wurdest.
- Hast du bei dir selbst schon einmal entdeckt, dass du dich täuschen ließt? Wie hast du gemerkt, dass es eine Täuschung war? Hattest du dir das nur gedacht, oder hattest du deine Meinung auch anderen gesagt?
- Ich meine, die Kinder müssten jetzt versuchen, das schlechte Gefühl bei A. wieder wegzubringen.

Wann Freunde wichtig sind
(von Georg Bydlinski)

Freunde sind wichtig,
zum Sandburgenbauen,
Freunde sind wichtig,
wenn andere dich hauen,
Freunde sind wichtig
zum Schneckenhaussuchen,
Freunde sind wichtig,
zum Essen von Kuchen.

Vormittags, abends,
im Freien, im Zimmer …
Wann Freunde wichtig sind?
Eigentlich immer?

Abb. 74: Text zu „Freunde sind wichtig"

2. Unterrichtseinheit:

„Freunde sind wichtig" (Unterrichtsverlauf)

I. Vorbereitung

1. Hinführung zum Thema: Anschreiben des Titels eines Gedichts „Wann Freunde wichtig sind"; die Kinder äußern ihre Gedanken dazu.
2. Zielangabe: Freunde sind wichtig.

II. Erarbeitung

1. Aktivierung eigener Überlegungen zum Thema

- Selbstständiges Erlesen eines Textes (siehe Abb. 74). Arbeitsaufgaben: a) Das will ich dazu sagen: …; b) Das will ich dazu fragen: …
- Darstellen eigener Gedanken und Fragen

Beispiele, zu a): *Ich kann toben, ich kann springen, doch ohne Freunde ist das alles langweilig./Freunde sind wichtig zum Ideen haben./Ich habe viele Freunde. Mit ihnen spiele ich und wenn ich traurig bin, trösten sie mich.*

zu b): *Ich will fragen, ob sie Freunde bleiben. Was wäre es ohne Freunde?!/ Warum muss man Freunde haben?!/ Wie hat euch das Gedicht gefallen?!/ Und was ist, wenn einer keinen Freund hat zum Spielen? Warum braucht man Freunde zum Essen von Kuchen?!/ Wie stellst du dir einen guten Freund vor?*

2. Auseinandersetzung mit ausgewählten Äußerungen

- Gespräch im Sitzkreis: Die Aussagen einzelner Kinder werden aufgegriffen und weitergeführt;
- Gruppenarbeit: Ausgehend von den Äußerungen (siehe II.1), wählen die Kinder aus, an welchem Einzelthema sie arbeiten wollen (z.B.: Freunde sind wichtig … zum Ideen haben; oder: No-

tieren mehrerer Äußerungen für ein Plakat)

3. Sicherung

Herausstellen der Bedeutung von Freundschaften; Fixierung der Bewertung (Tafel oder Plakat).

III. Vertiefung

Verdeutlichung durch Kontrast: Wie würde es mir ergehen, wenn ich keinen Freund bzw. keine Freundin hätte?

(Verknüpfung des emotionalen Gehalts mit bildhaften Vergleichen; dazu Verwendung von Legematerial, z. B. größerer Stein, Glasplatte, Schneckenhaus, Glocke, Drahtgitter, Pyramide [Plastikmodell], Glaskugel u. Ä.).

Aufgabenstellung: Stelle dir vor, du hättest keinen Freund. Wie würdest du dich fühlen? Beispiele für Schüleräußerungen zu dem auf einem Tuch ausgebreiteten Legematerial – die Kinder sind in diesem Falle mit dieser Methode vertraut: *Auf einem hohen Berg – nicht erreichbar. Wie ein Stein. In einem Schneckenhaus gefangen und keiner weiß es. Zwischen vielen Glassplittern. Eingeschlossen in eine Glaskugel; ich seh' die anderen und komme nicht mehr raus. Wie eine Glocke über mir und keiner sieht mich – aber Gott sei Dank ist es nicht so.*

IV. Weiterführung

1. Was können wir für jemanden tun, wenn er keinen Freund hat?
2. Mit dem Partner eine Geschichte schreiben.

3. Unterrichtseinheit:

„Ich will mich aber nicht streiten!"

(Streit als Bestandteil einer Freundschaft)

4.3.3 Lernbereich „Zeit und Geschichte"

Situation des Kindes

- Die Kinder sind „heute auch einem gewandelten *Zeiterleben* (i. O. kursiv, Anm. d. Verf.) unterworfen: Zum einen werden sie von den standardisierten Zeitrhythmen der Erwachsenen bestimmt, wobei das kindliche Zeit-erleben eingebettet ist in die Zeitrhythmen der Berufstätigkeit und der privaten Lebensführung der Eltern sowie der Schule und betreuender Einrichtungen ... Zum anderen spielt dabei auch der Grad der heutigen räumlichen Mobilität eine Rolle, ... " (Holtappels 1998, S. 54).

- Das Kind begegnet geschichtlichen Informationsquellen (Dokumenten) weniger in den situativen bzw. originalen Zusammenhängen, sondern mehr in eigens eingerichteten Orten (als „Ausstellungsstücke") oder medial aufbereitet.

- Verfälschte Sichtweisen geschichtlicher Epochen und Fakten (z. B. vermittelt durch Zeichentrickfilme oder Fantasy-Filme mit historischer Rahmenhandlung).

- Orte und Gegenstände der unmittelbaren Begegnung mit „Geschichte": Museum, Wanderausstellung, „Oldtimer", Bauwerke, Spielzeug, Geld, Briefmarken.

Grundsätze

1. Vergegenwärtigung der Vergangenheit

Vergangene Zeit und Geschichte sind als Gegenstand nicht verfügbar. Deshalb müssen sie durch verschiedene Vermittlungsformen in die Anschauung und in den Verstehenshorizont der Kinder gerückt werden: Die Kinder erinnern sich selbst; sie teilen Erfahrungen mit alten Gebrauchsgegenständen mit; sie untersuchen denselben Gegenstand in früherer und in heutiger Ausprägung (Aussehen, Teile, Funktion, Materialien, Handhabung); sie vergleichen Abbildungen desselben Ortes aus verschiedenen Jahren; sie bringen Bilder mit historischem Inhalt in die richtige zeitliche Abfolge; durch Erzählungen oder Berichte werden Situationen konkretisiert, indem Personen sprechen, denken und handeln und Gegenstände „funktionieren"; didaktische Anforderungen an die Lehrererzählung, wie „Lokalisierung" oder „Dramatisierung", haben weiterhin ihre Bedeutung.

2. Der Mensch steht im Mittelpunkt

Geschichte ist die Verkettung von Phänomenen der vergangenen Zeit, die aus menschlichem Handeln resultieren. Der menschliche Wille, die gegenwärtige Situation zu verändern, richtet sich auf die Natur, auf Gegenstände, Menschen und Besitz. Die Ergebnisse des Handelns liegen im geistigen, psychischen oder gegenständlichen Bereich; sie äußern sich z. B. als Idee, Verhaltensänderung oder Produkte (Nahrung, Bauwerk). Für den Sachunterricht bedeutet dies die Zentrierung der stofflichen Aufbereitung auf die denkende und handelnde Person.

3. Heimatbezogene geschichtliche Fakten als Grundlage allgemeiner geschichtlicher Einsichten

Viele Einzelfakten der Heimatgeschichte verweisen auf größere geschichtliche Zusammenhänge, z. B. „In unserem Ort und auch in ... können wir Altes und Neues nebeneinander sehen", „Geräte sollen die Arbeit leichter (einfacher, ...) machen – deshalb wurden und werden sie oft verbessert", „Vergangenes und Gegenwärtiges sind an Unterschieden erkennbar".

Strukturmodell: *„Zeit und Geschichte"*

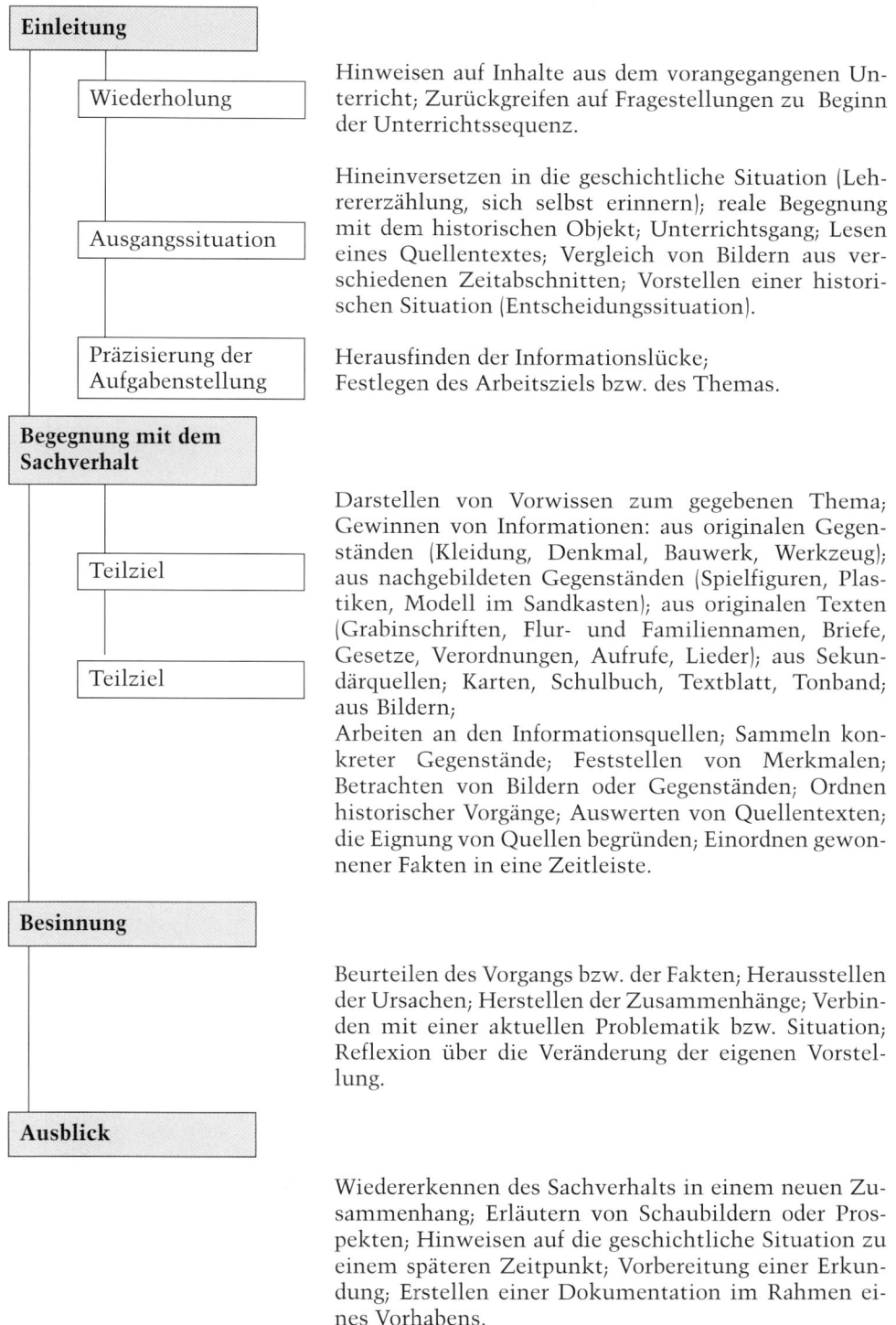

Einleitung

Wiederholung

Hinweisen auf Inhalte aus dem vorangegangenen Unterricht; Zurückgreifen auf Fragestellungen zu Beginn der Unterrichtssequenz.

Ausgangssituation

Hineinversetzen in die geschichtliche Situation (Lehrererzählung, sich selbst erinnern); reale Begegnung mit dem historischen Objekt; Unterrichtsgang; Lesen eines Quellentextes; Vergleich von Bildern aus verschiedenen Zeitabschnitten; Vorstellen einer historischen Situation (Entscheidungssituation).

Präzisierung der Aufgabenstellung

Herausfinden der Informationslücke; Festlegen des Arbeitsziels bzw. des Themas.

Begegnung mit dem Sachverhalt

Teilziel

Darstellen von Vorwissen zum gegebenen Thema; Gewinnen von Informationen: aus originalen Gegenständen (Kleidung, Denkmal, Bauwerk, Werkzeug); aus nachgebildeten Gegenständen (Spielfiguren, Plastiken, Modell im Sandkasten); aus originalen Texten (Grabinschriften, Flur- und Familiennamen, Briefe, Gesetze, Verordnungen, Aufrufe, Lieder); aus Sekundärquellen; Karten, Schulbuch, Textblatt, Tonband; aus Bildern;

Teilziel

Arbeiten an den Informationsquellen; Sammeln konkreter Gegenstände; Feststellen von Merkmalen; Betrachten von Bildern oder Gegenständen; Ordnen historischer Vorgänge; Auswerten von Quellentexten; die Eignung von Quellen begründen; Einordnen gewonnener Fakten in eine Zeitleiste.

Besinnung

Beurteilen des Vorgangs bzw. der Fakten; Herausstellen der Ursachen; Herstellen der Zusammenhänge; Verbinden mit einer aktuellen Problematik bzw. Situation; Reflexion über die Veränderung der eigenen Vorstellung.

Ausblick

Wiedererkennen des Sachverhalts in einem neuen Zusammenhang; Erläutern von Schaubildern oder Prospekten; Hinweisen auf die geschichtliche Situation zu einem späteren Zeitpunkt; Vorbereitung einer Erkundung; Erstellen einer Dokumentation im Rahmen eines Vorhabens.

Unterrichtsskizze: *München 1327: „Die Stadt brennt!"*, 3. Jahrgangsstufe

Artikulation/ Inhalt	Unterrichtsaktivitäten/ Sozialformen/Medien

I. Fragestellung

1. Anknüpfung

Wiederholung: „Leben in der alten Stadt"   Klassenarbeit

2. Hinführung zum neuen Thema

München 1327: „Die Stadt brennt!"   TA durch L,
                                              S äußern sich.

Große Schadensfeuer im Mittelalter in der Stadt   Folie,
München (Jahreszahlen mit Kurzbeschreibung   S äußern sich.
der Zerstörungen)

3. Problemfindung

Festlegung der beiden Leitfragen: S formulieren Fragen;
  1. Weshalb konnte leicht ein großer Brand entstehen?   daraus Entwicklung der
  2. Was haben die Menschen gegen die Brandgefahr   Leitfragen, ggf. Vorgabe
      unternommen?   durch L.

II. Erarbeitung

1. Teilziel: Gründe der großen Brandgefahr

a) Vermutungen zur ersten Frage   S äußern sich.
b) Möglichkeiten der Informationsbeschaffung   Partnerarbeit
c) Gewinnung von Informationen   Gruppenarbeit: Heimat-
                                              buch (ausgewählte Bilder)
d) Auswertung (Hinweise auf das Bildmaterial)   S berichten.
e) Teilzusammenfassung (s. TB, Punkt 1; Abb. 75)   TA

2. Teilziel: Maßnahmen zur Herabsetzung der Brandgefahr

a) Geschichtlicher Hintergrund
   Kaiser Ludwig der Bayer erließ 1342 eine Vorschrift   Lehrererzählung
   (s. TB, Punkt 2); München war zu dieser Zeit
   kaiserliche Residenzstadt.
b) Konstruktion möglicher Maßnahmen   Gruppenarbeit
c) Informationsübergabe   Textblatt
   Inhalt der Vorschrift Kaiser Ludwigs des Bayern
   (Vergleich mit den eigenen Lösungen, s. o. Punkt 2.b)   TA (s. TB, Punkt 2)

III. Vertiefung

1. Grenzen der historischen Maßnahmen

Auch in den späteren Jahren gab es noch große Brände.   Klassenarbeit

2. Leistung der Menschen bei der Brandlöschung

Schilderung einer konkreten Brandbekämpfung   Lehrererzählung
(1460)   (s. S. 279)

München 1327: „Die Stadt brennt!"

1. *Weshalb konnte leicht ein großer Brand entstehen?*

Das waren die Ursachen:

enge Gassen

offenes Licht

Häuser aus Holz

offenes Feuer

Dächer: aus Stroh oder Holz

Löschwasser kam aus Ziehbrunnen

2. *Was haben die Menschen gegen die Brandgefahr unternommen?*

Kaiser Ludwig der Bayer ordnete 1342 an: In Zukunft sollen die Häuser mit Ziegel bedeckt werden.

Wenn der Bauherr genügend Geld besitzt, sollen die Mauern aus Stein gemacht sein.

Die Menschen konnten damals bei der Brandbekämpfung nur mit einfachen Mitteln helfen. Dabei begaben sie sich oft in sehr große Gefahr.

Abb. 75: Material für ein Tafelbild zum Thema: München 1327: „Die Stadt brennt!"

Lehrererzählung:

Eine starke Windböe kündigte das Gewitter an. Immer näher schieben sich die schwarzen Wolken heran. Schon fallen schwere Tropfen auf Dächer und Straßen. Hastig holen die Handwerker ihr Arbeitszeug von der Straße und schaffen es in ihre Häuser. Auch der Schmied Albrecht Stethaimer verstaut die Geräte in seine Werkstatt. Draußen jagt der Wind die Regenschauer zwischen den Häusern hindurch. Gerade zerteilt der Schmied die Glut in der Feuerstelle, als der Schein eines Blitzes das dämmrige Licht erhellt und bald darauf der Donner folgt. Albrecht Stethaimer schlägt ein Kreuzzeichen und spricht zu sich: „Es ist ganz nahe! Der Herr verschone unser Haus!"

Nun aber entlädt sich das Gewitter über der Stadt. Der Regen prasselt hernieder, grelle Blitze zucken durch das Wolkendunkel und Donnerschläge poltern. Plötzlich erfüllen Licht und ein zischendes Donnerkrachen zur gleichen Zeit die Luft. Der Blitzstrahl muss in der Stadt sein Ziel gefunden haben. Angespannt lauscht Albrecht Stethaimer hinaus. Kurze Zeit darauf hört er das Hornsignal. Der Türmer auf dem Petersturm hat ein Feuer entdeckt und schlägt Alarm. Sofort ergreift der Schmied ein Beil und eilt auf die Straße. Er vernimmt die Rufe der Leute: „Am Rathaus! Am Rathaus!"

Als er am Marktplatz ankommt, bemerkt er sogleich die Brandstätte. Der Blitz hat in den Rathausturm eingeschlagen und das Holzwerk entzündet. Ohne zu zögern hetzt der Schmied zum Aufgang des Rathausturms. Noch niemand ist vor ihm …

Dies alles geschah in München an einem Sommertag des Jahres 1460. Für die hervorragenden Rettungsdienste wurde bald darauf der Schmied Stethaimer vom Rat der Stadt mit einer Geldspende von vier Schillingen ausgezeichnet.

(Ausschnitt aus einer Lehrererzählung zu Punkt III. 2 der Unterrichtsskizze)

4.3.4 Lernbereich „Raum und räumliche Orientierung"

Situation des Kindes

- „Der kindliche Lebensraum ist kein einheitlicher Nachbarschaftsbereich, sondern besteht aus vielen kleinen ‚Inseln' aus immer mehr spezialisierten Kinderorten – ‚kindgerecht' ausgestattet … und meist über das Stadtgebiet verstreut … Das kindliche Erleben erfolgt eher aus der Ferne, aus einer Art ‚Panorama-Perspektive', was die rasche Verarbeitung einer komplexen Informationsfülle bedingt" (Holtappels 1998, S. 54).

- „Offenbar können schon kleine Kinder ihre Umgebung aus der Vogelperspektive betrachten … Kleine Kinder können also eine Art Luftfoto ihrer Umgebung kognitiv speichern, wobei die 6-Jährigen etwa einen Kilometer um die häusliche Umgebung herum und die 11-Jährigen einen Radius zwischen drei und vier Kilometer repräsentieren" (Dollase 1997, S. 30).

- „Eine besondere Zuneigung zu natürlichen Umwelten haben auch nahezu alle Studien entdeckt, die sich mit den *Landschaftspräferenzen* (i. O. kursiv, Anm. d. Verf.) im Kindesalter beschäftigen. Nach übereinstimmenden Forschungsergebnissen neigen 8- bis 11-jährige Kinder z. B. deutlich zur Bevorzugung von parkähnlichen bzw. savanneähnlichen Gegenden" (a. a. O., S. 33).

- Kinder haben keine geschlossene Raumvorstellung, sondern besitzen punktuelles geographisches Wissen; so kann ein Ausflugsort psychisch näher sein als der nahe gelegene, aber unattraktive Spielplatz.

- Kinder entwickeln im Laufe der Grundschulzeit die Fähigkeit, räumliche Gegebenheiten darzustellen: Von der Skizze mit konkreten Details zur abstrakten Lageskizze.

- Kinder sind häufig ohne ausführliche Informationen in der Lage, Bildkarten zu lesen (Karte des Tierparks oder einer Wanderstrecke).

Grundsätze

1. Anschaulicher Erwerb von Begriffen

Das kindliche Raumverständnis und geographische Lerngegenstände entwickeln sich aus der konkreten Erfahrung heraus. Die Raumerfahrung entsteht aus der Wahrnehmung der Lage und der Entfernungsverhältnisse von Orten, aus dem Zurücklegen von Strecken und aus der Zuordnung markanter Punkte im Erfahrungsraum.

2. Der Einsatz der Karte als wesentliches Darstellungsmittel geographischer Sachverhalte

Karten leisten zwei didaktische Funktionen: 1. Fixieren von Raumerfahrungen in überschaubarer Darstellung und 2. als Medium zur Gewinnung geographischer Informationen. Vorwiegend in den ersten beiden Jahrgangsstufen stellen die Schülerinnen und Schüler ihre Beobachtungen in Bildkarten dar. Es entstehen Übersichten der Raumverhältnisse, die zunehmend detaillierter ausgestaltet werden.

3. Einzelheiten des heimatlichen Nahraumes als Lerninhalte

Neben der Orientierung an den Grunddaseinsfunktionen des Menschen als Leitideen für die Auswahl und Gestaltung des Unterrichts im erdkundlichen Themenbereich ist das Grundwissen über die landschaftlichen Gegebenheiten und Besonderheiten des Nahraumes zu berücksichtigen. Deshalb sollen den Kindern auch geographische Details des Heimatortes bekannt sein, z. B. Lage und Bezeichnung wichtiger Bauwerke; Lage, Name und Entfernung von Nachbarorten.

Strukturmodell: *„Raum und räumliche Orientierung"*

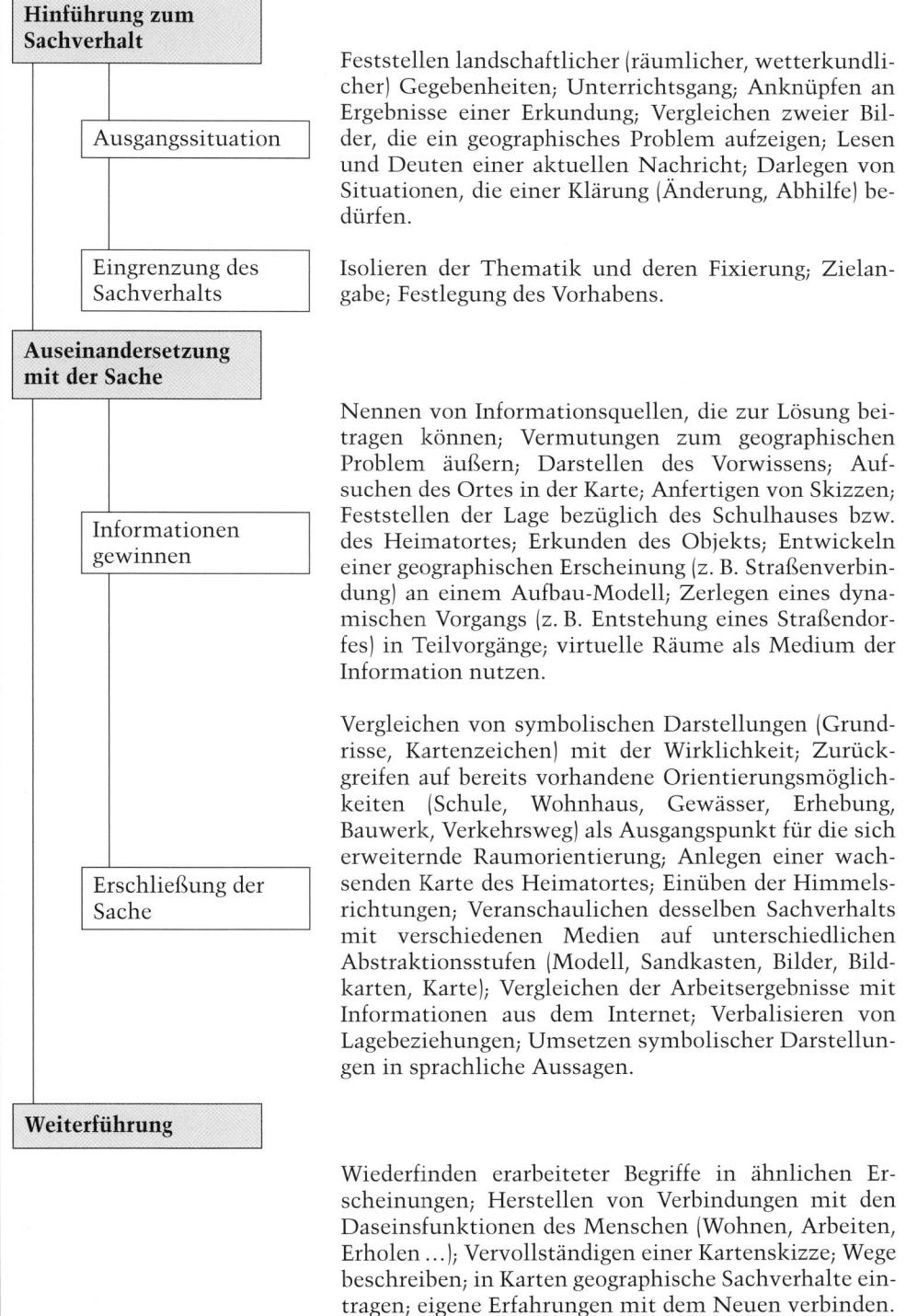

Hinführung zum Sachverhalt	
Ausgangssituation	Feststellen landschaftlicher (räumlicher, wetterkundlicher) Gegebenheiten; Unterrichtsgang; Anknüpfen an Ergebnisse einer Erkundung; Vergleichen zweier Bilder, die ein geographisches Problem aufzeigen; Lesen und Deuten einer aktuellen Nachricht; Darlegen von Situationen, die einer Klärung (Änderung, Abhilfe) bedürfen.
Eingrenzung des Sachverhalts	Isolieren der Thematik und deren Fixierung; Zielangabe; Festlegung des Vorhabens.
Auseinandersetzung mit der Sache	
Informationen gewinnen	Nennen von Informationsquellen, die zur Lösung beitragen können; Vermutungen zum geographischen Problem äußern; Darstellen des Vorwissens; Aufsuchen des Ortes in der Karte; Anfertigen von Skizzen; Feststellen der Lage bezüglich des Schulhauses bzw. des Heimatortes; Erkunden des Objekts; Entwickeln einer geographischen Erscheinung (z. B. Straßenverbindung) an einem Aufbau-Modell; Zerlegen eines dynamischen Vorgangs (z. B. Entstehung eines Straßendorfes) in Teilvorgänge; virtuelle Räume als Medium der Information nutzen.
Erschließung der Sache	Vergleichen von symbolischen Darstellungen (Grundrisse, Kartenzeichen) mit der Wirklichkeit; Zurückgreifen auf bereits vorhandene Orientierungsmöglichkeiten (Schule, Wohnhaus, Gewässer, Erhebung, Bauwerk, Verkehrsweg) als Ausgangspunkt für die sich erweiternde Raumorientierung; Anlegen einer wachsenden Karte des Heimatortes; Einüben der Himmelsrichtungen; Veranschaulichen desselben Sachverhalts mit verschiedenen Medien auf unterschiedlichen Abstraktionsstufen (Modell, Sandkasten, Bilder, Bildkarten, Karte); Vergleichen der Arbeitsergebnisse mit Informationen aus dem Internet; Verbalisieren von Lagebeziehungen; Umsetzen symbolischer Darstellungen in sprachliche Aussagen.
Weiterführung	
	Wiederfinden erarbeiteter Begriffe in ähnlichen Erscheinungen; Herstellen von Verbindungen mit den Daseinsfunktionen des Menschen (Wohnen, Arbeiten, Erholen …); Vervollständigen einer Kartenskizze; Wege beschreiben; in Karten geographische Sachverhalte eintragen; eigene Erfahrungen mit dem Neuen verbinden.

Unterrichtsbeispiel:
„Wir lernen Kartenzeichen kennen",
3. Jahrgangsstufe

1. Voraussetzungen

- Kenntnis des Aufbaus einer „Arbeitsaufgabe": Was du lernen wirst; wozu du das brauchst; Arbeit in der Gruppe.
- Selbstständiges Erlesen einer „Arbeitsaufgabe".
- Verstehen und selbstständiges, praktisches Durchführen der Aufgabenstellungen für die Gruppenarbeit: Auswählen der beschriebenen Arbeitsmittel; Besprechen von Fragestellungen mit den Partnern; Aufnotieren von gefundenen Lösungen; Besprechen der Verteilung spezieller Aufgaben und Akzeptieren der gemeinsamen Entscheidung; sachbezogene Auseinandersetzung mit den Aufgaben und dabei Berücksichtigung des Zeit-Faktors; für einige Schüler zutreffend: Darstellen von Ergebnissen in verbaler und zeichnerischer Form.
- Wissen über vorausgehende Inhalte: spezielle Örtlichkeiten (Gebäude, Straßen, ...) der Schulumgebung; Wegeplan; Lagebeziehungen von Örtlichkeiten der Schulumgebung; Begriffe für Lagebeziehungen (rechts, ... nach Norden, ...).

2. Unterrichtsskizze

I. Vorbereitung

1. **Darstellung einer Situation:** Notwendigkeit des Gebrauchs eines Ortsplans. Problem: Woran können wir den gesuchten Ort in der Karte erkennen?
2. **Eingrenzung der Thematik:** Verwendung von „Kartenzeichen"; Klärung des Begriffs.
3. **Eigenproduktion:** Die Schüler erfinden Zeichen zu vorgegebenen Landschaftsphänomenen (Straße, ...).

II. Auseinandersetzung

1. **Bearbeitung der Arbeitsaufgabe**
   (Siehe S. 283!)

2. **Auswertung**
   Vorbereitete Impulse (die ggf. zur Klärung gegeben werden):
   a) Was hat dir geholfen, im Ortsplan unsere Schule (den Bahnhof, ...) zu finden?
   b) Welche Teile in der Bildkarte findest du im Ortsplan wieder?
   c) Kannst du auch in der Bildkarte Kartenzeichen entdecken?
   d) Welchen besonderen Teil der Straße (Schule, Brücke) kannst du im Kartenzeichen („Straße", ...) wieder entdecken?
   e) Weshalb ist es günstig, dass beim Zeichen für „Straße" ein Platz zwischen den Linien ist?
   f) Vergleiche dein erfundenes Zeichen für Brücke (...) mit dem Zeichen aus dem Ortsplan. Haben sie etwas gemeinsam?
   g) Könnte eines der erfundenen Zeichen als Kartenzeichen gut verwendet werden?
   h) Weshalb kannst du dir bei dem Zeichen für „Gebäude" (...) vorstellen, dass ein Gebäude (...) gemeint ist? Welche Auskünfte über dieses Gebäude (diese ...) werden uns nicht gegeben?
   i) Welche Vorteile hat eine Bildkarte und welche Vorteile hat ein Lageplan?

3. **Arbeitsrückschau**

III. Vertiefung

Beispiel, s. Abb. 76

Abb. 76: Vom realen Objekt zur abstrakten Form

Arbeitsaufgabe „Kartenzeichen"

Was du lernen wirst:

1. Du lernst einige Kartenzeichen kennen.
2. Du lernst auch, dass Kartenzeichen eine Auskunft geben über Gebäude, Straßen, Brücken und andere Dinge in der Landschaft.

Wozu du das brauchst:

1. Mit Hilfe eines Ortsplans wirst du unserem Besuch den Weg vom Bahnhof zur Schule beschreiben können.
2. Du wirst dich selbst mit Hilfe eines Ortsplans orientieren können.

Arbeit in der Gruppe:

Ihr benötigt:
1. euere Bildkarte
2. grünes Kuvert (mit einem Teil des Ortsplans)
3. graues Kuvert (mit weiteren Teilen des Ortsplans)
4. weißer Karton mit Filzstiften

Aufgaben:
1. Vergleicht euere Bildkarte mit dem vorbereiteten Ausschnitt (grünes Kuvert) aus dem Ortsplan – in Gruppenarbeit.
2. Beantwortet folgende Fragen:
   a) Welche Kartenzeichen werden verwendet für:

Straße	Bahnhof
Eisenbahnlinie	Brücke
Kirche	Feuerwehr
Post	Hallenbad
Schule	Sportplatz

   b) Welche Bedeutung haben die Flächen im Ortsplan, die mit gelber Farbe ausgemalt sind?
3. Verwende den Ortsplan und versuche deinem Partner den Weg vom Bahnhof zur Schule mit Worten zu beschreiben.
4. Suche dir einen anderen Teil des Ortsplans aus (graues Kuvert).
   Welche Entdeckungen kannst du in diesem Plan machen?
   Teile deiner Gruppe deine Entdeckungen mit.

Das Ergebnis euerer Arbeit:
Zwei Kinder aus euerer Gruppe sollen das Ergebnis der Klasse mitteilen.
Dazu braucht ihr:
1. Wortkarten (weißer Karton)
2. Kärtchen mit „Kartenzeichen" (weißer Karton)

4.3.5 Lernbereich „Technik und Arbeit"

Situation des Kindes

- Kinder gebrauchen technische Geräte und Einrichtungen und Produkte der Technik: im Haushalt (Wasserkochgerät, Toaster), Spielzeug (Computerspiele, technische Baukästen), Beförderungsmittel (Fahrrad, Rolltreppe), Kommunikationsmittel (Telefongerät, Internet), für Hygiene und Gesundheit (elektrische Zahnbürste).

- Kinder registrieren technische Geräte und Einrichtungen, ohne dass damit ein Einblick in die Funktionsweise oder Naturgesetze gegeben ist, z. B. Auto, Computer, Bohrmaschine, automatische Türe, Digitaluhr.

- Kinder haben Interesse an Gegenständen der Technik oder an technischen Vorgängen, z. B. Funksprechgeräte, ferngesteuerte Autos, die Verwendung von Maschinen bei der Bergung von KFZ, beim Abriss eines Gebäudes oder beim Transport riesiger Lasten.

- Kinder sind häufig betroffen von Problemen, Abhängigkeiten und Gefahren, die durch die Verwendung technischer Mittel und Geräte entstehen können, z. B. Verschmutzung von Luft, Wasser und Boden; Energieverschwendung, Gefahren der Kernenergie, Lärm, schädliche Stoffe.

- Technische Produkte sind für Kinder als Objekt vorhanden; nach Herkunft oder Herstellung wird zunächst nicht gefragt; deshalb sind auch Herstellungsverfahren oder der erforderliche Arbeitseinsatz unbekannt oder zumindest nur mit einer diffusen Vorstellung verbunden.

- Kinder kennen Dienstleistungen nur vom Endergebnis her oder wissen nur über Teilvorgänge Bescheid, z. B. Brief wird in den Postkasten gesteckt – eine Ansichtskarte ist im eigenen Briefkasten, als Dienstleistung kaum bewusst sind Wasserversorgung und sehr selten die Abwasser-Entsorgung.

Grundsätze

1. Erfinden und anwenden

Zielrichtung des technischen Denkens ist das Erfinden, das Finden einer „besseren" Lösung für einen Anwendungsfall. Sie zeigt sich als Vereinfachung, Beschleunigung eines Vorgangs, Vergrößerung der Wirkung, Selbstregulierung des technischen Ablaufs oder als Erhöhung der Wartungsfreundlichkeit des technischen Geräts. Die Kinder setzen sich eine konkrete Aufgabe zur Lösung eines technischen Problems (z. B. ein Gegenstand soll in die Höhe transportiert werden), suchen praktische Lösungen und beschreiben und begründen anschließend, welche Funktionen die ausgedachte und hergestellte technische Vorrichtung (z. B. ein Kran) ausführen kann.

2. Vielfältige Aspekte verbinden

„Die technische Perspektive ist mit weiteren Perspektiven vielfältig vernetzt. Innerhalb eines exemplarischen Themas, beispielsweise ‚Vom Korn zum Brot', erarbeiten die Schülerinnen und Schüler handlungsintensiv, wie aus Weizenkörnern Weizenpflanzen heranwachsen, welche Getreidesorten es gibt (biologischer Aspekt), wie Getreide geerntet und zu Mehl verarbeitet wird, wie es früher war, als es noch keine Maschinen gab (historischer und technischer Aspekt) … und wie Brote in der Bäckerei und in der Brotfabrik hergestellt werden (arbeitswissenschaftlicher und technischer Aspekt): Erst die Berücksichtigung außertechnischer Perspektiven ermöglicht die sachadäquate, auf Sinnzusammenhänge bezogene Bearbeitung technischer Fragestellungen" (GDSU 2001, S. 13).

Strukturmodell: *„Technik und Arbeit"*

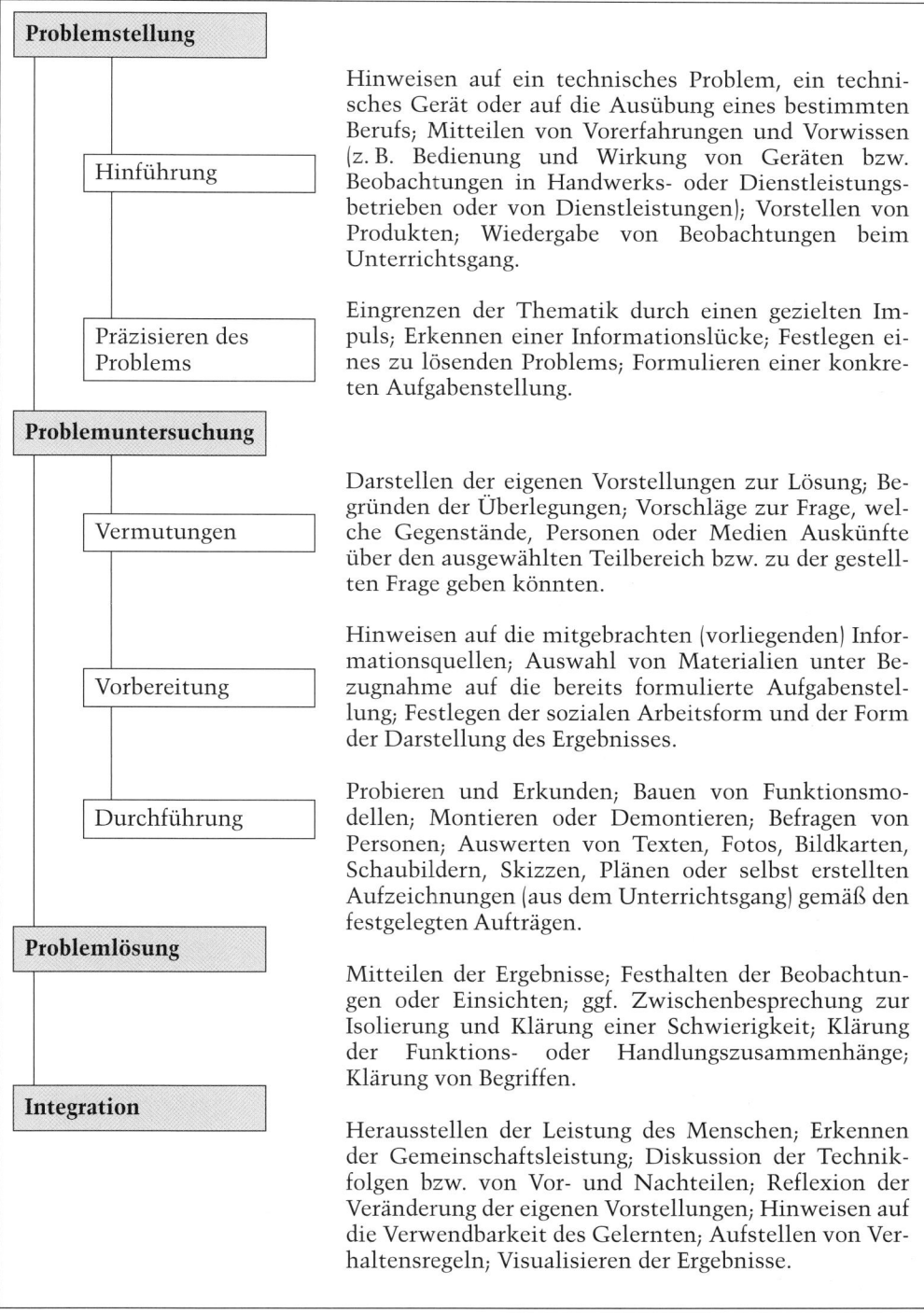

Problemstellung	
Hinführung	Hinweisen auf ein technisches Problem, ein technisches Gerät oder auf die Ausübung eines bestimmten Berufs; Mitteilen von Vorerfahrungen und Vorwissen (z. B. Bedienung und Wirkung von Geräten bzw. Beobachtungen in Handwerks- oder Dienstleistungsbetrieben oder von Dienstleistungen); Vorstellen von Produkten; Wiedergabe von Beobachtungen beim Unterrichtsgang.
Präzisieren des Problems	Eingrenzen der Thematik durch einen gezielten Impuls; Erkennen einer Informationslücke; Festlegen eines zu lösenden Problems; Formulieren einer konkreten Aufgabenstellung.
Problemuntersuchung	
Vermutungen	Darstellen der eigenen Vorstellungen zur Lösung; Begründen der Überlegungen; Vorschläge zur Frage, welche Gegenstände, Personen oder Medien Auskünfte über den ausgewählten Teilbereich bzw. zu der gestellten Frage geben könnten.
Vorbereitung	Hinweisen auf die mitgebrachten (vorliegenden) Informationsquellen; Auswahl von Materialien unter Bezugnahme auf die bereits formulierte Aufgabenstellung; Festlegen der sozialen Arbeitsform und der Form der Darstellung des Ergebnisses.
Durchführung	Probieren und Erkunden; Bauen von Funktionsmodellen; Montieren oder Demontieren; Befragen von Personen; Auswerten von Texten, Fotos, Bildkarten, Schaubildern, Skizzen, Plänen oder selbst erstellten Aufzeichnungen (aus dem Unterrichtsgang) gemäß den festgelegten Aufträgen.
Problemlösung	Mitteilen der Ergebnisse; Festhalten der Beobachtungen oder Einsichten; ggf. Zwischenbesprechung zur Isolierung und Klärung einer Schwierigkeit; Klärung der Funktions- oder Handlungszusammenhänge; Klärung von Begriffen.
Integration	Herausstellen der Leistung des Menschen; Erkennen der Gemeinschaftsleistung; Diskussion der Technikfolgen bzw. von Vor- und Nachteilen; Reflexion der Veränderung der eigenen Vorstellungen; Hinweisen auf die Verwendbarkeit des Gelernten; Aufstellen von Verhaltensregeln; Visualisieren der Ergebnisse.

(Hinweis: Die beiden nachfolgenden unterrichtspraktischen Hinweise untergliedern sich in „Technik" und „Arbeit")

Unterrichtsskizze: „*Wie funktioniert der Wasserhahn?*", 4. Jahrgangsstufe

Artikulation/ Inhalt	Unterrichtsaktivitäten/ Sozialformen/Medien
I. Problemstellung	
1. Darstellen einer Problemsituation Ein Wasserhahn tropft – der Wunsch nach Reparatur wird genannt.	Hörszene von Band; S äußern sich
2. Formulierung der Leitfrage *Wie funktioniert der Wasserhahn?*	S äußern ihre Fragen; Eingrenzung auf eine Frage
II. Problemlösung	
1. Darstellen der eigenen Vorstellung Versuch einer Querschnittszeichnung	a) verbal b) zeichnerisch
2. Festlegung der Untersuchungsmethode a) Bereitstellen des Materials b) Besprechen der Vorgehensweise	Partnerarbeit
3. Auseinandersetzung a) Erkunden einiger Bestandteile und Klärung ihrer Funktion b) Zeichnerische Darstellung	Gruppenarbeit: je ein Wasserhahn; prüfen der Verlaufswege mit einem Pfeifenreiniger auf einem (kleinen) Zeichenblatt, auf einer Folie
4. Klärung a) Darstellen der Ergebnisse Verwendung eigener Begriffe; Schwerpunkt: Vorgang beim Schließen und Öffnen. b) Übergabe von Fachinformationen Querschnittzeichnung aus einem Lexikon; Vorgabe der Fachbezeichnungen. c) Herstellen der Zusammenhänge Bilden von Sätzen mithilfe der Fachbegriffe und der Schautafel.	in Klassenarbeit: verbal und über Folie Schautafel (s. auch Abb. 77)
III. Reflexion	
Vergleich der eigenen Vorstellung vor und nach der Erkundung; Begründen der erfolgten Änderung.	Kreisgespräch
IV. Anwendung	
• Rückgriff auf die Ausgangssituation; Maßnahme zur Durchführung der Reparatur • Der Wasserhahn als Ventil	Klassenarbeit

Wie funktioniert der Wasserhahn?

Diese Frage können wir beantworten, wenn wir das Innere des Wasserhahns betrachten.

a) Meine Vorstellung des Inneren

vor der Untersuchung   nach der Untersuchung

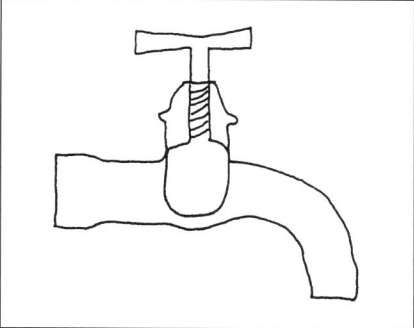   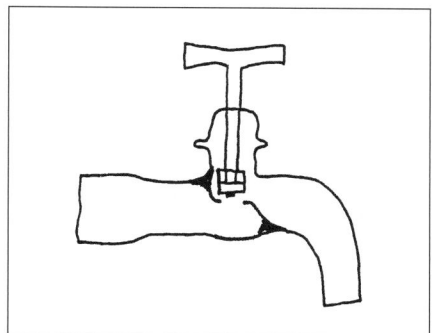

b) So ist der Querschnitt des Wasserhahns in einem Lexikon aufgezeichnet:

① Zulauf
② Spindel
③ Ausfluss
④ Dichtung
⑤ Durchlass

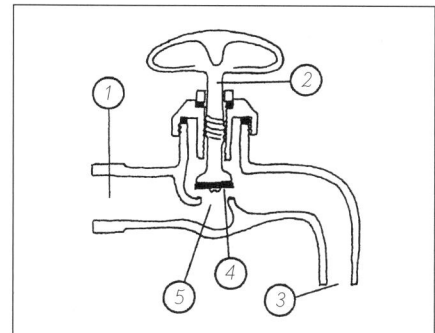

c) Wir beschreiben den Vorgang

Wenn die Spindel ganz nach unten gedreht ist, sitzt die Dichtung fest auf dem Durchlass. Das Wasser beginnt zu fließen, wenn die Spindel nach oben gedreht wird.

Der Wasserhahn ist ein Ventil

Oft müssen Flüssigkeiten oder Gase in einer Leitung gestoppt werden. Die Aufgabe übernimmt ein Ventil.

Notiere auf einem eigenen Blatt noch andere Beispiele.
Verwende dazu auch Bilder.

Abb. 77: Arbeitsblatt zum Thema „Wie funktioniert der Wasserhahn?"

Unterrichtsgang: *Wir erkunden den Beruf des Bäckers,* 3. Jahrgangsstufe

Vorzeigen verschiedener Backwaren; Mitteilen von Erfahrungen der Kinder; Ankündigung einer Erkundung des Bäckereibetriebs.

Vorbereitung

1. Aufbau einer Motivation

2. Formulieren von Fragen

3. Organisation
Bildung von Gruppen

4. Präzisierung des Vorhabens
(Zielsetzungen)

Beispiele:
Wie lange gibt es die Bäckerei schon?
Gefällt Ihnen die Arbeit?
Wie lange müssen Sie arbeiten?
Wie viel Geld nehmen Sie an einem Tag ein?
Wofür müssen Sie das eingenommene Geld wieder ausgeben?
Wie viele Leute sind in Ihrer Bäckerei beschäftigt?
Welche Maschinen werden in dem Betrieb verwendet?
Wie alt sind die Maschinen, die in der Bäckerei verwendet werden?
Wie viele Brote stellen Sie an einem Tag her?
Welche Brotsorten werden bei Ihnen verkauft?
Welche Arbeiten müssen Sie durchführen?
Wohin liefern Sie die Semmeln und Brote, die bei Ihnen gebacken werden?

Durchführung

1. Wiederholung der Aufgabenstellungen

2. Hinweise zum Verhalten; Sicherheitsmaßnahmen

3. Besuch der Bäckerei; Arbeit an den Aufgabenstellungen

Auswertung

1. Darstellung der Ergebnisse
Die einzelnen Gruppen stellen die Ergebnisse ihrer Arbeit an Stationen vor; Information im Stationen-Betrieb

Beispiele:
a) Praktische Arbeit
Herstellung von Kräutersemmeln oder Vollkornteilchen (Zutaten, Abwiegen und Zubereiten des Teigs, Gehenlassen, ...);

b) Weiterführende Themen
Verschiedene Getreidesorten;
Brotbacken bei den Ägyptern;

c) Fächerverbindend
Redensarten;
Rechnen mit Größen.

2. Klärung
Überprüfung der Ergebnisse auf Richtigkeit und Verständlichkeit; ggf. Ergänzungen

3. Fixierung der Ergebnisse
Entscheidung über die endgültige Darstellung – inhaltlich und formal (z. B. wie Abb. 78)

Weiterführung

z. B. Praktische Arbeit; Informationen zu weiteren Aspekten

Gruppe 1: Backstube (Maschinen, Einrichtung, Tätigkeiten)
Gruppe 2: Bäckerladen (Einrichtung, Brotsorten, Semmelsorten, Kleingebäck)
Gruppe 3: Lageskizze anfertigen (Bäckerladen mit Eingang, Backstube, Lagerraum)
Gruppe 4: Fotos machen (Schaufenster, Backstube, Bäckerladen, Lkw, Angestellte)
Gruppe 5: Interview durchführen (Bäcker und Angestellte)

Beispiel Niederschrift

Unser Unterrichtsgang zum Bäckermeister Biber

In der Bäckerei Biber arbeiten insgesamt sechs Personen. Die Chefin ist Frau Martha Biber. Ihre beiden Söhne sind Bäckermeister. Sie stehen um halb vier Uhr auf. Ihre Arbeitszeit beginnt um vier Uhr und endet um ein Uhr mittags. Außerdem sind noch ein Bäckergeselle und eine Auszubildende beschäftigt. Sie backen Sesam-, Mohn-, Kümmel- und Vitalsemmeln, Vollkornstangerl, Brezen, Vinschgauer, Krusties und Hörnchen. Es gibt acht Sorten Brot und verschiedene Kuchen. Für den Semmelteig nehmen die Bäcker Mehl, Hefe und Wasser, Butter und Malzmehl. Es werden insgesamt 3000 Semmeln am Tag gebacken. Dazu werden die Teigknetmaschine, die Semmelschleifmaschine, die Stüpfelmaschine und ein Backofen mit zwölf Blechen benutzt.

Wir backen Semmeln

Bei einem Frühstück schmecken selbstgebackene Semmeln besonders gut.

1. Wir wählen ein Rezept aus

Zutaten für Kräutersemmeln: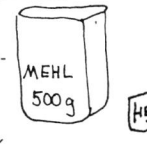

500 g Mehl, 30 g Hefe

1 Esslöffel Zucker

ein Viertel Liter Milch

Salz, Pfeffer, Muskat

3 Esslöffel frisch gehackte Kräuter

2. Wir stellen den Teig her
Das Mehl schütte ich auf die saubere Arbeitsplatte. Die Hefe wird zerbröselt und mit Zucker und etwas Milch verrührt. Diese Mischung gebe ich in eine kleine Grube im Mehl. Nun wird alles vermischt. Es kommen noch Schnittlauch, Petersilie und Dill dazu. (in Partnerarbeit erstellt)

3. Arbeitsgänge
den Teig kneten – Teile abstechen – die Teile zu Semmeln formen – die Semmeln ruhen lassen – die Semmeln backen

4. Wir backen die Semmeln
25 Minuten
200 Grad

Abb. 78: Material für einen Hefteintrag zum Thema „Wir backen Semmeln"

4.3.6 Lernbereich „Natur" – Belebte Natur

Situation des Kindes

- „Die Unterscheidung zwischen Lebewesen und Nicht-Lebewesen bringen Grundschulkinder bereits mit, sie wird möglicherweise schon im Säuglingsalter erworben. Dabei ist für Kinder zu Beginn der Grundschuljahre noch die Fähigkeit zu autonomer Bewegung das entscheidende Kriterium für Lebendigkeit, weshalb Pflanzen für sie noch nicht zur Kategorie der Lebewesen gehören" (Hasselhorn/Mähler 1998, S. 79).

- „Tiere werden von jüngeren Grundschulkindern als Wesen mit bestimmten Verhaltenseigenschaften aufgefasst, erst im Laufe der Grundschuljahre kommt ein Verständnis biologischer Eigenschaften (zum Beispiel Atmung, Verdauung, Reproduktionsfähigkeit) hinzu. Erst mit 10 Jahren werden Menschen, Tiere und Pflanzen zum Konzept ‚Lebewesen' zusammengefasst" (a. a. O., S. 79 f.).

- „Die kindliche, animistisch-anthropomorph getönte Beziehung zu den Dingen der Welt, also auch zu Pflanzen und Tieren, kann in eine symbolische Beziehung verwandelt werden, in der die Spuren animistischer, anthropomorpher Weltinterpretation noch enthalten sind, die aber nicht im Gegensatz zu objektiver Erkenntnis stehen muss" (Gebhard 1997, S. 61).

Grundsätze

1. Unmittelbare Naturbegegnung

Die vorhandenen Möglichkeiten zur unmittelbaren Begegnung mit der lebendigen Natur sollen stets genutzt werden. Dies motiviert zur Sachauseinandersetzung, stellt einen emotionalen Bezug zur Natur her und ist eine wesentliche Methode der Informationsgewinnung. Das Lebewesen sollte nicht auf das Zweckhafte der Erkenntnisbildung reduziert werden; es hat einen Eigenwert als Vertreter des Lebendigen.

2. Artenkenntnis und biologische Einsichten

Den einzelnen Erscheinungen der lebendigen Natur einen Namen zu geben, trägt zu einer Verbindung mit der Natur bei. Durch die Kenntnis von Details des Phänomens wächst die Wertschätzung des lebendigen Individuums. Die einzelnen Wahrnehmungen führen schließlich zu Einsichten mit allgemeinem Charakter (z. B. nach der Untersuchung verschiedener Löwenzahnexemplare: „Pflanzen der gleichen Art können eine sehr unterschiedliche Wuchsform haben"). „Das Offensichtliche schlägt uns mit Blindheit, da wir Bestimmtes zu sehen erwarten. Wahrnehmung ist nicht zuletzt eine Angelegenheit von Erfahrung. Sie erwächst aus Achtung, nämlich Stetigkeit im Achthaben auf alles was vorgeht" (Zacharias 1998, S. 115).

3. Die Verantwortlichkeit des Menschen

Die Natur trägt in sich einen Eigenwert. Dem Menschen fällt die „besondere Verantwortung zu, das Interesse des Ganzen stellvertretend zu wahren" (Meyer-Abich 1984, S. 190). Die Frage nach den Grenzen der Veränderbarkeit der Natur stellt sich in unserer Zeit mit größter Eindringlichkeit. Deshalb ist im Unterricht das Verhalten der Menschen einer Wertung zu unterziehen. Dies geschieht durch eigens ausgewiesene Lerninhalte oder durch mehr offen gestaltete Phasen der Vertiefung und Beurteilung.

Strukturmodell: *„Natur – Belebte Natur"*

Vorbereitungsphase

Interessehaltung wecken

Zurückgreifen auf Erlebnisse einzelner Kinder; Unterrichtsgang; Mitteilen der Ergebnisse von Beobachtungsaufgaben; Vorzeigen von Pflanzen, deren Früchte oder deren Produkte; Vorlesen von Zeitungsberichten; Naturerfahrungsspiele; Vorzeigen von Bildern oder Gegenständen, die als Anregung zum Erfahrungsaustausch dienen; Aufgreifen einer ungeklärten Frage.

Themenstellung

Herausstellen des Problems; Fixieren des Themas oder der Frage.

Informationsphase

Darstellung des Vorwissens

Formulieren von Meinungen zur konkret gestellten Frage; Einbringen des Vorwissens; Darstellung der eigenen Vorstellungen.

Bereitstellen des Materials

Auswählen der Arbeitsmittel; Bereitlegen der mitgebrachten Pflanzen; Hinweisen auf die Besonderheiten des Mediums (z. B. Wie die Filmaufnahme gemacht wurde); Planen der Aktivitäten; Festlegen der Beobachtungs- bzw. Erkundungsaufgaben.

Informationsgewinnung

Entstehung eines Gesamteindrucks (mehrere Zugänge); ggf. Mitteilen des Eindrucks (des Angemutet-Seins); Zerteilen von Pflanzen, deren Samen oder Früchten (Aufbau- oder Bestandteile); Gegenüberstellen unterschiedlichen Verhaltens zu Tieren (Pflanzen); Unterscheiden verschiedener Tier- bzw. Pflanzenarten (Kennübungen); Ansetzen von Versuchen; Auswerten von Langzeitbeobachtungen; Betrachten eines Filmausschnitts (Präparats) und Bearbeitung gemäß Leitfragen; Fixierung der Beobachtungen oder Überlegungen.

Auswertungsphase

Mitteilen der Ergebnisse; Ordnen der Einzeldaten; Darstellen der Beobachtungen in einem Schema; Finden zutreffender Begriffe; Fachbegriffe klären; Verbalisieren von Zusammenhängen (Einzelteile, Abhängigkeiten, Zuordnungen, Aufgaben); Klären der Problemfrage; Diskussion über das richtige Verhalten; Deutungen begründen; erarbeitete Vorstellungen bewusst machen.

Vertiefung

Einbringen eines neuen Aspekts (Naturschutz, Verhalten des Menschen, Bedeutung für den Menschen); Ausweitung auf ähnliche Beispiele; Erklären des Vorgangs am Modell; Versprachlichen einer Schemazeichnung; die Veränderung der eigenen Vorstellung darlegen.

Unterrichtsbeispiel:

*„Aus dem Leben einer Amselfamilie:
Die jungen Amseln schlüpfen und
werden versorgt",*
3. Jahrgangsstufe

I. Vorbereitung

1. Anknüpfung

Impulse: Wir haben in unserer Hecke einige Beobachtungen über die beiden Amseln machen können.
Von unseren Fragen (Anm.: die zu Beginn der Sequenz gesammelt wurden) haben wir schon mehrere beantworten können.

2. Überleitung zum neuen Thema

Wir dürfen jetzt die Amseleltern beim Brüten nicht stören. *Impuls:* Bald wird sich aber einiges ereignen, das für die Amselfamilie ganz wichtig ist.

3. Problemstellung

Wir werden prüfen, ob alles richtig ist, was wir vermuten.
Aufstellen von Fragen und Eingrenzung auf zwei Leitfragen: a) Wie kommen die Amseln zur Welt? und b) Wie werden die Amseln größer?

4. Zielangabe

Zu diesen beiden Fragen ist auf den Gruppentischen Material vorbereitet. Wir werden damit versuchen, unsere Fragen genau zu beantworten.

5. Organisation

Das Material wird vorgezeigt und der Ablauf der Vorgehensweise erläutert.

II. Informationen gewinnen

1. Sammeln

Die Kinder informieren sich mit Hilfe des bereitgestellten Materials (Original oder in Kopien): Schulbücher zum Sachunterricht; Kinderzeitschriften oder Ausschnitte daraus; einschlägige Kindersachbücher; Bildmaterial; ggf. Dias; *Benützung des Internets; ggf. Betrachten eines Videofilms.*

2. Darstellen

Die Kinder teilen ihre gewonnenen Informationen (mündlich, schriftlich oder in Bildern) mit.

3. Prüfen und Festlegen von Ergebnissen

Diskussion der vorgestellten Informationen; an ausgewählten Beispielen werden die Vorstellungen der Kinder erläutert, begründet und aufgezeigt; ggf. Modifizierung und Korrektur der Darstellungen (dabei Beachtung der begrifflichen, sachlichen und sprachlichen Richtigkeit); Begründen der als richtig akzeptierten Ergebnisse; Reflexion der Vorgehensweisen und individuelle Äußerungen zum hinzugewonnenen Wissen.

III. Sicherung

In Partnerarbeit formulieren die Kinder Aufgabenstellungen und Fragen, die anschließend vorgetragen werden.
Beispiele: Versuche zu beschreiben, wie die Amseljungen nach dem Schlüpfen aussehen.
Warum müssen die jungen Amseln im Nest gefüttert werden?
Was geschieht mit den leeren Eischalen?
Was tun die Jungvögel, wenn sie hungrig sind?
Welche Nahrung holen die Amseleltern?
Wie füttern die Amseleltern die Jungen?
Was passiert mit dem Kot?
Wie nennt man die Vögel, die nach dem Schlüpfen von den Vogeleltern versorgt werden müssen?

IV. Weiterführung

Festlegung der folgenden thematischen Arbeit;
Überlegungen zur Veröffentlichung der Ergebnisse (s. Abb. 79).

Die jungen Amseln schlüpfen und werden versorgt

a) Die Amseljungen schlüpfen

<u>Mit ihrem Schnabel brechen die jungen Amseln die Schale auf.</u> 1

Das geschieht zwei Wochen nach dem Eierlegen.

<u>Die jungen Amseln sind nackt und blind; sie sind hilflos.</u> 2

Sie sind Nesthocker: Sie können nicht fliegen, sehen und Nahrung suchen.

Die Amselmutter trägt die leeren Eierschalen weg.

b) Die Amseleltern versorgen die Jungen

<u>Die Jungen sind hungrig und sperren die Schnäbel weit auf.</u> 3

Beide Elternvögel holen das Futter herbei. Das Futter sind Würmer, Käfer und andere kleine Insekten.

<u>Die Eltern füttern</u> 3, wärmen und <u>beschützen die Jungen und reinigen das Nest.</u>

<u>14 Tage nach dem Schlüpfen haben die Jungvögel alle Federn. Aber Schwanz und Flügel sind noch etwas kurz.</u> 4 Sie probieren jetzt das Fliegen.

Abb. 79: Material für ein Tafelbild zum Thema: Die jungen Amseln schlüpfen und werden versorgt.

4.3.7 Lernbereich Natur – Unbelebte Natur

Situation des Kindes

● „Oft gibt sich besonders das jüngere Grundschulkind mit phänotypischen Analogien als Quelle des Verstehens zufrieden, aber spätestens ab dem dritten Schuljahr ist das Bedürfnis nach genotypischer Analogisierung unübersehbar. Die Schüler ruhen nicht, bis sie ‚dahinter gekommen‘ sind, worin die Entsprechungen liegen, wenn es um das Vergleichen von Phänomenen geht" (Spreckelsen 1997, S. 117).

● „Schon Säuglinge ‚wissen‘ bzw. erwarten, dass materielle Objekte dauerhaft existieren …, dass sie aus solider Substanz bestehen und Effekten wie der Schwerkraft und Trägheit unterliegen … Es stellte sich heraus, dass die physikalischen Vorstellungen von Schulanfängern und jüngeren Grundschulkindern gänzlich unvereinbar mit Konzepten von Erwachsenen sind. Viele Kinder differenzieren nämlich nicht zwischen Gewicht und Dichte und auch nicht zwischen Luft und Nichts … Erst mit etwa 12 Jahren sind die physikalischen Vorstellungen von Kindern mit denen Erwachsener kompatibel" (Hasselhorn/Mähler 1998, S. 80 f.).

Grundsätze

1. Handeln und Denken

„Die Erarbeitung einer weiterführenden Einsicht geschieht … wesentlich im *Gespräch* und im *erkundenden Handeln* (i. O. jeweils kursiv, Anm. d. Verf.), das Phasen des ruhigen Anschauens, des Staunens, des Spiels mit Gedanken einschließt und in dessen Verlauf Ideen ausgetauscht und erprobt, Experimente entworfen und durchgeführt und Vermutungen überprüft werden … In diesem Such- und Erkundungsprozess werden im Diskurs, der Denken und Handeln verbindet, Vorstellungen aufgebaut oder korrigiert, Übereinkünfte hergestellt und kritisch bewertet und schließlich Ergebnisse festgehalten" (Köhnlein 1998, S. 41).

Konsequenzen: Möglichkeiten zum Beobachten, Betrachten, Untersuchen, Hantieren und Erproben; Erklären von Funktionen und Zusammenhängen; Schlussfolgerungen ziehen; Diskussion über die Entwicklung der eigenen Vorstellungen.

2. Die Funktion des Tuns bewusst machen

Ein besonderer Akzent der Verbindung von Handeln und Denken ergibt sich, wenn den Schülerinnen und Schülern der Sinn der einzelnen Tätigkeiten bei der Erkenntnisgewinnung bewusst gemacht wird. Dadurch wird eine naturwissenschaftliche Arbeitshaltung angebahnt. Jedoch wird dabei nicht der naturwissenschaftliche Erkenntnisweg vermittelt, sondern es werden die einzelnen Aktivitäten in ihrem Wirkungszusammenhang geklärt.

3. Zusammenhänge herstellen

Zunächst werden dem Kind die Bezugspunkte der Erkenntnis zu den Erscheinungen in der Umwelt aufgedeckt; es kann bemerken, dass die bereits erfahrenen Tatsachen (zwar einfach oder auch nur vordergründig) erklärt werden können. Funktionszusammenhänge werden erschlossen (z. B. Je flacher der Einfallswinkel des Lichts, desto länger wird der Schatten), Modelle werden gebildet (z. B. der Kreislauf des Wassers) und größere physikalische Zusammenhänge werden erkannt (z. B. Kräfte können umgewandelt werden).

Strukturmodell: *„Natur – Unbelebte Natur"*

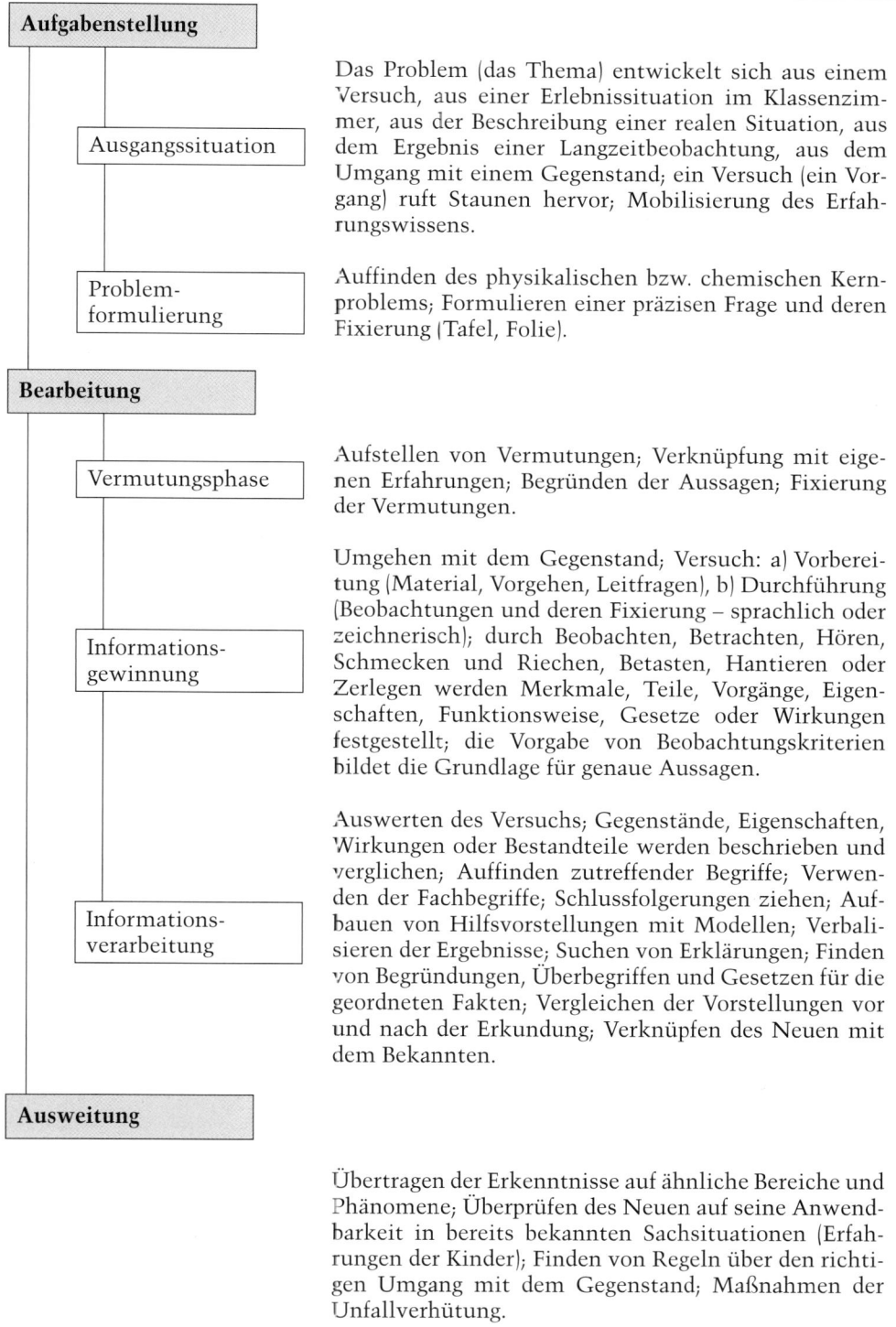

Aufgabenstellung	
Ausgangssituation	Das Problem (das Thema) entwickelt sich aus einem Versuch, aus einer Erlebnissituation im Klassenzimmer, aus der Beschreibung einer realen Situation, aus dem Ergebnis einer Langzeitbeobachtung, aus dem Umgang mit einem Gegenstand; ein Versuch (ein Vorgang) ruft Staunen hervor; Mobilisierung des Erfahrungswissens.
Problem-formulierung	Auffinden des physikalischen bzw. chemischen Kernproblems; Formulieren einer präzisen Frage und deren Fixierung (Tafel, Folie).
Bearbeitung	
Vermutungsphase	Aufstellen von Vermutungen; Verknüpfung mit eigenen Erfahrungen; Begründen der Aussagen; Fixierung der Vermutungen.
Informations-gewinnung	Umgehen mit dem Gegenstand; Versuch: a) Vorbereitung (Material, Vorgehen, Leitfragen), b) Durchführung (Beobachtungen und deren Fixierung – sprachlich oder zeichnerisch); durch Beobachten, Betrachten, Hören, Schmecken und Riechen, Betasten, Hantieren oder Zerlegen werden Merkmale, Teile, Vorgänge, Eigenschaften, Funktionsweise, Gesetze oder Wirkungen festgestellt; die Vorgabe von Beobachtungskriterien bildet die Grundlage für genaue Aussagen.
Informations-verarbeitung	Auswerten des Versuchs; Gegenstände, Eigenschaften, Wirkungen oder Bestandteile werden beschrieben und verglichen; Auffinden zutreffender Begriffe; Verwenden der Fachbegriffe; Schlussfolgerungen ziehen; Aufbauen von Hilfsvorstellungen mit Modellen; Verbalisieren der Ergebnisse; Suchen von Erklärungen; Finden von Begründungen, Überbegriffen und Gesetzen für die geordneten Fakten; Vergleichen der Vorstellungen vor und nach der Erkundung; Verknüpfen des Neuen mit dem Bekannten.
Ausweitung	
	Übertragen der Erkenntnisse auf ähnliche Bereiche und Phänomene; Überprüfen des Neuen auf seine Anwendbarkeit in bereits bekannten Sachsituationen (Erfahrungen der Kinder); Finden von Regeln über den richtigen Umgang mit dem Gegenstand; Maßnahmen der Unfallverhütung.

Unterrichtsskizze: *„Weshalb kann das Thermometer die Temperatur anzeigen?",*
2. Jahrgangsstufe

Artikulation/ Inhalt	Methodische Hinweise/ *ggf. Didaktischer Kommentar*
I. Anknüpfung	
1. Gelegenheiten, bei denen es wichtig ist, die Temperatur zu wissen.	Klassenarbeit *Bewusstmachen des Vorwissens*
2. Verschiedene Thermometer	
II. Problemstellung	
1. Formulierung der Frage An den Gruppentischen ist Material vorbereitet. Damit können wir versuchen, eine besondere Frage zu beantworten.	Impuls (TA, Überschrift; s. Abb. 80)
2. Abgrenzung Wir betrachten nur Thermometer, die eine Flüssigkeit als Anzeige haben.	*Thematische Beschränkung, um eine Überschaubarkeit herbeizuführen*
III. Problemlösung	
1. Teil: Verhalten der Thermometerflüssigkeit	
a) Vermutungen	S äußern Vermutungen, dazu TA
b) Versuchsplanung	*Festlegen der Vorgehensweise*
c) Versuchsdurchführung Arbeitsaufträge: 1. Erwärme die Flüssigkeit. Was beobachtest du? Schreibe deine Beobachtungen in einem Satz auf. (Verwende „Wenn – dann") Analog: 2. Kühle die Flüssigkeit ab …	(Markierungen mit Filzstift)
d) Versuchsauswertung	(TA, s. Punkt 2!)
2. Teil: Modellbildung	
a) Erweiterung der Fragestellung Können wir uns einen Grund denken, weshalb sich die Flüssigkeit so verhält?	Frage
b) Entwicklung von Vorstellungen	Gruppenarbeit
c) Vermittlung eines gedanklichen Modells	Diskussion, TA (s. Punkt 3!)
IV. Vertiefung	
Ausnahme: Das Wasser ist eine Flüssigkeit, die beim Abkühlen zu Eis wird. Dabei dehnen sich die (Wasser-) Teilchen aus.	

Weshalb kann das Thermometer die Temperatur anzeigen?

1. Das haben manche Kinder schon beobachtet:

   Wenn sich die Temperatur verändert,
   steigt oder fällt die Flüssigkeit.

2. Wir machen einen Versuch

   a) Die Flüssigkeit wird
   erwärmt.

   b) Die Flüssigkeit wird
   abgekühlt.

Wenn die Flüssigkeit erwärmt wird,
dann steigt sie im Glasröhrchen.

Wenn die Flüssigkeit abgekühlt wird,
dann sinkt sie im Glasröhrchen.

3. Wie können wir das erklären?

   Wenn die Temperatur steigt,
   dehnen sich Flüssigkeiten aus.

   Wenn die Temperatur sinkt,
   ziehen sich Flüssigkeiten zusammen.

Beim Erwärmen bewegen sich
die Teilchen stärker und brauchen deshalb mehr Platz.

Beim Abkühlen bewegen sich
die Teilchen weniger und
brauchen deshalb weniger Platz.
Ausnahme: Wasser wird zu Eis.

Abb. 80: Material für ein Tafelbild zum Thema: „Weshalb kann das Thermometer die Temperatur anzeigen?"

4.4 Sport

Informationen zum Fach Sport

1. Unterrichtsgegenstand

Bewegung, Spiel und Sport sind unverzichtbare Bestandteile der Bildung und Erziehung der Schüler.

Schulsport: Zum Schulsport gehören der Sportunterricht als Kernstück und außerunterrichtliche Formen (z. B. Arbeitsgemeinschaften) (vgl. Müller 2000, S. 232).

Sporterziehung meint sowohl die Erziehung zum Sport, als auch Erziehung durch den Sport. Sporterziehung leistet einen wichtigen Beitrag zur Gesundheits- und Gemeinschaftserziehung der Kinder. Durch die vielfältigen interaktiven Handlungsmöglichkeiten werden soziale Kompetenzen gefördert.

Bewegungserziehung: Eine in allen Fächern zu konkretisierende, die Lernbereiche übergreifende und auch den außerunterrichtlichen Bereich einschließende umfassende Aufgabe der Grundschule. Bewegung ist Erfahrungsorgan und Gestaltungsinstrument. „Über Bewegung können die Kinder die Welt erleben, erfahren, erkennen und gleichzeitig formen und gestalten" (a. a. O., S. 233).

2. Entwicklungsmerkmale beim Grundschulkind

a) Die Merkmale der motorischen Entwicklung

„Ein wesentliches Merkmal ... ist die Verbesserung der peripheren Handlungsvollzüge, d. h. die Verbesserung der Koordination von Armen und Beinen. Der 7- und 8-jährige Schüler ist noch nicht in der Lage, scharf umgrenzte, gezielte Bewegungen mit Beinen, Armen und Händen auszuführen. Das 9- und 10-jährige Kind dagegen kann bereits Bewegungen im peripheren Bereich, die durch eine gezielte Anpassung an Geräte gekennzeichnet sind, bewältigen" (Schneider 1995, S. 4).

b) Die Belastbarkeit der Organe

Motorische Hauptbeanspruchungsformen:

● Ausdauerbelastungen

Wichtig ist die Schaffung einer altersspezifischen Grundlagenausdauer. „Bei der aeroben Ausdauer steht ausreichend Sauerstoff zur oxidativen Verbrennung der Energieträger zur Verfügung, bei der anaeroben Ausdauer ist die Sauerstoffzufuhr aufgrund der hohen Belastungsintensität zur oxidativen Verbrennung unzureichend" (a. a. O., S. 6). Bezüglich der aeroben Ausdauer ist der Organismus eines Grundschülers gleichermaßen belastbar wie der Organismus eines Erwachsenen. Das Kind kann nur im geringen Maße eine Sauerstoffschuld eingehen. Im Sportunterricht sollte der Belastungspuls von Grundschülern den Orientierungswert von 190–200 möglichst nicht überschreiten.

● Kraftbelastungen

Die Trainierbarkeit der Kraft ist in jeder Altersstufe gegeben. Die allseitige Kräftigung des Halte- und Bewegungsapparates ist wichtiger als eine früh einsetzende Spezialisierung.

● Belastung durch Schnelligkeitstraining

Alle Arten der Schnelligkeit- und Reaktionsschulung im aeroben Bereich können durchgeführt werden.

● Belastung durch Training der Bewegungskoordination

Die koordinativen Fähigkeiten entwickeln sich in den ersten Schuljahren zu verschiedenen Zeitpunkten. Aufgrund der außergewöhnlich raschen Entwicklung des Zentralnervensystems ist der Schulung der koordinativen Fähigkeiten besonderes Augenmerk zu widmen. Bewegungs- und Belastungsreize sind für eine optimale Entwicklung des Grundschulkindes unerlässlich.

3. Motorische Fähigkeiten und Fertigkeiten

Die motorischen Fähigkeiten können wie folgt gegliedert werden (vgl. Müller 2000, S. 279):

Koordinativ: Reaktionsfähigkeit, Koppelungsfähigkeit (räumlich-zeitliche und kraftmäßige Koordination von Einzelbewegungen), Differenzierungsfähigkeit, Orientierungsfähigkeit, Gleichgewichtsfähigkeit, Rhythmusfähigkeit

Koordinativ-konditionell: Beweglichkeit, Schnelligkeit

Konditionell: Kraft, Ausdauer

Wir unterscheiden zwischen elementaren motorischen Fertigkeiten (gehen, laufen, springen, steigen, klettern u. a.) und sportmotorischen Fertigkeiten (Handstand, Schlagwurf u.a).

4. Zielsetzungen

- Entwicklung von überdauerndem Interesse und Freude an Bewegung, Spiel und Sport
- Berücksichtigung allgemeiner Entwicklungsbesonderheiten sowie individueller Voraussetzungen
- Kennenlernen einfacher Zusammenhänge zwischen körperlicher Befindlichkeit und sportlicher Aktivität
- Aufbau eines Verantwortungsgefühls sich selbst und anderen gegenüber
- Entwicklung sozialer und integrativer Verhaltensweisen und Regeln des fairen Miteinanders
- Verbesserung des Körpergefühls und des Körperbewusstseins
- Entwicklung eines positiven Selbstwertgefühls über den individuellen Zuwachs an motorischen Fähigkeiten und Fertigkeiten
- Erfassen zunehmend komplexer Spielideen
- Förderung von Anstrengungsbereitschaft, Erfolgszuversicht und Selbsteinschätzung

- Erzielen von Erfolgserlebnissen durch Mut und Selbstüberwindung
- Sorgsamer Umgang mit Geräten, Gebäuden und dem Gelände in der Natur

5. Vollzugsformen der sportlichen Tätigkeit

Verschiedene Vollzugsformen der sportlichen Tätigkeit helfen, die Sache (Bewegung, Spiel und Sport) aufzuschließen. Zwischen den Vollzugsformen gibt es verschiedene Verflechtungsbeziehungen (z. B. erkundendes Üben).

a) Erkunden

Erkunden ist „eine selbstständige Such- und Testhandlung in einer fremden Umwelt bzw. angesichts unbekannter Materialien und Geräte" (Ehni, in Müller 2000, S. 43). Erkunden verlangt selbstständig handelnde Kinder, Offenheit, das Arrangieren entsprechender Situationen mit Neuigkeitsgehalt und Zeit zum Suchen von Lösungen, Ausprobieren, Verändern. Die Lehrkraft kann helfend unterstützen durch das Stellen von problemorientierten Bewegungsaufgaben, durch das Mitmachen und das Aufnehmen von Anregungen der Kinder. Für die Sicherheit der Kinder trägt er die Verantwortung.

Beispiele für das Erkunden:
- Probiert Bewegungsformen am Barren! Holme können unterschiedlich eingestellt werden.
- Wie kann ich mich am besten gegen den Wasserwiderstand bewegen?

b) Üben

„Üben wird … verstanden als wiederholter Vollzug von Bewegungshandlungen, der auf Leistungssteigerung gerichtet ist und didaktisch begleitet wird … Ziel des Übungsprozesses ist die Ausbildung motorischer Handlungskompetenz" (a. a. O., S. 43).

c) Spielen

„Spielen setzt bereits Bekanntes voraus, das in unterschiedlichen Varianten angewendet und gestaltet werden kann und dadurch neue, unbekannte Dimensionen erschließt, woraus die Lust am Spielen erwächst. Spielen ... steht in einem engen Zusammenhang mit dem Anwenden des Bekannten und dem Gestalten" (a. a. O., S. 85). Spielen in diesem Begriffsverständnis erfordert für die Realisierung Offenheit, Freiwilligkeit und Wechsel zwischen Spannungserzeugung und -lösung. Geeignet sind vor allem Sportspiele, bei denen Taktik und Technik in spielerischer Form entwickelt werden und spielstarke und spielschwache Kinder Erfolgserlebnisse haben.

d) Wetteifern

Unter der sportlichen Tätigkeit Wetteifern versteht man das Vergleichen von Gekonntem, gebunden an einem Maßstab, der auf sich selbst bezogen sein kann oder auf den Vergleich mit anderen. Wetteifern kann in diesem Sinne die Kinder aktivieren, motivieren sowie Spannung und Freude über die erbrachte Leistung hervorrufen (vgl. a. a. O., S. 92).

Didaktische Grundsätze

1. Vielfalt an Körperübungen nutzen

Vielfalt begünstigt das Finden individueller Zugänge zu Bewegung, Spiel und Sport.

2. Offene Situationen schaffen, Probleme lösen lassen

Vor allem Erkunden und Spielen erfordern lösungsoffene Aufgabenstellungen und die Neugier und Experimentierfreudigkeit der Kinder. Dabei gilt es zu bedenken, dass sinnvolle Grenzen gemeinsam abgesprochen werden und auf deren konsequente Einhaltung geachtet wird (Bewegungsraum, Bewegungshandlungen, soziale Verhaltensweisen, Rituale). Im Problemlösungsprozess sollte die Lehrperson nicht zu früh eingreifen. Sie kann beraten, unterstützen, an Bekanntes erinnern und motivieren.

3. Differenzieren und Individualisieren, Wahlmöglichkeiten anbieten

Die Wahlangebote dürfen nicht ein ständiges Ausweichen von Schwierigkeiten zulassen.

4. Bewegungs- und Körpererfahrungen thematisieren

„Körpererfahrungen bezeichnen die Summe von Wahrnehmungen und Empfindungen bezogen auf den Körper und die Bewegung" (a. a. O., S. 178).
Beispiele: Das „Innere" des Körpers erspüren, Körperkontakte herstellen

5. Ästhetische Akzente setzen

- Improvisieren und Gestalten
  Das Gestalten beinhaltet individuellen Ausdruck, Improvisation und das Erfinden origineller Bewegungskunststücke.
- Bewegungsharmonie, Bewegungsrhythmus und Bewegungsfluss stehen in engem Zusammenhang mit dem Bewegungskönnen.

6. Mit der sportlichen Leistung pädagogisch umgehen

Literatur:

Müller, Christina: Schulsport in den Klassen 1 bis 4. Academia Verlag, Sankt Augustin 2000

Strukturmodell

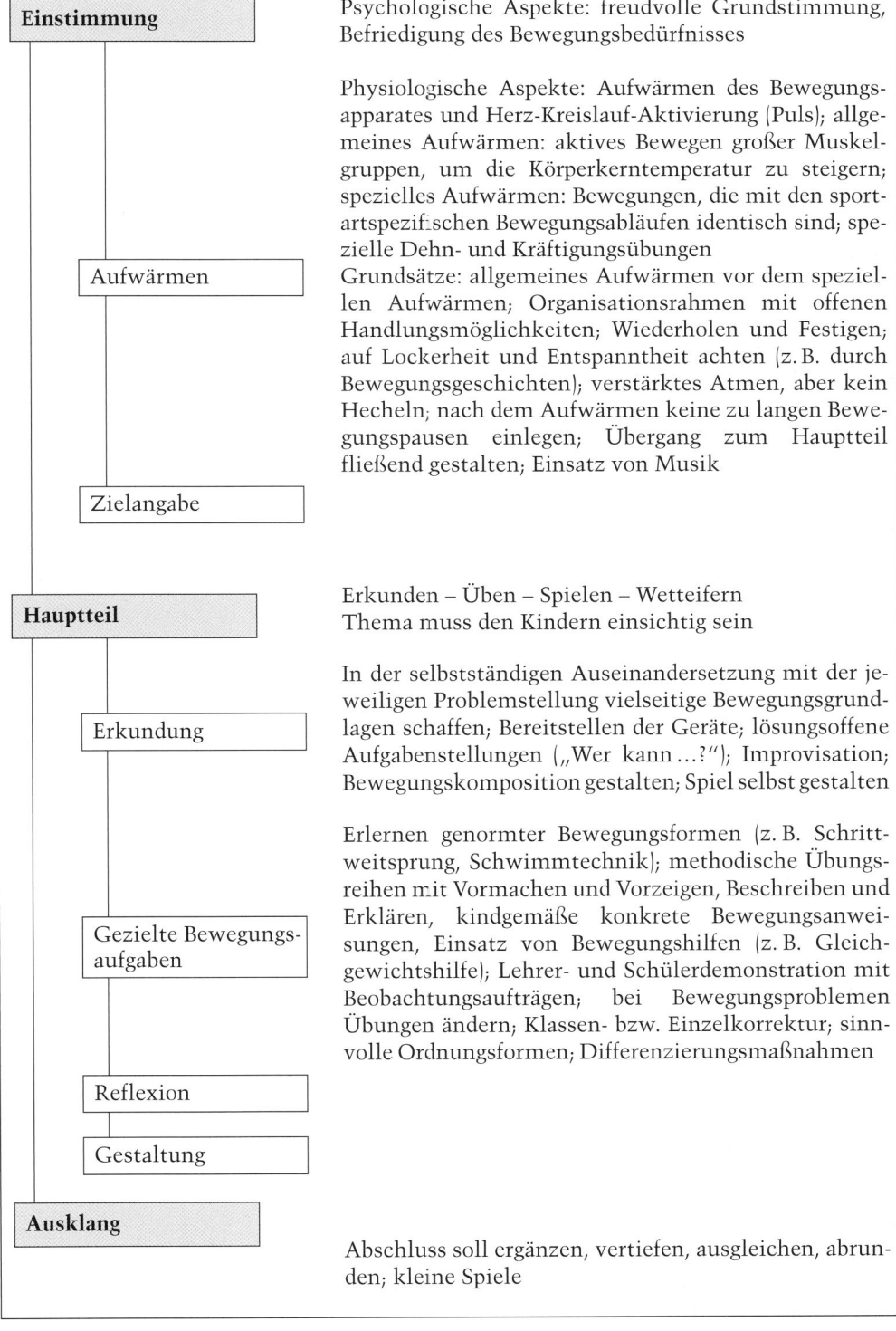

Einstimmung	Psychologische Aspekte: freudvolle Grundstimmung, Befriedigung des Bewegungsbedürfnisses
	Physiologische Aspekte: Aufwärmen des Bewegungsapparates und Herz-Kreislauf-Aktivierung (Puls); allgemeines Aufwärmen: aktives Bewegen großer Muskelgruppen, um die Körperkerntemperatur zu steigern; spezielles Aufwärmen: Bewegungen, die mit den sportartspezifischen Bewegungsabläufen identisch sind; spezielle Dehn- und Kräftigungsübungen
Aufwärmen	Grundsätze: allgemeines Aufwärmen vor dem speziellen Aufwärmen; Organisationsrahmen mit offenen Handlungsmöglichkeiten; Wiederholen und Festigen; auf Lockerheit und Entspanntheit achten (z. B. durch Bewegungsgeschichten); verstärktes Atmen, aber kein Hecheln; nach dem Aufwärmen keine zu langen Bewegungspausen einlegen; Übergang zum Hauptteil fließend gestalten; Einsatz von Musik
Zielangabe	
Hauptteil	Erkunden – Üben – Spielen – Wetteifern Thema muss den Kindern einsichtig sein
Erkundung	In der selbstständigen Auseinandersetzung mit der jeweiligen Problemstellung vielseitige Bewegungsgrundlagen schaffen; Bereitstellen der Geräte; lösungsoffene Aufgabenstellungen („Wer kann ...?"); Improvisation; Bewegungskomposition gestalten; Spiel selbst gestalten
Gezielte Bewegungs-aufgaben	Erlernen genormter Bewegungsformen (z. B. Schrittweitsprung, Schwimmtechnik); methodische Übungsreihen mit Vormachen und Vorzeigen, Beschreiben und Erklären, kindgemäße konkrete Bewegungsanweisungen, Einsatz von Bewegungshilfen (z. B. Gleichgewichtshilfe); Lehrer- und Schülerdemonstration mit Beobachtungsaufträgen; bei Bewegungsproblemen Übungen ändern; Klassen- bzw. Einzelkorrektur; sinnvolle Ordnungsformen; Differenzierungsmaßnahmen
Reflexion	
Gestaltung	
Ausklang	Abschluss soll ergänzen, vertiefen, ausgleichen, abrunden; kleine Spiele

Unterrichtsbeispiel: *Spielen mit Hand und Ball,* 3./4. Jahrgangsstufe
„Bockball" ... (Problemorientierter Sportunterricht)

Didaktische Hinweise: Das Spielen mit Bällen beruht vor allem auf Spielideen als Grundlage und auf darauf bezogene Vereinbarungen. Diese regeln Einzelheiten von Spielabläufen und der Spielgestaltung. Durch das Angebot von offenen Lernsituationen können die Kinder Regeln selbst entwickeln. Die Reflexionsphasen finden im Gesprächskreis statt (Ritual).

Organisation	Struktur/Inhalt	Unterrichtsziele
Bälle	I. Einstimmung ● „Ball im Korb": S laufen durcheinander, 10–15 Bälle werden immer weitergegeben, S ohne Ball bilden mit ihren Händen einen Korb (in Kopfhöhe oder in Hüfthöhe), vor dem Pass Namen rufen (Druckpass, Bodenpass, mit linker oder rechter Hand)	Allgemeines Erwärmen Gewöhnung an den Ball Bewusstmachen der Fanghaltung
Musik „Mexikanischer Walzer"	● Wiederholung: Freies Erproben zur Musik mit kleiner Komposition (Ball prellen, rollen, werfen, fangen), evtl. unterstützende rhythmisierte Bewegungsanweisung durch den L („Prell-prell-prell und hoch!") ● Zielangabe	Musik und Ball als Bewegungsanregung im Raum nutzen
	II. Hauptteil *Spielreihe „Spielen mit Hand und Ball"* *1. Vorbereitende Arbeit im Deutschunterricht* Auswertung des folgenden Auftrages auf Plakat: *Diese Kinder haben ein neues Spiel erfunden. Könnt ihr euch denken, wie es geht? Ihr müsst noch Regeln vereinbaren, damit es euer Spiel wird.* ● *Schreibt sie auf!* ● *Erfindet einen Namen für das Spiel!* Anknüpfung: Spontane Äußerungen zu dieser regelbedürftigen Situation	Spielidee als Grundlage erfassen Finden eigener Vereinbarungen

Organisation	Struktur/Inhalt	Unterrichtsziele
Geräte (Böcke, Medizinbälle, Bälle nach Wahl)	*2. Erstes Erproben des Spiels nach den vereinbarten Regeln* (Kinder möglichst bald spielen lassen!) ● Gruppenbildung ● Geräteaufbau in Gruppen ● L beobachtet genau und hilft bei Problemen Reflexionsphase (1): ● Besprechung der Regeln und der Bezeichnung des Spiels (z. B. „Bockballschießen") ● erste Probleme ansprechen (z. B. „Immer wirfst du!")	Entwickeln einer Spielreihe Grundtechniken des Werfens und Fangens anwenden
Plakat (zusammengefasste Regeln)	*3. Spielphase* Reflexionsphase (2): ● kurze Stellungnahme zum Spiel ● Anregungen der anderen Gruppen aufnehmen (z. B. kein Laufen mit dem Ball)	
Unser Spiel heißt „Bockballschießen". Wir halten uns an folgende Regeln: 1. Es spielen 6–10 Spieler 2. Der Bock steht in der Kreismitte. 3. Der Spieler im Kreis darf den Medizinball nicht berühren. 4. Wer den Medizinball abwirft, darf in die Mitte. …	*4. Spielphase: Formen anderer Gruppen werden erprobt* Reflexionsphase (3): Gespräch über Spielregeln: Welche Regeln kommen in allen Gruppen vor und sind besonders wichtig? Welche sind überflüssig und ungenau formuliert? S und L einigen sich auf Regelwerk, alle Gruppen spielen in Zukunft danach, L fasst die Regeln bis zur nächsten Sportstunde zusammen, schreibt sie auf Plakat bzw. kopiert sie für alle Kinder.	Bedeutung und Sinn von Regeln erfahren Bereitschaft und Fähigkeit, Regeln einzuhalten
Musik „Die Roboter" (von Kraftwerk)	III. Ausklang ● Geräte abbauen/Bälle aufräumen ● Gemeinsamer Ruf als Abschlussritual ● Spiel mit Partner: „Roboter"	Kooperation Rhythmusgefühl

4.5 Kunst

Informationen zum Fach Kunst

1. Entwicklung des Faches

In der Kunsterziehung haben sich verschiedene didaktische Konzepte entwickelt, die sich als Musische Bildung, Kunstunterricht, Visuelle Kommunikation oder Ästhetische Erziehung verstehen oder Konzepte, die sich an der Kunsterziehungsbewegung oder der Curriculumtheorie orientieren. Die Entwicklung des Faches ist stark geprägt von der Auseinandersetzung mit dem Kunstbegriff. „Rekonstruiert man den didaktischen Trend dieses Faches in jüngerer Zeit, so hat er zunächst von einem diffusen oder partikularen Verhältnis zur Kunst, häufiger noch zu ,Teilkünsten', in den vierziger und fünfziger Jahren … sodann zu Kunst als dem nicht hinterfragten inhaltlichen Bezugsfeld des Unterrichts geführt, von ca. 1970 an in eine prinzipielle Skepsis, ob Kunst als Überbauphänomen, als elitäres, bürgerliches Mittel- bis Oberschichtphänomen überhaupt oder mit welchen Einschränkungen noch ein legitimer Unterrichtsinhalt … sei" (Otto, in L. Roth 1980, S. 266).

2. Psychologische Hinweise

a) Entwicklung der Bildsprache

Die Kenntnis über die Entwicklung des kindlichen bildnerischen Ausdruck hat Konsequenzen auf Entscheidungen zu Themen, Techniken oder unterrichtliche Vorgehensweisen.

- „Die Entwicklung der kindlichen Bildsprache kann in Phasen eingeteilt werden: Kritzelphase, ca. 2.–4. Lebensjahr; Phase der gegenstandsbezogenen Darstellung unter Vorherrschaft nichtoptischer Züge, ca. 3.–5. Lebensjahr; Phase des ,Naiven Realismus', ca. 5./6.–11./12. Lebensjahr …Wie bei jedem

Entwicklungsprozess sind die Phasen als ein kontinuierlicher Vorgang aufzufassen, in denen Merkmale beider Phasen gleichzeitig vorzufinden sind, bis sich die nachfolgende Phase gefestigt hat" (Bareis 2000, S. 187).

- „Kinder stellen in ihren Bildern all das in der Größe übersteigert, in der Farbe kräftig leuchtend dar, was ihnen an einer Sache oder einem Vorgang besonders wichtig erscheint bzw. was sie emotional stark erlebt haben" (a. a. O., S. 11 f.).

b) Perzepte bilden

„Bei der ersten Begegnung mit einem Bild oder Objekt entwickelt sich ein Prozess, bei dem der Betrachter das, was er sieht, mit seinen Vorstellungen verknüpft. Bei diesem Vorgang handelt es sich um die Bildung eines Perzeptes. Der Betrachter nimmt den Gegenstand also nicht völlig unvoreingenommen wahr, sondern seine Wahrnehmung wird durch bestimmte Vorbedingungen beeinflusst. Jede Person einer Gruppe bildet deshalb zu demselben Bild ein eigenes Perzept" (Ohde/Wiederhold 1994, S. 47).

3. Praktische Hinweise

a) Konkrete Zielvorstellungen formulieren

Die fachliche und didaktische Auseinandersetzung mit dem Motiv, dem bildnerischen Problem, der Technik, dem Alltagsgegenstand oder dem Kunstwerk führt zu unterrichtlichen Zielsetzungen, die konkret zu fassen sind. Diese werden auch für die Kinder deutlich gemacht. *Beispiel:* Arbeitsbereich „Farbe/Farbiges Gestalten": den Ausdruckswert der Farbe Rot durch Aufhellen mit Deckweiß oder durch Abdunkeln mit Schwarz verändern; beim Mischen mit dem Deckweiß beginnen und allmählich das Rot hinzufügen; Bewegungsspuren durch Farbspritzer, -tropfen, -kleckse und Verlaufsspuren erzeugen; die Wirkung der Nass-in-Nass-Technik (weiche Konturen, verschwommen) bei der Aufgabenstellung mit tiefenräumlicher Wirkung einsetzen.

b) Selbstständige Arbeit

Die Kinder erhalten vielfältige Anregungen und Möglichkeiten zur selbstständigen Arbeit.

Beispiele: Erfahrungen mit Stiften, Kreiden, Fingerfarben, Deckfarben, Malwerkzeugen, Maltechniken machen (dazu analog die Arbeitsbereiche Zeichnen, Drucken, Körper, Spiel, Aktion, Medien); eigene Bilder zu Fotos oder Bilderreihen zuordnen; Erkunden von Möglichkeiten der Gestaltung, daraus entwickelt sich ein Erkennen von Gestaltungsprinzipien; Erkennen des bildnerischen Problems; Vergleichen der Gestaltungskriterien mit dem vorliegenden Arbeitsergebnis; Auswählen gelungener Entwürfe; Reflektieren über bildnerische Mittel und Wirkung.

c) Die Bereicherung erfahren

Die Kinder versuchen selbst, innere Vorgänge zu erspüren und in Worten wiederzugeben, z. B. Differenzierung der Empfindungen oder des Ausdrucks; Sensibilisierung der Erlebniswelt; Ausführung neuer Arbeitstechniken; Umgang mit bekannten Materialien für bisher unbekannte Verwendungs- oder Gestaltungszwecke. Das Bewusstmachen einer Bereicherung bezieht sich auf Inhalte, Techniken und Gestaltungsmittel, auf Gefühle und Verstand, auf Wirkungen und Entdeckungen.

d) Leistungsbewertung

Schülerarbeiten können zunächst nach einem Gesamteindruck (etwa nach den Kriterien „ausdrucksvoll" und „ansprechend") geordnet werden. Ein differenziertes und damit pädagogisch vorzuziehendes Feststellungsverfahren stützt sich jedoch auf die Verwendung von Kriterien (die weiter oder enger gefasst werden können). *Beispiele:* Bildaufbau, Gliederung, Formgebung und -differenzierung, Farbwahl, Erfassung des Inhalts, aktionsbetontes Experimentieren und Wirkung, Originalität, Individualität, handwerklich zutreffende und materialgerechte Ausführung, Sauberkeit, Zusammenhang von Idee und Gestaltungsmitteln.

e) Ästhetisches Lernen als kommunikativer Prozess

Bei der Interpretation von Kunstwerken zeigt es sich, dass „es immer noch weitere, auch haltbare, vertretbare Interpretationen des Objektes gibt" (Ohde/Wiederhold 1994, S. 47). Nicht nur im Zusammenhang mit der Kunstbetrachtung sondern auch für den gesamten Bereich des ästhetischen Lernens ist die Verständigung über Wahrnehmungen, Empfindungen, Wirkungen, Vorstellungen, Überlegungen, Deutungen oder Wertungen von Bedeutung. „Erst durch die Kommunikation über die unterschiedlichen, subjektiven Interpretationsansätze lässt sich das Bild bzw. Objekt in seiner Vielperspektivität erschließen. Der hohe subjektive Anteil in der Perzeptbildung darf deshalb nicht unterdrückt werden" (a. a. O., S. 47 f.).

Literatur:

1. Bareis, Alfred: Praxis der Kunsterziehung. 1.–6. Jahrgangsstufe. Auer, Donauwörth 2000, 5. Aufl.
2. Ohde, Melanie / Wiederhold, Karl. A.: Mit Grundschulkindern das Kunstmuseum entdecken. Auer, Donauwörth 1994
3. Urban, Angelika: Eine erste Klasse malt den Blauen Reiter. Von der Werkbetrachtung zum eigenen Gestalten. In: Grundschulmagazin 11–12/2001, S. 13–16

Strukturmodelle: *1. „Gestalten"*

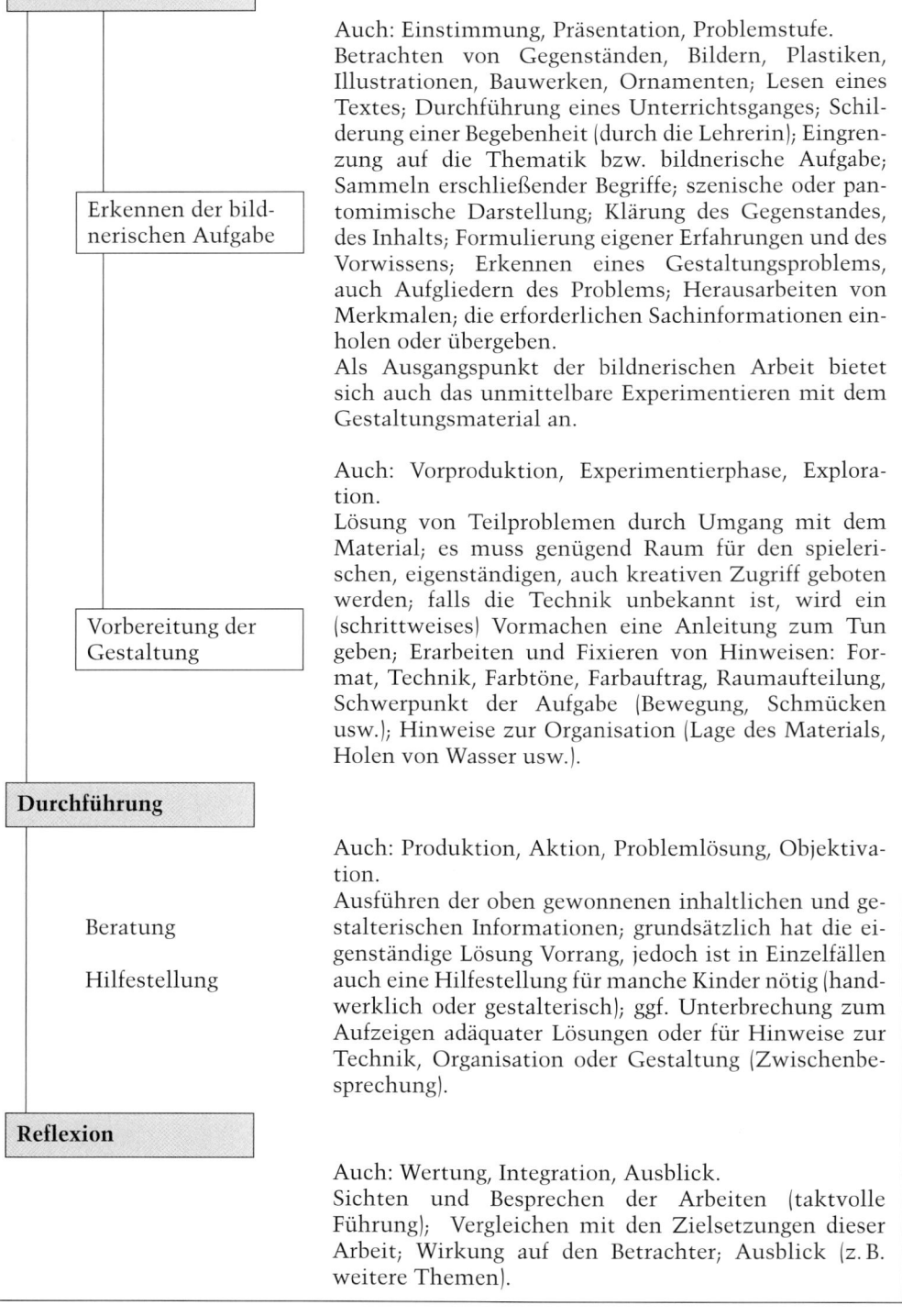

Vorarbeit

Auch: Einstimmung, Präsentation, Problemstufe.
Betrachten von Gegenständen, Bildern, Plastiken, Illustrationen, Bauwerken, Ornamenten; Lesen eines Textes; Durchführung eines Unterrichtsganges; Schilderung einer Begebenheit (durch die Lehrerin); Eingrenzung auf die Thematik bzw. bildnerische Aufgabe; Sammeln erschließender Begriffe; szenische oder pantomimische Darstellung; Klärung des Gegenstandes, des Inhalts; Formulierung eigener Erfahrungen und des Vorwissens; Erkennen eines Gestaltungsproblems, auch Aufgliedern des Problems; Herausarbeiten von Merkmalen; die erforderlichen Sachinformationen einholen oder übergeben.
Als Ausgangspunkt der bildnerischen Arbeit bietet sich auch das unmittelbare Experimentieren mit dem Gestaltungsmaterial an.

Erkennen der bildnerischen Aufgabe

Auch: Vorproduktion, Experimentierphase, Exploration.
Lösung von Teilproblemen durch Umgang mit dem Material; es muss genügend Raum für den spielerischen, eigenständigen, auch kreativen Zugriff geboten werden; falls die Technik unbekannt ist, wird ein (schrittweises) Vormachen eine Anleitung zum Tun geben; Erarbeiten und Fixieren von Hinweisen: Format, Technik, Farbtöne, Farbauftrag, Raumaufteilung, Schwerpunkt der Aufgabe (Bewegung, Schmücken usw.); Hinweise zur Organisation (Lage des Materials, Holen von Wasser usw.).

Vorbereitung der Gestaltung

Durchführung

Auch: Produktion, Aktion, Problemlösung, Objektivation.
Ausführen der oben gewonnenen inhaltlichen und gestalterischen Informationen; grundsätzlich hat die eigenständige Lösung Vorrang, jedoch ist in Einzelfällen auch eine Hilfestellung für manche Kinder nötig (handwerklich oder gestalterisch); ggf. Unterbrechung zum Aufzeigen adäquater Lösungen oder für Hinweise zur Technik, Organisation oder Gestaltung (Zwischenbesprechung).

Beratung

Hilfestellung

Reflexion

Auch: Wertung, Integration, Ausblick.
Sichten und Besprechen der Arbeiten (taktvolle Führung); Vergleichen mit den Zielsetzungen dieser Arbeit; Wirkung auf den Betrachter; Ausblick (z. B. weitere Themen).

2. „Betrachten"

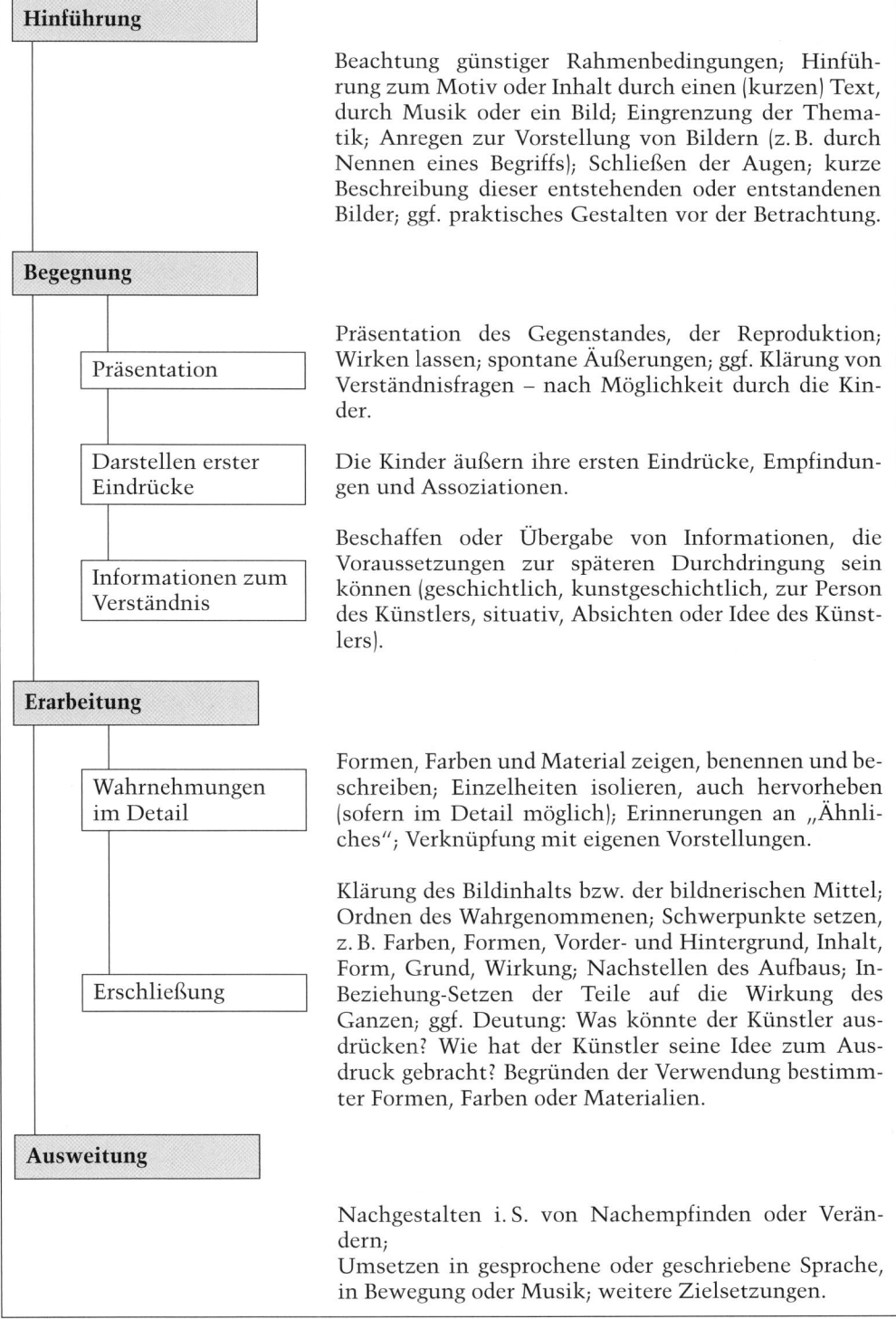

Hinführung

Beachtung günstiger Rahmenbedingungen; Hinführung zum Motiv oder Inhalt durch einen (kurzen) Text, durch Musik oder ein Bild; Eingrenzung der Thematik; Anregen zur Vorstellung von Bildern (z.B. durch Nennen eines Begriffs); Schließen der Augen; kurze Beschreibung dieser entstehenden oder entstandenen Bilder; ggf. praktisches Gestalten vor der Betrachtung.

Begegnung

Präsentation

Präsentation des Gegenstandes, der Reproduktion; Wirken lassen; spontane Äußerungen; ggf. Klärung von Verständnisfragen – nach Möglichkeit durch die Kinder.

Darstellen erster Eindrücke

Die Kinder äußern ihre ersten Eindrücke, Empfindungen und Assoziationen.

Informationen zum Verständnis

Beschaffen oder Übergabe von Informationen, die Voraussetzungen zur späteren Durchdringung sein können (geschichtlich, kunstgeschichtlich, zur Person des Künstlers, situativ, Absichten oder Idee des Künstlers).

Erarbeitung

Wahrnehmungen im Detail

Formen, Farben und Material zeigen, benennen und beschreiben; Einzelheiten isolieren, auch hervorheben (sofern im Detail möglich); Erinnerungen an „Ähnliches"; Verknüpfung mit eigenen Vorstellungen.

Erschließung

Klärung des Bildinhalts bzw. der bildnerischen Mittel; Ordnen des Wahrgenommenen; Schwerpunkte setzen, z.B. Farben, Formen, Vorder- und Hintergrund, Inhalt, Form, Grund, Wirkung; Nachstellen des Aufbaus; In-Beziehung-Setzen der Teile auf die Wirkung des Ganzen; ggf. Deutung: Was könnte der Künstler ausdrücken? Wie hat der Künstler seine Idee zum Ausdruck gebracht? Begründen der Verwendung bestimmter Formen, Farben oder Materialien.

Ausweitung

Nachgestalten i.S. von Nachempfinden oder Verändern;
Umsetzen in gesprochene oder geschriebene Sprache, in Bewegung oder Musik; weitere Zielsetzungen.

Exkurs: Anmerkungen zu Bildauswahl

Im Hinblick auf die sehr unterschiedlichen ästhetischen Erfahrungen der Kinder lassen sich nur wenige Grundsätze zur Auswahl von Bildern finden, die allgemeine Gültigkeit haben könnten. Es sind hier Vorstellungen zunächst hilfreich, die mit den Begriffen Realitätsnähe, Gegenständlichkeit, lokaler Bezug, Situationsbezug, Überschaubarkeit oder Interessenlage beschrieben werden können. Jedoch wird es bereits problematisch, wenn über die Verwendung einer *verfremdenden Darstellung* entschieden werden soll. Auch *erscheinen* manche Bilder dem Erwachsenen „kindgemäß", weil die Formensprache einfach ist; die Reaktionen von Kindern aber beweisen, dass die Einschätzungen von Erwachsenen dazu in mehreren Fällen abweichen (wie am Beispiel einer Reaktion in einer dritten Klasse zu *Senecio* von Paul Klee zu erkennen: „Der kann mit seinem schiafen Gsicht niamois a Bruin drong." *„… niemals eine Brille tragen"*, Anm. d. Verf.).

Unterrichtsbeispiel:

„Rehe im Walde" von Franz Marc, 4. Jahrgangsstufe

1. Informationen zum Bild

Die nachfolgenden Texte dienen als Material für Arbeitsaufträge, für vertiefende Überlegungen zum Gehalt oder zur inhaltlichen Gestaltung eines (kurzen) Lehrervortrags.

a) Verborgene Dinge sichtbar machen

„Franz Marc wollte sich als Maler nicht allein auf sein Auge verlassen. Eines Tages saß er vielleicht am Küchentisch und dachte: ‚Mein ganzes Trachten ist, innerlicher zu werden.' Er wollte hinter dem Sichtbaren nach verborgenen Dingen in der Natur suchen. Er dachte sich: ‚Ich kann ein Bild malen: Das Reh.' Jeder andere Maler aber konnte Rehe malen. Also dachte Franz: ‚Ich kann aber auch ein Bild malen wollen: Das Reh fühlt.' Das ist schwer" (David 1997, S. 48).

„Franz nahm die Farben von den Dingen, zu denen sie immer gehört hatten, und legte sie auf andere. Er malte ein Pferd in der Landschaft … das rote Pferd, das die Landschaft betrachtet und doch gleichzeitig zu ihr gehört" (a. a. O., S. 56 f.).

b) „Alles ist eins"

„Er wollte den Menschen mit seinen Bildern Gedanken schenken und die Welt zum Reden bringen. Franz malte die Tiere, weil sie eins waren mit der Schöpfung. Tiere konnten dem Menschen vom Paradies erzählen. Man muss sich nur in sie hineinversetzen, die Welt mit ihren Augen sehen" (a. a. O., S. 72).

„Die Tiere auf Marcs Bildern hatten angefangen, sich aufzulösen. Die Rehe verschmolzen mit den Farben der Welt. Alles war vom Licht durchdrungen: wie von Röntgenstrahlen. Die waren damals gerade entdeckt worden. Franz war fasziniert von dem Gedanken, dass Strahlen durch feste Körper gehen" (a. a. O., S. 87).

„Franz malte in modernen Formen nur die Wahrheit der Natur: dass alles Leben aus gleicher Materie besteht. Den Leuten machte das Angst. Aber Franz sagte: ‚Alles ist eins'" (a. a. O., S. 88 f.).

c) Das verlorengegangene Paradies

Im Zusammenhang mit der Verbindung von Franz Marc und August Macke legt H. Düchting (1991, S. 68) dar: „Dieser Vision eines neuen Paradieses auf Erden hängen beide Künstler auf verschiedene Weise nach, der diesseitigere Macke in einer sozialutopischen Ausformung, der spekulativer veranlagte Marc in seiner Tiersymbolik. Wie um diese Überhöhung ins Spirituelle noch zu unter-

streichen, wählt Marc zudem Komposi-
tionsmuster tradierter klassischer Figu-
renbilder, wie zum Beispiel Raffaels
Komposition der *Heiligen Familie* für
sein Bild *Rehe im Walde* (i. O. jew. kursiv; i. O. wird zwar auf das Bild *Reh im
Walde* von 1912 verwiesen; dies kann jedoch nicht zutreffen; Anm. d. Verf.)"

2. Geplanter Unterrichtsverlauf:

*Vorbemerkung: Die Kinder sind mit der
Betrachtung von Gemälden (bzw. deren
Reproduktionen) vertraut; dabei sind
realitätsnahe Bilder und Bilder mit Ver-
fremdungen enthalten.*

I. Einstimmung

1. Hinführung zum Motiv

Vorzeigen eines Bildes (s. Abb. 82; „Strahlen" aus dem gewählten Kunstwerk, be-
leuchtete Fläche in Gelbgrün); Äußerungen der Schüler.
L ggf.: „Kannst du dich an einen Ort erinnern, an dem du schon einmal solche
Strahlen bemerkt hast?"

2. Zielangabe

L: „Diese Strahlen kannst du in einem
Bild von Franz Marc wiedererkennen. Ich
vermute, dass du in diesem Bild einiges
selbst entdecken wirst."

II. Präsentation

Das Bild wird als Ganzes präsentiert; Betrachtung ohne Aussprache; die Schüler
notieren ihre „Eindrücke zu Beginn";
Vorlesen dieser Anmerkungen und An-
heften einiger Beispiele an der Tafel.
(Sämtliche Beispiele werden später im
Rahmen einer Vertiefung verwendet.) L:
„Versuche, dich an den ersten Augenblick zu erinnern, als du das Bild gesehen
hast: War für dich dabei etwas schwierig?"

III. Auseinandersetzung

1. Teilschritt: Selbstständige Erarbeitung ausgewählter Aspekte

Gruppenarbeit (in Varianten möglich: ar-
beitsgleich, themengleich); auch im Stationenbetrieb.

Aufgaben:
Betrachte das Bild und lasse dir dabei Zeit.
Bitte: Warte mit der Besprechung so
lange, bis alle Kinder der Gruppe zur Besprechung bereit sind.

1. Welche „Dinge" sind erkennbar?
   a) Bei welchen „Dingen" bist du dir
      sicher?
   b) Was *vermutest* du: Welche „Dinge"
      könnten noch zu sehen sein?
2. Die Farben des Bildes:
   a) Welche Farben kannst du auf dem
      Bild entdecken?
   b) Welche Farben sind für dich wichtig?
      Suche dazu die passenden (vorbe-
      reiteten) Farbkärtchen aus. Versu-
      che zu den ausgewählten Farben
      eine genaue Bezeichnung zu fin-
      den.
3. Die Formen des Bildes:
   a) Welche Formen fallen dir beson-
      ders auf?
   b) Wähle dir eine Form aus und
      versuche, sie mit wenigen Stri-
      chen aufzuzeichnen (DIN-A4-Blatt,
      schwarzer Wachsmalstift).

*Weitere Anregungen oder Aufgabenstel-
lungen:*
- Konzentriere deinen Blick auf den hel-
  len Fleck in der Mitte und versuche
  nun „durch das Bild hindurchzu-
  schauen". Welche Entdeckungen
  kannst du dabei machen?
- Schließe die Augenlider zu einem
  schmalen Spalt und schaue blinzelnd
  auf das Bild. Welche Entdeckungen
  kannst du dabei machen?
- Bilde eine leicht geöffnete Faust und
  verwende sie als „Fernrohr". Lasse so

deinen Blick wandern. Welche Entdeckungen kannst du machen? Gibt es dabei für dich auch eine Überraschung?

Zusatzaufgaben:
- Wähle dir eine Farbe aus und färbe alle Stellen ein, an denen du sie entdeckst. (*Vorbereitete* Schwarz-Weiß-Kopie, passender Holzfarbstift) So kannst du „deiner Farbe auf die Spur kommen".
- Stelle für deine Klassenkameraden ein Suchbild her.
  Hole dir dazu vom Materialtisch eine Folie und einen Folienstift (schwarz). Lege dann die Folie auf das Bild und wähle einen Bild-Ausschnitt aus. Spure die Linien mit wenigen Strichen nach.

2. Teilschritt: Vorstellung der Ergebnisse

Die Kinder stellen ihre Ergebnisse vor und fixieren entsprechende Informationen an der Tafel (siehe Abb. 81); z. B. mit „Farbkärtchen", „auffälligen Formen" auf DIN-A4-Blatt.
Zusammenfassend: Überlegungen zum Titel des Bildes; Nennung des Titels.

3. Teilschritt: Überlegungen zum Gehalt

Mögliche Impulse: „Es ist gar nicht so leicht, die einzelnen Dinge zu finden." „Wie wäre es dir beim ersten Betrachten ergangen, wenn ich dir den Titel des Bildes *vorher* gesagt hätte?" „Welcher Farbe warst du auf der Spur? (Wo hast du sie überall finden können?)" „Wenn wir nur wenige Teile des Bildes abdecken, dann hätten wir große Mühe zu sagen, dass hier ein Wald gezeigt wird." (Vor allem, wenn wir uns die Rehe ganz wegdenken.) Denkbare „Entdeckungen" der Kinder könnten auch Aussagen zum Gehalt sein, z. B. „Die Rehe sind unverwechselbar; aber trotzdem gehören sie zusammen." „Alle Dinge und Lebewesen der Natur gehören zusammen (denn die Farben und Formen wiederholen sich in der umgebenden Natur)."

IV. Vertiefung

1. Veränderte Perspektive der Überlegungen

L: „Wir versuchen die Gedanken von anderen Personen zu verstehen."
„Alles ist eins." (Franz Marc)
„Franz Marc wollte den Menschen mit seinen Bildern Gedanken schenken." (Thomas David)

2. Arbeitsrückschau

Präsentation aller Aussagen der Kinder (auch unter Einbeziehung der ersten Eindrücke, siehe II. Präsentation) und ggf. Erläuterungen dazu.

V. Weiterarbeit

S gestalten selbst, z. B. das „Rehkitz im Walde" (dazu als Vorlage eine Schwarz-Weiß-Kopie, siehe Abb. 83).

Weitere Möglichkeiten:
- Bezugnahme auf August Macke: „Die Sinne sind die Brücke vom Unfassbaren zum Fassbaren" (Macke 1912, S. [21]f.).
  Begriffssammlung (Beispiele):
  a) das Unfassbare: Gedanken, Gefühle, eine Stimmung, ein Geheimnis, ein Rätsel, verborgene Dinge, die Zukunft;
  b) das Fassbare: ein Text, Worte, Gegenstände (…), Donner, Blitz, Tiere (…), Pflanzen, Körper, Werkzeug, Formen, Farben;
  c) die Sinne: der Seh-, Hör-, Tast- oder Geruchssinn.

In Verbindung mit dem gewählten Bild: Die Augen nehmen Farben wahr. Wir entdecken: Die grüne Farbe der Pflanzen finden wir auch auf dem Körper des Rehkitzes. Die rotbraune Farbe finden wir … Die runde Form finden wir … Daran erkennen wir den Gedanken „Alles ist eins".

- „Geschichten schreiben", s. Bauer 1999, S. 33–36.

„Rehe im Walde"

von Franz Marc (1914)

c) auffällige Formen

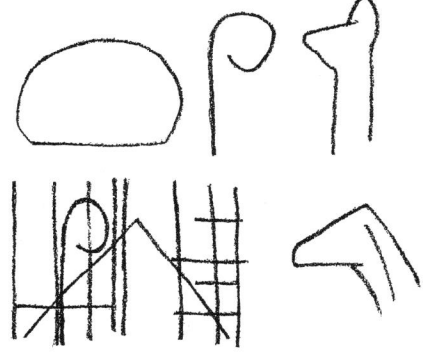

1. Unsere Eindrücke zu Beginn

2. Wir betrachten das Bild genauer
   a) der Inhalt
   Rehkitz, Ricke, Rehbock
   Wir vermuten: Sonnenstrahlen,
   Pflanzen, Bäume, Steine
   b) wichtige Farben
   (rotbraun) (gelbgrün) (grün) (blau)

d) Unsere Entdeckungen
(z.B. Unser Auge muss suchen, was
zusammengehört. Bestimmte Farben
und Formen sind an mehreren Stellen
zu finden.)

3. Wir versuchen die Gedanken von
   anderen zu verstehen
   z.B. Franz Marc: „Alles ist eins."

„Franz Marc wollte den Menschen
mit seinen Bildern Gedanken
schenken."
                              (Thomas David)

Abb. 81: Material für ein Tafelbild zum Thema: „Rehe im Walde" von Franz Marc

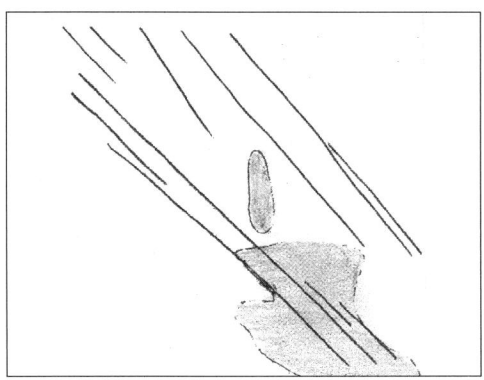

Abb. 82: Hinführung zum Motiv

Abb. 83: Ausgangsmotiv (Kopie, ausgeschnitten) zur eigenen Gestaltung

4.6 Musik

Informationen zum Fach Musik

1. Sachaspekte der Musik

- Tonerzeugung: Töne können mit der Stimme und im Umgang mit Elementarinstrumenten erzeugt werden.
- Klangeigenschaften: Die Klangeigenschaften Lautstärke, Tondauer und Tonhöhe führen zusammen mit einer Idee zu einer musikalischen Gestalt.
- Ausdruck: Musik hat eine Struktur und immer auch einen Ausdruckscharakter. Sie kann etwas ausdrücken, was im Menschen selbst begründet ist (z. B. Stimmungsbilder). Auch außermusikalische Vorlagen wie Texte oder Bilder können in die Sprache der Musik übertragen werden.
- Form: In Liedern, Tänzen oder Instrumentalstücken schließen sich formale und strukturelle Elemente zu einer Einheit zusammen. Dadurch werden in der Musik Ausdruck und Stimmung bewirkt.
- Notation: Musikalische Verläufe lassen sich grafisch darstellen oder mit Hilfe der traditionellen Notenschrift festhalten. Die Notation entwickelt sich aus dem praktischen Umgang mit Musik, begleitet und ergänzt das Singen, Musizieren und Hören. Bei der grafischen Notation werden Klangverläufe durch Abbilder oder Symbole optisch dargestellt.

Abb. 84: Grafische Darstellung des Klangcharakters

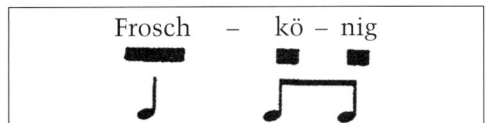

Abb. 85: Rhythmischer Baustein

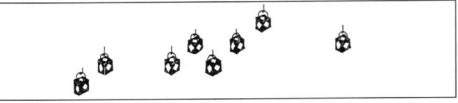

Abb. 86: Grafischer Melodieverlauf („Ich geh mit meiner Laterne")

2. Lernbereiche des Musikunterrichts

a) Musik mit der Stimme

Brünger spricht unter Berücksichtigung der für musikalisches Erleben und Handeln grundlegenden Fähigkeiten Bewegung, Ausdruck, Wahrnehmung und Kommunikation von einem erweiterten Singebegriff. Singen wird dabei verstanden als ganzkörperliche Tätigkeit unter Einbeziehung von Körperbewegung, Mimik und Gestik. Das Singen nutzt alle Klang- und Artikulationsmöglichkeiten aus und spricht sensomotorische, affektive, kognitive und soziale Dimensionen an (vgl. Brünger 1998, S. 26).

- Stimmpflege und Stimmbildung
Die Kinder sollen für ihre stimmlichen Fähigkeiten sensibilisiert werden. Dabei müssen auch die körperlichen Voraussetzungen beachtet werden.
- Körperhaltung: locker, leicht gespannt
- Atmung: richtig ein- und ausatmen und das Zwerchfell aktivieren
- Artikulation und Tonbildung: deutlich sprechen, Lautstärke anpassen; Tonansatz, z. B. rufen, lachen; Resonanz, z. B. Glocken läuten (bim-bam); Lagenausgleich, z. B. Töne wie Blasen aufsteigen lassen; Vokalausgleich, z. B. Tierstimmen nachahmen.

b) Musik mit Instrumenten

Das Musikinstrument ist ein Werkzeug zum Hervorbringen von Klängen.

Ziele:
- Instrumente kennen lernen
- mit Instrumenten umgehen
- sich mit Instrumenten ausdrücken

– mit anderen gemeinsam auf Instrumenten spielen
– erste Vorstellungen von der Rolle des Instruments im Kosmos der Musik anbahnen (z. B. Blas- und Streichinstrumente)

c) Musik und Bewegung

Musikparameter (z. B. Dauer, Klangfarbe) und Bewegungsmerkmale lassen sich auf vielfältige Weise miteinander verknüpfen.
● Von der Musik zur Bewegung:
– Tempo, Rhythmus in Bewegung umsetzen (z. B. ganz oder teilkörperlich)
● Von der Bewegung zur Musik:
– Bewegungstempo, -rhythmus auf die Musik übertragen, z.B. darstellendes Spiel
● Spielbewegungen am Instrument/Bewegung und Stimme
(vgl. Becker u. a. 2001, S.9)

d) Musik hören

„Musik hören ist als komplexer und sich wandelnder Vorgang zu begreifen. Musik hören ist nie genau wiederholbar, da es abhängig von situativen, atmosphärischen und gruppenspezifischen, ebenso wie von subjektiven Faktoren wie Hörgeschmack, -fantasie, -assoziation, -aufmerksamkeit und -interesse ist" (Ditzig-Engelhardt, in Helms 1997, S. 157).

● Vielseitige Hörerfahrungen:
Es ist wichtig, dass die Kinder ihren Hörhorizont erweitern können durch ein vielfältiges Angebot an Hörerfahrungen, an Klängen und Musikrichtungen. So können die Kinder auch zu kompetenten Hörern werden mit der Entscheidungsmöglichkeit, hinzuhören oder wegzuhören (vgl. Hagen 2002, S. 18).

e) Musik erfinden

In diesem Lernbereich „geht es ... – ganz im Sinne des Wortes – um ein ‚Selber-finden‘, das heißt ein Suchen, Erproben und

Entdecken von Klängen, und den Versuch, dieses zur Grundlage eigener musikalischer Gestaltungen zu machen" (Schmitt, in Helms 1997, S. 187).

● Kreativität als Voraussetzung
Phasen des kreativen Prozesses:
1. Auswählen von Klangmaterial nach bestimmten Kriterien
2. Erste Versuche und Übungen (Spiel und Improvisation)
3. Suchen nach Zusammenhängen und möglichen Verknüpfungen der Einzellösungen
4. Überprüfen der Ergebnisse im Hinblick auf die ursprüngliche Absicht beziehungsweise Zielsetzung
(vgl. a. a. O., S.189)
● Improvisation als Notwendigkeit
Improvisieren meint hier das Erfinden und gleichzeitige klangliche Realisieren von Musik (vgl. a. a. O., S. 192). Improvisation ist ein Musizieren aus dem Stegreif und schließt das Moment der Einzigartigkeit und Unwiederholbarkeit ein.
● Zum Erfinden von Musik braucht man zur sachgerechten Auseinandersetzung geeignetes Klangmaterial: Schlaginstrumente, Melodie- und Harmonieinstrumente, Selbstbauinstrumente, Körperinstrumente.
● Das Spiel mit musikalischen Elementen (Rhythmus, Melodie) führt zur Formbildung.
● Klangspiele fördern musikalische Kreativität

Ein Klangspiel ist ein kreatives und gestaltendes Spiel mit Klängen (Tönen und Geräuschen). Es fordert Improvisation. Klangspiele sind offener als Geräuschgeschichten (Schallgeschichten) oder die Verklanglichung von Texten. Klangspiele sind vorwiegend ohne Takt und ohne Tonart. Sie können sowohl mit als auch ohne thematische Spielideen durchgeführt werden.

3. Begründungen für Musikunterricht in der Grundschule

Die Integration der verschiedenen Sinnessysteme (z. B. Bewegungs-, Gleichgewichts- und Hörsinn) entwickelt sich bei entsprechenden Anregungen weiter.

Es geht auch um Transfereffekte des Musizierens auf die Persönlichkeit des Kindes. „Kinder mit ... Musikerziehung fühlen sich sozial, emotional und leistungsmotivational in ihren Schulklassen integrierter als Gleichberechtigte ohne diesen musischen Zugang" (Bastian 2001, S. 58). Musikhören und -machen fördern die Verbindung und Aktivität zwischen beiden Hirnhälften. Die Melodieverarbeitung geschieht mehr in der rechten, die Rhythmusverarbeitung mehr in der linken Hirnhälfte (vgl. a. a. O., S. 38). Musikerziehung hat eine positive Wirkung auf die Intelligenzentwicklung von Kindern, wenn sie längerfristig eingesetzt wird und wirken kann (vgl. a. a. O., S. 79).

4. Zielsetzungen

- Förderung der Wahrnehmungsfähigkeit
  - durch gezielten Umgang mit einzelnen Elementen der Musik (Rhythmik, Dynamik, Melodik, Klangfarbe)
- Förderung der Erlebnisfähigkeit
- Förderung der Ausdrucksfähigkeit
  - durch klangliche Umsetzung eigener musikalischer Ideen
  - durch verbale Kommunikation über Gehörtes und musikalisch selbst Gestaltetes
- Förderung der Gestaltungsfähigkeit
  - durch Aufgreifen und Verarbeiten spontaner musikalischer Ideen
  - durch Einbeziehen musikalischer Elemente für die Entwicklung einfacher abgerundeter musikalischer Gebilde

- Förderung der Freude am Singen und Spielen, Tanzen, Darstellen und Hören
- Förderung der individuellen musikalischen Anlagen und Fähigkeiten
- Aufbau von Haltungen wie Offenheit für die Vielfalt der Musik, interkulturelle Aufgeschlossenheit, Gemeinschaftsgefühl, Bereitschaft, eigenes Können einzubringen

5. Didaktische Grundsätze

a) Lernbereichs- und fächerübergreifendes Lernen

Wenn die Lernbereiche innerhalb verschiedener Unterrichtseinheiten verknüpft werden, erkennen die Kinder einen musikalischen Gesamtzusammenhang (z. B. bei der Liederarbeitung). Der Musikunterricht bietet viele Möglichkeiten fächerübergreifend und projektorientiert zu arbeiten.

b) Sicherung durch Wiederholen und Üben

Durch tägliche und abwechslungsreiche Übungen kann die Singstimme verbessert werden. Bei der Liederarbeitung sind häufige Wiederholungen ein wichtiges Prinzip. Auch bei Klangspielen gilt für die Hör- und Zuhörübung das Prinzip der Wiederholung: Besser häufiger kleine intensive Einheiten als selten lange Hörstunden. Hören ist anstrengend!

Literatur:

1. Helms, Siegmund/Schneider, Reinhard/Weber, Rudolf (Hrsg.): Handbuch des Musikunterrichts – Primarstufe. Gustav Bosse Verlag, Kassel 1997
2. Bastian, Hans Günther: Kinder optimal fördern – mit Musik. Schott, Mainz 2001

Strukturmodell: *Arbeit am Lied*

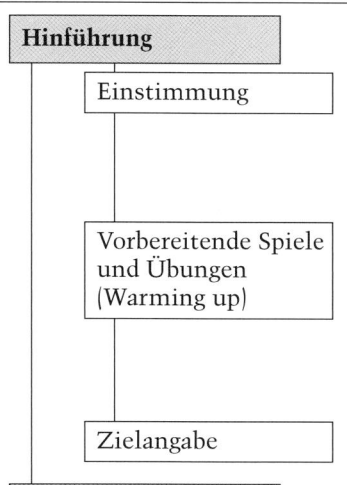

Hinführung	
Einstimmung	Singen eines bekannten Liedes; Erzählen einer passenden Geschichte zum Lied (evtl. mit Requisiten)
Vorbereitende Spiele und Übungen (Warming up)	Spiele, die Konzentration und Reaktion verlangen (auf Beckenklänge hören und reagieren, Mitvollziehen von Klanggesten, Echospiel); Bewegungsspiele im Raum: Liedinhalt durch Pantomime, Geste, Standbild vorbereiten; spielerisches Vorbereiten der Schlagtechnik für die Instrumente; Stimmbildung: eingepackt in eine passende Rahmengeschichte, Übungen thematisch auf das Lied abgestimmt; Aufmerksamkeit auf einen bestimmten Liedteil lenken (z.B. gut zum Mitsingen geeigneter Refrain)
Zielangabe	Bekanntgabe des Liedes, das die Kinder hören und singen lernen sollen; Lehrkraft singt Lied vor; CD einlegen
Erarbeitung	Gliederung in methodischer Hinsicht: Erarbeitung vom Gesamteindruck her, nachfolgend ein schrittweises Erschließen Gliederung nach den Bausteinen des Liedes: ● *Schwerpunkt: Texterarbeitung und -sicherung* Sprechen mit unterschiedlichen Affekten (traurig, fröhlich), Gruppen sprechen abwechselnd; gestisches Unterlegen (Darstellen als Standbild); Symbole, Zeichnungen oder Bilder als Merkhilfe ● *Schwerpunkt: Melodieerarbeitung und -sicherung* Melodiebausteine z. B. auf stimmpflegerisch günstigen Silben vorüben, abwechselndes Singen in Gruppen (Einsatz durch Lehrkraft oder Kind), Sichern der Melodie durch Handzeichen, Identifizieren von Melodieteilen durch Reaktionsspiele (z. B. mit einer Bewegung reagieren), grafische Notation, Notenpuzzle, Fehler in der Tonhöhenbildung gleich korrigieren ● *Schwerpunkt: Rhythmuserarbeitung und -sicherung* s. auch vorbereitende Spiele und Übungen, auch während der Erarbeitung in verschiedenen Varianten mitüben, auf Folie oder Karten geschriebene Rhythmusbausteine zusammensetzen
Ausgestaltung	Einsatz von Rhythmus- und Effektinstrumenten: Klangakzente setzen, die den Inhalt verdeutlichen, die Dauer der Pausen ausgestalten, Melodiefluss erhalten; akkordische Begleitung; Begleitung verdeutlicht Gliederung des Liedes (musikalische Form); Pantomime, personales Spiel, Tanz; Improvisation; Teile der Ausgestaltung in Erarbeitungsphase integrieren oder in der folgenden Unterrichtseinheit erst nach gründlicher Liederarbeitung

Unterrichtsbeispiel:

Musikalische Spielszene: „Die lange Reise Tranquilla Trampeltreus" (Michael Ende),
2./3. Jahrgangsstufe

Das Bilderbuch „Tranquilla Trampeltreu" (Ende, Michael/ Schlüter, Manfred/ Hiller, Wilfried: Tranquilla Trampeltreu – die beharrliche Schildkröte. K. Thienemanns Verlag, Stuttgart – Wien, 1982) erzählt von der Beharrlichkeit einer Schildkröte. Tranquilla (lat. die Ruhige, die Friedliche) folgt einer Einladung des Königs zur Hochzeitsfeier. Auf ihrer Reise trifft sie mehrere Tiere, die ihr wegen ihrer Langsamkeit von ihrem Vorhaben abraten, sie jedoch nicht umstimmen können. Das Buch hat Züge einer Fabel. Die handelnden Tierfiguren verkörpern menschliche Eigenschaften wie Beharrlichkeit, selbstgewisse Vernünftigkeit (Heuschrecke), Ängstlichkeit und Kleinmut (Schnecke), Herablassung und Hochnäsigkeit (Eidechse) sowie mit Autoritätsanspruch auftretende Weisheit (die zwei Raben). Die Geschichte ist einfach strukturiert und fördert die Fantasie und die Ich-Stärke der Kinder. Die musikalische Spielszene erfordert die individuelle Auseinandersetzung mit Körper, Raum, Objekten und Partner.

Sequenz:

1. Tranquilla Trampeltreu, die beharrliche Schildkröte (Bilderbuch)
2. Das Hochzeitsfest (Erlernen eines Tanzes)
3. Die lange Reise Tranquilla Trampeltreus (musikalische Spielszene)

Unterrichtsverlauf:

I. Hinführung (Sitzkreis):

1. Anknüpfung und Einstimmung:
Fanfarenbläser (Cassette) als akustischer Impuls eingebunden in Lehrererzählung, Kinder äußern sich frei: Man hört einen Boten des Königs. Er lädt alle Tiere des Reiches zur Hochzeit ein. Auch die Schildkröte Tranquilla Trampeltreu macht sich auf den Weg.

2. Zielangabe: Wir werden gemeinsam die Erlebnisse von Tranquilla Trampeltreu auf ihrer langen Reise mit Musik und Bewegung darstellen.

II. Vorbereitende Spiele

1. Bewegung der Tiere

> Auftrag: Zur Hochzeit trafen sich viele verschiedene Tiere. Die Tiernamen habe ich auf Kärtchen geschrieben. Ziehe eine Karte aus dem Säckchen. Stelle dir das Tier vor und überlege genau, wie es sich bewegt.

> Mache die Bewegung deines Tieres vor. Deine Mitschüler versuchen, das Tier zu erraten. Derjenige, der es errät, zeigt das nächste Tier.

Kinder beschreiben jeweils, wie sich das Tier fortbewegt. Sie nennen passende Begriffe (es stampft, es schleicht ...).

2. Bewegungsbegleitung (freie Aufstellung, Kinder bewegen sich zum Rhythmus der Handtrommel)

> Auftrag: Manche Tiere haben es sehr eilig, zur Hochzeit zu kommen, andere lassen sich sehr viel Zeit. Manche laufen leichtfüßig, andere sehr schwerfällig. Versuche, dich zum Klang der Trommel langsam oder schnell, laut oder leise zu bewegen.

III. Erarbeitung

1. Typische Bewegungsart der Schildkröte nachahmen und mit einer metrischen Begleitung ausgestalten

> Auftrag: Die Schildkröte T. spielt in unserer Geschichte eine besondere Rolle. Schließe die Augen und stelle dir vor, wie sich dieses Tier mit dem schweren Panzer bewegt.

Die Kinder öffnen die Augen, wenn das angeschlagene Becken verklungen ist. Sie stellen die Bewegung der Schildkröte im Kreis dar. Übrige Kinder beobachten und äußern ihre Meinungen.
Bewegung wird von den Kindern mit Patschen auf die Knie begleitet.

> Auftrag für Partnerarbeit: Die Bewegung der Schildkröte kann man auch mit Musik darstellen. Überlege mit deinem Partner, wie die Musik klingen müsste. Wählt dann ein Instrument aus, das sich nach eurer Meinung am besten eignen würde.

Die Kinder probieren aus. Sie stellen ihr ausgewähltes Instrument vor und begründen ihre Entscheidung (z. B. Xylophon, dunkle Töne). Ein Kind stellt die Schildkröte in der Bewegung dar, während ein anderes die Begleitung dazu spielt. Lehrkraft und Kinder patschen den Rhythmus mit.

2. Vers rhythmisch sprechen und mit Klanggesten als auch mit einem Ostinato begleiten.
Sprechstück: „Tran - quil - la geht wo - hin sie mag, in tie - fer Nacht, am hel - len Tag, für an - dre hat es kei - nen Sinn, ent - schlos - sen geht sie trotz - dem hin."

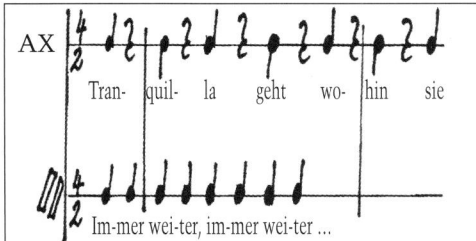

Abb. 87: Sprechvers

Lehrkraft spricht den rhythmischen Vers ganz, dann abschnittweise vor. Die Kinder sprechen rhythmisch nach und begleiten mit Patschen. Erweiterung durch Ostinato mit Klanghölzern.

3. Die Bewegungen weiterer Tiere in arbeitsteiliger Gruppenarbeit darstellen und eine freimetrische Bewegungsbegleitung mit charakteristischen Instrumenten finden

> Auftrag: Tranquilla Tr. begegnet auf ihrer Reise mehreren Tieren. Legt in der Gruppe die einzelnen Puzzleteile zusammen und überlegt euch Bewegungen des Tieres und dazu eine passende musikalische Begleitung.

Pro Gruppe Fragen auf einer Karte zur jeweiligen Rollenbiografie:
Welches Tier bist du? Wie siehst du aus? Wo lebst du? Wie fühlst du dich?
Kinder finden sich nach der Gruppenarbeit wieder im Kreis zusammen.
Präsentieren der Gruppenergebnisse mit kurzer Reflexionsphase

IV. Gesamtgestaltung

Einsatz von Requisiten
Die Kinder überlegen sich möglichen Ablauf für die kleine Aufführung. Die Lehrkraft berät.
Mögliche Gestaltungsform:
Lehrkraft (später leistungsstärkeres Kind) übernimmt Rolle des Erzählers. Wenn ein Tier einer Gruppe genannt wird, tritt es in den Kreis und stellt die Bewegung dar, während die übrigen Gruppenmitglieder mit den Instrumenten begleiten.
Immer wenn die Schildkröte weiter wandert, begleiten sie alle mit dem Sprechvers und den Instrumenten. Auf dem Fest wird kräftig gefeiert und getanzt. Die Kinder führen den bereits eingeübten passenden Tanz auf (Musik auf CD).

4.7 Werken/Textiles Gestalten

Informationen zum Fach Werken/ Textiles Gestalten

1. Der Unterrichtsgegenstand

Das Werken und der Textilunterricht bzw. die Textilarbeit in der Grundschule eröffnen den Kindern Möglichkeiten, im sinnenhaft-entdeckenden Lernen und durch Vergleich von Materialien und Objekten Wahrnehmung und Wertschätzung zu entwickeln und durch eigenes Gestalten und Verarbeiten zu Ausdrucksfähigkeit und Handgeschicklichkeit zu finden. Fragen der Sicherheit und Arbeitshygiene sind Bestandteil jeder Lerneinheit.

2. Zielsetzungen des Faches

Im Mittelpunkt des Faches steht die Anbahnung eines ästhetisch-kulturellen Bewusstseins und eines kritischen Urteils für handwerkliches Können. Durch eigene Rezeptions-, Reflexions- und Produktionsprozesse von Schmuck-, Gebrauchs- und Spielgegenständen erwerben die Kinder Bewertungsmaßstäbe für Funktionalität, Komposition und handwerkliche Qualität. „In Ergänzung zur Selbsterfahrung und Selbsttätigkeit muss ein Ziel des heutigen Textilunterrichts sein, Schülerinnen und Schülern die Wirklichkeit in ihrem Aspektreichtum transparent zu machen, und zwar dadurch, dass Sachaspekte (Lerninhalte) eines Unterrichtsthemas unter möglichst vielen Perspektiven betrachtet werden" (Herzog 2000, S. 125). Neben dem Erlernen und Üben von facheigenen Arbeitsweisen und -techniken und des planvollen Arbeitens steht die Entwicklung des technischen Verständnisses und die Ausbildung einer differenzierten Wahrnehmungsfähigkeit durch den Umgang mit Werkstoffen sowie die Kenntnis um Gestaltungsmittel, z. B. Form und Struktur

(vgl. Wöhl 2002, S. 47 f). Das Wissen um geschichtliche Entwicklungen von Werkstoffen und Textilien, das Erkunden von Materialien, der Einsatz von Werkzeugen und deren begrifflich eindeutige Bezeichnung sowie die Vermeidung von Unfällen sind durchgängig begleitende Aspekte der Unterrichtsgestaltung.

Zum Erhalt und zur Sicherung der Unterrichtsqualität kommt insbesondere dem Ordnungsrahmen hohe Bedeutung zu. Daneben steht das Verständnis für Mitschüler, deren Händigkeit abweichend von der üblichen Führung von Werkzeugen ist. „Besondere Maßnahmen erfordern dabei die Techniken des Strickens, Stickens, Häkelns, die Handhabung der Schere, das Einspannen des Holzes in den Schraubstock, die Benutzung von Werkzeug wie Handbohrer, Raspel und Feile" (Roth 1992, S. 46). „Jeder Gestaltung liegt ein Ordnungsvorgang zugrunde; Unter diesem Aspekt ergeben sich die ästhetischen Grundbegriffe. Ziel des Gestaltens ist die ästhetische Einheit des Ganzen" (Wieser 1997, S. 274).

3. Entwicklungspsychologische Aspekte

„Erkenntnisse der Neurophysiologie zeigen, dass Kinder im Grundschulalter in einer Entwicklungsphase sind, wo sie über das ästhetische (sinnliche) Erfahren von neuen Erkenntnissen eine ausgeprägte Vernetzung ihres Gehirns aufbauen. Sie sind in der Lage, das Erfahrene über vielfältige Ausdrucksformen auch symbolisch zu verarbeiten und neu auszudrücken" (Kolhoff-Kahl 2002, S. 7). „Die Hände spielen bei der Entdeckung der Welt eine große Rolle, wenn durch Basteln, Malen, Bauen, Kleben, Reißen, Schneiden usw. Dinge verändert und gestaltet werden und über dieses Tun das Denken beeinflusst wird" (a. a. O., S. 8).

4. Anforderungen an den Unterricht

Technische und bildnerisch ansprechende Gestaltungs- und Werkaufgaben tragen dazu bei, die individuelle Ausdrucksfähigkeit und Handgeschicklichkeit zu steigern, Werkzeuge sachgerecht einzusetzen sowie Geduld und Ausdauer zu üben. Die Einsicht in Zusammenhänge zwischen Material, Verarbeitung, Gestaltung und Funktionalität sind grundlegend für die Konzeption und Beurteilung der Werkstücke. Soziale Arbeitsformen kommen vor allem bei Projekten, Gemeinschaftsarbeiten und beim Betrachten, Verbalisieren und Präsentieren von Erkenntnissen und Arbeitsergebnissen zum Einsatz. Die allseitige Förderung und Schulung der Sinne dient der Vermittlung von Schlüsselqualifikationen, dem Aufbau von Sach-, Methoden-, Selbst- und Sozialkompetenz und damit der Persönlichkeitsentwicklung (vgl. Wöhl 2002, S. 48).

5. Beispiele für einen fächerübergreifenden Ansatz

a) Ein Werkobjekt in Korrespondenz mit anderen Fächern

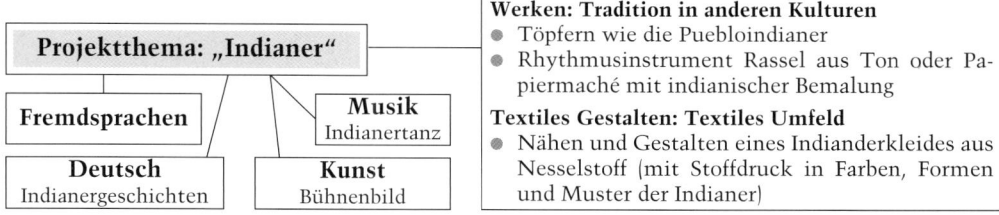

Abb. 88: Das Projektthema Indianer

b) Ein Werkvorhaben als Beitrag zum Schulleben

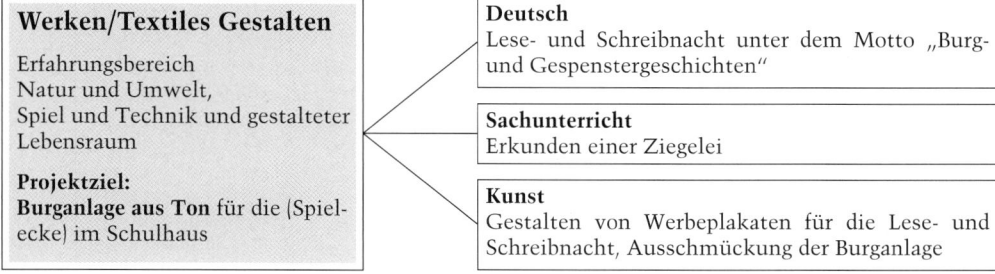

Abb. 89: Das Thema Burg im fächerübergreifenden Ansatz

c) Ein aus dem Sachunterricht entstandenes Werkvorhaben

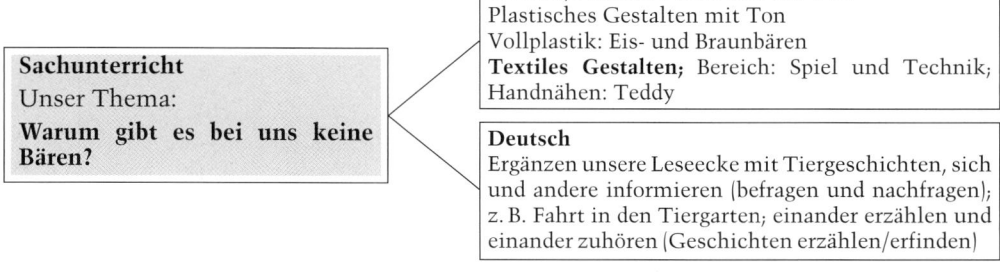

Abb. 90: Selbst gewähltes Thema Bären

Strukturmodelle: *1. Strukturmodell zum Fachbereich Werken*

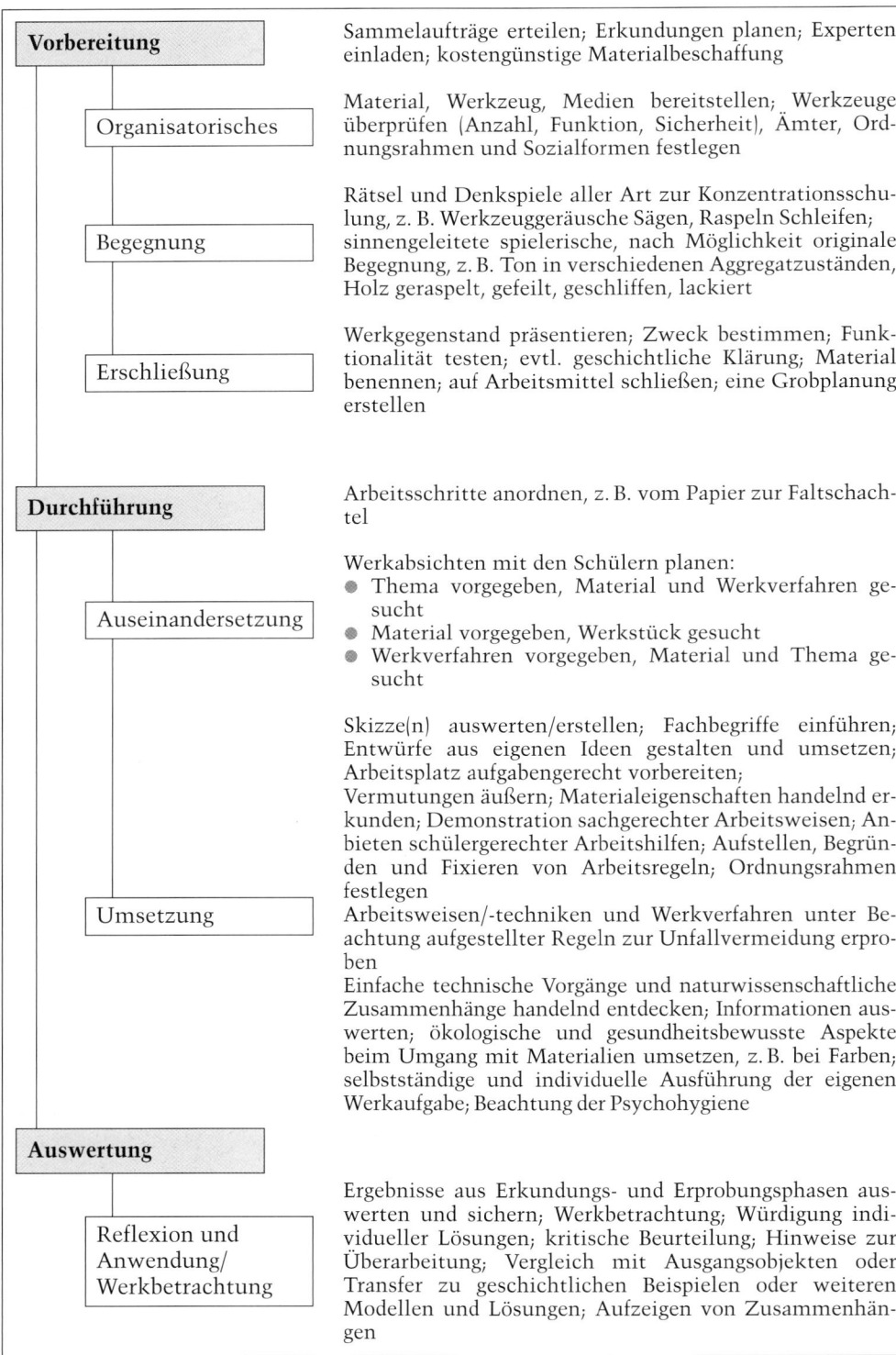

Vorbereitung	Sammelaufträge erteilen; Erkundungen planen; Experten einladen; kostengünstige Materialbeschaffung
Organisatorisches	Material, Werkzeug, Medien bereitstellen; Werkzeuge überprüfen (Anzahl, Funktion, Sicherheit), Ämter, Ordnungsrahmen und Sozialformen festlegen
Begegnung	Rätsel und Denkspiele aller Art zur Konzentrationsschulung, z. B. Werkzeuggeräusche Sägen, Raspeln Schleifen; sinnengeleitete spielerische, nach Möglichkeit originale Begegnung, z. B. Ton in verschiedenen Aggregatzuständen, Holz geraspelt, gefeilt, geschliffen, lackiert
Erschließung	Werkgegenstand präsentieren; Zweck bestimmen; Funktionalität testen; evtl. geschichtliche Klärung; Material benennen; auf Arbeitsmittel schließen; eine Grobplanung erstellen
Durchführung	Arbeitsschritte anordnen, z. B. vom Papier zur Faltschachtel
Auseinandersetzung	Werkabsichten mit den Schülern planen: ● Thema vorgegeben, Material und Werkverfahren gesucht ● Material vorgegeben, Werkstück gesucht ● Werkverfahren vorgegeben, Material und Thema gesucht
Umsetzung	Skizze(n) auswerten/erstellen; Fachbegriffe einführen; Entwürfe aus eigenen Ideen gestalten und umsetzen; Arbeitsplatz aufgabengerecht vorbereiten; Vermutungen äußern; Materialeigenschaften handelnd erkunden; Demonstration sachgerechter Arbeitsweisen; Anbieten schülergerechter Arbeitshilfen; Aufstellen, Begründen und Fixieren von Arbeitsregeln; Ordnungsrahmen festlegen Arbeitsweisen/-techniken und Werkverfahren unter Beachtung aufgestellter Regeln zur Unfallvermeidung erproben Einfache technische Vorgänge und naturwissenschaftliche Zusammenhänge handelnd entdecken; Informationen auswerten; ökologische und gesundheitsbewusste Aspekte beim Umgang mit Materialien umsetzen, z. B. bei Farben; selbstständige und individuelle Ausführung der eigenen Werkaufgabe; Beachtung der Psychohygiene
Auswertung	
Reflexion und Anwendung/ Werkbetrachtung	Ergebnisse aus Erkundungs- und Erprobungsphasen auswerten und sichern; Werkbetrachtung; Würdigung individueller Lösungen; kritische Beurteilung; Hinweise zur Überarbeitung; Vergleich mit Ausgangsobjekten oder Transfer zu geschichtlichen Beispielen oder weiteren Modellen und Lösungen; Aufzeigen von Zusammenhängen

2. *Strukturmodell zum Fachbereich Textiles Gestalten*

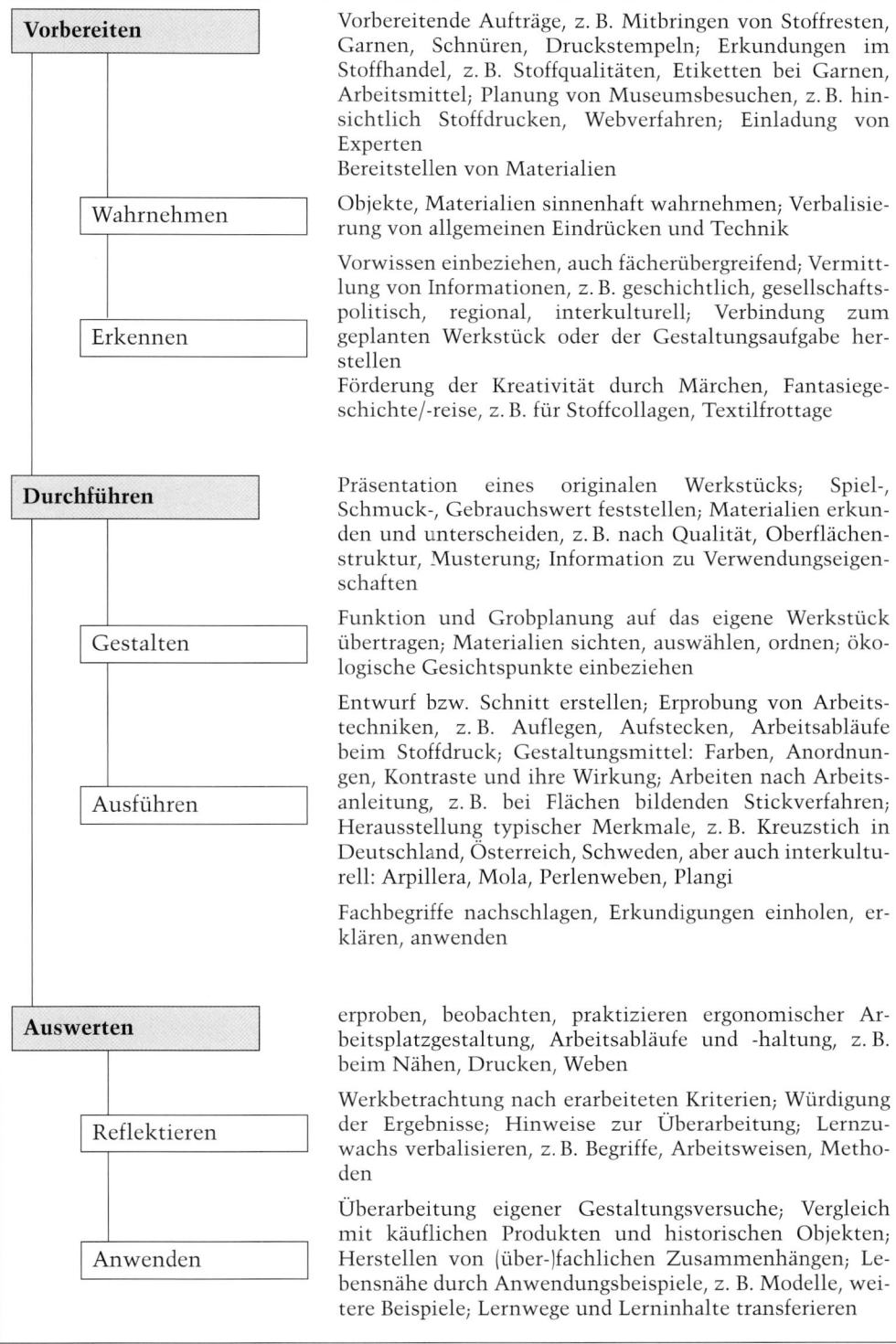

Vorbereiten

Vorbereitende Aufträge, z. B. Mitbringen von Stoffresten, Garnen, Schnüren, Druckstempeln; Erkundungen im Stoffhandel, z. B. Stoffqualitäten, Etiketten bei Garnen, Arbeitsmittel; Planung von Museumsbesuchen, z. B. hinsichtlich Stoffdrucken, Webverfahren; Einladung von Experten
Bereitstellen von Materialien

Wahrnehmen

Objekte, Materialien sinnenhaft wahrnehmen; Verbalisierung von allgemeinen Eindrücken und Technik

Erkennen

Vorwissen einbeziehen, auch fächerübergreifend; Vermittlung von Informationen, z. B. geschichtlich, gesellschaftspolitisch, regional, interkulturell; Verbindung zum geplanten Werkstück oder der Gestaltungsaufgabe herstellen
Förderung der Kreativität durch Märchen, Fantasiegeschichte/-reise, z. B. für Stoffcollagen, Textilfrottage

Durchführen

Präsentation eines originalen Werkstücks; Spiel-, Schmuck-, Gebrauchswert feststellen; Materialien erkunden und unterscheiden, z. B. nach Qualität, Oberflächenstruktur, Musterung; Information zu Verwendungseigenschaften

Gestalten

Funktion und Grobplanung auf das eigene Werkstück übertragen; Materialien sichten, auswählen, ordnen; ökologische Gesichtspunkte einbeziehen

Ausführen

Entwurf bzw. Schnitt erstellen; Erprobung von Arbeitstechniken, z. B. Auflegen, Aufstecken, Arbeitsabläufe beim Stoffdruck; Gestaltungsmittel: Farben, Anordnungen, Kontraste und ihre Wirkung; Arbeiten nach Arbeitsanleitung, z. B. bei Flächen bildenden Stickverfahren; Herausstellung typischer Merkmale, z. B. Kreuzstich in Deutschland, Österreich, Schweden, aber auch interkulturell: Arpillera, Mola, Perlenweben, Plangi

Fachbegriffe nachschlagen, Erkundigungen einholen, erklären, anwenden

Auswerten

erproben, beobachten, praktizieren ergonomischer Arbeitsplatzgestaltung, Arbeitsabläufe und -haltung, z. B. beim Nähen, Drucken, Weben

Reflektieren

Werkbetrachtung nach erarbeiteten Kriterien; Würdigung der Ergebnisse; Hinweise zur Überarbeitung; Lernzuwachs verbalisieren, z. B. Begriffe, Arbeitsweisen, Methoden

Anwenden

Überarbeitung eigener Gestaltungsversuche; Vergleich mit käuflichen Produkten und historischen Objekten; Herstellen von (über-)fachlichen Zusammenhängen; Lebensnähe durch Anwendungsbeispiele, z. B. Modelle, weitere Beispiele; Lernwege und Lerninhalte transferieren

Unterrichtsbeispiel: *„Punzieren eines Kräuterschildes aus Kupferblech"*
3./4. Jahrgangsstufe

1. Begegnung und Erschließung: Wahrnehmung mit möglichst vielen Sinnen

Anlass: Kräuterschilder für den Schulgarten und/oder als Geschenk; Schüler wiederholen und ordnen anhand von Phasenmodellen und der Arbeitsplanung bereits bekannte Arbeitsschritte, z. B. Faltschnitt, Musterentwurf, Kriterien zur Musterung, Übertragen auf Metall, Anreißen, Ausschneiden mit der Blechschere, Entgraten der Kanten, Entwurf aufkleben, Schrift spiegelverkehrt; dazu: Lösen eines Rätsels zum Werkstoff Metall mit Lösungswort; Zielangabe: Wir mustern das Kräuterschild mit Hilfe einer neuen Technik

2. Auseinandersetzung im handelnden Umgang

a) Arbeitsplatzvorbereitung
Anhand der bereitgelegten Modelle schließen die Kinder in Gruppenarbeit auf erforderliche Arbeitsmittel und richten einen Arbeitsplatz her; Auswertung durch Vergleichen mit Vorarbeitsplatz; Werkzeuge benennen; Vorbereitung der Einzelplätze durch die Schüler

b) Kennenlernen eines neuen Werkzeugs, hier der Hammer
Benennen der Teile eines Hammers; Kennenlernen der richtigen Handhabung; Klassengespräch mit Demonstration von Lehrkraft und Schülern; Sicherung der Begriffe an der Tafel

c) Erproben des neuen Werkverfahrens, hier das Punzieren
Schüler erproben mit unterschiedlichen Arbeitsmitteln in arbeitsteiliger Einzel- oder Partnerarbeit an Metallresten das Punzieren/Lochen; Auswertung; sachgerechte Vorarbeit durch Schüler und/oder Lehrkraft; Aufzählung geeigneter Arbeitsmittel; Klärung neuer Fachbegriffe, z. B. Punze, vorkörnen, punzieren; Begriffsklärung auch durch Nachschlagen im Lexikon; Fixierung des Themas an der Tafel; mündliche Sicherung; Phasenbilder und Bearbeitungsregeln.

d) Praktische Umsetzung am eigenen Werkstück
individuelle Arbeit mit Zwischenwerkbetrachtung; Einschub von Lockerungsmaßnahmen/Psychohygiene; Entwürfe für Musterungen; Weiterarbeit und Fertigstellung des Einzelwerkes

3. Reflexion, z. B. Rückschau, Feststellung des Lernzuwachses, Erkenntnisse, Fachbegriffe, Regeln, Transfer, und Werkbetrachtung

Bewertung der Durchführung nach der Gleichmäßigkeit und ästhetischen Wirkung; Erkennen des Werkverfahrens an anderen Gegenständen; Verwendungsbereich von Kupferblech; Eigenschaften von Metallen; Ausblick auf nachfolgende Arbeitsschritte; Oberflächenbehandlung, Anbringen eines Rundstabes als Halterung

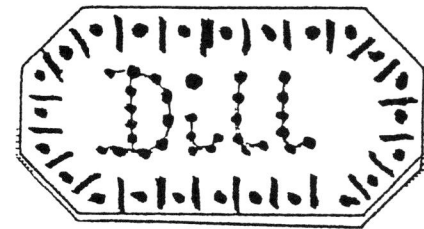

Musterentwurf für das Punzieren eines Kräuterschildes

Wir punzieren das Kräuterschild aus Kupferblech

1. Arbeitsmittel

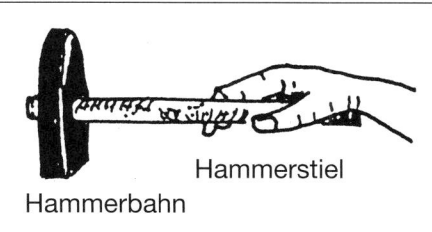

Hammerstiel

Hammerbahn

- Hammer
- dämmende Unterlage
  (Gummimatte)
- Holzbrett
- Körner, abgefeilter Nagel
  oder Punze

2. Arbeitsweise

a)

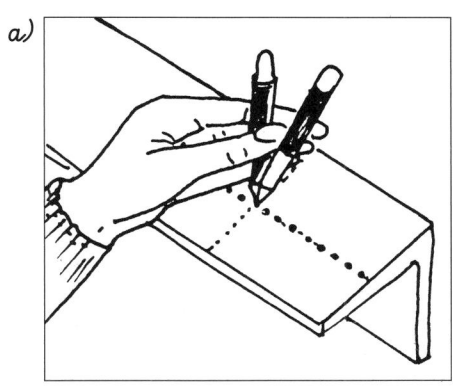

- Körner schräg ansetzen,
  dann senkrecht stellen
- vorkörnen
  (leichter Hammerschlag)

b)

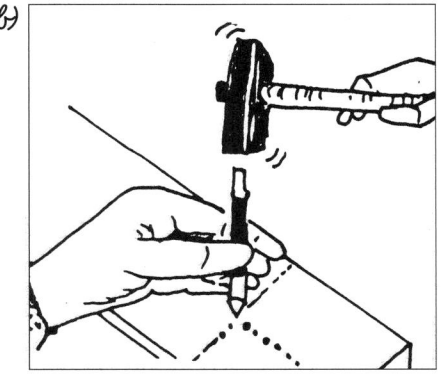

- Punze oder Körner
  verwenden, unten halten
- punzieren
  (kräftige Hammerschläge)

- Merke: Punziere gleichmäßig!

Abb. 91: Tafelbild zum Unterrichtsbeispiel

4.8 Fremdsprachen

Informationen zum Fach Fremdsprachen

1. Der Unterrichtsgegenstand

Grundschüler kommen mit fremden Sprachen über Mitschüler, Reisen, Medien, Nahrungsmittel und den Fremdwortgebrauch in Berührung. „Mehrsprachigkeit und interkulturelle Bildung sind Grundpfeiler der Allgemeinbildung geworden" (Sandfuchs 1997, S. 14).

Auch mit Blick auf die europäische Einigung wird in den Grundschulen aller Bundesländer in Deutschland nunmehr die Möglichkeit zur Begegnung mit einer Fremdsprache gegeben. Nach der Phase der Schulversuche zum Fremdsprachenunterricht in den 60er- und 70er-Jahren und bestehender laufender Modellversuche zu diversen Vermittlungskonzepten soll nach deren Ablauf der Fremdsprachenunterricht als fester Bestandteil in die Stundentafel der Grundschule aufgenommen werden.

Fremdsprachenangebote in der Grundschule

1. als *Begegnungssprache*
   - „Lerne die Sprache des Nachbarn"
   - Begegnung mit Sprache(n)
2. als *„Language Awareness"*
3. als *bilingualer Unterricht*, auch *Teil-Immersion oder Early-Immersion* genannt
4. als *Sprachunterricht*
   - (grundschulgemäßer) Fremdsprachenunterricht
   - Frühbeginn des Fremdsprachenunterrichts
   - Frühbeginn des Fremdsprachenunterrichts als Leistungsprofil

---

Abb. 92: Fremdsprachenangebote

Das derzeit praktizierte Fremdsprachenangebot (Abb. 92) an deutschen Grundschulen zeigt vier verschieden akzentuierte Grundpositionen (vgl. Voss 1997, S. 21).

Als Fremdsprachen sind in der Grundschule je nach Region neben Englisch die Sprachen der Nachbarländer vertreten, z. B. Französisch, Italienisch, Niederländisch, Tschechisch.

2. Entwicklungspsychologische Gegebenheiten

„Die Sprachentwicklung folgt in der Erst- und Zweitsprache demselben Muster. Sie wird durch das Lehren nicht beeinflusst. … Eine frappierende Parallele zwischen Erstspracherwerb und Fremdsprachenlernen besteht darin, dass sich 10-jährige deutsche Lerner des Englischen … so verhalten wie die von Papousek beobachteten Säuglinge … Sie verinnerlichen zunächst das fremdsprachliche Phonemsystem während der rezeptiven Spracherfahrungen im Unterricht und üben … die Produktion zu Hause, wenn sie sich unbeobachtet fühlen. … Erst wenn sie sicher sind, sprechen sie die Wörter vor den Eltern und schließlich in der Klasse. Große individuelle Unterschiede in der Selbstkritik und in der Sprechbereitschaft sind dabei zu beobachten, genauso wie beim Erstspracherwerb" (Bleyhl 2000, S. 22).

Neugierhaltung, Bereitschaft zum Hinhören, Imitationsdrang sowie Sprechfreude und Unbefangenheit unterstützen das Fremdsprachenlernen. Es wird betont, dass „sich Kinder im Alter zwischen sechs und zehn Jahren sehr leicht tun, eine neue Sprache zu lernen. Sie haben keine Sprechangst und eignen sich daher von vornherein eine gute Aussprache an" (Gerngross 2001, S. 7). Die Sprachmodelle der Lernanfangsphase sind dafür prägend (vgl. Bleyhl 2000, S. 21).

3. Aufgaben und Ziele des Fremd-sprachenlernens

„Die Relevanz des Fremdsprachenler-nens in der Grundschule erweist sich nicht primär aus dem Vorsprung, den Kinder mit Fremdsprachenunterricht später in der Sekundarstufe haben werden; Sondern Fremdspachenlernen in der Grundschule legitimiert sich aus dem grundlegenden, freisetzenden und identitätsfördernden Bildungsauftrag der Grundschule. Dem Egozentrismus des kindlichen Weltbildes und einem auf die (deutsch sprechende) Umwelt fixierten heimatkundlichen Unterricht werden die „Normalität des Fremden" (Hunfeld), die Erziehung zur Weltoffenheit und interkulturelles Lernen als korrektive Leitideen entgegengestellt" (Burck 1992, S. 14).

a) Überfachliche Ziele:

- Förderung des Interesses an fremden Sprachen und Kulturen,
- Weckung von Neugier gegenüber Andersartigem und Abbau von Angst vor Fremden,
- Anbahnung und Grundlegung einer fremdsprachlichen Kompetenz,
- Förderung einer offenen und aufgeschlossenen Haltung gegenüber anderen Sprach- und Kulturgemeinschaften,
- Vertiefung und Erweiterung der Wahrnehmungsfähigkeit.

Als *zentrales Anliegen* gilt die Entwicklung einer positiven Grundeinstellung zum anderen Land, seinen Menschen und seiner Sprache. Damit leistet der Fremdsprachenunterricht auch einen Beitrag zur Friedenserziehung.

b) Sprachliche Zielsetzungen:

- Aufbau des Hörverstehens,
- Anbahnen einer korrekten Aussprache,

- Einführen der notwendigen „Classroom Language",
- Förderung des allgemeinen Sprachgefühls und Sprachbewusstseins auch durch gelegentliche Vergleiche mit der Muttersprache,
- Elementares Erlernen von fremdsprachlichen Lerntechniken und Verhaltensweisen,
- Aufbau eines Repertoires an Reimen, Liedern, ... Redewendungen u. Ä.,
- Kennenlernen des Schriftbildes als unterstützende Funktion.

4. Konzepte und Begründungen

a) Das Begegnungssprachenkonzept

Das von Eva und Manfred Pelz (1989) in der deutsch-französischen Grenzregion vertretene Konzept „Lerne die Sprache des Nachbarn" und das in Nordrhein-Westfalen von Hans Bebermeier (1992) und Eike Thürmann (1994) vertretene Modell „Begegnung mit Sprachen" begründeten sich ursprünglich in der Vorbereitung auf Begegnungssituationen bei grenzüberschreitenden Besuchen oder die Entdeckung fremder Sprache und Kultur im eigenen unmittelbaren Umfeld.

Im Mittelpunkt des Begegnungssprachenkonzepts steht heute der vorfachlich-integrative Ansatz, der interkulturelles und sprachliches Lernen vereint. Folgende Merkmale sind signifikant:

- ursprüngliche, echte („authentische") Begegnungssituationen,
- musisch-kreative Betätigungen,
- situative Vermittlung sprachlicher Inhalte auch im Fachunterricht,
- Aktionseinheiten, in denen das Sprechen in der Fremdsprache mit abwechslungsreichen Tätigkeiten verbunden wird,
- kurze Lerneinheiten, insbesondere auch Stationenlernen, Freiarbeit und Projektarbeit (vgl. Voss 1997, S. 25).

„Die Begegnung spricht alle individuellen Kräfte des Kindes an und hilft, sie zu entfalten, denn meist sind Kopf, Hand und Herz angesprochen" (Bebermeier, in: Hegele 1994, S. 35).

b) Das Konzept der „Language Awareness"

Dieses von Hawkins (1984) für britischen Unterricht in der Muttersprache entwickelte Konzept wurde von Thürmann (1992) in das deutsche Begegnungskonzept eingebracht.

Folgende Merkmale sind signifikant:
● Nachdenken über Sprachen,
● Vergleich von Sprachen und Sprachstrukturen,
● Sensibilisierung für Besonderheiten in der eigenen und in der Fremdsprache.

„Dieses Nachdenken über Sprache ist aber niemals Selbstzweck, etwa im Sinne einer Akkumulation von sprachlichem Wissen, sondern dient dazu, für die Besonderheiten und Eigenheiten sowohl der fremden als auch der eigenen Sprache zu sensibilisieren" (Hegele 1994, S. 14).

c) Das Konzept des bilingualen Unterrichts, auch Teil-Immersion oder Early-Immersion

Immersion-Unterricht meint das (vollkommene) „Eintauchen" in die Fremdsprache. Dabei werden alle oder einige Fächer in der fremden Sprache unterrichtet. Das Konzept kommt aus Kanada, wo in den 70er Jahren englischsprachige Kinder in französischer Sprache unterrichtet wurden, um sie an beide Kulturen und volle Zweisprachigkeit heranzuführen.

Das Fremdsprachenlernen an deutschen Grundschulen ist von diesem Konzept geprägt, d. h. weite Teile des Unterrichts werden in der Fremdsprache geführt. Die Fremdsprache wird damit zur Unterrichtssprache.

d) Fremdsprachenkonzepte als Sprachunterricht

Grundschulgemäßer Fremdsprachenunterricht will den Kindern eine elementare Kompetenz vermitteln. Dabei stehen neben situativen Lerneinheiten auch solche, die in lehrgangsartigen Sequenzen systematisch Sprachwissen und -kenntnisse oder landeskundliche Besonderheiten vermitteln. In einigen deutschen Bundesländern wird ein mehr der weniger systematischer Sprachunterricht in der Fremdsprache teilweise bereits ab der Jahrgangsstufe 1 angeboten.

5. Aktuelle Situation

Englisch als die am weitesten verbreitete Sprache ist die am häufigsten vermittelte Fremdsprache an Grundschulen.

„Das Lernen folgt keiner linguistischen, wohl aber einer kommunikativen Progression, in der Kindern in lockerer Folge wichtige Redestrategien wie z. B. „Kontakt aufnehmen und fortsetzen", „Gefühle ausdrücken", „etwas darstellen oder beschreiben können" vermittelt wird" (Hegele 1994, S. 17).

In Konsequenz bedeutet dies für das Erlernen einer fremden Sprache in der Grundschule, dass sie sowohl das gegenwärtige schulische und außerschulische Leben des Kindes bereichern soll, „dass aber auch Kompetenzen vermittelt werden müssen, die für das künftige Leben und Lernen der Kinder von Bedeutung sind" (a. a. O., S. 17). Das Begegnungskonzept orientiert sich eher stärker an der Gegenwart des Kindes, während der Fremdsprachenlehrgang vorwiegend auf die Zukunft des Kindes ausgerichtet ist.

Die Benotung der Schülerleistungen wird in den deutschen Bundesländern unterschiedlich gehandhabt. Überwiegend bleibt dieser Teilbereich schulischen Lernens bewertungsfrei.

Strukturmodell: *Landeskunde und Landeskultur*

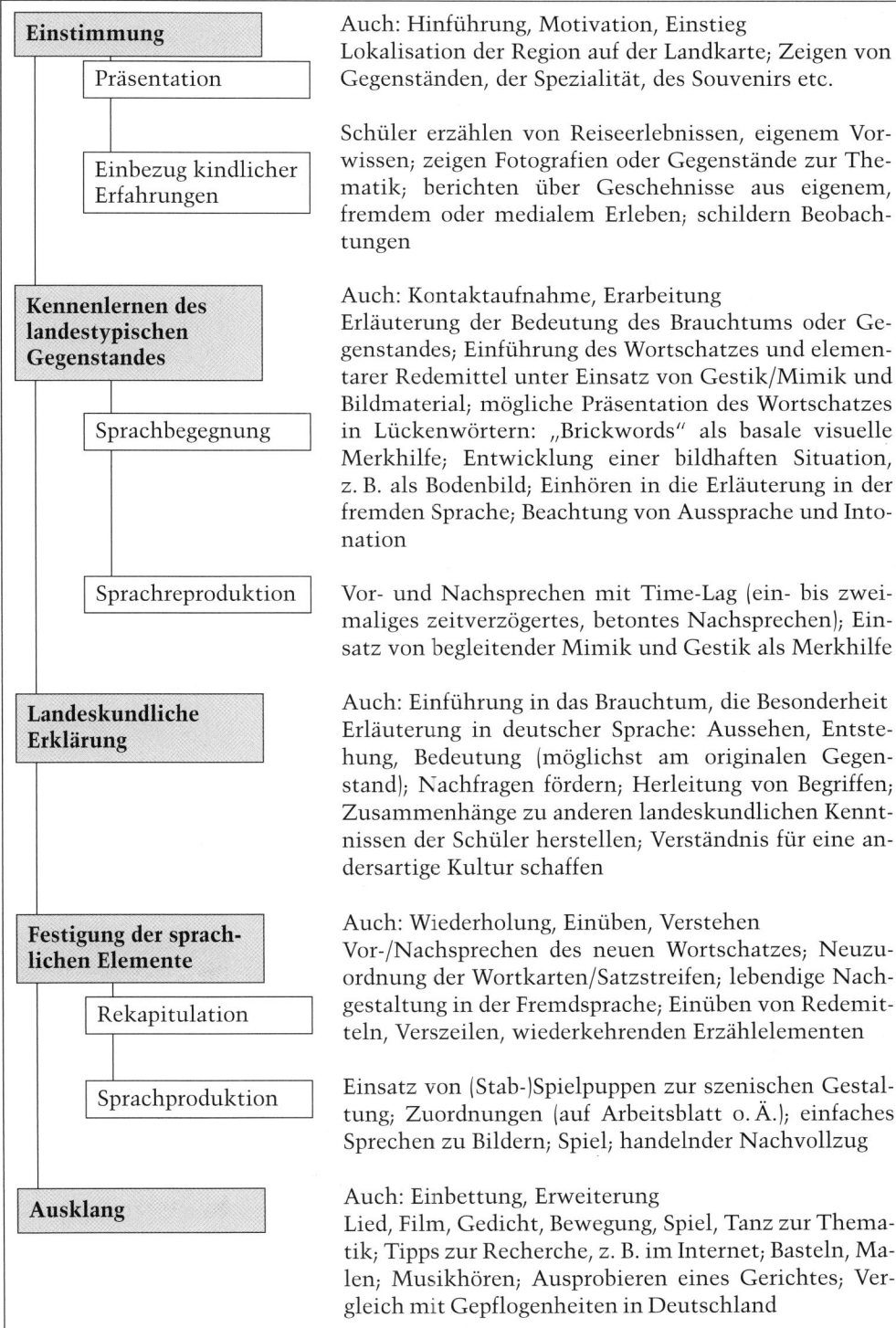

Einstimmung	Auch: Hinführung, Motivation, Einstieg
Präsentation	Lokalisation der Region auf der Landkarte; Zeigen von Gegenständen, der Spezialität, des Souvenirs etc.
Einbezug kindlicher Erfahrungen	Schüler erzählen von Reiseerlebnissen, eigenem Vorwissen; zeigen Fotografien oder Gegenstände zur Thematik; berichten über Geschehnisse aus eigenem, fremdem oder medialem Erleben; schildern Beobachtungen
Kennenlernen des landestypischen Gegenstandes	Auch: Kontaktaufnahme, Erarbeitung
Sprachbegegnung	Erläuterung der Bedeutung des Brauchtums oder Gegenstandes; Einführung des Wortschatzes und elementarer Redemittel unter Einsatz von Gestik/Mimik und Bildmaterial; mögliche Präsentation des Wortschatzes in Lückenwörtern: „Brickwords" als basale visuelle Merkhilfe; Entwicklung einer bildhaften Situation, z. B. als Bodenbild; Einhören in die Erläuterung in der fremden Sprache; Beachtung von Aussprache und Intonation
Sprachreproduktion	Vor- und Nachsprechen mit Time-Lag (ein- bis zweimaliges zeitverzögertes, betontes Nachsprechen); Einsatz von begleitender Mimik und Gestik als Merkhilfe
Landeskundliche Erklärung	Auch: Einführung in das Brauchtum, die Besonderheit Erläuterung in deutscher Sprache: Aussehen, Entstehung, Bedeutung (möglichst am originalen Gegenstand); Nachfragen fördern; Herleitung von Begriffen; Zusammenhänge zu anderen landeskundlichen Kenntnissen der Schüler herstellen; Verständnis für eine andersartige Kultur schaffen
Festigung der sprachlichen Elemente	Auch: Wiederholung, Einüben, Verstehen
Rekapitulation	Vor-/Nachsprechen des neuen Wortschatzes; Neuzuordnung der Wortkarten/Satzstreifen; lebendige Nachgestaltung in der Fremdsprache; Einüben von Redemitteln, Verszeilen, wiederkehrenden Erzählelementen
Sprachproduktion	Einsatz von (Stab-)Spielpuppen zur szenischen Gestaltung; Zuordnungen (auf Arbeitsblatt o. Ä.); einfaches Sprechen zu Bildern; Spiel; handelnder Nachvollzug
Ausklang	Auch: Einbettung, Erweiterung
	Lied, Film, Gedicht, Bewegung, Spiel, Tanz zur Thematik; Tipps zur Recherche, z. B. im Internet; Basteln, Malen; Musikhören; Ausprobieren eines Gerichtes; Vergleich mit Gepflogenheiten in Deutschland

Unterrichtsbeispiel:
„Storytelling: Kinderbuch ‚Sleepy Sophie' von Christine Davenier, 3. Jahrgangsstufe

Artikulation/ Inhalt	Methodische Hinweise/ Sozialformen/Medien
I. Einführung in die Sprachsituation	
1. Motivation	Unterrichtsgespräch, Bild
Präsentation und Vorstellung der Hauptfigur; Anknüpfung an Vorkenntnisse; Erläuterungen der Lehrkraft; Klärung von Verständnisfragen	freie Schüleräußerungen
2. Zielangabe	Kinderbuch, Tafelüber-
Zeigen des Buchtitels; Angabe des Unterrichtsvorhabens: Wir lernen das Kinderbuch „Sleepy Sophie" kennen.	schrift
II. Bereitstellung des Wortschatzes, oder: „Introduction of the Key-Words"	
1. Sprachliche Rezeption	bildnerisch gestaltete TA,
Einführung in die Rahmenhandlung; Anheften des neuen Wortmaterials; Verknüpfung von Bild und Wortbild; Erschließen der Wortbedeutung	„Brickwords" auf Karten, Nachsprechen des neuen Wortschatzes im Time-Lag
2. Phonetische Sicherung	wiederholtes Vor-/Nach-
Ergänzung der Brickwords um die fehlenden Buchstaben; Fokussierung auf das Schriftbild	sprechen im Chor; vollständige Wortbilder
III. Begegnung mit dem Text, oder: „Presentation of the Story"	
Textvortrag unterstützt durch Mimik und Gestik; Kennenlernen des Kinderbuches; Animation zum Mit-/Nachsprechen wiederkehrender oder prägnanter Textteile	Sitzhalbkreis; Lehrervortrag; Bilderbuch; originale Gegenstände
IV. Überprüfung des Verständnisses, oder: „Check of the comprehension"	
1. Allgemeinverständnis, oder: „Global Check"	Gesprächskette im Sitz-
Die Kinder rekapitulieren den Inhalt in deutscher Sprache.	halbkreis; TA-Ergänzung um Wort- und Bildkarten
2. Partielles Hörverstehen, oder: „Understanding of Details"	bekannter Tiere Klassensitzordnung
a) Erläuterung der Aufgabe 1: Die Kinder verbinden die Tiernamen und Plätze; anschließende Kontrolle	Arbeitsblatteinsatz / PA; Unterrichtsgespräch / TA
b) Erläuterung der Aufgabe 2: Die Kinder nummerieren die Wörter in der Reihenfolge, wie sie sie im Vortrag wahrnehmen; anschließende Kontrolle	Arbeitsblatteinsatz / EA, Unterrichtsgespräch, Tageslichtprojektor
V. Ausklang	
Szenisches Nachgestalten der Geschichte	Gruppenarbeit

Quelle: Davenier, Christine: Sleepy Sophie. Walker Books Ltd., Vauxhall/London 1999

Sleepy Sophie nach **Christine Devenier**

Sophie was a sleepy woodchuck. She found a soft patch of grass and laid her head on her pillow. Crunch – munch ...

„Sush, cow!", said Sophie. „I want to sleep!" Crunch – munch, but the cow munched on.

So sleepy Sophie moved. She came to a lake.

„There aren't any cows around here", said Sophie and she settled down an a water-lily. Croak – croak ...

„Sush, frogs!", said Sophie. „I want to sleep!" Croak – croak, but the frogs croaked on.

So sleepy Sophie moved again. She came to a tree.

„There aren't any cows or frogs up to a tree!", said Sophie and she settled down on an branch. Tweet – tweet ...

„Sush, birds!", said Sophie. „I want to sleep!" Tweet – tweet, but the birds tweeted on.

So sleepy Sophie moved again. She came to a house and climbed up the roof.

„There aren't any cows or frogs or birds around here", said Sophie and she settled down on a rooftop. But: Miaow – miaow ...

„Sush, cat!", said Sophie. „I want to sleep!" But the cat miaowed on and woke up all the dogs: Woof – woof ...

Poor Sophie! It was so late. Where could she lay her sleepy head?

Just then Sophie met her friend Charlotte.

„Oh, hello Charlotte", cried Sophie. „I'm so tired, but I can't find a quiet place to sleep."

Charlotte took Sophie to a burrow under the meadow. Aaah! It was so quiet here.

„Good night, Charlotte", said Sophie.

„Good night, Sophie", said Charlotte.

Honk – sheeuw – honk – sheeuw ...

„Sush, Sophie!", said Charlotte. „I want to sleep!"

Abb. 93: Leicht veränderter Kinderbuchtext „Sleepy Sophie" nach Christine Davenier

---

Aufgabe 1:

Verbinde die Tiernamen mit den richtigen Plätzen!

cow	lake
frogs	grass
birds	rooftop
cats	tree

Aufgabe 2:

Nummeriere in der Reihenfolge, wie du die Wörter hörst!

woodchuck	◯
meadow	◯
friend	◯
branch	◯
rooftop	◯

Abb. 94: Aufgaben auf Arbeitsblatt zum Unterrichtsbeispiel

4.9 Religionslehre

Informationen zu Religionslehre

1. Konzepte

„Die Geschichte der Konzeptentwick-
lung religiöser Bildung ... kann nicht
unabhängig von den jeweiligen gesell-
schaftlich-kirchlichen Kontexten verstanden werden. Weil sich die Kontexte
verändern, verändern sich zwangsläufig
die Konzepte ... Die Geschichte der reli-
gionsdidaktischen Konzeptbildung ist
eine Geschichte der Differenzierung"
(Hilger/Kropac/Leimgruber 2001, S. 66).
In der Vergangenheit haben sich mehrere
verschiedene Konzeptionen entwickelt.
Dabei sind etwa zu unterscheiden die
materialkerygmatische Konzeption, der
hermeneutische,   problemorientierte,
therapeutische, ideologiekritische oder
korrelative Religionsunterricht.

2. Religiöse Bildung als Teil einer Allgemeinen Bildung

● „Religiöse Bildung muss im Interesse
der Öffentlichkeit liegen, weil sie das
Fenster zur Transzendenz offen hält,
weil die Frage nach Gott in den Letztbe-
gründungen unserer Wirklichkeit nicht
verloren gehen darf. Denn eine Gesellschaft, die sich eminent diesseitig versteht, gerät in die Gefahr, in ein geschlossenes oder totales System hinein
zu degenerieren ...

● Religiöse Bildung unterstützt die Kinder und Jugendlichen in ihrer personalen
Identität, denn sie gibt Orientierung und
Zuversicht bei der Suche nach einem
sinnerfüllten Leben.

● Religiöse Bildung und Erziehung leisten einen Beitrag zum mündigen Handeln
selbstverantwortlicher Bürger, die ihrem
Gewissen verpflichtet sind. Denn der
Glaube der Bibel fordert zur Selbstkritik
und Gesellschaftskritik heraus und ist da-

mit ‚nützlicher' Sand im Getriebe einer
naiven Anpassung an gängige Trends"
(Albrecht 1999, S. 79).

3. Ausgewählte Aspekte

a) Glaubens-Fähigkeit

„Leben kann nur gelingen, wenn der
Mensch sich nicht nur mit sich selber
beschäftigt, sondern sich selber überschreitet (transzendiert) hin zu den Mitmenschen und hin zur Welt. Darüber
hinaus ist es Überzeugung der Religio-
nen, dass der Mensch erst ganz sich
selbst findet, wenn er sich über Mitmenschen und Welt hinaus für eine transzendente Wirklichkeit öffnet. Im Christen-
tum wird diese letzte transzendente
Wirklichkeit ‚Gott' genannt. Es ist jener
Gott, der sich in Jesus Christus uns
Menschen endgültig mitgeteilt hat, um
unserem Leben umfassenden Sinn und
letztmögliche Erfüllung zu schenken"
(Hepp, in Weidmann, F. [Hrsg.] 1992,
S. 213 f.).

b) Gottesbilder

Gottesbilder sind „nicht an zeitlosen und
ewigen Wesensaussagen Gottes interessiert, sondern *bringen Gott in die Zeit.*
Von jener ‚Selbstvorstellung' Gottes her
‚Ich werde da sein als der ich da sein
werde' (Ex 3,14) können wir lernen, dass
sich die Weisen, in denen Gott erfahren
wird, wandeln. Dementsprechend wandeln sich auch die Gottesbilder, freilich
nicht so, wie man oft meint, dass im Ersten Testament der Gott der Rache, im
Zweiten Testament dagegen der Gott der
Liebe begegnete, vielmehr finden sich die
Motiv-Bilder des nahen und fernen
Gottes in beiden Testamenten ... Dabei
gibt es nicht die *eine* richtige Weise, ein
biblisches   Gottesbild   aufzufassen.
Schließlich erschöpft sich die Bedeutung
eines biblischen Textes bzw. eines biblischen Gottesbildes nicht im biblischen

Entstehungskontext; letzterer ist ein wichtiger Maßstab, aber nicht der *einzige* (i. O. jew. kursiv, Anm. d. Verf.). Gottesbilder laden vielmehr Menschen in ihrer jeweiligen Zeit zum Gespräch und zum Austausch über die Zeiten hinweg und in der Zeit ein" (Ritter 2001, S. 7).

c) Imaginatives Lernen

„Im Interesse einer zu gestaltenden Zukunft, die offen ist für Neues und für das, was man kaum zu hoffen wagt, wird ... versucht, in ein neues Sehen einzuüben durch die imaginative Kraft der Gleichniserzählungen, die imaginativ-poetische Kraft der Psalmen, die prophetisch-utopischen Verheißungen einer ‚neuen Erde' und eines ‚neuen Himmels' oder auch durch die Begegnung etwa mit bildender Kunst ... Einbildungskraft gibt sich so gesehen als Leistung des Subjekts zu verstehen, in der sowohl Imagination im Sinne von Anschaulichkeit und Sinnlichkeit als auch als Kraft der Reflexion zueinander in Beziehung gesetzt werden" (Hilger, in Hilger/Leimgruber/Ziebertz [Hrsg.] 2001, S. 312).

4. Situation des Kindes

Es ist eine Aufgabe des Religionsunterrichts, die Kinder in ihrer Glaubensentwicklung zu begleiten und zu fördern. Um die jeweilige Situation annähernd erfassen zu können, ist ein Einblick in Theorien religiöser Entwicklung hilfreich. James W. Fowler hat dazu eine Theorie über Stufen der Glaubensentwicklung aufgestellt.

„*Stufe 0:* Erster Glaube, *Glaube als Urvertrauen:* Grunderfahrung des Aufgehobenseins, des elementaren Gebens und Nehmens in den ersten Lebensmonaten.

Stufe 1: Intuitiv-projektiver Glaube, der stark von der Phantasie geprägt ist. (ca. 2–6 Jahre)

Stufe 2: Mythisch-wortgetreuer Glaube (‚Buchstabenglaube'): Wirklichkeit wird von Phantasie unterschieden, Mythen werden wörtlich genommen, nicht als symbolische Sprache erkannt. Gott wird wie ein menschliches Wesen aufgefasst. (Kindheit im Grundschulalter und frühe Jugend)

Stufe 3: Synthetisch-konventioneller Glaube, der eine noch wenig reflektierte Synthese von Überzeugungen und Wertvorstellungen darstellt, die den Einzelnen mit anderen verbindet. Glaube ist also noch kein persönlich angeeigneter Glaube, er ist vielmehr von anderen übernommen und von anderen abhängig. (ab Jugend)

Stufe 4: Individuierend-reflektierender Glaube, der eigenständiges und kritisch-rationales Denken voraussetzt, Symbole können erfasst und Glaubensaussagen entmythologisiert werden. Hier zeigt sich ein klares Bewusstsein der eigenen Individualität und Autonomie. (von Jugend und frühem Erwachsenenalter an)

Stufe 5: Verbindender Glaube ...

Stufe 6: Universaler Glaube (i. O. jeweils kursiv, Anm. d. Verf.)" (Hilger/Ziebertz, in Hilger/Leimgruber/Ziebertz [Hrsg.] 2001, S. 166).

Literatur:

1. Buck, Elisabeth: Bewegter Religionsunterricht. Theoretische Grundlagen und 45 kreative Unterrichtsentwürfe für die Grundschule. Vandenhoeck & Ruprecht, Göttingen 2001, 3. Aufl.
2. Hilger, Georg / Leimgruber, Stephan / Ziebertz, Hans-Georg (Hrsg.): Religionsdidaktik. Ein Leitfaden für Studium, Ausbildung und Beruf. Kösel, München 2001
3. Weidmann, Fritz (Hrsg.): Didaktik des Religionsunterrichts. Auer, Donauwörth 1992, 6. Aufl.

Strukturmodell:

	Maßnahmen
Hinführung	
Einstimmung	Anknüpfung an den vorausgegangenen Unterrichtsinhalt; Meditation über ein Bild, einen Gegenstand, über eine Klanggeschichte; zum Kontext passendes Lied; Tanzen, Sich-Bewegen und Singen; Wahrnehmungsspiele und Phantasiereisen an ausgewählten Stellen einer Unterrichtssequenz; Präsentation (von Teilen) eines Textes oder Bildes, von Schlüsselbegriffen (z. B. „Rettung", „ausgestoßen"); Konfrontation oder Provokation; Mitteilen von Erfahrungen, Gefühlen, Fragen, spontanen Überlegungen; Fixieren von Fragen und spontanen Meinungen.
Problemgewinnung	
Erschließung	
Information	Sammeln von Ideen; Wahrnehmungsaspekte lenken die Informationsentnahme – Benennen und ggf. Fixieren von Einzelheiten; Herstellen von Zusammenhängen; Raum geben für Empfindungen, Gefühle, Bewertungen und Assoziationen, für Vergleichen, Sich-Besinnen, Begründen, Urteilen, Einschätzen, Gedanken entwickeln; Herausarbeiten von Bedeutungen; Anregung geben zur Identifikation mit einer Person, mit einer Bewertung oder Handlungsweise (Sich-Einlassen auf „fremde" Gedankengänge, Zugänge zur Umwelt, historische Vorgänge); Schreibmeditation; Nachvollzug oder Interpretation des Geschehens durch szenisches Spiel, Pantomime oder Rollenspiel; Symbolspiel, z. B. mit Gegenständen, Klängen und Körpersprache; liturgisches Spiel; Strukturieren von Texten und Bildern (Aufbau, Ordnung, Vorgänge, Ablauf, Verbindungen); Meinungsaustausch über die mögliche Interpretation; Ergebnisse formulieren; Darbietung des Textes durch Lehrervortrag, sinngemäße Wiedergabe durch Lehrererzählung – ggf. unterstützt durch Medien.
Orientierung	
Auseinandersetzung	
Deutung	
Interpretation	
Begegnung	
Vertiefung	
Bewertung	Anregungen geben zum Ausdruck, zum Bedenken, zu einer eigenständigen Weiterarbeit; Weitererzählen der Geschichte; Ergänzen des Textes oder Bildes; Aktualisieren des biblischen Geschehens; Nachdenken über Aussagen (z.B. durch Sprache, Bild, Hör-Bild); bildnerische Gestaltung; Gestaltung durch Sprache, Musik, Bewegung oder Tanz; variierende Heftarbeit (Kombinationen von Text, Bild, Lied, eingeklebten Gegenständen; Texte: vorgegeben, eigene Formulierungen, Vermutungen, Begründungen; verschiedene Werktechniken mit Papier, z. B. ausgeschnitten, gefaltet); miteinander feiern; miteinander einen Text oder eine Dokumentation entwerfen und gestalten.
Ausdruck	
Gestaltung	
Sicherung	
Transfer	

Didaktische Aufgaben und Ziele

Schwerpunkt: Instruktion

Herausarbeiten eines Problems; Klärung des Themas; Darstellen unterschiedlicher Interpretationen für den gleichen Sachverhalt; Darstellen der vorläufigen Interpretation; Klärung des Vorwissens, der Erfahrungen und des Interesses; menschliche Grunderfahrungen darlegen (Vertrauen, Freude, Leid, Schuld, Geborgensein, Hoffnung).

Informationen zur biblischen Welt: räumliche und soziale Gegebenheiten, Zeiträume; Klärung aus bibeltheologischer Sicht: Verheißung und Erfüllung – Sünde, Umkehr und Befreiung; biblisch-christliche Glaubenssymbole erschließen (Brot, Wasser, Schiff, Weg, Licht, Kreuz); Gewinnung elementarer Aussagen; Verständnis von Symbolen; Einsicht in die Notwendigkeit, einen Sachverhalt, eine Verhaltensweise, eine Einstellung zu ändern; Herausarbeiten der Perspektive des Reich Gottes, der befreienden Bedeutung biblischer Überlieferung; Zusammentragen von Belegen (aus Text oder Bild) für die Interpretation (Kernaussage), Intention oder Heilsaussage; Ermöglichen von Kommunikationsprozessen; Verbindung überlieferter Inhalte mit der aktuell erfahrenen Lebenswelt.

Selbst initiativ werden (Schule, Familie, christliche Gemeinde); die Bedeutung der neuen Information für die eigene Glaubenssicht; Erkennen der Bedeutung der neuen Information für verschiedene Anwendungssituationen (z. B. Verbesserung des Zusammenlebens, Selbsteinschätzung, Bewahrung der Schöpfung); Heranziehen anderer Quellen zur Ergänzung der Kernaussage; Interpretation von Alltagsgewohnheiten; Bewertung von Formen des Zusammenlebens.

Schwerpunkt: Individuelle Spiritualität

Schaffung einer Atmosphäre, in der Zuwendung und das Gefühl des Miteinanders spürbar werden; Darlegen konkreter Situationen, die als emotional belastend oder entlastend erfahren wurden und als Problem, Chance oder Bereicherung erkennen; Schaffung subjektiver Zugänge; religiöse Einstellungen zum Ausdruck bringen.

Reflektieren eigener Lebensentscheidungen; Gegebenheiten akzeptieren und verarbeiten; Zutrauen in die eigene Person; Einsicht, sich ändern zu können oder zu müssen; Anregungen für Entscheidungen, das eigene Umfeld aktiv zu gestalten oder zu verändern; Wahrnehmen und Deuten von Erfahrungen; Unterstützung des Konstruktionsprozesses (der Bezug des Textes usw. zur eigenen Person, zur eigenen Lebenswelt); Identitätsfindung; Aufbau von Sinn-Erfahrungen, des Vertrauens, dass das Leben von Gott getragen und begleitet ist; Einblick in Biographien, die von Gotteserfahrungen geprägt sind; das Bild vom eigenen Ich aufbauen; die eigene Person, die eigenen Verhaltensweisen im Kontext wahrnehmen; Vergleichen von Selbst- und Gemeinschaftskonzept.

Deuten von Ereignissen als individuelle Vorgänge; Reflektieren des eigenen Standorts; Bewusstwerden des Vorgangs eines interpretierenden Lesens von Texten und Bildern (der stets eigenständig vorgenommen wird); Erwerb von Anwendungswissen; Verweilen, Betrachten – Stille entdecken; das Gebet als Weg, für die Gegenwart Gottes offen zu werden; Gotteserfahrung zum Ausdruck bringen; Vorbereitung zu einem Akt der inneren Zustimmung, der Annahme seiner selbst.

Unterrichtsbeispiel:

„Jesus im Haus des Oberzöllners Zachäus",
3. Jahrgangsstufe

I. Einstieg

1. Anknüpfung

L: Wir haben schon Texte aus der Bibel gelesen. In einigen Geschichten zeigt Jesus, wie die Menschen die Liebe Gottes erfahren.
TA: *Die Menschen erfahren Gottes Liebe*
S äußern sich.
TA: *Jesus gibt ein Beispiel*

2. Zielangabe

L: Ich habe wieder einen Text ausgesucht. Er zeigt, welche Bedeutung die Begegnung mit Jesus für einen Menschen hat. Ich vermute, dass ihr schon selbst einige Gedanken zu dieser Geschichte haben werdet.

3. Vorbereitung

a) Informationen über den sozialen Hintergrund

TA: *1. Das ist zum Verstehen der Geschichte wichtig* (s. Abb. 95)
Zöllner — Abgaben eintreiben — auf unrechtem Wege zu Geld kommen
TA: *Der Zöllner ist ausgeschlossen und verachtet.*

b) Einfühlungsübung

● Wie könnten die Leute ihre Verachtung in Worten ausdrücken? (Auf einige rund geschnittene Papierscheiben werden Formulierungen der S notiert und in die vorbereitete Tafelzeichnung an der „Grenzlinie" platziert.)
● Welche Gedanken und Gefühle könnte ein Zöllner haben, wenn er von den Leuten ausgeschlossen wird?

II. Begegnung mit dem Wort

TA: *2. Jesus im Haus des Oberzöllners Zachäus (Lukas 19,1–10)*
Vortrag und spontane Äußerungen

III. Erschließung

1. Arbeit am Text

Aufträge (auch mit thementeiliger Bearbeitung):

1. Jesus spricht den Zachäus an
a) Mit welchen Worten spricht Jesus den Zachäus an? Notiere diese Worte auf.
b) Überlegt: Was hat Jesus dem Zachäus damit zeigen wollen? Du kannst deine Sätze so beginnen lassen: *„Ich will, dass…"* *„Du bist für mich…"*

2. „Die Leute wurden unwillig"
Überlegt: a) Wie zeigt es sich, wenn jemand unwillig ist? b) Die Leute waren mit dem Verhalten von Jesus nicht einverstanden. Im Text findest du dafür die Begründung. (Die Leute sagten: „…")
c) Was könnten die Leute außerdem gesagt und gefragt haben?

2. Klärung und individuelle Bewertung

a) Auswertung

(TA in Bild b und c; ferner: Einige Formulierungen der Schüler zu Arbeitsaufgabe 2c werden auf der „Rück"-Seite der Papierscheiben, bisher in Bild a, aufgeschrieben und nun in Bild c platziert.)

b) Schwerpunkt: Welche Gedanken (Gefühle) hatte Zachäus, als er von Jesus angesprochen wurde?

3. Weiterführung

Vortrag (Lk 19,8–10)
TA: *Zachäus macht einen neuen Anfang.*

IV. Vertiefung

● *Bezug zur eigenen Erfahrung:* Erinnere dich: Warst du auch schon einmal in der Situation, dass dich mehrere abgelehnt haben? Wärest du dankbar gewesen, wenn dich jemand angesprochen hätte?
● *Lied:* z. B. „Jeden Tag, guter Gott, fängst du neu mit mir an" (aus Buck 2001 b, S. 76)

Die Menschen erfahren Gottes Liebe:
Jesus gibt ein Beispiel

1. *Das ist zum Verstehen der Geschichte wichtig:*

Der Zöllner ist ausgeschlossen und verachtet. ⓐ

2. *Jesus im Haus des Oberzöllners Zachäus (Lukas 19,1–10)*

"Zachäus komm schnell herunter! Denn ich muss heute bei dir einkehren." ⓑ

"Bei einem Sünder ist er zu Gast!" ⓒ

Zachäus macht einen neuen Anfang.

3. *Meine Gedanken*
   - *beim ersten Hören der Geschichte (...)*
   - *zum Bild a: Das könnten die Leute sagen: (...)*
   - *zum Bild b: Das könnte Jesus dem Zachäus sagen wollen: (...)*

Abb. 95: Material für ein Tafelbild zum Thema „Jesus im Haus des Oberzöllners Zachäus" (Anm.: Die Papierscheiben sind zunächst in Bild a platziert.)

4.10 Ethik

Informationen zum Fach Ethik

1. Unterrichtsgegenstand

Ethik ist grundlegender Teil der praktischen Philosophie. Sie „befasst sich mit der begründenden Prüfung moralischer Urteile, Überzeugungen und Handlungen. Sie fragt nach dem Guten überhaupt und erörtert allgemein gültige Normen und Maxime des Verhaltens. Sie ermöglicht und stützt maßgeblich die Entwicklung handlungsleitender Wertsysteme, die als Instrumentarium zur Überprüfung alltäglichen Verhaltens tauglich sind" (Köck 2001, S. 79).
Der Mensch kann sich als freiwillig handelnder für das allgemein als wertvoll oder nicht wertvoll Erkannte entscheiden. Dieses Urphänomen wird im Ethikunterricht einer Reflexion unterzogen. Der Ethikunterricht orientiert sich an den sittlichen Grundsätzen, wie sie im Grundgesetz und in Verfassungen einzelner Bundesländer festgelegt sind. Ethische Erziehung soll allen humanen Werten offen sein.

2. Bedeutung

Der Ethikunterricht fördert die Entwicklung

● der Erlebnisfähigkeit (vor allem die Fähigkeit zur differenzierten Wahrnehmung).
● der Entscheidungs- und Reflexionsfähigkeit (vor allem die Fähigkeit zum selbstständigen Nachdenken).
● der Handlungsfähigkeit (vor allem die Fähigkeit zu gelebter Kompetenz)

3. Anforderungen an den Erzieher

Als Modell für moralisches Verhalten, ästhetische und emotionale Sensibilität und ethisch fundierte Urteilsbildung beeinflusst die Lehrkraft nachhaltig die Wertorientierung der Kinder (vgl. a. a. O., S. 80).

4. Zielsetzungen

● Aufbau eines stabilen Selbstwertgefühls um eine bejahende Lebenseinstellung zu gewinnen und eine eigene Identität zu entwickeln
● Verantwortungsbewusstes Handeln gegenüber sich selbst, anderen und der Umwelt
● Achtung anderer sittlicher und religiöser Grundsätze und bewusstes Leben der eigenen Grundsätze
● Erfassen von Problemen und Bereitschaft zur Konfliktbewältigung
● Widerstand leisten bei Beeinträchtigungen eigener Sinnsuche und wertorientierter Lebensführung

5. Handlungsleitende Grundsätze

Ein lebensnaher und offener Ethikunterricht ist geprägt durch

● Erfahren mit allen Sinnen in lebensnahen Situationen
● ethische Fragen und Probleme aus konkreten Situationen der Lebens- und Erfahrungswelt der Kinder
● Nachdenken in offenen Gesprächen über verschiedenartige Handlungs- und Entscheidungsmöglichkeiten
● Einbringen eigener Sinnperspektiven und Wertentscheidungen
● Lesen, Hören oder Schreiben von erlebnis- und situationsbezogenen (Dilemma-)Geschichten
● Wahrnehmungs-, Einfühlungs- und Meditationsübungen.

Literatur:

Tesak, Gerhild (Hrsg.): Wegweiser durch den Zwölfminutenwald. Klett, Leipzig 2001

Strukturmodell

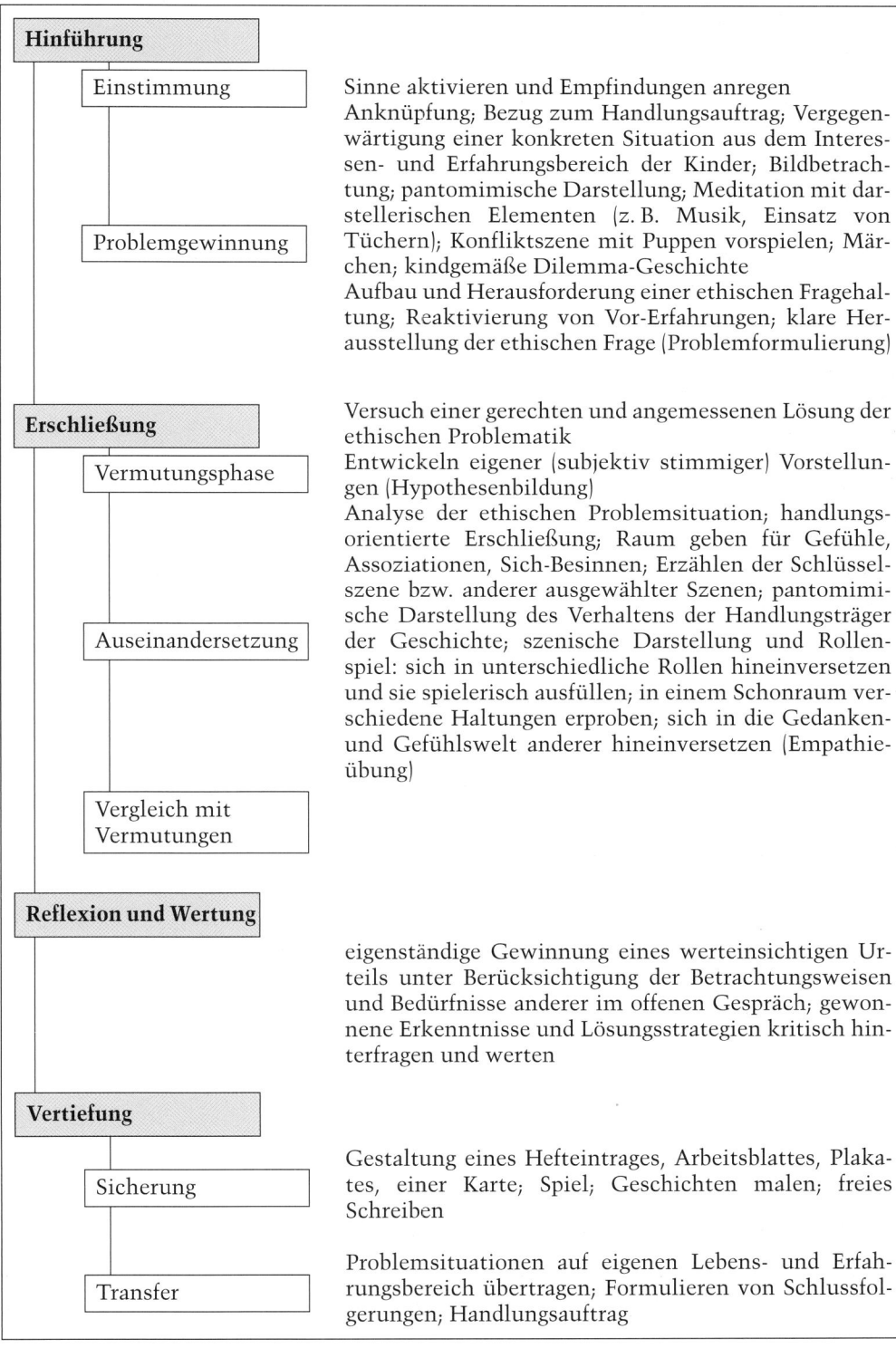

Hinführung	
Einstimmung	Sinne aktivieren und Empfindungen anregen
	Anknüpfung; Bezug zum Handlungsauftrag; Vergegenwärtigung einer konkreten Situation aus dem Interessen- und Erfahrungsbereich der Kinder; Bildbetrachtung; pantomimische Darstellung; Meditation mit darstellerischen Elementen (z. B. Musik, Einsatz von Tüchern); Konfliktszene mit Puppen vorspielen; Märchen; kindgemäße Dilemma-Geschichte
Problemgewinnung	Aufbau und Herausforderung einer ethischen Fragehaltung; Reaktivierung von Vor-Erfahrungen; klare Herausstellung der ethischen Frage (Problemformulierung)
Erschließung	Versuch einer gerechten und angemessenen Lösung der ethischen Problematik
Vermutungsphase	Entwickeln eigener (subjektiv stimmiger) Vorstellungen (Hypothesenbildung)
	Analyse der ethischen Problemsituation; handlungsorientierte Erschließung; Raum geben für Gefühle, Assoziationen, Sich-Besinnen; Erzählen der Schlüsselszene bzw. anderer ausgewählter Szenen; pantomimische Darstellung des Verhaltens der Handlungsträger
Auseinandersetzung	der Geschichte; szenische Darstellung und Rollenspiel: sich in unterschiedliche Rollen hineinversetzen und sie spielerisch ausfüllen; in einem Schonraum verschiedene Haltungen erproben; sich in die Gedanken- und Gefühlswelt anderer hineinversetzen (Empathieübung)
Vergleich mit Vermutungen	
Reflexion und Wertung	eigenständige Gewinnung eines werteinsichtigen Urteils unter Berücksichtigung der Betrachtungsweisen und Bedürfnisse anderer im offenen Gespräch; gewonnene Erkenntnisse und Lösungsstrategien kritisch hinterfragen und werten
Vertiefung	
Sicherung	Gestaltung eines Hefteintrages, Arbeitsblattes, Plakates, einer Karte; Spiel; Geschichten malen; freies Schreiben
Transfer	Problemsituationen auf eigenen Lebens- und Erfahrungsbereich übertragen; Formulieren von Schlussfolgerungen; Handlungsauftrag

Unterrichtsbeispiel:

Mit Kindern über den Tod sprechen

3./4. Jahrgangsstufe

Einführung in die Thematik anhand des Bilderbuchs „Leb wohl, lieber Dachs" (Susan Varley). In dieser fabelähnlichen Geschichte werden Fragen des Menschen um Sterben, Tod und Trauer in verständlicher Form zur Sprache gebracht.

Darstellung folgender Fragen und Dimensionen um Sterben und Tod:
- Alt werden bedeutet Abschied nehmen
- Sterben als Befreiung und Hinübergang

Die Kinder sollen bereit werden und lernen, ihre Gefühle, Ängste und Erlebnisse in Bezug auf den Tod (Grenzerfahrung) auszusprechen.

Artikulation/ Inhalt	Unterrichtsaktivitäten/ Sozialformen/Medien
I. Hinführung	
Nachdenklicher alter Dachs sitzt auf einem Baumstumpf	Stuhlkreis S äußern ihre Assoziationen zum Bild
	Lehrkraft greift Schüleräußerungen auf (z. B. Der alte Dachs ist traurig, weil er bald sterben muss.)
Bekanntgabe des Buchtitels	Kommentarlose Sammlung verschiedener Reaktionen und Mutmaßungen
II. Erschließung	
1. Vorlesen des 1. Teils der Geschichte in der Ich-Form (Gedanken des Dachses während er auf dem Baumstumpf sitzt)	Meditationsmusik Bild (s. oben)
	freie Schüleräußerungen
Cluster zum Stichpunkt „alt sein" (z. B. bald sterben – oft müde – man muss Rücksicht nehmen)	Tafel
2. Vorlesen des 2. Teils der Geschichte (Tunnelerlebnis)	Präsentation der Bilder im Buch
	freie Schüleräußerungen

Artikulation/ Inhalt	Unterrichtsaktivitäten/ Sozialformen/Medien
Gespräch über das Sterben des Dachses Eingehen auf folgende Aspekte: ● „langer Tunnel" ● „fühlte sich frei" ● „aus seinem Körper herausfallen" (offenes Zur-Sprache-Bringen kindlicher Denk- und Wunschbilder)	S können ihre Gedanken, die sie sich bereits über den Tod gemacht haben, einbringen
3. Zusammenfassende Erkenntnis: ● Sterben heißt Abschied nehmen ● Der Tod gehört zum Leben	Tafel
4. Hypothesenbildung zum Adressaten und Inhalt des Abschiedsbriefes	S überlegen mit Partner, an wen der Abschiedsbrief gerichtet sein könnte/ was er vielleicht beinhaltet

III. Vertiefung

Abschiedsbrief des Dachses an seine Freunde verfassen Hineinversetzen in den Dachs und entsprechend in einen alten Menschen	S schreiben einen eigenen „Abschiedsbrief" und malen ein Bild dazu einzelne S lesen ihre verfassten Texte vor (s. Abb. 96)

IV. Weiterführung

Geschichte zu Ende lesen
● Gespräch der Freunde des Dachses überlegen und spielen
● Aussprache darüber, warum die Traurigkeit der Freunde schwindet
● Transfer zu eigenen Erlebnissen

Liebe Freunde,

die Zeit ist da. Ich muss euch verlassen. Ich werde nicht mehr aufwachen. Erschreckt euch nicht, wenn ihr kommt! Bitte seid nicht traurig! Ihr könnt in Gedanken daran denken, wie wir gespielt haben. Es war eine schöne, lustige und glückliche Zeit mit euch. Aber irgendwann und irgendwo da bin ich mir sicher werden wir uns wiedersehen. Ich fühle es, dass ich durch einen Tunnel gehen werde. Ein neues Leben wird für mich anfangen. Ihr sollt gut miteinander weiterleben. Ich werde euch nie vergessen. Ich möchte, dass ihr genauso fröhlich bleibt.
Lebt wohl!
                    Euer lieber Freund
                    Dachs

Abb. 96: Text eines (leistungsstärkeren) Kindes

5. Methoden und Medien

5.1 Arbeit mit dem konkreten Gegenstand

Begriffe

Arbeit mit dem konkreten Gegenstand: Unterrichtsverfahren zur Erschließung oder Sicherung des Lerninhalts durch verschiedene zielorientierte Tätigkeiten mit dem konkreten Gegenstand.

Als umfassende Begriffe:

Realbegegnung: „Methode zur Realbegegnung..., die Möglichkeiten der Erkenntnisgewinnung aus der Wirklichkeit vermittelt und Überprüfung von Kenntnissen (Verifikation/Falsifikation) ermöglicht" (Laux, in Kaiser [Hrsg.] 1997a, S.168).

Originalbegegnung (originale Begegnung): „Originale Begegnung als Begriff wurde 1949 von Heinrich Roth in die schulpädagogische Diskussion eingeführt. Als methodisches Prinzip sollte originale Begegnung das ursprüngliche Fragen des Kindes zu Interesse und Schaffensdrang werden lassen. Mit der originalen Begegnung sollte das ‚originale Kind' und der ‚originale Gegenstand' so miteinander in Beziehung gebracht werden, ‚dass das Kind fragt, weil ihm der Gegenstand Fragen stellt, und der Gegenstand Fragen aufgibt, weil er eine Antwort für das Kind hat' (Roth). Aufgabe der Lehrerin: Kind und Gegenstand in ein nie abreißendes Gespräch bringen; Lehrerfragen vermeiden" (Klattenhoff, in Kaiser [Hrsg.] 1997a, S. 151; mit Hinweis auf Roth, H.: Zum pädagogischen Problem der Methode. In: Die Sammlung, Februar 1949).

Konkrete Gegenstände und Materialien: Als „konkrete Gegenstände" sind im didaktischen Sinne die originalen Dinge oder didaktische Materialien zu verstehen. Letzteres erscheint als Widerspruch, jedoch lässt sich am Beispiel von Legematerial im Fach Mathematik zeigen, dass in Bezug auf den Abstraktionsgrad des Unterrichtsgegenstandes („die Zahl"), etwa Steckwürfel einen *konkreten* Charakter haben, auch wenn sie wiederum im jeweiligen Falle für eine Anzahl „konkreter" Dinge (Äpfel, Eier, die sieben Zwerge usw.) stehen.

Umfassender stellt sich der Begriff des „Materials" dar: „Der Ausdruck umfasst alle Gegenstände, die in der Schule für die Hand des Kindes bereitgestellt oder verwendet werden. Dazu gehören auch die Arbeitsbögen, die die Lehrerin entwirft" (Ziechmann, in Kaiser [Hrsg.] 1997a, S. 133).

Bedeutung

- Anreiz zur Sachauseinandersetzung durch das Vorhandensein des Gegenstandes selbst.
- Verwirklichung sach- bzw. fachgemäßer Arbeitsweisen.
- Begriffsbildung: Durch den Umgang mit der Sache werden Teile, Vorgänge, Zusammenhänge und Funktionen deutlich; es entwickelt sich eine Anschauung vom Gegenstand; daraus bilden sich klare Begriffe.
- Beteiligung verschiedener Sinneskanäle.
- Anbahnung des sachbezogenen Argumentierens.
- Eigene Erfahrungen fördern das „gute Behalten".

Verwirklichung

1. „Orte" der Arbeit mit dem konkreten Gegenstand

a) Hereinholen des Gegenstandes in das Klassenzimmer (Beispiele)

Sachunterricht: Materialien/Stoffe (Eiswürfel, Glasplatte, Gummischlauch, Wollreste, Styroporplatten, Kerzenwachs); technische Gegenstände (Laterne, Luftpumpe, Thermometer, Taschenlampe); historische Gegenstände (Schlüssel, Pfanne, Bügeleisen); Tiere und Pflanzen (Schmetterlingsraupen, Wiesenblumen).
Deutsch: Sprache in verschiedenen Situationen gebrauchen, erleben und bewusst verändern.
Mathematik: Repräsentation des Werts der Zahl durch Elemente; Verändern der Mächtigkeit der Zahl, z. B. durch Wegnehmen.

b) Aufsuchen des Gegenstandes in seiner realen Umgebung

Beispiele (Sachunterricht): an Blumen riechen, helle Kleidung im Nebel tragen und sich die Wirkung mitteilen lassen, sich mit Gummistiefeln in den Bach stellen und die Strömung spüren.

2. Formen der Arbeit mit dem konkreten Gegenstand

- Die Kinder *gebrauchen* den Gegenstand: Selbst gebaute Schalter betätigen; ein Gedicht betont vortragen.
- Die Kinder *untersuchen* den Gegenstand: Feuer auf verschiedene Weise löschen; Getreidepflanze in Teile zerlegen.
- Die Kinder *erkunden* den Gegenstand: die ästhetische Wirkung von Naturmaterialien (Lichtskulpturen) erproben; das Verhalten eines Gymnastikstabs (Balls, Schwimmbretts, der Noodle) erproben.

- Die Kinder *stellen* Produkte *her*: Nachbauen von Geräten mit technischen Baukästen; Anfertigen einer Zeichnung, eines Werkgegenstandes; Anfertigen eines Aufsatzes.

3. Gegenstandsspezifische Tätigkeiten und deren Ergebnisse

Die spezifischen Eigenheiten der „Sache" (Sprache, Zahl, Körperbewegung, Melodieverlauf, ein Bild, eine Sache des Sachunterrichts) bedingen die unterschiedliche Arbeit mit dem jeweiligen konkreten Gegenstand; diese Arbeit führt zu speziellen Ergebnissen, die den Kindern verständlich gemacht werden.

Beispiel „Sprache": a) Aktivitäten und Formen der Arbeit am konkreten Gegenstand: Sprechen, Betonen, Satzteile austauschen, umstellen, Buchstaben hervorheben, Laute zuordnen, sich einfühlen; b) mögliche Ergebnisse: Aussagen über Funktion der Sprache, Sprachmittel, Wirkung auf den Adressaten, Wortschatz, Lösungshilfe im Rechtschreiben.

Beispiel „Kunst": a) Aktivitäten: Beschreiben, nachgestalten, vergleichen, sich hineinversetzen, erfinden; b) Ergebnisse: Aussagen über Gestaltungsmittel, Kriterien der Auswahl, Formensprache.

4. Ablauf

Die Arbeit am konkreten Gegenstand kann in ungelenkten Verfahren (z. B. in Kunsterziehung), aber auch in gebundenen Unterrichtsprozessen (z. B. in Sprachbetrachtung) vollzogen werden. Davon ist dann in hohem Maße abhängig, inwieweit Aufträge zur Sacherschließung formuliert werden müssen. In jedem Falle sind die Erfahrungen der Kinder und die Ergebnisse ihrer Tätigkeiten einzubringen und in den Lernprozess zu integrieren.

5.2 Unterrichtsgang

Begriff

Der Unterrichtsgang ist eine Form der Begegnung mit einem Objekt, das zum Zwecke der Erkundung an seinem originalen Standort bzw. an einem Ausstellungsort aufgesucht wird; in bestimmten Fällen (z. B. bei Besuch eines Betriebs) werden Personen in die Erkundung als Informanten mit einbezogen. Unterrichtsgänge haben eine klare didaktische Zielsetzung.

„Unterrichtsgang als Form der Exkursion, im Sachunterricht meist als Beobachtungs- bzw. Erkundungsgang durchgeführt, bedeutet originale Begegnung mit der realen Welt unter der Zielstellung, Kindern unmittelbare Lernerfahrungen im Umgang mit Objekten und oder Personen der Umwelt vor Ort zu ermöglichen. Sinnlich anschauliche, reale Begegnungen mit der Lebenswirklichkeit auf einem Unterrichtsgang bringen Kinder bedeutsame personale Erfahrungen, erhöhen das Interesse an Dingen und Gegenständen ...“ (Jarausch, in Kaiser [Hrsg.] 1997a, S. 221)

Bedeutung

- Der originale Gegenstand motiviert zur Auseinandersetzung aus der Sache heraus (sofern er im Verstehenshorizont des Kindes liegt); Erhöhung der Lernbereitschaft.
- Ansprechen des affektiven Bereichs.
- Beteiligung verschiedener Sinne.
- Wahrung des sachlichen Zusammenhangs.
- Bereicherung der Wirklichkeitserfahrung.
- Anschauliche Erarbeitung von Begriffen.
- Anregung zur Schüleraktivität.

- Chance zum entdeckenden Lernen.
- Möglichkeit zu problemorientiertem Lernen.
- Erlernen und Anwenden fachspezifischer Arbeitsweisen.
- Verwirklichung pädagogischer Aufgabenstellungen, z. B. Vermittlung sozialer Erfahrungen; Festigung der Klassengemeinschaft durch Gewinnung eines gemeinsamen Erfahrungshintergrundes; Förderung des verantwortungsbewussten Verhaltens.

Rechtliche Bestimmungen (Beispiele)

- Unterrichtsgänge als „sonstige schulische Veranstaltungen“.
- Wahrnehmung der Aufsichtspflicht; Inhalt: Schüler vor Schäden bewahren, Schädigung Dritter verhindern.
- Haftung: Voraussetzung ist eine schuldhafte Verletzung der Aufsichts- und Sorgfaltspflicht.

Didaktischer Ort

1. Ausgangspunkt der Sacherschließung

Am realen Objekt werden Fragestellungen gewonnen oder Vermutungen entwickelt; ggf. werden erste Erkundungen (wie im Beispiel des Unterrichtsgangs zu einer nahe gelegenen Hecke) durchgeführt, die als Grundlage für weitere Problemstellungen und nachfolgende Informationsgewinnung dienen.

2. Mittelpunkt der Informationsgewinnung

Gegenstände und Vorgänge, die bisher nur durch Medien vermittelt wurden, werden in der Wirklichkeit wiedererkannt; Fragen werden beantwortet und Lösungen werden gefunden; neue Informationen werden ermittelt; einzelne Wissenselemente werden in einen Zusammenhang gebracht.

Praktische Hinweise

1. Struktur

Vorbereitung

Aufbau einer Motivation
Formulierung von Fragen
Organisation
Präzisierung des Vorhabens

Durchführung

Wiederholung der Aufgabenstellung
Hinweise zum Verhalten; Sicherheits-
maßnahmen
Gang zum ausgewählten Objekt
Arbeit an den Aufgabenstellungen

Auswertung

Darstellung der Ergebnisse
Klärung
Fixierung der Ergebnisse

Weiterführung

2. Vorbereitung des Unterrichtsganges

● Vorausgehender Besuch des Objekts durch die Lehrerin.
● Festlegung des Wegs, der Beobachtungspunkte, der didaktischen Intentionen und der Arbeitsaufträge.
● Ausrüstung der Schüler (Bekleidung, Schuhwerk; Schreibmaterial, Gegenstände zum Erkunden und zur Fixierung von Beobachtungen, Interviews); Ausrüstung der Lehrerin (wie Schüler; Geldreserve, Telefonnummern).
● Information: Eltern (über Schüler; mündlich, ggf. auch schriftlich); Schulleitung, ggf. Schulamt; Vertretungen.
● Wichtige Informationen für die Lehrkraft: Telefonliste, Besonderheiten von einzelnen Schülern (z. B. Allergien).
● Informationen für die Schüler: Inhaltlich (Karte, Bilder, Absichten), Ablauf, Ausrüstung, Verhalten, Belehrungen (z. B. über Naturschutz).

3. Durchführung des Unterrichtsganges

a) Organisatorisch

Überprüfen der Vollzähligkeit, Absicherung der Gefahrenstellen, Haltepunkte für Hinweise oder Aussagen über beobachtete Sachverhalte.

b) Arbeitsweisen am Ort

Beispiele: Sammeln, Versuche durchführen, Zeichnen, Skizzieren, Messen, Vergleichen von Sammelobjekten (oder von Zeichnung oder Modell mit der Wirklichkeit), Beobachten, Benennen, Beschreiben, Notieren, Interview durchführen, Bestimmungsbücher verwenden.

4. Auswertung des Unterrichtsganges

Beantworten der Problemfragen; Feststellen der Beobachtungen; Mitteilen der Ergebnisse der Arbeitsaufträge; Zusammenstellen der wesentlichen Informationen; Impulse zu einer sachgerechten Darstellung; Einführung und Verwendung verständlicher Fachbegriffe; Eingliedern in einen größeren Zusammenhang; Gewinnen der allgemeinen Einsicht; Unterstützen der Beobachtungen durch Versuche, Anfertigen von Skizzen, Bau von Modellen oder Darstellung im Sandkasten; Fixieren der wichtigsten Erkenntnisse; Übertragung auf ähnliche oder neue Bereiche; Darstellen der Eindrücke und Informationen in Form bleibender Medien (Plakatwand, Collage, Fotowand, Modelle, Zeichnungen).

5. Fächerverbindende Aktivitäten

Mehrere fachliche Bereiche können angesprochen und verbunden werden. *Beispiel „Unterrichtsgang zum Weiher",* neben dem biologischen Aspekt: erdkundlich (abmessen, Lageskizze erstellen), sozialkundlich (sauberes Wasser als Gemeinschaftsaufgabe), geschichtlich (Bedeutungswandel stehender Gewässer).

5.3 Beobachtung

Begriffe

Erfassen von Veränderungen, die sich in einem festgelegten Zeitraum vollziehen. Beobachtet werden (dingliche) Gegenstände oder Lebewesen. Der zu beobachtende Vorgang wird in der Regel nicht manipuliert; im Zusammenhang mit der Durchführung eines Versuchs kann eine Veränderung des Vorgangs erfolgen. Nach der Dauer von Beobachtungen wird zwischen Kurz- und Langzeitbeobachtungen unterschieden. Ferner kann das Beobachten – je nach didaktischem Ort – die Funktion des *Bestätigens* (z. B. nach dem Vorzeigen) erhalten, oder es wird als Ziel das *Entdecken* gestellt.

„Beobachtung bedeutet ein zielgerichtetes, bewusstes Wahrnehmen von Objekten oder Prozessen, ohne Eingriffe an diesen vorzunehmen. Die Beobachtung ist nicht auf visuelle Wahrnehmung beschränkt, sie kann außerdem mit und ohne Hilfsmittel (z. B. Mikroskop) erfolgen. Dem Beobachten im Unterricht muss eine klare Aufgabenstellung zugrunde liegen, um die Aufmerksamkeit entsprechend zu lenken. Bei der Beschreibung ist die strikte Trennung von Beobachtung und Bedeutung unerlässlich. Neben der eigenständigen Unterrichtsmethode ist das Beobachten auch Teil des Experimentierens" (Baalmann, in Kaiser [Hrsg.] 1997a, S. 18).

Zur Unterscheidung **Betrachten:** Wahrnehmen der Erscheinung eines ruhenden, statischen Gegenstandes bzw. eines Lebewesens. Eine Betrachtung kann sich auch dahingehend entwickeln, dass Zusammenhänge hergestellt werden, um das Wesentliche zu erfassen („Betrachten" im Sinne eines „Schauens"). Im didaktischen Sinne gilt in der Regel – außerhalb der musischen Fächer – nur der erstgenannte Aspekt.

Bedeutung

- Förderung sachgerechter Argumentation (durch Unterscheidung von unmittelbar zu Beobachtendem und dem, was interpretiert wird; die „Sache" als Grundlage eines Urteils).
- Sensibilisierung der sinnenhaften Wahrnehmung; Bewusstwerden der Leistungsfähigkeit und Funktion einzelner Sinne.
- Differenzierung der Wahrnehmungsfähigkeit.
- Gewinnung an Sicherheit, Sinneseindrücke einzuordnen, zu beschreiben oder zu werten.
- Wichtige Arbeitsweise zur Beschaffung von Informationen.
- Grundlage zur Gewinnung von Anschauungen, Erkenntnissen, Einsichten, Begriffen und Modellvorstellungen.
- Grundlage für einen problemorientierten Unterricht; aus den Wahrnehmungen ergeben sich Fragestellungen, Denkprozesse und Problemlösungsstrategien.
- Aufbau von Motivationen zur Auseinandersetzung durch die Begegnung mit der Sache.

Verwirklichung

1. Ausgangssituation

Ein Problem, zu dessen Lösung eine Beobachtung Informationen geben könnte, wird erkannt und formuliert.
Beispiele:
Wie kam es dazu, dass …?
Welches Material eignet sich …?
Wie entwickelt sich …?
Wie verändert sich …?
Wie entsteht …?
Wie bewegt sich …?
Welche Wirkung hat …?
Was ändert sich, wenn …?
Wie wird … hergestellt?
Welche Geräte werden für … verwendet?
Wie gelingt es …?

2. Vorbereitung

Organisatorisch: Material, Hilfsmittel, Geräte, auszuführende Tätigkeit festlegen (damit der Vorgang in gewünschter Weise in Gang kommt), Festlegung von Ort und Zeitpunkt der Beobachtung, Bildung von Beobachter-Gruppen, Beobachtungsblätter, Tabellen, Protokollant; Anleitung zur Beobachtung, Sicherheitshinweise geben und ggf. die Situation durchspielen, Beobachtungsmöglichkeit für alle Schüler der (Klein- oder Groß-) Gruppe schaffen; ggf. auch Pflege des Objekts (z. B. im Falle einer Pflanze);

Inhaltlich: Einbringen des Vorwissens, Schüler äußern Vermutungen (sofern dazu eine hinreichende Sachgrundlage gegeben ist), Formulierung von Beobachtungsaufträgen, zu erwartende Schwierigkeiten, Bereitstellen erforderlicher (Fach-)Begriffe. (Hinweis: Die genannten Maßnahmen sind jeweils in Bezug auf die spezifische Beobachtung auszuwählen.)

3. Durchführung

Die Kinder nehmen das Objekt wahr (sehen, hören, tasten, fühlen, riechen); sie führen begleitende Tätigkeiten dazu aus (zählen, Strecken messen, abwiegen, auf einer Skala ablesen, zeichnen, feststellen von Formen, Farben, Veränderungen); Feststellungen in Wort, Zahl oder Zeichnung fixieren (s. Abb. 97).

Im Laufe der Beobachtung kann es erforderlich werden, dass die Lehrerin eine Zwischenkontrolle vornimmt (z. B. sachgerechte Benützung eines „Insektensaugers" oder Zwischenmitteilung geben lassen über die bisherigen Ergebnisse).

4. Auswertung

Berichten über die Ergebnisse, kritische Prüfung, Ordnen der Beobachtungen, Vergleichen, Verknüpfen der Einzelinformationen (zu Zusammenhängen), Finden einer Regel, Formulieren einer Erkenntnis, Verbalisieren des Gesamtergebnisses, Erklären des Vorgangs, Verwenden von Fachbegriffen, individuelle Reflexion über die neuen Informationen, individuelle Reflexion des Lern- und Arbeitsprozesses, Bewusstmachen der Leistung dieser Arbeitsweise (Methode).

Hinweise: a) Die Beobachtungsergebnisse sind nicht auf ein idealtypisches Ziel hin zu manipulieren; b) ggf. sind Impulse für eine klare Begriffsbildung erforderlich.

5. Weiterarbeit

Anwendung der Erkenntnis auf ähnliche Vorgänge, Suchen nach Informationen in Medien, Durchführung veränderter Aufgabenstellungen, Arbeitsrückschau, Darstellen der Ergebnisse für einen längeren Zeitraum.

Datum	Beobachtung
4. Juni	Beobachtungskasten aufgestellt, Papierschichten eingelegt, frische Brennnesseln mit ungefähr 10 Raupen hineingelegt, Raupen sind gelb- und schwarz gestreift
16. Juni	Eine Raupe hat sich verpuppt. Kopf nach unten. Die übrigen Raupen zu Brennnesseln am Schulweg gelegt.

Beobachtungsbogen: Kirsche				
Datum	1. Mai	4. Juni	18. Juni	4. Juli
Zeichnung				
Bemerkung	Blüte weiß	noch drei Blütenblätter	Fruchtknoten grün	Frucht rot

Abb. 97: Beobachtungsbogen „Kirsche"

5.4 Versuch

Sachinformation

1. Begriff

Arbeitsweise zur Gewinnung von Problemstellungen oder Informationen aus dem Bereich der Naturerscheinungen; aus einem größeren Zusammenhang wird ein Teilvorgang isoliert und dieser wird – für den Fall der Informationsgewinnung – schrittweise durch methodische Untersuchung, in Anlehnung an das naturwissenschaftliche Experiment, geklärt.

„Zu Beginn der Neuzeit entwickelte Herangehensweise an naturwissenschaftliche Fragestellungen, die heute als die charakteristische Forschungsmethode in den Naturwissenschaften angesehen wird … Sowohl Lehrerversuche als auch Schülerversuche sind möglich, wobei Lehrerversuche sich für komplexe Versuchsaufbauten und gefährliche Versuche eignen" (Baalmann, in Kaiser [Hrsg.] 1997a, S. 228).

2. Formen

Der Versuch kann unterschieden werden im Hinblick auf

a) die Dauer: Kurz-, Langzeitversuch;
b) die ausführende Person: Lehrer-, Schülerversuch;
c) die Anzahl der ausführenden Personen: Einzel-, Partner-, Gruppenversuch;
d) die Messbarkeit: quantitativer Versuch (zahlenmäßige Erfassung von Dimensionen: Strecken, Raum, Zeit), qualitativer Versuch (eher „vorwissenschaftliche" Aussagen über die Änderung der Eigenschaft, z. B. „Je schneller …, desto heller");
e) seine didaktische Funktion: Problem-, Überraschungs- oder Einführungsversuch, Erkenntnisversuch, Bestätigungsversuch, Wiederholungsversuch;

f) die Nähe zum realen Vorkommen in der Umwelt des Kindes: Versuch mit dem Gegenstand selbst, Modellversuch.

Bedeutung

- Anschauliche Gewinnung von Erkenntnissen, Begriffen und Fertigkeiten.
- Schulung der Sinne und Differenzierung der Wahrnehmung.
- Erhöhung der Lernaktivitäten durch das konkrete Material.
- Möglichkeit zur intensiven Auseinandersetzung mit einem Unterrichtsgegenstand.
- Anbahnung von fachspezifischen Arbeits- und Denkweisen.
- Raum der Bewährung für verantwortliches Tun.
- Möglichkeit zur Kooperation.
- Förderung des schlussfolgernden Denkens.

„Die Schüler können spielerisch mit konkreten Materialien … umgehen und dabei ihre Kreativität und Phantasie entwickeln" (Spreckelsen, in Kaiser [Hrsg.] 1997a, S. 48).

Grundsätze

1. Der Versuch soll eine weiterführende Funktion haben

Für Kinder ist es wenig motivierend, Versuche durchzuführen, deren Ergebnisse schon aus anderen Zusammenhängen bekannt sind.

2. Der Versuch soll für das Kind durchschaubar sein

Die Durchschaubarkeit des Versuchs wird durch eine übersichtliche Anordnung, durch einfaches, meist aus der Umwelt des Kindes stammendes Versuchsmaterial und durch die Auswahl erfassbarer Vorgänge erreicht.

3. Der Zusammenhang „Versuchs-elemente – Realität" soll hergestellt werden

Die Schüler erfahren, welche Einzelheiten aus dem Versuch den einzelnen Teilen und Vorgängen aus der Wirklichkeit entsprechen. Beispiel: Der Eimer ist an der Stelle des Hochbehälters; der Plastikschlauch stellt die Wasserleitung dar.

4. Der Versuch soll das Denken des Kindes anregen

Beispiele: Entwickeln einer Fragestellung; Einzelbeobachtungen werden in einen Zusammenhang gebracht; eine Alltagserfahrung wird mit dem Versuch verglichen; die umgangssprachliche Formulierung wird mit dem Fachbegriff verglichen; aus Einzelbeobachtungen wird eine allgemeine Regel gefunden; ein Widerspruch wird herausgearbeitet; aus einem Widerspruch wird eine Fragestellung formuliert.

5. Die Versuchsdurchführung erfolgt zielorientiert

Eine Fragestellung oder eine klare Beobachtungsaufgabe leiten die Durchführung der einzelnen Vorgänge im Versuch.

6. Der Versuch erfolgt sinnorientiert

Den Kindern soll bekannt sein, in welchem Zusammenhang die einzelnen Vorgänge stehen, wie sie sich gegenseitig bedingen, wie sie voneinander abhängig sind. Eine bloße Addition von Teilaktivitäten ist zu vermeiden.

7. Die Durchführung des Versuchs soll gut organisiert sein

Dazu zählen: Vollständigkeit des Materials, Hinweis auf Schwierigkeiten, hygienische Maßnahmen, Angaben zur Durchführung, Festlegung von Teilaufgaben (Ablesen, Aufschreiben), Sicher-heitsvorkehrungen und Hinweise zur Sicherheit.

8. Der Versprachlichung kommt eine besondere Bedeutung zu

Bei Vorbereitung, Durchführung und Auswertung des Versuchs wird die herausgehobene Bedeutung der Sprache deutlich: Formulierung von Fragen oder Vermutungen oder verbale Informationen zu Aufbau, Tätigkeiten, Beobachtungen, Erkenntnissen, Zusammenhängen, Teilzusammenfassungen; Übertragung auf andere Erscheinungen.

Verwirklichung (Erkenntnisversuch)

1. Vorbereitung

Lebensnahe Fragestellung, Problemfrage fixieren; Vermutungen anstellen; Notwendigkeit des Versuchs klären; Planung: Gegenstände, Ablauf, Tätigkeiten, zu erwartende Ergebnisse, ggf. Plan skizzieren, Arbeitsauftrag sichern.

2. Durchführung

Umgehen mit dem Versuchsgegenstand und mit Materialien, Beobachten, Messen, Eintragen, Zeichnen, Protokollieren, Betrachten, Vergleichen, Beschreiben, Ordnen.

3. Auswerten

Ergebnisse mitteilen; Darstellung in Tabelle, Zeichnung, Schema; Schlussfolgerungen; Verbalisierung der Erkenntnis; Fixierung des Ergebnisses, Ausgangsfrage beantworten; Eingliederung in einen größeren Zusammenhang.

Literatur:

Unglaube, Henning: Experimente im Sachunterricht. In: Meier/Unglaube/Faust-Siehl (Hrsg.) 1997, S. 224–236

5.5 Computer

Begriffsklärung

Der Lehrende hat die Aufgabe, „Werkzeuge" zur Problembearbeitung zur Verfügung zu stellen und bei Bedarf auf Bedürfnisse der Lernenden zu reagieren. Der Lernende erbringt eigene Konstruktionsleistungen. Das Lernen ist von verschiedenen Kontextfaktoren abhängig. Die Arbeit mit dem Computer kann das eigenaktive Lernen in einer entsprechend anregungsreich gestalteten Lernumgebung unterstützen.

Den **Computer** zeichnen vor allem drei Aspekte aus:
(1) die parallele Präsentation und Integration von Daten, Text, Grafik mit Audio, Animation und Video (Multimedia)
(2) die lokale und globale Vernetzung von Computern mit der Möglichkeit orts- und zeitunabhängiger Kommunikation und Kooperation („Datenautobahn")
(3) die Interaktivität zwischen Benutzer und System sowie umfangreiche Manipulationsmöglichkeiten bis hin zur Simulation von Handeln in realen Umgebungen (digitale und virtuelle Welten)
(vgl. Staatsinstitut 1998, S. 15).

Der Computer ist ein integratives Schlüsselmedium, das
● auf der Hardwareseite verschiedene Geräte zusammenfasst (z. B. Fax, Internet) und
● auf der Softwareseite neben dem Text verschiedene auditive und visuelle Medien verbindet.

Er ist ein Medium und ein multifunktionales (Hand- bzw. Geist-)Werkzeug (vgl. Mitzlaff 1999, S. 7).

Mit **Lernsoftware** werden all jene Programme bezeichnet, die für spezielle Lernzwecke konzipiert sind. Jede Software wird durch das ihr zu Grunde liegende Lernmodell bestimmt.

Das **Internet** ist ein Computernetzwerk um die ganze Welt, das den Benutzern Informationen zur Verfügung stellt. Wer sich mit dem Netz verbindet ist online. *World Wide Web* (WWW) ist eine multimediale Informationsquelle. Sie ermöglicht es dem Benutzer, Informationen in Form von Text, Bild oder Ton zu jeder Tages- und Nachtzeit abzurufen. Anlaufpunkte der im Internet vertretenen Institutionen, Firmen und Einzelpersonen sind die Homepages, die eine Art Empfangseite darstellen und zu weiteren Dokumenten mit spezifischen Informationen führen. Neben der Web-Recherche ist auch der umgekehrte Weg möglich: die Publikation selbst erstellter Materialien, z. B. auf der Homepage der eigenen Schule.

E-Mail (Electronic Mail) ist eine elektronische Post. In Sekundenschnelle werden elektronische Briefe in alle Welt verschickt.

Bedeutung

● Zentrale Stellung in der Medien- und Erfahrungswelt der Kinder
● Einsatz der Computer(netze) als Werkzeug zur Förderung aktiv-konstruktiven, selbst gesteuerten und kooperativen Lernens
● Verbesserung der Anschaulichkeit
● Ermöglichen von Aktivität (Informationen erstellen und anbieten) und Interaktivität (Simulationen einrichten und verändern)
● Computer ist Informationsträger, Werkzeug und Lerngegenstand
● Nutzung als Bestandteil vielfältiger, individuell fördernder Lernarrangements parallel zu Büchern und entsprechenden Lernmaterialien
● Gezielte Lernhilfe mit einem indivi-

duell angepassten Lernprogramm auf der Basis von Lernstandanalysen

- Beschaffung von Informationen nach vielfältigen Handlungserfahrungen durch geeignete Multimediaprogramme oder das Internet
- Kommunikation mit anderen Menschen zu jeder Zeit und an jedem Ort (Erfahrungsaustausch, Aufbau interkultureller Beziehungen)
- Besondere Entwicklungsmöglichkeiten für das Kind als Leser und Schreiber
- Durchschauen von Konstruktionsprinzipien (z. B. von Multimedia)
- Lehrperson und Kinder bilden eine „Lern- und Forschungsgemeinschaft"
- Optimale Gestaltung von Lernumgebungen
- Fit werden für die Medien- und Informationsgesellschaft
- Beachtung des Grundsatzes der Bildungsgerechtigkeit

Zielsetzungen

Im Mittelpunkt stehen vor allem pädagogische Zielsetzungen und überfachliche Qualifikationen und nicht so sehr technische und fachbezogene Überlegungen.

1. Förderung und Forderung des Kindes, nicht Unterhaltung

- Aufzeigen von neuen Lern- und Arbeitsmöglichkeiten am PC
- Auswahl entsprechender Software

2. Kinder als selbstverantwortliche Akteure, nicht als Konsumenten

- Kennen und nutzen lernen von Programmen
- Kenntnis des eigenen Lernstandes sowie der Übungsfortschritte

3. Aufbau von Benutzerkompetenz und -verantwortung

- Erwerb von notwendigen technischen und inhaltlichen Grundkenntnissen

und -fähigkeiten beim Umgang mit dem Medium

4. Entwicklung von Strategien zur Bewältigung der Informationsflut

- Sinnvolle individuelle Auswahl und Nutzung von Inhalten
- Kritischer Umgang mit Informationen
- Erwerb von Strategien der Informationsentnahme

5. Ergänzung, nicht Ersatz primärer Wirklichkeitserfahrungen

Grundsätze für die Unterrichtsplanung

- Die Lehrkraft analysiert die Lernsoftware und plant ihren gezielten Einsatz.
- Die Arbeit am Computer erfolgt nicht neben, sondern stets in Verbindung mit dem normalen Unterricht.
- Handlungsorientierte Arbeit, Lernen vor Ort und multimediale Informationsbeschaffung ergänzen sich.
- Der Computereinsatz verlangt den Einsatz neuer Kooperationsformen. Ein Tutorensystem fördert soziales Lernen
- Vor allem die produktiven und kreativen Gestaltungsmöglichkeiten sollten genutzt werden.
- Der Computer sollte nur dort eingesetzt werden, wo er aus Sicht der Lehrkraft oder der Sicht des Kindes anderen Medien deutlich überlegen ist.

Praktische Hinweise

1. Der didaktische Ort des Computereinsatzes

Wie jedes andere Medium wird der Computer entsprechend seiner didaktischen Intention und nach der Qualität der Software eingesetzt.

a) Einsatz in der Vorviertelstunde als ein Angebot unter vielen mit der Führung eines Nutzerprotokolls

b) Gezielter Einsatz von Software in gebundenen Unterrichtsphasen

● Kinder können damit z.B. im Sachunterricht entlang von vorgegebenen Aufgaben (Aufgabenkarten) eigenständig versuchen, bestimmte Einzellehrziele innerhalb eines Themenbereichs zu erreichen und durch entsprechende Übung im Testteil zu festigen. Sie können eine entsprechende Seite gestalten, ausdrucken und ins Heft einkleben.

● In Phasen der inneren Differenzierung machen Informationskarten den Kindern die unterschiedlichen Niveaus transparent.

c) Lernen an Stationen

Eine bestimmte, exakt umgrenzte Lernaufgabe oder Übung kann Teil eines Stationenlernens sein

d) Wochenplanarbeit

Eine überlegte Aufgabenstellung verhindert zu großen Andrang.

e) Freie Arbeit

f) Projektorientiertes Arbeiten

2. Einsatzmöglichkeiten von Computern im Unterricht

a) Übersicht

Der Computer kann in verschiedenen Fächern eingesetzt werden (s. Abb. 98).

b) Der Computer im Sprachunterricht

● *Texte verfassen*
– Die Kinder erstellen einen Steckbrief bzw. eine Suchanzeige. Im Rahmen der Beschreibung können sie den zu beschreibenden Gegenstand einscannen (evtl. Einsatz der Digitalkamera) und mit dem Text kombinieren. Diese Arbeit können sie ausdrucken und veröffentlichen.
– Wochenthemen für Weiterschreibgeschichten (z. B. Verlaufen)
  Die Kinder wählen ein Thema aus und schreiben dazu den Beginn einer Geschichte am Computer. Die Texte werden jeweils abgespeichert. Andere Kinder schreiben eine angefangene Geschichte weiter und beenden sie.
– Die Klasse nimmt Kontakt mit anderen Klassen auf und schreibt sich E-Mails. Sie könnten auch überarbeitete und gestaltete Weiterschreibgeschichten versenden.

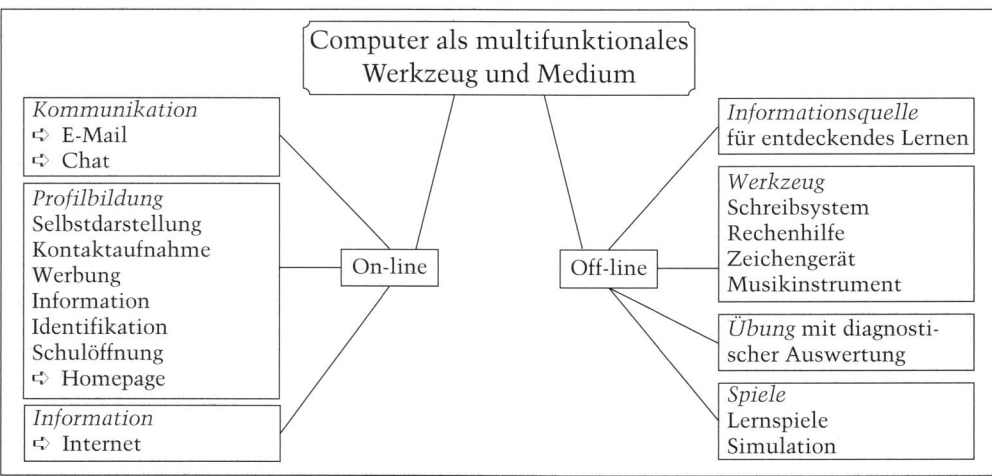

Abb. 98: *Einsatzmöglichkeiten des Computers im Unterricht (nach Avila, in Mitzlaff/Speck-Hamdan 1998, S. 222, bearbeitet vom Autor)*

c) Computergestützte kopfgeometrische Übungen

Das Konstruieren im virtuellen dreidimensionalen Raum erfordert eine höhere Konzentration und somit auch ein höheres Maß an Raumvorstellung. Die Handlungen spielen sich auf einer abstrakteren Ebene ab. Geeignet sind z. B. offene Programme zum Bauen von beliebig komplexen Körpern aus Würfeln. Der Körper wird z. B. im rechten Fenster mit unterschiedlichen Ansichten dargestellt. Im linken Fenster bauen ihn die Kinder nach. Wenn eine solche Software im Verbund mit realen Würfeln genutzt wird, können auf diese Weise Beziehungen zwischen realen und virtuellen Objekten hergestellt werden.

3. Vom Unterrichtsprojekt zur Multimediapräsentation

Im Gegensatz zur grafischen Darstellung auf Plakaten können die Ergebnisse der Unterrichtsarbeit mithilfe des Computers multimedial präsentiert werden. Der Umgang mit Scanner, Digitalkamera und Grafikverarbeitung sollte vertraut sein.

4. Organisation

a) Tutorensystem im Unterricht

Die Lehrkraft muss besonders in Phasen freien Arbeitens bereit sein, Verantwortung zu delegieren, um selbstständiges und effektives Arbeiten am Computer zu ermöglichen. Tutoren weisen als „Spezialisten" ihre Mitschülerinnen und Mitschüler in Computer- bzw. Lernprogramme ein. Sie achten auch auf die Einhaltung geltender Regeln.
Die Lehrperson bereitet für die Arbeit mit Lernprogrammen „Wegweiser" vor, die zu den gewünschten Lerninhalten führen. Abgerufene Ergebnisprotokolle zeigen den Tutoren, welche Hilfe nötig ist.

b) Verhaltensregeln

Wichtig sind vor allem folgende Regeln, die bei der Arbeit mit dem Computer das selbstständige Lernen fördern:
- Ich versuche mit der Lernaufgabe zunächst alleine zurecht zu kommen.
- Wenn das nicht gelingt, frage ich den Partner oder die dazu beauftragten Helferschüler. Falls mir Klassenkameraden nicht helfen können, wende ich mich an die Lehrkraft.

5. Mögliche Probleme

- Verlust von Primärerfahrungen
- Vernachlässigung des Lernens mit allen Sinnen
- Defizite im konkreten Handeln
- Computer bindet zu viel Zeit („Zeitkiller")
- Vernachlässigung der verständnisbezogenen Seite von Aufgaben
- Verwendung der Hilfe-Taste als Weg des geringsten Widerstandes
- Offenheit des Internets (Überhäufung mit Informationen, geringe Überprüfbarkeit der Daten, viel „Müll" im Netz, z. B. Gewalt, Pornographie)
- Orientierungsverlust: Bei der Suche nach Informationen geraten die ursprüngliche Problemstellung und die übergreifenden Ziele in Vergessenheit
- Gesundheitliche Probleme, wie Haltungs- und Augenschäden, werden provoziert bzw. verstärkt

Literatur:

1. Mitzlaff, Hartmut/Speck-Hamdan, Angelika (Hrsg.): Grundschule und neue Medien. Arbeitskreis Grundschule – Der Grundschulverband e. V., Frankfurt a. Main 1998
2. Staatsinstitut für Schulpädagogik und Bildungsforschung (ISB) München: Einsatz des Computers in der Grundschule, Band II. Auer, Donauwörth 2001

5.6 Informationstext

Begriffe und Zusammenhänge

1. Arbeit am Informationstext

Unterrichtliche Maßnahme zur Gewinnung von Informationen aus schriftlich fixierten Texten.

2. Formen von Informationstexten

Beschreibungen, Schilderungen, Berichte, Sachtexte, Protokolle, Briefe, Urteile, Gesetze, Verordnungen, Anweisungen, Tagebücher, Flugblätter, Chroniken, Texte aus Zeitungen; didaktisch aufbereitete Texte, wie sie z. B. in Schulbüchern zu finden sind oder von der Lehrerin angefertigt auf Arbeitsblättern, Folien oder der Wandtafel erscheinen.

3. Mit Texten lernen

„Die Leichtigkeit, mit der man als Erwachsener Texte liest, lässt vergessen, dass Lesen ein ungleich komplizierterer Prozess ist als die Betrachtung von Abbildern ... Wer mit einem Text lernt, geht anders mit ihm um als mit der Morgenzeitung. Beim lernorientierten Lesen kommt es darauf an, den Text möglichst vollständig zu verstehen und zumindest die wichtigsten Aussagen zu behalten. Lehrer wie Lerner kennen Alltags-Strategien, um das Textverständnis und die Behaltensleistung zu fördern" (Weidenmann 2001, S. 432).

Zielsetzungen

- Selbstständige Entnahme von Informationen aus einem Text;
- Herauslösen bestimmter Aussagen des Textes bezüglich des gestellten Arbeitsauftrags;
- Herstellung von Zusammenhängen zwischen Textinhalten und einem Problem bzw. dem Thema der Stunde;
- Herstellung von Zusammenhängen von Textinhalten mit Informationen aus anderen Medien wie Bild, Modell, Karte.

Bedeutung
(in Abhängigkeit von Art und Gattung des Textes)

- Berücksichtigung des Prinzips der Wissenschaftlichkeit (direkter Zugang zur Sache; in manchen Fällen, wie z. B. bei der Arbeit mit einer Chronik, ist der Text die „originale Begegnung" mit der Sache);
- Umsetzung übergreifender Erziehungsaufgaben: Erziehung zur Selbstständigkeit, zum Argumentieren mit sachlicher Grundlage, zu einem konzentrierten Arbeiten;
- Erlernen und Üben einer allgemein lebensbedeutsamen Technik der Informationsgewinnung;
- Beitrag zur Rhythmisierung des Unterrichtsgeschehens: Wechsel der Arbeitsweisen und Tätigkeiten, Wechsel von Anspannung und Entlastung;
- Intensivierung der Sprachschulung;
- Motivierung durch variantenreiche Arbeit mit demselben Informationsträger.

Grundsätze

1. Der Text soll sich für die unterrichtliche Absicht eignen: Aussagekräftig bezüglich des Inhalts; Gebrauch von Begriffen, die bekannt sind oder vorher geklärt werden können; unbekannte Begriffe sollten sich auch aus dem Textzusammenhang interpretieren lassen; überschaubarer Satzbau; angemessener Umfang.

2. Arbeit am Text verlangt gezielte Bearbeitungsaspekte: Klare Arbeitsaufträge mit Angabe des zu bearbeitenden Inhalts; ggf. dabei auch das Verfahren angeben, z. B. Aufnotieren, Stichpunkte formulieren; ebenso steuern Leitfragen die Bearbeitung.

3. Die Arbeit am Text soll sich organisch in den Unterrichtsablauf eingliedern: Ankündigung des Textes, z. B. „Ein Text wird dir jetzt helfen, unsere Frage … zu beantworten"; ggf. auch vorausgehende Klärung von Begriffen; Einpassung in die logische Abfolge der Teilschritte.

4. Die Arbeit am Text soll möglichst selbstständig verlaufen können: Klare Arbeitsaufträge; Klarheit über das Verfahren, z. B. Unterstreichen mit Farbstift; günstig ist ein dem Schüler vorliegender Text (Textblatt, Arbeitsblatt; auch mit Nummerierung der Zeilen).

5. Die Arbeit am Text beinhaltet eine klärende Bearbeitung: Auswertung der Aufträge; Beantwortung der Fragen; Hinwirken auf die Darstellung zutreffender (widerspruchsfreier, genauer, logischer) Aussagen; Klärung von Nicht-Verstandenem; Herstellen von Zusammenhängen.

6. Ergebnisse sollen gesichert und der Arbeitsprozess reflektiert werden: Fixierung der Ergebnisse an Tafel, Folie, im Heft, auf dem Arbeitsblatt; Rückblick auf die Vorgehensweise, auf Zuwachs an Informationen, auf überraschende (interessante) Ergebnisse, auf Schwierigkeiten, auf die Funktion der ausgeführten Bearbeitungstechniken (z. B. das Unterstreichen).

Verwirklichung

1. Tätigkeiten

Begriffe unterstreichen; wichtige Zahlen markieren; zusammenhängende Begriffe oder Teilaussagen mit gleicher Farbe unterstreichen; treffende Eigenschaftswörter einrahmen; Abschnitte kennzeichnen; die wesentliche Aussage in einem Satz, in zwei Sätzen herausschreiben; Stichpunkte aufnotieren; die gestellten Fragen schrittweise beantworten; Wiedergabe im „Telegrammstil"; Kernstellen nennen; Aussagen ordnen oder vorgegebenen Begriffen zuordnen; Fachbegriffe notieren und ggf. mit eigenen Worten erklären; Absichten des Autors interpretieren; Behauptungen mit Aussagen aus dem Text begründen; Zusammenhang herstellen zwischen Text und Bild, Schemazeichnung, Beobachtung, Objektuntersuchung oder Versuch; mit Hilfe des Textes eine Zeichnung entwickeln, einen Querschnitt beschriften; Vergleichen von Texten.

Hinweis: Im Falle der Verwendung von Lexika oder von Kinder-Sachbüchern ist die Nachschlagetechnik einzuschulen und zu üben. (Bei Lizenzausgaben sollte gelegentlich darauf hingewiesen werden, dass die verwendeten Beispiele aus dem Ursprungsland stammen.)

2. Didaktischer Ort

Die Arbeit mit dem Informationstext erfolgt in den meisten Fällen in der Phase der Informationsgewinnung; jedoch werden Texte unter entsprechender didaktischer Zielsetzung ebenso in der Anfangs- oder Schlussphase eingesetzt: Weckung des Interesses, Präzisierung des Problems, Aktivierung von Vor-Wissen; Herstellung eines aktuellen Bezugs, Wechsel des Standpunkts, Verknüpfung des neu Gelernten mit Anwendungsbereichen.

Grenzen

Gefahr der Loslösung aus dem Zusammenhang; fehlende Anschaulichkeit; Darstellung nur kleiner Ausschnitte von Sachverhalten; die nötige Elementarisierung kann zur Simplifizierung werden; mögliche Überforderung der Kinder.

Literatur:

Weidenmann, Bernd: Lernen mit Medien. In: Krapp, A./Weidenmann, B. (Hrsg.) 2001, S. 432–438

5.7 Bild

Begriff und Zusammenhänge

1. Bild

Eine flächige, visuelle Darstellung eines begrenzten Ausschnitts von realen Gegebenheiten oder von imaginären Sachverhalten; die Darstellung erfolgt unter Verwendung von Bildsymbolen.

Nach Grad der Abstraktion oder der didaktischen Intention können unterschieden werden: naturalistische Bilder, Bilderfolge, Schnitte, Schaubilder, Symbole, Schemata, Maßstabszeichnungen und Karten. Sie lassen sich auch hinsichtlich Werktechnik (Foto, Dia, Gemälde, Aquarell, Reproduktion), Herkunft (Kalenderfoto, Schulbuchzeichnung) oder Größe unterscheiden.

2. Wirkungsweise von Bildern

Die Wirkungsweise von Bildern gliedert B. Weidenmann (1994, S. 31–36) in vierfacher Weise auf: *Aktivierungsfunktion* (bereits vorhandenes Wissen wird aktiviert, z. B. durch ein Piktogramm), *Konstruktionsfunktion* (bereits bekannte Wissensbestände werden in neuer Weise zusammengesetzt, z. B. durch eine Gebrauchsanweisung), *Fokusfunktion* (ein Teil eines bereits bestehendes Schemas, Skripts oder mentalen Modells wird akzentuiert, z. B. durch grafisches Hervorheben von „*Gefahren* in der Küche") und *Ersatzfunktion* (es wird noch kein brauchbares Wissen beim Lerner vorausgesetzt, z. B. über „Auftrieb von Körpern").

3. Veranschaulichung, Darstellung von Entwicklungen und kreative Formen

A. Kaiser erläutert Bilder aus der Sicht des Sachunterrichts. Demnach sind Bilder eine „weit verbreitete Form der Veranschaulichung. Dabei gilt es zu unterscheiden zwischen statischen Abbildun-

gen durch illustrative Bilder (als Fotos oder Zeichnungen) i. S. der Abbilddidaktik und Bildern, die Entwicklungen oder Probleme zeigen wie Bildkontraste, Bildkombinationen, Bildvergleiche, Posterentwürfe. Als letzte Variante des methodischen Einsatzes von Bildern im Sachunterricht bieten sich Formen des kreativen Lernens an. Hierzu gehören imaginative oder projektive Bilder …" (Kaiser, in Kaiser [Hrsg.] 1997a, S. 21).

Hinweise zur Psychologie des Lernens mit Bildern

1. Abbildungen und logische Bilder

„Bei Abbildern … setzt der Betrachter eine Ähnlichkeit mit einem wirklich existierenden Objekt voraus. Man ,liest' z. B. ein Foto oder eine Zeichnung, als ob man durch ein Fenster auf ein Objekt oder eine Szene blicken würde … Logische Bilder … sind Zeichensysteme, die per Konvention ihre Bedeutung erhalten haben, z. B. eine Verlaufskurve in einem Koordinatensystem oder ein Balkendiagramm. Die logischen Bilder werden anders ,gelesen' als Abbilder; der kundige Betrachter weiß, dass sie eine eigene ,Sprache' darstellen und käme nicht auf die Idee, sie nach dem ,Fenster-zur-Welt-Prinzip' zu entschlüsseln" (Weidenmann 1994, S. 40).

2. Symbolsysteme

Zur Verdeutlichung der unterschiedlichen Strukturierung der Informationen durch verschiedene Symbolsysteme stellt B. Weidenmann Sprache und Bild gegenüber. Sprache „ist ein sequentieller Code. Die Zeichen und Sinneinheiten werden in einer bestimmten Reihenfolge präsentiert und auch so wahrgenommen. Zusammengehöriges oder Gleichzeitiges kann sprachlich immer nur nacheinander vermittelt werden." Ein Bild „präsentiert alle Zeichen gleichzeitig. Es liegt im Belieben des Betrachters, in welcher Reihenfolge er die Bildelemente wahrnimmt. Ein stehendes Bild kann sequentielle Abfolgen wie z. B. Bewegungen, vorher-nachher nicht eindeutig vermitteln" (Weidenmann 1994, S. 15).

3. Unterschiedliche Lerntypen?

Überlegungen zur Klärung psychischer Vorgänge beim Umgang mit Bildern, führen auch zu der Frage, ob es unterschiedliche Lerntypen gibt. Die relevanten Forschungsergebnisse sind „jedoch weit davon entfernt, stabile Lernertypen zu rechtfertigen ... Statt überdauernde Lernertypen findet man innerhalb jeder Person eine Vielfalt von Verarbeitungsweisen, deren Einsatz von der Aufgabe, den wahrgenommenen Informationen, der Erinnerungssituation und anderen Bedingungen abhängt" (Weidenmann 2001, S. 430). Unter Bezugnahme auf U. Neisser kommt B. Weidenmann zu dem Schluss, dass es angemessener sei, „einen aktiv informationssuchenden und flexibel verarbeitenden kognitiven Apparat anzunehmen, der je nach Aufgabe und Situation Reize einmal mehr bildhaft, ein andermal mehr verbal kodiert oder bei der Betrachtung von Bildern einmal mehr auf die Raumhinweis-Reize, ein andermal mehr auf die dargestellte Geschichte oder auf die Farbe achtet" (a. a. O., S. 430).

Bedeutung

- Möglichkeit zur Repräsentation einer (im Klassenzimmer nicht vorhandenen) Wirklichkeit; das Bild „an Stelle" der Wirklichkeit, als Ersatz für Realität.
- Veranschaulichung von unanschaulichen Sachverhalten (z. B. Mengenvergleiche);

- breit gefächerte Verwendungsmöglichkeiten durch hohe Informationsdichte (bei entsprechender Auswahl);
- Beitrag zur sachbezogenen Arbeit (Objektivierung);
- Anlass für Äußerungen über Vor-Erfahrungen, Vor-Wissen und Assoziationen;
- Unterstützung der Begriffsbildung;
- Bilder bieten die Chance zu verschiedenartigen Aufgabenstellungen; dies aktiviert und motiviert zur Auseinandersetzung;
- günstige Voraussetzung zur Bearbeitung des Mediums (das Bild ist „verfügbar"): Verweilen können, ungestörtes Arbeiten; auch: Möglichkeit zum Markieren von Bildelementen und zur Ergänzung durch Eintragungen.

Kriterien für einen effektiven Einsatz

1. Didaktisch-methodische Grundsätze

Hier können Grundsätze entwickelt werden, wie sie unter 5.6 Arbeit am Informationstext zu finden sind:
Übereinstimmung mit der didaktischen Intention;
gezielte Bearbeitungsaspekte;
Eingliederung in den Unterrichtsablauf;
möglichst selbstständige Arbeit;
klärende Bearbeitung;
Sicherung und Reflexion.

2. Didaktisch „gute Bilder"

Das Gelingen von Lernen mit dem Medium Bild ist u. a. von der didaktischen Qualität des ausgewählten Bildes abhängig. Aus der Erörterung von B. Weidenmann mit der Frage „Gibt es das ‚gute Bild'?" sind nachfolgend einige Aspekte entnommen (s. Weidenmann 1994, S. 59–72).

- eindeutige Figur-Grund-Unterscheidung (Kontrastierung der Teilinformationen);

- eindeutige Schattierungs- und Farbinformation (Lichtführung, Ausleuchtung, ggf. Lokalfarbe);
- vertrauter Blickwinkel;
- Kontextualisierung (das Objekt als Teil einer Umgebung oder eines Zusammenhangs zu erkennen geben);
- Hinweise auf die zentrale Information (z. B. durch Vergrößerung eines Ausschnitts);
- Hinweise für die Verarbeitung durch den Betrachter (z. B. durch Nummerierung oder durch Steuerung der Blickführung).
- „Jedes Bild, das etwas abbilden will, d. h. auf einen Realitätsausschnitt verweist, muss den Betrachtern den Sprung vom Symbolsystem zur Vorstellung von Realität möglichst leicht machen." (a. a. O., S. 60).

3. Text-Bild-Kombination als Chance das Lernen zu fördern

Bilder können Texte ergänzen, indem sie zu einem Sachverhalt konkrete Vorstellungen hervorrufen oder den Überblick über die sprachlichen Aussagen erleichtern. Texte können Bilder ergänzen, indem sie auf wichtige Details hinweisen, nicht Sichtbares erläutern, die Abfolge der Betrachtung lenken oder gedankliche Verbindungen herstellen.
Die gute Qualität von Medien zeigt sich u. a. in der Klarheit und Strukturierung der Darstellungen. Dazu leistet die Kombination von Bild und Text einen entscheidenden Beitrag. An dem Beispiel der Behandlung des Themas „Der Würfel" (s. Abb. 99 und 100) wird belegt, dass es allerdings erhebliche qualitative Unterschiede in der inhaltlichen und didaktischen Aufbereitung von Text und Bild und in der gezielten Zuordnung beider Symbolsysteme gibt. (Anm.: Es sind die Tafelbilder aus zwei verschiedenen Unterrichtsstunden zum gleichen Thema abgebildet; in beiden Fällen wurden zwar

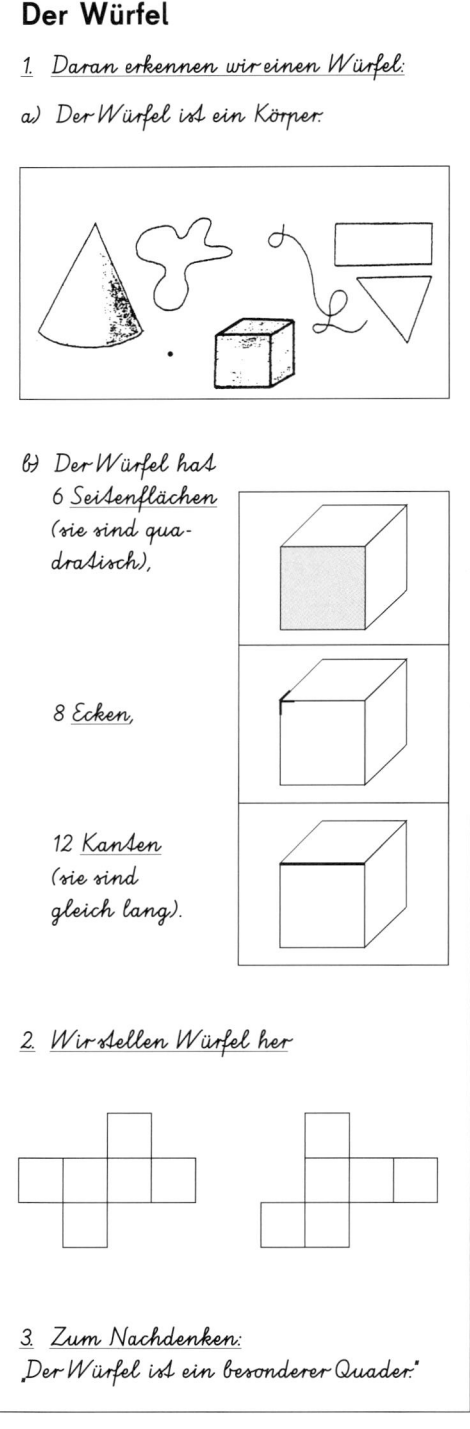

Abb. 99: Bilder in Zusammenhänge stellen durch Text-Bild-Kombination

dieselben Aktivitäten durchgeführt, jedoch unterscheiden sich die fixierten Ergebnisse erkennbar.) Das gute Behalten wird durch eine strukturierte Darstellung sehr unterstützt; dabei werden nun inhaltliche und prozessuale Zusammenhänge deutlich und es werden höhere Anforderungen an Denkprozesse gestellt (s. Abb. 99). Hinweise: Der Würfel in 1a) ist farblich hervorgehoben; in 1b) besteht eine Zuordnung zwischen dem Wort, z. B. „Seitenfläche", und dem entsprechenden Teil der Zeichnung durch Farbgebung). Im Gegensatz dazu steht der „erzählende" Charakter von Abb. 100.

Verwirklichung

1. Vorüberlegungen bei der Auswahl des Bildes

Welche Informationen sind aus dem Bild zu entnehmen? (Was ist der Inhalt des Bildes?) Worin besteht die didaktische Zielsetzung? Wie ist das Bild aufgebaut? Welche Schwierigkeiten könnten für die Kinder entstehen? (Verwendung von Gegenstandssymbolen oder von grafischen Zeichen, Perspektive, Vereinfachungen, Blickführung, der Bildinhalt selbst) Spricht dieses Bild den Verstehenshorizont, die Erfahrungswelt oder die Gefühlslage der Kinder an?

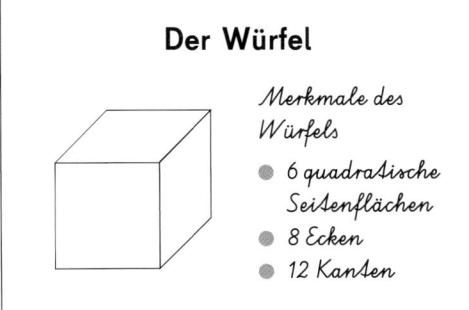

Abb. 100: Geringe Nutzung der Möglichkeiten einer lernförderlichen Text-Bild-Kombination

2. Arbeitsschritte

Sofern ein Bild in einer bestimmten Phase des Unterrichtsverlaufs als vorrangiges Medium zur Information eingesetzt wird, haben sich folgende Arbeitsschritte bewährt: Betrachten – Erschließen – Darstellen (wichtiger Aussagen) – Einordnen – Sichern.

3. Tätigkeiten

Eigenständiges (und ungestörtes) Betrachten des Bildes; Gewinnung eines Gesamteindrucks; ungelenkte Aussprache (Klasse, Gruppe oder Partner); Mitteilen von Wahrnehmungen; Hinweisen auf Einzelheiten; Beschreiben von Gegenständen oder Personen; Umsetzen des „Statischen" in das „Dynamische" (Wie schaut die Situation vorher bzw. nachher aus? Was geschieht jetzt, wenn … hinzukommt?); Fragen stellen; Äußern von Empfindungen; gezieltes Verbalisieren der Wahrnehmungen; Anstellen von Vermutungen (Gefühle, Gedanken, Sprachäußerungen, Absichten der Personen auf dem Bild); Herausarbeiten der Vorgänge, der Situation, der Gegebenheiten mithilfe von Arbeitsaufträgen und Detailfragen; Hinzufügen von Zeichnungen; Formulieren der wesentlichen Aussage; Verbindungen herstellen mit den vorausgegangenen Informationen; Erarbeiten einer Zusammenfassung oder Niederschrift.

Literatur:

1. Käferle, Veronika: „Mit diesem Bild wirst du es verstehen". Didaktische Bilder gestalten. In: Grundschulmagazin 7–8/2003, S. 41–44
2. Weidenmann, Bernd: Lernen mit Bildmedien. Psychologische und didaktische Grundlagen, Beltz, Weinheim und Basel 1994, 2. Aufl.
3. Weidenmann, Bernd: Lernen mit Medien. In: Krapp/Weidenmann (Hrsg.) 2001, S. 415–465

5.8 Schulbuch

Begriff

Gebundene Druckwerke für die Hand des Schülers, die auf Lehrpläne basierend zu genau festgelegten Sachbereichen Informationen und Aufgabenstellungen enthalten; sie sind in allen Unterrichtsphasen einsetzbar und haben die Aufgabe, den Lehrgegenstand dem Kind zu erschließen und näher zu bringen.

Formen

1. Schulbücher, die vorwiegend Informationen enthalten:

Sachdarstellungen, Beschreibungen, Berichte, Quellentexte, Merksätze, Tabellen, Karten, Querschnitte, Schaubilder, Übersichten

2. Schulbücher, die als Arbeitsbuch konzipiert sind

Neben den o. g. Informationen enthalten sie Material zum Einstieg (z. B. Erlebnisschilderung), Aufträge zur Vorbereitung (z. B. Sammeln von ...), Aufträge zum Heranführen an eine Erkenntnis (z. B. Vergleichen) und weiterführende Aufgaben (z. B. Beobachten eines analogen Vorgangs)

Funktionen

● Lerninhalte werden – übereinstimmend mit dem Lehrplan – dargestellt
● Mittler- und Hilfsfunktion zwischen dem allgemeiner und abstrakter abgefassten Lehrplan einerseits und der noch konkreteren Unterrichtsplanung der Lehrkraft andererseits (Anregungspotential)
● Repräsentation der Wirklichkeit
● exemplarische Veranschaulichungen

● Steuerung des Arbeitsprozesses (Fragen, Anweisungen, Arbeitsaufträge)
● Anregung zur Weiterarbeit (Durchführen von Versuchen, Anfertigen von Übersichten)
● Übung und Kontrolle (variables Übungsprogramm)
● Ständige Verfügbarkeit ermöglicht Wiederholung und Vorbereitung
● Aufbau eines positiven Verhältnisses zu Büchern

Die Lehrkraft hat die Verantwortung und methodische Freiheit, wie sie die Schulbücher einsetzt. Die Abstimmung auf die Individuallage der einzelnen Klasse und des einzelnen Schülers leistet das Schulbuch trotz vorhandener Differenzierungsaufgaben nicht.

Kriterien zur Überprüfung des effektiven Einsatzes

Bezug zur Lebenswirklichkeit
Interessante Problemstellungen
Kindgemäße, anregende und aussagekräftige Illustrationen
Geeignete Gesprächsanlässe
Selbstständige Bearbeitung
Zulassen individueller Lösungen
Quantitative bzw. qualitative Differenzierung
Vermittlung sach- und fachspezifischer Arbeitsweisen
Anregung von sozialen Lernformen
Möglichkeiten der Selbstkontrolle
Sinnvolle Verknüpfung mit dem bereits Gelernten
Anregung der Fantasie
Angebote für die verschiedenen Formen offenen Unterrichts (Wochenplan, Stationenlernen)
Sinnvolle Anknüpfungspunkte für andere Fächer
Sinnvolle Ergänzung durch neue Medien (multimediales Lernen)

Verwirklichung

1. Vorbereitung

Studium des Buches durch die Lehrperson; Einführung der Kinder in den Gebrauch des Buches: Verschaffen eines Überblicks, Interpretation von Schrifttypen, Druckstärke, Farbdruck und Symbolen, einsetzen des informierenden Lesens, Gebrauch des Inhaltsverzeichnisses

2. Didaktischer Ort

Das Schulbuch kann in allen Phasen des Unterrichtsgeschehens eingesetzt werden.

- Anfangsphase, z. B. ein Bild führt zum Thema, ein Zeitungsbericht provoziert eine Fragestellung.
- Hauptphase, z. B. ein Text informiert über einen Teilinhalt, ein Bild macht auf die Komplexität des Sachverhalts aufmerksam, ein Diagramm macht Zusammenhänge deutlich, eine Tabelle ordnet die Fakten, eine Versuchsbeschreibung leitet zum eigenen Tun an.
- Schlussphase: Eine Frage beleuchtet die Erkenntnis von einer neuen Seite, Bilder erweitern die Kenntnis über den Lerngegenstand, Texte weisen auf Anwendungen hin.

3. Schülertätigkeiten

Erlesen von Sachtexten; Erläutern von Skizzen; Überprüfen von selbst gefundenen Erkenntnissen; Beantworten von Arbeitsaufträgen; Sprechen zu Bildern; Identifizieren von Gegenständen in Fotografien oder von Merkmalen an abgebildeten Objekten; Bilden zusammenhängender Geschichten aus Bildfolgen; Lösen von Aufgabenstellung, Vergleichen von gegenübergestellten Bildern; Deuten von Texten; Herstellen eines Zusammenhangs zwischen Bild und Text; Interpretieren von Tabellen; Ausführen von Arbeiten gemäß den Arbeitsanweisungen; lautes Vorlesen von Texten, Merksätzen oder Regeln; Herausschreiben der wichtigsten Informationen (in Stichworten).

4. Beispiele für den Einsatz im Unterricht

a) Vernetzung von Schulbuch und Arbeitsblatt

Das folgende Beispiel zeigt eine motivierende Aufgabenstellung, die sich zur selbstständigen Bearbeitung eignet und entdeckendes Lernen ermöglicht. Das entsprechende Arbeitsblatt enthält Leerzeilen mit passender Lineatur. Fachspezifische Arbeitsweisen werden eingeübt.

Sachunterricht: Einen Regenwurm kennen lernen

1. Führe die Versuche aus dem Buch durch!
   - Was hörst du?
   - Wie schnell verschwindet der Regenwurm in der Erde?
   - Was passiert mit der Wurmfarm?
     Zeichne deine Beobachtung in das Bild!
   Beobachtet am: _____
   ...

b) Beispiel für offene Aufgabenstellung

Mathematik: Erfinde selbst Aufgaben, bei denen dieser Rechentrick funktioniert!

c) Verweis auf eine sinnvolle Ergänzung durch neue Medien

Beispiel: Im Internet findet ihr unter *www.hilfsorganisation.de* eine Menge weiterer Informationen.

Literatur:

Susteck, Herbert: Das Schulbuch – nach wie vor ein zeitgemäßes Unterrichtsmedium? In: Grundschulmagazin 11/ 1996, S. 8–10

5.9 Unterrichtsfilm

Begriff

Der Unterrichtsfilm ist ein technisches, audio-visuelles Medium, das Schülern Inhalte, Informationen und Abläufe lernzielbezogen und aktualitätsunabhängig vermittelt (vgl. Köck/Ott 1979, S. 540).

Bedeutung

Neben den gängigen Unterrichtsmedien (vgl. S. 88 f.) kann der Einsatz des Unterrichtsfilms als Ganzes oder ausschnitthaft als Ersatz der realen Anschauung oder originalen Begegnung sinnvoll sein. Die dargestellten Abläufe und Vorgänge sprechen den Hör- und Sehsinn an.

Einzelne Bilder ergeben den Eindruck von Bewegung, die durch die Aneinanderreihung von Bildsequenzen zu Szenen einen Sinnkontext ergeben. Die Beigabe von Ton in Form von Sprache, Musik und Geräuschen ergänzen den sinnenhaften Eindruck (vgl. Maier 2001, S. 62 f.).

Technische Gegebenheiten ermöglichen und/oder erleichtern die Lehre, z. B. durch Zeitlupe und Zeitraffer, räumliche Begrenzung, Erweiterung oder die Überwindung und Aufhebung von Raum und Zeit, Ansichten im Mikro- oder Makrobereich und aus verschiedenen Perspektiven, modellhaft statische oder dynamische, wirklichkeitsgetreue Darstellung (vgl. Vilgertshofer 1986, S. 306 f.).

Der Unterrichtsfilm ist zeitlich unabhängig einsetzbar. Er kann an jeder beliebigen Stelle unterbrochen oder ausschnitthaft gezeigt werden. Die akustische Information kann ausgeblendet, kommentiert, ergänzt oder ersetzt werden.

Der Unterrichtsfilm ist „kein pures Hilfsmittel wie die Tafel, sondern ein gestalteter Inhaltsträger, der im Funktionsrahmen eines interaktiven Nachvollzugs von Sinn steht" (Adl-Amini 1994, S. 34).

Grundsätze

Der Einsatz des Unterrichtsfilms ist dann didaktisch sinnvoll, wenn konkrete Begegnung oder andere technische oder nichttechnische Mittler nicht oder unzureichend als Informationsträger dienen oder zur Verfügung stehen können. Die Entscheidung für den Unterrichtsfilms richtet sich nach den pädagogischen und altersgemäßen Erfordernissen, z. B. im Hinblick auf Komplexität der Inhalte, Art der Darstellung, Anspruchsniveau in der Sprache. Der Unterrichtsfilm kann als 16-mm-Film, Video oder über neue Medien präsentiert werden. Die Größe der Leinwand- bzw. Projektionsfläche, die Helligkeit im Raum und die Sitzordnung der Kinder sind Faktoren zur Optimierung der unterrichtlichen Rezeption (vgl. Eckert 1990, S. 22).

Da der Film Wirklichkeit in sehr lebensnaher Form abbilden oder verzerrt darstellen kann, kommt der Zielorientierung und Zieltransparenz beim Einsatz in unterrichtlichen Situationen eine erhebliche Bedeutung zu. Das Bewusstsein der Kinder für Information, Kommentar, Dokumentation, Manipulation und Vision schafft damit auch die Grundlage für den eigenen Filmkonsum und kritische Distanz (vgl. Wasem 1988, S. 40). Im Rahmen der Medienerziehung dient der Einsatz des Unterrichtsfilms damit sowohl der Erlangung neuer Wissensbestandteile als auch zugleich dem Aufbau einer mündigen Haltung gegenüber Medien (vgl. Tulodziecki 1997, S. 64 f.).

Unterrichtliche Verwendung

1. Die Funktion des Unterrichtsfilms in verschiedenen Unterrichtsphasen

Während der *Hinführungsphase* eignet sich der Film zur Provokation einer Problemfrage, Einführung in Sachbereiche oder Themenfelder, Anknüpfung und Aktivierung an den Erlebnis- und Erfahrungsbereich der Schüler.

Im Rahmen der *Bearbeitungsphase* dient der Film(-ausschnitt) der Vermittlung oder Erweiterung von Wissensbausteinen oder der Veranschaulichung des Sachverhalts. Die Schüler notieren begleitend Stichpunkte oder erhalten im Anschluss an die Betrachtung Gelegenheit zur Formulierung von Fragen oder Finden von Teilüberschriften zu Filmausschnitten. Die anschließende Aussprache bildet die Grundlage zur Verarbeitung hinsichtlich der beobachteten Vorgänge und Zusammenhänge, zur Begriffsbildung und zur Strukturierung der Inhalte.

Der Filmeinsatz zur *Verarbeitungsphase* ergibt die Einbettung des Gesehenen und Gehörten in Gesamtzusammenhänge und die Herstellung eines Gesamteindrucks. Dazu kann die Wiedergabe des Filmes ohne Ton oder mit einer Lehrer- bzw. Schülerkommentierung dienen oder die Anfertigung einer Zeichnung, eines Clusters oder einer schematisierten oder gegliederten Verschriftung.

2. Die Funktion des Unterrichtsfilms als Unterrichtsbaustein

Sollte der Unterrichtsfilm oder Ausschnitte eines Films als zentraler Informationsträger eingesetzt werden, ist nachfolgende Artikulation möglich:

Vorbereitung/ Einführung	1. Anknüpfung an den Sachzusammenhang 2. Beobachtungsaufträge und Fragen zur Sache und/oder zum Film 3. Organisationsrahmen: Verdunkelung, Sitzordnung, Arbeitsform, Sozialform 4. Besondere Hinweise: Aufmerksam machen auf Schlüsselstellen, besondere Schwierigkeiten, technische Details, Angaben zur Filmrezeption, z. B. mehrmaliges Ansehen

Filmeinsatz/ Information	1. Informationsentnahme
	  a) als Ganzes
	  b) Freie und ungelenkte Aussprache
	2. Erkenntnisverarbeitung
	  a) Wiederholtes Ansehen und/oder Wiederholung von Ausschnitten
	  b) Bearbeitung der Beobachtungsaufträge und Fragen
	  c) Auswertung und Darstellung der gewonnenen Erkenntnisse

Nachbereitung/ Auswertung	1. Einbettung in den Kontext der Lernsequenz 2. Kritische und würdigende Reflexion zur filmischen Darstellung (Medienerziehung) 3. Vertiefung der Information, Wiederholen der Kernaussage, z. B. mit Hilfe anderer Medien, Übertragung auf ähnliche Erkenntnisse, Vorgänge, Abläufe oder Vergleich mit eignen oder anderen Informationen und Informationsquellen

5.10 Tafelbild

Begriff

Das Tafelbild ist ein Medium, in dem Informationen aus dem Unterricht an der Wandtafel in Zusammenhängen dargestellt werden; Schwerpunkt der Informationen ist in der Regel eine Zusammenfassung der wesentlichen Aussagen zum Unterrichtsinhalt; vielfach treten Hinweise zum Erschließungsprozess oder zu den Unterrichtsschritten hinzu; die Aussageelemente (Text oder Bild) sind gedanklich und visuell geordnet (s. a. Abb. 101).

Das Tafelbild ist häufig gekennzeichnet durch eine *strukturelle* Darstellung des Sachverhalts und sollte den qualitativen Anforderungen von „didaktischen Bildern" (Käferle 2003) genügen.

Begründung für den unterrichtlichen Einsatz

1. Das Tafelbild fixiert die Unterrichtsinhalte; dadurch ist der augenblickliche Stand der Erarbeitung stets präsent.

2. Im Tafelbild werden die Inhalte geordnet dargestellt

Dem Betrachter wird durch die Überschrift mitgeteilt, was Thema der Unterrichtsstunde ist. Die nachfolgenden Teilüberschriften, Sätze, Wörter oder Bilder lassen erkennen, welche stoffliche Auswahl getroffen wurde.

3. Das Bild an der Wandtafel bietet spezielle Vorteile

- Visuelle Akzentuierung des Wichtigsten (Farbe, Symbole);
- die Strichzeichnung lässt Nebensächliches weg;
- Passung in Bezug auf die jeweilige Situation der Lerngruppe;
- es besitzt dynamischen Charakter (es entsteht „vor den Augen" der Kinder; Beispiel: das Entstehen eines Verkehrsnetzes oder das Ansteigen des Grundwassers bei starken Regenfällen).

4. Das Tafelbild leistet einen Beitrag zur Abstraktion

- Verbalisierte Ergebnisse werden festgehalten;
- die Tafelzeichnung (Strichzeichnung) verdichtet Informationen.

5. Das Tafelbild fördert das Behalten

- Es informiert in übersichtlicher Form über den Sachverhalt;
- koordiniert Einzelaussagen;
- isoliert die Schwerpunkte der Bearbeitung;
- markiert das Wichtige;
- strukturiert die Lerninhalte;
- fördert die Wiedergabe von Einzelinformationen, wenn zusätzlich als Gestaltungsmittel die Kombination von Wort und Bild verwendet wird.

6. Das Tafelbild entlastet die Lehrerin

Das Erarbeitete ist unmittelbar ersichtlich; der Rückgriff auf das bereits Erarbeitete ist jederzeit möglich (z. B. bei Unsicherheiten im Verlauf der späteren Sacherschließung oder Begriffsbildung).

7. Das Tafelbild übt eine erzieherische Wirkung aus

Vorbild durch gründliches, sauberes und überlegtes Anfertigen des Tafelbildes durch die Lehrerin; dadurch entsteht u. a. eine Anregung für ein entsprechendes Arbeitsverhalten beim Hefteintrag.

Verwirklichung

1. Das Tafelbild wird auf verschiedene Weise entwickelt: Die Zeichnung wird entwickelt; die Zeichnung wird ergänzt (fertig gestellt); sie entsteht zum Tafeltext; ein Text wird formuliert; ein Text entsteht zur Zeichnung; Überschriften werden hinzugefügt; Beziehungen werden hergestellt.

2. Der Einsatz in den verschiedenen Unterrichtsphasen

a) Anfangsphase: Zeichnen eines Bildes; Notieren der Schülerfragen; Fixieren der Problemfrage oder der Überschrift; Aufschreiben des Vorwissens und der Vermutungen; Vervollständigen einer Tabelle; Aufdecken einer vorbereiteten Zeichnung oder Aufgabenstellung.

b) Hauptphase: Aufnotieren der gefundenen Begriffe; Vervollständigung einer Zeichnung; Markieren wichtiger Elemente; gemeinsames Entwickeln eines Schaubilds; Notieren der Erkenntnis; Eintragen von Wörtern oder Zahlen in eine Skizze; Anschreiben von Teilüberschriften; Herstellen von Beziehungen (durch Begriffe, Stichworte oder grafische Zeichen); Veranschaulichen des Vorgangs durch ein Schema.

c) Schlussphase: Erklären des neuen Sachverhalts an einer vorbereiteten Grafik; Suchen der passenden Überschrift; Zuordnen zusammenhängender Begriffe oder Bilder; Durchlesen des entstandenen Tafelbildes und Wiederholen bei zugeklappter Tafel; Notieren eines abschließenden Gedankens als Vertiefung.

3. Das Tafelbild als Vorlage für den Eintrag: Die Kinder übertragen die Texte und Zeichnungen in das Heft oder auf ein Blatt – ggf. auch mit individuell zu bearbeitenden Stellen.

Grundsätze

Das Tafelbild soll: a) die wesentlichen Unterrichtsergebnisse fixieren; b) die Struktur der Sache erhellen; c) methodisch begründbar sein; d) entwickelt werden; e) die Formulierungsvorschläge der Kinder aufgreifen und in der äußeren Gestaltung ansprechend sein.

Literatur:

1. Maras, Rainer: Das Tafelbild – das Ordnen unterrichtlichen Tuns. In: Grundschulmagazin 7–8/1998, S. 59–62
2. Seibert, Norbert: Tafelbildarbeit und Arbeitsblattgestaltung. In: unterrichten/erziehen 4/1991, S. 13–17

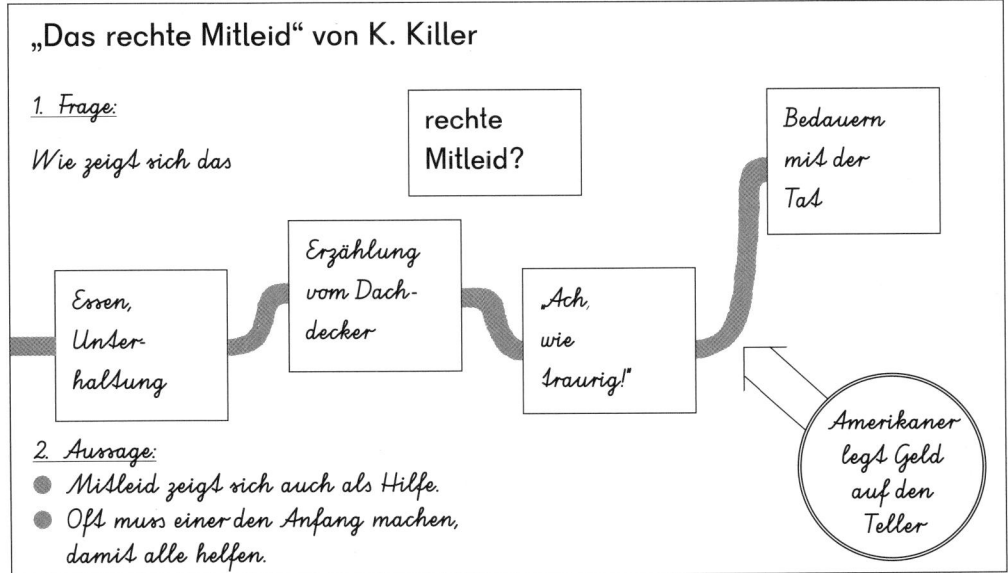

Abb. 101: Ein Tafelbild kann Informationen über den Unterrichtsinhalt und seine Struktur und über den Verlauf des Erschließungsprozesses geben

5.11 Tageslichtprojektor

Begriff

Tageslicht-, Overhead-, auch Schreibprojektor: Technisches Medium, mit dessen Hilfe in einem Projektionsverfahren über eine Spiegelung großflächige Bilder erzeugt werden können.

Bedeutung

- Vielseitiges und einfach zu bedienendes Medium;
- Vorteil der Wiederverwendbarkeit von einmal gefertigten Projektionselementen, Folien oder Abdeckvorrichtungen;
- Übergabe von Informationen (Text, Bild);
- Folie als Ort zur raschen Fixierung von Unterrichtsergebnissen;
- Hilfe zur simultanen Bearbeitung einer Vorlage (Folie auf dem Tageslichtprojektor entspricht dem Arbeitsblatt in den Händen der Kinder);
- Entlastung der Wandtafel: Informationselemente, die zur Entwicklung des Tafelbildes entbehrlich sind, können über die Projektion angeboten werden.

Techniken

1. Abdecktechnik

Informationen auf einer Folie, die zu bestimmten Zeitpunkten nicht erforderlich sind, werden durch Papierflächen abgedeckt. *Beispiele:* Zeilen, Satzteile, einzelne Wörter, Teilflächen (Spalten von Tabellen, Zeichnungen, Zahlen oder Informationstexte).

2. Overlay-Technik

Eine Gesamtinformation wird durch übereinandergelegte Folien, die die Teil-

informationen enthalten, aufgebaut (*Beispiel* s. Abb. 102).

3. Ergänzungstechnik

Die auf einer Folie fixierten Informationen enthalten Lücken, die im Laufe des Unterrichts ergänzt werden (etwa durch unmittelbares Ausfüllen der Lücke oder durch Verwendung einer kleinformatigen Overlay-Folie).

4. Figurinen-Technik

Nicht transparente Figuren werden auf die Glasfläche des Projektionsapparates oder auf die Folie gelegt und dort ggf. auch bewegt; es wird also der Schattenriss der Figur projiziert. *Beispiele:* Verkehrsteilnehmer an der Kreuzung bewegen sich in der richtigen Reihenfolge, Mengensymbole werden eingeordnet, verschiedene Siedlungsformen entstehen durch unterschiedliche Anordnung der Häuser.

Praktische Verwendung

1. Äußere Voraussetzungen

Lesbarkeit (Schriftgröße, Schriftzug) der Texte; Klarheit der Projektion; störungsfreier Sichtkontakt; ggf. angemessene Arbeitshöhe für die Kinder (Beachtung einer günstigen Schreibhaltung).

2. Aktivitäten

Hinführung zum Sprechhandeln durch abgebildete Sprechpartner (mit leerer Sprechblase), Einsetzen der richtigen Zahlen (in den Rechenstern), Aktivierung des Vorwissens durch ein motivierendes Bild, Entwickeln einer Problemfrage aus dem Vergleich zweier Bilder; Aufnotieren der Vermutungen der Kinder, Zuordnen von Folienteilen (in entsprechende Spalten), Verdeutlichen eines Ablaufs durch Verschieben von Folienteilen, Einzeichnen von Pfeilen (um Zu-

sammenhänge herzustellen), Abgrenzen von Mengen (mit Schnüren), Unterstreichen (der wichtigen Zahlen), Einfärben (der schwierigen Buchstabenverbindung), Aufdecken neuer Informationen, Aufbauen eines Schichtentransparents, Zusammenstellen der Einzelergebnisse von Gruppenarbeiten;
Hinzufügen von Texten zu Bildern, Ausfüllen einer Tabelle, Bearbeitung von Arbeitsaufgaben (mit differenziertem Schwierigkeitsgrad).

3. Ausgewähltes Beispiel

Die Transparenz der Folien bietet die Möglichkeit, korrespondierende Informationen verschiedener „Ebenen" zu einer Gesamtinformation zusammenzufügen. So wird etwa durch Texte (Lyrik, Fabeln) oder durch bildnerische Kunstwerke ein „Gehalt" vermittelt; eine mit den Sinnen fassbare Darstellung verweist auf das „Gemeinte".

Beispiel: „Winternacht" von Joseph von Eichendorff (s. S. 32–41).
Zunächst wird der äußere Vorgang bearbeitet (s. Abb. 102; die Rechtecke sind vorgegeben, die Kinder suchen im Text entsprechende Wörter, machen Vorschläge für Überschriften zu den einzelnen Strophen und sie äußern ergänzende Begriffe); anschließend wird bei der Bearbeitung des „lyrischen Ich" in ähnlicher Weise verfahren (1. Strophe: *verlassen, einsam, leer, ich habe keinen Kontakt, es ist niemand bei mir, ohne Hoffnung.* 2. Strophe: *es kommt jemand, der mit mir spricht; ich spüre, dass ich nicht mehr alleine bin.* 3. Strophe: *hoffen, an eine gute Zukunft glauben, etwas wünschen, von etwas träumen, etwas herbeisehnen.*
Zwei Folien, die nur die „Überschriften" zeigen (s. Abb. 10, S. 39), werden abschließend übereinandergelegt.

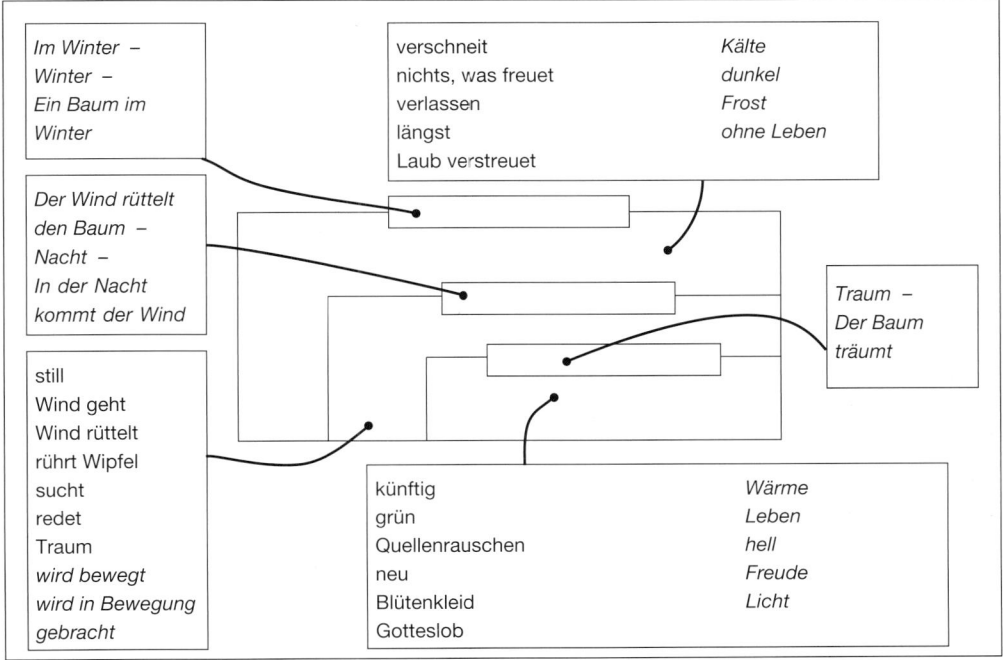

Abb. 102: *Ergänzungstechnik; die Beiträge der Kinder sind kursiv gesetzt; Wörter aus dem Text in Druckschrift; Hinweis: die Überschriften werden alternativ ausgewählt.*

5.12 Arbeitsblatt

Begriff

1. Definition

Arbeitsblätter sind vorgedruckte oder selbsterstellte Lehr- und Lernmittel in Lose-Blatt-Form, die der Vorbereitung, Erarbeitung, Anwendung, Sicherung und Lernzielkontrolle des Lerngegenstandes dienen.

2. Formen

- Arbeitsblätter zur Informationsgewinnung
- Arbeitsblätter zur Ergebniserarbeitung
- Arbeitsblätter zur Ergebnissicherung
- Arbeitsblätter zur Lernzielkontrolle
- Arbeitsblätter in diversen Mischformen

Didaktische Funktionen

- Strukturierung des Lerninhalts
- Fixierung der im Unterricht erarbeiteten Ergebnisse
- Veranschaulichung des Gegenstandes (z. B. in einer Skizze)
- Unterstützung der Begriffsbildung
- Möglichkeit zur Individualisierung des Lernprozesses
- Anpassung an die spezifische Leistungssituation der Kinder
- Unterstützung des aktiven und selbstständigen Lernens
- Einübung fachgemäßer Arbeitsweisen und -techniken
- Anregung zu eigenständiger Weiterentwicklung eines Lerngegenstandes
- Mittel zur Variation der Unterrichtstätigkeiten und Sozialformen (Rhythmisierung)
- Beobachtung des individuellen Leistungsfortschritts (z. B. Sport: Leistungssteigerung durch Üben erkennen)

Verwirklichung

1. Didaktischer Ort

Das Arbeitsblatt ist grundsätzlich in allen Phasen einsetzbar (die Reihung soll die ungefähre Gewichtung des Arbeitsblatteinsatzes aufzeigen): Anwendung, Sicherung, Lernzielkontrolle, Erarbeitung, Übung, Problemstellung

2. Planungsschritte

a) Entscheidungen über die beabsichtigte didaktische Funktion des Arbeitsblattes bzw. seiner Abschnitte

b) Bestimmung des didaktischen Ortes aufgrund der didaktischen Funktion(en)

3. Schüleraktivitäten

Beschriften von Bildern, Ergänzen von Texten, Zuordnen von Begriffen und Bildern, Auswerten einer Tabelle, Erlesen eines Textes und anschließendes Notieren von Stichworten, Ausstreichen falscher Wörter, Anstreichen wichtiger Begriffe Ausmalen zusammengehöriger Gegenstände mit gleicher Farbe, Ergänzen von Schemata, Beschriften von Karten, Unterstreichen der für die Rechnung notwendigen Zahlen, Einfärben der einzuübenden Buchstabenverbindung, Einrahmen der zu erarbeitenden Satzglieder, Sprechen zu einem Schaubild, Vergleichen von Bildern, Aufschreiben selbst formulierter Texte, Ordnen von Gegenständen (oder deren Abbildungen) der Reihe nach (durch Nummerieren), Eintragen der gefundenen Wörter in Spalten, Einzeichnen von Skizzen, Bearbeiten von Anweisungen, Aufträgen und Fragen, Vervollständigen von Tabellen, Beschreiben von bildhaften Darstellungen und Skizzen, Ausschneiden und einkleben, Kennzeichnen markanter Punkte, Notieren von Kurz- und Langzeitbeobachtungen

Grundsätze

1. Sachliche Richtigkeit

2. Ansprechende und funktionelle Gestaltung

Die Texte sollen lesbar sein. Der Aufbau bzw. die Gliederung des Arbeitsblattes soll dem Kind eine schnelle Orientierung erlauben (zielführende Unterstützung der Wahrnehmungsaktivitäten durch unterschiedliche Gliederungs- und Formelemente). Rand und Schriftgröße sind zu beachten. Das Arbeitsblatt soll eindeutig zu identifizieren sein (z. B. mit Datierung). Es wird in einem festgesetzten Platz (Heft, Mappe) eingefügt, damit die Kinder zu einem späteren Zeitpunkt nochmals nacharbeiten bzw. nachlesen können.

3. Förderung der Selbsttätigkeit

Das Arbeitsblatt soll möglichst häufig auch eigenständige Lösungen zulassen. Das Kind soll seine Denkresultate in einem angemessenen und ausgewogenen Verhältnis eigenaktiv versprachlichen können.
Zur selbstständigen Gestaltung von Einträgen eignet sich ein sog. „Sequenzbogen". Er kann kompliziertere oder arbeitsaufwendigere Zeichnungen oder Informationstexte enthalten. Die für eine bestimmte Lernsequenz zusammengestellten Bilder und Texte werden bei Bedarf ausgeschnitten (s. Abb. 103, S. 368).

4. Klare Arbeitsaufträge

Forderungen an die Arbeit mit Arbeitsaufträgen:

- Gute Arbeitsbedingungen: Schreibgeräte, Schreibunterlagen und die nötigen Hilfsmittel (z. B. Arbeitsblatt, Karte, Bild, Heimatatlas, Wortkarten, Zahlenkärtchen) müssen bereitliegen.
- Klare Inhalte: Der Gegenstand der Aktivität, das Verfahren der Bearbeitung und ggf. auch Zeit und Sozialform sollen deutlich erkennbar sein.

- Verständliche Sprache: Wortwahl (neue Begriffe) und Satzbau sollen eine rasche und eindeutige Dekodierung gewährleisten.
- Überschaubarkeit von Umfang und Form: Der Auftrag sollte unnötiges Beiwerk weglassen; der Auftrag kann (z. B. durch räumliches Absetzen von Satzgliedern) optisch strukturiert werden.
- Gesichertes Verständnis: Begriffe klären, Wichtiges unterstreichen, lautes Vorlesen, wiederholen lassen.
- Angemessene Differenzierung: Überprüfen, ob eine Differenzierung möglich und sinnvoll ist.
- Ermöglichen von reproduktivem (Reaktivieren von bereits vorhandenem Wissen) und problemlösendem Denken

Wertung

1. Vorteile

Arbeitsblätter haben ihre Berechtigung, wenn sie einen entscheidenden Beitrag zur Darstellung, Erarbeitung und Sicherung von Lerninhalten leisten.

Das Arbeitsblatt bietet die Möglichkeit:
zur Selbstständigkeit,
zum zielstrebigen Vorgehen,
zur Situationsanpassung,
zur ökonomischen Nutzung der zur Verfügung stehenden Zeit,
zum Einsatz in allen Unterrichtsphasen

2. Nachteile

Das Arbeitsblatt kann:

den Unterrichtsverlauf gängeln,
zur rezeptiven Arbeit verleiten,
Arbeitsergebnisse vortäuschen,
von der Lehrkraft viel Zeitaufwand bei der Erstellung verlangen,
dazu führen, dass sich die Aktivität im bloßen Abschreiben erschöpft

Literatur:

Wellenhofer, Walter: Unterricht heute – Unterrichtsmedien – Praxis, Band 2. Gruenstein-Verlag, Ainring 1996

Name: _____   *Schneide dieses Material dann aus,*
                             wenn du es zu deinem Eintrag brauchst!

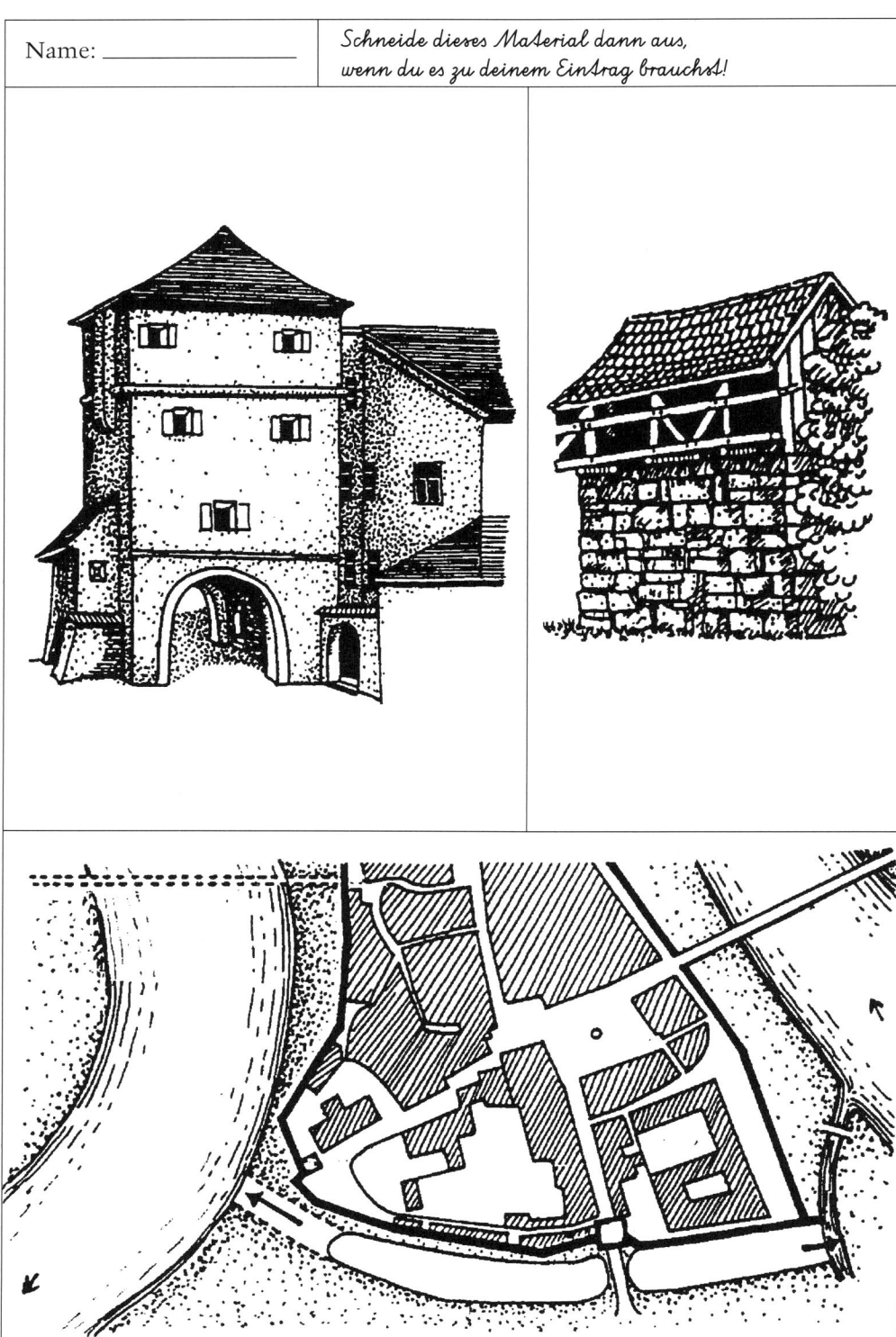

Abb. 103: Teil eines Sequenzbogens

Name: Datum: Nr.:

Die Feuerwehr löscht nicht nur Brände

1. Zwei Einsätze passen nicht zur Feuerwehr! Streiche sie mit Farbstift und Lineal durch!

2. Die folgenden Aufgaben der Feuerwehr kannst du in zwei Bereiche einteilen:

   Leben retten ☐

   Hab und Gut der Menschen schützen ☐

   Zu welchen Bereichen gehören die Einsätze der Feuerwehr?
   Trage die Nummern in die Kästchen!

3. Für welche Einsätze braucht die Feuerwehr diese Ausrüstungsgegenstände? Ordne mit Pfeilen zu!

☐ Menschen vor dem Ersticken retten

☐ ausgelaufenes Öl beseitigen

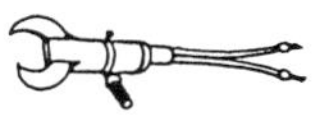

☐ betrunkene Autofahrer kontrollieren

☐ Verletzte aus dem Auto befreien

☐ Sturmschäden beseitigen

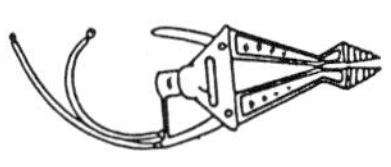

☐ überflutete Keller auspumpen

☐ einen Dieb verfolgen und festnehmen

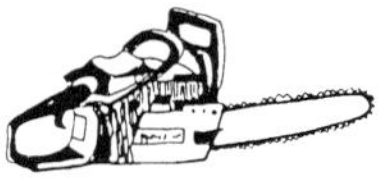

☐ eingeklemmtes Tier aus Gitterstäben befreien

Abb. 104: Arbeitsblatt aus dem Sachunterricht

5.13 Dokumentation und Präsentation

Begriff

Sammelbezeichnung für unterrichtliche Maßnahmen zur längerfristigen Darstellung und Fixierung von Arbeitsprozessen oder Arbeitsergebnissen, die überwiegend durch die Schüler und Schülerinnen durchgeführt werden.

Dies umfasst Maßnahmen wie die Verwendung eines Rechentagebuchs (um z. B. eigene Lösungswege darzustellen) oder die Anfertigung eines Plakats (um z. B. im Rahmen eines Projekts Sachinformationen einer Öffentlichkeit vorzustellen).

„Offene Lernsituationen sind eng mit dokumentierenden Tätigkeiten verbunden wie Sammeln, Ordnen, Festhalten von Arbeitsergebnissen. Sammeln geschieht dabei mit den Augen, mit den Händen, im Herzen und mit dem Kopf. Die Dokumente sind rückbezogen auf den Handlungsprozess. Sie verknüpfen die auf individuellen Lernspuren gemachten Erfahrungen zu einem Beziehungsgeflecht. Häufig verwendete Präsentations- und Dokumentationsmethoden: Wandzeitung, Fotos, Plakat, Tagebuch, Hörspiel, Dia-Schau, Klassenzeitung, Buch der Klasse" (Wigger, in Kaiser [Hrsg.] 1997a, S. 161).

Bedeutung
(in Abhängigkeit von der gewählten Darstellungsform)

- Möglichkeit zur Darlegung von eigenen Vorstellungen und Gedankengängen.
- Konstitutiver Bestandteil im Konzept eines offenen Unterrichts.
- Förderung des Bewusstseins, in allen Phasen des Unterrichts Selbstständigkeit praktizieren zu können.

- Beitrag zur Medienerziehung, indem die Kinder selbst Medien gestalten; dadurch werden Zielsetzungen wie sinnvolle Auswahl oder die Herstellung relevanter Zusammenhänge (Adressatenbezug, Intention, Mittel, Wirkung) erfüllt.
- Motivation zur gründlichen Auseinandersetzung mit der Lernsache, da später das gezeigte Ergebnis sowohl einer kritischen Betrachtung unterliegt wie auch Anlass für eine positive Rückmeldung ist (Anerkennung von Leistungsbereitschaft und qualitativ guter Arbeit).
- Beitrag zur Förderung und Schulung der Kommunikationsfähigkeit, da in der Regel ein Informationsaustausch erforderlich ist; es müssen eine Verbindung zum Gesprächspartner hergestellt, Mitteilungen zur Sache gemacht und eine Verständigung über sinnvolle Lösungen durch überzeugende Argumentation herbeigeführt werden.
- Sicherung von Lerninhalten.

Verwirklichung

1. Formen der Dokumentation und Präsentation

a) Überblick – Aufzählung (Beispiele in Klammern)

Collage *(Verschiedene Stromverbraucher)*;
Plakat *(Wir schützen unsere Ohren)*;
Merktafel *(Gesprächsregeln)*;
Bild *(Piktogramm „Hier: Glasmüll")*;
Wandbild *(geometrische Figuren; kunsthandwerkliche Leistungen, z. B. Ornamentik)*;
Bildfolge *(So veränderte die Eisenbahn unseren Ort)*;
Bildkarte *(Von der Schule zum Rathaus)*;
Plastisches Modell *(Sandkasten: Die Umgebung der Schule)*;

Bücher als Gemeinschaftsarbeit (Ringbuch; handschriftlich oder über EDV; *Bildhafte Redensarten, Tipps für die Freizeit*);

eigene Sach-Bücher *(Mein Wald-Buch)*;

Bestimmungsbücher *(Einheimische Vögel)*;

Hörspiel *(Unfall! Einen Erwachsenen zu Hilfe holen)*;

Lernspiel *(Lernscheibe „Das sichere Fahrrad", Rätsel „Tiere in der Wiese", Bild-Wort-Domino „Kartenzeichen")*;

Kurzvortrag *(Wie die Technik das Leben der Menschen verändert)*;

Musikalische Spielszene *(Waldvögel)*;

Ausstellung *(Gesunde Ernährung)* und Ausstellungstisch *(Haushaltsgeräte aus alter Zeit)*;

Wandzeitung *(Brauchtum früher und heute)*;

Wandfries *(Pflanzen der Hecke zu verschiedenen Jahreszeiten)*;

Geschichtsfries;

Handzettel *(Informationstext „So wählen wir den Klassensprecher")*;

Foto *(Naturdenkmal …)*;

Kartei *(Verschiedene Berufe)*.

Anm.: Kleinformen, wie Skizzieren oder Diagramm erstellen, sind eigens zu schulen; Nutzung der EDV.

(Nachfolgend sind zwei Beispiele etwas genauer ausgeführt.)

b) Mein Rechen-Tagebuch

Die Kinder stellen in Worten oder mit Zeichnungen mathematische Probleme oder Lösungen dar. Diese Einträge werden jeweils mit einem Datum versehen, damit die Entwicklung der Lernprozesse zu einem späteren Zeitpunkt besser nachvollzogen werden kann. Sinngemäß kann auch ein Deutsch- oder Sach-Tagebuch geführt werden; dann erscheint es aber sinnvoll, um nicht zu viel Aufwand mit Heften zu betreiben, ein „Unterrichts-Tagebuch" anzulegen; hier kann etwa durch die Markierung mit selbst

gewählten Symbolen auf die einzelnen Unterrichtsfächer hingewiesen werden.

c) Zur Praxis der Erstellung von Einträgen

Exemplarisch werden am Beispiel des (Heft-)Eintrags, als häufig verwendete Form der Dokumentation, Grundsätze der Erstellung erläutert.

1. Lerneffektive Aufbereitung des Unterrichtsstoffes: Abfolge der Teilinhalte nach sachlogischen Überlegungen, Hervorheben des Wichtigen, Herausstellen von Regeln und Merksätzen, Strukturierung der Inhalte.

2. Einsatz am didaktisch richtigen Ort:

a) unterrichtsbegleitend: ein Eintrag wird immer dann vorgenommen, wenn eine Phase (ein Teilschritt oder ein Teilziel) abgeschlossen ist;

b) in der Phase der Zusammenfassung: der gesamte Eintrag geschieht am Schluss der Unterrichtseinheit; Vorteil: den rascher arbeitenden Kindern bleiben größere Zeitspannen zur Bearbeitung von sachlich ergiebigen und motivierenden Zusatzaufgaben; Nachteile: Probleme mit der Rhythmisierung und dadurch mit der Erhaltung der Konzentration auf die vorliegende Arbeit.

3. Übersichtliche Gestaltung: Zäsuren zwischen den Einträgen; Datieren; bewährt hat sich auch die Nummerierung; Markieren von Merksätzen (z. B. durch Einrahmen) oder wichtigen Aussagen; Gebrauch von Farben; keine übertriebenen Verzierungen; gegliederte Anordnung.

4. Ansprechende Gestaltung: Verwendung von Tinte; Vermeidung von Klecksen; Beachtung des Schriftbilds (Lesbarkeit); Einhaltung des Rands; einheitliche und saubere Berichtigung.

5. Prüfung, Kontrolle, Korrektur und Würdigung: Korrektur aller Einträge im

Fach Deutsch; Korrektur oder Kontrolle in den Fächern Mathematik und Sachunterricht mischen; jeder durchgesehene Eintrag ist zu kennzeichnen; Würdigung am Ende des Eintrags, jedoch nicht in jedem Falle zwingend.

2. Darstellungsweisen einführen und einschulen

Die Kinder erhalten Anregungen und Hilfen zur Darstellung der Arbeitsprozesse oder -ergebnisse. Gegenstand dieser Hilfen sind *Darstellungsmittel* (z. B. durch räumliche Nähe zeigen, dass diese Elemente zusammengehören), *handwerkliche Techniken* (z. B. Texte in großer Schrift erstellen) und *technische* und *organisatorische Aspekte* (z. B. Aufstellen einer Pinnwand, Absichern des Arbeitsplatzes).

In einem schrittweisen Aufbau von inhaltlichen Anforderungen werden die Kinder über einfachere an komplexere Aufgabenstellungen herangeführt. Das Beispiel in Abb. 105 zeigt eine in der dritten Jahrgangsstufe gut zu bewältigende Aufgabe: Zu einem klar definierten Thema sind aufzählend Möglichkeiten zu nennen; der Illustration dieser „Möglichkeiten" (fliegen usw.) dient ein Abbild des dazugehörigen Gegenstandes (Löwenzahnsame usw.).

3. Zweck und Ziel bewusst machen

Unterrichtsergebnisse und Arbeitsprozesse werden in Schrift und Bild und gelegentlich auch in Ton oder in plastischen Gebilden festgehalten. Diese Darstellungen sind jedoch von unterschiedlicher Verarbeitungstiefe. Die didaktische Funktion einer bestimmten Dokumentation ist deshalb zu klären. Für das erfolgreiche Lernen ist es bedeutsam darüber zu reflektieren, welche Stelle des Lernprozesses schon erreicht ist, und welche Schritte noch auszuführen sind.

Die nachfolgenden Beispiele dienen zwei Absichten: Das erste soll aufzeigen, dass die didaktische Funktion einer Dokumentation mit einfachen Überlegungen auch Grundschulkindern zu vermitteln ist und das zweite Beispiel soll für didaktische Probleme von Darstellungsweisen sensibilisieren.

a) Beispiel: Fragen an der Pinnwand

„An einer Pinnwand werden Ideen und Fragen festgehalten. Einige Kinder haben ihre Fragen schon auf Blätter geschrieben und angeheftet. Hast du auch eine Frage zu diesem Thema? Deine Fragen sind für mich und für uns wichtig. Deine Frage zeigt uns, wofür du dich interessierst. Eine

Abb. 105: Darstellungsweisen schrittweise entwickeln: Zeichnung anfertigen

Frage verlangt auch etwas von uns: Wir sollen daran arbeiten und eine Antwort finden. Die Blätter, die an die Pinnwand geheftet sind, sind beweglich. Wir können die Fragen also ordnen. Oder: Wir können eine Frage wegnehmen und diese an die Wandtafel heften; jetzt werden wir uns besonders mit dieser Frage beschäftigen."

Der *Zweck* dieser Maßnahme besteht darin, in einer Übersicht festzuhalten, welche Fragen (sich) die Kinder in dieser Situation stellen; das *Ziel* ist es u. a. Fragehaltung und Interesse zu wecken, die Kinder an der inhaltlichen Entwicklung zu beteiligen, Ansatzpunkte für Denkprozesse zu gewinnen und den Kindern die Bedeutung ihrer eigenen Vorstellungswelt spürbar werden zu lassen.

b) Beispiel: Mindmapping als Problem

Die Attraktivität eines Mindmaps entsteht durch die Einfachheit der Anfertigung, durch Flexibilität und Offenheit bei der Handhabung und durch die Gewinnung eines raschen Überblicks über das gewählte Thema.

Ein erhebliches Problem – neben einigen anderen, die hier aber untergeordnet sein sollen – besteht jedoch darin, dass man dem vorgelegten Mindmap nicht entnehmen kann, an welcher Stelle der Gedankenentwicklung der Bearbeiter steht. Konkret als Frage: Wurde schon *geordnet* oder nicht? Wenn ja: In welchem Ausmaß? Nach welchen Kriterien?

Dieses Problem gründet in der offenen Beschreibung: „Sie können sich immer wieder neu entscheiden, ob Sie Ihrem Mind-Map eine bestimmte Ordnung geben wollen oder nicht" (Kirckhoff 1990, S. 6). Damit ist eine klare Konvention über das Medium Mindmap nicht erkennbar. Die Darstellung kann also vielerlei zeigen: eine zufällige Sammlung oder eine geordnete Sammlung von Einfällen, eine additive oder hierarchische Begriffssammlung, gesichertes Wissen vermischt mit Vermutungen, lineare oder vernetzte Gedankengänge, Assoziationsketten, statische Aufzählungen oder Ideen mit dynamischem Charakter. Wie soll nun ein Grundschulkind entscheiden, was hier vorliegt? Das Mindmap täuscht ein End-Ergebnis vor, obwohl es möglicherweise erst den Anfang einer Gedankenarbeit abbildet. Für die Grundschule wird vorgeschlagen, Mindmaps an den Stellen des Unterrichts zu verwenden, wo es gilt, kreative Lösungen zu finden, Vernetzungen herzustellen oder Gedankenketten aufzuzeigen. Gerade die letztgenannte Funktion kann dazu dienen, dem eigenen Denken auf die Spur zu kommen – mit Anlässen zur humorvollen Bewertung (Reiten – Pferd – kostet Geld – Papi) oder zur kritischen Bewertung (Diebstahl – ein Unbekannter – Der … *[Name]* war der Dieb!). Die Vorteile des Mediums Mindmap liegen eher im Prozess der Herstellung als in der Bedeutung des entstandenen Produkts.

Das Problem der optischen Übersichtlichkeit versucht B. Weidenmann durch das Aufstellen einiger gestalterischer Regeln in den Griff zu bekommen, z. B. sollen die Äste, sobald sie vom Mittelpunkt abgehen, „frühzeitig in die Waagrechte nach links oder rechts geführt" (Weidenmann 2001, S. 435 f.) werden (Beispiel dazu in Abb. 106)

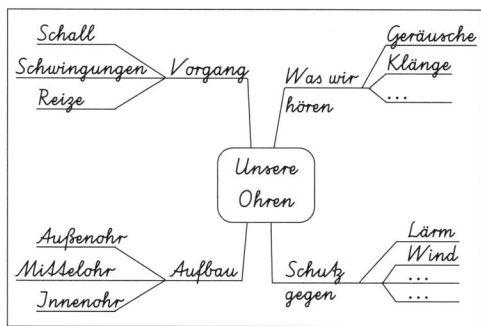

Abb. 106: Mindmap: Wie wird es übersichtlich?

5.14 Sandkasten

Begriff

Medium zur dreidimensionalen Nachbildung räumlicher, meist landschaftlicher Gegebenheiten, die situativ und variabel gestaltet werden können. Ein rechteckiger Behälter ist dazu auf einem Gestell befestigt und enthält eine Füllmasse (*Xyloform*, eine Art Sägemehl, das ölhaltig ist, oder in wenigen Einzelfällen *Sand*), die jedoch nur in begrenztem Maße formbar ist.

Bedeutung

- Bindeglied (im Abstraktionsprozess) zwischen konkreter Erfahrung der Landschaft und dem Kartenverständnis.
- Hilfsmittel zum Aufbau von (geografischen, räumlichen, …) Vorstellungen.
- Veranschaulichung räumlicher Verhältnisse: Lage, Entfernung, (relative) Höhe.
- Vermittlung erdkundlicher (historischer, …) Zusammenhänge und Begriffe.
- Möglichkeit zur modellhaften Darstellung von Vorgängen und Abläufen (Sichtbarmachen einer Veränderung bzw. Dynamik eines Sachverhalts, z. B. Änderung des Straßenverlaufs durch Gründung eines Gewerbegebiets).

Verwirklichung

1. Didaktischer Ort

Der Sandkasten ist zur Vorarbeit als *Vorbereitung einer räumlichen Orientierung*, zur eigenständigen Erarbeitung als *Mittel zur Sachklärung* oder zur Nacharbeit als *Hilfe zur Verarbeitung* oder Abstraktion einsetzbar.

2. Möglichkeit zur Darstellung verschiedener Lerninhalte

Schulgelände, Sportplatz, Spielplatz, wichtige Straßenzüge und Gebäude im Schulsprengel, Siedlungsformen, Bauern-hof, Kläranlage, Wasserversorgung des Ortes, Geländeerhebungen, Höhendarstellung, Verkehrsnetz; es können auch historische Sachverhalte (z. B. Veränderungen im Verlauf der Stadtmauer, von Stadtbächen oder Straßen) oder biologische Sachverhalte (z. B. Aufbau des Modells einer Hecke oder – ggf. nach Entfernung der ursprünglichen Füllmasse – Ansetzen von Keimversuchen) dargestellt werden.

3. Aktivitäten der Schüler und Schülerinnen

Markieren der Lage räumlicher Gegebenheiten oder von Objekten; Kennzeichnen der Flächen mit farbigem Bestreuungsmaterial; Einsetzen von Gebäudemodellen; Zuordnen von Stecktafeln zu dargestellten Einzelheiten; Formulieren von Fragestellungen, von Lagebeziehungen; Einordnen des Sandkastens; Abzeichnen der Nachbildung (Projektion in die Fläche). Einsatz bei der Höhendarstellung: Die Kinder markieren auf dem modellierten Berg die gleichen Höhenpunkte mithilfe einer Stricknadel, die auf einem Holzblock aufliegt (anschließend als „Höhenlinie": Bleischnur eindrücken).

4. Eingliederung in eine Sequenz

Beispiel: *Unser Heimatort in der Karte*
(* = „mit Einsatz des Sandkastens")

1. Wir bauen unser Schulgelände im Sandkasten nach*
2. Wir zeichnen eine Lageskizze unserer Schule*
3. Unterrichtsgang in die nähere Schulumgebung
4. Wegenetz der näheren Schulumgebung*
5. Wir bauen die Umgebung unserer Schule im Sandkasten nach*
6. Wir zeichnen einen Wegeplan von der Schulumgebung*
7. Wir lernen Kartenzeichen kennen*
8. Wir orientieren uns mit dem Ortsplan

5. Praktische Hinweise zum unterrichtlichen Einsatz

a) Von der räumlichen zur flächigen Darstellung

- Orientierung im aufgebauten Modell;
- Einnorden des Sandkastens;
- Anfertigung der Lageskizze in Entsprechung zum aufgebauten Modell; dies erfolgt etwa in folgender Weise: Auflegen einer Folie auf den geschlossenen Glasdeckel des Sandkastens, Nachspuren des Verlaufs der Straßen mit Folienstift, Markieren der Grundrisse von Gebäuden o. Ä.; Variante: erfahrungsgemäß gelingt es manchen Schülern, eine recht zuverlässige Lageskizze (in der Vogelperspektive!) zu zeichnen, auch wenn sie neben dem Sandkasten sitzen, also in schrägem Winkel den Aufbau betrachten; diese Methode bietet die Chance, den Kindern aufzuzeigen, wie in unserer Vorstellung Bilder entstehen – und die wir dann aufzeichnen (obwohl dieses gezeichnete Bild nicht das fotografische Abbild ist!).
- die (in horizontaler Lage erstellte) Lageskizze wird in die Vertikale gebracht;
- Klärung der Himmelsrichtungen.

b) Übertragung von Kartenabschnitten

Mithilfe eines Gitternetzes (Rahmen; kreuzweise gespannte Drähte ergeben ein Netz mit quadratischen Feldern; Rahmen wird über den Sandkasten gelegt) wird ein Abschnitt aus einer Landkarte in den Sandkasten übertragen; Modellierung.

c) Der Sandkasten als „Schaubühne"

Aufsatz aus Pappkarton (oben geschlossen), versehen mit Sehschlitzen („Fenstern"); Beleuchtung von der Seite oder auch Innenbeleuchtung (Vorsicht: Hitzeentwicklung!); plastische Wirkung des Modells; kreativer Einsatz während des ganzen Schuljahres: „Überraschung des Tages", künstlerische „Installationen" usw.

d) Beispiel für ein begleitendes Tafelbild

Wie werden Berge in der Landkarte dargestellt?

Vorschläge: die Höhe in Metern angeben, wie in der Panoramakarte, durch Höhenlinien.

1. Wie die Linien entstehen

Wir arbeiten mit einem Bergmodell im Sandkasten.

a) Wir tragen in einer gleich bleibenden Höhe eine Linie ein.

b) Wir betrachten die Linien von oben und zeichnen sie nach.

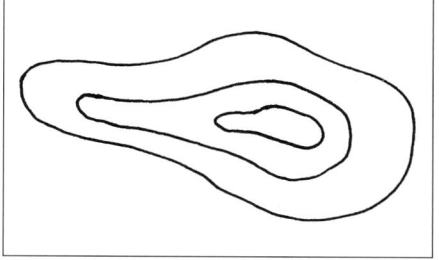

2. Diese Linien heißen Höhenlinien.

Alle Stellen (Punkte) einer Höhenlinie haben die gleiche Höhe über dem Meeresspiegel.

3. Darüber geben uns die Höhenlinien Auskunft:

a) Höhe über dem Meeresspiegel

b) flacher Hang

c) steiler Hang

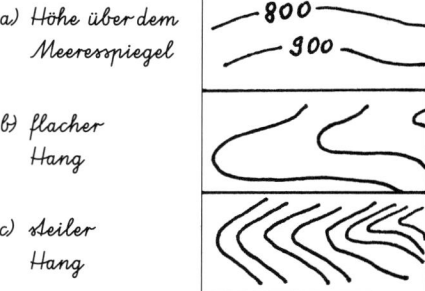

Abb. 107: Material für ein Tafelbild zum Thema „Höhenlinien stellen Berge dar"

5.15 Sachzeichnung

Begriff

Die Sachzeichnung ist eine thematisch gebundene, flächige Darstellung eines Sachverhalts mit einfachen grafischen Mitteln zum Zweck der Wiedergabe oder des Erklärens von Wahrnehmungen und Vorstellungen; in der Darstellung ist der Gegenstand als solcher erkennbar, jedoch erscheint er nicht als naturalistische Abbildung, sondern in vereinfachter Form. Zur Darstellung werden Umrisslinien, Gegenstandssymbole, Querschnitte, Klappungen, Größenveränderungen, Schraffierungen und ggf. Bildfolgen verwendet.

Bedeutung

- Bewusst machen von Wahrnehmungsinhalten;
- Aktivierung von Vorstellungsinhalten;
- Klärung und Modifizierung von Vorstellungsinhalten;
- Erleichterung der Auffassung von Vorgängen, Abläufen, Zuständen und Zusammenhängen;
- In-Beziehung-Setzen von Elementen eines Sachverhalts;
- Vielfach Aha-Effekt im Augenblick des Entstehens („So muss das vermutlich funktionieren!")
- „Heute hat das Zeichnen im Sachunterricht ... auch in Hinblick auf den Austausch von Verschiedenheiten der Kinder einer Klasse einen wichtigen Stellenwert, wenn die subjektiven zeichnerischen Ausdrucksformen präsentiert und ausgetauscht werden" (Kaiser, in Kaiser [Hrsg.] 1997a, S. 239). (Weitere Vorteile der Sachzeichnung sind auf S. 259 zu finden: z.B. Aktive Erkenntnisbildung, die Möglichkeit des raschen Ablesens, Gleichzeitigkeit des Erfassens, Rückwirkung auf die eigene Vorstellung)

Didaktische Funktion

- Darstellung eines äußeren Erscheinungsbilds;
- Wiedergabe der Vorstellung von einem Objekt, auch im Hinblick auf dessen „Innen-Ansicht";
- Unterstützung der Anschauung von einem Gegenstand;
- Visualisierung von Lerninhalten;
- Klärung von Zusammenhängen.

Grundsätze

1. Die Sachzeichnung soll didaktisch begründet sein: Sie soll einen erkennbaren Beitrag zur Erschließung des Lerngegenstandes leisten.
Für den Fall der Erstellung einer Sachzeichnung durch den Schüler: Voraussetzung dazu sind die Fähigkeit zur Darstellung (z.B. Querschnitt) und strukturierte Vorstellungen. Abweichend davon hat eine unvollständige oder eine spontan erstellte, sachlich unzutreffende Sachzeichnung dann ihre Berechtigung, wenn sie zum Gedankenexperiment herangezogen wird oder dazu dient, im Vergleich mit der späteren exakten Sachzeichnung, den Fortschritt in der Vorstellung aufzuzeigen.

2. Der Schüler soll eine vorgegebene Sachzeichnung verstehen: Eine Vielzahl von Einzelinformationen ist zu vermeiden, dies gilt sowohl für die Einzelteile wie auch für funktionale Zeichnungen (z.B. Überfrachtung mit Pfeilen und Verbindungslinien). Perspektivische Darstellungen sollten nur dann verwendet werden, wenn es unbedingt notwendig ist. Die Zeichnung ist grafisch übersichtlich anzulegen. Die Bedeutung der Einzelteile und deren Zusammenhänge sollten die Kinder erklären können.

Verwirklichung

1. Didaktischer Ort

a) Einstiegsphase: Vorgabe einer unvollständigen Darstellung (Beispiel: Bestandteil eines Baudenkmals fehlt); Versuch einer Darstellung (Beispiel: Seilführung bei einem Kran; die „Unvollkommenheit" als Anlass zur Informationsgewinnung, zu Versuchen oder zur Erkundung); Vorgabe zu einem Vergleich (Querschnitt eines Kolben- bzw. eines Patronenfüllers).

b) Hauptphase: 1. sukzessiv: schrittweise Entwicklung zu einem Bild, das den Gegenstand im Ganzen zeigt (Beispiel: Aufbau der Kirschblüte); 2. integrierend: als Zusammenfassung der bisherigen Informationen (Beispiel: Teich im Querschnitt); 3. punktuell: notwendig zur Erfassung eines Teilinhalts (Beispiel: der Wehrturm innerhalb der gesamten Verteidigungsanlage).

c) Schlussphase: Zusammenfassung des gesamten Inhalts; Isolierung einer Einzelheit, die in der nachfolgenden Unterrichtsstunde schwerpunktartig bearbeitet werden solle.

2. Tätigkeiten der Kinder

Zeichnen auf ein Blockblatt, auf Folie oder Tafel; Vergleich mit dem realen Objekt oder Modell; Einfärben wichtiger Teile; Entwickeln einer Zeichnung auf Grundlage eines vorliegenden Untersuchungsobjekts oder Textes; Beschriftung der Zeichnung; dynamisches Zeichnen: etwas verändert sich (Beispiel: Erweiterung der Verteidigungsanlage) oder geschieht „jetzt" (Beispiel: Es regnet); Verändern der Zeichnung durch Weglöschen oder Hinzufügen.

3. Themenbeispiele

Der Grundriss des Pausehofs; Sonnenstand im Tageslauf; Platzierung einzelner Sträucher in der gesamten Hecke; Wuchsform der Wurzel des Löwenzahns; Verlauf von Versorgungsleitungen; Kraftübertragung bei einem Handmixer; Größenvorstellungen beim Vorgang des Umfüllens (Sachrechnen). (Siehe auch S. 259, 271)

Wertung

Die Effektivität einer Sachzeichnung im Lernprozess ergibt sich nur in Verbindung mit der Wahrnehmung des zugehörigen realen Gegenstands oder Sachverhalts oder zumindest mit der Darstellung in anderen Medien, die diesen Gegenstand repräsentieren. Ferner ist die Relation Zeitaufwand – Effekt zu beachten.

Abb. 108: Beispiel einer Sachzeichnung „Aufbau einer Hecke"

Literatur:

1. Maras, Rainer: Sachzeichnungen aus Kinderhand – Wahrnehmung, Vorstellung und Empfindung zeichnerisch zum Ausdruck bringen. In: Grundschulmagazin 9–10/2003, S. 33–38

2. Weidenmann, Bernd: Schülerzeichnungen: Wie Wissensstrukturen sichtbar werden. In: Schulmagazin 5 bis 10 6/1995, S. 77–80

Literatur

Adl-Amini, Bijan: Medien und Methoden des Unterrichts. Auer, Donauwörth 1994

Aebli, Hans: Denken: Das Ordnen des Tuns, Bd. I: Kognitive Aspekte der Handlungstheorie. Klett-Cotta, Stuttgart 1993, 2. Aufl.

Aebli, Hans: Denken: Das Ordnen des Tuns, Bd. II: Denkprozesse. Klett-Cotta, Stuttgart 1994, 2. Aufl.

Aebli, Hans: Grundlagen des Lehrens. Eine Allgemeine Didaktik auf psychologischer Grundlage. Klett-Cotta, Stuttgart 1987

Aebli, Hans: Zwölf Grundformen des Lehrens. Eine allgemeine Didaktik auf psychologischer Grundlage. Medien und Inhalte didaktischer Kommunikation, der Lernzyklus. Klett-Cotta, Stuttgart 2001, 11. Aufl.

Aissen-Crewett, Meike: Ästhetische Zugänge zur Welterkenntnis bei Kindern – Überlegungen zum natur- und naturwissenschaftsbezogenen Sachunterricht. In: Köhnlein, W. u. a. (Hrsg.) 1997, S. 144–179

Albrecht, Wilhelm: Wie zukunftsfähig ist der Religionsunterricht? In: Schulmagazin 5 bis 10 7–8/1999, S. 78–81

Ametsbichler, Josef: Offene Lernsituationen im Sachrechnen. In: Grundschulmagazin 5–6/2001, S. 41–46

Apel, Hans Jürgen: Schulpädagogik. Eine Grundlegung. Böhlau, Köln – Wien 1990

Apel, Hans Jürgen: Gut und ruhig erklären. Lehrergeleiteter Unterricht als didaktische Aufgabe. In: Schulmagazin 5 bis 10 5/2000, S. 51–54

Aschersleben, Karl: Einführung in die Unterrichtsmethodik. Klett-Cotta, Stuttgart 1974

Augst, Gerhard / Dehn, Mechthild: Rechtschreibung und Rechtschreibunterricht. Klett, Stuttgart 2002, 2. Aufl.

Avila, Michael: Vom „Ob" über das „Wie" zum „Selbstverständlich". In: Mitzlaff, H./Speck-Hamdan, A. (Hrsg.) 1998, S. 220–230

Baireuther, Peter: Mathematikunterricht in den Klassen 1 und 2. Auer, Donauwörth 1999

Baireuther, Peter: Mathematikunterricht in den Klassen 3 und 4. Auer, Donauwörth 2000

Bareis, Alfred: Praxis der Kunsterziehung. 1.–6. Jahrgangsstufe. Auer, Donauwörth 2000, 5. überarb. und erw. Aufl.

Barsig, Walter/Berkmüller, Hans: Die Unterrichtsvorbereitung für die Schule von heute. Auer, Donauwörth 1970

Bartnitzky, Horst: Richtig üben – Methoden und Tipps. In: Valtin, R. (Hrsg.) 2000, S. 64–69

Bartnitzky, Horst: Sprachunterricht heute – Sprachdidaktik, Unterrichtsbeispiele, Planungsmodelle. Cornelsen Scriptor, Berlin 2001, 2. Aufl.

Bastian, Hans-Günther: Kinder optimal fördern – mit Musik. Schott, Mainz 2001

Bauer, Gabi: Von Bildern zu Geschichten. Schreibende Kunstbetrachtung. In: Grundschulmagazin 7–8/1999, S. 33–36

Baumert, Jürgen: Fachbezogenes-fachübergreifendes Lernen/Erweiterte Lern- und Denkstrategien. Einführung in die Thematik. In: Bayerisches Staatsministerium für Unterricht, Kultus, Wissenschaft und Kunst (Hrsg.) 1998, S. 213–231

Bayerisches Staatsministerium für Unterricht, Kultus, Wissenschaft und Kunst (Hrsg.): Wissen und Werte für die Welt von morgen. Dokumentation zum Bildungskongress. Auer, Donauwörth 1998

Beck, Erwin/Guldimann, Titus/Zutavern, Michael: Eigenständiges Lernen verstehen und fördern. In: Reusser, K./Reusser-Weyeneth, M., S. 207–225

Becker, Bärbel / Führe, Uli / Held, Josef / Merkt, Irmgard / Neumann, Herby / Steffen-Wittek, Marianne: Mikado – Lehrerband. Klett, Leipzig 2001

Beckstein, Marga: Strategien lernen, um angemessen zu handeln. In: unterrichten/erziehen 6/1999, S. 333–334

Bednorz, Peter/Schuster, Martin: Einführung in die Lernpsychologie. Ernst Reinhardt, München 2002, 3. Aufl.

Behrmann, Gisela: Grundlegendes Verantwortungslernen. In: Marquardt-Mau, B./Schreier, H. (Hrsg.) 1998, S. 169–184

Berg, Hans Christoph/Schulze, Theodor: Lehrkunst. Lehrbuch der Didaktik. Luchterhand, Neuwied u. a. 1995

Bertelsmann Lexikon. Bertelsmann Lexikothek, Gütersloh 1997

Biller, Karlheinz: Sinnorientierung des Menschen, ein Mittel zur Verminderung von Aggressionen? In: Pädagogische Welt 8/1988, S. 371–375

Bleyhl, Werner (Hrsg.): Fremdsprachen in der Grundschule. Grundlagen und Praxisbeispiele. Schroedel, Hannover 2000

Böhm, J.: Praktische Unterrichtslehre für Seminaristen und Volksschullehrer. R. Oldenbourg, München 1910, 8. Aufl .

Bonfadelli, Heinz: Theoretische und methodische Anmerkungen zur Buchmarkt- und Leserforschung. In: Stiftung Lesen, S. 78–90

Both, Kees: Weltorientierung in den Niederlanden. In: Lauterbach u. a. (Hrsg.) 1994, S. 51–70

Böttcher, Ingrid (Hrsg.): Kreatives Schreiben. Cornelsen Scriptor, Berlin 1999

Brandt, Peter/Vilgertshofer, Rainer: Medienerziehung in der Schule. Auer, Donauwörth 1990

Brezinka, Wolfgang: Grundbegriffe der Erziehungswissenschaft. Reinhardt, München 1990

Brockhaus Enzyklopädie. F. A. Brockhaus, Mannheim 1993

Brügelmann, Hans: Kinder auf dem Weg zur Schrift. Eine Fibel für Lehrer und Laien. Libelle-Verlag, Lengwil 1992

Brügelmann, Hans/Brinkmann, Erika: Die Schrift erfinden. Libelle-Verlag, Lengwil 1998

Brügelmann, Hans/Fölling-Albers, Maria/ Richter, Sigrun/Speck-Hamdan, Angelika (Hrsg.): Jahrbuch Grundschule. Grundschulverband – Arbeitskreis Grundschule e. V., Frankfurt a. Main 1999

Brügelmann, Hans/Richter, Sigrun (Hrsg.): Wie wir recht schreiben lernen. 10 Jahre Kinder auf dem Weg zur Schrift. Libelle, Lengwil 1994

Brünger, Peter: Musik mit der Stimme. In: Grundschule 1/1998, S. 25–28

Buck, Elisabeth: Bewegter Religionsunterricht. Theoretische Grundlagen und 45 kreative Unterrichtsentwürfe für die Grundschule. Vandenhoeck & Ruprecht, Göttingen 2001, 3. Aufl. (a)

Buck, Elisabeth: Kommt und spielt 2. Bewegter Religionsunterricht im 3. und 4. Schuljahr. Vandenhoeck & Ruprecht, Göttingen 2001 (b)

Burck, Karlheinz (Hrsg.): Fremdsprachen und fremde Sprachen in der Grundschule. Novuprint, Hannover 1992

Chott, Peter O.: „Lernen lernen" – Ein Lehrkomplex nur für den neuen bayerischen Grundschullehrplan? In: Schulverwaltung Bayern 4/2001, S. 124–129

Claussen, Claus: Erzähl mal was! Auer, Donauwörth 2000

Claussen, Claus: Erzählen. In: Schober, O. (Hrsg.) 1998, S. 49–51

Correll, Werner: Einführung in die Pädagogische Psychologie. Auer, Donauwörth 1976, 7. Aufl.

Czucka, Eckehard: Ellen Key und „Das Jahrhundert des Kindes". Sprachkritische Betrachtungen zu einer Denkfigur des 20. Jahrhunderts. In: engagement. Zeitschrift für Erziehung und Schule 4/1998, S. 253–270 (Verlag Aschendorff, Münster)

David, Thomas: Franz Marc: Die blauen Fohlen. Rowohlt Taschenbuch, Reinbek bei Hamburg 1997

Dehn, Mechthild: Texte und Kontexte. Volk und Wissen/Kamp, Berlin/Düsseldorf 1999

Ditzig-Engelhardt, Ursula: Musik hören. In: Helms, S. u. a. (Hrsg.) 1997, S. 157–186

Dollase, Rainer: Entwicklungspsychologische Grundlagen des kindlichen Weltverstehens. In: Köhnlein, W. u. a. (Hrsg.) 1997, S. 16–38

Dörner, Dietrich: Die Logik des Misslingens. Strategisches Denken in komplexen Situationen. Rowohlt, Reinbek bei Hamburg 2000, 13. Aufl.

Dostal, K. A.: Schreiberziehung. Leitner, Wunsiedel 1956

Dräger, Monika: Förderkultur beim Lesen- und Schreibenlernen. In: Grundschule 6/1999, S. 20–22

Drescher, Reinhold: Didaktik. Sinnmitte unterrichtlichen Handelns. WIFA, Ansbach 1997

Drews, Ursula/Wallrabenstein, Wulf (Hrsg.): Freiarbeit in der Grundschule. Grundschulverband – Arbeitskreis Grundschule e. V., Frankfurt a. Main 2002

Düchting, Hajo: Franz Marc. DuMont, Köln 1991

Duden, Das Fremdwörterbuch, Band 5. Dudenverlag, Mannheim 2002, 7., neu bearbeitete Aufl., S. 849

Duncker, Ludwig: Die Entfaltung von Interesse als grundschulpädagogische Aufgabe. In: Pädagogische Welt 7/1994, S. 296–300

Eckert, Beate: Filmanalyse in der Grundschule. In: Brandt, P./Vilgertshofer R. 1990, S. 22–27

Edelmann, Walter: Lernpsychologie. Psychologie Verlags Union, Weinheim 2000, 6. Aufl.

Eickhorst, Annegret: Selbsttätig sein – selbstständig werden. Überlegungen zum Umgang mit einer pädagogischen Grundkategorie. In: Grundschulmagazin 7–8/2000, S. 57–60

Eickhorst, Annegret: Der Umgang mit dem Fremden. Interkulturelles Lernen in der Grundschule. In: Grundschulmagazin 11–12/2002, S. 29–34

Einsiedler, Wolfgang: Elemente der Unterrichtsplanung. In: Pädagogische Welt 9/1977, S. 515–526

Einsiedler, Wolfgang / Götz, Margarete / Hacker, Hartmut / Kahlert, Joachim / Keck, Rudolf W. / Sandfuchs, Uwe (Hrsg.): Handbuch Grundschulpädagogik und Grundschuldidaktik. Klinkhardt, Bad Heilbrunn 2001

Ende, Michael/Schlüter, Manfred/Hiller, Wilfried: Tranquilla Trampeltreu – die beharrliche Schildkröte. K. Thienemanns, Stuttgart – Wien 1982

Engelhardt, Wolf: Grundlegende Erschließung der Lebenswirklichkeit des Kindes mit fachlicher Hilfe. In: Schorch (Hrsg.) 1988, S. 107–124

Erber, Renate / Gehring, Helene / Holler, Helmut: Die Behandlung der Größen. In: Akademiebericht Nr. 197, Dillingen 1992

Erichson, Christa: Der Rechtschreibung auf der Spur. In: Grundschulmagazin 4/2000, S. 35–38

Faust-Siehl, Gabriele/Speck-Hamdan, Angelika: Sich in anderen sehen: Fremd- und Selbstwahrnehmung im Grundschulalter. In: Kahlert, J. (Hrsg.) 1998, S. 111–126

Fölling-Albers, Maria: Kindheitsforschung im Wandel – Eine Analyse der sozialwissenschaftlichen Forschungen zur „Veränderten Kindheit". In: Köhnlein, W. u. a., (Hrsg.) 1997, S. 39–54

Franke, Marianne/Schipper, Wilhelm: Sachrechnen. In: Einsiedler, W. u. a. (Hrsg.) 2001, S. 468–472

Franke, Marianne: Didaktik der Geometrie. Spektrum, Heidelberg 2000

Franke, Peter: Abwechslung ohne Überreizung. Anmerkungen zum Problem einer sinnvollen methodischen Rhythmisierung des Unterrichts. In: Pädagogische Welt 10/1987, S. 438–441

Froschmeier, Thomas/Ludwig, Barbara: Yum Yum. Ein neues Ballspiel mit kreativen Gestaltungsmöglichkeiten. In: Grundschulmagazin 11–12/2002, S. 43–46

Fürst, Carl: Gruppenunterricht. Empirische Forschungsergebnisse und Empfehlungen

für die Praxis. In: Schulmagazin 5 bis 10 7–8/2000, S. 76–80

Gebhard, Ulrich: Naturbeziehung und Naturerfahrung bei Kindern. In: Köhnlein, W. u. a. (Hrsg.) 1997, S. 55–75

Gerngross, Günter: Je früher, desto besser. In: Elternzeitschrift 4/2001

Gervé, Friedrich: Freie Arbeit. Beltz, Weinheim 1998

Glasersfeld, Ernst von: Einführung in den radikalen Konstruktivismus. In: Watzlawick, Paul (Hrsg.) 1995, S. 16–38

Glinz, Elly: Differenzierung: Sie kostet Zeit – und sie bringt Zeit. In: Grundschule 10/1999, S. 14–16

Glöckel, Hans: Schreiben lernen – Schreiben lehren. Auer, Donauwörth 1976, 3. Aufl.

Glöckel, Hans: Vom Unterricht. Lehrbuch der Allgemeinen Didaktik. Klinkhardt, Bad Heilbrunn/Obb. 1990

Glöckel, Hans: Anschauung als Unterrichtsprinzip. In: unterrichten/erziehen 2/1995, S. 6–9

Glötzl, Herbert: Prinzipien effektiven Unterrichts. Handbuch für die Erziehungs- und Unterrichtspraxis. Band 1 (S. 1–269) und 2 (S. 270–542). Ernst Klett, Stuttgart u. a. 2000

Götzfried, Wolfgang: Differenzierung durch offene Lernsituationen im Unterricht. Begründung der Notwendigkeit und Überlegungen zur Realisierung. In: Pädagogische Welt 2/1994, S. 58–62

Gratzer, Werner: Gruppenunterrichtliche Verfahren. In: Blätter für Lehrerfortbildung 10/1987, S. 391–395

Guardini, Romano: Grundlegung der Bildungslehre. Versuch einer Bestimmung des Pädagogisch-Eigentlichen. Werkbund, Würzburg 1965, 7. Aufl.

Gudjons, Herbert: Methodik zum Anfassen. Unterrichten jenseits von Routinen. Klinkhardt, Bad Heilbrunn/Obb. 2000

Gudjons, Herbert: Projektorientiertes Lernen. In: Einsiedler, W. u. a. (Hrsg.) 2001, S. 340–345

Günther, Herbert: Leserechtschreibschwache Kinder in der Grundschule. Hinweise zur Diagnose und Förderung. Ernst Klett Grundschulverlag, Leipzig u. a. 2002

Haarmann, Dieter (Hrsg.): Wörterbuch Neue Schule. Die wichtigsten Begriffe zur Reformdiskussion. Beltz, Weinheim und Basel 1998

Haenisch, Hans: Was wir über guten Unter-

richt wissen. Zusammenfassung von Ergebnissen der empirischen Unterrichtsfor-
schung. In: SchulVerwaltung BY 10/2002,
S. 345–348

Hagen, Mechthild: Hast du Töne! In: Sache –
Wort – Zahl 43/2002, S. 18–25

Hanke, Petra: Öffnung des Unterrichts. In:
Einsiedler, W. u. a. (Hrsg.) 2001, S. 376–385

Hasselhorn, Marcus / Mähler, Claudia: Wissen, das auf Wissen baut: Entwicklungspsychologische Erkenntnisse zum Wissenserwerb und zum Erschließen von Wirklichkeit im Grundschulalter. In: Kahlert, J.
(Hrsg.) 1998, S. 73–89

Hegele, Irmintraud u. a.: Kinder begegnen
Fremdsprachen. Westermann, Braunschweig 1994

Helbig, Paul: Lernen ist mehr als sinnliche
Erfahrung. Zu den Grenzen einer sensua-
listischen Grundschuldidaktik. In: Grundschule 5/1991, S. 8–11

Helms, Siegmund / Schneider, Reinhard / Weber, Rudolf (Hrsg.): Handbuch des Musikunterrichts – Band 1 Primarstufe. Gustav
Bosse, Kassel 1997

Hense, Jan / Mandl, Heinz / Gräsel, Cornelia:
Problemorientiertes Lernen. Warum der
Unterricht mit neuen Medien mehr sein
muss als Unterrichten mit neuen Medien.
In: Computer und Unterricht 44/2001,
S. 6–11

Herzog, Marianne: Textilgeschichten. Anregungen und Materialien für den Textilunterricht in der Grundschule. Kallmeyer-
sche Verlagsbuchhandlung, Seelze – Velber
2000

Hilger, Georg/Leimgruber, Stephan/Zieberts,
Hans-Georg (Hrsg.): Religionsdidaktik. Ein
Leitfaden für Studium, Ausbildung und Be-
ruf. Kösel, München 2001

Holtappels, Heinz Günter: Lebenswelt von
Kindern – Sozialwissenschaftliche Erkenntnisse und Orientierungen für die Grundschule. In: Kahlert, J. (Hrsg.) 1998, S. 47–71

Hopf, Arnold: Grundschularbeit heute. Didaktische Antworten auf neue Lebensver-
hältnisse. Ehrenwirth, München 1993

Huber, Ludowika / Kegel, Gerd / Speck-Hamdan, Angelika (Hrsg.): Einblicke in den
Schriftspracherwerb. Westermann, Braunschweig 1998

Huber, Ludowika / Odersky, Eva (Hrsg.): Zuhören – Lernen – Verstehen. Westermann,
Braunschweig 2000

Hurrelmann, Bettina: Lese- und Medien-
gewohnheiten im Umbruch – Eine pädagogische Herausforderung. In: Stiftung Lesen
(Hrsg.) 1998, S. 187–195

Hüsten, Gisela / Gruber, Irene / Winkler-Men-
zel, Regina: Hilfreiche Rituale im Grund-
schulalltag. Oldenbourg, München 2000

Ingendahl, Werner: „Lernen" in der Hirnforschung. In: Schulmagazin 5 bis 10 3/1998,
S. 4–11

Ingendahl, Werner: Ästhetische Praxis. In:
Schulmagazin 5 bis 10 12/2001, S. 49–52

Ipfling, Heinz-Jürgen: Unterricht. In: Reinhold, G. u. a. (Hrsg.) 1999, S. 522–526

Jenchen, Hans-Joachim: Vernetztes Denken
lernen – ein Gebot der Stunde. In: unter-
richten/erziehen 6/1991, S. 9–17

Jürgens, Eiko: Die „neue" Reformpädagogik
und die Bewegung Offener Unterricht.
Theorie, Praxis und Forschungslage. Academia, Sankt Augustin 1994

Jürgens, Eiko: Zur Begründung von Leistungsforderungen in der Schule. In: Grundschulmagazin 1/1995, S. 37–40

Jürgens, Eiko: Klassenführungstechniken im
Offenen Unterricht? Pädagogisch-didakti-
sche Konsequenzen für die Lehrerrolle in
offenen Lernsituationen. In: Schulmagazin
5 bis 10 4/2000, S. 51–54

Jürgens, Eiko: Lernen in der Datengesell-
schaft. Lebenslanger Prozess oder lebens-
lange Anpassungsleistung? In: Schulmagazin 5–10 7–8/2001 (a), S. 79–82

Jürgens, Eiko: Schulentwicklung und Schul-
qualität. Alles hängt von den Lehrerinnen
und Lehrern ab. In: Grundschulmagazin
9–10/2001 (b), S. 8–11

Jürgens, Eiko: Erfolgreiches Lehren und Ler-
nen in schüleraktiven Unterrichtsformen.
Modelle und Praxis. Institut für berufliche
Bildung und Weiterbildung e. V. (Weender
Landstraße 6, 37073 Göttingen), Göttingen
2002

Jung, Johannes: Werkstattunterricht. Über ein
Konzept des offenen Unterrichts. In:
Grundschulmagazin 1–2/2003, S. 8–12

Kaderávek, Frantisek: Geometrie und Kunst
in früherer Zeit. Nach dem 1935 in Prag erschienenen Original aus dem Tschechi-
schen übersetzt von Leo Bocek und Zbynek
Nádenik. Teubner, Stuttgart, Leipzig 1992

Kaestner, Elisabeth / Tost, Renate: Schreibunterricht. Volk und Wissen, Berlin 1990,
10. Aufl.

Käferle, Veronika: Die Auseinandersetzung mit der Sache – ein Qualitätsanspruch des Unterrichts. In: Grundschulmagazin 2/2000, S. 39–42

Käferle, Veronika: Freies Schreiben im Sachunterricht. Die Interessen der Schülerinnen und Schüler stehen im Mittelpunkt. In: Grundschulmagazin 9–10/2001, S. 33–38

Käferle, Veronika: „Mit diesem Bild wirst du es verstehen". Didaktische Bilder gestalten. In: Grundschulmagazin 7–8/2003, S. 41–44

Kahlert, Joachim (Hrsg.): Wissenserwerb in der Grundschule. Perspektiven erfahren, vergleichen, gestalten. Klinkhardt, Bad Heilbrunn 1998

Kahlert, Joachim: Beziehungen zu Sachen und Personen entdecken, aufbauen und klären. In: Kahlert, J. (Hrsg.) 1998, S. 13–28

Kahlert, Joachim: Grundlegende Bildung im Spannungsverhältnis zwischen Lebensweltbezug und Sachanforderungen. In: Marquardt-Mau, B./Schreier, H. (Hrsg.) 1998, S. 67–81

Kahlert, Joachim: Der gute Ton in der Schule. In: Huber, L. / Odersky, E. (Hrsg.) 2000, S. 7–25

Kahlert, Joachim: Ganzheitlich lernen mit allen Sinnen? Plädoyer für einen Abschied von unergiebigen Begriffen. In: Grundschulmagazin 12/2000, S. 37–40

Kahlert, Joachim / Inckemann, Elke (Hrsg.): Wissen, Können und Verstehen – Über die Herstellung ihrer Zusammenhänge im Sachunterricht. Klinkhardt, Bad Heilbrunn/Obb. 2001

Kaiser, Astrid (Hrsg.): Lexikon Sachunterricht. Schneider Verlag Hohengehren, Baltmannsweiler 1997a

Kaiser, Astrid: Einführung in die Didaktik des Sachunterrichts. Schneider Verlag Hohengehren, Baltmannsweiler 1997b, 4. Aufl.

Kandinsky, Wassily / Marc, Franz (Hrsg.): Der blaue Reiter. R. Piper & Co., München 1912. (Dokumentarische Neuausgabe von Lankheit, Klaus. R. Piper & Co., München 1994, 9. Aufl.)

Keck, Rudolf W.: Selbstlernprozesse im Unterricht. Begründung und Darstellung des methodischen Lehrens und Lernens. In: unterrichten/erziehen 4/1989, S. 11–17

Kircher, Ernst: Humanes Lernen in den Naturwissenschaften? – Über den Umgang mit Schülervorstellungen im Sachunterricht. In: Marquardt-Mau, B./Schreier, H. (Hrsg.) 1998, S. 142–154

Kirckhoff, Mogens: Mind Mapping. Die Synthese von sprachlichem und bildhaftem Denken. Synchron, Berlin 1990, 4. Aufl.

Klafki, Wolfgang: Didaktische Analyse als Kern der Unterrichtsvorbereitung. In: Roth, H./Blumenthal, A. (Hrsg.) 1962, S. 5–34

Kober, H./Rössner, L.: Anleitungen zur Unterrichtsvorbereitung. Diesterweg, Frankfurt a. Main 1967

Köck, Peter / Ott, Hanns: Wörterbuch für Erziehung und Unterricht. Auer, Donauwörth 1979

Köck, Peter: Praxis der Unterrichtsgestaltung und des Schullebens. Auer, Donauwörth 1995, 2. überarb. Aufl.

Köck, Peter: Ethik – Die Konzeption des Fachlehrplans. In: Lehrplankommentar für die bayerische Grundschule, Band 1. Auer, Donauwörth 2001, S. 79–80,

Kohlhoff-Kahl, Iris: Was macht die Hand im Kopf? Lernen in ästhetischen Erfahrungsfeldern. In: Textil 1/2002, S. 7–16

Kohls, Eckhard: Neue Lehrpläne – Orientierungsrahmen für Veränderungen in Schule und Unterricht. In: Grundschulmagazin 12/1996, S. 59–64

Köhnlein, Walter/Marquardt-Mau, Brunhilde/Schreier, Helmut (Hrsg.): Kinder auf dem Wege zum Verstehen der Welt. Klinkhardt, Bad Heilbrunn 1997

Köhnlein, Walter: Grundlegende Bildung – Gestaltung und Ertrag des Sachunterrichts. In: Marquardt-Mau, B./Schreier, H. (Hrsg.) 1998, S. 27–46

Kohnstamm, Rita: Praktische Psychologie des Schulkindes. Hans Huber, Bern u. a. 1988

Kramp, Wolfgang: Hinweise zur Unterrichtsvorbereitung für Anfänger. In: Roth, H./Blumenthal, A. (Hrsg.) 1962, S. 35–67

Krapp, Andreas/Weidenmann, Bernd (Hrsg.): Pädagogische Psychologie. Ein Lehrbuch. Beltz, Weinheim 2001, 4. vollständig überarb. Aufl.

Krapp, Andreas / Prenzel, Manfred / Weidenmann, Bernd: Geschichte, Gegenstandsbereich und Aufgaben der Pädagogischen Psychologie. In: Krapp, A./Weidenmann, B. (Hrsg.) 2001, S. 1–29

Krauthausen, Günter: Allgemeine Lernziele im Mathematikunterricht der Grundschule. In: Die Grundschulzeitschrift 119/1998, S. 50–61

Krauthausen, Günter: Lernen – Lehren – Lehren lernen. Klett Grundschulverlag, Leipzig 1998

Krauthausen, Günter/Scherer, Petra: Einführung in die Mathematikdidaktik. Spektrum, Heidelberg 2001

Kruppa, Katja/Gräsel, Cornelia/Mandl, Heinz: Verändern neue Medien die Schule? Implementation problemorientierten Lernens mit neuen Medien in der Schule. In: Computer und Unterricht 44/2001, S. 48–51

Kühnel, Johannes: Moderner Anschauungsunterricht. Julius Klinkhardt, Leipzig 1913, 4. und 5. Aufl.

Ladenthin, Volker / Dahlen, Gudrun: Beziehung oder Erziehung im Unterricht? In: Schulmagazin 5 bis 10 1/96, S. 4–8

Ladenthin, Volker: Das Jahrhundert des Kindes – und nun? In: Grundschulmagazin 10/2000, S. 39–42

Lang, Heinz: Erziehung zum Glück. Hilfen durch Sinnorientierung. In: Pädagogische Welt 8/1988, S. 375–379

Lauterbach, Roland / Köhnlein, Walter / Koch, Inge / Wiesenfahrt, Gerhard (Hrsg.): Curriculum Sachunterricht. Probleme und Perspektiven des Sachunterrichts, Band 5. Institut für die Pädagogik der Naturwissenschaften (IPN), Kiel 1994

Lehrordnung für die bayerischen Volksschulen 1926. In: Amtsblatt des Bayer. Staatsministeriums für Unterricht u. Kultus Nr. 16 vom 29. 12. 1926, S. 127–190

Leutner-Ramme, Sibylla/Schaack, Ernst: Aktive Medienarbeit mit Kindern. Richtlinien für den Grundschulunterricht. In: Grundschulmagazin 6/2000, S. 4–9

Lewe, Heinz: Sachsituationen meistern. Analysieren, mathematisieren, eigenständige Lösungswege der Kinder fördern. In: Grundschulmagazin 7–8/2001, S. 8–11

Lorenz, Jens Holger: Die Entwicklung von Zahlensinn als Ziel des Mathematikunterrichts. In: Schubert, A. (Hrsg.) 2002, S. 46–57

Macke, August: Die Masken. In: Kandinsky, W./Marc, F. 1912, S. (21)–(25)

Maier, Hermann: Zur Übung im Fach Mathematik. In: Pädagogische Welt 3/1986, S. 103–107

Maier, Peter H.: Räumliches Vorstellungsvermögen. Auer, Donauwörth 1999

Maier, Wolfgang: Mit Medien motivieren. Beispiele für den Unterricht. Universum Verlagsanstalt, Wiesbaden 2001

Maras, Rainer: „Sachunterricht oder Heimatkunde?" – keine Alternative! In: Die Grundschule 12/1975, S. 675–680

Maras, Rainer: Beiträge zu einem effektiven Lehren im Sachunterricht der Grundschule. In: Pädagogische Welt 8/1984, S. 474–480

Maras, Rainer: Arbeitshilfen für das weiterführende Schreiben in der Grundschule. Auer, Donauwörth 1991, 4. Aufl.

Maras, Rainer: Sinnorientierung als bestimmendes Merkmal von Erziehung und Unterricht. In: Grundschulmagazin 9/1993, S. 53–60

Maras, Rainer: Lernen in Zusammenhängen, Teil 1: Grundlegung. In: Grundschulmagazin 2/1996, S. 38–41; Teil 2: Hinweise zum Unterricht. In Grundschulmagazin 3/1996, S. 62–66

Maras, Rainer: Über die Wiedergewinnung des Unterrichtlichen. In: Grundschulmagazin 9/1999, S. 37–40

Maras, Rainer: Die unerträgliche Leichtigkeit des Inhalts. Ein Beitrag zur Sachorientierung. In: Grundschulmagazin 10/1999, S. 39–42

Maras, Rainer/Voggenreiter, Franz: Sachgemäßer Umgang mit Gedichten. Dargestellt an einem Beispiel. In: Pädagogische Welt 12/1977, S. 749–755

Marenbach, Dieter: Lesen – wie macht man das? Ergebnisse aus der Forschung, Konsequenzen für die Praxis. In: Grundschulmagazin 1/1994, S. 4–6

Marquardt-Mau, Brunhilde/Schreier, Helmut (Hrsg.): Grundlegende Bildung im Sachunterricht. Klinkhardt, Bad Heilbrunn 1998

Marx, Harald: Erwerb des Lesens und Rechtschreibens. Literaturüberblick. In: Weinert, F. A./Helmke, A. (Hrsg.) 1997, S. 85–111

Max, Charel: Verstehen heißt Verändern – „Conceptual Change" als didaktisches Prinzip des Sachunterrichts. In: Meier, R. u. a. (Hrsg.) 1997, S. 62–89

Meier, Richard / Unglaube, Henning / Faust-Siehl, Gabriele (Hrsg.): Sachunterricht in der Grundschule. Arbeitskreis Grundschule – Der Grundschulverband – e. V., Frankfurt a. Main 1997

Meiers, Kurt: Lesen lernen und Schriftspracherwerb im ersten Schuljahr. Klinkhardt, Bad Heilbrunn/Obb. 1998

Menzel, Wolfgang: Lesen lernen – schreiben lernen. Westermann, Braunschweig 1990

Menzel, Wolfgang: Grammatikwerkstatt. Kallmeyer, Seelze – Velber 1999

Menzel, Wolfgang: Sprachreflexion – Grammatikunterricht. In: Einsiedler, W. u. a. (Hrsg.) 2001, S. 430–435

Meyer-Abich, Klaus Michael: Wege zum Frieden mit der Natur. Hanser, München – Wien 1984

Mitzlaff, Hartmut/Speck-Hamdan, Angelika (Hrsg.): Grundschule und neue Medien. Grundschulverband – Arbeitskreis Grundschule e. V., Frankfurt a. Main 1998

Mitzlaff, Hartmut: Mit neuen Medien auf dem Weg in die Informations- und Wissensgesellschaft. In: PZV-Ratgeber 1999 „Neue Medien". Pädagogischer Zeitschriftenverlag, Berlin, S. 2–11

Möller, Kornelia: Untersuchungen zum Aufbaubereichs spezifischen Wissens in Lehr-Lernprozessen des Sachunterrichts. In: Köhnlein, W. u. a. (Hrsg.) 1997, S. 247–262

Müller, Christina: Schulsport in den Klassen 1 bis 4. Academia, Sankt Augustin 2000

Müller, Erhard P.: Kreatives Schreiben in der Grundschule. In: Grundschulmagazin 1–2/2001, S. 13–16

Neuhäusler, Anton: Grundbegriffe der philosophischen Sprache. Ehrenwirth, München 1963

Neunzert, Helmut / Rosenberger, Bernd: Schlüssel zur Mathematik. ECON, Düsseldorf u. a. 1991

Nußbaum, Regina (Hrsg.): Wege des Lernens im Deutschunterricht. Phantasie entfalten – Erkenntnisse gewinnen – Sprache vervollkommnen. Westermann, Braunschweig 2000

Oerter, Rolf / Dreher, Michael: Entwicklung des Problemlösens. In: Oerter, R./Montada, L. 1998, S. 561–622

Oerter, Rolf/Montada, Leo (Hrsg.): Entwicklungspsychologie. Ein Lehrbuch. Psychologie Verlags Union, Weinheim 1998, 4. Aufl.

Ohde, Melanie / Wiederhold, Karl. A.: Mit Grundschulkindern das Kunstmuseum entdecken. Auer, Donauwörth 1994

Pagany, Dietlinde: Erstlesen – erstes Lesen? In: Grundschulmagazin 1/1994, S. 38–45

Peschel, Falko: Qualitätsmaßstäbe – Hilfen zur Beurteilung der Offenheit von Unterricht und Vorschläge zur Leistungsmessung. In: Drews, U./Wallrabenstein (Hrsg.) 2002, S. 160–177

Peterßen, Wilhelm H.: Unterrichtsplanung. Grundlegung und Darstellung eines offenen Modells, Teile 1 und 2. In: Pädagogi-sche Welt 6/1995, S. 246–251 und 7/1995, S. 333–337

Peterßen, Wilhelm H.: Handbuch Unterrichtsplanung. Grundfragen – Modelle – Stufen – Dimensionen. Ehrenwirth, München 1996, 7. Aufl.

Peterßen, Wilhelm H.: Lehreraufgabe Unterrichtsplanung. Das Weingartner Planungs-Modell. Oldenbourg, München 2003

Petillon, Hanns: Spiele(n) in der Grundschule. Versuch einer Problemklärung. In: Grundschulmagazin 2/2000, S. 4–9

Pfeiffer, Silke: Lernen (Stichwort), in Kaiser, A. 1997 a, S. 123

Potschka, Hermann: Die Aktualität des pädagogischen Denkens Pestalozzis. Ausgewählte Themenbereiche. In: Schulmagazin 5 bis 10 10/1996, S. 59–62

Potthoff, Ulrike/Steck-Lüschow, Angelika/Zitzke, Elke: Gespräche mit Kindern. Cornelsen Scriptor, Frankfurt a. Main 1995

Prieß, Marianne: Anlauttabellen selbst herstellen. In: Grundschule 12/1999, S. 52–55

Quasthoff, Uta M.: Vom mündlichen Sprachgebrauch zur Gesprächserziehung in der Grundschule. In: Brügelmann, H. u. a. (Hrsg.) 1999, S. 62–66

Quasthoff, Uta M.: Mündlicher Sprachgebrauch aus neuerer Sicht. In: Grundschule 12/2000a, S. 34–36

Quasthoff, Uta M.: Wie werden mündliche Kommunikationsfähigkeiten erworben? In: Grundschule 12/2000b, S. 38–40

Rabenstein, Rainer/Haas, Fritz: Erfolgreicher Unterricht durch Handlungseinheiten. Das methodische Modell der „Handlungseinheit" im Sachunterricht der Unterstufe. Klinkhardt, Bad Heilbrunn/Obb. 1967, 2. Aufl.

Radatz, Hendrik / Rickmeyer, Knut: Handbuch für den Geometrieunterricht an Grundschulen. Schroedel, Hannover 1991

Radatz, Hendrik / Schipper, Wilhelm / Dröge, Rotraut / Ebeling, Astrid: Handbuch für den Mathematikunterricht, 1. Schuljahr. Schroedel, Hannover 1996

Radatz, Hendrik / Schipper, Wilhelm / Dröge, Rotraut / Ebeling, Astrid: Handbuch für den Mathematikunterricht, 2. Schuljahr. Schroedel, Hannover 1998

Radatz, Hendrik / Schipper, Wilhelm / Dröge, Rotraut / Ebeling, Astrid: Handbuch für den Mathematikunterricht, 3. Schuljahr. Schroedel, Hannover 1999

Reichel, Katrin / Sandfuchs, Uwe / Voss, Bernd: Fremde Sprachen in der Grundschule. Klinkhardt, Bad Heilbrunn/Obb. 1997

Reichen, Jürgen: Lesen durch Schreiben. Leselehrgang. Schülermaterial und Lehrerkommentar. Sabe, Zürich 1982

Reichen, Jürgen: Lesen durch Schreiben. Wie Kinder selbst gesteuert lesen lernen, Heft 1. Sabe, Zürich 1988, 3. Aufl.

Reinhold, Gerd/Pollak, Guido/Heim, Helmut (Hrsg.): Pädagogik-Lexikon. R. Oldenbourg, München u. a. 1999

Reinmann-Rothmeier, Gabi / Mandl, Heinz: Unterrichten und Lernumgebungen gestalten. In: Krapp, A. / Weidenmann, B. 2001, S. 601–646

Renkl, Alexander: Automatisierung allein reicht nicht aus. In: Üben und Wiederholen, Jahresheft 2000, S. 16–19, Friedrich, Seelze

Reumuth, Karl: Von der Anschauung zum Begriff. In: Didaktische Studien. Dürrsche Buchhandlung, Bonn 1955

Reuschling, Gisela: Kinder überarbeiten ihre Texte selbst. Die Schreibkonferenz. In: Schober, O. (Hrsg.) 1998, S. 96–107

Reusser, Kurt/Reusser-Weyeneth, Marianne (Hrsg.): Verstehen. Psychologischer Prozess und didaktische Aufgabe. Hans Huber, Bern 1994

Richter, Sigrun: Interessenbezogenes Rechtschreiblernen. Westermann, Braunschweig 1998

Ritter, Werner: Gottesbilder im Medienzeitalter. In: gee-spectrum 2/2001, S. 4–7

Röbe, Edeltraut: Gemeinsames und individuelles Lernen in der Grundschule als pädagogischer Auftrag und gestaltete Schulwirklichkeit. In: Staatsinstitut für Schulpädagogik und Bildungsforschung München (Hrsg.) 1990, S. 7–53

Röbe, Heinrich H.: „Ich kann alles auf der Welt!" Können ermöglichen – Schüler beobachten – Leistung bewerten. In: Grundschulmagazin 1/1998, S. 4–9

Röber-Sieckmeyer, Christa: Die Schriftsprache entdecken. Rechtschreiben im offenen Unterricht. Beltz, Weinheim und Basel 1997, 3. Aufl.

Roth, Heinrich / Blumenthal, Alfred (Hrsg.): Auswahl. Grundlegende Aufsätze aus der Zeitschrift Die Deutsche Schule. Schroedel, Hannover u. a. 1962, 3. Aufl.

Roth, Heinrich: Pädagogische Psychologie des Lehrens und Lernens. Schroedel, Hannover 1976, 15. Aufl.

Roth, Leo (Hrsg.): Handlexikon zur Didaktik der Schulfächer. Ehrenwirth, München 1980

Roth, Leo (Hrsg.): Pädagogik. Handbuch für Studium und Praxis. Ehrenwirth, München 1991

Roth, Regina: Der Beitrag des Faches Textilarbeit/Werken bzw. Textilarbeit zum Miteinander in der Schule. In: unterrichten/erziehen 1/1992, S. 46–50

Rumpf, Horst: Die künstliche Schule und das wirkliche Lernen. Ehrenwirth, München 1986

Sacher, Werner: Bildung im Kontext Neuer Medien. In: Bayerische Schule 3/2001, S. 107–110

Sandfuchs, Uwe: Die Bedeutung des Lernens fremder Sprachen in der Grundschule. In: Reichel, K. u. a. 1997 S. 11–19

Sattler, Barbara. In: Staatsinstitut für Schulpädagogik und Bildungsforschung (Hrsg.): Das linkshändige Kind in der Grundschule. Auer-Verlag, Donauwörth 1995, 5. Aufl.

Schenk, Christa: Lesen und Schreiben lernen und lehren. Eine Didaktik des Erstlese- und Erstschreibunterrichts. Schneider Verlag Hohengehren, Baltmannsweiler 1997

Scheunpflug, Annette: Lernen. Was passiert in den Gehirnen von Schülerinnen und Schülern? In: Pädagogik 2/2000, S. 46–51

Schipper, Wilhelm / Dröge, Rotraut / Ebeling, Astrid: Handbuch für den Mathematikunterricht, 4. Schuljahr. Schroedel, Hannover 2000

Schipper, Wilhelm: Offenheit und Zielorientierung. In: Grundschule 3/2001, S. 10–15

Schmid-Barkow, Ingrid: Störungen des Schriftspracherwerbs und Sprachbewusstheit. In: Grundschule 5/1999, S. 35–38

Schmitt, Hubert: Persönlichkeiten bilden – „Spiel" als Bildungsgrundform. In: Grundschulmagazin 9/1998, S. 38–41

Schmitt, Hubert: Kindern in ihrem Denken begegnen. Lernen auf der Grundlage der Erfahrungen von Kindern. In: Grundschulmagazin 6/2000, S. 37–40

Schmitt, Rainer: Musik erfinden. In: Helms, S. u. a. (Hrsg.) 1997, S. 187–236

Schnauder, Johann: Der gesamte Mathematikunterricht im 3. Schuljahr. Prögel, München 1986

Schneider, Otto Michael: Theoretische Einführung. In: Sport in der Grundschule. Bayerisches Staatsministerium für Unterricht und Kultus 1995

Schober, Otto (Hrsg.): Deutschunterricht für die Grundschule. Klinkhardt, Bad Heilbrunn 1998

Schön, Erich: Kein Ende von Buch und Lesen. Entwicklungstendenzen des Leseverhaltens in Deutschland – Eine Langzeitbeobachtung. In: Stiftung Lesen (Hrsg.) 1998, S. 39–77

Schorch, Günther (Hrsg.): Schreibenlernen und Schriftspracherwerb. Klinkhardt, Bad Heilbrunn/Obb. 1995, 3. Aufl.

Schorch, Günther (Hrsg.): Grundlegende Bildung. Erziehung und Unterricht in der Grundschule. Klinkhardt, Bad Heilbrunn/Obb. 1988

Schorch, Günther: Grundschulpädagogik – eine Einführung. Selbstverständnis und Kernaufgaben. Klinkhardt, Bad Heilbrunn/Obb. 1998

Schratz, Michael/Steiner-Löffler, Ulrike: Unterricht ist mehr. In: Lernende Schule 2/1998, S. 4–7

Schröder, Hartwig: Grundwortschatz Erziehungswissenschaft. Ein Wörterbuch der Fachbegriffe. Ehrenwirth, München 1992, 2. Aufl.

Schröder, Hartwig: Lernen und Lehren im Unterricht. Grundlagen und Aspekte der Allgemeinen Didaktik. Michael Arndt, München 1991

Schubert, Anton (Hrsg.): Mathematik lehren wie Kinder lernen. Westermann, Braunschweig 2002

Schultheis, Klaudia: Vom Sinn der Sinne im Sachunterricht der Grundschule. In: Pädagogische Welt 11/1995, S. 492–496

Schuster, Karl: Einführung in die Fachdidaktik Deutsch. Schneider Verlag Hohengehren, Baltmannsweiler 2001, 9. Aufl.

Schütte, Sybille: Mathematiklernen in Sinnzusammenhängen. Klett, Stuttgart 1996

Schweisthal, Günther: OIROPA. Eine phonetische Sprachschrift als Förderungskonzept im Schriftspracherwerb zu Beginn der Grundschule. In: Huber u. a. (Hrsg.) 1998, S. 47–57

Seebauer, Renate: Fremdsprachen in der Grundschule. Schulpädagogische und psychologische Überlegungen. Mandelbaum, Wien 1997

Seibert, Norbert/Serve, Helmut J. (Hrsg.): Prinzipien guten Unterrichts. Kriterien einer zeitgemäßen Unterrichtsgestaltung. PimS, München 1992

Seibert, Norbert: Das Unterrichtsprinzip der Veranschaulichung. In: Seibert, N. / Serve, H. 1992, S. 245–265

Seisenberger, Georg: Zur Widerständigkeit verpflichtet. Die verschwiegene Dimension des Erziehungsauftrags der Grundschule. In: SchulVerwaltung BY 5/1999, S. 188–190

Seitz, Oskar: Kriterien guten Unterrichts. Versuch einer Ableitung aus dem Begriff „Vermittlung". In: Seibert, N. / Serve, H. 1992, S. 45–93

Seitz, Oskar: Schulische Gesprächserziehung. In: unterrichten/erziehen 6/1989, S. 7–15

Selter, Christoph: Eigenproduktionen statt Fertigprodukt Mathematik! In: Die Grundschulzeitschrift 110/1997, S. 6–11

Soostmeyer, Michael: (Stichwort) Konkretoperationale Phase. In: Kaiser, A. 1997a, S. 110 f.

Spanhel, Dieter: Sprache im Unterricht. In: Roth, Leo (Hrsg.): Pädagogik. Handbuch für Studium und Praxis. Ehrenwirth, München 1991, S. 824–832

Speck-Hamdan, Angelika: Soziales Lernen und die Bedeutung der Lerngruppe. In: Meier, R. u. a. (Hrsg.) 1997, S. 104–114

Spinner, Kaspar H.: Kreatives Schreiben und Schreibforschung. In: Nußbaum, R. (Hrsg.) 2000, S. 105–113

Spinner, Kaspar H.: Kreatives Schreiben. In: Praxis Deutsch – Sonderheft, Schreiben: Konzepte und schulische Praxis. Friedrich, Seelze 1996, S. 82–83

Spitta, Gudrun: Freies Schreiben – eigene Wege gehen. Libelle, Lengwil 1998

Spitzer, Manfred: Lernen. Gehirnforschung und die Schule des Lebens. Spektrum Akademischer Verlag, Heidelberg, Berlin 2002

Spreckelsen, Kay: Phänomenkreise als Verstehenshilfen. In: Köhnlein, W. u. a. (Hrsg.) 1997, S. 111–127

Staatsinstitut für Schulpädagogik und Bildungsforschung München (Hrsg.): Gemeinsames und individuelles Lernen in der Grundschule. Auer, Donauwörth 1990

Staatsinstitut für Schulpädagogik und Bildungsforschung (ISB) München: Handreichung zum Einsatz des Computers in der Grundschule, Band I. München 1998

Staatsinstitut für Schulpädagogik und Bildungsforschung (ISB) München: Einsatz des

Computers in der Grundschule, Band II. Auer, Donauwörth 2001

Staatsinstitut für Schulpädagogik und Bildungsforschung (ISB) München: Rechtschreibunterricht in der Grundschule. Auer, Donauwörth 2002

Standop, Jutta: Verändertes Lernen. Über den Zusammenhang von Kognition und Emotion. In: Grundschulmagazin 1–2/2002, S. 8–12

Stautner, Heribert: Schülerinnen und Schüler umfassend fördern. Die Auseinandersetzung mit der Sache in ihrer Bedeutung für eine umfassende Förderung. In: unterrichten/erziehen 6/1999, S. 328–332

Stebler, Rita/Reusser, Kurt/Pauli, Christine: Interaktive Lehr-Lern-Umgebungen: Didaktische Arrangements im Dienste des gründlichen Verstehens. In: Reusser, K./Reusser-Weyeneth, M. (Hrsg.) 1994, S. 227–259

Steindorf, Gerhard: Grundbegriffe des Lehrens und Lernens. Klinkhardt, Bad Heilbrunn/Obb. 1985, 2. Aufl.

Steiner, Gerhard: Lernen und Wissenserwerb. In: Krapp, A. / Weidenmann, B. (Hrsg.), 2001, S. 137–205

Steurer, Richard: Der Biorhythmus des Schülers – und dessen Stundenplan. In: Schulverwaltung 7–8/1993, S. 244–247

Steurer, Richard: Weiterentwicklungen in der Grundschule und Hauptschule. In: Schulverwaltung 12/1998, S. 415–422

Stierlin, Larissa / Schulz von Thun, Friedemann: Zur Psychologie des guten Zuhörens. In: Huber, L./Odersky, E. (Hrsg.) 2000, S. 26–38

Stiftung Lesen (Hrsg.): Lesen im Umbruch – Forschungsperspektiven im Zeitalter von Multimedia. Nomos, Baden-Baden 1998

Sundermann, Beate/Selter, Christoph: Quattro Stagioni. Nachdenkliches zum Stationenlernen aus mathematikdidaktischer Perspektive. In: Friedrich Jahresheft 2000, S. 110–113

Susteck, Herbert: Das Schulbuch – nach wie vor ein zeitgemäßes Unterrichtsmedium? In: Grundschulmagazin 11/1996, S. 8–10

Tesak, Gerhild (Hrsg.): Wegweiser durch den Zwölfminutenwald. Klett, Leipzig 2001

Tröger, Walter: Sacherschließung. Sieben Sätze zu ihrer Bedeutung als Erziehungsaufgabe in der Schule. In: Pädagogische Welt 10/1991, S. 434–437

Tulodziecki, Gerhard: Medien in Erziehung und Bildung. Klinkhardt, Bad Heilbrunn/Obb. 1997

Urban, Angelika: Eine erste Klasse malt den Blauen Reiter. Von der Werkbetrachtung zum eigenen Gestalten. In: Grundschulmagazin 11–12/2001, S. 13–16

Valtin, Renate (Hrsg.): Rechtschreiben lernen in den Klassen 1–6. Grundschulverband – Arbeitskreis Grundschule e. V., Frankfurt a. Main 2000

Valtin, Renate: Erwerb und Förderung schriftsprachlicher Kompetenzen aus grundschulpädagogischer Sicht. In: Huber u. a. (Hrsg.) 1998, S. 59–74

Varley, Susan: Leb wohl, lieber Dachs. Carl Ueberreuter, Wien – München 1996

Vierlinger, Rupert: Unpädagogische Nebenwirkungen von Planungsritualen im Unterricht. In: Pädagogische Welt 8/1990, S. 348–351

Vilgertshofer, Rainer: Der lehrplanbezogene Einsatz von AV-Medien. In: Pädagogische Welt, 7/1986, S. 306–311

Vollstädt, Witlof: Viele Methoden oder Methodenvielfalt? In: Pädagogik 2/2000, S. 7–9

Voss, Bernd: Positionen, Probleme, Perspektiven fremdsprachlichen Lernens in der Grundschule – Ein Überblick. In: Reichel, K. u. a. 1997, S. 21–51

Voß, Reinhard (Hrsg.): Die Schule neu erfinden. Systemisch-konstruktivistische Annäherungen an Schule und Pädagogik. Luchterhand, Neuwied 1996

Wasem, Erich: Medienpädagogik. In: Pädagogische Welt 1/1988, S. 39–41

Watzke, Oswald: Sprechen fördern. Bedingungsfeld, Begriff, Struktur und Methodik. In: Lernchancen 2/1998, S. 8–13

Watzlawick, Paul (Hrsg.): Die erfundene Wirklichkeit. Wie wissen wir, was wir zu wissen glauben. Piper, München 1995, 9. Aufl.

Wechsler, Ulrich: Erst laufen, dann Rad fahren. Nicht die Nutzung der Medien macht den Grad der Bildung aus … In: Süddeutsche Zeitung, SZ am Wochenende, 6./7. 4. 2002 (Nr. 80)

Wedel-Wolff, Annegret von: Kinder auf die Sinnspur setzen. Üben im weiterführenden Leseunterricht der Grundschule. In: Friedrich Jahresheft 2000, S. 136–139

Weidenmann, Bernd: Lernen mit Bildmedien. Psychologische und didaktische Grundlagen. Beltz, Weinheim und Basel 1994, 2. Aufl.

Weidenmann, Bernd: Lernen mit Medien. In: Krapp, A./Weidenmann, B. (Hrsg.) 2001, S. 415–465

Weidenmann, Bernd: Schülerzeichnungen: Wie Wissensstrukturen sichtbar werden. In: Schulmagazin 5 bis 10 6/1995, S. 77–80

Weidmann, Fritz (Hrsg.): Didaktik des Religionsunterrichts. Auer, Donauwörth 1992, 6. Aufl.

Weinert, Franz E./Helmke, Andreas (Hrsg.): Entwicklung im Grundschulalter. Beltz, Weinheim und Basel 1997

Weinert, Franz E./Helmke, Andreas: Der gute Lehrer: Person, Funktion oder Fiktion? In: Leschinsky, A. (Hrsg.): Die Institutionalisierung von Lehren und Lernen. Beltz, Weinheim und Basel 1996, S. 223–233

Weinert, Franz E.: Lernen lernen und das eigene Lernen verstehen. In: Reusser, K./Reusser-Weyeneth, M. (Hrsg.) 1994, S. 183–205

Weinert, Franz E.: Neue Unterrichtskonzepte zwischen gesellschaftlichen Notwendigkeiten, pädagogischen Visionen und psychologischen Möglichkeiten. In: Bayerisches Staatsministerium für Unterricht, Kultus, Wissenschaft und Kunst (Hrsg.) 1998, S. 101–125

Wellenhofer, Walter: Unterricht heute. Grundsätze der Unterrichtsgestaltung, Bd. 1. Gruenstein, Ainring 1995

Wellenhofer, Walter: Unterricht heute – Unterrichtsmedien – Praxis, Bd. 2. Gruenstein, Ainring 1996

Wiater, Werner: Unterrichten und lernen in der Schule. Eine Einführung in die Didaktik. Auer, Donauwörth 1993

Wieser, Regina: Prägen einer Sonne aus Metallfolie. Anregungen und Hilfestellung für Gestaltungsstunden im Lernbereich Metall. In: Pädagogische Welt, 6/1997, S. 271–274

Wild, Elke/Hofer, Manfred/Pekrun, Reinhard: Psychologie des Lerners. In: Krapp, A./Weidenmann, B. (Hrsg.) 2001, S. 207–270

Wild, Klaus-Peter / Krapp, Andreas: Pädagogisch-psychologische Diagnostik. In: Krapp, A./Weidenmann, B. (Hrsg.) 2001, S. 513–563

Winter, Heinrich: Mathematik entdecken. Cornelsen Scriptor, Berlin 1994, 4. Aufl.

Wittmann, Erich Ch. / Müller, Gerhard N. (Hrsg.): Das Zahlenbuch – Mathematik im 1. Schuljahr – Lehrerband. Klett, Stuttgart 2001

Wöhl, Helga: Werkbetrachtung im Bereich plastisches Gestalten. Ästhetische Grundbildung als fächerübergreifendes Anliegen. In: Grundschulmagazin 5–6/2002, S. 47–51

Wöll, Gerhard: Handeln: Lernen durch Erfahrung. Handlungsorientierung und Projektunterricht. Schneider Verlag Hohengehren, Baltmannsweiler 1998

Zacharias, Frank: Themen aus der Natur versus Natur als Thema – Überlegungen zur Phänomenorientierung im Sachunterricht. In: Marquardt-Mau, B./Schreier, H. (Hrsg.) 1998, S. 96–116

Stichwortverzeichnis

Autorenverzeichnis der einzelnen Kapitel

RM Rainer Maras   JA Josef Ametsbichler   EK Beate Eckert-Kalthoff

Nach Abschluss der Lektüre dieses Handbuchs wünscht Ihnen das Autorenteam didaktische und fachliche Fertigkeiten, wie es dieser Schüler (7 Jahre) in seiner Selbsteinschätzung zum Ausdruck gebracht hat.

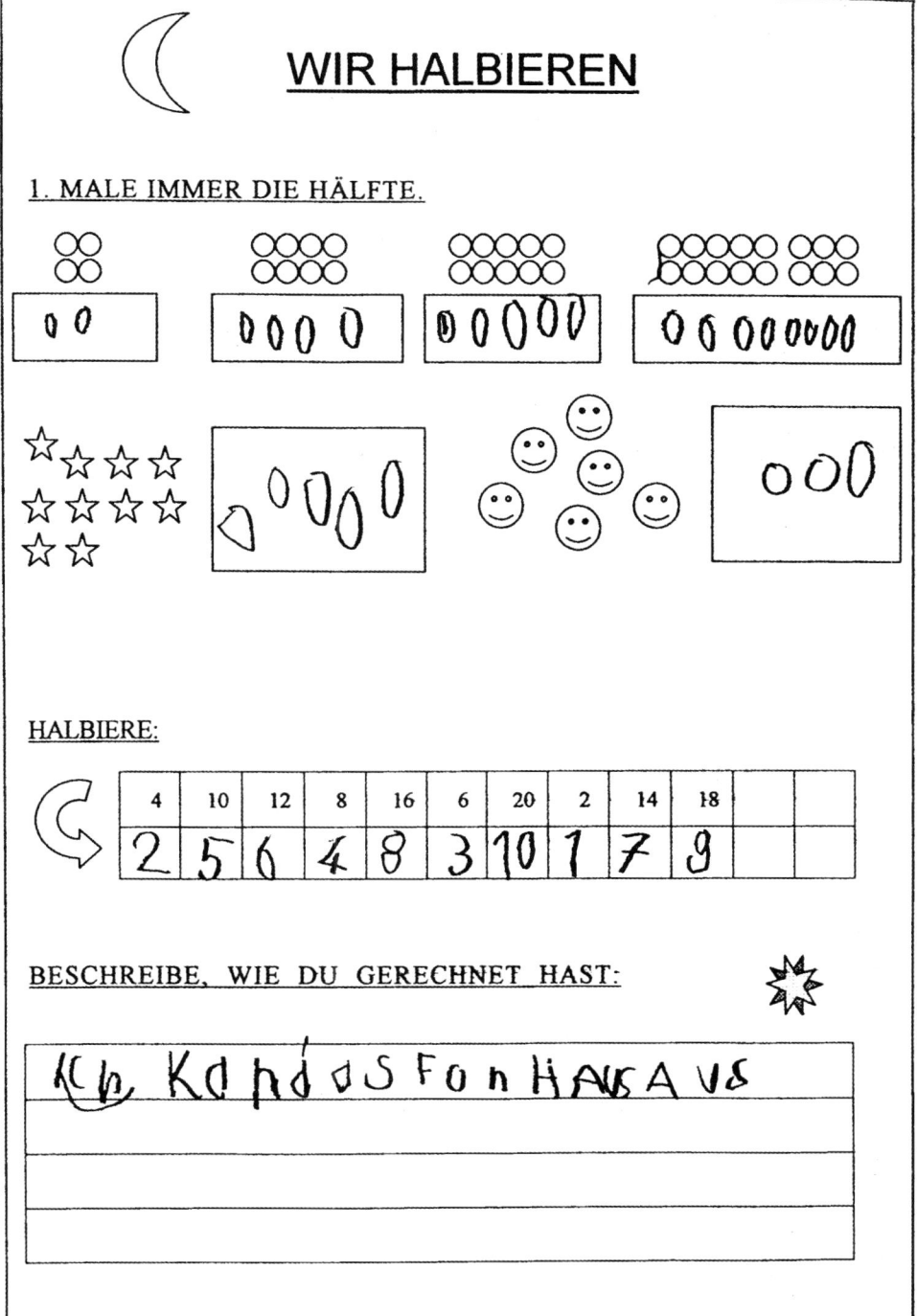